Karl Lachmann, Johannes Vahlen

Kleinere Schriften von Karl Lachmann

Karl Lachmann, Johannes Vahlen

Kleinere Schriften von Karl Lachmann

ISBN/EAN: 9783743307841

Hergestellt in Europa, USA, Kanada, Australien, Japan

Cover: Foto ©Thomas Meinert / pixelio.de

Manufactured and distributed by brebook publishing software (www.brebook.com)

Karl Lachmann, Johannes Vahlen

Kleinere Schriften von Karl Lachmann

Inhalt.

Bei den mit einem Sternchen * bezeichneten Stücken konnten Handexemplare Lachmanns benutzt werden.

Eine Sammlung der wichtigen academischen Abhandlungen Lachmanns ist lange gewünscht worden. Dass ich ihnen jetzt die ganze Reihe der früheren Recensionen und zerstreuten Aufsätze zur deutschen Philologie vorauf schicke, bedarf es der Rechtfertigung? Das aus dem Buchhandel verschwundene Schriftchen über die ursprüngliche Gestalt des Gedichts von der Nibelungen Noth, von allen gesucht die sich ernsthaft auf die 'Nibelungenfrage' einlassen, verlangte eine Wiederholung. Sollte ich ihm die in ihrer Art noch gehaltreicheren Recensionen von v. d. Hagens Nibelungen nicht beigeben? und dann die übrigen bei Seite lassen?

Lachmann war der erste, der als wohl geschulter Philolog mit philologischer Methode daran gieng in dem wüsten Haufen unserer alten Litteratur Licht und Ordnung zu schaffen und überall da ansetzte, wo es zuerst geschehen muste, bei ihren Hauptwerken und ersten Meistern. Wie wohl gerüstet für die Arbeit er auftrat, wie überlegen er gleich selbst seinem Lehrer und Meister Benecke war, wie er sogleich alle *für die Aufgabe in Betracht kommenden Fragen ins Auge fasste und dann von Jahr zu Jahr weiter verfolgte, bis es ihm namentlich durch Jacob Grimms grofsartige Mitarbeit gelang zu einem festen Abschluss zu kommen, das lässt erst diese Sammlung bequem und vollständig übersehen. Ich habe zu diesem Ende auch die Bemerkungen zum Barlaam, wo z. B. S. 131 — wer denkt wohl heutzutage noch daran? — erst der Unterschied von* diu *und* die *ins reine gebracht wird, und aufser der Vorrede auch das Glossar zur Auswahl vollständig aufgenommen, nicht weil ich glaube dass Lachmann hier oder in den Noten zu v. d. Hagens Glossar S. 27 ff. oder anderswo immer das richtige getroffen hätte, sondern als Zeugnisse für den Fortschritt in der Kenntnis und dem Verständnis des Mittelhochdeutschen und weil ich allerdings glaube dass das Glossar das erste und immer giltige Muster für mittelhochdeutsche Worterklärung abgibt, das in dem Zusammenhange, wie es hier erscheint, auch wieder öfter eingesehen werden möchte als in dem schon seltenen ersten Drucke.*

Lachmanns Bedeutung für die Wissenschaft ist mir nie zweifelhaft gewesen. Aber einen gröfseren Eindruck habe ich nie von ihr gehabt, noch ihn jemals mehr bewundern müssen, als da ich jetzt an die Arbeiten des drei bis sechs und siebenundzwanzigjährigen mit der Frage herantrat, wie und in welcher Gestalt sie etwa der Gegenwart wieder nahe zu bringen seien, und dabei auch noch an den Properz, die Recension von Hermanns Aiax und die andern gleichzeitigen Arbeiten denken muste. Meine Entscheidung, dass sie sämmtlich, soweit sie in die deutsche Philologie einschlagen, und unverkürzt, nicht wie Haupt dachte nur in Auswahl und in Auszügen wieder vorzulegen seien, konnte nicht lange ungewis sein und ich will nur wünschen dass für einen Theil des Eindrucks jetzt Empfänglichkeit unter den Fachgenossen, zumal den jüngeren, vorhanden sei. Wenn jede Wissenschaft Ursache hat sich ihre Anfänge gegenwärtig zu halten, so hat es insbesondere unsere deutsche Philologie, die solche hat.

Was ich an bisher ungedrucktem geben oder aus den noch vorhandenen Handexemplaren nachtragen konnte, was ich endlich zur Bequemlichkeit für den heutigen Gebrauch, zur leichtern Auffindung namentlich der Citate, soweit die neuern Ausgaben dazu nicht ausreichen, glaubte thun zu müssen, sieht jeder bald. Ein Register hätte ich selbst dringend gewünscht; es fehlte auch nicht an Bereitwilligkeit für die Ausarbeitung, wenn sich dafür nur irgend welche feste Norm und Grenze hätte finden lassen. Die Mühe, die Sammlung für seine besondern Zwecke, z. B. die Erklärung der Nibelungen, durchzunehmen und auszubeuten, kann ohnehin keinem erspart werden.

Über Lachmanns Kritik und ihre Grundsätze, über die Grundsätze nach denen er die mittelhochdeutsche Orthographie geordnet, über die von ihm gefundenen Grundregeln der deutschen Betonung und den Umfang ihrer Geltung für den deutschen oder germanischen Vers wäre nun noch mancherlei zu sagen, wenn ich damit bei denen auf einen Erfolg rechnen könnte, die ich belehren möchte. Es sind das alles zwar höchst einfache, beinahe selbstverständliche Dinge, die jeder leicht begreift und lernen kann, der überhaupt lernen will, der nur erst vorläufig dem Lehrenden ein williges Ohr leiht, willig zuerst hinnimmt was er sagt und dann zusieht ob es sich nicht so verhält wie er angibt. Wer aber diese Hingebung und Willigkeit nicht besitzt, wer von vornherein sich aufsetzt, nicht sieht, sehen will oder kann was wir andern wahrnehmen, für schwarz erklärt was uns weifs erscheint, bei dem ist alle gute Lehre von unsrer Seite verloren, und ich verzichte daher auf einen Versuch, wie ich ihn früherhin im Sinne hatte. Diese Sammlung rechnet auf lernwillige Leser und wird deren hoffentlich auch recht viele dankbare finden.

Berlin den 27. April 1876.

Karl Müllenhoff.

Über die ursprüngliche Gestalt des Gedichts von der Nibelungen Noth.

Berlin 1816, bei Ferdinand Dümmler. 8°. *

1.

Die Wolfischen Untersuchungen über die ursprüngliche Ge- 3
stalt der Homerischen Gesänge haben sich theils durch ihre innere, in den Hauptpunkten wenigstens unangreifbare Beweiskraft, theils durch die Anwendung auf andere Werke der ältesten Griechischen Poesie so kräftig bewährt, dass nun schon, wo sich bei anderen Völkern an Gedichten aus uralter Zeit derselbe räthselhafte, wahrhaft epische Charakter zeigt, die Vermuthung rege gemacht oder wenigstens eine strenge Untersuchung unerlässlich wird, ob sie vielleicht auf eine ähnliche Art, wie jene, entstanden und erst allmählig zu ihrer letzten festen Gestalt gediehen sein mögen.

So wurde ich auf eine gleiche Untersuchung geleitet, die von jenen, aus denen sie geflossen ist, Bestätigung hofft, so wie sie hingegen selbst durch ihre Ausführung jene noch mehr zu bekräftigen und wo möglich zum Theil noch zu ihrer genaueren Bestimmung ein Weniges beizutragen wünscht. Ich glaube nämlich und werde in dem Folgenden zu beweisen suchen, dass unser so genanntes Nibelungenlied, oder bestimmter, die Gestalt des- 4
selben, in der wir es, aus dem Anfange des dreizehnten Jahrhunderts uns überliefert, lesen, aus einer noch jetzt erkennbaren Zusammensetzung einzelner romanzenartiger Lieder entstanden sei.

Wenn diese Behauptung nicht neu erscheinen möchte, weil einige von den Männern, die sich mit so regem Eifer der

* Den Anführungen aus Der Nibelungen Lied, zum erstenmal in der ältesten Gestalt hrsg. von Friedrich Heinrich von der Hagen, zweite Auflage, Breslau 1816 ist die spätere Zählung Lachmanns hinzugesetzt.

Kenntniss und Erforschung altdeutscher Dichtung gewidmet, eben dieselbe oder doch manche ihr auffallend ähnliche aufgestellt haben: [1]) so würde dies theils eine genauere mehr ins Einzelne gehende Erörterung nicht ausschließsen; theils scheint es auch, dass zu ihrer rechten Feststellung und Begründung mehrere zwar verwandte und sich überall berührende Fragen, deren jede aber dennoch in einen anderen Kreis eingeschlossen ist, bestimmter, als bisher geschehen zu sein scheint, von einander getrennt werden müssen.

Man hat sich mit Recht bestrebt, von der einen Seite her das Geschichtliche, aus dem Sage und Lied allmählig gebildet worden, zu erforschen; man hat in anderer Beziehung angefangen, dem Zusammenhange und der Ausbildung der Sage, und der Dichtung mit ihr, nachzuspüren. Durch die Verbindung beider Untersuchungen ist schon ein Bedeutendes für die Geschichte der Sage und des ganzen Deutschen Liederkreises gewonnen. Von dieser möchte ich nun aber einmahl die Geschichte dieses einzelnen Gedichts, von der Nibelungen Noth absondern; und wenn die früheren Forschungen meistens auf die Geschichte des ganzen Sagenkreises gerichtet waren, oder, wo sie auf dieses Werk insbesondere bezogen wurden, dennoch immer mehr die
5 Bildungsgeschichte aller in diese Reihe gehörigen Lieder trafen, so ist dagegen meine oben aufgestellte Behauptung nur in Beziehung auf dieses Gedicht gemeint, und soll in dem Folgenden auch einzig und allein durch dieses durchgeführt werden.

2.

Dabei mag nun die Frage fürs erste ausgesetzt bleiben, deren Beantwortung großentheils selbst erst von dem Erfolg unserer Forschungen abhangen wird, ob das Gedicht in seiner jetzigen oder einer ihr sehr ähnlichen früheren Gestalt ein künstliches sei, oder ein Volkslied, [2]) und im letzteren Falle vielmehr aus Volksliedern zusammengefügt. Bei den Homerischen Gesängen ist diese Frage ebenfalls zur Sprache gekommen und ein bedeutender Theil des Beweises eben darauf gebaut worden. Aber bei diesen war ausgemacht, dass sie von Sängern und Rhapsoden gesungen worden: dagegen, wie gewiss es sein mag, dass ein Theil der Lieder, die unserem Deutschen Sagenkreise angehören, bis ins siebzehnte Jahrhundert hinein im Munde des Volkes lebte, so ist doch gerade von unserem Liede noch durch kein bestimmtes Zeugniss bewiesen, dass es jemahls unter das Volk gekommen, und am wenigsten, dass es in seiner gegenwärtigen Gestalt je nicht bloſs gelesen, sondern gesungen sei. [3])

Auch scheint in der That auf den ersten Blick in derganzen Gestalt und Darstellung des Gedichts gar sehr Vieles der Behauptung, dass es aus mehreren Liedern zusammengefügt sei, zu widersprechen; sehr Vieles deutet, so lange man sich nicht verbunden hält, einen späteren Überarbeiter und Ordner anzunehmen, auf einen einzigen Verfasser des ganzen Werkes, der sich mit demselben überall einem bestimmten Zeitalter anweiset. Denn der Sprache zuvörderst ist doch ganz deutlich durch und durch der Stempel der Jahrzehende auf der Gränze des zwölften und dreizehnten Jahrhunderts aufgedrückt, wiewohl noch hin und wieder auch besonders einige Freiheiten der Wortfügung auf eine etwas frühere Zeit hinzudeuten scheinen. Ferner führt uns in eben jene Jahre die ausgezeichnete Reinheit der Reime, [4]) die im zwölften Jahrhundert bis auf Heinrich von Veldig niemand erreicht hatte; denn dieser Dichter, der nach dem Ausdruck Gottfrieds von Straſsburg das erste Reis in deutscher Zunge impfte, hat zuerst das bis dahin allgemeine Schwanken zwischen Reim und Assonanz durch seine strengen Reime fast ganz aufgehoben. Eine Eigenthümlichkeit aber eben dieser Reime in unserem Liede scheint eben so deutlich auf einen einzigen Dichter des ganzen Werkes hinzuweisen; ich meine die sehr bemerkliche Armuth, die sich überall in einer oft lange fortgesetzten Wiederhohlung derselben Reime und Reimwörter offenbart [5]). Dann ist ja aber die Darstellung gewiss im Ganzen sich gleich genug; überall jedes in seiner Erscheinung rein ohne Schmuck dargestellt; überall dieselben Beschreibungen, besonders der Kleidung; dieselben Andeutungen des Zukünftigen, bald das Nähere, eben so oft auch den endlichen Schluss des Ganzen verkündigend. Dieses Ganze gibt sich als Eins: dem Dichter ist Kriemhildens Rache an Siegfrieds Mördern und der Untergang der anderen, die sie mit sich ins Verderben reiſsen, ihm ist in höherem Sinne die Idee des Schicksals, das immer Leid auf Freude muss folgen lassen, [6]) das Bewegende und Treibende des ganzen Werkes. Ja auch der Name des Ganzen, der Nibelungen Noth, obwohl ihm hätte ein passenderer mögen gegeben werden, [7]) deutet be-

7 stimmt auf den Endpunkt, nach dem alles Übrige hinstrebt, den Tod der Burgundischen Könige mit ihren Magen und Mannen [8]). Gegen dies alles möchte ich noch nicht die Kürze, das Abgebrochene und Springende in einigen Theilen der Erzählung, wovon späterhin die Rede sein wird, in Anschlag bringen, noch weniger aber die gröfsere Rundung, Glätte und Beweglichkeit der Darstellung in manchen Abschnitten der ersteren und in der ganzen letzteren Hälfte des Gedichts, die ich beim Lesen immer weit lebhafter zu fühlen glaube, als ich sie einem bestimmten Gegner meiner Meinung klar und überzeugend zu beweisen mich unterstehen würde.

Vielmehr scheint es sicherer, vor allem in dem Gedichte selbst zu forschen, wo sich vielleicht noch Spuren der Zusammenfügung möchten nachweisen lassen; und es wird dabei wohl am bequemsten sein, die Stellen, die sich blofs als Zusätze verrathen, mit den anderen zu vermischen, in denen bestimmte Beweise der Zusammfügung gröfserer Lieder zu finden sind. Denn beides wird ja doch gewiss öfter zusammentreffen, und wenn wir nur beides in jedem Falle genau unterscheiden, daraus auch für die Untersuchung kein weiterer Schade erwachsen können. Hierbei mag es uns aber vergönnt sein, von dem zweiten Theile des Gedichts, in dem Burgund mit Ungarn in Verbindung kommt, auszugehen, weil man in demselben leichter zu auffallenden Resultaten gelangt, theils wegen der Beschaffenheit der Erzählung selbst, theils auch durch ein anderweitiges äufseres Zeugniss das uns bald, aber eigentlich nur für diesen letzteren Theil des Werkes, zu Hülfe kommen wird.

8 3.

Und da mögen denn zuvörderst einige Personen der Fabel auftreten, deren Erwähnung sich hin und wieder noch in der jetzigen Gestalt des Liedes als später eingeschoben erkennen lässt.

Zunächst möchte man auf den Markgrafen Rüdiger von Bechlaren fallen, der erst im zehnten Jahrhundert gelebt und mithin, wie auch A. W. Schlegel schon bemerkt auf die Bildung der Sage einen erweislichen Einfluss gehabt hat. Er ist aber so eng in die zweite Hälfte unserer Nibelungenfabel verwebt, dass ich in dem Liede keine deutliche Spur einer Einfügung mehr nachweisen lassen möchte. Dagegen kommt sein Zeitgenosse, Bischof Pilgrin von Passau, der im Jahr 991 starb, wiewohl er Utens Bruder sein soll, doch im ganzen Liede nur selten und auf solche Art vor, dass er für unsere Untersuchung bedeutend und wichtig wird.

Als Kriemhild zu Etzel reist, kommt sie durch Baiern;

da noch ein kloster stat,
Und da daz In mit fluzze in dú Tûnowe gat,
In der stat ze Pazzowe saz ein bischof.

Es ist der Bischof Pilgrin, der ihr entgegen reitet. Sie bleibt eine Nacht in der Stadt, wohl empfangen von den Kaufleuten, und reist von da in Rüdigers Land. Dies wird in fünf Strophen (1235—1239 Z. 5193—5212) erzählt. Als Kriemhild Rüdigers Gemahlinn sieht, reitet sie ihr näher und lässt sich vom Pferde heben. Dennoch findet Eckewart, Kriemhildens Ritter, und der Bischof, von dem nicht erzählt war, dass er von Passau mitgeritten, nöthig Kriemhilden zu der Markgräfinn zu weisen (1252 Z. 5261—5264):

Den bischof sach man wisen siner swester kint, 9
In und Eckewarten, zû Gotelinde sint.
Da wart vil michel wichen an der selben stunt.
Do kuste dú ellende an der Gotelinde munt.

Am dritten Tage reist Kriemhild von Bechlaren weiter; und als sie endlich nach Mautern kommt, wird der lange vergessene Bischof auch wieder erwähnt (1270 Z. 5333—5336):

Der bischof minnecliche von siner niftel schiet;
Daz si sich wol gehabte, wie vast er ir daz riet!
Und daz si ir ere kôfte, als Helke het getan.
Hei, waz si grozer eren sit da zen Hûnen gewan!

Ferner, Wärbel und Swemmel, Etzels Fiedeler, die nach Burgund gesandt sind, um die Könige einzuladen, kommen unterwegs, nachdem sie von Bechlaren gegangen sind, auch zu dem Bischof (1367. 1368 Z. 5721—5728):

E daz die boten komen vol durch Beierlant,
Wærbel der vil snelle den gûten bischof vant.

Der Dichter hat aber wenig Nachricht davon:

Waz er do sinen frûnden hin ze Rine enbot,
Daz ist mir niht gewizzen;

er gibt ihnen Geschenke, und sagt, er wünsche sehr seine

Schwestersöhne bei sich zu sehen. Und nun fängt die folgende Strophe höchst auffallend an:

> Welhe wege si füren ze Rine durch dû lant,
> Des kan ich niht bescheiden.

Denn bei Kriemhildens Reise wird ja auch wenigstens zwischen der Donau und Worms kein Ort genannt; und Rüdiger reiste, eben wie jene (1370, 1 Z. 5733), in zwölf Tagen von Bechlaren
10 nach Worms (1115, 1 Z. 4713), und es wurde von ihm nur gesagt (1114, 3 Z. 4711), er sei durch der Baiern Land geritten: wozu also hier die Entschuldigung, wenn sogar Passau erwähnt war? Noch auffallender ist aber, dass Rüdiger, der doch nach der zuerst angeführten Stelle (1252 Z. 5261 f.) den Bischof kannte, nicht nach Passau kam; denn wenn er auch Eile hatte, Wärbel und Swemmel beendigten ja, trotz ihrem Aufenthalte in Passau, die Reise zum Rheine eben wie er in zwölf Tagen. Endlich aber wird die letzte Stelle auch dunkel durch die Erwähnung des Bischofs, weil nun nicht mehr recht klar bleibt, dass Etzels Boten in zwölf Tagen nicht von Passau, sondern von Bechlaren nach Worms kamen.

Wenn nun aus dem bisher Angedeuteten wahrscheinlich wird, dass die erwähnten neun Strophen eingeschoben sind, so muss dies wohl auch von einer anderen (1435 Z. 5993—5996) angenommen werden, in der Wärbel und Swemmel auf der Rückreise allen Freunden und auch Pilgrin die baldige Ankunft der Burgunden melden, und eben so von den dreien noch übrigen bei der Reise der Burgunden selbst (1568—1570 Z. 6525—6536), wenn sie auch keine Widersprüche oder Unschicklichkeiten enthalten, obwohl bei den letzten in einer sonst sehr ausführlichen Aventüre die Kürze der Erzählung gerade da, wo der Bischof mit seinen Neffen zusammen kommt, besonders auffallen muss. Die den letzten vorhergehende Strophe schloss demnach wahrscheinlich:

> Si wurden wol enpfangen da ze Bechelaren sint,

was denn natürlich, sobald die Strophen von Pilgrin eingeschoben wurden, so, wie wir es jetzt lesen, verändert werden musste: „da ze Pazzöwe sint.“ In den anderen Stellen ist aber eine
11 solche Änderung nicht einmahl nöthig; nirgend werden Sinn und Zusammenhang durch die Auslassung jener Strophen gestört.

4.

Weit bedeutender, als der Bischof Pilgrin, greift Volker, der Fiedler, in die Begebenheiten der letzten Aventüren ein, über die seine doppelte Natur des Helden und Spielmanns eine wunderbarzauberische poetische Heiterkeit ausbreitet. Er wird schon in dem ersten Abschnitte unseres Werkes unter den Vasallen der Burgundischen Könige genannt:

> Volker von Alzeie, mit ganzem ellen wol bewart.

Nachher ist der Fiedler, der kühne Spielmann Volker in dem Kriege gegen die Sachsen und Dänen Bannerführer. Dann wird er auf lange Zeit vergessen, bis er endlich beim Empfange Rüdigers, der für Etzel um Kriemhilden warb, mit Gere, Giselher und Dankwart wieder zum Vorschein kommt, ohne dass dabei mehr als sein Name genannt wird (1128 Z. 4765—4768). Es wird sich späterhin zeigen, dass eben solche Strophen, in denen plötzlich mehrere der Burgundischen Mannen, gleichsam nur um sie doch auch wieder zu erwähnen, genannt werden, sich eben dadurch als eingeschoben verrathen: für jetzt mag diese Stelle, als wenig bedeutend, immer ihr altes Recht behaupten.

Aber nun ferner, wo Günther auf Hagens Rath Recken und Knechte versammelt, um in Ungarn vor Kriemhildens Rache sicher zu sein, kommen Hagen und Dankwart mit achtzig Recken, Volker mit dreifsig seiner Mannen. Die ganze Stelle lautet also (1415—1417 Z. 5913—5924):

> Do hiez von Tronege Hagene Dankwart den brůder sin 12
> Ir beider recken ahzec füren an den Rin.
> Die komen ritterliche; harnasch und gewant
> Fürten die vil snellen in daz Gúntheres lant.
>
> Do kom der küne Volker, ein edel spileman,
> Zů der hovereise mit drizec siner man.
> Die heten sölich gewæte, ez möht' ein künic tragen.
> Daz er zen Húnen wolde, daz hiez er Gúnthere sagen.

Nun weiter, als wenn wir ihn gar noch nicht kennten:

> Wer der Volker wære, daz wil ich úch wizzen lan:
> Er was ein edel herre; im was òch undertan
> Vil der gůten recken in Burgondenlant;
> Durch daz er videln konde, was er der spilman genant.

Diese Strophen sind höchst merkwürdig, und es ergibt sich aus ihnen für unsere Frage Mehreres. Von den dreitausend Helden, die aus Günthers Lande auf sein Gebot zusammen kamen (1413, 3 Z. 5907), hatte Hagen tausend ausgewählt (1412, 3. 1418, 1 Z. 5903. 5925); Hagen und Dankwart brachten achtzig Recken, Volker dreifsig. Als sie von Worms weggehen, kleidet Günther seine Mannen, sechzig und tausend, und neuntausend Knechte (1447, 2. 3 Z. 6042 f.). Hagen setzt über die Donau wohl tausend Ritter hehr, dazu seine Recken, und noch neuntausend Knechte (1513 Z. 6305 ff.). Bei Rüdiger sollen beherbergt werden sechzig schnelle Recken und tausend Ritter gut, nebst neuntausend Knechten (1587 Z. 6603 f.). Bei Etzel gehen mit den Königen zu Hofe

Ir edeln ingesindes tusent küner man;
Darüber sehzec recken, die waren mit in komen,
Die het' in sinem lande der küne Hagene genomen.

13 (1744 Z. 7246 ff.) Günthers Gesinde, nicht das edele, sondern die Knechte wurden schon früher mit Dankwart in die Herberge geschickt (1673 Z. 6959 ff.). Hier wurden hernach erst fünfhundert erschlagen (1869, 3 Z. 7803) und endlich alle neuntausend Knechte (1873, 2 Z. 7818), und

Darüber ritter zwelve der Dankwartes man.

Von diesen und Hagens Mannen (1539, 3 Z. 6411) wurden schon unterwegs in der Schlacht, die der Nachtrab den Baierfürsten lieferte, vier verloren (1559, 1 Z. 6489). Von des Königs Degen lebten, nachdem Kriemhilde das Haus angezündet hatte, noch sechs Hundert kühner Mann (2061, 3 Z. 8599). Nach der Schlacht mit Dietrichs Mannen,

Do waren gar erstorben die Güntheres man.

(2236, 1 Z. 9309). In dieser Zählung nun finden sich bedeutende Schwierigkeiten. Hagens und Dankwarts achtzig Mann kommen nur in der Stelle vor, die uns auf diese Untersuchung leitete. Einigemahl werden Günthern tausend Mann und sechzig Recken gegeben; wo Hagens und Dankwarts Recken besonders erwähnt werden, da bekommt der König nur tausend; und in der einen Stelle (1744, 4 Z. 7248) ist es ganz deutlich, dass die sechzig Recken Hagens Mannen sind:

Die het' in sinem lande der küne Hagene genomen.[5]

Hagens und Dankwarts Mannen brauchten aber in der Stelle, wo das Heer zusammen kommt, eben so wenig genannt zu werden, als der Dichter dies dort von den neuntausend Knechten nöthig fand. Es scheint also die ganze Strophe von Hagens und Dankwarts achtzig Recken eingeschoben, oder doch zum wenigsten die Zahl achtzig, in der die Handschriften übereinstimmen, unrichtig zu sein. Die folgende aber, worin Volker mit dreifsig Mann kommt, um mit nach Hünenland zu fahren, 14
ist sicher erst später eingefügt; die armen Leute, die weiterhin gar nicht mehr vorkommen, müssten denn, ihrer Absicht zuwider, statt mitzugehen, am Rheine geblieben sein. Endlich aber bringt uns die letzte von jenen Strophen:

Wer der Volker wære, daz wil ich úch wizzen lan etc.

auf eine sichere Spur, woher diese Einfügungen kommen. Las ihr Verfasser, wie wir, die früheren Aventüren, so hätte er Volkern, den wir genugsam kennen, nicht auf diese Art eingeführt. Er musste dies aber thun, weil er nachher Volkern häufig erwähnt fand, ohne dass irgendwo gesagt wurde, wer er war. Anderswoher und selbst durch die Sage kannte er ihn schwerlich weiter, weil er uns nicht einmahl erzählt, dass er Herr von Alzeie war.

5.

Und so finde ich, dass bis dahin, wo Volker einen näheren Antheil an den Begebenheiten nimmt, alle Stellen, in denen er erwähnt wird, entweder offenbar eingeschoben oder doch vollkommen überflüssig sind. Es wird schon nöthig sein, sie einzeln durchzugehn und an jeder die Wahrheit dieses Satzes besonders zu zeigen.

Die nächste (1425. 1426 Z. 5953—5960) ist die, wo Etzels Boten, Wärbel und Swemmel, denen Günther vor dem Abschiede, wenn sie wollten, Frau Brünhilden zu sehen erlaubte, durch Volker davon abgehalten und auf morgen verströstet werden. Dann heifst es ganz kurz:

Do si si wanden schowen, done kundes niht geschehen.

Er handelt hier wohl in seinem Charakter, der sich später entwickelt, als Hagens und also auch als Brünhildens Freund: aber

15 es ist doch wunderbar auffallend, dass der eben erst Eingeführte jetzt auf einmahl schon so mächtig mit einspricht.

Kriemhild fragt die rückkehrenden Boten, wer von ihren Verwandten aus Burgund kommen werde. Sie erklären, die drei Könige würden kommen; wer noch mit ihnen, könnten sie nicht sagen:

Ez lobte mit in riten Volker der küne spileman.

Es ist wunderbar genug, dass sie ihn gerade nennen, und nicht einmahl Hagen, nach dem die Königinn bestimmt gefragt hatte. Späterhin aber wird sich uns noch etwas anderes zeigen, das diese ganze Stelle (1439—1442 Z. 6009—6024) verdächtig macht.

6.

Auf der Reise der Burgunden nach Ungarn wird Volker, ehe sie nach Bechlaren kommen, noch einigemahle erwähnt.

Die erste Stelle ist gar sehr verworren, theils eben durch Volkers Erwähnung, theils durch andere noch bedeutendere Interpolationen, wie sich dies sogleich ergeben wird, wenn wir den Inhalt der dazu gehörigen Strophen verfolgen (1512—1532 Z. 6301—6384) Hagen lässt Gold und Kleider in das Schiff tragen, dann setzt er alle nach und nach über. Dabei wird des Königs Kapellan ins Wasser geworfen und rettet sich nur mit Mühe. Als sie das Schiff entladen und ihre Sachen herausgenommen, schlägt es Hagen in Stücken und wirft es in die Flut. Dankwart fragt, wie es nun bei der Rückreise werden solle;

Sit do sagete in Hagen, daz des kunde niht gesin.

16 Er sagt ihnen aber nicht, was er von den Meerweibern erfahren, sondern

Do sprach der helt von Tronege: ich tûn iz uf den wan,
Ob wir an dirre reise deheinen zagen han,
Der uns entrinnen welle durch zægeliche not,
Der mûz an disem wage doch liden schamelichen tot.

Dann folgt eine Strophe von Volker:

Si fürten mit in einen uz Burgondenlant,
Einen helt ze sinen handen, der was Volker genant;
Der redete spæheliche allen sinen mût:
Swaz ie begie der Hagene, daz duhte den videlære gût.

Ihre Rosse waren bereitet, ihre Saumthiere beladen. Sie hatten auf der Reise noch kein bedeutendes Unglück erlitten, bis auf den Kapellan; der musste zu Fuſs wieder zum Rheine wandern. Da sie nun alle ans Ufer gekommen waren (vorher hatten sie schon alles wieder zum Weiterreisen in Stand gesetzt), fragte der König:

Wer sol uns durch daz lant
Die rehten wege wisen, daz wir niht irre varn?
Do sprach der starke Volker: daz sol ich eine bewarn.

Nun heisst es ferner ohne Übergang:

Nu enthaltet ſich, sprach Hagene, ritter unde kneht;
Man sol friunden volgen, ja dunket ez mich reht.
Vil ungefügú mære dú tün ich ú bekant:
Wir en kumen nimmer wider in der Búrgonden lant.

Darauf erzählt er ihnen, was ihm die Meerweiber gesagt, und wie er die Wahrheit ihrer Aussage an dem Kapellan habe prüfen wollen.

Das Verworrene dieser Erzählung fällt auf den ersten Blick 17
in die Augen, so dass es dafür keines Beweises, sondern nur der Versicherung bedarf, dass eben die zweite Hälfte unseres Gedichts von diesem Fehler, bis auf wenige Stellen, sonst gänzlich frei ist.

Die erste Strophe von Volker zeigt deutlich einen neuen Versuch, den Fiedler in das Gedicht einzuführen. Was in dem Folgenden von ihm gesagt ist, lässt sich kaum recht begreifen. Hagen kannte ja die Wege, so dass sie keines andern Führers bedurften. Auſser den Stellen, die sich auf Hagens früheren Aufenthalt bei Etzel beziehen heiſst es auch schon auf eben dieser Reise, da sie durch Osterfranken gehen:

Dar leitete si do Hagene, dem was ez wol bekant.

(1464, 3 Z. 6111). Ja Kriemhilde hatte den Boten gerade dies als den Grund angegeben, warum Hagen mit zu ihr kommen müsste (1359 Z. 5690):

Und ob von Tronege Hagene welle dort bestan,
Wer si danne solde wisen durch dú lant.
Dem sind die wege von kinde her zen Hünen wol bekant.

Und dennoch kannte sie auch Volkern recht wohl; in der (1706) 7093 Zeile sagt sie zu den Hünischen Recken:

Swie stark und swie küne von Tronege Hagen si,
Noch ist er verre sterker, der im da sitzet bi,
Volker der videlære, der ist ein úbel man.
Jane sult ir die helde niht so lihte bestan.

Aber auch einige andere Strophen in dieser Stelle sind mir
sehr verdächtig, eben der schon angedeuteten Verworrenheit
18 wegen. Die Probe, die Hagen an dem Kapellan nimmt, möchte
ich gern ganz, als eine spätere Ausbildung, wegschaffen. Dann
müsste zuerst eine oder auch zwei Strophen in der Erzählung
von den Meerweibern (1481. 1482 Z. 6177—6184) ausfallen,
worin auf Hagens Frage, wie es möglich sei, dass sie alle in
Hünenland den Tod leiden sollten, und nach der Ankündigung,
dass sie ihm die Sache deutlicher gesagt haben, doch nur zum
zweitenmahle der Untergang aller im Allgemeinen verkündigt
und der Kapellan ausgenommen wird. In unserer Stelle aber
würde erst (1513 Z. 6305—6308) erzählt, wie Hagen alle übers
Wasser gebracht:

Des tages was unmüzec des künen Tronegæres hant.

dann weiter (1521. 1522 Z. 6337—6344), ohne Erwähnung des Kapellans:

Do si daz schif entlůden, und gar getrůgen dan
Swaz daruffe heten der drier kúnige man,
Hagen slůc ez ze stucken etc.

Sodann fragt Dankwart: wenn wir nun wieder an den Rhein fahren, wie sollen wir überkommen?

Sit do sagete in Hagene, daz des kunde niht gesin.

Und darauf gleich die hier angekündigte Rede Hagens (1527 Z. 6361):

Nu enthaltet úch, sprach Hagene, ritter unde kneht etc.

In dieser und der folgenden Strophe (1527. 1528 Z. 6361—6368) kündigt er ihnen ihr Schicksal an, und bittet sie sich zu waffnen. Die nächste (1529 Z. 6369—6372), worin er erzählt, warum er den Kapellan habe ertränken wollen, bliebe wieder weg, und dann hieſse es gleich (1530 Z. 6373):

19 Do flugen disú mære von schare ze schar;
Des wurden snelle helde vor leide missevar,
Do si begonden sorgen uf den herten tot
An dirre hovereise; des gie in wærliche not.

Doch möchte vielleicht auch diese Strophe mit der nächsten (1530. 1531 Z. 6373–6380) wieder von einer späteren ausmahlenden Hand sein. Wenigstens ist in der letzteren gleich wieder eine neue Verwirrung:

Da ze Möringen si waren überkomen,
Da dem Elsen vergen der lip was benomen.

Das sieht aus, wie eine geographische Anmerkung. Es heiſst weiter:

Do sprach aber Hagene: sit daz ich viende han
Verdienet uf der strazen, wir werden sicherlich bestan.

Warum spricht er aber, zum zweitenmahl? Noch dazu sagt er ihnen hier, was er vorher schon, ohne dass sie es verstehen konnten, mit der hinzugefügten Warnung sich zu waffnen, gesagt hat:

Nu rat' ich, waz man tû,
Daz ir ſich waffent, helde; ir ſult ſich wol bewarn,
Wir han hie starke viende, daz wir gewærliche varn.

Nach der Absicht des ersten Dichters dieses Liedes setzte er wohl gleich hinzu, was jetzt erst nach drei Strophen folgt (1532 Z. 6381 ff.):

Ich slûc den Elsen [10]) vergen hûte morgen frû;
Si wizzen wol dû mære. nu grifet, helde, zû,
Ob Gelfrat und Else hûte hie beste
Unser ingesinde, daz iz in schædelich erge.

Auf diese Art, glaube ich, kann eine noch erkennbare ältere Gestalt dieses Abschnittes hergestellt werden. Indess mag immerhin ein Theil dieser Herstellung als Hypothese auf sich beruhen: es kommt uns hier hauptsächlich nur auf Volker an.

7.

Acht Verse darauf (1534. 1535 Z. 6389–6396) widerhohlt Giselher sehr unnöthig Günthers Frage noch einmahl:

Wer sol daz ingesinde wisen über lant?
Si sprachen: daz tû Volker, dem ist ez hie wol bekant
Stic unde straze; der küne spileman.

Da waffnet er sich und bindet ein rothes Zeichen an seinen

Schaft. Gegen diese Erzählung ist wieder, wie gegen die vorige, einzuwenden, dass man neben Hagen keinen weiteren Führer mehr nöthig hatte. Wenn aber wahr ist, was Göttling aus dieser rothen Fahne und einigen anderen Umständen vermuthet, [11]) dass die Nibelungen Gibellinen seien, so gibt sich eben darin auch diese Stelle als eine spätere zu erkennen.

Einmal noch kurz darauf, wie Gelfraten und Elsen die Schlacht geliefert ist, kommen wieder zwei Strophen von Volker, in denen seine Erwähnung zum allerwenigsten müssig ist (1562. 1563 Z. 6501—6508). Das streitmüde Gesinde fragt seinen Führer Dankwart, wie lange sie reiten sollen:

Do sprach der küne Dankwart: wir mugen niht herberge han.

In der ersten dieser beiden Strophen fährt er noch fort:

Ir müzet alle riten, unz ez werde tac.

21 Da lässt Volker, der des Gesindes pflag, (der übrigen, die nicht gestritten hatten,) den Marschall auch fragen, wo sie die Nacht ruhen sollen:

Do sprach der küne Dankwart: ine kans niht gesagen;
Wir en mügen niht gerûwen, e iz beginne tagen.
Swa wirz danne finden, da legen uns an ein gras.
Do si dû mære horten, wie leit in sûmelichen was!

Diese Strophe mag wohl echt und alt sein, wenn auch die ersten Worte, Do sprach der küne Dankwart, vielleicht interpoliert sind; die vorhergehende (1562 Z. 6501—6504) aber verräth sich in jeder Zeile als Einschaltung. Damit Volker verherrlicht werde, muss das übrige Gesinde, das vor und nach der Überfahrt über die Donau geruhet, auch über Müdigkeit klagen, und Dankwart ihm wieder die nämliche Antwort geben. Dass sie am Morgen ruhen sollen, sagt er, wenn jene Strophe stehen bleibt, nur den Übrigen und nicht seinem Gesinde, dem diese Nachricht weit tröstlicher und nöthiger war.

Von dem Theile der Erzählung an, wo die Burgunden nach Bechlaren zu Rüdiger kommen, werden sich schwerlich mehr Stellen von Volker finden, in denen kleinere Interpolationen bestimmt könnten nachgewiesen werden. Er tritt seitdem so förmlich mit den andern in die Reihe, dass man selten ihn allein, sondern höchstens größere Stücke, in denen er mit-

handelt, wird ausscheiden können. Und so will ich es auch nur als eine nicht strengerweisliche Muthmaſsung geben, dass ein ritterlicher Sänger, einer der Diaskenasten unserer Lieder, auch in den folgenden Gesängen sein Augenmerk besonders auf ihn gerichtet und ihn in einigen gerade der schönsten Stellen
durch ein ausgeführteres Lob fast zu sehr über die anderen könne 22
erhöhet haben [12]).

8.

Es bleibt uns noch eine andere Untersuchung derselben Art zu führen übrig, nämlich ob auch noch jetzt Spuren in dem Liede anzutreffen sind, dass die Stadt Wien, die erst im Jahre 1162 erbaut worden, nur durch eine spätere Überarbeitung, wie auch schon A. W. Schlegel angenommen, in dem Gedichte ihre Stelle gefunden habe.

Wien wird überhaupt nur zweimahl erwähnt. Zuerst, ehe Rüdiger, um Kriemhilden für Etzel zu werben, von Ungarn abreist, lässt er sich Kleider von Wien kommen. Dies wird in der folgenden Strophe erzählt (1102 Z. 4661):

> Rüdeger von Ungern in siben tagen reit;
> Des was der künic Etzel fro und gemeit.
> Da zer stat ze Wiene bereite man im wat;
> Done moht' er siner reise do niht langer haben rat.

Dann wird uns weiter gesagt, wie ihn Gotelinde und ihre Tochter zu Bechlaren erwarteten, worauf die Erzählung also weiter fortgeht (1104 Z. 4669):

> E daz der edel Rüdeger ze Bechelaren reit,
> Uz der stat ze Wiene do waren in ir kleit
> Rehte volleclichen uf den sömen komen;
> Die füren in der maze, daz in wart. wenic iht genomen.
> Do si ze Bechelaren komen in dü stat,
> Die sinen reisgesellen herbergen do bat
> Der wirt vil minneccliche etc.

Ob er die Kleider vor seiner Abreise von Etzels Burg oder erst 23
auf der Reise bekommen, ist nicht deutlich, [13]) und, wie man wohl sieht, durch die Erwähnung Wiens alles etwas in Unordnung und Verwirrung gerathen, so dass selbst nicht mehr klar ist, ob Rüdiger nach sieben Tagen abgereist oder in sieben Tagen nach

Bechlaren gekommen sei, und erst die Klage völligen Aufschluss darüber gibt, in der (2108 Z. 4428) Dieterich am siebenten Morgen in Bechlaren anlangt. Wie viel aber in dieser Stelle neu sei, und ob nicht hier vielleicht etwas Neues an die Stelle des Alten gesetzt worden, wage ich nicht zu entscheiden.

Eben dies muss ich von der andern Stelle sagen, wo Etzel sein Beilager mit Kriemhilden zu Wien hält. Hier wird Wien dreimahl (1301, 2 Z. 5458. 1305, 3 Z. 5475. 1315, 1 Z. 5513.) namentlich angeführt. Man wird ohne Zweifel annehmen müssen, dass auch hier Einiges eingefügt sei: doch wüsste ich keine sichere Spur der Interpolation anzugeben [14].

Es können vielleicht einst noch mehrere den bisher geführten ähnliche Untersuchungen angestellt werden, wenn es sich wird möglich machen lassen, die Unterschiede der Sitten in dem Zeitraum zwischen dem zehnten und dreizehnten Jahrhundert genau zu erkennen; denn vermuthlich werden sich aus einer solchen Vergleichung noch manche neuere Zusätze in unserem Liede ergeben. Man hat auch die Stellen, die sich auf das Christenthum beziehen, späterer Zeit zuschreiben wollen: allein ich habe nirgend ein Zeichen gefunden, woran sie sich als neuer eingefügt erkennen ließen, obwohl es wahr ist, dass nirgend [15]) das Christliche hervortritt und auch nach der Beschaffenheit der Fabel nicht oft und nicht sehr bedeutend hervortreten kann [16].

24 9.

Aber es ist Zeit, auf einige andere Punkte aufmerksam zu machen, durch deren Betrachtung, wie ich hoffe, unsere Untersuchung wieder um einige Schritte weiter geführt werden soll. Denn wenn die bisher durchgegangenen Stücke nur als eingefügt anzunehmen sind, so zeigen sich nun auch eben in bedeutenden Punkten der Erzählung einige bestimmte Anfänge einzelner Lieder, die aus der Zeit, wo die Begebenheiten zwar wohl durch die Sage, aber noch nicht durch die Form eines einzigen Epos verknüpft waren, nachher in das letztere mit übergegangen sind.

Dahin gehört in der zweiten Hälfte, von der wir noch immer allein reden, gleich der Anfang (1083 Z. 4585):

Daz was in einen ziten, do frô Helke erstarp,
Und daz der künic Etzel umb ein' ander frôwen warp,
Do rieten sine fründe in der Burgonden lant
Z' einer stolzen witewen, dû was frô Kriemhilt genant.

Etzel lässt sich darauf noch mehr von Kriemhild und ihren Brüdern erzählen, das der Dichter, dem man nicht die Künste unserer nachgeahmten Heldengedichte zuschreiben darf, schwerlich so würde vorgetragen haben, wenn er nicht auch uns erst mit jenen Personen bekannt machen wollte.

Eine Stelle derselben Art (1363 Z. 5705 ff.). Etzel hat seine Boten nach Worms abgeschickt; wir wissen schon alle Umstände, alles was ihnen bestellt ist. Die Erzählung von ihrer Fahrt, die ursprünglich einzeln stand, hebt an:

Die boten dannen füren uzer Hünenlant
Zû den Burgonden, dar waren si gesant,
Nach drien edeln künigen und öch nach ir man;
Si solden komen Etzele. des man do gahen began.

Wir sind gewohnt dergleichen Anfänge mitten in der Erzählung gerade für eine epische Manier zu halten: allein man muss gestehen, dass diese Ansicht eben auch nur aus den Homerischen Gesängen genommen ist, in denen gerade dasselbe neue Anheben und ein neues Einführen schon bekannter Personen am Anfang der einzelnen Lieder sehr gewöhnlich ist [17]).

Und so müssen wir eben dahin auch die Stelle rechnen (1582 Z. 6581 ff.), wo Eckewart Günthern versprochen hat, ihn und die Seinen bei Rüdiger anzumelden, und nach der Erzählung davon ganz wie von vorn angefangen wird:

Man sach ze Bechelaren ilen einen degen;
Selbe erkande in Rüdger; er sprach: uf disen wegen
Dort her gahet Eckewart, ein Kriemhilde man.
Er wande, daz die viende im heten leide getan [18]).

Den Beweis, dass hier ein neues von dem vorigen unabhängiges Lied anhebe, verstärkt noch ferner der Umstand, dass gerade in dem Folgenden und selbst schon in Eckewarts Botschaft auch Volker in die Reihe der übrigen tritt, mit dessen Erwähnung in dem Vorigen es, wie oben gezeigt worden, seine eigene Bewandtniss hat, und der selbst da, wo man Eckewart schlafend gefunden, noch nicht genannt wurde.

Aber auch eben diese zunächst vorhergehende Erzählung
26 von Eckewart zieht unsere Aufmerksamkeit insbesondere auf sich. Es wird darin so fragmentarisch, wie nicht leicht in einer anderen Stelle unseres Gedichts, erwähnt, dass Eckewart, von dem man nicht begreift, wie er dahin kam, [19]) auf Rüdigers Mark schlafend gefunden wurde; worauf ihm Hagen sein Schwert abnahm, das ihm die Burgunden wieder gaben und darauf von ihm zu Rüdiger eingeladen wurden. Dabei ist auffallend, dass Eckewart, den wir aus dem ersten Theile noch recht wohl kennen und im zweiten ungern vermissen, hier wieder als eine neue Person vorgeführt wird:

Ja was geheizen Eckewart der starke ritter gût;

die Burgunden ihn auch nicht weiter zu kennen scheinen, ob er gleich klagt:

Sit ich verlos Sivriden, sit was min freude zergan,

und auch zu erkennen gibt, dass er wohl wisse, wèr sie seien:

Doch rúwet mich vil sere zen Húnen úwer vart.
Ir slûget Sivriden, man ist ú hie gehaz.

Ich bin daher der Meinung, dass einer unserer Diaskeuasten, der aber die ersten Gesänge wenigstens nicht vollständig kannte, [20]) hier das vorhergehende Lied fand, das nach den vorher angestellten Untersuchungen mit der Zeile (1567, 4) 6524 schloss:

Si wurden wol enpfangen da ze Bechelaren sint,

welches er mit dem Folgenden (1582 Z. 6581 ff.),

Man sach ze Bechelaren ilen einen degen etc.

durch jene Erzählung, bei der er eine andere Sage [21]) voraussetzte, in Verbindung zu bringen versuchte.

27 Endlich ist noch an dieser Stelle bemerkenswerth, dass Eckewart die Burgunden warnt, und ihnen sagt: man ist ú hie gehaz. Der Verfasser las also oder beachtete wenigstens nicht, dass späterhin angenommen wird, es sei ihnen davon noch nichts bekannt. Dietrichen, heifst es (1661 Z. 6911 ff.), war ihre Reise leid:

Er wand' ez wiste Rüdger, daz erz in hete geseit.

Er fragt:

ist ú daz niht bekant?
Kriemhilt noch sere weinet den helt von Nibelungelant.

worauf Günther antwortet:

Wie sol ich mich behüten? sprach der künic her.
Etzel uns boten sande, (wes sol ich fragen mer?)
Daz wir zůz' im solden riten her inz lant;
Och hat uns menigú mære min swester Kriemhilt gesant.

Darauf erst sagt Dieterich Günthern und Gernoten heimlich die Sache genauer.

10.

An die zuletzt bemerkten Widersprüche mögen sich nun noch ein Paar andere anschliefsen, und zwar zuerst die Stelle, wo Kriemhild den Boten besonders aufträgt ihre Brüder und Hagen von ihr zu grüfsen und einzuladen (1349, 4 Z. 5652. 1353 1360 Z. 5666—5696). Damit übereinstimmend heifst es in einer eben angeführten Zeile:

Och hat uns menigú mære min swester Kriemhilt gesant.

Hingegen in dem nächstfolgenden Liede (denn als verschieden 28
von dem vorhergehenden haben wir es schon an seinem Anfange erkannt) bestellen die Boten zu Worms nichts von der Königinn insbesondere, Hagen wird eigentlich gar nicht einmahl mit eingeladen. Und mit dieser Erzählung, nicht aber mit der ersteren, verträgt sich wieder was Kriemhild zu Hagen sagt (1725 Z. 7169):

Her Hagene, wer hat nach ú gesant,
Daz ir getorstet riten her in dizze lant,
Unde ir daz wol erkandet, waz ir mir habt getan?
Hetet ir gûte sinne, ir soldet ez billiche lan.

und was er ihr antwortet:

Nach mir sande niemen, sprach do Hagene;
Man ladete her ze lande drie degene;
Die heizent mine herren, und bin ich ir man:
In deheiner hovereise bin ich selten hinder in bestan.

Es wird sich späterhin zeigen, dass alle die Lieder, in denen diese Stellen enthalten sind, auch nach andern Kennzeichen als verschieden und ursprünglich einzelnstehend angenommen werden müssen.

Damit aber die Kritik ja nicht übermüthig werde, soll hier sogleich eine andere Stelle angeführt werden (1439—1442 Z.

6009—6024), in der sie sich bei reiflicher Überlegung endlich doch bescheiden muss, zweifelhaft zu lassen, ob der darin enthaltene Widerspruch bloſs auf Rechnung des Dichters komme, der ein anderes Lied nicht kannte, oder hingegen die ganze Stelle als ein später eingefügtes Stück anzusehen sei; auf die letztere Seite wird sie sich vielleicht mehr hinneigen dürfen, weil darin wieder Volker der Spielmann erwähnt wird. Die Königinn fragt nämlich die zurückgekehrten Boten, welche ihrer Ver-
29 wandten zur Hochzeit kommen würden, und was Hagen dazu gesagt habe. Sie antworten:

Der kom zer sprache an einem morgen frû;.
Lútzel gûter sprúche redet' er derzû.
Do si dú reise lobten her in Húnenlant;
Daz was dem grimmen Hagene gar zem tode genant.
Ez kument íwer brûder, die kúnige alle dri,
In herlichem mûte; wer mer damite si,
Der mære ich endeclichen wizzen nine kan.
Ez lobte mit in riten Volker der küne spileman.

Vergleicht man nun damit die vorhergehende Erzählung, die nach meiner Meinung in demselben Liede enthalten ist, so findet man darin nicht, dass Günther und die Seinen sich gerade an einem Morgen früh zum Rath versammelt, dass aber Wärbel und Swemmel nicht wohl wissen konnten, was Hagen dabei gesagt hatte, weil sie über sieben Tage wieder zum Könige beschieden waren und bis dahin in der Herberge blieben.

Nun mag aber eine andere Stelle erwähnt werden, in der keinesweges ein Widerspruch, sondern eine unnöthige und deshalb eben so verdächtige Wiederholung zu finden ist. In dem Liede, bei dem wir uns so eben aufhielten, wirft in der Berathung über die Reise (1403. 1404 Z. 5865—5872) Giselher dem Hagen vor, er widerrathe die Reise, weil er sich schuldig wisse; worauf dieser zornig erwidert, man werde wohl sehen, dass niemand mit gröſserem Muthe mit ihnen reise. Zum klaren Beweis nun, dass wir da, wo wir die Abreise der Burgunden erzählt lesen, uns in einem anderen Liede, welches das vorhergehende nicht als bekannt voraussetzte, befinden,[21]) kommt hier
30 die ganze Geschichte noch einmahl (1452 Z. 6061 ff.). Hagen verspottet Utens Traums: wir mögen immer freudig in Etzels Land reisen.

Hagen riet dû reise, iedoch gerô ez in sît.
Er het' ez widerraten, wan daz Gernot
Mit ungefügen worten im also missebot.
Er mant' in Sivrides, frôn Kriemhilden man;
Er sprach: davon wil Hagene dû grozen hovereise lan.
Do sprach von Tronege Hagene: durch vorhte ich niene tû.
Swenne ir gebietet, helde, so sult ir grifen zû;
Ja rît' ich mit û gerne in Etzelen laut.
Sit wart von im verhôwen vil manic helm unde rant.

11.

Wir stellen absichtlich mancherlei Erscheinungen zusammen, um zu zeigen, aus wie vielen einzelnen ganz verschiedenen Punkten sich der Ursprung unseres Gedichtes erkennen lasse. Deshalb soll hier gleich von einer Stelle geredet werden, die uns wieder auf eine andere Seite der Untersuchung weist. Als alles zur Reise fertig war, heifst es (1448 Z. 6045),

Do trûc man dû gereite ze Wormez über den hof.
Do sprach da von Spire ein alter bischof
Zû der schönen Ûten: unser frûnde wellent varn
Gegen der hochgezite; Got müz' ir ere da bewarn!

Der eigentliche Sinn dieser Stelle ist unverständlich: doch lässt sich vermuthen, dass der alte Bischof von Speier, der nicht weiter 31 vorkommt, Unglück ahnte und sie warnen wollte. Wenigstens scheint dies daraus zu erhellen, dass unmittelbar darauf Ute ihren Kindern erzählt, wie ihr von dem Tode aller Vögel in diesem Lande geträumet habe. Es ist wohl erlaubt anzunehmen, dass wir hier nur ein Bruchstück, einen halbverlorenen Nachklang des alten Liedes haben, zumahl wenn sich dies noch von anderen Stellen zeigen liefse.

Dergleichen finden wir aber, wie ich glaube, in der Erzählung von Hagens Gespräch mit den Meerweibern und der darauf folgenden Ermordung des Schiffers. Die Meerweiber versprachen ihm, wenn er ihre Kleider herausgeben wollte, sein Schicksal in Hünenland zu sagen (1476, 4 Z. 6160).

Des er do hin z' in gerte, vil wol bescheideten si im daz.

Nach der Erzählung aber begehrte und fragte er nichts. Ferner, der Schiffer drohet Hagen, wenn er nicht wieder aus dem Schiffe trete (1498, 4 Z. 6248):

So liebe dir si ze lebene, so trit vil balde uz an den sant.

Es ist auch nachher deutlich, dass Hagen bei ihm im Schiffe stand: wie er aber hineinsprang, wurde nicht erzählt; und diese Auslassung ziemt der epischen Breite unseres Liedes nicht. Weiter wird zwar erzählt, dass Hagen dem Schiffer das Haupt abgeschlagen und es auf den Grund, nämlich des Flusses, geworfen (1502, 3 Z. 6263): aber aus dem Folgenden (1506, 2 Z. 6278), wo Günther und die Übrigen nur das Blut im Schiffe fliefsen sehen, ist klar, dass er den ganzen Leib des Schiffers hinausgeschafft habe.

Hierbei ist nun merkwürdig, dass die drei Dänischen Lieder
32 von Grimilds Rache, die in so vielen Punkten mit unserer Fabel zusammenstimmen, wenigstens einen Theil gerade jener Lücken in unserer Erzählung ausfüllen. In allen dreien fragt Hagen das Meerweib, wie es ihm geben werde, wenn er nach Hven zu seiner Schwester Grimild komme. In dem ersten schlägt er dem Meerweibe, in dem dritten aber dem Vergen das Haupt ab, und wirft es ins Meer; worauf er ihm dann den Rumpf nachsendet, damit sich beide auf dem Grunde zusammen finden mögen. Dagegen erschlägt er in dem ersten und dritten dieser Lieder den Fährmann aus Grimm, weil er ihn nicht überfahren will, dagegen in unserem Liede, wo der Verge Hagen zuerst angreift, die Sache besser und vollständiger dargestellt ist.

So wie hier aus der Vergleichung dieser Kiæmpeviser, ergibt sich noch manches der Art, besonders aus der Vilkinasaga, selbst zum Theil vielleicht für die Geschichte der einzelnen Lieder unseres Werkes. Wir enthalten uns aber hier dergleichen anzuführen, weil dabei doch immer zweifelhaft ist, ob wir über die Bildung unserer noch vorhandenen Gesänge oder über die Gestalt der Sage in anderen Liedern einen Aufschluss gewonnen haben.

12.

Vielmehr wollen wir uns jetzt nach einem bestimmteren Zeugnisse für unser Werk umsehen, das, wenn ich nicht sehr irre, die bisher aus einigen Theilen des Liedes selbst erwiesene Behauptung zur historischen Gewissheit bringen soll. Dieses Zeugniss finden wir in der bekannten Fortsetzung der Nibelungennoth, dem Mähre von der Klage. Um aber zu erforschen, ob

das Zeugniss dieses Gedichts auch wirklich unsere Nibelungen- 33
noth treffe, wird es nöthig sein zu untersuchen, was der Dichter selbst von seiner Quelle für Nachricht gibt.

Als den letzten Ursprung seiner Erzählung gibt er am Schluss ein Mähre an, das auf Befehl des Bischofs Pilgrin sein Schreiber, Meister Konrad, nach den Erzählungen des Hünischen Fiedelers Swemmel, geprüft, das heifst, bereitet [23]) und in Lateinischen Buchstaben geschrieben [24]). Was den Inhalt dieses Werkes betrifft, so las man darin,

> Wiez ergangen wære
> — — — — — — — —
> Von der alresten stunde,
> Wiez sich hûb und ôch began,
> Unde wiez ende gewan
> Umbe der gûten knehte not,
> Und wie si alle gelagen tot;

oder, wie es in einer anderen Stelle (1731 Z. 3705 ff.) heifst:

> Die stúrme und der recken not,
> Und wie si sin beliben tot.

Ferner nennt er es (9 Z. 17) ein viel altes Mähre, und berichtet (6 Z. 12), es sei von alten Stunden her viel währlich gesagt; noch deutlicher am Schluss, gleich nach der Erzählung von Konrads Arbeit:

> Getihtet man ez sit hat
> Dicke in Tûtscher zungen; [25])
> Die alten mit den jungen
> Erkennent wol daz mære.

Im Anfange erwähnt er nun aber auch ein einzelnes Deutsches Gedicht:

> Diz alte mære 34
> Bat ein tihtære
> An ein bûch schriben;
> Des en kund' ez niht beliben,
> Ez en si ôch noch davon bekant,
> Wie die von Burgondenlant
> Bi ir ziten und bi ir tagen
> Mit eren heten sich betragen.

So lautet die Stelle in der Sanct-Galler Handschrift: [26]) die erste Hohenemser weicht nicht allein in den letzten Worten ab, sondern wiederhohlt in den ersten auch nur das Zeugniss von dem Lateinischen Buche:

Dizze vil alte mære
Het' ein schribære
Wilen an ein bûch geschriben,
Latine; des n' ist ez niht beliben etc.

wonach es scheinen möchte, der Dichter der Klage habe selbst das Lateinische Werk gelesen. Dagegen führt er selbst, dem wir doch mehr als dem Hohenemser Überarbeiter glauben müssen, dieses niemahls bestimmt an, wohl aber kommen bei ihm ein Paar nicht darauf passende Ausdrücke vor (Anm. zu 21 Z. 84):

Als uns dú aventúre giht,

und (2172 Z. 4529):

Uns seit der tihtære,
Der uns tihte diz mære[27]).

In anderen Stellen sagt er (Anm. zu 20 Z. 56), wie am Anfange und Ende:

Diz mær' im grozer tugende giht;

dann (148 Z. 291), auch wieder wie dort:

Daz hiez man allez schriben;

auch mit einem neuen Ausdrucke für den Dichter (800 Z. 1774):

Der meister sagt, daz ungelogen
Sin disú mære;

und abermahl (22 Z. 88):

Der rede meister hiez daz
Ôch tihten an dem mære;[28])

und wieder (285 Z. 583):

Des bûches meister sprach daz e.

Ferner (Anm. zu 12 Z. 35):

Als uns daz bûch gesaget hat;

dann (Anm. zu 20 Z. 68) sogar in der Mehrzahl:

Als uns ist gesaget sit,
Und ist uns von den bûchen kunt,

aus übergroſser Genauigkeit, die verschiedenen Exemplare anzudeuten, deren er und die anderen sich bedienten. Einmahl auch (Anm. zu 12 Z. 29):

> Úch ist nach sage wol bekant;

und anderswo (1098 Z. 2405), zur Erklärung davon:

> Ein teil ich ú der nenne,
> Die ich von sage bekenne,
> Wand si angeschriben sint.

In den übrigen Stellen heiſst es nur: wie wir oft vernommen haben, das ist uns, oder ist euch wohl bekannt, und was dem ähnlich ist: womit der Dichter denn zum Theil wohl auf die Sage deuten mag [29]): wenigstens aber fand er sie seinem Buche
gleichlautend; sonst würde er nach seiner Genauigkeit die 26
falschen Sagen gewiss widerlegt haben [30]). Eben diese Genauigkeit kommt uns aber bei unseren Untersuchungen sehr zu Statten, so wie seine Weitläuftigkeit; durch beide sind wir sicher gestellt, dass er nichts irgend Bedeutendes geändert, und nichts das für sein Gedicht passen konnte, unerwähnt habe vorbeigehen lassen. Wagt er doch nicht einmahl, die Goldstickerei an der seidenen Decke an Herrats Sattel, den Helke zuvor geritten, aus eigener Phantasie zu beschreiben (2079 Z. 4353):

> Jane kan ich ú besunder
> Niht gesagen daz wunder,
> Wie dem werke wære.

13.

Um so wichtiger ist es denn, das Verhältniss des Buches, dem der Dichter der Klage folgte, zu unserem Nibelungenliede genau zu erforschen.

Nach seiner Aussage wurde darin die Familie der Burgundischen Könige eben so wie in den Nibelungen angegeben, ferner Siegfrieds Ältern gerade wie dort, seine Ermordung durch Hagen, wie Etzel die Burgunden eingeladen und freundlich empfangen, wie viele bei ihm in Hünenland das Leben verloren. Auſserdem begriff das Mähre aber auch alles in der Klage Enthaltene, das der Dichter der letzteren sich zur weiteren Ausführung wählte. Denn auf das ausdrückliche Zeugniss des Meisters dieses Mähres erzählt er (800 Z. 1774), wie die Frauen

den Todten die Riemen aufgeschnitten, statt ihnen die Kleider auszuziehen; und am Ende (2173 Z. 4529) berichtet er, der
37 Dichter, der uns dies Mähre dichtete, erzähle, er habe gern schreiben wollen, was endlich mit Etzel geworden sei, wenn er es nur in der Welt von jemand hätte erfahren können. Daraus erhellet also, dass das Werk nicht unsere Nibelungennoth, sondern wenigstens am Ende weit vollständiger war.

Dass es aber auch nicht unser Gedicht, etwa nur mit dem Anhange eines Liedes, einer Aventüre von der Klage[31]), gewesen, ergibt sich schon daraus, dass die Grundansicht unserer Nibelungen, Freude und Leid, nirgend erwähnt wird, womit der Dichter Etzeln und die übrigen, die so viele Trostgründe aufsuchen, sich gewiss wenigstens einmahl würde haben beruhigen lassen, wenn sie ihm das Gedicht an die Hand gegeben hätte. Hingegen findet sich zwar auch der Gedanke, dass um Siegfrieds Tod so mancher kühne Mann sein Leben habe lassen müssen (633 Z. 1422. 1886 Z. 4000); und Brünhild beklagt selbst, dass sie Kriemhilden je gesehen, die ihr mit Rede den Muth erzürnt, wodurch Siegfried das Leben verloren (1988 Z. 4174):

Davon ich nu den schaden han.
Ir wart ir freude von mir benomen:
Daz ist ŏch mir nu leider komen
Heim mit grozen rúwen:

aber es kommt daneben eine andere unserem Gedichte völlig fremde Ansicht zum Vorschein, dass dies grofse Unglück, welches die Burgunden getroffen, die Strafe für eine alte Schuld und zwar für den Kriemhilden geraubten Nibelungenhort gewesen (114 Z. 263. 635—641 Z. 1426—1438. 96—99 Z. 226—231). Wenn aber diese vielleicht dem Verfasser der Klage selbst angehört, so schreibt dieser dafür dem früheren Dichter ausdrücklich eine
38 andere den Nibelungen nicht minder unbekannte zu, durch welche Kriemhildens That sollte entschuldigt werden (285 Z. 583):

Des bůches meister sprach daz e:
Dem getrúwen tůt untrúwe we.
Sit si durch trúwe tot beleip,
Und si groz trúwe darzů treip,
Daz si in trúwen vlos ir leben,
So hat uns Got den trost gegeben:
Swes lip mit trúwen ende nimt,
Daz der zům himelriche zimt.

14.

Dessenungeachtet unterstehe ich mich zu behaupten, und es soll sich durch die nachfolgende Vergleichung ergeben, dass der Verfasser der Klage einen grofsen Theil der Nibelungennoth vor sich hatte. Jetzt mag nur auf die bemerkbare Gleichheit einiger Gedanken und Ausdrücke in beiden Gedichten aufmerksam gemacht werden.

In der Klage werden (Anm. zu 12 Z. 32), wo der Dichter eben als bekannt angegeben, dass ihr Land Burgund hiefs, nun aus dem Buche genannt,

> Die in dû erbe liezen,

nämlich Dankrat und Ute. In den Nibelungen (7 Z. 25):

> Ein richû kûneginne, frô Ûte ir mûter hiez;
> Ir vater der hiez Dankrat, der in dû erbe liez.

Ferner soll den Lesern oft gesagt sein (36 Z. 106),

> Wie frô Kriemhilt sit gesaz
> Zen Hûnen, als frô Helke e.

Eben so in den Nibelungen (1323, 4 Z. 5548): 30

> Hei, wie gewalteclîche si sit an Helken stat gesaz!

Der Verfasser der Klage führt fort (37 Z. 108):

> Doch tæt ir z' allen ziten we,
> Daz si ellende hiez.

In den Nibelungen klagt sie Etzeln (1343, 4 Z. 5628):

> Ich höre min die lûte niwan für ellende jehen.

Nach beiden Erzählungen kann sie sich nicht trösten (Klage Anm. zu 58 Z. 151);

> Swie dicke daz geschæhe,
> Daz Kriemhilt vor ir sæhe
> Zwelf kûnege under krone stan,
> Die ir waren undertan
> Mit dienst, swie si gerûchte
> Und siz an si versûchte.

(Nibelungen 1331 Z. 5577):

Nu het si wol erkunnen, daz ir niemen widerstûnt,
Also noch fürstenwibe küniges recken tûnt,
Und daz si alle zite zwelf künige vor ir sach.

Auch in der folgenden Stelle ist die Ähnlichkeit nicht zu verkennen. Klage 63 Z. 164:

Jane kunde ir beider kunne
Den willen niht erwenden,
Sine hete mit ir henden,
Ob si mohte sin ein man,
Ir schaden, als ich mich verstan,
Errochen manigú stunde.

In den Nibelungen sagt sie, obwohl mit anderer Beziehung (1356, 3 Z. 5679):

Die Hünen wellent wænen, deich aue friunde si.
Ob ich ein ritter wære, ich köm' in etwenne bi.

Der König Etzel klagt laut (Kl. 313 Z. 681):

Als ob man hort' ein wisenthorn,
Dem edeln fürsten wolgeborn
Dú stimme uz sime munde
Erdoz in der stunde,
Do er so sere klagete,
Daz davon erwagete
Beidú türne und palas.

Ganz dasselbe sagen die Nibelungen von Dietrich (1924 Z. 8025):

Mit kraft begonde rûfen der degen uzerkorn,
Daz sin stimme erlute, alsam ein wisenteshorn,
Und daz dú burc vil wite von siner kraft erdoz.

Ferner von dem Fiedler in der Klage (695 Z. 1555):

Durch daz er videln kunde,
Daz volk in z' aller stunde
Hiez niwan einen spileman.

Dies ist die Stelle in den Nibelungen, die wir oben als eingeschoben bezeichneten[32]) (1417, 4 Z. 5924):

Durch daz er videln konde, was er der spilman genant.

So stimmen wieder beide Gedichte in einem Umstande bis auf den Ausdruck zusammen, (Kl. 819 Z. 1812):

Daz blût allenthalben vloz
Durch dû rigelloch hernider.

(Nib. 2015 Z. 8406):

Daz blût allenthalben durch dû löcher vloz,
Und da zen rigelsteinen, von den toten man.

Und so finden wir Rüdigern in der Klage mit demselben Bei- 41
satze geehrt (1066 Z. 2334):

Do trûc man Rüdegere,
Vater aller tugende,

den ihm die Nibelungen gaben (2139, 4 Z. 8916):

Vater aller tugende[33]) lac an Rüdegeren tot.

15.

Ich will es gern zugestehen, dass durch die wörtliche Übereinstimmung beider Lieder in diesen und anderen Stellen meine Behauptung von dem näheren Zusammenhange beider nicht erwiesen und noch gar nicht dadurch ihr Verhältniss zu einander ins Licht gesetzt werde: aber es sei erlaubt, dennoch jetzt die Vergleichung, aus der sich das Wahre erst ergeben kann, so anzustellen, dass es schon als gewonnen angesehen und sogleich wieder zur weiteren Erforschung der Geschichte unseres Liedes angewandt werde; wodurch die Untersuchung, bei der ich nun freilich meine Leser mir nicht mehr als Gegner denken darf, erfreulicher und zugleich die doppelte Forschung, ich hoffe ohne Nachtheil, in eine einzige umgewandelt wird.

Hier zeigt sich nun zunächst, dass die Beziehungen der Klage auf die Lieder des zweiten Theils, bei dem wir fürs erste noch immer stehen bleiben, erst von der Stelle an, wo Etzel die Burgunden empfängt, bestimmter werden und auf einzelne Punkte gehen. Dort wird nämlich, nachdem die Burgunden ins Land gekommen, sehr auffallend hinzugesetzt (96 Z. 226):

Daz Kriemhilden golt rot
Si heten ze Rine lazen,

wodurch ohne Zweifel Kriemhildens feindlicher Gruſs an Hagen 42
bezeichnet wird; sie fragte ihn dabei, wohin er den Hort der Nibelungen gethan (1679, 4 Z. 6984):

Den soldet ir mir füren in daz Etzelen lant.

In der Klage wird darauf sogleich weiter erzählt (99—102 Z. 232—237), wie Etzel mit Züchten gegen die Fürsten gegangen sei und sie freundlich aufgenommen. Nach den Nibelungen sind die Burgunden auf Volkers Rath zu Hofe geritten, dann ist das Gesinde in die Herberge gebracht; hierauf folgte der eben erwähnte Gruſs Kriemhildens, die sie noch drauſsen empfing, und als sie entdeckte, dass Dieterich die Fremden gewarnt, voller Scham und Zorn sich eilig entfernte. Nun wird ferner berichtet, wie Dietrich und Hagen mit einander darüber redeten, und Etzel (in der Teichoskopie unseres Liedes) sich nach Hagen erkundigte; bis endlich Hagen und Volker von ihren Herren weiter ab gingen, und vor Kriemhildens Saal mit bloſsen Schwertern auf einer Bank sitzend die Königinn und vierhundert Recken empfingen, die nach einem neuen Wortwechsel, ohne den Kampf zu wagen, wieder gingen. Sodann geht Volker mit Hagen wieder zu den Königen, die noch immer drauſsen standen, und räth ihnen zu Hofe zu gehen. Dies geschieht, Etzel springt vom Sessel, als er sie kommen sieht, und grüſst sie so freundlich, dass

Ein grûz so rehte schöne von edeln künigen nie geschach.

Wenn nun bei dieser Erzählung in die Augen fällt, dass die Könige viel zu lange auf dem Hofe stehen bleiben, so gibt der Umstand, dass die Klage nichts von dem zweimahl darin berührten früheren Aufenthalt Hagens bei Etzel erwähnt, einen
43 sicheren Beweis, dass der Dichter diesen ganzen Abschnitt nicht kannte, und also die Erzählung von 1688 Z. 7021 an, wo sich Dieterich und Hagen bei Handen fingen, bis (1742 Z. 7237) wo Dieterich Günthern an die Hand nahm, ein anderes hier eingeschobenes Lied ausmache, das denn mit dem folgenden durch die Wiederhohlung von Volkers Rath und durch die Erzählung (1738—1741 Z. 7221—7236), dass die Könige, die nach dem Vorhergehenden (1670 Z. 6945) schon längst zu Hofe gegangen waren, so lange drauſsen in groſsem Empfange gestanden, in eine leidliche Verbindung gebracht wurde.

Nach dem Empfange der Burgunden wird in den Nibelungen die Anmerkung gemacht, dass sie am Abend vor Sonnnenwende zu Etzel gekommen seien, und dann erzählt, wie man zu Tische ging. Nach der Klage dagegen scheinen sie vor Mittag gekommen zu sein: denn sie weiſs wieder von den folgenden

Begebenheiten (1756—1835 Z. 7305—7636) nichts. Nach den Nibelungen nämlich gehen sie jetzt zu Bette; Kriemhildens Recken, abgesandt sie im Schlaf zu ermorden, fliehen zum zweitenmahle vor Hagen und Volker, die die Wache übernommen haben; dann am Morgen der Kirchgang, der Buhurd und der Tod des schönen jungen Hünen durch Volkers Grimm und Übermuth; Etzel hat Mühe die Hünen zu beruhigen und seine Gäste zu Tische zu bringen.

Von allem diesem findet sich, wie gesagt, in der Klage nichts, obgleich der Verfasser derselben, wenn er diesen Abschnitt kannte, kaum vermeiden konnte, wenigstens den Tod des jungen Hünen zu erwähnen, mit dem die Feindseligkeiten ihren ersten Anfang nahmen. Er gibt aber mehrmahl Blödelin und der Burgunden Knechte als die ersten an, die gefallen seien (171 Z. 337. 1205 Z. 2625. 1895 Z. 4014).

16. 41

Nun finden wir nach beiden Gedichten Etzel mit den Fremden bei Tische; Kriemhild bittet Dieterich vergebens ihr zu helfen. In der Klage (Anm. zu 627 Z. 1414 f.) erzählt dies Hildebrand Etzeln. Darauf (Nib. 1840) wendet sie sich an Blödel, dem sie Nudungs Land und Nudungs Braut verheifst; er verspricht sie zu rächen, und sie geht wieder hinein an den Tisch [31]). Nach der Klage that es Blödel der Königinn zu Liebe, um ihr Leid zu rächen (167—171 Z. 330—337. 457—463 Z. 976—987. 630 f. Z. 1410 f.); eine kleine Verschiedenheit, die schwerlich von einigem Belang ist.

Darauf lässt die Königinn, um auf eine andere Art Zank zu stiften, den kleinen Ortlieb bringen. Etzel bittet die Fremden, ihn mit zu nehmen, damit er 'nach dem künne gewahse.' Hagen schilt ihn, und meint, er sehe so nach Tod aus; das that dem Könige und den Übrigen weh. Der Verfasser der Klage scheint auch diese Erzählung vorauszusetzen; denn auch nach ihm wird das Kind hernach bei Tische ermordet, und Etzel klagt, als er den erschlagenen Gernot sieht (945—951 Z. 2081—2092): Wenn dieser Held lebte, so wäre mein Sohn nach denen von Burgundenland gerathen.

Indessen geht Blödel mit seinen Recken zu der Herberge,

wo Dankwart mit den Knechten eben zu Tische safs. Der Knechte waren nach beiden Erzählungen neuntausend (Kl. 1204 Z. 2624). Blödelin kam nach den Nibelungen (1858, 2 Z. 7758) mit tausend Halsbergen; dennoch führte er früher (1817, 1 Z. 7553) dreitausend Mann zu dem Buhurd, und so sagt auch hier die Klage (167 Z. 329): Blödel verlor an Freunden und Magen

Wol drû tusent küner man.

45 Nach beiden Liedern wurde Blödel von Dankwart, nach der Klage aber, wie es scheint, auch alle neuntausend Knechte von Blödels Recken erschlagen (ang. St.), nach den Nibelungen (1869, 3 Z. 7803) dagegen nur fünfhundert oder mehr, weshalb hier auch wohl aus Blödels dreitausend Recken nur taus gemacht sind. Dann standen aber aus eigenem Antriebe zw tausend oder noch mehr Hünische Recken auf, die das Gesir vollends erschlugen und denen Dankwart kaum entging. Die erzählt wieder die Klage nicht: doch wird gleich nach Blöde Erwähnung (173—185 Z. 341—365) gesagt, der Herzog Hermann, ein Fürst aus Pohlen und Sigeher von Wlachen hätten willig Kriemhildens Leid gerächt; sie brachten zweitausend Ritter, Walther aus Türkei zwölfhundert Mann, die alle dort ihr Leben liefsen; dahingegen alle diese Namen in den Nibelungen gar nicht vorkommen.

So ergänzen sich hier beide Gedichte wechselseitig, und es wird daraus wahrscheinlich, dass der Verfasser der Klage statt unserer 32sten Aventüre ein anderes Lied las, von jener etwa eben so verschieden, wie die drei Dänischen Lieder von Grimhilds Rache unter einander.

17.

In dem Folgenden (Nibel. 1888—1945 Z. 7877—8120) ist nun wieder die genaueste Übereinstimmung. Dankwart bringt auch nach der Klage sein Mähre zu Hofe, Hagen schlägt Ortlieb im Angesichte des Königs das Haupt ab (Anm. zu 651 Z. 1468 —1473. 431—433 Z. 923—925. 1903 Z. 4019 f.). Nur der Nebenumstand fehlt, dass des Kindes Haupt Kriemhilden in den Schofs sprang (Nibel. 1898, 3 Z. 7923). Bedeutender möchte sein, dass

46 der Tod des Magezogen und Wärbels abgeschlagene Hand (Nibel.

1899—1902 Z. 7925—7940) nicht erwähnt wird; Etzels Klage über sie hätte uns der Dichter schwerlich erlassen [24]).

Darauf erzählen beide weiter, dass die drei Könige sogleich mitgestritten (Kl. 1905 Z. 4023 f.) und der Kampf allgemein geworden; nur dass in den Nibelungen noch vollständiger berichtet wird, wie Dankwart und Volker die Thür besetzten. Dann bittet Kriemhild Dieterich um Hülfe, und dieser wird auf sein Rufen mit Etzel, der Königinn und Rüdiger hinausgelassen. Auch dies erwähnt die Klage (1917. 1919 Z. 4052. 4058):

In vil angestlicher zite
Wart gescheiden noch herdan
Her Dieterich und sine man.
— — — — — — —
Rüdeger der helt mære
Lie ôch beliben den haz.

olkers Tapferkeit wird von Freund und Feind gelobt; die lage sagt von ihm einstimmend (Anm. zu 1913 Z. 4038)

Dem man ie grozer eren jach
Vor den andern besunder.

Die übrigen Hünen, die noch in dem Saale bleiben, werden erschlagen, und die Burgunden ruhen nach dem Kampf aus.

Hier folgen nun in den Nibelungen (1946—1955 Z. 8121—8160) zehn Strophen, die dem Verfasser der Klage vermuthlich unbekannt waren. Es wird darin erzählt, wie man auf Giselhers Rath die Todten aus dem Saale geworfen, wobei Volker noch einen Hünischen Markgrafen erschiefst und dadurch die Übrigen weit fort treibt. Hiervon wird nicht nur in der Klage gar nichts erwähnt, sondern auch der kleine Ortlieb (432 Z. 922) darin, 47
in dem Hause, ohne Haupt gefunden.

Alsdann sagt Hagen zu Etzel, es zieme wohl einem Könige, vor den andern zu streiten; worauf Etzel seinen Schild fasst, von Kriemhilden aber zurückgehalten wird. Eben so erzählt Swemmel in der Klage (1588 Z. 3442 ff.);

Und hete man den künec rich,
Etzeln, zû dem strite lan,
Wir müsen in ôch verloren han.

Kriemhilde, von Hagen verspottet, bietet einen Schild voll Goldes für Hagens Haupt. Die Klage gibt den Helden, die nun aufstanden, wieder nur die edlere Absicht, der Frau und des Königs Leid zu rächen; sie thaten, heifst es (Anm. zu 196 Z. 396 ff.), was er gebot.

18.

In den nächsten Kämpfen Irings, Irnfrieds und Hawarts mit den Burgunden[36]) findet sich wieder eine grofse Übereinstimmung beider Lieder, mit wenigen Verschiedenheiten; einige Strophen in den Nibelungen werden sich als später eingefügt erkennen lassen.

Zuvörderst sagt uns der Dichter der Klage (185—203 Z. 366 —412), dass jene drei Helden vor dem Kaiser zu Etzel geflohen, dass Irnfried zuvor Landgraf von Thüringen, Hawart König von Dänemark, und Markgraf Iring sein Mann gewesen; und vielleicht mochte er alles dies, das in den Nibelungen nicht so vollständig erzählt wird, in seinem Liede ausführlicher finden.

Hawart, Iring und Irnfried hatten nach der Klage (204
48 Z. 413—415) dreiunddreifsighundert Mann: nach den Nibelungen (1968—2007 Z. 8219—8374. vgl. 1815, 3 Z. 7547) kommen sie wohl mit tausend Mann, und noch bestimmter (2014, 1 Z. 8401) mit tausend und vieren.

Zunächst erwähnt nun die Klage nicht, was uns in den Nibelungen (1977—1987 Z. 8253—8296), deren Erzählung hier überhaupt sehr vollständig und eine der schönsten des ganzen Liedes ist, berichtet wird, wie Iring zuerst, nachdem er Hagen, Volker, Günther und Gernot vergebens angegriffen, vier Knechte tödtet, dafür aber von Giselher, wiewohl ohne Wunde, zur Erde niedergeschlagen wird. Er sprang auf (1987, 3 Z. 8295),

Do lief er u z d e m h u s e, da er aber Hagen vant,
Und slůg im slege grimme mit siner ellenthafter hant.

Hier verräth sich die Überarbeitung; denn Hagen war ja im Hause oder doch auf der Treppe (s. 1966 Z. 8211 f.).

Nun folgt Irings Kampf mit Hagen, wobei Hagen verwundet wird; dies erwähnt auch die Klage (544 Z. 1176 f.). Dennoch muss Iring fliehen; und auch das wird in der Klage berührt (543 Z. 1173).

Jetzt wieder ein neuer Zusatz (1990—2000 Z. 8305—8348): Iring, von Hagen verfolgt, kommt gesund zu den Seinen und empfängt Kriemhildens Dank. Von Hagen zu neuem Kampfe gereizt, lässt er sich wieder waffnen; Hagen läuft ihm entgegen, die Stiege hinab, und verwundet ihn mit dem Schwerte.

An diese Umstände, die in der Klage fehlen, schliefst sich eben so gut, wie an das Vorhergehende, dass Hagen nun einen Ger aufnahm und Iring damit in den Kopf schoss. Eben dies erzählt auch die Klage (542 Z. 1171. 209 Z. 423), und weil sie noch hinzusetzt, Etzel habe Iring mit dreifsig seiner Mannen (564 Z. 1224), die nach den Nibelungen erst später erschlagen wurden, vor dem Hause gefunden, wo ihn Hagen erschoss, so erhellt daraus, dass in den Nibelungen die nächsten Umstände (2002—2006 Z. 8353—8372) wieder dem Umarbeiter gehören: wie Iring mit der langen Gerstange, die ihm vom Haupte ragte, zu den Dänen flieht und sterbend Kriemhilden nicht weinen heifst.

Nun springen Irnfried und Hawart mit tausend Mann vor das Gadem [37]); Irnfried verwundet Volkern, Volker erschlägt den Landgrafen. Das letzte wenigstens erzählt auch die Klage (207 Z. 419—422). Hawarten, sagt sie weiter (214 Z. 433), den schlug Dankwart. Nach den Nibelungen that es Hagen; und dieser Unterschied mag immerhin für ein Versehen gelten [38]). Die Dänen und Thüringer dringen nun in den Saal. Von Volker, der sie nach den Nibelungen hineinlassen hiefs, wird in der Klage ebenfalls besonders geredet (205 Z. 416);

Der wart von Volkeres hant
Also maniger sint erslagen,
Daz manz ze wunder wol mac sagen.

Darauf ruhen die Burgunden abermahl, der König und alle klagen laut.

19.

Die folgende Aventüre hat nun wieder der Verfasser der Klage nicht gekannt. Das Lied hebt mit einem neuen Kampf an, der bis zur Nacht währt. Darauf folgt die Bemerkung, die grofse Schlacht sei auf Sonnenwende geliefert worden. Weiter bitten die Fremden in der Nacht vergebens um Frieden; Kriemhild wehrt den Hünen, die die Gäste zum Kampf aus dem Saal lassen wollen; endlich, wie man ihr Hagen als Geisel verweigert, lässt sie das Haus an vier Ecken anzünden; es wird uns erzählt, wie sie sich vor dem Feuer zu schützen suchen, und die Durstigen endlich auf Hagens Rath das Blut der Gefallenen trinken. Am Morgen leben noch sechshundert; gegen die wagen es noch einmahl zwölfhundert Mann, die Kriemhildens Gut verdienen und thun wollen, was ihnen der König gebot [39]); und auch diese müssen sämmtlich von der Burgunden Hand sterben.

Es befremdet schon, von dem allen in unserem Gedichte weiter nichts wiederzufinden: aber den Dichter der Klage müssten wir gar nicht kennen, wenn wir nicht glauben sollten, dass er fast auf jeden Punkt dieser Erzählung mehr als einmahl hätte zurückkommen müssen. Es ist freilich wahr, er erwähnt das Verbrennen des Saales einmahl (294 Z. 641):

Daz hus was verbrunnen gar
Ob der vil herlichen schar,
Die durch strit kom darin.

Aber eben daraus, dass er es nur einmahl im Vorbeigehen berührt, wird gewiss, dass er die Beziehung darauf in dem Liede, das er vor sich hatte, nicht verstand.

20.

Dagegen las er gewiss das Lied von Rüdiger und seinem
51 Tode (Nibel. 2072 Z. 8641 ff.), so wie alle die folgenden. Doch darf man schwerlich annehmen, dass er irgend eins davon nicht in einer blofs sehr ähnlichen, sondern ganz in derselben Gestalt gekannt habe, wie sie in kleineren Umständen oftmals abweichend, in vielen andern aber mehr ausgebildet und ausgeschmückt, in unsere Nibelungennoth aufgenommen wurden. Es wird leicht sein, sich hiervon zu überzeugen, wenn wir angeben, was die Klage von diesem letzten Abschnitte erwähnt, und dabei nur auf einige bedeutendere Auslassungen aufmerksam machen, die Abweichungen aber desto genauer anzeigen; wodurch sich zugleich ergeben wird, dass auch diese Aventüren, wie wir sie jetzt lesen, nicht von einem einzigen Dichter verfasst, sondern nur durch den Ordner ohne durchgängige Hebung aller Widersprüche zusammengestellt worden sind.

Von den nächsten Begebenheiten erzählt nun die Klage nur die folgenden: wie Kriemhild Rüdiger so lange bat, bis er die

Degen mit Streite bestehen musste (1926 Z. 4070—4073). Gernots Schwert, ein Geschenk von Rüdiger, wird beschrieben (936—941 Z. 2061—2075). Der Schild aber, den Rüdiger jetzt Hagen gab, für den, welchen er bis dahin trug (ein Geschenk Gotelindens), wird eben so wenig erwähnt, als die Armbänder von Gotelinden, die Volker trug; nicht einmahl, dass Hagen und Volker sich des Streites gegen Rüdiger begaben. Nach beiden Gedichten erschlagen sich Gernot und Rüdiger wechselsweise. In den Nibelungen (2156 Z. 8983) schlägt Rüdiger Gernoten durch den Helm: Etzel findet ihn dagegen in der Klage (926 Z. 2040)

So sere verschroten
Mit einer verchwunden;
Gein den brústen unden
Was si wol ellen wit geslagen.

Über beider Tod zürnt in den Nibelungen Hagen. Dann 52
folgt eine Strophe, die nach dem Zusammenhange der Rede noch Hagens Worte enthält (2160 Z. 9001):

O we mines brúder, der tot ist hie gefrumt!
Waz mir der leiden mære z' allen ziten kumt!
Ŏch múz mich immer rúwen der edel Rüdeger;
Der schade ist beidenthalben und dú vil grözlichen ser.

Aus dieser Stelle scheint also zu folgen, dass wenige Verse nachher (2162 Z. 9009), wo Günther, Giselher, Hagen, Dankwart und Volker an die Stelle hingehen, wo Gernot und Rüdiger erschlagen liegen, ein neues Lied anfange, das vorhergehende aber Dankwarts Tod schon voraussetze; wie denn auch in der Klage (708 Z. 1579) nicht erzählt wird, wer Dankwart erschlug, obgleich er nach ihr (727—742 Z. 1627—1657) später noch einen von Dieterichs Mannen tödtete, nämlich Wolfbrand, und nach einem anderen Liede in den Nibelungen (2228, 1 Z. 9273) von Helfrichs Hand fiel. In dem vorhergenden Liede wurde zwar Dankwart auch noch erwähnt, eben unter denen, die gegen Rüdiger stritten; aber auch nur in dem vorhergehenden, denn offenbar zeigt doch diese Strophe (2152 Z. 8965) den Anfang eines Liedes:

Vil wol zeigete Rüdiger, daz er was stark genúc,
Küne und wol gewaffent; hei, waz er helde slúc!
Daz sach ein Burgonde, zornes gie im not;
Davon begunde nahen des edeln Rüdegeres tot.

Das Lied, welches wir hier zuerst von den anderen trennen mussten (2162—2188 Z. 9009—9116), gibt sich auch durch einen anderen Umstand, der darin enthalten ist, als verschieden von den übrigen zu erkennen. Die Burgunden ruhen wieder aus, so dass die Königinn schon glaubt, Rüdiger habe sich mit den
53 Feinden versöhnt: da straft sie Volker Lügen und lässt Rüdigern vor den König tragen. Dahingegen sagt Volker nachher (2203 Z. 9174 f.), als Dieterichs Mannen Rüdigers Leichnam fordern, sie sollen ihn aus dem Hause hohlen, wo er liegt,

Mit starken verchwunden gevallen in daz blût.

Noch mehr: in der letzten Stelle verlangt Hildebrand den Leichnam von den Burgunden auf Dieterichs Geheifs (2198 f. Z. 9156 ff.). Dieterich hatte ihm in dem eben ausgezeichneten Liede nichts dergleichen aufgetragen, sondern er bat (2184, 3 Z. 9099 f.):

Hildebranden zû den gesten gan,
Daz er an in erfünde, waz da wære getan;

und in dem folgenden Liede [40]), als Hildebrand wiederkommt und Rüdigers Tod meldet, sagt er (2251, 1 Z. 9369):

So we mir dirre leide! ist Rüdeger doch tot?

Endlich sagt Wolfhart, Dieterichs Mann, eben wo sie mit den Fremden über Rüdigers Leichnam rechten (2204, 3 Z. 9179 f.):

Getörst' ich vor minem herren, so kömet irs in not;
Des müzen wir ez lazen, wand' er uns striten hie verbot.

Dasselbe Verbot Dietrichs erwähnt die Klage (1931 Z. 4082 f.), und Dieterich selbst sagt in den Nibelungen (2247 Z. 9356) zu Hildebrand, als er zurückkommt:

Ich wæne, ir mit den gesten zem huse habt gestriten;
Ich verbot ez û so sere, ir het ez billiche vermiten.

Dennoch kommt auch hiervon in jenem Liede nichts vor; und als sich Dieterichs Mannen rüsten, um mit Hildebrand zu gehen,
54 verbietet er es ihnen nicht; ja es ist nicht einmahl deutlich, ob von Dieterich oder von Hildebrand gesagt wird (2187, 4 Z. 9112):

Dem helde was iz leide, vil gerne het' erz erwant,

und (2188, 4 Z. 9116):

Do er daz gehorte, davon gestattes in der degen.

21.

Aber es ist Zeit zu der Klage zurückzukehren, die anstatt der Strophe, welche uns auf die letzten Untersuchungen führte, nicht Hagens, sondern Giselhers Klage um Rüdiger erwähnt (234 Z. 474):

Giselher der here
Den heizblûtigen bach
Ungerne fliezen sach
An den selben stunden
Von Rüdegeres wunden.

Ferner wird (228 Z. 464) einstimmig mit den Nibelungen (2161, 4 Z. 9008. 1647, 4 Z. 6852) erzählt, alle fünfhundert Mann Rüdigers seien erschlagen, obgleich sich doch nachher (1284 Z. 2799) noch sieben finden, die auch (1415 Z. 3079) mit Swemmel heim nach Bechlaren gesandt werden.

Um Rüdigers Tod, heifst es weiter (1929—1933 Z. 4078—4086), hassten die Berner die Fremden und wollten sogleich Rüdiger rächen; doch hatte es Dieterich seinen Recken sehr verboten. Da war Wolfhart so grämlich, dass er den Streit nicht lassen wollte, ohne die Burgunden zu bestehen. Von einem Punkte dieser Erzählung ist schon die Rede gewesen; das Übrige ist zu kurz, um etwas für unsere Untersuchung daraus zu schliefsen. Von dem, was in den Nibelungen folgt, 55
wie Dieterichs Recken gegen die Burgunden anstürmen, die Kämpfenden aber noch immer geschieden werden, weifs auch der Verfasser der Klage. Denn wenn es in unserem Liede (2212 Z. 9209 ff.) heifst:

Do gespranc zû Hagenen meister Hildebrant;
Dû swert man hort' erklingen an ir beider hant etc.
Die wurden do gescheiden in des sturmes not;
Daz taten die von Berne, als in ir kraft gebot;

so sagt Hildebrand dagegen selbst in der Klage (669 Z. 1498), aber von Volker:

Er slûc mir einen nitslac
Uf die minen ringe,
Daz der min gedinge
Zem lebene was vil kleine;

Er bestûnt mich aleine.
— — — — — — —
Het mich gescheiden niht herdan
Helfrich, daz wil ich ú sagen,
So hete Volker mich erslagen.

Dann tödtet Volker den Sigestab, den Hildebrand an Volkern rächt (586 Z. 1269—1271. 690 Z. 1543—1546. 750 Z. 1674—1676). Von wem Dankwart fiel, wird (708 Z. 1579) nicht gesagt. Er schlug mehr als 'Hagene viere' [41]) (711 Z. 1588); Volker erschlug wohl zwölf von Dieterichs Mannen (687 Z. 1537), Günther dreifsig oder mehr (903 Z. 1992); Dieterichs Recken waren überhaupt sechshundert (163 Z. 321). Die letzte Angabe stimmt mit zwei früheren Stellen der Nibelungen (1811, 1 Z. 7529. 1932, 4 Z. 8060), die übrigen fehlen. Giselhers und Volkers Wechselmord erkennen beide Gedichte an. Von Dietrichs Recken nennen die Nibelungen aufser den schon erwähnten noch Ritschart, Gerbart,
56 Wolfwin, Helfrich, Wichart und Wolfbrand; wer jeden tödtete, erfahren wir nicht. Nach der Klage (727 f. Z. 1627 ff.) wurde Wolfbrand von Dankwart erschlagen, Wolfwin, Nitiger und Gerbart von Giselher, endlich Wignand, Sigeher und Wichart von Günther. Hagen schlug Hildebrand eine Wunde durch die Ringe [42]) aufsen vor dem Gadem, Hildebrand entrann (587—590 Z. 1273—1278). In den Nibelungen (2248 Z. 9358) erzählt Hildebrand Dietrichen, die Wunde habe er von Hagen in dem Gadem empfangen.

22.

Das sagen wieder beide Lieder ausdrücklich: eh' es Dieterich befand, lebte keiner mehr als Hildebrand, Günther und Hagen; Hildebrand brachte Dieterich die Nachricht, mit einer Wunde von Hagen (Kl. 1939 Z. 4096 ff.). Dieterich war sehr betrübt, weil sein Schade an Magen und Mannen so traurig war (1941 Z. 4100). Er ging nun zu Günther und Hagen. Dieterich selbst erzählt (579 Z. 1255):

Ich en weiz öch, wes ich engalt,
Daz mich Hagene beschalt
Zů allem mime sere,
Daz ich ez niht mere
Vor laster kunde vertragen;

welches wohl auf die Stelle in unseren Liedern geht, wo sich Hagen entschuldigt (2270 Z. 9446):

Ez giengen zů disem huse ůwer degene,
Gewaffent wol ze flize, mit einer schar so breit;
Mich dunket, daz dů mære ſi niht rehte sin geseit.

Dieterich erzählt weiter, wie er Günthern gebeten, Frieden zu
machen und sich ihm als Geisel zu ergeben, er wolle ihn gesund
an den Rhein bringen; Hagen habe keinen Frieden gewollt. 57
Hiermit stimmt der Nibelungen Noth vollkommen überein. Nur
den Grund, den Hagen nach Dieterichs Bericht angab: weil
Giselher und Gernot todt wären und Hildebrand Volkern erschlagen, oder wie es in einer anderen Stelle (1945 Z. 4110 f.)
heiſst, weil sie vor Leide nach den anderen nicht leben wollten
— diesen Grund kennt unser Lied nicht, vielmehr wird der in
der Klage (595 Z. 1288) Günthern zugeschriebene,

Do het' er des gedingen,
Ern lieze niemen hie genesen,

hier noch deutlicher ausgesprochen, indem Hagen schon als er Dieterich kommen sieht, sich vermisst, er wage ihn recht wohl zu bestehen;

Man sol daz hůte kiesen, wem man des besten muge jehen.

Nach der Klage nun streitet Dieterich nicht, wie in den
Nibelungen, zuerst mit Hagen, sondern mit Günther, der ihn,
obgleich müde, als ein Degen bestand (1947 Z. 4114 f.). Dreimahl von Günther niedergeschlagen (597 Z. 1292—1295) — ein
Umstand, den die Nibelungen nicht erwähnen, — zwingt ihn
Dieterich zuletzt mit Schwertschlägen, und gewinnt ihn zum
Geisel (1949 Z. 4116 f.), indem er ihn bindet, 'mit einer
verchwunden' (600 Z. 2196—1299). Danach bestand ihn Hagen
zu derselben Zeit (1950 Z. 4120 ff.); auch ihn band Dieterich
(373 Z. 803—805) und überantwortete beide der Königinn (1965
Z. 4126 f.). Er vermuthete nicht, dass Kriemhild Günthern würde
tödten lassen (602 Z. 1300—1303). Nach den Nibelungen bringt
er ihr jeden besonders, und Hagen schlägt ihm zuvor noch eine
Wunde, die war tief und lang (2287, 4 Z. 9516). Was sie dann
noch mit Hagen über den Schatz sprach, davon erfahren wir in 58
der Klage nichts. Sie lieſs beide hinführen und rächte sich

furchtbar: Günthern liefs sie den Kopf abhauen, Hagen schlug sie selbst mit einem Schwertschlag; darum erschlug Hildebrand sie, den Held zu rächen, ohne Noth (1966 f. Z. 4128—4135. 369—375 Z. 798—809). Als das Etzel sah, da entstand allgemeiner Jammer (262 Z. 537 f.). Diesen Zusatz fand der Dichter noch in dem Liede, das unserer letzten Aventüre entsprach.

Darauf folgte ein Schluss, dem jetzigen sehr ähnlich (267 Z. 548 ff.):

Ez was nu allez daz getan,
Daz da ze tûne was;
Sit der neheiner da genas,
Die da getorsten wappen tragen.
Die lagen als daz vihe erslagen
Und gevallen in daz blût;
Damite beswæret was der mût
Den, die mit freuden wanden leben.
Dû gabe was in da gegeben,
Daz man da anders niht en pflac,
Beidû naht unde tac,
Nûwan weinens unde klagen etc.

Sogar die Zeile unseres Liedes war, wie man sieht, schon darin angedeutet:

Mit leide was verendet des kúnges hohgezit;

freilich aber nicht die folgende, die gewiss unserem Ordner eigen ist:

Als ie dû liebe leide z' allerjungeste git.

59 Und dass überhaupt der Schluss mit dem unserigen nicht genau stimmte, beweist unsere Zeile:

Ze stucken was gehòwen do daz edelo wip;

denn nach der Klage schlug Hildebrand Kriemhilden das Haupt ab (398 Z. 855):

Do man si geleite uf den re,
Der fûrste het' ir hòbet e
Zû dem libe dan getragen.

23.

Aus der bisher angestellten Vergleichung ergibt sich, wie es mir scheint, sehr bestimmt, dass der Verfasser der Klage viele von den Liedern der letzten Hälfte unserer Nibelungen in einer, dem Inhalte nach wenigstens, im Ganzen nur selten abweichenden, bald mehr, bald weniger vollständigen Gestalt vor sich hatte, hingegen einige andere auch wieder gar nicht kannte.

Ein Umstand muss hier aber noch berührt werden, auf den die Klage mehrere mahle zurückkommt, ohne dass sich in unserem Liede etwas davon findet, obgleich die erste von den Stellen, worin sich die Klage darauf bezieht, nothwendig auch in unserem Gedichte vorkommen musste, wenn es nicht vollständigere und mangelhaftere Überlieferungen der einzelnen Lieder gab, und der Verfasser der Klage hier etwas mehr las als der Ordner unseres Gedichtes. In der Stelle die ich meine, (Anm. zu 627 Z. 1394 ff.) sagt Hildebrand:

Ez weiz ŏch wol der herre min,
Daz si Hagen, den einen man,
Gescheiden hete gern herdan;
Do kundes leider niht geschehen.
Wir horten si des beide jehen,
Daz ir vil leit wære,
Ob iemen deheinú swære
Von ir schulde solde han,
Núwan der einige man;
Daz hete si gerne gebròwen.

Dieterich und Hildebrand hörten das ohne Zweifel von ihr, als sie Dieterich zuerst um Rath und Hülfe bat. Die Nibelungen (1836 f. Z. 7648) lassen sie aber auch nur darum bitten, ohne jene bestimmte Äufserung, dass sie die übrigen, aufser Hagen, wollte geschont haben. Ja späterhin, wo sie um Frieden bitten, antwortet sie (2040 Z. 8509):

Ine mac ú niht genaden, ungenade ich han;
Mir hat von Tronege Hagene so grozú leit getan;
Ez ist vil unversúnet, dú wil' ich han den lip.
Ir müzetes alle engelten, sprach daz Etzelen wip.

Dagegen heifst es in der Klage an einem anderen Orte (Anm. zu 289 Z. 622—640): Sie hatte es nicht so gemeint, sie wollte gern, dass nur der eine Mann getödtet würde; damit hätte ihr Schmerz und Zorn ein Ende gehabt; da wollten ihn seine Herren und Mage nicht erschlagen lassen, so liefs sie es gehen wie es wollte. Und abermahl (954—958 Z. 2098—2105): Kriemhild hätte Hagen wohl von den drei Königen ausgeschieden; nur geht Weibessinn selten weiter als eine Spanne. Dieser Gedanke, der in der Klage noch öfter wiederhohlt wird, ist, wie gesagt, den Nibelungen fremd. Denn dass er doch dreimahl in der ersten Hohenemser Handschrift, und selbst an der zuerst angeführten Stelle (1837, 5—12 Z. 7653—7660, ferner 1775, 5—8 Z. 7385—7388. 2023, 5—8 Z. 8441—8444), vorkommt, das wird
61 niemand wundern, der da weifs, was es mit dieser Handschrift für eine Bewandniss habe.

24.

Nun bleibt noch übrig zu untersuchen, welche Aventüren vor dem Punkte, von dem wir die Vergleichung ausführten, der Verfasser der Klage möge gekannt haben.

Da zeigt sich zuvörderst schon aus der oben angeführten Gleichheit einiger Ausdrücke, dass er den Abschnitt kannte (etwa von 1320—1362 Z. 5533 bis 5704), in dem erzählt wird, wie Kriemhild nach Ungarn kam, ihr Leid zu rächen dachte und Etzeln bewog die Burgunden einzuladen, wie der König Boten von Land zu Land sendete, und durch sie zu seiner Hochzeit bat und gebot. Er fand im Anfange des Liedes vermuthlich mehr von den Königstöchtern, die Helke erzogen hatte. Wir lesen (1320, 3 Z. 5535) nur:

Siben künige töhter Kriemhilt noch da vant:

dagegen erwähnt er (1094—1122 Z. 2396—2449) aus hoher Könige Geschlecht

Wol sehs und ahzec meide,
Die fröwe Helke het' erzogen,

von denen er einige nennt, die er angeschrieben gefunden, denn aller Namen seien nicht bekannt. Weiter erzählt er (41—85 Z. 116—215): das Gesinde diente ihr mit eben solcher Ehrfurcht

wie zuvor Frau Helken; sie hatte täglich Ritterschaft vor sich. Dennoch weinten immer ihres Herzens Augen. Endlich da sie die grofse Gewalt in den Hünischen Reichen gewonnen, brachte sie es dahin, dass sie auf Rache sann. Sie hatte sich aller Freuden begeben, wiewohl sie täglich zwölf gekrönte Könige 62
in ihrem Dienste sah. Es ist bekannt, dass Etzel viel Fürsten zu einer Hochzeit in sein Land geladen, auf Kriemhildens Bitte.

Do was dû frôwe also wis,
Daz siz mit listen so anvie,
Daz si der niht belibes lie,
Die si z' ir hochzit gerne sach,
Den da vil leide sit geschach.

Es fällt in die Augen, dass diese Erzählung bis auf einige Auslassungen, deren Grund theils in dem Dichter der Klage selbst, theils aber auch in seiner Quelle liegen mochte [1]), genau und fast wörtlich mit der in den Nibelungen übereinstimmt.

Um so gewisser scheint es mir denn, dass er höchstens eine kurze Nachricht von Swemmels und Wärbels Rückkehr und dem Folgenden, ausgeführte Lieder aber von der Reise der Boten nach Worms, und was während ihres Aufenthaltes daselbst vorging, wie von der Reise der Burgunden selbst, nicht gelesen habe. Zwar erwähnt er Giselhers Verlobung mit Rüdigers Tochter, die er Dietlinde nennt, und sogar den mit den Nibelungen doch nicht ganz genau stimmenden Umstand, dass Volker dazu gerathen (905 Z. 1996 ff.), ja selbst des Küchenmeisters Rumold Rath, dass die Könige zu Worms bleiben möchten (2027 Z. 4253); endlich kennt auch nach ihm Brünhildens Gesinde den Swemmel, der am Ende der Klage wiederum nach Worms gesandt wird (1745 Z. 3755. 1790 Z. 3808). Aber dafür weifs er auch gar nichts von den übrigen Begebenheiten aus dieser Zeit zu sagen; Swemmel findet Rumold nicht einmahl als Reichsverweser [2]); so dass man wohl annehmen muss, er habe jene Nachrichten, die auch zum Theil in den letzten Liedern unseres Werkes vor- 63
kommen, beiläufig aus anderen Stellen erfahren, zumahl er an einem Orte ganz bestimmt eine Beziehung auf die Reise der Burgunden selber nicht verstand. Bei Swemmels und seiner Gefährten Reise nach Worms heifst es nämlich (Anm. zu 1743

Do si uf in Beiern quamen,
Und si daz wunder da vernamen,
Daz zen Hûnen was geschehen,
Genûge under in begunden jehen:
Got von himele sis gelobt,
Daz her Hagene hat vertobt!

Sie verbreiten sich noch lange in allgemeinen Ausdrücken über Hagens Übermuth, ohne bestimmt auf den Punkt zu kommen, der eigentlich ihre Freude erregte, dass nämlich Hagen für den Schaden gestraft sei, den er ihnen auf der Hinreise gethan.

25.

Wenn wir nun auch das durchgehen, was in der Klage von den früheren Schicksalen Kriemhildens und ihrer Verwandten vorkommt, so wird daraus klar werden, dass der Dichter nicht den ersten Theil unseres Liedes, sondern nur einen kurzen hin und wieder auch abweichenden Auszug der Geschichte desselben vor sich hatte.

Zuerst fand er ohne Zweifel eine der unserigen ziemlich gleichlautende Nachricht von den Königen zu Worms und ihren Mannen. Aus dem Buche nennt er Dankrat und Ute als Kriemhildens Ältern; die Namen ihrer Brüder seien bekannt. Aufser den Mannen Günthers, die mit nach Ungarn reisten, kennt er
64 Rumold und den Schenken Sindolt (1870 Z. 3968 ff.), und erzählt von Volker (679 Z. 1522 ff.):

Er hete bi Rine daz lant
Mit Gúnthere besezzen;
Der helt vil vermezzen
Was von Alzeie erboren.

Dagegen kommen Ortwin, Gere, Hunold und Eckewart nirgend vor, zum klaren Beweis, dass die erste Aventüre, bei den verschiedenen Bearbeitungen, nach dem Umfange des Inhalts anders ausgeführt war.

Ferner wird berichtet, Kriemhild habe Siegfried geheirathet; ihm schreibe das Mähre grofse Tugenden zu, dass er demüthig und Falsches leer, bei allen beliebt, sehr stark, kühn nnd wohlgethan gewesen. Es ist uns gesagt und aus den Büchern bekannt, dass sein Vater Siegmund, König zu Santen, seine Mutter Siege-

linde hiefs. Er wurde nachher aus Hass und Neid, durch anderer Recken Übermuth, von Kriemhildens nächsten Verwandten ermordet, weil die 'vil eregerende' Kriemhild Brünhilden den Muth mit Rede erzürnt hatte; Brünhild benahm ihr ihre Freude, was sie nachher oft bereuete[45]) (1987 Z. 4170 ff.). Günther rieth, dass Siegfried sterben müsste (247 Z. 504 f.). Hagen erschlug ihn, und nahm Kriemhilden nachher auch ihr Gut und bot ihr zu allen Zeiten viel Schmach zu ihrem grofsen Schaden (2017 f. Z. 4235—4247). Der Nibelungen Hort[46]), ihre Morgengabe, war so viel, dass er nicht kleiner wurde, wie viel man auch davon hingab. Nach Siegfrieds Tode kam ihr der Schatz nach Worms. Als sie ihn in ihre Gewalt nahm und in ihre Kammer bringen hiefs, da liefsen ihre Brüder es Hagen, 'mit schanden, lasterliche,' hingehen, dass er ihr den Hort raubte; er versenkte ihn all in den Rhein (Anm. zu 627 Z. 1360 65
—1379). Auch Brünhildens Sohn, der nach den Nibelungen Siegfried hiefs, kommt am Ende der Klage vor, und wird zuletzt zum König gekrönt. Wie aber

der künic sit gesaz,
Und wie lang' er krone mohte tragen,
Daz kan ich niemen gesagen;
Dú mære suln uns noch komen.

(Anm. zu 2047 Z. 4292 ff.). Ute wohnte nach der Klage (1840 Z. 3908 ff.) zu Lorse[47]), von wo sie nach Worms eilte, als Swemmel kam.

Als Kriemhild nach Siegfrieds Ermordung verwittwet ward, brachte sie der Schmerz so weit, dass sie sich alle Freuden versagte, und vor Klagen kaum das Leben behielt. Nachher ward sie Etzels Weib;

Durch rache múste si daz tún,
Und durch deheinú minne niht,
Als uns dú aventúre giht.

(Anm. zu 21 Z. 83 ff.) Auch dies hiefs der Rede Meister in dem Mähre dichten, wie reich der König Etzel gewesen: täglich hatte er zwölf Könige unter sich; die dienten ihm mit Ehren[48]). Endlich ist uns auch bekannt und oft gesagt, dass der König zuvor ein tugendhaftes Weib hatte, die Helke hiefs, und dass Kriemhild in Hünenland herrschte, wie Frau Helke zuvor gethan.

So findet sich in der ganzen Klage nirgend eine Spur von Siegfrieds früheren Thaten, seiner Unverwundbarkeit, den Nibelungen und der Tarnkappe [49]), oder wie Brünhild zweimahl da-
66 durch bezwungen wurde, dass Günther die Gebärde und Siegfried die Werke hatte: lauter Umstände, die der Verfasser der Klage gewiss nicht überging, wenn ihm in seinem Buche etwas Bestimmtes davon wäre überliefert worden. Ja man darf wohl annehmen, dass er bei seiner übrigen Weitläuftigkeit und dem Bestreben, überall neue Umstände des Jammers zusammenzutreiben, uns den kleinen Günther, Siegfrieds Sohn, den Kriemhild in Niederland gelassen, schwerlich würde geschenkt haben.

26.

Ich müsste mich sehr irren, oder es ist durch die bisher geführten Untersuchungen nun nicht nur unsere Hauptfrage schon großentheils ins Klare gebracht, sondern auch ein Bedeutendes für die Geschichte der Nibelungenlieder überhaupt gewonnen. Wir haben eine Anzahl interpolierter Stellen und einzelner Lieder in der letzten Hälfte des Gedichts nachgewiesen; wir haben gezeigt, wie an manchen Liedern drei bis vier verschiedene Hände gearbeitet; es hat sich neben der unserigen eine andere Reihe theils derselben theils anderer Lieder gefunden, die durch eine Einleitung, welche den Inhalt unserer ersten Aventüren in der Kürze angab, verbunden waren. Ob diese andere Sammlung auch schon der Nibelungen Noth hieſs, oder diese letztere Aufschrift nur allein unserer Sammlung zukommt, lässt sich aus dem Umstande, dass die Burgunden in der Klage nicht Nibelungen heiſsen, wohl nicht ausmachen [50]). Die Verbindung der Lieder war darin auf das ohne Zweifel am Anfange oder Ende als Quelle erwähnte, entweder erdichtete oder wirklich vorhandene Lateinische Buch von Pilgrims Schreiber, Meister Konrad, bezogen, wie denn auch die Verwandtschaft Pilgrims mit den Burgunden darin schon eben so, wie in unseren
67 Liedern, angegeben wurde. Dass aber auch dieses Gedicht, das der Verfasser der Klage vor sich hatte, eine Sammlung mehrerer Lieder, und insbesondere der Erzähler der Geschichte, die den eigentlichen Inhalt der Klage ausmacht, von denen der vorigen Aventüren verschieden war, erhellt daraus, dass da, wo die

Deutsche Sage überhaupt schloss, und der Ordner unseres Werkes, in dem nie Beziehungen auf spätere Begebenheiten genommen werden, uns sagt:

Ine kan iu niht bescheiden, waz sider do geschach,

jene andere Sammlung, wie schon gezeigt worden, ebenfalls einen Schluss hatte, und der Verfasser der Aventüre von der Klage sich auf Umstände bezog, die der Dichter des Mähres von der Klage nicht fand, wie die Schlacht, welche Hagen den Baiern lieferte, und das Verbrennen des Saales.

27.

Nun wird es, um unseren Beweis ganz vollständig zu führen, nur noch nöthig sein, dass wir auch die erste Hälfte unseres Gedichtes durchgehen, damit sich zeige, ob auch diese aus mehreren Liedern zusammengefügt oder von einem Dichter in der gegenwärtigen Gestalt verfasst sei. Dabei muss denn vorausgesagt werden, dass bei dem Abgange eines Gedichts, das in eben so nahem Verhältnisse zu dem ersten Theile, wie die Klage zu dem zweiten, stände, hier diese Seite der Untersuchung ganz verschwinden und deshalb auch ohne Zweifel Manches völlig im Dunkeln bleiben muss. Dagegen zeigt aber hier sich überall weniger Ausgebildetes und ein strengeres Beibehalten der alten Form; weshalb in diesem Theile auch auf anscheinend kleine Punkte weit mehr gebaut und vielleicht sogar noch mehr ins 65
Einzelne gehende Resultate, als in der zweiten Hälfte des Gedichts, können gewonnen werden.

Ja es zeigt sich auch hier ganz unerwartet ein sehr nahe liegendes Zeugniss wenigstens für Einiges, das unsere Frage zunächst betrifft, und, wo es auch diese nicht genau berührt, doch immer für die Geschichte unseres Liedes. Ich meine die jetzt in München befindliche zweite Hohenemser Handschrift desselben, deren Vergleichung auch in der zweiten Hälfte, wo ihre Lesarten noch unbekannt sind, vielleicht eine neue Seite für unsere Untersuchung darbieten möchte. Es ist ausgemacht, dass die erste Hohenemser Handschrift das Gedicht in einer augenscheinlich späteren, besonders in vielen Punkten gemilderten Überarbeitung liefert [51]). Und wenn ich nun sage, dass, wie diese Handschrift eine spätere, so die andere eine frühere Recension unseres Liedes enthalte, das in der Sanct-Gallischen, mag die Handschrift selbst jünger oder älter, als die zweite Hohenemser sein[52]), in der höchsten Blüthe steht und den Grad der Vollkommenheit, den gerade jenes Zeitalter der damahligen Gestalt des Liedes geben konnte, erreicht hat: so soll das, denke ich, niemand wundern, der bei der Vergleichung beider in den mannigfaltigen Änderungen und Zusätzen der Sanct-Galler Handschrift eine meistentheils absichtliche künstliche weitere Ausbildung der noch weniger glatten und geschmückten Form in der anderen erkannt hat [53]).

Dabei ist nun aber sehr auffallend und bemerkenswerth, dass man keineswegs überall in der Sanct-Galler Handschrift, sondern nur in einigen Aventüren sehr viele, in anderen nur
69 wenige und in manchen gar keine neue Strophen findet; woraus denn doch zum allerwenigsten erhellt, dass der geschickte Urheber der Sanct-Galler Recension einen Unterschied zwischen jenen Liedern bemerkte, von denen er einige vieler Veränderungen und Zusätze, andere nur einer geringen Nachhülfe bedürftig glaubte. Wenn nun gerade dieselben Lieder auch an anderen Kennzeichen, mit denen Inhalt oder Darstellung behaftet wären, sich von den übrigen verschieden zeigten, so möchte sich auch daraus Manches für die weitere Erörterung unserer Frage ergeben. Es sei erlaubt, hier in Voraus das Resultat anzuzeigen, dass gerade in den Liedern, welche in der Sanct-Galler Recension keinen bedeutenden neuen Zuwachs erhalten haben, am häufigsten die Hand des früheren Ordners, dessen Arbeit uns das Hohenemser Manuscript liefert, zu erkennen ist, und dass insbesondere, um gleich etwas ganz Einzelnes anzuführen, alle Strophen mit inneren Reimen theils dem Ordner, theils dem Sanct-Galler Verbesserer, aber nie der ursprünglichen Gestalt unserer Lieder angehören.

Aber es wird besser sein, auch hier die einzelnen Theile des Gedichts durchzusehen und überall auf die inneren Merkmahle, wie auf die Punkte, zu denen uns die Vergleichung jener Handschriften führt, aufmerksam zu machen.

28.

Zunächst geben sich die ersten Strophen sogleich als eine besonders für die jetzige Gestalt des Gedichts verfertigte Einleitung kund, der man darum, weil wir gerade alle späterhin vorkommende Personen und keine mehr noch weniger darin 70
verzeichnet finden, eben kein höheres Alter, als jener zuschreiben darf. Die Erwähnung dieser Personen ist überhaupt einer der wichtigsten Punkte der Untersuchung; überall zeigt sich das Bestreben, die, welche in einzelnen Liedern handelnd auftreten, auch in die anderen einzuführen. Dass der Sanct-Galler Recension die erste Strophe fehlt, die alle übrigen anerkennen, mag immerhin bloſser Zufall seyn: die dritte,

Der minneclichen meide truten wol gezam etc.

wurde wohl mit feinem Gefühl absichtlich weggelassen, als in den ersten Anfang des Gedichtes nicht passend, wo noch keine Theilnahme für eine einzelne Person erweckt, sondern die Hörer nur mit allen bekannt und auf ihr endliches Schicksal aufmerksam gemacht werden sollten.

Der nun folgende Traum Kriemhildens ist gewiss nicht von dem Dichter unseres Liedes erfunden, da sich noch eine mythische Beziehung darauf anderweit nachweisen läſst[54]). Dennoch möchte ich den Abschnitt, wenn er auch aus einem älteren Liede genommen wurde, in dieser schönen Form, so zart gehalten in jeder Zeile, nur dem Dichter zuschreiben, dem wir die letzte Gestalt des Ganzen verdanken; wofür auch die in einer Strophe ganz durchgeführten Mittelreime [55]) und der am Ende des Gedichts wiederhohlte Gedanke, dass Freude zuletzt immer Leid gebe, zu sprechen scheinen. Der Sanct-Gallische Verbesserer fand in diesem Liede nur Weniges zu ändern, das er mit groſser Geschicklichkeit besser und gefälliger einrichtete [56]).

29. 71

Dagegen ist nun unverkennbar der folgende Abschnitt von Siegfrieds Jugend und Fahrt nach Burgund in einem weit älteren Stile keck und schroff gearbeitet. Das Lied gibt sich auch selbst als ein einzelnes durch einen eigenen Anfang und Schluss (137

Z. 565—568), durch eine neue Einführung Kriemhildens (45—48 Z. 185—200), endlich darin, dass es in Burgund nur Günther, Gernot, Hagen und Ortwin, aber nicht Giselher und die Übrigen kennt. Eine anderen Liedern sehr geläufige Manier der Erzählung zeigt sich nur in einer Stelle (21, 1 Z. 81):

Ich sage ú von dem degene, wie schöne der wart,

die ich gerade deshalb gern dem Ordner zuschreiben möchte, wie sie denn auch der Besorger der Sanct-Galler Recension als ein fremdes Stück ausstieſs. Hingegen findet sich eine ganz eigenthümliche Manier des Ausdrucks in zwei Zeilen von Ortwin (82, 2 Z. 334. 118, 2 Z. 486):

Rich unde küne moht' er vil wol sin[57]).
Er mohte Hagenen swestersun von Tronege vil wol sin.

Die Beziehungen auf Künftiges gehen überall nur bis auf Siegfrieds Vermählung mit Kriemhilden (45, 4 Z. 188. 47, 4 Z. 196. 48, 4 Z. 200. 128, 1 Z. 525), wenn auch der Schluss auf sein späteres Schicksal deutet:

Davon im sit vil liebe und ǒch vil leide geschach.

Das ahnungsvolle Weinen bei Siegfrieds Abschied von Xanten (70. 71 Z. 285—292) scheint hier, eben weil es sonst noch öfter vorkommt, und sich die Stelle durch einen Mittelreim auszeichnet, ein Zusatz des Ordners zu sein, dem überhaupt in diesem Abschnitte, wo der Sanct-Galler Kritiker nur wenig zuzusetzen[58])
72 und zu ändern nöthig hielt, sehr vieles wird müssen zugeschrieben werden.

Die bedeutendste Änderung war denn wohl die, dass er höchstwahrscheinlich aus zwei Liedern eins machte, und, wie man eben daraus, dass wir es noch zu erkennen im Stande sind, schlieſsen kann, bei der Verbindung ein wenig ungeschickt verfuhr. Wir erkennen es aber daran, dass man nach der jetzigen Darstellung zu der Meinung verführt wird, dass Siegfrieds Reise nach Burgund seine erste Ausfahrt gewesen, einer Meinung, die mit dem ganzen Mythus unvereinbar streiten würde. Das eine Lied, mit dem Anfange (23 Z. 93):

In sinen besten ziten, bi sinen jungen tagen
Man mohte michel wunder von Siveride sagen etc.

enthielt die Beschreibung der Feierlichkeiten bei Siegfrieds

Schwertnahme, bis auf den Punkt, wo er sich weigert, bei seines Vaters Leben die Krone zu tragen (bis 44, 4 Z. 180). In diesem Liede erstrecken sich die Andeutungen der Zukunft nur bis auf sein reiferes Alter, wo ihn die Weiber liebten und seines Vaters Lande mit seinen Tugenden geziert wurden (23, 4 Z. 96. 24, 3 Z. 99). Die oben angezeigten weiteren Beziehungen finden sich dagegen in dem anderen Liede, worin nach einer kurzen Erzählung von Siegfrieds Ältern und Wohnort vorbedeutend gesagt wird (22, 4 Z. 88):

Durch sines libes sterke er reit in menigú lant;
Hei, waz er sneller degene sit zen Burgonden vant!

An diese Einleitung schliefst sich der Bericht von seiner Fahrt nach Burgund (45 Z. 185);

Den herren müten selten deheinú herzenleit.
Er horte sagen mære, wie ein schönú meit
Wære in Burgonden, ze wunsche wolgetan, 73
Von der er sit vil freuden und ŏch arbeit gewan.

In diesem zweiten Liede aber ist, des Ungewisseren nicht zu erwähnen, aufser einer Strophe mit inneren Reimen, die dem Ordner eigen ist (114 Z. 469—472), wie mich dünkt, auch Hagens ganze lange Erzählung von Siegfrieds früheren Thaten (88—101 Z. 357—412), während welcher Siegfried auf dem Hofe warten muss, wenn sie nicht gar zu dem ersten dieser zwei Lieder gehört, doch wenigstens ein nur lose angeknüpftes fremdes Stück, wie dies die Kürze in der Nachricht von Siegfrieds Unverwundbarkeit (101 Z. 409—412) und das unrichtige Präteritum bei der Erwähnung des Schwertes (96, 1 Z. 389: daz hiez Balmunc) noch weiter zu bestätigen scheint. Endlich ist auch am Schluss die Erzählung von Siegfrieds und Kriemhildens Liebe, wobei sie nur ihn, er aber sie nicht sah (132—136 Z. 545—564), zu sehr ausgeführt und viel zu weich für dieses Lied, als dass man nicht leicht auch darin eine spätere ausmahlende Hand erkennte.

30.

In dem nächstfolgenden Liede von dem Kriege mit den Dänen und Sachsen zeigen sich nun wirklich solche Ankündigungen, wie die in dem vorhergehenden ausgezeichnete: 139, 1

Z. 573, 'Die wil ich ú nennen;' 182, 1 Z. 745, 'Ich sag' ú, wer der wære.' Den Schluss der Liedes und zugleich den einzigen Bezug auf die Zukunft enthalten die Zeilen (259) 1053—1056:

Durch der schönen willen gedaht' er noch bestan,
Ob er si gesehen möhte. sit wart ez getan;
74 Wol nach sinem willen wart im dú magt bekant.
Sit reit er fröliche in daz Sigmundes lant.

Von dem voranstehenden Liede sondert sich dieses durch ein neues Vorführen Siegfrieds (152, 2 Z. 626). Giselher wird auch hier noch nicht genannt, sondern nur Günther und Gernot. Und nun mag es wunderlich scheinen, wenn ich alle Strophen, in denen Hagen, Ortwin, Dankwart, Volker, Sindolt und Hunold vorkommen, für später eingeschoben erkläre; ich will auch gern zugeben, dass weder die Erwähnung dieser Männer [59]), noch die Mittelreime, noch die öfter wiederhohlten Formeln: da mussten Helden sterben, da wurden viel Helmbänder zerhauen, da that er noch mehr Schaden, des Tages wurden viel gute Ritter getödtet u. s. w. — dass jeder dieser Umstände für sich allein keine Stelle verdächtig machen könnte: wenn aber dergleichen immer in gewissen Strophen zusammenkommt, so wird es doch wahrscheinlich, dass in diesem Liede, dem die Sanct-Galler Handschrift keine neue Strophen hinzufügt, jene gerade auf die Rechnung des Diaskeuasten kommen [60]).

Hingegen eignet sich die ganze folgende Erzählung, wie Siegfried Kriemhilden zuerst sah, (260—304 Z. 1057—1236) durch breitere Darstellung und gröfsere Zierlichkeit, die sich besonders in ausgeführteren Bildern und der Erzählung von Siegfrieds minniglichen Gedanken, dann in seiner ritterlichen Unterhaltung mit Kriemhilden zeigt [61]), einem weit späteren Zeitalter an; und eben dieses auffallend Jüngere des Liedes heifst uns bei der 1237 Zeile (305, 1) ein neues anfangen, in dem die Darstellung bei weitem gedrängter und manchmahl überkurz ist, obgleich auch in diesem schon Giselher vorkommt, auf dessen
75 Rath Siegfried noch länger in Burgund bleibt. Anfang und Ende sind vortrefflich:

Freude unde wunne, vil grözlichen schal
Sach man allertægelich vor Güntheres sal etc.

und (323):

Wan daz in twang ir minne, dû gab im dicke not;
Darumbe sit der küne lac vil jæmerliche tot.

31.

Nach einer Übergangsstrophe mit einem Mittelreime (324 Z. 1313—1316) folgt ein sehr verschiedenes Lied von Brünhild:

Ez was ein küneginne geseʒʒen über se etc.
Daz gehorte bi dem Rine ein ritter wolgetan etc.

(327, 2 Z. 1326). Es zeichnet sich durch ein häufiges Hervortreten des Dichters und Anreden an die Hörer aus. Von Alberich, dem Zwerg, und der Gewinnung der Tarnkappe wird als von noch unbekannten Dingen erzählt (335, 3 Z. 1359), überall aber Siegfrieds frühere Bekanntschaft mit Brünhild vorausgesetzt (329. 330 Z. 1331—1340. 598 Z. 2605). Sehr oft weist der Dichter auf spätere Begebenheiten, wie Kriemhild Siegfrieds Weib geworden, dass Siegfried nachher Leid von seiner Bemühung hatte, dass die Frauen sich entzweiten und Günther Siegfrieds Dienste vergaſs. Höchst merkwürdig ist aber in diesem Liede, dass Dankwart hier eine der Hauptpersonen ist, dagegen er in den übrigen nur beiläufig erwähnt wird und also vielleicht von späterer Hand in dieselben eingeführt ist. In dem zweiten Theile des Gedichts sagt er nämlich (1861, 3 Z. 7771) selbst zu Blödelin:

Ich was ein wenic kindelin, do Sivrit vlos den lip. 76

Auſser den vier Gesellen, die zusammen nach Island fuhren, erwähnt das Lied auch Gernot und Giselher [62]).

Übrigens mag sich, bis auf weniges Einzelne [63]), die ursprüngliche Gestalt des ganzen Liedes schon erkennen lassen, wenn man die vielen Zusätze der Sanct-Galler Handschrift weglässt [64]). Nur möchte ich einen gröſseren Abschnitt (446—480 Z. 1921—2060) nebst zweien ihm anhängenden Strophen (539 Z. 2333—2336. 553 Z. 2401—2404), in denen Siegfrieds Fahrt zu den Nibelungen erzählt und diese selbst erzählt werden, gern aus dem Liede ausscheiden, schon weil sie der Manier des Übrigen nicht gleichen und in der Sanct-Galler Handschrift nicht weiter ausgeführt worden sind.

Und so scheint es mir auch, dass der Abschnitt, wie Siegfried Brünhilden für Günthern bezwang, von dem Vorigen müsse geschieden werden. Das Lied von Brünhilden endigt:

Der kúnic beite kume, daz man von tische gie;
Dú schonen Brúnhilde man do komen lie,
Und öch fròn Krimhilde, bedú an ir gemach;
Hei, waz man sneller degene vor den kúneginnen sach!

Und nun hebt hier ein neues Lied an, mehr ausgebildet und nicht in der Manier des vorhergehenden (609 Z. 2657):

Sivrit der herre vil minneclichen saz
Bi sinem schönen wibe, mit freuden, ane haz etc.

77 Zuletzt kommt auch hier noch (635 Z. 2765—2768) eine Strophe von den Nibelungen, die ich wieder dem Ordner zuschreibe. Der Schluss (636, 4 Z. 2772) lautet:

So endete sich dú hochzit; ez schiet von dannen manic degen;

oder nach der Sanct-Galler Handschrift: 'Daz wolde Gúnther der degen.'

In der folgenden Aventüre, in der die Darstellung wieder sehr kurz und wenig geschmückt ist, nehmen Siegfried und Kriemhilde von Worms Abschied und reisen nach Niederland. Der Verfasser findet nöthig uns noch mit Xanten bekannt zu machen (653 Z. 2847):

Unze daz si komen z' einer burge wit,
Dú was geheizen Santen, da si krone trúgen sit.

Eine Strophe (655, 5 Z. 2857—2860), in der uns, im Gegensatze mit der Pracht des Festes zu Worms, gesagt wird, nie habe man den Helden besser Gewand gegeben als bei Siegmund, und eine frühere (640, 5 Z. 2793—2796), die ebenfalls Kriemhildens Herrlichkeit zu Xanten weiter ausführt, so wie eine spätere (662, 5 Z. 2889—2892) von der Erziehung des jungen Siegfried, gehören der Sanct-Galler Recension: an die erste schlieſst sich eine andere (656 Z. 2861—2864), die Kriemhildens und ihres Gesindes Pracht beschreibt und sich mit ihren inneren Reimen dem Ordner aneignet. Auſser den drei Königen erwähnt das Lied Hagen und Ortwin, und vorzüglich noch Eckewart. Es zeichnet sich durch die oft wiederhohlte Redensart aus: Das war ihm lieb, als ers erfuhr, und dergl. Z. (637, 4) 2776. (637, 8) 2780. (638, 4) 2784. (648, 4) 2828. (650, 3) 2835. (657, 4) 2868. (659, 4) 2876. Übrigens beweist es auch, dass wir vorher ganz richtig die Nibelungen aus dem Liede von Brünhild ausgesondert

haben; denn indem der Verfasser diese tausend Mann bei der 78
Abreise von Worms nicht erwähnt, erklärt er, dass er sie sich in dieser Verbindung nicht dachte.

32.

Ganz unvereinbar mit diesem Liede ist nun aber das folgende (von 667 Z. 2909 an), worin die vom Rhein gesandten Boten Siegfried mit Kriemhilden und selbst Siegmund, der doch noch einmahl (704, 1 Z. 3057) König von Niederland heifst, in Nibelungenland antreffen, oder noch bestimmter (682, 2 Z. 2970):

Ze Nibelunges bürge, dar waren si gesant,
Ze Norwæge in der marke, da funden si den degen.

Dahin kommen die Boten (682, 1 Z. 2969) in drei Wochen [65]) geritten, also vermuthlich zu Lande; Siegfried, Kriemhild und Siegmund reiten mit ihrem Gefolge gegen den Rhein von Nibelungenland. Nach Siegfrieds Tode reitet Siegmund mit den Nibelungen von Worms an den Rhein [66]) und setzt nicht über, sondern scheint den Strom entlang reisen zu wollen, obgleich der Dichter (1039, 1 Z. 4409) sagt:

Wie si nu gefüren, des kan ich niht gesagen.

Endlich aber hohlen nur siebzig Verse nachher Giselher und Gernot den Schatz aus Nibelungenland. Er wird von dem Berge, worin er verborgen lag, 'zû dem sewe' das ist, aufs Meer, in die Schiffe gebracht;

Den fürt man uf den unden unz ze berge an den Rin [67]).

(1061, 4 Z. 4500). Danach fährt man also von Worms den Rhein hinunter ins Meer und von da nach Nibelungenland. Nun zeigt sich aber aufser diesem Widerspruche eine neue Schwierigkeit; denn es möchte nicht leicht sein, den Berg am Rheine zu zeigen, 79
von dem man nun den Schatz von zwölf Ganzwagen, die vier Tage und Nächte täglich dreimahl gingen [68]), nach Worms brachte. Diese Verschiedenheit der Geographie beweist nun, denke ich, nicht nur wieder die Zusammenfügung unseres Gedichts aus mehreren Liedern, sondern die eben bemerkte Unbekanntschaft mit der Gegend bei Worms zeigt auch, dass, wiewohl erweislich von Siegfried und Kriemhildens Rache beinah

in ganz Deutschland gesungen wurde, dennoch unsere Lieder mit A. W. Schlegel nur dem südlichen Theile zuzuschreiben sind. Was die ebenfalls von Schlegel bemerkte Verwechselung des Wasgaus mit dem Odenwalde betrifft, so kann man auch diese nicht läugnen [69]), sondern höchstens sagen, dass zwar in dem Liede, worin die Jagd angekündigt wird, der Waskenwald genannt sei, in dem von jenem verschiedenen aber, das die Jagd selbst erzählt, nur ein tiefer Wald jenseit des Rheines [70]).

33.

Aber wir kehren zu dem Liede zurück, in dem Günther Siegfried und Kriemhilden durch den Markgrafen Gere einladen lässt. Ich mag nicht mit Gewissheit behaupten, dass es schon mit den Worten Hagen schliefse, worin er von Siegfried sagt:

Hort der Nibelunge beslozzen hat sin hant;
Hei, sold' er kumen ie mer in der Búrgonden lant!

Wenigstens aber scheint mir sicher, dass die nächsten Strophen (718 ff. Z. 3113 ff.) wenn nicht ein ganz eingeschobener Übergang, doch wenigstens zum Theil später eingefügt sind, um Sindolt, Ortwin und Rumold wieder in ihren Geschäften für die folgende Hochzeit zu zeigen.

80 In der sehr ausgeführten Erzählung von Siegfrieds und Kriemhildens Empfang zu Worms, die wieder manche Hindeutungen auf die Zukunft enthält, ist gewiss sehr vieles von dem Ordner, zum Beispiel (739 Z. 3197—3200) die besondere Erwähnung Hagens und Ortwins bei dem Kampfspiele, aus einer früheren kürzeren Stelle (305, 4 Z. 1240) entlehnt, und der Marschall Dankwart, der (743 Z. 3213—3216) des Gesindes pflegt.

Noch weit mehr ausgebildet, in einer breiten und edeln Manier gearbeitet, ist der nächste Abschnitt (757—805 Z. 3269—3464) von der Königinnen Zank. Ganz verschieden davon zeigt sich der folgende, worin Günther und die Übrigen Siegfried den Tod schwören. Er fängt mit der allgemeinen Sentenz an:

Mit rede wart gescheiden manic schöne wip,

(806, 1 Z. 3465) und endigt:

Von zweier frowen bagen wart vil manic helt verlorn.

Die ganze Erzählung aber ist sehr wenig ausgeführt, mangelhaft, trocken und durchaus nicht mit Liebe noch nach frischlebendiger Sage gedichtet, so dass vermuthlich alles sammt dem inneren Reime, 807, 1 Z. 3469 f., dem Ordner gehört [71]). Überall gibt sich der Dichter Mühe, jeden einzelnen etwas reden zu lassen, wobei besonders Gernot in ein übeles zweideutiges Licht gestellt wird.

Sehr vortheilhaft zeichnet sich dagegen die Erzählung (820 858 Z. 3521—3676) aus, wie Kriemhild Hagen entdeckte, an welcher Stelle Siegfried verwundbar sei. Das Lied unterscheidet
sich von einigen anderen dadurch, dass es Siegfried den Held 81
von Niederland nennt, und überall auf den Tod desselben, einmahl auch (824, 4 Z. 3540) auf das nachherige Verderben der Burgunden hinweist, und durchweg auf die grofse Untreue, die man an Siegfried begangen, aufmerksam macht. Am Ende kommt die schon erwähnte Stelle vom Waskenwalde.

34.

Noch weit vortrefflicher, aber auch hin und wieder ohne Zweifel sehr ausgeschmückt ist die nächste Darstellung der Jagd und der Ermordung Siegfrieds. Wir begnügen uns auch hier nur einiges Eigenthümliche des Liedes auszuzeichnen und die Aufmerksamkeit auf einige Einschiebungen zu lenken, bei denen sich eher zur Gewissheit kommen lässt. Der Anfang konnte nicht leicht schöner sein (859 Z. 3677):

Gúnther unde Hagene, die recken vil balt,
Lobten mit untrúwen ein pirsen in den walt.
Mit ir scharfen geren si wolden jagen swin,
Beren unde wisende; waz möhte küners gesin?

So auch der Schluss (943 Z. 4021—4024):

Do erbiten si der nahte und fúren über Rin.
Von helden kunde nimmer wirs gejaget sin.
Ein tier, daz si slúgen, daz weinten edlú kint;
Ja músen sin engelten vil gúte wigande sint.

Die übrigen Beziehungen auf Künftiges: Wäre es wohl verendet, so hatten sie fröhlichen Tag; der Rath war vielen zu Sorgen gethan; nachher ward er von schönen Frauen beweint. Dagegen

ist zuerst alles, was (860—869 Z. 3681—3720) von Siegfrieds
82 Abschied von Kriemhilden erzählt wird, eingeschoben. Nach
dieser eingeschalteten Erzählung ritt Siegfried mit Günther und
Hagen: hernach (871, 4 Z. 3728) kommt auch Siegfried auf
den Wert, und das wird dem Könige gemeldet. In dem ausgezeichneten Stücke wird erzählt, dass auf Brünhildens Rath Siegfrieden das Leben an einem Brunnen genommen, Giselher und
Gernot aber nicht mit auf die Jagd gegangen seien. Von Kriemhilden heifst es (868, 4 Z. 3716):

Sine gesach in leider darnach nimmer mer gesunt.

Ferner folgen noch ein Paar Strophen, die in der Hohenemser Handschrift fehlen (882, 5 Z. 3773—3776. 886, 5 Z. 3793—3796), dann noch einige (892 Z. 3817—3840), die sich durch weitläuftige Beschreibungen und dabei durch Anreden an die Zuhörer auszeichnen. So oft in dem Folgenden die Untreue Hagens und Günthers getadelt wird, glaube ich eingefügte Strophen zu bemerken Z. (905) 3869—3872. (907. 908) 3877—3884. (911. 912) 3893—3900. (922) 3937—3940. Zweimahl Z. (905) 3869. (907) 3877 stören sie den Zusammenhang; das drittemahl (911 Z. 3893 ff.) enthalten sie fast nur müssige Wiederhohlungen; zuletzt ist nach der 3936 Zeile (921, 4), in der vermuthlich ursprünglich stand, dass Hagen Siegfrieden schoss, nun in der folgenden Strophe sehr unpassend die weitere Ausführung in Bezug auf eine frühere Erzählung eingefügt, Hagen habe ihn durch ein Kreuz am Gewande geschossen. Einmahl scheint es fast, als wenn sie noch immer (wie 917 Z. 3917) ohne Kleider in weifsen Hemden gewesen; und wenn sie sich auch etwa wieder angekleidet hatten, wie denn nachher (947, 1 Z. 4037) Siegfrieds Kleid von Blut ganz nass war, und man endlich (967, 2 Z. 4118) seinen schönen Leib aus den Kleidern ziehen musste: so hatte ja Kriemhild das verborgene Kreuz (847 Z. 3629) in das Kleid genäht, das er auf der Scheinheerfahrt trug, auf welcher es sich
83 auch Hagen (850, 4 Z. 3644 f.) genau ansah, um sich die Stelle zu merken; jetzt aber trug Siegfried ein anderes, das vorher (893 Z. 3821 ff.) beschriebene Jagdkleid.

Das folgende Lied, von dem Anfange (944 Z. 4025),

Von grozer übermüte múget ir horen sagen,
Und von eislicher rache etc.

bis zu dem Ende der Klage über Siegfrieds Tod (1012 Z. 4304) fortlaufend, ist sehr ausführlich; doch lassen sich nur wenige Strophen an kleinen Widersprüchen und Reimen (949—951 Z. 4045—4056. 963 Z. 4101—4104. 1003 Z. 4265—4268) als eingefügt erkennen; eine (999, 5 Z. 4249—4252) gehört der Sanct-Galler Recension an. Die Manieren des Liedes: Da hatte Hagen Brünhildens Zorn gerächt (954, 4 Z. 4068); Siegmunden sagte sein Herz, was ihm geschehen war (957, 3 Z. 4079); Niemand könnte euch all den Jammer vollkommen erzählen (977, 1 Z. 4157).

Hingegen mögen in das nächste Lied, das (1040, 4 Z. 4416) schliefst:

Sit getœt ir ôch frô Kriemhilt dû vil herzenlichen leit,

wohl Ute und Gernot (1021. 1022 Z. 4337—4344) eingeschoben sein. Am Ende aber sind drei Strophen (1036—1038 Z. 4397—4408) gewiss neueren Ursprungs. Hierbei begleiten Giselher und Gernot den König Siegmund, der vorher, um nach Nibelungenland zu reisen, ohne Geleit an den Rhein ritt, heim — nach Niederland; und dennoch heifst es in dem Folgenden:

Wie si nu gefüren, des kan ich niht gesagen.

Endlich der letzte Abschnitt des ersten Theiles, keiner der besonders hervortretenden, enthält eine gute, kurze, ungeschmückte Erzählung. Die Manieren sind: Nun mögt ihr von 81
dem Horte Wunder hören sagen (1062, 1 Z. 4501); Hagen meinte von dem Schatze noch Vortheil zu ziehen, das konnte nicht geschehen (1077, 4 Z. 4564); nachher rächte sich wohl mit Kraft des kühnen Siegfrieds Weib (1045, 4 Z. 4436). In diesem Liede kommt auch wieder die Tarnkappe vor. Zwei Strophen (1074 Z. 4549—4552. 1080 Z. 4573—4576), die das nur kurz erzählte Versenken des Schatzes in den Rhein erklären sollen, aber den Zusammenhang nur verwirren und dunkel machen, sind leicht als eingeschaltet zu erkennen; eine andere (1054 Z. 4469—4472) verräth sich durch den inneren Reim.

35.

So kehren wir endlich von unserer langen Reise durch das Gedicht zurück, wobei, wie ich hoffe, nun der Beweis für unseren

Hauptsatz als vollständig geführt angesehen werden kann: auf vollständige Nachweisung der Veränderungen jedes Liedes machen wir keinen Anspruch, deren man sich selbst dann noch nicht vergewissert halten dürfte, wenn auch alle erkennbaren Änderungen genau und vollständig gezeigt wären. Uns ist genug, wenn die eigene Angabe des Ordners unserer Lieder, der erzählen wollte, was uns Grofses in alten Mähren gesagt sei, durch sichere Anzeigen in der dermahligen Gestalt des Gedichtes ist bewährt worden.

Wir fügen noch hinzu, dass selbst das spätere Fortleben
einzelner Lieder, die wenigstens dem Inhalte nach mit Theilen
unseres Gedichts zusammenfielen, aus bestimmten Zeugnissen
85 kann erwiesen werden. Für norddeutsche Gesänge zeugt die
Niflungasaga, wo sie berichtet, was in Deutschen Liedern, 'i
Thydverskum kvædum', gesungen sei [72]). Der Marner, ein
Schwabe, und Hugo von Trimberg, der bei Bamberg lebte, erwähnen als Vorwürfe verschiedener Gedichte, 'wen Kriemhilt verriet [73]), und Kriemhilden mort, Sigfrides tot, der Nibelungen hort.' Der Verfasser des Liedes vom hürninen Seifried [74]) verweist nicht eigentlich auf unsere Nibelungennoth [75]), sondern auf ein Gedicht, das nur einen Theil der Geschichte umfasste:

Die drei brüder Krimhilde, wer weiter hören wöll,
So wil ich im hie weisen, wo er das finden söll.
Der les Seifrides hochzeit; so wirt er des bericht,
Wie es die acht jar gienge. hie hat ein end das dicht.

Aus der Thüringischen Chronik des Joh. Rothe, der in die Mitte des funfzehnten Jahrhunderts fällt, wird die für unsere Untersuchung allzu unbestimmte Angabe aufgeführt, man habe damahls noch Gesänge von dem starken Sifrid, von Hagin und Kunehild (Kriemhild) gehabt [76]). Hingegen kenne ich nur Ein ausdrückliches Zeugniss für unsere Nibelungennoth; die augenscheinliche Nachahmung in dem Anfange des Liedes von der Rabenschlacht, woven die hierher gehörigen Zeilen also lauten [77]):

W e l t i r v o n a l t e n m e r e n
W u n d e r h o r e n s a g e n,
V o n r e c k e n l o b e b e r e n,
So solt ir gern dazû dagen.

— — — — — — — —

Dem tet er wol geliche,
Als mir ist geseit;
Dem herren Dietriche
Frumt' er manig starke leit
Mit wûste und mit brande 86
In sinem eigen lande.
Nu solt ir hören gerne
Von grozer arbeit,
Wie der vogt von Berne
Sit gerach sine leit
An Ermrichen dem ungetrûwen.
Waz er begie, daz kam im sit zû rûwen.
Nu horet michel wunder
Singen unde sagen,
Und merket alle besunder,
Sich hebt weinen und klagen
Und jamer also starke,
Der geschach uf Romischer marke.

Denn wenn Wolfram von Eschenbach im Parzifal erwähnt, was Rumold

künec Gûnthere riet,
Do er von Wormez gein den Hiûnen schiet,

und noch bestimmter sagt, den Rath gebe

ein koch
Den künen Nibelungen,
Die sich unbetwungen
Uzhûben [78]), da man an in rach,
Daz Sivride davor geschach,

so ist zwar darin die Gestalt der Fabel, welche der Nibelungen Noth und die Klage gibt, unverkennbar; aber wer will entscheiden, ob Eschenbach, dessen Parzifal in die ersten Jahre des dreizehnten Jahrhunderts fällt, schon unsere oder eine andere [79]) Sammlung oder auch nur einzelne Volkslieder kannte? [80])

36. 87

Und nun sei es erlaubt, zum Schluss noch eine Frage zu berühren, deren Beantwortung die Kritik sich niemahls anmaſsen darf: vielmehr wird sie sich verbunden halten, was auch bei den

Untersuchungen über den Homer vielleicht mit Recht konnte gefordert werden, deutlich und bestimmt zu erklären, dass jene Frage jetzt durchaus keiner Lösung mehr fähig sei. Es ist nämlich die gemeint, ob bei der Zusammenfügung unserer wie der Homerischen Lieder die Diaskeuasten Zusammenhang und Folge nach einem vorhandenen, wenn auch kürzeren Gedichte, das aber den ganzen Inhalt der Geschichte befasste, oder nur nach Anleitung der Sage bestimmten.

Bei den mannigfaltigverschiedenen Verbindungen, in die einzelne Theile unserer Nibelungengeschichte in anderen und anderen Gestalten der Sage gesetzt worden sind, muss man endlich den, welcher Kriemhildens Rache an Siegfrieds Ermordung durch Hagen und ihren Bruder Günther geknüpft, für den eigentlichen Dichter des Deutschen Epos erklären. Wenn aber gefragt wird, nicht was jeden wahrscheinlich dünke, sondern was sich streng erweisen lasse, wer will dann zu bestimmen wagen, ob sich in einem einzelnen gröfseren Gedichte, oder nur in der Sage, wenn auch nur eines Theiles von Deutschland, die wenigen bei jener Verbindung wesentlichen Umstände zusammengefunden und in diesem Sinne nach Grimms freilich sehr wunderlichem Ausdrucke das Nibelungenlied sich unbewusst selber gedichtet habe, oder von Einem Dichter geschaffen sei? Eben so wenig mag es aber auszumachen sein, ob die Homerischen Lieder nach einem
83 ursprünglichen Gedichte geordnet, ja vielleicht möglicher Weise zum Theil als Abschnitte eines Jedermann bekannten gröfseren Gedichts gesungen seien, oder ob die einfache Fabel der Odyssee und die nicht mehr zusammengesetzte der Ilias [81]) nur durch die Sage sich neben den einzelnen Liedern erhalten habe. Wir wollen die Völker glücklich preisen, in denen Sage und Volksgesang sich zu solchen grofsen poetischen Bildungen gestalteten, und den Dichter danken, die den Zorn des Achilles und Odysseus Rückkehr, und den tragischen Wechsel von Freude und Leid in Kriemhildens. Geschichte, in so herrlichen Werken verewigten, dass noch späte Jahrhunderte sich an ihnen erfreuen und kräftigen mögen.

Anmerkungen.

1) Was Göttling in seiner Schrift: Nibelungen und Gibelinen, 89
Rudolstadt 1816, S. 40 ff. sagt, scheint mit meiner Behauptung freilich geradezu im Widerspruche zu stehen *. Wenn er aber meint, jeder fühle, wie das Lied in Einem Geist und Sinn in Einer Zeit entstanden sei, so glaube ich dagegen auch nur, dass das Gedicht nicht blofs von Einem Dichter geordnet worden, sondern die einzelnen Lieder selbst in der jetzigen Ausbildung, wo nicht sämmtlich, doch meistentheils nur einem einzigen Jahrhundert, dem zwölften, angehören.

2) Diese Unterscheidung ist nicht so gemeint, als wollte ich die seit mehreren Jahren in Schwang gekommenen wunderlichen Vorstellungen von Volksliedern und ihrer Entstehung theilen, 90
über die A. W. Schlegel neulich klar und scharf gesprochen hat.

3) So scheint z. B. die bekannte Stelle im Titurel:

So singent uns die blinden,
Das Sifrid hürnein wære etc.

zwar allerdings auf Volksgesang zu deuten; aber es ist doch zweifelhaft, ob sie sich eben auf unser Lied oder auf den Hornsiegfried beziehe.

4) Ein falscher Reim findet sich 421, 5 f. Z. 1793 f., wo bewarn auf gesworn reimt, in einer Strophe, welche die zweite Hohenemser Handschrift nicht kennt. Aufserdem ist bemerkenswerth, dass 1674, 1 f. Z. 6961 f. bevalch auf marschalch gereimt ist, welches sonst marschalk heifst. Einmahl, 581, 1 f.

---

* Allerdings thut es auch der Phantasie weh, das Bild, welches sie sich einmahl von Homer oder sonst einem Dichter gemacht, dem Verstande zu Liebe aufzugeben.

Z. 2521 f, steht noch jetzt durch des Herausgebers Schuld lieht und niht statt niebt. Für frum aber auf sun ist 123, 3 Z. 507 und 1851, 4 Z. 7728 frun zu lesen; denn so sagte man, wie trŏn und bŏn und dergleichen mehr; auch kommt anderwärts sogar vor, er gefrunte. Hingegen zeichnet sich unser Gedicht von anderen aus durch die dreisylbigen Reime Hagene, ze sagene, ze tragene, erslagene, denen folgende gleich, das heifst, auch für dreisylbig gerechnet werden: Uten, gûten, Ute, gûte, hûben, ûben, trüge, slüge, wæren, mæren, genamen, quamen, solde, wolde etc. Noch auffallender sind die blofs auf einen kurzen Vocal reimenden Hagene, degene, menige, gademe. Doch findet sich diese letzte Reimart einmahl in der Klage 589 Z. 1275 f. Hagene und gademe, und im Parzifal die Reime we, e, re, sne auf Cundrie und Itonie.

91 5) Doch mögen sich auch für einen Kreis von Volksliedern bald nicht nur bestimmte Wendungen und Redensarten, sondern selbst einzelne immer wiederkehrende Reime festsetzen. So wiederhohlen sich in den Dänischen Volksliedern stets die Reime: Ö, Mö, dŏe, Blöd, röd, Gaard, Maard, Bord, Ord, Jord, ind, Skind etc.

6) Freude und Leid, nicht aber, wie neulich gesagt ist, Liebe und Leid, in unserem Sinne, deuten die beiden Zeilen des Gedichts an:

Wie liebe mit leide ze jungest lonen kan.
Als ie dú liebe leide z'allerjungeste git.

In der ersten bezieht sich Kriemhild auf ihrer Mutter Worte:

Soltu immer herzenliche zer werlte werden fro.

7) Der Name Chriemhilden Rache, den Bodmer der letzteren Hälfte gab, schickt sich wohl für das Ganze. Mit Recht lobt von der Hagen auch die Aufschrift der Münchner Membran: 'Daz ist daz Bûch Chreimhilden.' Hingegen ist der jetzt gewöhnliche Name, der Nibelungen Lied, für das gegenwärtige Gedicht gar nicht passend, in dem, wie es scheint, immer die Besitzer des Schatzes Nibelungen genannt werden. Wenigstens heifsen so im Anfange nur die Könige von Nibelungenland, denen Siegfried den Hort abgewann, darauf ihre Mannen, die er sich unterwarf und die ihm den Schatz bewahrten;

und erst später, nachdem der Schatz nach Worms gekommen und Kriemhilden geraubt ist, die Burgunden. Die erste Hälfte wäre mithin, im Sinne unseres Ordners, einem Liede von den Nibelungen ganz fremd; und eben so wenig kommt derselben der Name zu, den von der Hagen für sie erfunden, der Nibe- 92
lungen Hochfahrt. Übrigens, wenn jener unrichtige Name, der Nibelungen Lied, auch durch Fouques Corona unsterblich werden sollte, in der ein Gesang mit der Zeile anhebt:

In unserm alten Lied der Nibelungen,

so würde man dennoch wohlthun, ihn baldmöglichst abzuschaffen, schon weil er allein aus der Überarbeitung in der ersten Hohenemser Handschrift gekommen ist, und immer an die Reimerei erinnert, mit der das Gedicht in dieser Handschrift beschlossen wird.

8) Eine dieser untergeordnete Ansicht ist die in der 24 Zeile (6, 4) ausgesprochene:

Si ersturben sit jæmerliche von zweier edeln frówen nit.

Auch in anderen Stellen, wie 819, 4 Z. 3520:

Von zweier fröwen bagen wart vil manic helt verlorn.

Wenn man aber unser Lied ein grofses Trauerspiel genannt hat, das, von einer übereilten Plauderei zu einer immer furchtbarern Unthat riesengrofs anwachsend, jeder Unbill ihre Bestrafung auf dem Fufse nachfolgen lasse, so scheint man eben durch diese Ansicht aus dem grofsen Schicksalsspiele ein moralisches Familiendrama gemacht zu haben. Dem Liede selbst ist diese Beziehung ganz fremd. Nur mit Hindeutung auf Siegfrieds Tod heifst es (628, 3 Z. 2735) von ihm, als er Brünhilden Ring und Gürtel genommen:

Er gab iz sinem wibe; daz wart im sider leit.

Und was jener Ansicht noch am nächsten kommt, das findet 93
sich nur in der bekanntlich stark überarbeiteten ersten Hohenemser Handschrift, 631, 3 Z. 2751:

Diz kleinot er ir daheime doch ze jungest gap;
Daz frumte vil der degene mitsamt im selben in daz grap.

9) Sollte es auf die Könige (1744, 1 Z. 7245) gehen und ihnen tausend und sechzig Mann zugeschrieben werden, so musste nicht in sinem, sondern in ir lande stehen.

10) In unsern Handschriften steht, der Interpolation gemäfs: 'den selben vergen.'

11) In seiner Schrift über das Geschichtliche im Nibelungenliede, S. 36 ff. Auch die Scheide an Siegfrieds Schwert Balmung war nach 1722, 2 Z. 7158 'ein borte rot;' und in dem Liede von der Rabenschlacht heifst es (v. d. Hagens Grundriss S. 75):

> Sifrid von Niderlande
> Der zogete darnach;
> Einen vanen rot in der hande
> Man den fúrsten fúren sach.

Diese Abzeichen muss man doch wohl für später halten, wenn auch selbst, wie nun Göttling in seiner neuesten Schrift behauptet, Nibelungen und Gibellinen ursprünglich nur Ein Name wäre. Dies ist aber keineswegs erwiesen, ob ich gleich gern glauben will, was Göttling auch nicht streng genug gezeigt hat, dass der Streit Gibellinischer und Welfischer Dichter im zwölften und dreizehnten Jahrhundert auf die Bildung und Darstellung der Heldenfabel einen bedeutenden und merklichen Einfluss gehabt.
94 Am mindesten ist aber zu glauben, was er S. 34 sagt, dass dem Dichter (nach unserer Ansicht, dem Ordner) des Nibelungenliedes die Bedeutung des Namens der Nibelungen als Gibellinen recht lebendig gewesen. Dagegen spricht schon der schwankende Gebrauch dieses Namens selbst (s. Anmerk. 7) und die Dunkelheit, welche durchaus über Nibelungenland und den Königen von Nibelungenland waltet. *

12) Zum Beispiel (1643—1646) Z. 6833—6848. (1770—1774) 7361—7380. (1936—1944) 8073—8116. (1952—1955) 8145—8160. (2057. 2058) 8577—8588. (2140—2144) 8917—8936.

13) Selbst dann noch nicht, wenn man 1104, 1 Z. 4669 anders interpungiert:

---

* Die andere Erklärung Göttlings (in seiner ersten Schrift S. 34, in der zweiten S. 36 und 37), nach welcher die Nibelungen Unverzagte, ni bilunnane sein sollen, von bilinnan cessare, ist sprachwidrig. Theils kann die verneinende Partikel ni, später en, nicht bei dem Particip stehen; theils wird bei dieser Ableitung ein Theil der Namensendung zu der Wurzel des Wortes gezogen: denn die letzten Buchstaben ung enthalten ohne Zweifel die mittlere der drei nordischen Bezeichnungen der Geschlechtsnamen ingr, úngr, lingr. (S. Rasks Veiledning til det Islandske eller gamle Nordiske Sprog, S. 160 f.), Deutsch ing, ung, ling.

E daz der edel Rüdeger ze Bechelaren reit
Uz der stat ze Wiene, do waren in ir kleit
Rehte volleclichen uf den sômen komen.

14) Am wahrscheinlichsten dünkt mich, dass 1300—1302 Z. 5453—5464 eingeschoben seien, 1305, 3 Z. 5475 aber und (1315, 1) 5513 ursprünglich Tulna für Wiene gestanden.

15) Aufser etwa 1791—1794 Z. 7449—7464, in einem Liede, 95
das, wie sich nachher zeigen wird, in einer anderen Sammlung
der Nibelungengesänge fehlte.

16) Daraus und nicht anders ist auch zu erklären, was die Brüder Grimm zu Hildebrand und Hadubrand S. 44 bemerkt haben, dass in der Vilkinasaga an den Stellen, wo sich das Christenthum in den Nibelungen zeigt, nichts davon vorkommt; zumahl die Vilkinasaga nicht durchaus nach Deutschen Gedichten, sondern grofsentheils nur nach Deutscher Sage, in der freilich manche Nebenumstände wegfallen mussten, verfasst ist. Wie das Christenthum übrigens gewissermafsen sogar im Gegensatz zu den Nibelungen stehe, zeigt Göttling in der öfter angeführten Schrift. Eine von ihm S. 65 erwähnte Stelle steht ganz einzeln da und gehört auch nur der Hohenemser Umarbeitung an, 2228, 5 f. Z. 9277:

Swie vil von manigen landen gesamnet wære dar,
Vil fürsten krefteclîche gegen ir kleinen schar,
Wæren die Kristenlûte wider si niht gewesen,
Si wæren mit ir ellen vor allen heiden wol genesen.

17) Auch in den Heldengedichten des dreizehnten Jahrhunderts finden wir oft dergleichen, wo es nun schon eine nachgeahmte Manier ist; eben so vermuthlich auch schon in einem neueren Stücke (609—636. Z. 2657—2772) unserer Nibelungen, 630, 4 Z. 2748. Verschieden ist das mehrmahlige Anheben in vielen Volksliedern, wo dadurch verschiedene Personen, die im Fortgange der Erzählung zusammentreffen, in einen Gegensatz gebracht werden.

18) Zufällig beweist Chriemhilden Rache von Bodmer, 96
wie wohl mit diesen Zeilen ein Gedicht anfangen konnte.

19) In der 5607 Zeile (1338, 3) war er noch Kriemhildens Kämmerer auf Etzels Burg.

20) 'Ein Kriemhilde man' 1582, 3 Z. 6583 in dem Liede selbst mag immer schon eine noch neuere Änderung sein.

21) Nämlich die vom treuen Eckard, der überhaupt in unserem treuen Eckewart überall verborgen liegen, oder wenigstens ein Gibellinisches Gegenstück zu ihm sein mag, wie umgekehrt Ilsan zu Hagen ein Guelfisches, nach Göttling.

22) Es fängt ohne Zweifel bei 1447 Z. 6041 an und endigt 1461 Z. 6100; die Strophe 1446 Z. 6037—6040 ist eingeschoben, um den Übergang zu machen. In eben diesem Liede wird 1458, 1 Z. 6085 Rumold als unbekannt eingeführt, wodurch es sich wiederum von dem vorhergehenden scheidet; s. 1405 Z. 5873 ff.

23) Nur dieses bezeichnet das Wort prüfen in den Nibelungen. Wie von der Hagen, nach dem Wörterbuche bei seiner neuesten Ausgabe, in den Zeilen 267 (65, 3) und 1072 (263, 4) (und also auch in der ihnen gleichen 348, 18. 1442) neben der Bedeutung des Bereitens auch die des Anpassens gefunden, ist schwer zu begreifen. Die bekannte Bodmerische Erklärung, in der Vorrede zu Chriemhilden Rache, liefse sich durch eine Stelle in Gottfrieds Tristan rechtfertigen, S. 35 a:

Und als ich die rede prûfen kan
An worten eines andern man.

97 Die von uns angenommene (vgl. Docen im Museum f. Altd. Litt. u. Kunst I. S. 463) bestätigt Wolfram von Eschenbach, wenn er im Parzifal S. 81 c entweder von sich oder von Kiot von Provenz sagt:

Ze machenne nam diz mære ein man,
Der aventûre prûven kan.

Ein ganz ähnlicher Sprachgebrauch findet sich ebendaselbst:

Eine wile zû sinen handen
Sol nu dize aventûre han
Der werdeerkande Gawan.
Dû prûvet manegen ane haz
Derneben oder für im baz,
Den des mæres herren Parcival.

und S. 105 a, wo Eschenbach zu Frau Aventüre spricht:

Nu prûvet uns die selben zal,
Waz von sinen henden si geschehen.

Eben daraus erklärt sich, was wir in den Nibelungen 2070, 2 Z. 9042 lesen:

Ez en kúnde dehein schribære geprieven noch gesagen
Dú manige ungebære von wibe und ôch von man.

Denn dieses geprieven leitet von der Hagen unrichtig von Brief ab, statt es mit der Münchner Handschrift durch geprüfen zu erklären, wie ja auch in der Stelle der Klage die Sanct-Galler Handschrift nach Hagens Grundriss S. 83 priven hat, nämlich statt privven.

24) So scheint die Verbindung zu sein. Doch wäre auch möglich, dass Pilgrin die Erzählung erst Lateinisch aus Swemmels Munde hätte schreiben lassen, worauf denn nachher erst sein 98
Schreiber Konrad das Mähre danach bereitete.

25) So sind die Worte aus der Sanct-Galler Handschrift herzustellen, womit der Streit über Konrad endlich gehoben ist. S. von der Hagens Grundriss S. 83.

26) S. von der Hagens Grundriss S. 82. Die Lesarten der Sanct-Galler und Münchner Handschriften für die Klage ist uns der Herausgeber schuldig geblieben; er hat sie zu unserem Bedauern abermahls auf den zweiten Band verschoben. Nach den Lesarten jener Handschriften wird in dieser ganzen Untersuchung manches Einzelne vielleicht anders bestimmt werden müssen.

27) Diese Ausdrücke würden wohl (aber nicht so gut Z. 17 ff. nach der Sanct-Galler Lesart, s. Anmerk. 26) auf das Werk Konrads passen, wenn man annehmen wollte, dass es ein Lateinisches Gedicht, wie das von Walther, gewesen. Dass aber der Verfasser der Klage nicht ein solches, sondern ein Deutsches Gedicht las, zeigt die weiterhin angegebene wörtliche Übereinstimmung mehrerer Stellen in der Klage und den Nibelungen. Das Versmafs des Deutschen Werkes war wohl ohne Zweifel die Strophe, welche nachher immer diesem ganzen Fabelkreise eigen geblieben ist *. Weitere Untersuchungen müssen lehren, welche Ausdehnung der Gebrauch derselben überhaupt gehabt. 99
Alle Dänischen Lieder, die sich auf den Deutschen Fabelkreis beziehen, sind in der vierzeiligen Strophe gedichtet, welche der

* Die den Nibelungen eigenthümliche Gestalt derselben, wobei die letzte Zeile immer eine Hebung (man muss nicht sagen, zwei Sylben) mehr als die übrigen hat, wurde erst, bis auf einige Nachlässigkeiten des Abschreibers, vollkommen in der Recension der Sanct-Galler Handschrift durchgesetzt.

Hälfte unserer Deutschen entspricht*; und merkwürdig ist, dass gerade den der Deutschen Sage am nächstehenden Liedern von Grimild, Hildebrand und Mönch Alsing das sonst gewöhnliche Omqvæd (Refrain) mangelt. Dieselben Verse von sieben Hebungen mit dem Ruhepunkt in der vierten finden sich auch bei Spaniern und Neugriechen.

28) Der Dichter ist zu verstehen, nicht Pilgrim: Gottfried von Strafsburg nennt im Tristan S. 1 b den Thomas von Britannien 'der aventûre meister, der

an Britunischen bûchen las
Aller der lantherren leben,
Und ez uns ze kunde hat geben.'

100 S. Docen im Museum f. Altd. Litt. u. Kunst I. S. 462. Dagegen heifst Wolfram von Eschenbach seinen Helden Parzifal der Aventûre Herrn, und S. 105 a beider, sìn und der Aventûre Herrn; von Schianatulander sagt er in den Bruchstücken des echten Titurels, Strophe 34: 'Er wirt dirre aventûre herre.' Eben so wenig als Pilgrin ist aber auch dieser Meister der Rede der Schreiber Konrad, der selbst schrieb und nicht dictierte, sondern es muss ein anderer Dichter gemeint sein.

29) Auch auf den vielbesprochenen Umstand, dass diese Lieder damahls Gegner fanden, die von den Dichtern sagten, was Eschenbach den Sängern von Siegfrieds Unverwundbarkeit vorwarf:

Die habent sich an warheit missehandelt,

scheint er zweimahl hinzudeuten, 7 Z. 14 und 370 Z. 800 f.

---

* Hingegen ist der Ursprung der zweizeiligen Strophe vielleicht ein ganz anderer. Aus dem alten Fornyrdalag von acht Halbzeilen, jede mit zwei Hebungen, wurde die Art von Rúnhenda, welche sich blofs durch Reime in den Halbversen, nur zwei für ein ganzes Gesetz, vom Fornyrdalag unterscheidet (John Olafsen om Nordens gamle Digtekonst S. 69 § 40); aus dieser die besonders später gewöhnliche Rúnhenda, doppelt so lang als jene, mit acht Halbzeilen von vier Reimbuchstaben und vier Reimen, wovon jeder nur einmahl gebunden wird (Olafsen das. § 38. 39). Die Dänische Strophe von zwei Zeilen macht ein Viertel dieser Rúnhenda, die Hälfte jenes Fornyrdalag aus. Was ich zwei Hebungen nenne, heifst bei Olafsen vier lange Sylben, womit er jedoch nichts anderes meint, nach seiner eigenen Erklärung S. 192.

30) Einmahl (Anm. zu 12 Z. 29—44) sagt er, den Lesern sei wohl bekannt, dass Kriemhildens Brüder, deren Namen sie wohl wüssten, mit ihr in Burgund gelebt; ihre Ältern wolle er nennen, damit man ihre Namen erfahren möge, wie sie das Buch angebe.

31) Diese auf das jetzt vorhandene Gedicht nicht passende Überschrift hat die erste Hohenemser Handschrift.

32) Auch las der Verfasser der Klage das Lied nicht, worin sie vorkam. Ich mag nicht entscheiden, welche von den verschiedenen Annahmen, durch die der Widerspruch gehoben werden kann, die richtige sein möge.

33) Dies liest man wenigstens in der ersten Hohenemser und in der Münchner Handschrift; die Sanct-Galler hat: 'Vater m a n i g e r tugende.'

34) Es ist möglich, dass bei (1849 und 1858) den Zeilen 101
7717 und 7757 neue Lieder anfangen. Bei der letzteren wird es durch die Vergleichung der Klage wahrscheinlich. Die Zeilen 7705—7716 (1848, 5 f.) und 7753—7756 (1857, 5 f.) übergehen wir, wie alle übrige der Bearbeitung in der ersten Hohenemser Handschrift eigenthümliche, die zum Glücke nun in von der Hagens neuer Ausgabe durch vorgesetzte Sternchen ausgezeichnet sind.

35) Wärbel kommt überhaupt in der Klage gar nicht, und in den Aventüren der Nibelungen, die der Dichter der Klage las, nur noch éinmahl (1353, 1 Z. 5665) in einem Abschnitte vor, den er vermuthlich anders und weiter ausgeführt vorfand.

36) Nicht mit der 35 Aventüre, sondern schon bei 1956 Z. 8161 fing das Lied von Iring an, und endigt vermuthlich mit 2015 Z. 8408. Dann sind wohl (2016—2022) die Zeilen 8409—8436 eingeschoben, oder fehlten doch in dem Exemplare, das der Dichter der Klage vor sich hatte. Von 2023 Z. 8437 an folgt sodann ein neues Lied.

37) Irrig macht von der Hagen in dem Wörterbuche bei seiner neuen Ausgabe das Wort g a d e m männlich. Es ist schon bei Ottfried und überall geschlechtlos. Hier 2007, 1 Z. 8373: 'für daz gadem;' 558, 3 Z. 2427: 'in ein vil witez gadem;' Parzifal S. 59 b: 'Manegez er der gadem erlief.'

38) Merkwürdig ist indessen, dass Dankwart nach der ersten Schlacht, die 1945 Z. 8120 endet, erst wieder (2021 Z. 8430. 2044

Z. 8526) in der Nacht bei den Friedensunterhandlungen (in einem
102 Abschnitte, den die Klage nicht kennt), und nachher nicht eher, als bei Rüdigers Tode 2151, 3 Z. 8963 vorkommt. Überhaupt ist Dankwart eine Person, der es nicht gelingt, sich recht fest in die Fabel einzufügen.

39) Auch dies kommt nur in dieser Aventüre vor, hier 2066, 3 Z. 8619 und 2020 Z. 8425; in der Klage öfter, selbst einmahl 1924 Z. 4068, mit dem Zusatze:

> Etzel bat und gebot,
> Daz man ræche sin kint.

40) Es scheint bei 2245 Z. 9345 anzufangen.

41) Genauer geschrieben, 'Hagenen viere,' Eschenbach sagt oft: 'min eines dri,' für: drei wie ich.

42) Eben so Nibel. 2243, 4 Z. 9340: 'Durch einü brünne wolgetan.'

43) Es mögen hier ohne Ausführung der Gründe die Verse angezeigt werden, die in diesem Abschnitte später eingefügt scheinen. Es sind (1327—1330) Z. 5561—5576. (1333—1335) 5585—5596. (1338) 5605—5608. Hingegen las der Verfasser der Klage statt unserer 1353—1360 Z. 5665—5696 etwas Deutlicheres und Ausführlicheres.

44) Die Einsetzung Rumolds als Reichsverweser, und sein Rath den die Klage kennt, standen in verschiedenen Liedern. S. Anmerk. 22.

45) In den Nibelungen sagt Kriemhild, 837, 1 Z. 3589: 'Daz hat mich sit gerowen.'

46) 1713 Z. 3666 heifst es: 'der Nibelungen golt rot.' Die Steine werden eben so wenig als die Wünschelruthe und Hehlkappe erwähnt.

103 47) Dem Kloster Lorsch. Bodmer erzählt in der Vorrede zu Chriemhilden Rache S. vii aus dem ungedruckten Theile der ersten Hohenemser Handschrift, Kriemhild habe nach Siegfrieds Tode bei ihrer Mutter im Kloster gelebt. In derselben Handschrift ist nach J. Grimm, in den altdeutschen Wäldern ii. S. 180, eine Nachricht von Siegfrieds Beisetzung im Lorser Münster enthalten.

48) Dies wird in den Nibelungen, aufser 1755, 11 Z. 7299 in der ersten Hohenemser Handschrift, nicht von Etzel, sondern in einer oben angeführten Stelle nur von Kriemhilden erzählt.

49) Eigentlich war es ein Mantel. Denn dies bezeichnet das Wort Kappe nicht nur noch jetzt in mehreren Germanischen Sprachen, sondern die Bedeutung ist auch in früheren und unserem Gedichte gleichzeitigen Schriften nachzuweisen. Nur so lassen sich (410) die Zeilen 1740 und (451) 1942 erklären. Am wenigsten darf man an eine Ähnlichkeit mit Fortunatus Hütlein denken; und es ist kaum zu glauben, dass man im Ernst aus der Tarnhut, wie sie öfters heifst, einen Hut gemacht, da es doch leicht genug war, darin den Gebrauch des Wortes Haut zu erkennen, welchen das Dänische Skind, das ehemahls für Kappe gebraucht wurde, bestätigt.

50) Wenn wir auf Göttlings Untersuchungen (Nibelungen und Gibelinen S. 66) weiter bauen dürfen, so folgt nur daraus, dass der Verfasser des Mähres von der Klage ein Welfe war; und mich dünkt, in dem ganzen Werke läfst sich wirklich der Mönch gar nicht verkennen. Hingegen war der Dichter der Aventüre von der Klage in der anderen Sammlung wohl ein Gibellin, weil er auf die unglückliche Schlacht Gelfrats anspielte. 104
Ob aber die ganze Sammlung eine Welfische oder Gibellinische war, müssen wir wohl zweifelhaft lassen. Merkwürdig ist, dass der Welfe Wolfram von Eschenbach im Parzifal S. 102 a, wo er Rumolds Rath erwähnt, Günther und die Nibelungen nennt.

51) S. von der Hagen in der Vorrede zu seiner neuesten Ausgabe S. viii ff. xxiii.

52) Das erstere vermuthet Docen (Jen. Lit. Zeit. 1814. N. 51.), von der Hagen behauptet (Vorr. S. xxv) auf Bodmers Zeugniss das letztere.

53) Wer die jetzt noch immer sehr mühsame Vergleichung scheut, dem würde sie durch eine erst nach diesen Untersuchungen mögliche kritische Ausgabe der Nibelungennoth, die wir freilich nicht auf gutes Glück Jedem anvertrauen möchten, erleichtert werden. Ein kritischer Herausgeber müsste die Lesarten der drei wichtigsten Handschriften genau kennen, und zu erforschen suchen, wieviel, selbst in Sprache und Versbau, in jeder nur dem Abschreiber zuzurechnen sei. Dann würden dem berichtigten Sanct-Galler Text die Abweichungen der älteren Recension in der zweiten, und der Überarbeitung in der ersten Hohenemser Handschrift, endlich aber die Angabe der Schreibfehler und der ausgezeichneten Schreibung mancher Wörter in

allen diesen Handschriften folgen müssen. Die weniger wichtigen Lesarten der späteren Münchner Handschrift liefsen sich wohl überall bei denen der älteren einschalten; und mit einer anderen, von der seit Kurzem gar dunkele Gerüchte umlaufen, wird es sich wohl eben so verhalten. Erst in einer solchen Zusammen-
105 stellung würde sich die Geschichte unserer Liedersammlung vollkommen zeigen, und zugleich die jetzt herrschenden schwankenden und höchstunkritischen Meinungen darüber vernichtet werden.

54) Wie hier der Falke, Siegfried, von zwei Aaren, Günther und Hagen, erwürgt wird, so hatten nach der Vilkinasaga Kap. 164. 165 Gunnar und Högni Adler in ihren Wapen.

55) Diese finden sich, aufser dem Anfange des Liedes, nur noch 102, 5 f. Z. 417 ff, in einer Strophe, die nur die Sanct-Galler aber nicht die zweite Hohenemser Handschrift hat; in den beiden anderen sind sie häufiger.

56) Im Anfange des Liedes, 13 Z. 49 f., schaffte er den nicht passenden Mittelreim fort, den er dafür einer anderen Strophe gab, 18 Z. 69. 70. Die 60 Zeile (15, 4),

Daz ich sol von manne nimmer gewinnen deheine not,

veränderte er:

Daz ich von mannes minne sol gewinnen nimmer not.

18, 4 Z. 72, wo es wie 16, 4 Z. 64 'gûten ritters' hiefs, wechselte er ab mit 'künen recken,' u. s. w.

57) Von der Hagen hat, nach seiner Interpunktion zu urtheilen, die Stelle selbst noch in der neuesten Ausgabe ganz wunderbar missverstanden.

58) Nur zwei Strophen mit drei inneren Reimen, 102, 5—12. Z. 427—424. Kritiker mag er wohl genannt werden, in der Bedeutung der Homerischen.

59) Einmahl 147 Z. 605, stört sie doch den Zusammenhang,
106 und ein andermahl (234, 2 Z. 954) ist, vermuthlich aus Versehen, Rumold statt Volkers unter den Streitenden mit aufgeführt.

60) Nach dieser Untersuchung würden folgende Zeilen wegfallen: (147—150) 605—620. (161) 661—664. (168—172) 689—708. (176. 177) 721—728. (179) 733—736. (189) 773—776. (192—200) 785—820. (205) 837—840. (208) 849—852. (210—213) 857—872. (218) 889—892. (227—234) 925—956. (238. 239) 969

—976. Zwischen 221. 222 Z. 901 und 908 ist vermuthlich auch der ursprüngliche Text erweitert und verändert.

61) Die Zeile (293, 4) 1192,

Zwei minnegerndiu herzen heten anders missetan,

schien dem Sanct-Galler Kritiker wohl allzu ritterlich; darum setzte er:

Si het' im holden willen kunt vil schiere getan.

62) Gere und Ortwin finden sich in zwei Strophen, die die Hohenemser Handschrift noch nicht kennt, 540, 5—12 Z. 2341—2348; eben so erscheinen zwei andere, in welchen Sindolt, Hunold, Rumold und Ortwin, alle auf einmahl, erwähnt werden, 526, 5—12 Z. 2265—2272, erst in der Sanct-Galler Recension; die Stelle von Ortwin, 504 Z. 2169—2172, gehört wohl dem Ordner.

63) Z. B. 343 Z. 1405—1408 und 541 Z. 2349—2352, die sich durch Mittelreime verrathen. Die Stelle 354 Z. 1465 dagegen kommt nicht in Betracht, weil der Reim erst in der Sanct-Galler Handschrift hinzugekommen ist.

64) Bloſs die Zeilen (338, 9—12) 1377—1380 scheinen durch ein Versehen in der Hohenemser Handschrift (oder gar nur in dem Müllerischen Abdruck?) zu fehlen.

65) Von Xanten kam Siegfried (72, 1 Z. 293) am siebenten 107
Morgen nach Worms.

66) Dies heiſst in anderen Stellen, Z. (72, 1) 293. (365, 1) 1517. (524, 3) 2255: 'uf den saut.'

67) Von der Hagens Erklärung 'unz ze berge an,' für 'ze berge (aufwärts) unz an den Rin,' ist sprachwidrig. Auch folgt ja 1062, 3 Z. 4503: 'von dem berge dan.'

68) Dass damit hundertundvierundvierzig Wagen gemeint werden, zeigt eine andere Stelle, 93, 2 Z. 378.

69) Göttlings Gegengründe dürfen nicht als beweisend gelten. Denn dass der Wert, auf dem gejagt wurde, eine Rheininsel sei, widerlegt sich, obwohl das Wort sonst auch eine Insel bedeutet, aus 909, 4 Z. 3888, wo Siegfried sagt, man hätte ihnen näher an den Rhein sollen gesiedelt haben, damit sie trinken könnten. Wolfram von Eschenbach sagt im Titurel, Kap. 24:

Wer auf dem Reine sich erdürsten liesse
Man zalt' in zû den swachen,
Die in selber lebent zû widerdriesse.

Über Rin kann weder 870, 1 Z. 3721 noch 943, 1 Z. 4021 *auf dem Rheine* bedeuten. 'Wormez über Rin' sagt der Dichter in einer von Göttling angeführten Stelle, 648, 3 Z. 2827, weil er selbst nicht auf dem linken Rheinufer wohnte. Auch die Lesart der ersten Hohenemser Handschrift in der 703 Zeile (171, 3) 'von Wormez *an den* Rin' statt '*über Rin*,' beweist nichts für Göttling; denn hier ist *an den* Rin zu erklären wie 1035, 1 Z. 4393. S. Anmerk. 66.

70) Am wenigsten wird man die künstliche Göttlingsche
108 Hypothese annehmen dürfen, nach welcher (außer dem Transport der Esswaren) die Helden selbst viermahl überfuhren; einmahl, als sie sich auf der Rheininsel versammelten, dann zurück zur Jagd in den Wasgau, zum Essen kam man wieder auf die Insel, Siegfried mit dem Bären am Sattel, endlich fuhren sie mit Siegfrieds Leichnam wieder nach Worms; da doch das sehr ausführliche Lied nur zwei Überfahrten erwähnt. Übrigens ist jetzt bekannt, dass die zweite Hohenemser Handschrift statt des *Waskenwaldes* wirklich den *Odenwald* gibt und noch eine merkwürdige Nachricht von dem Orte, wo Siegfried erschlagen worden, hinzufügt. In welchem Sinne meint aber J. Grimm (altdeut. Wälder II. S. 180) bei diesem Irrthum, der auf alle Fälle nur auf eine Namensverwechselung der beiden Wälder hinausläuft, dass sich auch die Lesart *Wasichenwald* poetisch vertheidigen lasse?

71) Es darf niemand wundern, dass wir dem Ordner den Abschnitt von Kriemhildens Traum und doch zugleich auch diese Erzählung zuschreiben. Dort war es leicht eine schöne Sage edel und zart darzustellen, hier musste der Vollständigkeit wegen eine Erzählung eingeschoben werden, die der Volksgesang als unnöthig hatte fallen lassen.

72) Wie die Deutsche Fabel durch die Vilkinasaga in den Norden verpflanzt wurde, so sind mit anderen Liedern von den sogenannten Bernerhelden auch die von Grimhilds Rache ohne Zweifel aus norddeutschen Gesängen, die sich höher hinauf zogen, entstanden, ursprünglich vielleicht, wie das Hildebrandslied, bloſs übersetzt, dann aber einheimisch geworden und, wie die drei noch vorhandenen zeigen, auf mancherlei Art umgesungen.

109 73) So steht, nach Schlegels Anzeige, in der Pariser Hand-

schrift der Minnesingersammlung, und nicht verseiet, wie Bodmer zweimahl hat drucken lassen. Übrigens sind die Stellen selbst in W. Grimms höchst verdienstlicher Zusammenstellung der Zeugnisse über die Deutsche Heldensage, im ersten Bande der Altdeutschen Wälder, nachgewiesen.

74) Obgleich es nach Göttling (Nibelungen und Gibelinen S. 66) ebenfalls einem Gibellinendichter angehört, das von der Ravennaschlacht hingegen (S. 93) einem Welfischen. Vergl. Anmerk. 50.

75) Dies meint Grimm am ang. O. S. 279. Allein es ist nur von den acht Jahren vor Siegfrieds Tode die Rede, und aufserdem, dass die Begebenheiten selbst nicht so wie in den Nibelungen erzählt werden, und also die Episode von Siegfrieds früheren Thaten wohl in dem Exemplar, das der Dichter des Hürninen Siegfrieds las, gefehlt haben müsste, scheint auch die eben vorhergegangene Erwähnung des Odenwaldes auf ein anderes Gedicht zu deuten, in welchem derselbe bestimmter genannt wurde, und aus dem vermuthlich erst die genauere Angabe darüber (s. Altdeut. Wälder II. S. 180) in die erste Hohenemser Handschrift gekommen ist. Übrigens bezieht sich das Volksbuch vom gehörnten Siegfried nicht auf Siegfrieds Hochzeit, sondern auf eine Geschichte von Siegfrieds Sohn Löwhardus. 'Derselbe, heifst es, hat auch nach seines Vaters Tode in seinen blühenden Jahren manches Abenteuer und grofse Gefahr ausgestanden, hat mit dem Sultan und dem König von Babylonia Krieg geführt und endlich des Königs von Sicilien Tochter zur Gemahlinn bekommen; welches in einer anderen Historie zu lesen ist.'

76) Vielleicht bezogen sich diese Lieder auch auf eine ganz 110
anders ausgebildete Sage, wie denn dies von den Liedern gewiss ist, welche zu Aventins Zeit in Baiern von Grimhild gesungen wurden. Denn nach Bl. 250 b der Deutschen Ausgabe* war diese Grimhild König Günthers aus Thüringen Tochter und Atzels Gemahlinn. Vergl. Altd. Wälder I. S. 261.

77) Fr. Adelungs Nachrichten von Altd. Ged. im Vatic. I. S. 173 f.

---

* Unter den Zeugnissen für unsere Heldensage hat W. Grimm Aventins Worte auf demselben 250 Blatte nicht angeführt: 'Es sein viel alter Reimen und Meistergesäng bei uns vorhanden, von ihm (Atzeln) gemacht.'

78) Ganz, wie es in unserem Gedichte, aber in einem anderen Liede, das die Burgunden mehrmahl Nibelungen nennt, 1462, 1 Z. 6101 heifst:

Die snellen Búrgonden sich uzhûben.

79) Wenn es mit Göttlings Behauptung seine Richtigkeit hat, eine Gibellinische. S. Anmerk. 50.

80) Doch wird sich bei fortgesetzter Forschung endlich auch aus diesem Zeugniss Eschenbachs und vielleicht selbst aus dem Umstande, dass die Sanct-Galler Handschrift neben Eschenbachs Parzifal und Wilhelm dem Heiligen und Strickers Karl dem Grofsen auch der Nibelungen Noth mit der Klage enthält, wohl noch etwas über das Vaterland der Gestaltung der Sage, die sich in diesen Werken zeigt, schliefsen lassen.

111 81) In dieser Gestalt der Fabel musste Achills Wiederauftreten nach seinem Zorne und Patroklus Tode nothwendig folgen, und der Griechische Sinn konnte Hektors Bestattung eben so wenig in diesem Gedichte entbehren, als die des Ajax in dem Trauerspiele des Sophokles.

Der Nibelungen Lied,

zum ersten mal in der ältesten Gestalt aus der Sanct Galler Handschrift mit Vergleichung der übrigen Handschriften herausgegeben durch Friedrich Heinrich von der Hagen. Zweyte mit einem vollständigen Wörterbuche vermehrte Auflage. Breslau, 1816.

Der Edel Stein,

getichtet von Bonerius. Aus Handschriften berichtiget und mit einem Wörterbuche versehen von George Friederich Benecke. Berlin, 1816.

Aus der Jenaischen allgemeinen Literatur-Zeitung von 1817. Julius Num. 132 – 135.

Die Beurtheilung dieser beiden wichtigen Werke, mit de- 113
nen uns zwey Männer beschenken, die sich um die altdeutsche Literatur längst bedeutende Verdienste erworben, kann füglich zusammengefasst werden. Denn trotz der Verschiedenheit des Inhalts wird die Wichtigkeit des Werkes, welches Hr. von der Hagen herausgegeben, durch die ausgezeichnete Sorgfalt aufgewogen, mit der Hr. Benecke das seinige behandelt hat; und dann sind beide für Anfänger bestimmt und desshalb mit Wörterbüchern (Hn. Bs Arbeit noch aufser dem mit kleinen sehr zweckmäfsigen Erläuterungen unter dem Texte) versehen, endlich sind beide Ausgaben auf dieselben Grundsätze der Kritik gebaut. Beide Herausgeber stellen nämlich dieses Hauptgesetz für die Kritik altdeutscher Gedichte auf: man solle den Text der ältesten und besten Handschrift zum Grunde legen, diesen aus den übrigen hin und wieder verbessern, dabey aber Unterscheidungszeichen und eine gleichmäfsige, doch alterthümliche Schreibung einführen. So giebt nun Hr. v. d. H hier statt seiner früheren Ausgabe vom J. 1810, in der die Lesarten aller Handschriften mit unkritischer Willkühr-

lichkeit vermischt waren, einen berichtigten Abdruck der Sanct Galler Handschrift der Nibelungennoth, Hr. B im Gegensatze von Eschenburgs Erneuerung einen bis auf Schreibfehler und ungleiche Schreibung in dem gröſsten Theile mit der bodmerischen Ausgabe von 1757, d. h. mit der besten züricher Handschrift übereinstimmenden Abdruck der Fabeln des Bonerius, in dem die übrigen bey Bodmer aus einer schlechteren Handschrift abgedruckten Fabeln aus den gedruckten Hülfsmitteln, wie aus den wolfenbütte-
114 ler Handschriften nach Möglichkeit gebessert, die an dem vollen Hundert fehlenden, so wie Vorrede und Schluss, ergänzt und den übrigen gleich gemacht sind. Was nun jenen, wie es scheint, jetzt allgemeinen Grundsatz betrifft: so wird wohl gegen Orthographie und Interpunction, wenn nur geschickt dabey verfahren wird, kein Kenner mehr etwas einwenden; aber den Lesarten einer einzigen Handschrift folgen, und nur ihre Schreibfehler aus anderen bessern, heiſst doch gewiss noch nicht eine kritische Ausgabe liefern. Wir haben nichts dawider, dass man diesen Grundsatz in der Ausführung befolge, wo nach Beschaffenheit der Handschriften oder der Umstände, ja selbst der Kräfte des Herausgebers nichts anderes möglich ist, auch wenn das herauszugebende Werk keiner sorgfältigen und strengen Arbeit werth ist. Wer will aber so verfahren, wo er mehrere gleich alte und gute Handschriften eines vortrefflichen Werkes vorfindet? Darum ist zu verwundern, dass Hr. v. d. H bey Vergleichung der Nibelungenhandschr. nicht auf das einzig richtige Gesetz kam: Wir sollen und wollen aus einer hinreichenden Menge von guten Handschriften einen allen diesen zum Grunde liegenden Text darstellen, der entweder der ursprüngliche selbst seyn oder ihm doch sehr nahe kommen muss. Eine richtigere Ansicht über das Verhältniss der Handschriften hätte ihn darauf leiten müssen. Hingegen Hr. B konnte freylich bey den ihm zu Gebote stehenden Hülfsmitteln nichts anderes leisten, als er gegeben hat, und wir möchten selbst mit Niemand streiten, der etwa diesen nur in den Moralen, und wo Alles mit naiver und einfacher Darstellung abgethan ist, lobenswerthen Fabulisten einer noch genaueren kritischen Sorgfalt unwerth hielte. Er hat damit genug gethan, dass er die Quellen seiner Veränderungen, so weit sie nicht schon aus Bodmer, und bey einem kleineren Theile des Werkes aus Eschenburg bekannt waren, von Seite 351 bis 370 gewissenhaft anzeigt. Von

Hn. v. d. H aber hätte man mehr erwartet, da ihm, wie es scheint, die Lesarten aller Handschriften vollständig zur Hand waren. Wenigstens verspricht er am Ende seiner Einleitung in einem zweyten Bande eine vollständige Vergleichung der übrigen Handschriften. Wenn diese Sammlung von Lesarten vollständig seyn wird: so möchte es dann möglich werden, für eine kritische Ausgabe zu sorgen. Jetzt müssen wir Hn. v. d. H für den sorgfältigen und berichtigten Abdruck einer der besten Handschriften danken, aber von einer Ausgabe der Nibel., die diesen Namen
verdiente, kann noch nicht die Rede seyn. Sonst hat Hr. v. d. H 115
für den zweyten Theil noch zweyerley aufgespart: 1) die Klage aus der Sanct Galler Handschrift, und 2) Abhandlungen über die Rechtschreibung und Sprachlehre, und was sich sonst noch etwa zur Erläuterung des alten Werkes anfügt. Wir wünschen nur, dass der hochwichtige zweyte Band dieses Werkes nicht etwa durch Herzenshärtigkeit des Publicums gänzlich zurückgehalten werde.

Wir müssen zunächst Einiges über Hn. v. d. Hs Einleitung sagen. Es wird am Bequemsten seyn, wenn wir bei jedem Puncte derselben auf das Entsprechende in Hn. Bs Vorrede Rücksicht nehmen, und unsere Bemerkungen darüber einschalten. Jene Einleitung folgt auf eine kurze Vorrede, deren Inhalt den Kennern der altdeutschen Literatur nicht neu ist, und besteht aus drey Abschnitten: 1) Verhältniss der Handschriften (S. vi—x); 2) Geschichte des Liedes (S. x—xxiv); 3) Gegenwärtige Ausgabe (S. xxiv—xxxii). Da der erste genau mit dem dritten zusammenhängt: so reden wir zunächst von dem zweiten. Hier wird zuerst wenig von der Geschichte und Bildung der Sage, dann über die Geschichte der Lieder des deutschen Fabelkreises, und endlich über die Geschichte des gegenwärtigen Liedes gesprochen. Die beiden ersten Puncte erwartet man kaum in einer Ausgabe der Nibelungen. Auch ist die Untersuchung so wenig gründlich, dass wir, außer dem Bekannten, nur Falsches oder Halbwahres gefunden haben: unkundige Leser finden hier freylich Manches zusammengestellt, was ihnen nützlich und nöthig zu wissen ist. Über den dritten Punct wird sehr richtig bemerkt und auch im Einzelnen gut, wiewohl allzu unvollständig, ausgeführt, wie sich in dem Gedichte der Geist des Volksgesanges mit dem der ritterlichen Poesie des xiii. Jahrh. in Verbindung zeige. Eine gewisse Scheu aber, in

einzelne Untersuchungen tiefer einzugehen, hat Hn. v. d. H verhindert, folgende ziemlich nahe liegende Resultate zu finden, die wir hier ohne Beweis nur andeuten: dass 1) fast überall in dem Gedichte noch die ursprünglichen Volkslieder selbst zu erkennen sind, und also eben so wenig 'in dem letzten Dichter alle Töne der alten Heldenlieder wieder klangen' (S. xxi), als etwa in den Diaskeuasten der homerischen Gesänge die Töne derselben 'blofs wieder klangen'; ja dass selbst in den Zusätzen der Hdsch. E* sehr Vieles nicht nur volksmäfsig, sondern geradezu aus den vorhandenen Volksliedern aufgenommen und nachgetragen ist; 2) dass sich in dem Dichter der Nibel. nicht 'der neue Ritter- und Minne-Sang aufs Innigste mit dem alten Volksliede verquickte' (S. xvi), sondern dass dieser Dichter nicht sowohl ein Ritter als etwa ein fahrender Spielmann war, der den alten Mähren durch Wegräumung eines Theiles der Wunder und Einschaltung manches Ritterlichen auch bey Fürsten und Herren, denen sie in ihrer früheren Gestalt nicht mehr zusagten, von Neuem Eingang verschaffte, und zwar mit Glück; dass endlich 3) die Klage nicht 'eine spätere Fortsetzung' (S. xx) der Nibelungennoth, sondern diese selbst wenigstens schon die dritte Sammlung
116 von Nibelungenliedern und jünger ist als die Klage, ja selbst als der Parcival Wolframs von Eschenbach. Hieraus erhellt, dass man wohl nach dem Namen des Dichters oder vielmehr des Ordners der N. N. fragen dürfe. Auch ist unsere zweyte Behauptung keineswegs der Vermuthung auf Heinrich von Ofterdingen zuwider: allein es ist doch wirklich schwer, den Verfasser des Laurin in den Nibelungen wieder zu erkennen, und eigentliche Gründe sind bis jetzt auch noch nicht vorgebracht worden. Viel weniger können wir die S. xvi aufgestellte Vermuthung billigen, dass mit den beiden Meistern im Anfange des Wolfdieterich vielleicht Hr. Wolfram von Eschenbach und Heinrich von Ofterdingen gemeint seyen.

Hr. B, der (S. xxxv) Nachrichten über andere altdeutsche Fabeln aus einer Ausgabe eines einzelnen Fabulisten bescheiden, aber mit Recht, verweist, so wie er auch ohne Zweifel die anziehende Untersuchung über die Quelle des Bonerius und das ganze Fabelwesen des Mittelalters absichtlich überging, erklärt

* E ist Lachmanns C, G Lachmanns B, B Lachmanns A.

(S. xxx f.) den Bonerius aus guten Gründen für einen Klostergeistlichen; sein Vaterland sey wohl die nordwestliche Schweiz gewesen. Dass er (S. xxviii) ungefähr in der Mitte des xiii. Jahrhunderts geschrieben, zeige seine Sprache und die ganze Art seines Vortrages. Dass Lessings Gründe dagegen nicht überzeugend sind, ist wohl ganz richtig; nicht aber dass die Sammlung von Sprüchen, die wir unter Frigedanks Namen haben, erst nach Bonerius Zeiten gemacht sey, obgleich in diese Sammlung zu allen Zeiten neue Sprüche eingeschaltet wurden. Wenn es aber gewiss ist, dass Bonerius ein Schweizer gewesen: so möchten Fab. 24 und 25 doch wohl auch den freyen Schweizer zeigen, und wir fragen, ob nicht die vielen landschaftlichen Formen, so wie die grofsen und häufigen Freyheiten der Reimkunst einen späteren Dichter verrathen, der nach dem Verfalle der deutschen Reimkunst lebte. Wir meinen z. B. die Genitive des Plurals auf *n*, *handen, esten, götten, lüten, schalken, striken, müsen, kreften, künsten, tugenden, bilden, worten, kinden, tieren, mæren, hornen, wiben, dingen, rossen*, den Dativ des Singulars *stunden* 62, 46, *antwort* geschlechtlos, *rüwe, vrevel, hochvart* männlich, *eselli* st. *-lin*, die unrichtige Beugung des Wortes *selbe*, erste Personen mit *n*, *ich loben, bringen, leben, danken, nennen*, ferner *beval, verlor, ervarte, ungespotten, gelazet, gehebt, gerân, gesân* (statt *gesahen*), *zien, flien, gesiet* (statt *gesiht*), *niet, beschiet, hain* (statt *hân*), *mier* statt *mir*, *wan* für *waren, verwandelot*, dann Reime wie *swâr, wâr, unmâr, schier* (alle statt *-re*), dann *mâr* auf *her, rihtâr* auf *heimlicher*, ferner *himelrich, künicrich* (statt *-che*), *natur, creatur* (statt *-üre*), *tac* (statt *tage*), die vielen *n* statt *m*, *heln, kan, kunt, nint, freissan*, dann *spricht* im Reim auf *gesiht, vaht* auf *gemacht*, eben so *daz, haz, baz, saz, vergaz, laz, az* auf *was, las, palas, gras*, und *wiz* auf *pris*, so wie *groz, bloz, verdroz* auf *mos, los, verkos*, und *uz* auf *hus, mus*, endlich *halbz* und *alz, tragen* und *haben, nemen* und *geben, dinc* und *sint, mohte* und *vorhte, wart* und *arzat*.

Über das Verhältniss der Nibel.-Handschriften bemerkt Hr. 117
v. d. H beynahe nur, was sich auf den ersten Blick zeigt, dass alle sehr verschieden seyen, die erste hohenemser aber (wir nennen sie in dem Folgenden immer E, und bitten Hn. v. d. H, diese Bezeichnung, deren Urheber er selbst ist, künftig beyzubehalten) den anderen als eine spätere Bearbeitung gegenüberstehe. Über das Verhältniss der übrigen verbreiten die wenig bedeutenden

Bemerkungen S. vi—viii nicht das nöthige Licht. Eine richtige Ansicht darüber aufzufassen, hat Hn. v. d. H wohl die sonst, wie es scheint, ganz richtige Meinung verleitet, dass die St. Galler Handschrift (G) die älteste unter den vier bisher gebrauchten und insbesondere älter als die zweyte hohenemser (B) sey. Die Beweise aus den Formen *di, unt* und *op* möchten zwar nicht ganz zwingend seyn: mehr schon, dass nie *ú*, sondern immer *iu* steht (was jedoch in B nicht anders zu sein scheint), wie auch das häufige *h* statt *ch* in *ih, mih;* und gegen Bodmers Urtheil, der beide Handschriften sah, möchten wir auch nicht streiten. Nur aus Schreibungen, wie *hovt, trovric, ovf, orre, rovme*, und andere, in denen B *ov* statt *u* (oder nach dem Gebrauch in den Nibelungenhdsch. statt *uo*) setzt, muss man nicht sowohl auf späteres Alter, als auf Nachlässigkeit des Schreibers schliefsen, der aber auch umgekehrt *geluoben, tuoc,* statt mit *ov* schrieb, und sogar *uoheim* statt *óheim.* Allein wie viel älter als B auch immer G seyn mag [1]: so ist doch gewiss, dass die letztere Hdsch. nichts anderes als eine planmäfsig und absichtlich verbesserte Ausgabe oder Recension des in B erhaltenen Textes ist. Um sich davon zu überzeugen, betrachte man nur die in B fehlenden Strophen, die vielen kleineren, um des Versbaues oder der Richtigkeit des Ausdruckes willen gemachten Änderungen, so wie unter unzähligen nur folgende durchaus geänderte ganze und halbe Zeilen 49, 50 (13, 1. 2), 60 (15, 4), 69 f. (18, 1 f.), 1186 (292, 2), 1192 (293, 4), 1221 (301, 1), 1315 f. (324, 3 f.), 1466 (354, 2), 1540 (371, 4), 1641 (391, 1), 1703 f. (401, 3 f.), 1829 (429, 1), 1860 (434, 4), 1896 (442, 4), 2020 (470, 4), 2124 (492, 4). Freylich hätte sich auch mit dieser Entdeckung ein Herausgeber der Nibel. nicht begnügen dürfen. Denn da zu erwarten ist, dass uns weder die ältere Recension in B, noch die neuere in G, ohne Fehler und willkührliche halb nachlässige und halb absichtliche Änderungen der Abschreiber werde überliefert seyn: so ist nun die Aufgabe, beide oder doch eine von diesen Recensionen rein und richtig darzustellen. An genaue Herstellung der älteren Gestalt ist nun wohl nicht eher zu denken, als bis man wenigstens

[1] Hr. v. d. H verspricht im zweyten Bande eine Schriftprobe aus G, die wir recht wohl entbehren können, besonders wenn das Buch dadurch theurer werden sollte. Dabei wird S. viii Konrad Schenk von Winterstetten ein bekannter Minnesinger genannt; das war aber nicht Konrad, sondern Ulrich.

noch Eine B sehr ähnliche Handschrift auffindet. Aber die neuere wird sich durch Vergleichung unserer Handschriften noch ziemlich bestimmt herausfinden lassen. Die weitere Untersuchung, die wir jedoch hier nicht ausführen können, ergiebt nämlich, dass die übrigen Handschriften, die erwähnte Umarbeitung E und die 118
jüngere münchner (M), eben wie G, aus einem Exemplare, das B sehr ähnlich war, geflossen sind, alle drey aber nicht unmittelbar, und dass diese Urschrift der drey genannten nicht eine ganz neue gewesen, sondern eine alte, welcher der Verbesserer seine Änderungen beygeschrieben hatte. Diese Änderungen, welche bald dieser, bald jener Schreiber übersehen, und jeder mit neuen vermehrt hat, herauszufinden, das ist die Aufgabe des Herausgebers. Die Gesetze sind, so viel wir gefunden haben, folgende: 1) Drey Handschriften unter unseren vieren überstimmen alle Mal eine. 2) Wo je zwey überein stimmen, ist BG < EM (d. h. in Stellen, wo B mit G übereinstimmt, die einstimmige Lesart von E und M vorzuziehen), GE > BM, GM > BE. 3) Wo drey Lesarten sind, da ist BG < E—M (die Lesart, welche B und G gemeinschaftlich haben, die beiden andern in E und M vorzuziehen), GE > B—M, GM > B—E; hingegen EM = B—G (die Übereinstimmung von E und M führt gegen die zwey Lesarten von B und G zu keiner sicheren Entscheidung), BM = G—E, BE = G—M. 4) Eben so ungewiss bleibt die ursprüngliche Lesart, wo alle vier uneinig sind. Es versteht sich nicht nur, dass diese Regeln ihre Ausnahmen leiden, sondern sie sind auch selbst leichter gefunden, als ausgeführt. Es wird schon nöthig seyn, an einer Stelle, in der die Lesarten der sämmtlichen Handschriften (nur die der münchner nicht genau genug) bekannt gemacht worden sind, einen Versuch zu wagen. Es ist eben gut, dass in dieser Stelle der Sinn keine Schwierigkeiten hat und die Lesarten gerade auf keine bedeutenden Abweichungen von G führen. Zeile 3685—3692 (861. 862):

1) Do gie der degen kuͦne da er Kriemhilde vant.
Do was im uf gesovmet sin edel pirsgewant,
Sin und der gesellen. si wolden über Rin.
Do ne dorfte Kriemhilde nimmer leider gesin.

2) Dú sine trútinne dú kust er an den munt.
Got laze mich dich frovwe gesehen noch gesunt,
Und mich dú dinen ovgen. mit holden magen din
Soltu kúrzewilen, i ne mac hie heime niht gesin.

Lesarten (ein Herausgeber muss sie anders stellen, nämlich so, dass man die Verschiedenheiten der Recensionen leichter übersehen kann; er muss die *ludibria* der Schreiber von den Lesarten scheiden): 1) 2a: *nu* fehlt M. 2b: *sin edel pirsgewant* G. E. *sin schôn edel pirsg.* B. *vil manic p.* M. 3a: *Sin und* G. M. *Und ouch* B. *Und ander* E. *der gesellen* B. E. M. *siner gesellen* G. 3b: *si wolden jagen swin* M. 4b: *leider nimmer* E. 2) 1a: *Sine trutinne* B. *Die sinen* E. M. *Dú sine* G. 1b: *dú* fehlt B. G. 3b: *Und mich ouch dinú ougen* B. 4b: *ich mac* B. M. *hie* fehlt B. Hier ist also die Lesart nirgends zweifelhaft. Von Z. 3677—3684. 859. 860, und 3693—3740. 863—874 ist in folgenden Stellen die ursprüngliche Lesart theils zweifelhaft, theils die der St. Galler Hdsch. nicht die ursprüngliche. Z. 3682. 860, 2: l. *die fuorte*, 3702. 865, 2: *deheinen*, 3704. 865, 4: *mit trúwen rate ich ú daz.* 3705. 866, 1: die Lesarten sind: *Er sprach: min*
119 *trûtinne* G. M. *Min liebú trutinne* B. *Er sprach: liebú frouwe* E. Nach unseren Regeln wäre die erste Lesart die ächte, und der Herausgeber müsste sie auch gewiss aufnehmen. Dennoch führt die Veränderung in E auf die Vermuthung: *Er sprach: min liebú trûtinne,* wobey denn die Worte: *Er sprach,* wie sonst häufig, aufser dem Verse ständen. Z. 3712. 867, 4: *an* (*in* M.) *dem herzen* G. M. *innecliche* (*n*) B. E. Hier möchten wir nicht zweifeln; G. hat die ächte Lesart. 3713. 868, 1: l. *mit armen,* 3718. 869, 2: *kurzewile.* 3723. 870, 3: *und andern manigen rat* M. wohl richtig. *ander m.* B. *anders m.* E. *manigen andern* G. 3727. 871, 3: l. *Da si jagen solden* mit E. M., 3728. 871, 4: *Do,* 3739. 874, 3: *Der danne.* Zweifelhaft ist, ob man mit G lesen müsse *des sol er haben dank,* oder *der sol des* mit B. M., weil E. hat *des sage man im dank.* Noch eine merkwürdige Stelle, 3768. 881, 4: *Daz swin zorneclichen lief an den kûnen degen sa* B. *Daz sw. vil. z. lief an den helt sa* G. *Daz s. vil zornecliche lief an d. kûnen reken sa* E. *Daz sw. lief zorneclichen an d. kûnen reken sa* M. Daraus ergiebt sich: *Daz swin vil zorneclichen lief an den kûnen* [*reken*] *sa.* Ob *reken* stehen oder fehlen müsse, ist zweifelhaft. Nur ein kleiner Theil des Gedichtes lässt sich auf diese Art herstellen, weil die Lesarten keiner einzigen Hds. vollständig und genau verzeichnet sind. Wir wünschen durch unseren vielleicht nicht ganz gelungenen Versuch einen neuen mit den nöthigen Hülfsmitteln versehenen Herausgeber zu einer

strengen und sorgfältigen Kritik zu ermuntern. Wenn wir fleißig sind, können wir manche unserer Gedichte gleich beym ersten Drucke in einer weit besseren Gestalt liefern, als es die ersten Herausgeber der Classiker mit diesen gethan haben; ja es ist gewiss, so paradox es auch klingen mag, dass die Kritik in unseren alten Schriftstellern weit sicherer gehen und viel mehr ausrichten kann, als in den Schriften des classischen Alterthums. Vorausgesetzt wird dabey, dass die Büchersammlungen den Kundigen nicht verschlossen seyn dürfen. Diese müssen soviel Handschriften als möglich zusammen zu bringen suchen. Weniger als vier oder fünf ziemlich gute werden wohl nie zu einem ächten Texte führen; unwichtig möchten, wenn man die gehörige An- 120
zahl zusammen hat, nicht leicht andere, als die Abschriften noch vorhandener Urschriften seyn, z. B. wie wir vermuthen, die wiener Handschrift der Nibel., die eine Abschrift von E zu seyn scheint. Vollständige Anführung aller Lesarten und Schreibfehler muss man aber von Herausgebern, auf deren Genauigkeit man sich verlassen kann, nicht verlangen, außer bey so wichtigen Werken, wie etwa die Nibelungen sind. Auch wird die Angabe merkwürdiger, wenn auch nicht ächter, Lesarten und der Abweichungen an Stellen, wo die verglichenen Handschriften kein entscheidendes Resultat geben, für künftige Forscher, die noch andere Handschriften auffinden, vollkommen hinreichend seyn. Durch solche strengkritische Ausgaben würden die classischen Philologen wohl eine günstigere Meinung von dem Studium der altdeutschen Dichtungen bekommen, da sie jetzt, nicht ohne Grund, obwohl ohne genaue Untersuchung, ihre Vernachlässigung dieses Studiums mit den schlechten Ausgaben zu entschuldigen pflegen. Wir Deutschen könnten es wohl den Italiänern zuvor thun, die bey ihrer verkehrten Kritik noch immer keine ächte Ausgabe des Dante haben.

Hr. Benecke giebt (S. xxxii ff.) Nachricht über die wolfenbüttelischen Handschriften des Bonerius. Er erklärt die dritte und vierte (nach Lessings Bezeichnung) für besser, als die beiden vollständigeren, welche Lessing und Eschenburg vorzogen. Jene scheinen, wie er sagt, mit einer scherzischen Handschrift aus Einer Quelle geflossen zu sein. Genauere Untersuchungen über das Verhältniss der Handschriften scheint er nicht angestellt zu haben; und schwerlich würden diese auch bey den Hülfsmitteln, die er gebrauchen konnte, zu erspriefslichen Resultaten geführt haben. Wenn man indessen alle Handschriften, deren in dem literar. Grundrisse S. 379 ff. vierzehn aufgezählt werden, nebst dem alten Drucke zusammen hätte: so liefse sich doch vermuthlich ein ziemlich ächter Bonerius herstellen, wenn ihm nicht dadurch, wie gesagt, vielleicht mehr Ehre widerfährt, als ihm gebührt.

121 Wir kommen nun an einen Punct, über den ein Herausgeber um so weniger zu sagen braucht, je bestimmter er das Nöthige dabey untersucht hat; wir meinen die Rechtschreibung. Auch haben wirklich beide Herausgeber ihre Grundsätze darüber zurückgehalten: Hr. B (xviii. xix), weil die Erörterung derselben zu weitläuftig sey, und dergleichen Kleinigkeiten höchstens innerhalb den Wänden der Schule verhandelt werden mögen; Hr. v. d. H hat sie, wie bey der ersten Ausgabe, für den zweyten Band aufbewahrt. Doch berühren beide wenigstens Einiges davon, und auch wir dürfen den Gegenstand nicht ganz übergehen. Wenigstens wird es besser seyn, darüber zu sprechen, als wenn wir mit Hn. B über den Gebrauch der lateinischen Buchstaben statt der deutschen rechten wollten, obgleich sein Grund, 'es gebe keine deutschen, eben so wenig als schwedische oder portugiesische', nicht blofs weit weniger einfach und einleuchtend ist, als er scheint, sondern ganz unhaltbar. Sonst bemerkt Hr. B ganz recht, dass es ein Hauptgesetz seyn müsse, den Leser nicht durch schwankende Zeichen irre zu machen. Selbst gegen das von ihm angeführte Beyspiel ist nichts zu sagen, 'man könne sich nicht erlauben, das *h* bald für *h* und bald für *ch*, das *z* bald für *z* und bald für *s* zu setzen': allein gegen die Ausführung bey Hn. B selbst lässt sich desto mehr einwenden, doch aber, wenn man denn einmal in oberdeutschen Schriften des xiii. und xiv. Jahrhunderts mehr als Eine Rechtschreibung will gelten lassen, weniger im Bonerius selbst als in den Stellen anderer Dichter, die er in seinem Wörterbuche hie und da anführt. Denn die beste züricher Handschrift hat allerdings (die vaticanischen bei Adelung nicht durchaus) überall *sechen* und *nicht* mit *ch* statt des blofsen *h*, ja der Dichter reimt selbst, wie oben bemerkt ist, *spricht* auf *gesiht* und noch öfter *daz* auf *was*, und vertheidigt also durch seine eigene falsche Aussprache die unrichtige Schreibung in
122 seinen Gedichten. Sonst ist hingegen, um zuerst nur von *z* und

s zu reden, aus den Fehlern der Abschreiber zwar erweislich, dass man schon im XIII. Jahrh. im Sprechen oft, aus den Reimen aber, dass man nicht bey langsamer und genauer Aussprache das zischende *s* mit dem scharfen *ȥ* (jetzt *ss*) verwechselte, wie man denn *raȥ* wohl auf *haȥ* und *daȥ*, aber nicht auf *glas*, *was* und *genas* (s. Iwein S. 51 c, 7017 ff.) gereimt findet. Wer sich durch längeres Nachforschen unterrichtet hat, in welchen Wörtern die alte Sprache das scharfe *ȥ* und das *s* gebrauche, der weiſs, dass es in den Werken des genauen Hartmann von Aue gar keine, in den Liedern Walthers von der Vogelweide nur eine und in dem langen Parcival höchstens drey bis vier Ausnahmen giebt. Es ist merkwürdig, wie genau die Dichter auf *irs* (*ir es, ir des*) oder *dirs* und *mirs* nur den Reim *wirs* (schlechter) folgen lassen (s. Parciv. S. 89 b. Flore und Blanch. S. 9c. 44 b. Got Amur S. 16c) und *hus* auf *du's* (Eneit S. 20 b. 82, 15), hingegen auf *mirȥ* (*mir eȥ*) nur *hirȥ* (Parciv. S. 111 a. Tristan S. 20, b. c. 2811. 2820 Hag.). Beyläufig erhellt aus dem letzten Beyspiele, dass Hr. B nach seiner Art hätte *hirs* schreiben sollen, und nicht *hirȥ*, wie er es, der heutigen Aussprache der Schweizer gemäſs, gethan hat. Hr. v. d. H hat, meist, wie er sagt, nach Vorgang seiner Hdsch., dieses *ȥ* und *s* überall richtig unterschieden. Einige Druckfehler nehmen wir aus, und ein paar Versehen dazu, wie Z. 899 *der het es guot getan* für *het eȥ*, oder wie *alleȥ* Z. 467 und 6220; in der letzten Stelle heiſst *alles* immer, und zu der ersten muss man vergleichen Eneit S. 41 a. 151, 15 *Daȥ ichs alles gewielde;* ferner Z. 376 *der herre loben ins began*, wo *inȥ* zu lesen ist, s. Z. 1349. 1512. 1561 (wo B *des* hat, welches als Attraction zu erklären ist). 1565 Eneit S. 61 a unten, 218, 15. Bey dieser Unterscheidung des *ȥ* und *s* bleibt der Leser freylich öfters zweifelhaft, wo er nun das *ȥ* wie unser z auszusprechen habe. Nach Hn. Bs Schreibung wird das harte mit dem zischenden *s*, nach der anderen das scharfe *s* mit *ȥ* vermengt. Allein dem ist schwerlich abzuhelfen: denn man wird sich wohl nicht leicht entschlieſsen, für den *ȥ* Laut überall *tȥ* oder *cȥ* zu schreiben, oder was nicht einmal überall aushilft, das *c* der älteren Handschriften beyzubehalten. Schwerlich hat man aber etwas dawider, wenn Hr v. d. H wenigstens *schatȥ* und *setȥen* schreibt. Nur ist bei dem Gebrauche dieses *tȥ* groſse Vorsicht zu empfehlen. Denn *reitsen*, wie er Z. 9178 für *reisen* schreibt,

ist unrichtig; s. Parciv. S. 46 b. 99 a. Turlins Wilh. v. Or. S. 2 b; und *satzt* Z. 2711 wenigstens sehr verdächtig, weil sonst immer
123 *saste* oder (richtiger) *sazte* steht, und nur in Flore und Blanch. S. 37 a, wie es scheint, *satztet* auf *schatztet* gereimt ist. Das Neutrum *ditze* für dieses kann zwar nicht geleugnet, aber *dizze* eben so wenig verworfen werden; hingegen *ditz* möchte wohl falsch seyn, wenigstens ist *diz* ganz richtig, und findet sich im Reime auf *gebiz*. Was aber das *k*, *ch* und *h* anlangt: so irrt in dem Gebrauche derselben Hr. B eben so wohl als Hr. v. d. H. Dieser verwechselt *ch* und *k*, das *h* scheidet er fast überall richtig davon; Hr. B trennt, wie es sich gebührt, das *k* von *ch*, setzt aber dieses wieder für *h*. Nun ist aber ganz gewiss, dass die guten Dichter des XIII. Jahrh. niemals *niht* oder *giht* auf *spricht* gereimt haben, und *brehen*, glänzen, nur auf *sehen*, so wie *brechen*, *frangere*, auf *stechen*, aber eben so wenig als jenes, *strik* und *sic* auf *strich* oder *sich*: es wird also schon nöthig seyn, alle drey Zeichen gehörig zu scheiden. Die Schreibeverwechselung des *ch* und *h* fing erst gegen das Ende des XIII. Jahrh. an: der Gebrauch des *ch* für *k* ist freylich zum Theil aus Verwechselungen in der gemeinen Aussprache herzuleiten, außerdem aber auch aus dem alten Schreibegebrauch. Einige Fälle sind wohl, wo die Aussprache schwankte: denn *blihte* und *wahte* sind eben so gut als *blikte* und *wakte*, nur *ch* ist in diesen Wörtern nicht richtig; selbst *hohvart* und *hohgezit* möchten sich vertheidigen lassen; auch gestattete der Reim manche Freyheit, z. B. *pfliht* und *betaht* für *pfliget* und *betaget*. Eigentliche Ausnahmen aber kennen wir nur bey den Dichtern einzelner Landschaften, nicht bey den ächt oberdeutschen. Denn im Iwein S. 26 a. 3474 und 47 b. 6448 ist für *sweich* und *sac* zu lesen *sleich* und *lac*, S. 33 a verlangt der Sinn, dass die Zeilen 4431 f. mit den Reimen *pflac* und *ersach* getilgt werden. In den Nibelungen und der Klage erträgt man, als in mehr volksmäfsigen und weniger gelehrten Gedichten, schon leichter die Reime *marschalk bevalch* und *verch werk*. Dennoch sollte man auch in diesen überall das Richtige einführen, und den Schweizern überlassen, so viel Kehl-*ch* hinein zu lesen, als sie wollen, weil ja die Handschriften auch hier sehr häufig das richtige *k* geben, die Hdsch. B sogar oft unrichtig, wo *ch* erfordert wird. Am wenigsten sollte Hr. v. d. H, wo er in der heutigen Sprache schreibt, *Chriemhilde* statt *Kriem-*

hilde sagen, weil kein deutsches Wort mit *ch* anfängt und die Hdsch. auch in diesem Namen oft genug *k* oder *c* geben; und kleine Versehen des St. Galler Abschreibers, wie *geschicht* und *sechs* für *geschiht* und *sehs* (man sagte sogar *ses*), konnten der diplomatischen Treue unbeschadet getilgt werden. Eben so war das *h* am Ende der Wörter, wie *nah, doh, ih, sprah, sah, hoh,* überall mit dem *ch* zu vertauschen, weil es nicht auf der Aussprache, sondern nur auf einem uralten Schreibgebrauche beruhet. Nur dann ist es richtig, wenn zwey Wörter in der Aussprache in eines zusammen wachsen, wie *sah er, gedeh ez;* so wird auch *soh er* auf *hoher* gereimt. Den K-laut am Ende der Wörter hat Hr. B da, wo die vollständigeren Formen *g* haben, dem späteren Gebrauche gemäfs, aber der Aussprache zuwider, sogar am Ende der Verse, mit *g* bezeichnet: Hr. v. d. H gebraucht 124
auch hier sein *ch*. Wir schlagen für diesen Fall, weil man doch wohl nicht gern *mak, sik* und *tork* schreiben wird, das in allen Handschriften sehr häufige *c* vor. Nur muss man bei dem Gebrauche vorsichtig seyn, und überall genau auf die Abwandelung der Wörter Rücksicht nehmen; *sarc* z. B. würde falsch seyn, obgleich Hr. v. d. H im Wörterbuche *des sarges* decliniret: denn überall steht *besarken, dem sarke* im Reim, Klage S. 137 a. 1182. Übrigens wird das *c* auch in der Mitte vieler Wörter zu brauchen seyn, z. B. in *minneclich* und ähnlichen, selbst in *pfincstmorgen:* denn das *x* in diesem Worte konnte Hr. v. d. H nebst dem *y* in dem Namen des Flusses *Yn* getrost in der Hdsch. lassen. Eben so wenig war es nöthig *Lybia* zu schreiben, da das richtige *Libya,* welches B giebt, gerade ebenso ausgesprochen wird. Über die Schreibart *Ypocras* statt *Ipocras* bey Hn. B urtheilen wir eben so.

Wir erwähnen noch einer Regel für die Schreibung, die Hr. v. d. H S. xxvi aufstellt. 'Beim Schwanken (der Handschrift), sagt er, ist das Überwiegende durchgesetzt z. B. bei f und v, und das i in *grimmich, chunich,* und dergl.' Über f und v lautet die Regel im Wörterb. also: '*F* steht nur vor *u, ú, uo; v* steht vorn vor *a, á, e, i, o, ó,* und allen Mitlauten, innerhalb manchmal für *W*.' Das Letzte ist ganz falsch: denn *salven* für *salwen* Z. 5592. 1334, 4 ist fehlerhaft; übrigens ist die Regel zwar durchaus willkührlich, indessen ist auch wenig daran gelegen, welche Grenzen man dem Gebrauche zweyer gleichlautender Buchstaben

setzt. Allein ist das wohl die rechte Art zu einer Normal-Rechtschreibung zu gelangen, wenn man zählt, wie vielmal eine Handschrift *kúnec* und *gewaltec*, und wie vielmal sie *i* vor dem *c* habe, und alsdann der Zahl nach die eine Aussprache für falsch, die andere für richtig erklärt? Eine Rechtschreibung, die der Aussprache entsprechen soll, und das soll unsere alterthümliche doch, muss für doppelte und schwankende Aussprache auch doppelte Zeichen haben. Eine andere gemachte Regel, die er auch nur selten, z. B. Z. 4249. 999, 5, 5135. 1220, 3 nicht befolgt hat, findet man bey Hn. v. d. H über den Gebrauch der Form *dú*. Sie soll nach ihm immer stehen im Fem. Sing. und Plur. und im Neutr. Plur. des Artikels, dann für *quae*, *illae* und *illa*. Das Richtige aber ist nur dieses: im Masc. Plur. des Wortes *der* darf in allen Bedeutungen nur *die* stehen, in allen übrigen Fällen sowohl *dú* als *die* *. Auf Hn. v. d. Hs Form *di* ist gar nichts zu geben, weil sie nichts weiter als eine Abkürzung ist. Hr. B stellt eine eben so unrichtige Regel darüber auf. Er setzt *dú* in Fem. Sing. und in allen 3 Geschlechtern des Plurals im Artikel, sonst immer *die*. Allein die besten Handschriften sind ihm offenbar zuwider, und Schreibungen, wie *dú Rómer*, *dú frósche*, *dú fúze*, *dú vogel*, und was man mehr der Art bey Hn. B findet, halten wir für nichts anderes als grobe Sprachfehler. Es ist in manchen Fällen nicht leicht zu entscheiden, wieviel man den alten Schreibern glauben soll oder nicht. Diefsmal klagt Hr B (S. 387)
125 ganz mit Unrecht über ihre Ungenauigkeit. Denn nur sehr selten haben sie unrichtig *dú* für *die* geschrieben, z. B. Boner. 47, 13.

Über den Gebrauch der gedoppelten Selbstlauterzeichen haben wir bey Hn. B fast gar nichts zu sagen; er hat diesen Theil der Schreibung überall mit strenger Genauigkeit besorgt. Es fehlt wohl ein paar Mal das *o* in *zuo* und *richtuom*, welches wir gar nicht bemerken würden, wenn Hn. Bs Ausgabe nicht fast ganz rein von Druckfehlern wäre. Einige Male steht auch *muoste*, und im Wörterb. wird behauptet, es heifse bey Bonerius überall *múste*. *Frú* statt *fruo* scheint ganz unrichtig; Fab. 44, 42 hat die züricher perg. Handschrift *frú' uf stan*, und nur diefs ist richtig, als Verkürzung von *frúje* vor einem Selbstlaut, und in

---

* s. unten zu Barlaam 358, 27.

diesem Falle mag auch *frû* aus *frûje* nicht unrecht seyn. Hr. v. d. H nennt *û* (so schreiben wir hier das *ue*) einen einfachen Laut und im Gegensatze davon *iu* oder *ú* einen Doppellaut. Bey solcher Unkunde der oberdeutschen Aussprache ist es nur gut, dass Hr. v. d. H überall genau der St.-Galler Handschrift gefolgt ist. Wäre dieſs freylich nicht geschehen, und lieber überall das Richtige gesetzt: so würde wohl Niemand dadurch verloren, die Bequemlichkeit des Lesers aber gewonnen haben. Denn 1) ist doch nicht abzusehen, warum wir bald *furbuge* lesen sollen, bald *fürbúge*, und einmal *für* und *tür*, dann aber wieder *fur* und *tur*, einmal *zu* und ein andermal das richtige *zuo*, da doch in diesen Wörtern gewiss die Aussprache nie geschwankt hat. In den Conjunctiven *möhte, kôme* u. s. w. muss man sich fast überall, z. B. zwischen Z. 4441 und 44 (1047) allein viermal, das *e* selbst hinzudenken, was dem Anfänger schwer ist, und dem Geübten, wenn er nicht eben Handschriften lesen will, ärgerlich. Aber es fehlen nicht nur oft die nothwendigsten Doppelzeichen, sondern es steht auch 2) zumal *uo* sehr häufig, wo das einfache *u* allein richtig ist. Wir hatten davon an Beyspielen aus der Handschrift G im Parcival schon viel zu viel. Es ist wahr, dieser Fehler ist allen Handschriften der Nibel. gemeinsam. Wer es also für etwas Auszeichnendes hält, der könnte ja immer *ûf, ûz, trût, lûte* und *rûmen* mit einem Zeichen der Länge schreiben, ohne durch das *uo* den Unkundigen irre zu machen. Hr. v. d. H sagt noch immer im Wörterb. S. 50, *dû tarnhut* sey ein Hut, obgleich in der St. Galler Handschrift gar nicht einmal *huot* geschrieben steht, sondern *hut*, d. i. Haut. Endlich werden 3) die Doppelzeichen häufig verwechselt. Aufmerksame Leser des Parcival wussten längst, dass die St. Galler Handschrift niemals *ú* hat, sondern dafür gewöhnlich *iu* setzt, nicht selten aber auch das ganz anders (nämlich üe) lautende *û*. Warum brauchte man das in einer Ausgabe nachzuahmen? War es nicht besser, die den ältesten Handschriften, aber nicht dem xııı. Jahrhundert fremde Bezeichnung *ú* überall einzuführen, diese aber mit gänzlicher Verbannung des alten *iu* von dem *û* streng zu sondern? Ferner wozu dient es, der Handschrift sclavisch zu folgen, wo sie, wie es alle thun, *uo* mit *û* vermischt? Fast immer steht *muose* statt *mûse*, z. B. 4332. 1019, 4, 4528. 1068, 4. Kann man nicht Formen wie *gestuonde, truoge, muozen*, dem Leser er- 126 sparen? Gedruckte Ausgaben sollen ja nicht Anweisung geben, Handschriften zu lesen. Eine andere Verwechselung, die auch Hr. B theilt, ist die des *ó* und *ov* mit *ói*. Wir haben nichts dagegen, dass man neben *freude* auch *fróide* und *fróude* schreibe; aber warum verwirrt man die Aussprache durch Abkürzungen, wie doch *frovde* und *fróde* wirklich sind? Man darf nicht *fróvt* schreiben, wohl aber *fróut*. Man kann ja immer einem Dichter, wie dem Unverzagten, der No. 234 *irfrovwet* auf *schorwet* reimt, seine landschaftliche Aussprache lassen, ein oberdeutscher Dichter hat nie so gesprochen.

Wir übergehen eine Menge Fragen über die Rechtschreibung, — von den Unterscheidungszeichen — vom Gebrauche des Apostrophs, den Hr. B gänzlich verwirft und Hr. v. d. H weit über die Gebühr ausdehnt — über die Trennung und Zusammenziehung der Wörter, wobey Hr. B einigen guten, zwar nicht ganz ausreichenden Regeln gefolgt ist, Hr. v. d. H aber nach einer freylich einfach scheinenden, aber für den Gebrauch untauglichen Regel (S. XXVII) auch nichts Folgerechtes hervorgebracht hat.

Beide Herausgeber verbreiten sich hierauf, Hr. B zumal recht ausführlich, über das Versmaſs. Bey ihm findet man S. XXVI f. treffende Bemerkungen über das jetzt gewöhnliche taubstumme Lesen. Hr. v. d. H hat zwar unbemerkt gelassen, dass der mittlere Abschnitt in den Versen der Nib. in der Hdschr. B öfter, aber zuweilen, wie 3605. 841, 1, 3641. 850, 1, 4547. 1073, 3, 4909. 1164, 1, 4978. 1181, 2, auch in G männlich endet: desto erfreulicher ist, dass hier zum ersten Mal nicht mehr von weiblichen Endreimen die Rede ist*, dergleichen auch in der That gar in diesem Gedichte nicht vorkommen. Weniger bestimmt sagt Hr. B von den vierfüſsigen Versen: Männliche und weibliche Ausgänge der Zeilen wechseln willkührlich, und die letzte kurze Sylbe gilt nichts; wobey er denn von sechssylbigen iambischen und fünfsylbigen trochäischen Versen spricht. Allein diese letzteren Arten haben die meisten Dichter nie gebraucht, auch Bonerius nicht. Fab. 8, 13. 14. 10, 15. 16 fehlt das *e* am Ende der Zeile; 3, 44 schr. *rede;* 100, 77 *dine*; 98, 43. 44 *Sine kintheit und sin jugent, Daron ir iemere* (oder *iemer mere*) *mugent*, weil *mugent* nicht zweisylbig seyn kann; 98, 27 *Daz ir keine wirt*

* zu Barlaam 18, 37.

verlorn; 97, 71, aus dem Druck: *Dâ frowen giengen wider hein, Do sprach der ratsherren ein.* Gewöhnlich findet man nur Verse von 8 oder 7 Sylben (falls sie die vollständige iambische Sylbenzahl haben), von denen jene männlich, diese weiblich sind. Es gilt auch nicht jede kurze Endsylbe für nichts. Denn ein Vers, der sich auf *mitten, sâhen, liegen, sinne, schone, wunder* endigt, kann nie ein männlicher seyn, da hingegen auch *mite, geborn, sehen, geben, habe* nie einen weiblichen Ausgang bilden. Sonst konnten beide noch Manches über die unregelmäfsigen Reime in den Nibelungen und im Bonerius sagen. Aus dem letzteren sind die meisten schon oben angeführt; in jenen steht aufser den erwähnten *Marschalk* und *verch* auf *beralch* und *werk*, noch 127 *frun* statt *frume* und *frumen* auf *sun*, *mit* und *sit* für *mite* und *site* auf *Sifrit, solde, wolde, wilde, Kriemhilde* männlich, *Hagene* auf *degene* u. dgl., *wâren, mâren* u. s. w. dreysylbig. Über die Verwechselung der Versfüfse giebt Hr. B nur allzu umständlichen Bescheid; besser thut Hr. v. d. H, der schon das Grundgesetz andeutet. Die Verskunst des xIII. Jahrh. besteht eigentlich in dem Streite der Sylbenzahl und der Wortaccente. Dieser Streit schlichtet sich bey Konrad von Würzburg, dem gröfsten Verskünstler dieses Jahrhunderts, fast ganz wie bey den italischen Dichtern. Sein iambischer Vers hat fast ohne Ausnahme 8 und 7, der trochäische 7 und 6 Sylben; eine Cäsur, nach italischer, nicht nach alter Sitte zu reden, ist nothwendig bey allen Dichtern, auf der Länge des ersten oder des zweiten oder auch, jedoch seltener, nur des dritten Fufses, gewöhnlich aber sind ihrer mehrere. Alle Dichter, auch die sorgfältigsten, Gottfried von Strafsburg und Rudolf von Montfort, bedienen sich häufig der Freyheit, die auch Konrad von Würzburg nicht ganz verschmäht, kurze Sylben zwischen zwey langen zu übergehen. Ja eine lange Sylbe kann, wenn man auf sie schon noch eine kurze mit einrechnen muss, selbst die folgende kurze, zumal wenn diese am Ende eines Wortes steht, verlängern. Daher hat der kürzeste vierfüfsige männlich ausgehende Vers nur vier Sylben: *Cûn— | dwier | â— | mûrs*, und der kürzeste weibliche eben so viel; natürlich sind sie aber sehr selten und kommen bey den Späteren gar nicht vor. Wie viel Sylben der längste haben könne, ist nicht so leicht zu sagen; man muss ihm aber bey dem gedanken-

schweren Wolfram von Eschenbach suchen, wie der leichte Hartmann von Aue meist die kurzen hat, und wie es scheint, wenigstens im Iwein, auch männliche von drey Füſsen oder Hebungen. Bey diesen beiden Dichtern herrscht der Wortaccent vor, am Ausgange des xiii. Jahrhunderts die Sylbenzahl. Hr. B gestattet nicht mehr als Eine Kürze nach der Länge, und lehrt die Zeile *Dirre keller ist sûzer spise vol* also lesen: *Dirr' kell'r*
128 *ist sûzer spise vol.* Dieſs ist für den Bonerius und die Späteren ziemlich richtig; bey den Früheren darf man so streng nicht seyn. Denn so würde der Schluss des Iwein, *Wan Got gébe uns sælde und ére*, gar nicht können gelesen werden, und doch gehört er noch nicht zu den mit Sylben überladenen. Hn. v. d. H hieſsen unzählige Beyspiele in den Nibelungen darüber richtiger sprechen (S. xxviii). Dennoch hat er in sehr vielen Stellen versäumt, der Lesart seiner Handschrift in Kleinigkeiten, die der Vers erforderte, zu Hülfe zu kommen. So musste er Z. 563. 136, 3 *frowen* statt *frovn* schreiben, 658. 159, 4 *umbe* st. *um*, 852. 208, 4 *er ez* st. *erz*, 968. 237, 4 *gesin* st. *sin*, 976. 239, 4 *mære* st. *mâr*, 1724. 406, 4 *ir en* st. *irn.* Besonders steht sehr häufig *Gunthers* st. *Guntheres*, 308, 516, 584, 786 (75, 4. 125, 4. 141, 4. 192, 2) u. s. w., und die Schreibart *unt*—gegen die wir nichts einwenden, nur dass Niemand glauben soll, *und* laute anders — diese alte Schreibart lässt Hr v. d. H, Gott weiſs warum, selbst dann stehen, wenn der Vers zwey Sylben, also *unde* erfodert. Noch rühmt Hr. v. d. H an der Sanct Galler Handschrift, es sey nur selten nöthig gewesen, aus anderen Handschriften die letzte Halbzeile der Strophen, die in den übrigen auſser B durchaus eine Hebung mehr haben muss, zu ergänzen. Dennoch hat Hr. v. d. H in nicht wenigen Stellen aus G Lesarten gegeben, welche dieser Regel nicht genügen, so leicht es auch war, sie aus den übrigen und selbst aus B zu verbessern. Man sehe nur Z. 560, 816, 1824, 1916, 2060, 2604, 3324, 5316 (135, 4. 197, 4. 428, 4. 444, 4. 480, 4. 597, 4. 770, 4. 1265, 4).

Es werden sich, da diese Beurtheilung schon allzu lang wird, nur wenige Stellen aus beiden Werken ausheben lassen, in denen die Herausgeber die richtige Lesart verfehlt zu haben scheinen. Es versteht sich von selbst, dass beide unzählige Stellen, die sonst verdorben waren, jetzt durch Verbesserung theils des Textes, theils der Interpunction vollkommen richtig hergestellt haben. Man erwartet von beiden nichts Anderes, und es wäre unrecht, sie desshalb auch nur zu loben.

Nibel. Z. 9. 10. 3, 1. 2 *Der minnelichen meide truten wol* 129
gezam, Ir muoten (warum *muot'ten?*) *kuone reken.* (Die Strophe fehlt in G; auch in E?) Bei dieser Lesart aus M ist das vieldeutige *truten* anstöſsig; ob bey *muoten* die Person im zweyten Fall statt im vierten mit *an* stehen könne, wenigsten zweifelhaft. *Truten in muote küner reken*, wie B hat, ist weit richtiger. So Z. 2420, 5203. 556, 4. 1237, 3 *mit ougen trûten.* Um es richtig zu verstehen, muss man wissen, dass *trûten* den Accus. und nicht den Dativ regiert: denn im Parciv. S. 14 c ist *in* für *im* zu schreiben. — Z. 124. 30, 4 *Des such man vil der varnden zuo z'in riten in daz lant.* Dieses *varnden* aus M sieht einer Verbesserung sehr ähnlich. Wir wissen jedoch nicht zu sagen, ob *werden*, wie G, oder *fremden*, wie B hat, die Lesart unserer Recension sey. *Werden* steht wieder Z. 1072. 263, 4. Ulrich von Lichtenstein, Frauend. S. 4: 'Den Grafen, Freyen, Dienstmann, wohl tausend Rittern, gab der edle Fürst (bey einer Schwertleite) Gold, Silber, Ross und Kleid.' — Z. 179. 44, 3 f. *Doch wold' er wesen herre für allen den gewalt, Des in den landen worhte der degen küne unde balt.* Ganz unverständlich. Warum änderte Hr. v. d. H aus M? *Vorhte* ist ganz richtig, und dieſs Wort duldet den Genetiv, das andere aber nicht. Er wollte so weit Herr seyn, dass er die von Feinden zu fürchtende Gewalt abwehrte. — Z. 334. 82, 2 *Rich unde küne moht er wol* (*vil wol* B, besser) *sin.* Dass die Worte nicht auf Siegfried, sondern Ortwin gehen, lehrt Z. 486. 118, 2. (Ganz verschieden ist Z. 350. 86, 2). Eben wie hier sind auch Z. 724. 176, 4 die Unterscheidungszeichen ganz falsch gesetzt. — Z. 1813. 426, 1 *Den warf si z'allen ziten, do si den ger verschoz.* Schreibfehler für *so si.* — Z. 2144. 498, 4 *Der bete in früntlichen biten.* So hat auch M. Doch scheint allein richtig *der verte* aus B. Man sagt *beteliche bete*, aber man bittet nicht *einer bete* sondern *(bete-) volge.* — Z. 2309. 533, 1 *Si truogen richen pfellel, die besten die man vant.* Schreibfehler; B *riche pfelle.* — Z. 2433. 559, 5 *Mit guoten tavelen bereit.* Lies *breit* mit M. — Z. 2453. 564, 1 *Mit ir vil schonen mägden si kom en für den sal.* So muss gelesen 130
werden, wie der Zusammenhang lehrt: sie kam ihnen. Gleich 2458. 565, 2 *Da* für *Do* aus B. — Z. 2586. 593, 2 *An den*

morgen. l. *dem.* — Z. 2757. 633, 1 *Dú hohzit do werte.* Besser M *dú werte*, wie Z. 165. 41, 1. — Z. 3093. 731, 1 f. sind die Unterscheidungszeichen sehr unrichtig gesetzt. Man schreibe: *Do sprach der küne Gere*: '*Da* [s. Z. 4689. 1109, 1, wo G unrichtig *do* hat] *wart er fröiden-rot, Er und iuwer swester. nie friunde baz enbot so getriuwiu märe deheiner slahte man, Als iu der herre Sifrit und ovch sin vater hat getan.* Eben so falsch ist die Interpunction Z. 3103 und 3114, 715, 3. 718, 2, auch 3146, 726, 2, wo der Herausgeber *wie* mit *swie* verwechselt. — Z. 3161. 730, 1 *Mit wie getanen freuden man die geste enpfie?* Nur so, als halbe Frage, kann man die Worte verstehen. Bey Eschenbach sind solche Fragen sehr häufig. Weil sie aber unserem Liede fremd sind: so musste wohl *swie* geschrieben werden. B hat *nie.* Hn. v. d. Hs Interpunction giebt hier einen Sprachfehler, Z. 3158. 729, 2 aber die Handschr. G und M selbst, nämlich *zuo sich* statt *zuo im*, wie B hat, oder *für sich.* — Z. 3305. 766, 1 *Ia ne mac ir niht gelazen*, l. *Ine mac.* — Z. 3823. 893, 3 *Und einú hut von zobele, dú* — die anderen Handschr. haben richtiger *einen huot, der* —. Z. 3864. 703, 4 *den ber man do sider truoc.* Die Lesart ist nicht ganz gewiss, weil Hr. v. d. H in seiner früheren Ausgabe nicht genau bemerkt hat, wie die Worte in M lauten. Sicher ist aber, dass es *den beren* heifsen muss. Warum duldete aber Hr. v. d. H nicht, wie hier, auch Z. 9633. 2316, 1 *sider do?* — Z. 3981. 933, 1 *Der künic von Burgunde — Do sprach der verchwunde.* Dieses Reimspiel gehört dem S. Galler Abschreiber. Man lese *Burgonden* mit den übrigen. — Z. 3993. 936, 1 *Nu muose Got erbarmen.* Sprachrichtig ist nur die Lesart der anderen *müze.* — Z. 4148. 974, 4 *Ich sol im schädeliche komen.* schr. *iz sol* aus M. Auch B hat *ez muoz.* Vergl. 4493. 1060, 1. — Z. 4234. 996, 2 *Irn sult eine.* Die Verneinung hat der Schreiber aus Versehen hinzugesetzt. Hr. B hat im Bonerius 74, 33 und 91, 20 mit Recht die alte Lesart geändert. — Z. 5159. 1226, 3. Hier rächt sich die selbst erfundene Regel. G hat gewiss nicht *dú*, sondern *die trähene.* Das Wort *trahen* ist männlich. Klage 757. Z. 1599 Müll. Tristan S. 35 b (4876. 81 Hag.) zwey Mal. Auch Hr. B giebt im Wörterb. unrichtig *dú treche.* Nicht minder fehlerhaft setzen beide, doch jeder aus einem anderen Grunde Nibel. 8327. 1995, 3, Boner. 52, 60 *dú lüte.* — Z. 5637. 1346, 1 *Swenne ir gebietet, so lazet ez geschehen.* Hier war der Apostroph nöthiger als an vielen Stellen, wo ihn

Hr. v. d. H setzt (z. B. 1475. 556, 3 *ein' kol*, da doch *kol*, *carbo*, männlich ist, s. Tristan S. 60a, 80b): denn es muss *laz' et* geschrieben werden, wie auch M giebt *laz' ich*. — Z. 5938. 1421, 2 131
durch ir rate. *Durch* hat noch kein Deutscher mit dem Dativ verbunden; der Plural *râte* ist häufig. — Z. 6348. 1523, 4 *Er muoz an disem wage doch liden schameliche tot*. Entweder *ligen* oder *schämelichen tot*. — Z. 6973. 1677, 1 *Si willekomen, swer uch gerne siht*. Der Sinn fodert *sit*, aus E und M. — Z. 6986. 1681, 2 *Nie nie* ist Schreib- oder Lese-Fehler statt *nie me*. Abermals Z. 8118. 1945, 2. — Z. 9408. 2260, 4 *O we, daz vor leide niemen sterbene mac!* Wie sollte der Infinitiv hier können declinirt werden? Es muss heifsen *sterben ne mac*. — Wir haben absichtlich nur wenige und leichte Stellen berührt. Wenn erst die Lesarten aller Handschriften bekannt sind, muss doch der ganze Text von vorn an neu berichtiget werden.

Bonerius Fab. 1, 14. *Der kern' im niht en wart*, aus der Scherz. Handschrift. Der Druck hat *nye wart*. Also vermuthlich *nie ne wart*. — 1, 22. *Wer den dazuo blaset me, Unz ez enzündet werde wol Und hitze geb reht als ez sol, Daz für vil genzeclichen wirt, Daz ez licht noch hitz' enbirt*. Hr. B erklärt: So wird das Feuer ganz vollkommen. Dabey scheint uns aber das Adverbium nicht richtig. Wir lesen, nicht ohne Handschrift: *Wer den dazuo niht blaset me* —, *Daz für vil genzeclich entwirt, Daz ez licht noch hitz' en birt;* so verschwindet das Feuer ganz, so dass es weder Licht noch Hitze bringt. *Entwerden* finden wir in dieser Bedeutung, die auch Scherz annahm, in Gottfrieds Tristan 17070 und in Fribergs Tristan 2407, wohl auch Minnes. 1, S. 6 b. *Ich enwart noch nie so von sime getwange*. Eben so sagt man *verwerden*. — 3, 16 steht *do* für *da*. Den Unterschied dieser Wörter hat Hr. B überhaupt nicht genau beobachtet. Auch setzt er oft *wo* statt *wa*, da er doch *one* für *ane* nicht duldet. — 3, 42. *Der wôld*. Alle Handschriften haben *Er*, und das ist doch nicht unerträglich, obgleich Hn. Bs *Der* weit besser passt. — 4, 46. *Wel not, üb der verdirbet An kunst und an wisheit gar?* Hr. B erklärt: 'Wer kann darüber klagen, wenn ein solcher Mensch, der nichts versteht noch weifs, in Noth geräth?' Wir können diesen Sinn nicht aus den Worten herausfinden. Wir verstehen sie so: 'Ist das ein Wunder, wenn der gar keine Kenntniss und Weisheit erlangt?' — 5, 26. *Her wolf, din wort nicht gewäre sin*. So haben

Wolfenb. B. D. In den anderen fehlt *niht.* Es ist wohl *gevâre* mit der Scherzischen zu lesen. So verbessern wir die schwere Stelle in Eschenbachs Titurel 57: *Swer so minne hat, daz sin minne ist gevâre Deheinem als lieben frûnt, als du mir bist, daz wort ungebâre Wirt von mir nimmer benennet minne.* — 6 und öfter schreibt Hr. B *frôs* statt *frôsch*, auch *fleis* für *fleisch.* Darin darf man aber den alten Schreibern so wenig folgen, als wenn sie *sriben*, oder *geischel* setzen. In den besten Handschriften findet man kaum im Reime *harnas* und *laste* für *harnasch* und *laschte.* Z. 21 und öfter steht *zog* unrichtig für *zoch* und 25 *schied* statt *schiet.* — 11, 6. *Vil freislich er do in si beiz.* Die andere Lesart *frazlich* ist wohl besser. — 13, 7. *Der ist hert und sure, Er twingt manig creature.* Weder *sure* ist richtig, noch *creature.*
132 Man lese: *Der ist herte unde sur, Er twinget manic creatur.* — 17, 3. *daz muoz ich jehen.* l. *des.* — Nach 21, 40. fehlt durch einen Druckfehler die Zeile: *Waz sol ich ûch mere sagen?* — 25, 26. *Die frôschen* ist wohl gewiss nur Schreibfehler. — 26, 20. *Er koppet bald in sine art.* Besser die Handschriften: *Er koppet balde in sin art.* Z. 25 und öfter musste nicht *vigent* stehen, sondern *vient.* — 29, 15. *Ze jungest kam ein schermus Geluffen von dem hufen uz,* und wieder 43, 50. *Mit dem so kam dû alte mus Geluffen uz dem walde.* Die züricher Pergamenthandschrift hat beydemale *gelûffen.* Sollte das *û* bloſs aus Versehen für *ov* gesetzt seyn? Übrigens ist in der ersten Stelle die Lesart *gesloffen* nicht zu verachten. — 39, 43. *Dem wont ein govch vil naher bi.* l. *nahen*; s. 82, 46. — 45, 27. *Dur dinen frazheit.* Ist es möglich, dass Bonerius *frazheit* männlich gebrauchte? — 48, 2. *war* konnte wohl in *was* verändert werden. Z. 32. *Frûwe, ich sol Dir zûrnen, daz gelovbe mir.* Hr. B nennt diese Veränderung, die allerdings einen guten Sinn giebt, eine 'kleine' Verbesserung; uns scheint sie sehr verwegen, weil keine der übrigen Handschriften auſser Wolf. B dem Sinne nach dazu stimmt. Am Ende ist die Lesart der besten Handschriften doch richtig: *Trûwe, ich dir sol. Ich zûrne, daz gelovbe mir.* Wir erklären: ich bin dir etwas (nämlich Strafe) schuldig. Also unser: Warte! oder Ich will dich! — 56, 38 steht das Particip *gehulfen* statt *geholfen.* Die beste Handschrift hat auch hier *gehûlfen.* — 60, 38. *Mit schulde* erklärt Hr. B unrichtig. Es heiſst: durch ihre eigene Schuld. — 61, 4. Warum schreibt Hr. B *wuste,* da doch in der Handschrift

das richtige *wiste* steht? — 70, 57. *der huswigende* kann es wohl nicht heifsen, sondern nur *der huswigent*, wie auch Bodmer hat drucken lassen. — 86, 53. *dü tanne vil nider.* l. *viel.* — 89, 4. *Des liez er niht ab einen rinc.* Wir begreifen nicht, wie diese Worte bedeuten sollen: er liefs die erforderlichen Personen (in einen Kreis) versammeln. Wenn wir nicht sehr irren: so kommt auch *niht einen rinc* vor, wie man sagt *niht ein bast, niht ein blat.* — 90, 8. *du magst* ist eine schlechte Schreibung ganz neuer Handschriften, statt *maht.* — 93, 47. *üb er der schafe hüte wol.* Die züricher Papierhandschrift *den schafen.* Also *der schafen.* — 94, 18. *Ir sülden her und meister sin Alles des, des mich beriete Got.* Es muss wohl nur einmal *des* stehen. Z. 97. *Gewalt und êr vergezzen tuot Vil dik des alten fründen guot.* Entweder *der alten fründen* oder *des alten fründes.* — 95, 11. *Des wart ir sache hin gezogen — Vor den, der ir herre was. Vor* mit dem Accusativ ist ein sehr neuer Missbrauch. Der Druck hat *vor dem;* das Richtige ist aber *für den.* Z. 54. *Dur nüte* ist eben so unrichtig; es musste *dur nüt* oder *dur nüwet* heifsen. In derselben Fabel steht *fleisseklich, manchen* und *empfangne gabe* statt *flizeclich, mangen* und *empfangen* oder *empfangenü gabe.* — 98, 5 ist *jungelinc* auf *kint* gereimt, wie 92, 55. Doch möchten hier zwey Verse fehlen, die sich aus den Handschriften mit ziemlicher Sicherheit ergänzen lassen. Z. 34 ist die Lesart des alten Druckes weit besser. — Fab. 99 steht *der mont* statt *manc.* — 100, 9. *Swaz* 133
ieman ze koof begert. Entweder *Swes* oder mit dem alten Drucke: *Waz ieman ze koufen gert.*

Um nun zuletzt noch etwas über die Wörterbücher oder eigentlich Glossarien zu sagen, so kann man von dem des Hn. B mit Recht rühmen, dass es das zweckmäfsigste und zuverlässigste unter allen ist. Von dem des Hr. v. d. H gilt dieses nicht in dem Grade, in dem man es von den Sammlungen eines Mannes erwartete, welcher schon seit 1808 ein altdeutsches Wörterbuch versprochen. Da aber nach einer sehr deutlichen Ankündigung von 1814 schon an diesem Handwörterbuche gedruckt wird: so ist es nicht unbillig, wenn man annimmt, Hr. v. d. H habe, um sich den Kauf nicht zu verderben, hier noch Manches absichtlich unrichtig angegeben, das dem Herausgeber eines gröfseren Wörterbuches nothwendig wohl bekannt seyn muss. Hr. B bemerkt S. xvii sehr richtig, was eigentlich zum Verstehen gehöre, und giebt desshalb in seinem Wörterb. meist Erläuterungen, Hr. v. d. H lehrt nur Wort durch Wort übersetzen. Am übelsten ist dabey, dass er überall bey Wörtern, die wir noch in anderer Bedeutung haben, die neuere Form als Übersetzung auch beysetzt, z. B. unter *schiere*, unser *schier*. Manchmal scheint es auch, dass das hinzugesetzte Wort gar nichts erklären solle, sondern nur zum Scherze da stehe, wie baxen bey *bagen*, das isländ. *fagr* bey *weigerlich*. Auch ist der Grundsatz ganz unstatthaft, in ein Glossar alle in der Schreibung abweichenden Wörter aufzunehmen. So hat uns nun Hr. v. d. H in diesem Wörterb. gesagt, dass *werch* Werk bedeute, aber ganz vergessen, dass *selten* für nie stehe, was Hr. B gerade aus den Nibel. beweist. — In den folgenden wenigen Anmerkungen bezieht sich nur dasjenige auf Hn. B, wobey sein Name ausdrücklich genannt ist.

'*An*, *ane*, mit 2 und 4 F. ohne', als wenn *ane* auch vor dem Genetiv stehen könnte. Z. 9603. 2308, 3 *wan Got, ane min*, war ganz abzusondern; wir kennen keine dieser entsprechende Stelle, eben so wenig aber für die andere Lesart *wan Got* (st. *Gotes*) *unde min*. — '*Barn*, Sohn.' Das Wort ist zwar männlich, Walt. v. d. Vogelw. S 129 a, wird aber auch für Tochter gebraucht, Minnes. I, S. 59 b. Parciv. S. 50 c. 171 c. — *Bereit*. Die Bedeutung *sogleich* aus Z. 5495. 1310, 3 fehlt. — *Bescheidenliche* soll Z. 6200. 1486, 4 freundlich bedeuten. Es heiſst aber klüglich. — *Bestan* in Z. 4084, 958, 4 *daz leit bestat üch sere*, wird ganz falsch erklärt, angreifen, statt angehören, angehen. Parciv. S. 66 c. Walt. v. d. Vog. S. 113 a. Tristan S. 30 a. 33 b. 35 c. 98 a und öfter. — *Bestiften* (warum schreibt Hr. v. d. H *bestipften*, *krapft* und *schapft?*) heiſst berichten, besorgen, Eneit S. 42 b (156, 23). — *Birt* nimmt Hr. v. d. H Z. 6566. 1578, 2 ganz richtig für *seid*. Wir finden diese im Fränkischen bekannte Form auch Parciv. S. 101 b, den Infinitiv *biren* aber, den Hr. v. d. H angiebt, nirgend. — Von *brehen*, leuchten, leitet Hr. B her: *der tac brach uf*. Wir haben das Wort *brehen* so selten gefunden, dass wir nicht wissen, ob es wie *sehen* oder wie *spehen* conjugirt wird.
134 Übrigens singt die christliche Gemeine noch heute: Nun bricht uns fröhlich wieder auf die rechte Gnadensonne, ohne dabey an eine besondere Bedeutung des Wortes *aufbrechen* zu denken. — *Der brunnen* giebt Hr. B als Nominativ. Es heiſst *der brunne*, *des brunnen*. — *Der buckel*, sagt H. v. d. H; es ist aber stets

weiblich. — Unter *danne* fehlt bey Hn. v. d. H aus Z. 5038 f. 1196, 2 die Verbindung mit dem zweyten Falle. So Beneckens Beytr. S. 209. *Eſt ein ander danne min.* Parciv. S. 62 b. *Er hat hie niemen denne min.* Got Amur S. 13 a. *Lieber liep ich nie gewan, Liebez liep, denne din.* Eben so ist ihm der Genitiv bey *wan* entgangen, Z. 3278. 759, 2. Vergl. Minnes. I, S. 33 a. Flore S. 18 c, 19 b. Iwein S. 32 c 4388. — *Dar* heiſst nur dahin, und nicht daher. — Bey *dienest* ist nicht angemerkt, dass es Z. 3970. 930, 2 geschlechtlos ist, *minû dienest*, in B und G. So Parciv. S. 155 a *werdû dienst* und S. 148 b *dienst, daz mir bot Ein kûnec ders wunsches herre was.* — Unter *dû* übergeht Hr. v. d. H die alte, der schwäbischen Zeit sonst fremde, Bedeutung *ancilla.* S. Schilter unter *deo*, *thin.* Sie kommt vor Z. 3368. 781, 4 *Ja sol vor kuniges wibe nimmer eigen dû gegan.* Oder sollte Hr. v. d. H diese Stelle anders verstanden haben? — *Drate* (sonst auch *dráte*) schnell, früh, soll das Mittelwort (Particip) zu *dräjen* oder *drân* (nicht *dräen*) seyn. Nach welcher Grammatik? — *Ebene* erklärt Hr. v. d. H *reiflich*, in Z. 1716. 404, 4. Dort steht: *Des bedenket uch vil ebene*, in der gewöhnlichen Bedeutung *genau*, die auch Hr. B angiebt. — Unter *ein* vermisst man *in ein* oder *en ein*, zugleich, aus Z. 543. 131, 3 *Und oech in ein dû frowe.* Man findet dafür die Bemerkung: '*Ein* steht noch vor und mit dem bestimmten Geschlechtswort beym Hauptworte 543 (131, 3). 2907 (666, 3). 4882 (1157, 2). 4948 (1173, 4)'. Also *ein dû frowe!* Was doch die alte Sprache für Freyheiten gehabt hat! In den übrigen Stellen steht *ein der beste, unus optimus.* — *Noch eines* heiſst Z. 4286. 1008, 2 nicht noch einst, sondern bloſs noch einmal. — *Enbûget.* Die Form *verbuget*, welche Hr. B anführt, findet sich auch im Frauendienst S. 42. — *Erbarmen* mit dem dritten Fall, Z. 8898. 2135, 2 (auch 3467. 806, 3) musste nicht im Wörterbuche aufgeführt, sondern im Texte verbessert werden. — '*Erkrommen*, erpackten, ergriffen. 51 (13, 3).' Schwerlich. Im Isländischen heiſst *at kremia* drücken, *krami, kröm* der Druck. — *Ergetzen* erklärt Hr. B weit genauer als Hr. v. d. H. — '*Erluote* für *erluotete* [soll heiſsen *erlutete*], erlautete, ward laut.' Ganz unrichtig. Im Iwein S. 37 c. 5057 reimt es auf *ruote;* also von *lûjen*, brüllen. — *Erzögen* (richtiger *erzöigen*) bey Hn. B ist spätere Schreibung (und Aussprache?) statt *erzeigen.* Aber in der Bedeutung abziehen muss Fab. 4, 15 wohl *erzogt* stehen. — *Erzûgen* heiſst nicht so-

wohl bezeugen, als durch Zeugen beweisen. S. Nibel. 3411. 792, 3. Eneit S. 38c. 143, 10. — '*Vahse*, Mehrzahl, Haare, Lokken. 2307 (532, 7).' Ganz gut, obgleich den Anfängern zugleich konnte gesagt werden, dass die Einzahl *daz vahs* heifst. Wenn nur durch diese Erklärung die Stelle selbst deutlich würde: *Die* (die Mägde) *sach man da vil vahse under liehten borten gan.* Hr. B sagt S. xiv: 'Selbst diejenigen, die mit der Erforschung unse-
135 rer alten Sprache sich auf das eifrigste und glücklichste beschäftigt haben, werden gern gestehen, dass ihre Kenntniss derselben noch lange nicht vollständig ist'. — Woher hat es Hr. v. d. H, dass *valde* ein Umschlagetuch zum Verwahren der Kleider sey? Es ist möglich; aber wir möchten wissen, ob die Bedeutung blofs gerathen oder erweislich ist. — *Daz valsch* und *dú valsche* sind beide Hn. v. d. H eigenthümlich. Sonst heifst es *der valsch*, wie auch Hr. B angiebt. S. Parciv. S. 26a. 28b. Tristan S. 69b. — Gefährde heifst weder *vare*, wie Hr. v. d. H, noch *dú var*, wie Hr. B sagt. Nur einmal finden wir *ane wankes vare* Parciv. S. 67b, sonst immer *den var*, *von dem vare.* Die Redensart *an allen var* ist schon allein entscheidend: denn *allen* kann so allein stehend nicht, wie Hr. B will, der weibliche Accusativ seyn. — *Varwe* heifst bei Bonerius 68, 20, wie sonst öfter, Gestalt. — *Vehten.* Wo kommt die Form *vichten* vor, die Hr. B anführt? — *Veiclich* soll tödtlich heifsen. Es ist gleichbedeutend mit *veige*, zum Tode bestimmt. So *veiclicher tac* Kl. 287, IV. M. — *Verklagen* heifst nicht, aufhören zu klagen, sondern, ans oder bis ans Ende klagen. S. Nibel. 4092. 960, 4. — *Verenden* regiert nach Hn. v. d. H den zweyten Fall. Die von ihm angeführte Z. 791. 193, 3 widerlegt ihn selbst, die beiden anderen erklärt er unter *niht* richtig. — Bey *verwazen* konnte Hr. B auch das Präsens *ich verwaze* anführen, aus Iwein Z. 7513. — *Verzihen* mit dem Dativ oder Accusativ der Person und dem Genit. der Sache, einem etwas verweigern. Diefs bemerkt Hr. B richtig. Nur führt er Iwein 6899 unrichtig für den Dativ an, wo der Accusativ steht. Wir finden immer *sich* dabey, aber nicht *im*; so auch *mich* Eneit S. 72c. 259, 9, doch eben sowohl *mir* und *dir.* Ohne Person steht Eneit S. 92a. 321, 25 *der vientschaft verzigen*, ohne Bezeichnung der Sache Nibel. 2159. 501, 3 *Zewú sold' ich verzihen dú ich in herzen han?* und ganz absolut Parciv. S. 145c. *um disen kranz Han ich doch niht gar verzigen*, *Min grúzen* (er-

gänze *en*) *wære noch gar versweigen, Ob iuwer zwene wæren.* Hr. v. d. H giebt zur Erläuterung der Stelle in den Nibel. Folgendes, das wir gar nicht verstehen: 'verziehen, versagen. Vergl. 4816 (1140, 4).'. — *Fliehen* hat nach Hn. B in der Vergangenheit *floch* und *fluch*. Allein es heifst nur *floch* und *fluhen*. *Freislich* erklären Beide, fürchterlich, schrecklich. Die eigentliche Bedeutung aber ist gefährlich, und *der* oder *die freise* (nicht *freis* und *freisse;* das Femin. ist viel gewöhnlicher) nicht, wie Hr. B sagt, das Furchtbare, sondern die Gefahr. — *Der frum* oder *frumen*, sagt Hr. v. d. H, Hr. B *dû frome*. Es heifst aber *der frume* oder *frome, des frumen, den frumen,* in den Nibel. verkürzt *den frun,* obgleich Hr. v. d. H gegen den Reim *erum* schreibt. — *Nider* 186
gan zu Bette gehen, Boner. 48, 23. Wie unser niederkommen, sagt Hr. B. Dieses *nider komen* ist auch schon alt; Flore S. 5b unten. — '*Gedaht,* Gedanke, Wille. 2749 (631, 1).' In der Stelle heifst es: *ir frage, der si hete gedaht,* also *gedenken,* wie gewöhnlich mit dem Genitiv. Iwein S. 11 c (1493). *Wes was ü gedaht?* — '*Gedanken,* Gedenken.' Der Nominat. der Mehrz. ist *gedanke* oder *gedenke,* im Singul. sagt man *der gedank.* — *Gedinge*, Vertrag, macht Hr. B. männlich. Der Genit. *des gedinges* zeigt aber, dass es in dieser Bedeutung geschlechtlos ist. — Das Particip *gezzen* bringt Hr. B mit Unrecht unter den Inf. *geezzen.* *Gegangen* kommt nicht vom Infin. *gegan.* — *Sich gelovben* soll Nib. 6192. 1484, 4 für glauben stehen. *Der mære der er fragte, der gelovbet er sich da,*' heifst: er liefs seine Frage fahren und forschete nicht weiter. Es bezieht sich auf Z. 6160. 1476, 4 *Des er do hin z'in gerte.* — '*Gemeit* f. *gemagt,* von hohen Magen, edel. 326 (80, 2). 8195 (1963, 7).' Warum soll es denn gerade in diesen Stellen nicht das ritterliche *gaillard* seyn? Hr. v. d. H verweist dabey auf seine Erklärung von *magtlich* in Z. 1670. 394, 14, und hier wieder zurück auf *gemeit.* Er hätte sich beide gleich abenteuerliche Erklärungen und dazu die hier, wie gewöhnlich bey ihm, ganz unnütze Verweisung füglich ersparen können. — *Genade* soll Nib. 260. 63, 4 Verneinung, Dank bedeuten. Nämlich in der bekannten Redensart *genade sagen.*

'*Genûge*, grofse 2311 (533, 3).' Unmöglich. Die Stelle ist verdorben. — *Dû geruht*, sagt Hr. B, der Gegenstand des Bemühens, der Sorge, von *ruochen.* Wahrscheinlicher wohl *daz geruhte* von *der ruoch*, Ehre, Ruhm, wie *daz geruſte*

von *der ruof.* — *Ere* geht auch in der Stelle des Bonerius vorher. — *Gerûwen* soll nach Hn. v. d. H im Präter. aufser *gerov* auch *gerowe* haben. So verdoppelt er seine Fehler. Nicht *gerouw'* musste er Z. 7792. 1866, 4 schreiben, sondern *gerov.* — *Geruzen* statt *grûzen* ist vergessen aus Z. 5408. 1288, 4. Es muss aber wenigstens *geruozen* heifsen, wie Parciv. Z. 4311. — Warum giebt Hr. B *gesiht* als geschlechtlos an, da die Stellen des Bonerius nicht hindern, es wie gewöhnlich weiblich zu nehmen? — *Gewelle* übergeht Hr. v. d. H aus Z. 3807. 889, 3. Uns ist aber das Wort in der heutigen Sprache nicht bekannt. Die übrigen Handschr. geben *gevelle,* und diefs scheint hier und Tristan S. 25a (3451 Hag.) wohl einen Abhang zu bedeuten: denn Trist. S. 65a (8996) kommt ein *steingevelle* vor. So kann man auch im Iwein S. 28c 3856 *waltgevelle* erklären, wiewohl dieses Wort S. 57b 7821 das Fallen der Bäume bezeichnet, wie bey Eschenbach
137 *gevelle* oft das Fallen vom Pferde. — *Gorche* (vielleicht richtiger *göiche?*) erklärt Hr. v. d. H in Nibel. 3481. 810, 1 richtig durch Bastarde. Altdeut. Wälder 1 S. 46 *Des zúch ich zwei gorchelin.* Im Kr. auf Wartb. S. 3a schimpft Ofterdingen den Schreiber *gouch.* Er antwortet: *Der mich hiez gouch, Ez wáre genant Von mir sin muoter.* — *Dú guf* ist unvollkommene Schreibung für *guft,* wie *Kraf, geschaf* u. s. w. — *Hále* erklärt Hr. v. d. H sehr un richtigdurch Hehl. Es bedeutet Sorge, Sorgfalt. Nibel. Z. 5499. 1311, 3 *Si het es vaste hále, deiz iemen kunde sehen.* Eneit S. 7b. 38, 33. *Si getorst es niht beginnen, Daz si im der minnen Allererst gewûge, Swie si'z fûr trûge; Des nam si groze hale.* S. 43a. 158, 6 *Ein netze liez er werken Von silber und von stale, Des nam in michel hale.* S. 79c. 281, 14 *Des nimt dich michel hale.* S. 81c. 286, 40 *Wisliche si in behielt; Des nam si michel hale.* Parciv. S. 113b. *Nimts ûch niht hále, gern ich vernim Waz ir kumbers und sünden hat.* Eschenbachs Titur. 152. *Do er wider kom uf die nûwen roten vart, des nam in niht hále, Vil offenliche er jagte und niht verholne.* — *Helfen* mit dem Accus. merkt Hr. v. d. H an, ohne zu sagen, dass auch der Dativ dabey steht. Mit dem Dativ heifst es beystehen, unterstützen, *adjuvare* s. Iwein 3837. Nibel. 9404. 9410 (2259, 4 2261, 2), mit dem Accusativ nutzen, *prodesse,* Iwein 4657. Nibel. 3490. 9624 (812, 2. 2313, 4). — *Der hohen verte* erklärt Hr. v. d. H aller Grammatik zum Trotz und ganz ohne Noth für den Genitiv von *hochvart.*

Übrigens entspricht unser Hoffarth gar nicht dem alten Worte.
Hr. B hat unbemerkt gelassen, dass F. 86, 6 *hochvart* männlich
ist, jedoch vielleicht nur durch einen Schreibfehler. — *Hoch-*
gezîten, das Verbum, übergeht Hr. v. d. H. Es steht Nibel. 2960.
679, 4. — Dass Hr. v. d. H das Wort *jehen* nicht vollständig
erklären würde, war zu erwarten. Er giebt uns aber sogar die
Formen *chiht* und *iaht* statt des allein richtigen *giht.* Zu *iaht*
die Bemerkung: 'scheint von *iahen,* und diefs letzte kann 3526
(821, 2) nicht wohl (muss heifsen, nicht anderes als) die Vergangenheit seyn.' — *Kin* heifst nach Hn. v. d. H das Kinn; wir 15
kennen nur die Form *kinne.* — *Dû koste* bedeutet nie die Pflege.
Die von Hn. v. d. H angeführten Stellen sind leicht richtiger zu
verstehen. — *Kume* soll nach Hn. v. d. H kaum bedeuten; Hr.
B hat das Wahre. — Bey *abe lazen* musste Hr. B bemerken,
dass es sonst den Genitiv regiert, nicht wie bey Bonerius den
Accusativ. — *Hin legen* erklärt Hr. B ganz recht. Nur musste
die Stelle 84, 46 erwähnt werden. Abthun scheint die genaueste
Übersetzung. *Lihen* nicht Lehn ertheilen, sondern zu Lehen
geben. — *Der lop,* geschlechtlos Z. 5576. 1330, 4. — *Der lâsener.*
Hr. B hätte *lâssenære* schreiben sollen, oder noch besser mit z.
Konr. von Würzburg reimt *lâzete* auf *mûzete* g. Schm. 368, Gottfr.
von Strafsburg *lâzen* auf *ûzen,* Trist. S. 79 b, vergl. 77 c. —
Unter *maget, mágede* berührt Hr. B den Punct, über welchen er
einmal mit Docen stritt. Er macht hier aufmerksam, dass die
alte Sprache dann, wenn sie den Wörtern ein *e* anhängte, den
vorhergehenden Vocal umlautete. Diefs ist sehr richtig, nur
nicht durchgehende Regel, weil man so gut *der hande* sagt als
der hende, und wohl *der nahte,* aber schwerlich *nähte;* hingegen
läst und *blät* mögen wohl nicht ächt schwäbische Kürzungen
seyn. Wir wollen aber doch vorsichtig lieber bey jedem dieser
Wörter bemerken, in welchem Casus es vorkommt. *Dû mágede*
im Nominativ steht gewiss nirgends. — '*Matrazze,* Madratze,
Polster, 1422 (347, 2).' Dort steht es in der Mehrzahl. Die Einheit ist *matraz.* Parciv. S. 85 b. 163 b. — *Dû meine* heifst die
Meinung, *der mein* die Falschheit. S. Tristan S. 33 c. (4625).
Parciv. S. 128 a. Hr. v. d. H verwechselt beide Wörter. — Bey
sich an nemen, das Bonerius mit dem Genitiv verbindet, hat Hr.
B nicht bemerkt, dass es eigentlich den Accusat. erfodert. S.
z. B. Iwein 126. 4082. — *Nennen* soll Z. 6016. 1440, 4 erwähnen

heißen. *Daz was dem grimmem Hagene gar zem tode genant* bedeutet: das enthielt für ihn den Namen d. i. den Begriff des Todes. Das *zuo* ist bey *nennen* nicht ungewöhnlich, wie Parciv. S. 5c. *Darzuo hort ich in nemen.* — '*Nuwan* (ungewiss), s. v. a. *niwan*, 8443 (2023, 7).' Warum denn ungewiss? Ist *núwan* etwa keine ächte und gewöhnliche Form? In der St. Galler Handschr. wird sie freylich nicht vorkommen; allein wer alles Übrige aus E bunt genug unter den Text von G mengt, bey dem sollte wohl auch das unschuldige *nuwan* aus E Gnade finden, vielleicht auch das ihm fehlende *i*, wenn man nicht etwa schon damals auch *nuwan* ohne *i*, wie noch jetzt *nun* in derselben Bedeutung, sagte. — Warum steht Z. 2907. 666, 3 *uf órs* statt *uf ors* oder *orse?* Steht in der Handschr. das *e* gerade über dem
139 *o?* Die letzte Frage berührt nicht Hn. v. d. H, sondern Hn. Rothmund, der bekanntlich für ihn die St. Galler Handschr. abgeschrieben, und dafür den Dank aller Freunde der altdeutschen Poesie verdient. — Bey *palas* konnte Hr. v. d. H wohl das Geschlecht bemerken. Es ist im Iwein immer geschlechtlos, immer männlich im Parcival und in den St. Galler Nibelungen, Z. 2057. 480, 1 geschlechtlos in B. Die Mehrzahl heißt in den Nibel. *palas,* sonst auch *palase.* — Was *dú pfant lósen* bedeute, erklärt Hr. B sehr genau, Hr. v. d. H hat ganz unrichtig gerathen. Doch tritt zuweilen auch die Bedeutung des Schuldenbezahlens bestimmter hervor. Titurel 4863. *Ein richeit —, daz wir lósen Wol dú pfant, ob si versetzet wären Um halben teil der erde.* Parciv. S. 156b. *Won im ander kumber bi, Ez si pfantlóse oder kleit, Des sol er alles sin bereit.* (Gleich darauf: *Der künegin kamerâre im git Pfantlóse, ors und ander kleit.*) — Was *pfelle* sey, lernt man bey Hn. B; Hr. v. d. H bringt Plüsch und Felbel und Samt und Pelzwerk zusammen, er wird uns aber nie einreden, dass die schwarzen Pfelle (über dem Hermelin) 1475. 356, 3 schwarze Flocken des Hermelins sind. Wie erklärt er denn Z. 3822. 893, 2 den Rock von schwarzem Pfellel? — '*Puneiz,* einzelnes Lanzenbrechen, s. v. a. *tioste.*' Man puniert auch mit Rotten, Parciv. S. 19a, ja selbst drey gegen einen, Iwein 5306. Man tiostirt, nachdem der Puneis genommen ist, Iwein 6956. 7073. Wie kommt es, dass noch Niemand die höchst merkwürdige Stelle im Parcival S. 193a gebraucht hat? — Die Bedeutungen des

Wortes *rat* sind noch nicht im Klaren.* Hr. B nimmt für die eine entweder ein Substantiv an, Ausschlag oder Ende bedeutend, oder lieber ein Adjectiv, ausfallend, ausschlagend. Das Letzte ist unmöglich, weil immer der Genitiv dabey steht, *des* oder *es* (nicht *ez*) *wirt guot rat* u. s. w. Der ersten Annahme widersprechen doch Beyspiele wie dieses: *wie sol min danne iemer werden rat?* Ehe wir anfangen zu erklären, müssten wir wohl erst den Gebrauch vollständig übersehen können, und nicht ganze Redensarten unbemerkt lassen; wie Hr. v. d. H z. B. *eines dinges ze rate werden*, was Nibel. 4011. 940, 3 in anderer Bedeutung steht als Eneit. S. 49 b. 178, 21. — *Reise* fehlt bey Hn. v. d. H ganz. Es hat aber mehrere Bedeutungen. So heifsen z. B. die gemeinen Krieger in dem Heere, Nibel. 575. 139, 4. Eneit S. 34 c (130, 11 *die risen*). — Von *ruofen* giebt Hr. v. d. H nur dass Präter. *ruofte* an, und doch ist *rief* wenigstens eben so gebräuchlich. Vergl. Z. 8545. 2049, 1 mit 8629. 2069, 1. — '*Rüre* (Mehrzahl von *ruore, rure* [ohne Zweifel von *ruor*]) ein Jagdausdruck, f. Austand, Lauer, Revier.' Dieses bezieht sich auf die Stelle Z. 3780. 883, 4: *Vier und zweinzec rüre die jäger heten verlan*. Da nun *verlazen* nicht, wie Hr. v. d. H will, durchjagen, sondern loslassen bedeutet (s. Nibel. 3805. 889, 1. Parciv. S. 107 c): so erscheint jene Erklärung als ganz nichtig. *Ein ruor* ist ohne Zweifel eine Koppel. Tristan S. 25 a sollen die Jäger *von ruore lazen*. Minnes. II. S. 106 b Hunde, die *ze ruore und ze verte kunnen sich bewarn*. *Geruoren* für koppeln steht Eneit S. 14 b. 61, 19. *Einen braken vil gereht, Den liez si niht einen kneht striken noch geruoren, Si wolde in selbe fuoren*. Eben so heifst auch *Ruhr* nach Frisch auf den Vogelherden ein Stecken 140
oder eine Ruthe, woran vorn ein Vogel gebunden wird, den man zum Schein auffliegen läfst. — *Salvelde* (so hat G für *Swanevelde*) ist nach Hn. v. d. H der ächtere und ältere Name. Man erwartete wohl Bescheid, ob diefs blofs aus der Trefflichkeit der SG Handschriften oder aus anderen Gründen erhelle. Das wird sich ja wohl im zweyten Bande noch anfügen. — Dass *schrin* männlich sey, durfte Hr. v. d. H nicht bezweifeln (s. z. B. Minnes. I, S. 28 b), und also auch nicht erst noch im Wörterb. die Z. 2704. 620, 4 gegen die Handschriften nachträg-

* s. zur 'Auswahl aus den hd. Dichtern.'

lich verbessern. Merkwürdig ist aber freilich, dass sowohl G als B Z. 2097. 489, 1 *dû schrîn* haben, also geschlechtlos. — Unter *selbe* hat Hr. B nicht bemerkt, dass F. 45, 20 und 83, 23 *mich selber* steht. — Dass *sich* nur Accusativ sey, der Dativ aber *im, ir* und im Plural *in* heifse, bemerkt Hr B sehr richtig. Manchen wird diese Bemerkung neu seyn, obgleich selbst Schottel noch nicht *sich* als Dativ kennt. Übrigens stimmt damit, aufser *mich* und *dich,* auch der von Hn. B doch noch nicht angezeigte Unterschied zwischen dem Dativ *ú* und dem Accusativ *úch* und der uralte Accusativ *unsich,* den man noch im Parcival Z. 3592, in Flore und Blanch. 709 und bey Reimar von Zweter S. 136 b unten findet. — *Sla,* ein sehr häufig vorkommendes Wort, heifst nicht, wie Hr. v. d. H sagt, Strafse oder Stelle, sondern Spur oder Fährte. Wer *hinderz ors* fiel, der war *gevallen ûf sins orses sla,* Parc. S. 18c *die porten Vand er wit offen sten, Derdurch ûz groze sla gen,* S. 59 b. — '*Sliezen,* schliefsen, verbinden, bauen.' Vermuthlich ist Z. 4421. 1042, 1 gemeint (denn die Zahlen fehlen bey Hn. v. d. H oft, und sind auch nicht selten unrichtig): *ein gezimber man ir sloz,* man verschloss für sie ein Zimmer, oder höchstens, man machte ihr ein verschlossenes Zimmer. — Unter *sollen,* welchen Infinitiv wir übrigens im Schwäbischen so wenig als irgend einen anderen kennen, hat Hr. B den Conjunctiv *sül* aus 36, 28 nicht erwähnt; auch steht im Bonerius *si süllen* statt *sullen* oder *suln.* Warum ist aber überall *solde* geschrieben, da doch *solte* eben so richtig ist, und in der besten Handschrift auch vorkommt? — *Spâhen* bey Hn. v. d. H ist unrichtig; es heifst nur *spehen.* — *Dû spor,* sagt Hr. B. Es ist aber geschlechtlos. Parcival S. 108c. Tristan S. 23a (3174). — Dass *stahel* auch geschlechtlos sey, zeigt Hr. v. d. H aus Z. 4167. 979, 3, wo B hat *von stahel, der was guot.* Was G giebt, *daz was guot,* wäre als Übergangsformel des Erzählenden zu nehmen, wie *daz was wol, daz geschach.* — *Stroufe,* ein Wort, das die Handschrift E 8096. 1939, 12 L. hat, erklärt Hr. v. d. H Strafe, gegen die Schreibweise dieser Handschrift. *Bestroufen* heifst heftig berupfen; man s. Hn. Benecke, Ulr. v. Lichtenst. Frauend. S. 110. *Abe strovfen* ist abstreifen, Parciv. S. 18b. 52c. 67c. — *Suochen* erklärt Hr. v. d. H nicht hinlänglich. Die Stellen 610. 675. 713 (148, 2. 164, 3. 174, 1) macht er nicht deutlich, und versteht eben desshalb unter *tot* die

Z. 9007. 2161, 3 (vergl. Klage 409) ganz unrichtig. — Das Präter. und Partic. von *sweigen* heifst nach Hn. B *swig* und *geswigen*. *Sweigen* hat *sweigete, gesweiget*; aber von *swigen* sagte man nie *ich habe*, sondern *ich bin geswigen*. — '*Toce*, taugte, hülfe, von *tügen*.' Der Conj. Präter. heifst *töhte*, *toce* ist Präsens wie *mac*. 141
- '*Die hohe tragenden herzen*, die das Herz hoch tragen.' Das Richtige hat Hr. B. — *Twangte* Fab. 66, 14 leitet Hr. B von *twangen* ab, statt von *twengen*. *Getwenget* steht im Tristan S. 79a (10910 H.), in Eschenb. Titurel 84. — *Umbe* steht nach Hn. v. d. H auch mit dem dritten Fall; Z. 1994. 464, 2 ist es aber ein Schreibfehler in G. — *Ungenade ich han* Z. 8509. 2040, 1 erklärt Hr. v. d. H durch Unwillen. Es ist soviel als *unsälde*; s. Klage 2271. — '*Ungereht* st. *ungevehtet*, ungefehdet, unangefochten.' Warum also niht *ungevohten*? *Vehen* heifst bekanntlich schelten. Parciv. S. 100a. 107a. Flore S. 33b. — '*Unmügelich*, ungeheuer. 9054 (2173, 1).' Man denke! Unmöglich soll ungeheuer heifsen. Unter *nie* lehrt Hr. v. d. H, dass es für *ie* stehe; diefs hat er hier vergessen. — '*Unz ze berge an*, für *ze berge unz an*. 4500 (1061, 4).' Wie kehrt denn nun Hr. v. d. H die Worte um: *von Ungerlant ze berge unz an den Rin?* Minnes. II, S. 163a. — *Wan* in der Bedeutung aufser trennt Hr. v. d. H gar nicht von *Wande*. Er durfte *want* Z. 3048. 3950 (701, 4. 925,2) ohne Bedenken in *Wan* verändern. — *Weise* ist nach Hn. B weiblich. In allen Stellen, die wir kennen, ist es männlich. — '*Wende*, Wende, Wendeort. 5376 (1280, 4). vergl. *sunnenwende*.' Diefs giebt Hr. v. d. H zur Erläuterung der Worte: *Di pfile si vil sere zuo den wenden vaste zugen*. Es heifst wohl: sie spannten die Bogen seitwärts. *Ze beiden wenden* steht im Tristan S. 48b. 58b. *want* für Seite, doch in anderer Beziehung, Parciv. S. 85c. — *Weren* heifst nie abwehren, sondern vertheidigen. — '*Für wesen einen*, seine Stelle vertreten 30, 5.' So erklärt Hr. B die Stelle *Ein geiz für was dü muoter sin*, die wir lieber so verstehen: eine Geiss war fürder seine Mutter. — *Widerhüzzi*, Trotz, scheint Hn. B zu der Wurzel *Hass* zu gehören. Schwerlich! Die Grundbedeutung scheint aber mehr Streit oder Wetteifer. Bruns Beyträge S. 141 *Ich wil üch überhüzen*, ich werde euch den Rang abgewinnen. Parciv. S. 192c *Condwire-amurs dü licht erkant Vil nach nu ebenhüze vant An der klaren meide velles blik*. S. 161c *Von dem was uns dehein not Ebenhüzen noch sunderringes*. —

'*Willich, — ger,* willig. 1896, 6528.' Das Adjectiv ist *willic* 6528. 1568, 4, davon *williger muot* 1256. 309, 4: *williche* ist das Adverbium 1896. 442, 4. — Nicht *der witz,* wie Hr. B angiebt, sondern *diu witze.* Eschenbachs *frov Witze* macht alle übrigen Beweisstellen unnöthig. — *Wollen* giebt Hr. B als Infinitiv. Wir finden nur *wellen.* Trist. S. 72a (9927 H.). — Nibel. 3555. 828, 3 heifst *in wüste legen* nicht zur Wüste machen, sondern ihnen wüstlegen, verwüsten, dänisch *ödelægge.* — *Zemen* kann nicht, wie Hr. B will, *ich zeme* haben, sondern nur *ich zime.* — *Zein* (isländ. *teinn*) heifst nie ein Blättchen, sondern nur ein Stäbchen, Stift. Trist. S. 48c. Flore 52a. gold. Schmiede 748. Minnes. I, 104b. daher der Stab des Pfeiles, Eneit S. 81c. 287, 6. Parciv. S. 138a. — *Zuht* soll Nibel. 2004. 466, 4 das Ziehen, Raufen bedeuten. Es heifst aber die Strafe, wie Iwein 1667. 4045.

Wir schliefsen diese Recension mit der Bemerkung, dass sie nur für solche Leser geschrieben ist, welche genau wissen, was für das Studium unserer alten Literatur bisher geleistet ist
142 und nun zunächst geleistet werden kann und muss. Unkundige würden leicht das Meiste in ganz unrichtigem Sinne nehmen, und vielleicht gar daraus, dass hier manche Seiten dieses Studiums gar nicht berührt sind, auf Vernachlässigung derselben und auf sträfliche Einseitigkeit schliefsen. Das Publicum hat überhaupt im Allgemeinen noch wenig mehr gethan als urtheilen: zum Lernen ist bis jetzt nur ein schwacher Anfang gemacht. Wir hoffen, dass die beiden vor uns liegenden Werke, weil sie mit zweckmäfsigen Hülfsmitteln des Verständnisses versehen sind, aufs Neue und mit mehrerem Glücke dazu anregen werden.

C. K.

Verbesserungen

zu

Barlaam und Josaphat von Rudolf von Montfort, herausgegeben und mit einem Wörterbuche versehen von Fr. Karl Köpke. Königsberg 1818. 8°.

Hier erhalten Sie, lieber Freund, meinen Beitrag zu Ihrem 421
Barlaam in einer doppelten Reihe von Verbesserungen. Wo ich beim Durchlesen des Gedruckten anstiefs, habe ich die beiden Königsberger Handschriften verglichen*. Eine sorgfältigere Arbeit verstatteten mir meine jetzt mehr als gewöhnlich zahlreichen Geschäfte nicht; und dass meine Aufmerksamkeit immer gleich gewesen, kann ich auch nicht versichern; Sie werden also gewiss überall sehr viel nachzutragen finden. In das Druckfehlerverzeichniss habe ich alles gesetzt, was aus der ersten Handschrift (A) geradezu konnte verbessert werden; aufserdem sind darein die Verbesserungen der ganz unrichtigen und störenden Interpunctionen aufgenommen; manche Kleinigkeit überging ich absichtlich. Bei den zunächst folgenden Anmerkungen bitte ich Sie, wo es nöthig ist, die Lesarten der Berliner Handschrift einzuschalten.

1, 30. *Von dinem süzem geiste* ist zwar keineswegs unrichtig, *A* hat aber *süzen*. 2, 7 verleitet die Schreibung *vurdachtlich* zu unrichtiger Aussprache (*verdahtlich*). In *A* steht *furdachtlich*, also *fürdahtlich;* denn auch das *ch* ist ganz unrichtig.

---

* von neuem eingesehen. Denn Köpke hatte die Königsberger Handschr. *A* (no. 898, früher *Lll.* 15. 1, xiv jh. s. Steffenhagen in Haupts Zeitschr. 13, 509 f.) seiner Ausgabe zu Grunde gelegt, und daneben die Königsberger *B* (no. 890b, früher *Lll.* 8b, xv jh., Steffenhagen a. a. O. S. 510 f.) die Berliner *C* (v. d. Hagens Grundriss S. 289) und die Bruchstücke der Hohenemser (Br) hinter Bodmers Chriemhilden Rache benutzt.

2, 24. desgleichen *sihtik und unsihtik.* 3, 3. *Got, vater nach der Gotheit; Dines sunes name treit Die menscheit. Name* ist Nominativ; *die* (nicht *dú*) *menscheit* Accusativ.

3, 26. *Alle leben* steht in *A*, d. h. alle Arten von Menschen. 4, 15. *lúte und lant.* Hier fehlt *und* in *A*; sonst steht gewöhnlich *vn̄,* wofür nicht immer hätte *unde* gesetzt werden müssen, sondern, wo es der Vers verlangt, auch *und.* 104, 39 aber muss
422 es *unde* heifsen. 4, 34 konnte *Mag-ez* stehen bleiben. 5, 4. 16, 24 hat *A Túsch* und nicht *Tútsch.* Jene Schreibart ist auch in weit besseren Handschriften sehr häufig. 5, 9 muss nicht *úch* stehen, sondern *ú.* In den besten Handschriften ist *ú* immer Dativ, *úch* Accusativ. Den Kennern der alten fränkischen Sprache kann dieser Unterschied nicht unbekannt geblieben seyn. Dennoch liest man jetzt in der Klage Z. 29 *Úch ist nach sage wol bekant,* da doch bei Bodmer ganz richtig *Ú* steht. Unsere Handschrift *A* fehlt, so viel ich bemerkt habe, gegen die Regel nur hier und 12, 16. 24, 30. 28, 20. 36, 11. 37, 34. 40, 4.

5, 22. *disses* ist schwerlich richtig, wohl aber *dizes* und *dises.* *S* und *Z* werden in *A* beständig verwechselt. 6, 35 erfordert der Vers *genûk.* 7, 31. *wunsche* kann der Nominativ nicht heifsen, sondern nur *wunsch.* *A* hat eigentlich *wunche.* 7, 40. *hatt er* unrichtig statt *hæt er* oder *hett-er.* Sehr oft steht in der Handschrift *A a* für *á,* was man mit Unrecht für ein Kennzeichen sehr alter Handschriften ausgibt. 8, 30. *deseme* ist, wo nicht Schreibfehler, doch schlechte Schreibung für *disem* oder *dem.* Das angehängte *e* ist in diesen Wörtern zwar nicht unrichtig, aber doch nicht gegen den Vers zu dulden. 8, 40. *unsenfeten* ist bäurische Aussprache für *unsenften;* eben so *nihit* 33, 8 und öfter, *súffizen* 34, 20. *firúnt* 88, 19. *virúntlichen* 104, 33. *schrifeten* 71, 10. *liehit* 235, 14 und mehr dergleichen. Das Meisté dieser Art ist im Abdrucke mit Recht geändert. *Ane wider stridet* 33, 26 ist blofs verschrieben. 9, 37 hat *A Nu sage,* ganz richtig, wenn anders interpungiert wird. 9, 39 schreibt man besser *umb einen* [statt *umbe ein*] *wan.* 10, 31 müsste *unlenge* ein Adjectiv seyn, nicht verlangend. Wenn die Handschriften nicht überein stimmten, so möchte man vermuthen: *Wil ich uz der welte unlenge,* Aus der Unlänge, dem Unbestande der Welt. 11, 22. 24. *Hæte* [statt *hatte*] *ich — so músest* [statt *mûzest*] *du.* 11, 29. *Hæte (hatte) ich ez;* doch kann *es* der Negation wegen vertheidigt werden. 12, 31. *sture.* Ich kann es nicht billigen, dass in dieser Ausgabe überall der *K*-Laut durch *C* bezeichnet ist, wo die vollständigeren Formen ein *G* haben. Dadurch wird wieder Etymologie in die Orthographie hinein getragen; *juncherre* wird schwerlich jemand so lesen, wie es sich gehört, nämlich *junkherre;* endlich zeigt diese Stelle nebst vielen anderen, dass unser Auge sich nicht leicht gewöhnt *k* und *c* auf einander gereimt zu sehen. Soll aber der Unterschied bestehen, so muss überall *stark* geschrieben werden, und *schrik, gedank, krank, dank, erschrak, nak* (72, 22.) *werk, smak, wank, strik* (229, 4.) *antwerk, blikschoz, trank* (373, 24.) *flek, blank, ungewankt,* welche Wörter sämmtlich in diesem Buche zuweilen unrichtig geschrieben sind.

13, 23. *nature* ist bei Rudolf von Montfort richtig, der 123 *mure* darauf reimt 56, 34. 132, 9. Die französisch-gelehrten Dichter sagen immer *natûre.* 13, 31. *fròt* ist bloſse Abbreviatur; es muss immer *fròit, fròut* oder *freut* geschrieben werden*. 14, 39. *richeite* sagte man nur im Genitiv und Dativ; auch hat *A* ganz richtig *richeit.* Es muss aber *sine richeit* gelesen werden. Das folgende *far* beleidigt das Auge, wie noch manches andere *v* und *f* in dieser Ausgabe. Da sich keine vernünftige Regel für den Gebrauch dieser Buchstaben geben läſst (die etwa ausgenommen, dass vor Mitlautern nur *f* stehen solle), so wird es am besten seyn, sich fleiſsig nach den Gewohnheiten der besten und ältesten Schreiber des dreizehnten Jahrhunderts umzusehen. So wird wenigstens das Auge befriedigt und die Trägheit der Herausgeber beschäftigt. 15, 22 ist mir der Genitiv bei *klagen* verdächtig.

17, 3. *Möhte* [st. *mohte*] *senfter.* Das *ph* würde überhaupt besser ausgerottet. Doch ist Vorsicht nöthig, weil bald *pf* bald *f* dafür zu setzen ist. 17, 19. *kunest* ist wohl ein Druckfehler statt *künnest* oder *kunnest.* In *A* steht *konist.* 17, 25. *es,* nicht *ez.* Ganz ohne Grund hat v. d. Hagen in den Nibelungen den Genitiv *es* immer an das vorige Wort gehängt; er steht sehr oft voran, wie hier. 18, 31. *duhte,* nicht *duchte.* 18, 37. *drate* kann schwerlich als stumpfer (männlicher) Reim bestehen; *do* ist also wohl zu tilgen. Es ist für den Kritiker oft sehr wichtig, zu wissen, welche Reime stumpf oder klingend seyn können.

* oben S. 96.

Zu vollkommener Einsicht und einem vollständigen Verzeichnisse ist wenig Hoffnung, so lange noch von weiblichen Endreimen in den Nibelungen die Rede ist*. Aber wie wenige wissen jetzt etwas von der Reimkunst des dreizehnten Jahrhunderts! Hat man doch sogar dem Zeitalter Karls des Großen überschlagende Reime zusprechen wollen. Hätte mein Lehrer Benecke in der Vorrede zum Bonerius sich nur freier gemacht von den Regeln der antiken und heutigen Metrik, ja hätte er nur genauer sagen wollen, was er genauer weiß, wollte man überhaupt fleißige Forscher mehr hören als anmaßliche Rühmer und Zierlinge, so könnte die Ungründlichkeit mancher neuen Deutschlehrer wenigstens nicht mehr ungestraft ihre wahnwitzigen Einfälle hören lassen. Es ist heutzutage fast unmöglich ohne Zorn von den Freunden und Erklärern des deutschen Alterthums zu sprechen. Dass die Irrthümer der fleißigen und gründlichen Forscher hier nicht gemeint sind, versteht sich von selbst. Fehler wollen wir uns alle, denke ich, gern nachweisen lassen, aber nicht Trägheit und Anmaßung. Gott erlöse uns von denen, die es bloß gut meinen und weder Gutes thun noch gut thun wollen. Leider sieht das Publicum nur zu deutlich, wie es mit
424 den meisten bestellt ist; und daher kommt es, dass Benecke und Docen ermüden ihre Arbeiten zu zeigen, die nur wenige von dem Tross auszuscheiden wissen, dass die Brüder Grimm ihre belehrende und anregende Zeitschrift aufzugeben gezwungen sind. — 19, 31. *daz er davor nie Der kristenen so grozen haz gevie.* Rudolf pflegt die Silben genauer zu zählen. Richtiger würde seyn: *Der kristen grozern haz gevie. A* hat nämlich: *Der kristeren has grossen gevie. Der cristen so grozzen haz gevie C.* 20, 3. *Do was unser herre Krist Der bezzer, als er iemer ist.* So muss interpungiert werden. Er war der bessere. Im armen Heinrich S. 200a: *Swie bôse er si, der mich gesiht, Des bôser mûz ich dennoch sin,* dessen Böserer, schlechter als er. 20, 9 scheint ein neuer Satz anzufangen, so: *Daz honik von der widen Man möhte gerne liden. Von Gotte disû gabe groz Dem selben lande zû floz, Der Kristenheit ein sunnenglast, Von dem freudenbæren last, Der Kristenheit* (mit *C.* oder *Kristen-leben*) *ie mûse tragen Mit freuden gar bi sinen tagen.* Statt *mûse* steht in *A mûssen; mûze* ist gar

* oben a. a. O.

keine Form. 20, 24. *Ez wart nie kindes schoner lip In dem lande nie gesehen.* Ohne Zweifel ist zu lesen *schoner kindes lip,* mit *B. C* hat wie *A.* Sonst müste es heiſsen *an kinde nie schoner lip.* 22, 8. *Ere, sælde werdekeit. B* füget *und* ein. 22, 25. 26. Da die Reime stumpf sind, so muss *ungelich* und *rich* geschrieben werden. 22, 34. *An Kristen.* Die Schwäbische Sprache weiſs nichts mehr von dem alten Accusativ *Kristan.* Also ist *kriste* zu lesen, mit *B. C* hat *cristum.* 23, 17. *es* bei *pflegen*, nicht *ez. B* und *C* haben *syn.*

23, 26. *Wande* kommt so selten in der Bedeutung *auſser* vor, im Barlaam nur hier (und bloſs in *A; B* hat *Dan dy, C Wan sy*), in den Sanct-Galler Nibelungen 3048. 3950 [701, 4. 925, 8], dass man es wohl mit Recht nur für Schreibfehler statt *Wan* hält. 23, 28. Einer der wichtigsten Puncte in der alten Orthographie ist der Unterschied des *á* und *e*, den wir nicht so wie die alten Schreiber vernachlässigen dürfen. Hier wird dadurch ein Fehler offenbar; denn *wáre* kann nicht auf *mere* reimen. Man lese aus *B* und *C: Swer kristenlicher lere Oder Kristes ime gedehte* (nicht *gedáhte* und *bráhte*). 23, 31. *múste* [st. *muste*]. 23, 40. *möhte* [*mohte*]. 24, 10. nicht *sehe,* sondern *sáhe,* dies bemerken wir für die, welche der alten Consecutio temporum unkundig sind. 24, 14. *nach den nahesten drie tagen,* Sprach- und Schreibfehler für *drien.*

24, 22. *inen* für *in* scheint nicht mehr als ein Schreibfehler. Das *d* in *zurnder* konnte aber stehen bleiben. Wie man in solchen Fällen die Wörter trennen oder verbinden soll, wäre noch 425
genauer zu bestimmen. Ich schlage vor *zurnd-er* zu schreiben und *mag-er, gedeh-ez.* 24, 25. 26 lauten in *A* eigentlich so:

Do sw de erkende gottes trégen
: : : : vñ sines gebottes gewûgen.

Vor *vn* ist ein Wort ausgekratzt. Beide Verse sind unrichtig, weil *trûgen* und *gewûgen* nur klingende und nicht stumpfe Reime seyn dürfen. Offenbar haben wir hier einen Einfall des Abschreibers vor uns, den es während des Schreibens gelüstete ein Paar Reime von eigenem Machwerk einzuschalten. Die echte Lesart, die auch *B* hat, ist offenbar: *Do sû daz urkünde Gotes Trûgen und sines gebotes. C* wie der gedruckte Text. 24, 31. *allecliche,* genauer *allegeliche.* 25, 12 ist der Conjunctiv *næmen* nicht recht passend; *B* und *C* geben richtiger *námen.* 25, 25. *Es nam in wunder,* nicht *ez.* 25, 37. 38. sind die Präsentia *geschehe* und *gesehe* gegen den Sinn und zugleich untauglich zu klingenden Reimen; also *geschâhe* und *gesâhe.* Doch wollen wir dergleichen nicht weiter anmerken.

29, 24. *Môht ez.* 30, 2 muss interpungiert werden: Sein Herz zwang seinen natürlichen Adel zu so würdigem Betragen, dass — 30, 13. *in ir* [st. *siner*] *pflege,* mit *B* und *C.* 31, 12. *Der smâhen siecheit.* Das Adjectiv heifst immer *smâhe,* s. 30, 16, wo es, obgleich im Reime, doch nicht genau geschrieben ist. 32, 24. *als erz gedahte.* Mehrere Mahle steht *ez* bei *denken* und *gedenken,* immer unrichtig, wie ich glaube. Wenigstens kenne ich keine beweisende Stelle für den Accusativ, aber viele für den Genitiv; also *es.* 32, 34. Das Substantiv *Menge* heifst niemals *manige,* sondern immer *mânige* oder *menige* (denn bei diesem Worte wird sich schwerlich zwischen *â* und *e* mit Gewissheit entscheiden lassen). 32, 36. *lidik* ist hier und 46, 25 wohl nur schlechte Aussprache für *ledik.* 34, 2. 15. *mûzen,* nicht *mûzen.* Manches dieser Art müssen wir noch dulden, theils in seltenen Wörtern, theils wenn es in sehr guten Handschriften häufig ist, wie *grûzen,* einiges auch weil *û* manchmahl im Reime vorkommt, z. B. *sûze* arm. Heinr. 324; (die Stellen, Flore u. Blansch. S. 47b, 56a, Iwein S. 51b sind doch zweifelhaft, die letzte aus kritischen Gründen, die ersten weil der Genitiv und Dativ *unmûze* lauten kann). 34, 37. *Da* muss *Daz* heifsen. *B Daz myn nicht enwerde. C Das von mir nicht werde.* 35, 31. Auch die Lesart der Handschr. *A* lässt sich erklären, wenn man sie als halbe Frage nimmt: *Warumbe er si verderben liez?* Vergl. 374, 33. Bei Eschenbach ist dergleichen häufig*. Auf jeden Fall muss der Punct erst nach *mære* stehen.

426 37, 10. *Entsitzen* wird mit dem Accusativ verbunden, den hier niemand finden wird, der weifs, was *ein teil* heifst. Ohne Zweifel ist *die vorhte* zu lesen, wie auch *B* hat. Etwas fürchtete er ihm (für sich selbst) das Schreckliche, das Avenier drohete. Die Schreibung *vorte* für *vorhte* ist aber nicht zu verachten. 37, 34. *Als ich û han hie vor geseit. Hie für-geseit* passt nicht. *Hiefür* st. vorher, ist Undeutsch. Der Gebrauch von *für* und *vor* war im dreizehnten Jahrhundert und schon viel früher sehr

* Vgl. oben S. 100.

genau geschieden, nur anders als jetzt. 38, 4. *möht ez.* 39, 10. *vil wol,* wie auch *B* hat. 39, 38. 39 fehlen in *A.* Ist *im Z.* 38 Conjectur oder aus *C?* (*im* ist in *C*). *B* hat *en ist gesunt: Der hat vil tugent und ist gesunt; Herze, lip, mut und gesiht, An deme wirret ime niht.*

40, 24. Durch die Lesart *guter man* wird diese Stelle von einer lästigen Zweideutigkeit befreit. 40, 33. 34. *truge* und *büge* kann es nur in der Gegenwart heifsen, in der Vergangenheit *truge* und *luge.* *Truge* steht auch wirklich in *A*, wo die zweite Zeile so lautet: *vñ also groz in dinen lúge.* Im Text fehlt *so, an so grozen,* welches *B* und *C* haben.

41, 23. 42, 4. 10 ist *sagen* und *sage* wahrscheinlich nicht der Aussprache gemäfs geschrieben; es muss *sägen* oder noch genauer *sá-jen* heifsen, das Präteritum *sate.* *B* hat *sehen* und *seie.* 41, 33. Die Form *genement* oder, was in *A* eigentlich gemeint zu seyn scheint, *ginemment* ist ganz abentheuerlich. *Genemnet, genemmet, genemet* sind andere Formen für *genennet,* vermuthlich bäurische, denn im Reime finde ich sie nirgend.

41. 35. 36. Die letzte Zeile ist sehr kurz, obgleich erträglich. Vielleicht ist die Lesart der Handschr. *A* und *C* dennoch echt. 42, 9. Das doppelte *n* in *steinnen* oder *steinnin*, wie in *A* steht, hat keinen Grund. 42, 18 verlangt der Vers *Werfe in unberhaft erde.* 43, 6. *Daz fügent mir gedanken vil,* sprachunrichtig, denn es heifst *der gedank, die gedanke* oder *gedenke.* Man lese: *Daz füget.* Dann ist *gedanken* der Genitiv des Plurals mit angehängtem *n.* So 2, 9. *sternen,* 23, 4. *listen,* 25, 17. *witzen,* 119, 39. *elementen.* Ob dieses *n* der Mundart des Abschreibers oder dem Dichter gehöre, scheint mir zweifelhaft. Übrigens hat *B* wirklich: *Das enget mir gedēken vil,* und *C gedenke.* 44, 21. *A* hat *Von ime* [st. *in*], was auch nicht unrichtig ist. Auch *B Von im wart vil rede vñ gnve.* 44, 33 ist unstreitig so zu interpunpungieren: *Der bruder rafst-in sere Durch daz, wande der fürsten haz Was gegen im vil groz. durch daz Ime dú sache was geschehen, Man múste in zornik han geschen.* *Sache* heifst Anklage, 427
Beschuldigung. Die Lesart scheint wohl richtig hergestellt zu seyn. Eigentlich steht aber *raftin* in *A*, eine Schreibung, die wir eben so wenig verdammen mögen als *rafte* und sogar *reffen.* 45, 32 muss wohl *vor* stehen, und nicht *für*, obgleich dies *A* und *B* haben, *C* hat *vor.* 45, 34. *dú klage* wäre richtiger, oder *grozú*

klage, nach den anderen Handschr. 47, 11. *als*, nicht *alz;* denn es bedeutet *also*, so sehr. 49, 28. *valschem* [st. *-en*]. *B* hat *valschē, C valschem*. 50, 3 hat *B an* für *und*. Ich verstehe beides nicht. 50, 6. *an den ich e* [st. *ie*] *jach*, mit *B*. 50, 38. *trugenthaften* hat auch *B*. Sonst heifst es *trugehaft*.

51, 7. *und* fehlt in B, richtiger. 51, 9 hat *B vnv'bracht* d. i. *unverbraht*. 52, 24. *ir* für *ires* verlangt schon der Vers. 52, 37 ff. sind leicht zu verbessern: *Do ir sünde sie verstiez, Als in der Gottes zorn gehiez, Si gewunnen kinde genûk*. 1. Mose 3, 16. Multiplicabo aerumnas tuas et conceptus tuos. In *B* steht: *Do sy ir svnde vorstis Als in got gehis Sy gewoñen kindere gnve*. 53, 9. *dû* (nicht *die*) *künne* ist richtig als Plural. Parcival S. 181 a: *Kultern maneger künne*. *B* hat jedoch *vur al daz kvñe sin*. 53, 14. 19. *arke*, und nicht *arche*. S. Parcival S. 191 b. sogen. Maness. Samml. I, 130 a. Auch steht *arken* in *B*. 53, 20. *B* hat *Geczwiget*. Aber *gezweiet* ist richtig. Maness. Samml. II, 34 b: *Unser zweien so vereinen*. Denn wiewohl man *zwivalt* und *zwigenge* sagte, so ist doch *zwien* und *zwigen* nur in einer von den gleich geltenden Wörtern *daz zwi* und *der zwik* abgeleiteten Bedeutung gebräuchlich. Albrechts Titurel: *Dû nahtigal ir küset Den dürren ast gezwiet*. Wolframs Titurel 97: *Wa wart ie bömes stam An den esten so lobeliche erzwiget?* 53, 34. *des manes schin* hat auch *B;* sonst hiefse es *des manen*. 54, 4. *Ni würde*. *B* hat *Ny*, d. i. *Nie*. 54, 15. *B* hat *borme* statt *blûmen*. 55, 7. *geschiht* ist gegen den Sinn. Man lese *gesiht*, mit *B, C* hat wie *A*. 52, 22. 34 hat *A geslethte*. Es darf nur *geslehte* geschrieben werden, nicht *geslähte* oder *geslechte*. Im Parcival S. 61 a reimt es auf *rehte*.

55, 35. Besser *Israhelischen*, und 58, 7 *heidenischer*, 65, 27 *himelischer* und so öfter. Vergl. 56, 29 mit 59, 39. 56. 20. 22 sind wohl die Lesarten der Handschr. *B* [*dem kunige* st. *lande, got mit zorne* st. *gottes zorn*] richtiger. 57, 11. *A: Die lieh süezzin, B: Den lvten svzen, C: Die lichten sûzzen burnen kalt*. *Den* ist genauer. S. 2. B. Mos. Cap. 17. 57, 25. *B: Eynen leitere*. 57, 27. *honikmæze* ist die Adjectivform, nicht *-maze*. 58, 4. *weinik*. Die Handschr. *A* hat sehr oft *ei* für *e*, besonders vor *n*, eine Aussprache, die noch an der Donau gewöhnlich seyn soll. Auch steht sehr oft *ei* für *ie* und umgekehrt.

428 59, 10. *Joatham*. *B* hat *Joathan, C Joatam*. 59, 21. *Darna* würden wir nur im Reime dulden dürfen; Hartmann von Aue

hat mehrere Mahle *na*. Hier steht aber in *A Dar nah*, d. i. *darnach*. 60, 32 ist *erchorn* stehen geblieben, da doch sonst immer für das *ch*, wo es unrichtig stand, *k* gesetzt ist. Doch liest man noch einige Mahle *nuchent* für *nackent* und 85, 37 *lechten* statt *lekten*. Wenn unsere gelehrten Herausgeber erst wissen, dass *ch* und *k* müssen unterschieden werden, so können wir noch die Freude haben, auch *laken, backen* (Brod backen) und *blok* zu lesen. 60, 37. *sin grozù hochvart* mit *B*. 61, 5 tilge man *er*. 61, 14. *alles* [st. *allez*]. 61, 40 muss *Swes* stehen, und nicht *Wes*. Unsere Handschr. beobachtet sonst den hoffentlich bekannten Unterschied sehr genau. 62, 16. Es ist ganz unnöthig in fremden Namen das *y*, wo es die Handschriften zur Ungebühr setzen, beizubehalten; denn *i* und *y* haben bis auf die neuesten Zeiten im Deutschen immer einerlei Laut gehabt. 62, 17. 20. *Osee* und *Sophonias*, mit *B*.

62, 27. *Ein* [st. *Sin*] *sterne* mit *B*. 4 B. Mose 24, 17: Orietur stella ex Jacob. 62, 32. *gewârhaft* und nicht *gewarhaft*. So auch 65, 39. 63, 6. *brôdeklich*, oder auch mit *c*, nicht mit *ch*. Ebenso *dienesteklich* 68, 12. 64, 7. In *A* steht *antlute*, wohl auszusprechen *antlûte; antlùte* 96, 28, *antlit* Flore S. 26b; *antulc, (antùle)* in Wolframs Titurel 124 [130, 2] (die Stelle ist richtig; allenfalls kann man nach *Wart* ein Komma setzen). Neben *antlütze* ist auch *antlitze* richtig, auf *witze* gereimt im Parcival S. 29a (wo *Sî* zu lesen ist). Eine Stelle in Schwäbischen Handschriften, wo *antlùhte* vorkäme, kenne ich nicht.

64, 8. *Zemen* kommt vor im Infinitiv; ob aber auch *zemet* statt *zimet*, scheint mir sehr ungewiss. Auf das Ansehen unserer Handschr. *A* ist nicht viel zu geben, die sich wahrscheinlich durch die ungeheure Menge von Schreibfehlern, die schlechte Orthographie, und die nur selten schöne, aber sehr ungleiche Schrift den Namen einer trefflichen Handschrift bei solchen verdient hat, die gute Handschriften so trefflich zu verderben wissen, dass trotz allem Rühmen in jeder Zeile die diplomatische Treue verletzt und der Grammatik Hohn gesprochen wird. 64, 36 ist unverständlich. Die echte Lesart läſst sich vielleicht noch mit Gewissheit herstellen, wenn *C* verglichen wird. *B* hat *Der sin lere ist vol. C sin* statt *sinre*, sonst ganz wie *A*. 65, 4. *So reinù* muss allein genommen werden; mit *erkant* verbunden müste es heiſsen *so reine — erkant*.

65, 38 fordert der Sinn *wáre* st. *were,* wie auch *B* hat. *C wurde.* 65, 40. *der hohe* kann Gott schwerlich genannt werden.
429 *B dez hôstē, C* stimmt mit *A.* 66, 11. *Da,* welches auch *B* hat *(C Do),* ist erträglich; aber statt *bewarte* muss *bewárte* stehen; desgleichen Z. 29. *C bewerte.* 66, 23. *Einen man,* mit *B. C* wie *A Ein man.* 66, 24 hat *B vil nahen,* welches gewöhnlicher ist als *vil nach,* in der Bedeutung *sehr nahe (C* wie *A).* 67, 2 nicht *Sin lúte,* sondern *Sin lút,* weil *im* folgt. *B Sin vole. C* wie *A.* 67, 39. *A brvtegome; B brutegam; C brútegon;* Eneit S. 99c. 345, 38 *brvtegeme;* in einer Handschrift habe ich auch *brvtegovm* gelesen. 67, 37 muss am Ende ein Punct stehen, denn hier schliefst die Weissagung des Jesaias. Das Folgende ist aus Psalm 18 (19), 6. 68, 8. *do kam* haben *A, B* und *C.* Dennoch ist wohl zu lesen *do ez kam:* Et ecce, cum nubibus caeli quasi filius hominis veniebat.

68, 13. *iemer mere A, B, C.* Der Vers verlangt aber *ie mere.* Diese Verwechselung ist besonders in der Manessischen Sammlung überaus häufig.

68, 25 vermuthlich *Ir* [st. *In*] *halben rúwe inmitten.* In *B* ist die ganze Stelle geändert. (*C* wie *A.)* 68, 34. *Siten* (moribus) kann schwerlich einen klingenden Reim bilden. Man lese *Im wart nach den alten siten,* mit *B. C* wie *A.* 68, 36. *hieze* ist unrichtig für *hiez,* wie *B* und *C* haben, *A heize.* 69, 34. *den,* mit *B.* 69, 40 stimmen *A* und *B* in dem Sprachfehler *Swen* überein. Man lese: *Swem er miselsúhte sach jehen. C Wem er sach miselsúhte jehen.* 70, 4. *súndeklichen* (st. *sunderecl.*) *flek. A svnd'clichen;* doch kann das erste *c* auch ein *e* seyn. *B svndeclichen. C súndeclichen.* 70, 25. *menschlichez,* mit *B* und *C;* sonst ist der Vers zu kurz. 71, 13. Da *urkúnde* geschlechtlos und hier Nom. Singul. ist, so darf nicht *gewerú* stehen, sondern nur *gewære.* 72, 4. *Bettentin* ist ein blofser Schreibfehler. 72, 32. Die Lesart aus *B eines* ist ohne Sinn. *A* hat richtig: *Ein ittwiz (ittewiz* oder *itwiz) menschen-gesiht:* Opprobrium hominum, Psalm 21 (22), 7. 73, 3. *Wir soln den rehten umbe gan.* Von dieser Construction kenne ich kein anderes Beispiel. *B Wir suln den rechtē vme van.*

73, 14 muss ohne Zweifel *in* gelesen werden, obgleich *A* und *B im* haben. *C* hat *in.* Nach *liezen* Z. 18 gehört wohl nur ein Komma. 74, 36. *Menik,* nicht *Menich.* 75, 13. In *A* steht eigentlich *bedu;* es ist aber gewiss zu streichen, denn *bedû* (dadurch) passt hier nicht. 75, 37 ist *Lage er* schlechte Schreibung für *Lag-er*. 76, 10. *erlûhte*, nicht *erlûhte*. *A erlrhte*. 76, 16. *vierzichesten*, wie auch wohl in guten Handschriften steht *maneche;* zu harte Aussprache (nämlich *k*) für *g*. *A* hat eigentlich *vierzeichesten*. 76, 24. *geranenûzze* ist doppelt unrichtig; es muss *geranknüsse* heifsen. (20) *A gerauchursse*. 76, 29. *Got, der heilige* [st. *heiligen*] *Krist*, mit *B* und *C*. 77, 9. *Armeinen* Schreibfehler für *Armenien*, wie in *B* und *C* steht. 77, 25 und öfter steht *wandinlunge*, wohl schlecht statt *wandelunge*. 79, 12. In *unverdûet* steht das *o* für *w*, *unverdurwet*. *B unverdowet*. 79, 14. *starti* oder *starte*. 81, 11. *nûbornez A nûbornez*, wieder statt *now (e) barnez*. 81, 19. 20. *geiste* und *leiste*. Auch hat *A* wirklich *geiste*.

81, 25. Ob in *A Gelich* oder *Gebich* steht, ist nicht zu entscheiden; denn *bi* sind so zusammengezogen, dass man eben so gut *li* lesen kann. Aber *Gilich* steht nicht da, und auf das *i* oder *e* kommt es allein an. Denn ohne Zweifel ist *Gib-ich* zu lesen, welches die Grammatik fordert. *B* hat auch unrichtig *Gebe ich, C Gib ich*. 82, 24. *mûge* ist hier und an vielen anderen Stellen unrichtig gesetzt, wo die Handschrift *mœge* hat, für *muge* oder *müge*. Denn *mûge* ist von *mûjen*.

83, 21. Richtiger *niht startes*. 84, 5. Das Adverbium *anders* ist hier und an sehr vielen anderen Stellen ganz falsch mit *z* geschrieben.

84, 34. *als e.* So hat *B;* auch wird dasselbe in *A* durch den Punct hinter *alse.* angedeutet. 84, 37. *geschûf* [nicht *geschuf*]. 87, 30 ist *den* ohne Beziehung. *B* hat richtig *dy (die), C die*. Die Interpunction ist in der ganzen Stelle nicht genau, aber leicht zu verbessern. 90, 16. *rûf*. 90, 31. *giengen* [st. *ruf, gingen*].

91, 7. *Daz ich û niht wizzen wil* heifst, weil *û* der Dativ ist, ganz etwas anderes, als was hier gesagt werden soll. *B* hat das Richtige *uwer (ûwer)*. *C* hat *ûch*. 91, 38. *B* hat *lischet*, welches genauer ist; [*A loschet*].

92, 19. *giht* [st. *git*] 92, 40. *A bôzlint*. *Bûzen* ist wohl unrichtig, und überall *bûzen* zu schreiben. 93, 6. *Si sprachent* ist unrichtig. *B So sprechent sy*. So auch *C*. Matth. 25, 37 Tunc respondebunt ei justi, dicentes. Wieder hat *B* Z. 26 richtig *Sy sprechēt*. Z. 25 *A klagitin* (doch ist daran corrigiert). 93, 34. *mûzent* [*muzent*]. 93, 35. *verrlaht* steht öfters, aber ganz unrichtig, für *verflûcht,* wie aus dem vollständigen *verflûchet* erhellt. Es scheint aber überall nach *û* nur *ch* und nicht *h* Statt zu haben. 95, 29. *B roublichem* [st. *toblichem*]. 96, 17. *Der* müsste als Genitiv durch Attraction erklärt werden. Doch hat *B Dy — sint. C* wie *A Der al der welte ist.*

98, 23. *mûzen* [st. *mûzen*]. 101, 5. *stâte,* nicht *state.* 102, 1. *Ich jehe* ist der Conjunctiv. Man lese: *Ich gihe,* obgleich auch *B* giebt *Ich gehe. C Ich gihe.* 102, 9. *Weltliche gelust* ist nichts als ein Schreibfehler in *A* für *weltlich;* denn *gelust* ist immer männlich. 102, 37. *So* bedeutet niemahls *welche.* Nach *bewegen*
431 muss ein Punct stehen. Dann: *So dû* (jene dinge) *der tôf verendet, Vertilget und verswendet, So soltu. B* hat *So dich.* 103, 1. *Werden* ist sprachunrichtig. Man lese: *Wurden,* mit *B* und *C.* 103, 3. Richtiger ist wohl *as* [als *az*]. 105, 2. *gefugel* [st. *gevûgel*]. 109, 37. *hette* [st. *hatte*]. 110, 35. *slach in,* eine seltene Schreibung für *slahe in.* Besser ist *slahin,* wie *A* hat, d. i. *slah-in.* So auch 111, 4 *seher, seh-er,* 112, 14 *seh-in (A sæhin).* 111, 20. *hûtende.* Dies hat *B. C hûtende. A* deutet auf *hôrende: hôreinde.* 111, 34. *Môht ez.* 113, 12. *B Man sach* [st. *Sach man*]; leichter. 114, 30. statt *worte* lese man *vorte* oder *vorchte* mit *B. C In Gotte worte.* 114, 34. 115, 4 sind *sprichet* und *vergulten* nur Schreibfehler die niemanden an der Grammatik irr machen dürfen. Man lese *sprechet* und *vergolten.* 115, 22. *Grûvlich* soll *Grûlich* heifsen. Der Schreiber war in Verlegenheit, wie er das halbverschwiegene *w (grûwelich)* ausdrücken sollte. Man findet in solchen Fällen auch *iû* statt *û, griûlich, niûwe,* selbst *Hiûnen,* wo denn das *iu* auszusprechen ist *û,* und *o* die Stelle des *w* vertritt, wenn dies auch noch zum Überfluss hinzugesetzt wird. So wird *sûr, schûr, mûl* geschrieben statt *suwer, schuwer* und *muwel,* nach gebildeter Aussprache *sur, schur, mul;* ja man findet selbst *schůr, sůr. můl,* sogar *mûwel.* Doch sind damit noch nicht alle unrichtigen *û* in den Handschriften erklärt. *Mûnt, kûnt* scheint man, nach einigen Reimen im Parcival zu schliefsen, wirklich bisweilen gesagt zu haben. In *trût, lût, ûz* und *ûf* soll das *o* wohl nur die Länge andeuten. In kritischen Ausgaben sollte man uns aber damit nicht belästigen, zumahl die verschiedenen Dialekte schwerlich in verschiedenen Wörtern das *û* gebrauchen, sondern höchstens die ländliche Aussprache öfters dem langen *u* ein *o* oder *e* nachschleppt.

117, 23. *strik* passt hier nicht. Man lese *schrik* aus *B*. *C* wie *A*. 118, 26. *flizekliche* [st. *vlisecliche*]. 118, 37. *habete* [*habette*]. 118, 38. *liez* [für *lieze*]. 119, 19. nicht *müse*, sondern *muse*. *A mése*. 120, 29. *Welhe* [st. *welh*] *fründ*, wie auch *B* und *C* haben. 121, 33 verstehe ich nicht. *B* hat *wez̃*, d. i. *wes*, womit? *C* wie *B*. 125, 9. *lute*, nicht *lüte*. *A lète*. 126, 15. *leiders niht* wäre besser als *leiderz*, bei der Negation. Diese Anmerkung müsste sehr oft wiederholt werden; ich übergehe aber alle ähnliche Stellen. 132, 23. *Unde* gibt keinen Sinn; es wird *Die* zu lesen seyn. Die wunderbare und sehr verdorbene Lesart der Handschr. *B* wird ja wohl in das Verzeichniss der Lesarten aufgenommen seyn. Mir sind nur die Lesarten bis zu 90, 16 zugeschickt. 132, 31. *hett-ich*. 135, 37. *michels mere*, nicht *michelz*. 138, 1 ist sinnlos. *B Das leben der reynen cristēheit*. *C* wie *A unde die cristenh*. 142, 2. *Und swes* [nicht *swaz*] *man ir ze richeit git*. 142, 31. *Die dunken wir, alsam si dich*. Wozu der Stern? Es ist Alles richtig und deutlich: denen scheinen wir 433
so beschaffen, wie diese Armen dir. 144, 2. *Ez möhte*. 144, 15. *du*, *üns* und *ünser* steht mehrere Mahle in *A*, für *du*, *uns* und *unser*, wohl gewiss unrichtig. 144, 36. *öre* ist wohl unrichtig und steht kaum in *A*; denn das *e* ist sehr weit entfernt von *o* und scheint nicht einmahl ganz vollendet (indem der Irrthum sogleich bemerkt wurde). 147, 39. *müze*. 148, 25. *müst ich*. 149, 9 tilge man *vil*, mit *B* und *C*. 152, 40. *des*, nicht *dez*. 153, 20. *ögen-sehen*, nicht *sæhen*. So auch 154, 22. 26. 155, 8. *An einige eine meisterschaft*. Rudolfs Sprachgebrauch erfordert *eine einige*. So *B*. *C* wie *A*. 155, 19. *Ein schif kan selten rehte gan, Ez müze wisen schifman han*. Diesen Conjunctiv, bei dem *en* zu ergänzen ist (*ez en-müze*), verlangt die Sprache. 155, 29. Es heifst *der brunne*, nicht *der brunnen*. Also sind die Worte, *Der ursprunk-brunnen truckent niht*, so zu verstehen: nichts von den Quellbrunnen trocknet ein. *B Der bruñen sprinc truckē nicht*. *C Der burnen urspring truckēt niht*. 156, 5. *der zwelfboten here*, wie *A* hat, ist eben so gut, als *die*. 157, 13. 14. *Gedeht ich, — So möhtestu*, [st. *gedaht — mohtestu*]. *B Gedechtez du ez ymmer*. In *C* ist hier eine Lücke bis 158, 35. 157, 19 hat *A* wieder *Tœtez dė* statt *Tœtes du*. 159, 17. *näkent* ist gewiss unrichtig; auch ist in *A* über dem *a* in der That nur ein *e* und kein *e* zu erkennen. 161, 8. *wirit* (so steht eigentlich in *A*) ist wieder

bäurische Aussprache für *wirt*. Eben so 213, 23. 222, 5. 241, 35. 164, 31. *ditze* ist richtig, aber schwerlich *ditz*. Warum ist denn *diz* geändert? Es steht im Reim auf *gebiz*, in Flore und Blanschefl. S. 22b. 166, 19. *daz* fehlt in *B*, und ist wohl nur ein Schreibfehler. *C* wie *A daz unde*. 166, 19. *Bitstu* ist ziemlich barbarisch, für *Bitestu*. In *A* steht *Bistu*, wodurch die Verbesserung des Schreibfehlers blofs angedeutet wird. 167, 37. *die* [st. *dû*]. 169, 2. Der Conjunctiv *tæte* ist gegen den Sinn, und kann weder auf *gebete* reimen, noch überhaupt einen stumpfen Reim bilden. Man lese *mit gebet* und *tet*, *unde* streiche man aus (*unt* Schreibfehler statt des folgenden *mit*). *B Mit vasten her in reinte Kegen der toufe mit gebet Dy werc h' mit willen tet. C Gein dem touffe und mit gebette Er gûte werk mit wille dette.* 169, 28. *Do tet im*, ohne *er*, mit *B* und *C*. 171, 38. *den sünden-Ablaz*. *B der*. *C* wie *A*. 172, 21. *besloz B*, besser. *C sloz*, wie *A*. 177, 28. *Geb-er dir solher lere*. Der Genitiv ist unrichtig. Auch hat *B sulche*. Desgleichen 187, 21. 178, 7. *Erschrachte* ist ganz unrichtig, denn *ch* kann nie für *k* stehen, wohl aber *h* in manchen Conjugationsformen. *A* hat das Richtige, *irschrahte*; eben so gut ist, was in B steht, *erschracte (erschrakte)*. 178, 37. *tû-z* [st. *tuz*]. 179, 26. *Da*, mit *B*,
433 nicht *Do*. Der Unterschied beider Wörter ist bekannt. 181, 29. nicht *sœiar*, sondern *sœjær*. Das *i* und *j* sollten wir eben so genau wie *u* und *v* unterscheiden. 185, 39. *rûche*, nicht *rûch*. 186, 36 schaltet *B nv* ein. In *C* eine Lücke. 191, 37. *Hett-ez* [st. *Hattez*]. 197, 14. *A labenden tot*, *B ewegen*, *C lebenden tot*. 198, 34. *Des lugenlichen märe Min kint den gotten hat genomen*. Sicher unrichtig. *C Des lugelichen mere* und nachher *hat*. *B* hat *lugenliche*, wogegen nichts einzuwenden ist (doch wäre *lugenlichez* besser) wenn man es nur nicht für das Femininum nimmt. Dass heutzutage *die Mähre* gesagt wird, kommt wohl nur daher, weil man den Plural in Luthers *Ich bring' euch gute neue Mähr* nicht verstand. Hier ist aber vielleicht *lugenlichen* richtig und *hant* zu lesen. Den Plural des Adjectivs findet man im Barlaam öfter mit *N* ohne Artikel. 199, 32. *Darinne si iemer mere sint Bi Gotte lebenden Gottes-kint (B lebende, C lebendes)*. 212, 29 *Du klagest alze sere ein teil Dines kindes grösten heil (B groste)*. 261, 29 wieder im Accusativ *Der heiden hohesten zwei leben (B hoheste, C hôhste)*. 267, 21 *Daz si verworhten sin genant*. So

auch *B* und *C*. So öfter *stummen*. 308, 21 *Dabi fluzzen alfurwar Lichtü süzen wazzer klar* (*B Lichte suze*. Die Hohenemser Handschr. nach Criemhilden Rache Sp. 274 *Lichtü süzü*).

. 200, 25. *des gewâren* [st. *gewaren*] *Gotes*. 201. 19. *Barlaam sol der name din*, mit *B*. *C* wie *A der name sol*. 201, 24. Das *N* in dem Accusativ *vil manigin dro* kann ich nicht erklären. Denn sonst kommt in der Handschrift des Barlaam kein Accus. Femin. mit angehängtem *N* ohne Artikel vor. Bei Bonerius finde ich mehrere Beispiele davon: 45, 27 *Dur dinen frazheit tet du daz*. 86, 6 *Uf grozen hochvart stünt ir gir*. *B* hat *manige dro*. In *C* eine Lücke. 210, 24. *Menneschlichü meisterschaft, Daz von Gotte sich verstat, Selten Got gemachet hat*. *Daz* geht wohl auf das in *menneschlichü* versteckt liegende *mennesche*. Die Kunst eines Menschen, der von Gott rechte Begriffe hat, machte niemahls einen Götzen. 211, 1. *brâh' in* ist unrichtig, weil der Infinitiv nicht *brehen* sondern *brechen* heifst. Also *brâch* oder *brâche in*. *A brahtin*. 213, 23. 24. Warum sollen wir *verzeret* und *veret* schreiben, wo die Reime stumpf seyn müssen? Also *wirt verzert*, *vert*, und nach *vert* keine Interpunction. 216, 34. *Swelch kint*, nicht *Swelh*. *H* am Ende ist nur alter Schreibgebrauch, nicht deutsche Aussprache. 217. 9. *Ich was ie milte des gûtes*, oder *milde gûtes*, mit *B*. *C* wie *A*, *miltes*. 220, 80. Wenn *Die tugent* wegfällt, kann auch anders interpungiert werden. Die Worte stehen aber in *A*, *B* und *C*. 222, 23. *der sterben* (nämlich *der tusent tode*) getrennt, wie es in *A* steht, scheint richtig, zu- 431
mahl die Präposition *der-* statt *er-* sonst in der Handschrift nicht vorkommt. In *B* fehlt *der*. *C* hat *der sterben*. 235, 5. *Rûwe*, nicht *Ruwe*. *A Rôwe*. 236, 2. *Uwis*, nicht *uwiz*. Auch steht irgendwo *gewiz* statt *gewis*. 237, 31. *zir* bedeutet hier *zer*. Sonst sind die unleidlichen *i* der Handschr. *A* fast überall weggeschafft.

238, 29. 30. *trüge* und *müge* oder *truge*, *muge*, nicht *ü*. *A trege*, *mege*. 239, 4. *trubet*, nicht *u*. 240, 14. *gras*, nicht *z*. 243, 5. *Nu sich*, *wie rehte dise* – nicht *disü* – *(hi) leben*. Dann ein Punct. 249, 31. *Nach der natern siten*, zu kurz. *B Wider der naturen siten*. *C* wie *A*. 251, 13. 14. *Antiope*, *Semele*, mit *B*. *C* wie *A -en*. 254, 30. *uwers*, nicht *z*. 259, 16. *breit* mit *B* und *C*, nicht *bereit*. 260, 21. *B mir*. *C* wie *A mit*. 263, 17. *Daz man in wol gewachsen sach*. So *B*. *A wol wahsen*. Man lese *volwahsen*. *C*

wie *A*. 264, 4. *A* und *B* haben: *Die selben Gots erwelten schar.* Warum ist dies geändert in *erwelten Gottes?* Aus *C*. 264, 26. *Prûfen* und *prûfen* findet man oft, aber es ist gewiss unrichtig. Auch hier steht *prüvitez.* Man lese *prüvet ez.* 265, 7. *Habiche* ist bekanntlich *habike* oder *habeke* auszusprechen. *B Hebiche.* 265, 20. *Zebûllen.* *û* kann nicht vor verdoppelten Consonanten stehen. *B Czwibollen. C Zybelen.* 270, 20. *es.* · *Verjehen* wird mit dem Genitiv verbunden. Z. 38 steht in *A* ganz richtig *Dez (Des)* und nicht *Daz.* 272, 21. *Al,* nicht *An. B* hat *Alle. C Al.* 272, 24. In *A* ist der Vers besser: *vñ dc wir mûzen* (l. *mûzen*) *danne erstan.* Ich weiſs nicht, warum dies geändert ist. *B Vnde daz wir alle sɩln erstan.* Auch ist die Interpunction unrichtig. 273, 38. *valsch urkünde,* mit *B* und *C. A* hat *valsche vnkvnde.* 275, 36. Wohl *Des,* nicht *Der freuden-kraft.* In *B* fehlt diese Zeile mit der vorhergehenden. 278, 23 ist offenbar zu lesen *anders niht,* weil der Genitiv folgt, *Wan der gewærhaften geschiht.* 286, 14. *sælikeit,* nicht *sælicheit,* auch nicht *sælikheit.* 288, 26. Der Imperativ kann nicht *Tûn,* sondern *Tû* heiſsen. *B Tu.* 289, 35. *Dróiwe* ist nicht besser als *Dröwe* was in der Handschrift steht. Es muss aber *Dróiwe* geschrieben werden. Doch kommt auch *dron* vor, Parciv. S. 107c. oben, *uz erdrot* arm. Heinr. 1073. 290, 16 hat *B* die echte Lesart: *Nv heiz von dime kinde gan. A* hat *zû* statt *von. Hieze* (hieſsest) ist ganz unrichtig. Statt *Nu* könnte aber auch *Da* stehen. 294, 13. *erist,* Druckfehler statt *er ist.* Zufällig steht aber auch in der Handschrift *A erist.* 294, 30. Die richtige Lesart ist wohl: *Swaz in ir minne leret, Daz wirt sa durch si getan.* So die Hohenemser Handschr. S. Fabeln aus den Zeiten der Minnesänger S. 231. Eben so *B*
435 *Waz in ir myñe leret Das wirt sū durch sy getan.* 294, 33 ff. stehen nur in *A* und sind sehr verdorben. Ich mag die Conjecturalkritik nicht daran üben, weil die Stelle vielleicht sogar lückenhaft ist. Einiges ist im Texte geändert, wovon ohne Zweifel das Lesartenverzeichniss Nachricht gibt. 304, 30. *fromûtes* gibt keinen Sinn. *C* wie *A*. Man lese mit *B: Wildu fro mines heiles sin.* 305, 16. *Daz* muss wohl *Des* heiſsen; denn schwerlich wird *bitten* auch mit zweyen Accusativen verbunden. 315, 5. *Siner boten sander sa.* Der Genitiv wäre nur zu vertheidigen, wenn der König ein eigenes Botencorps gehabt hätte. *A Sinez, B Sinen,* richtig, *C* wie *A*. 323, 34. *alles* nicht *allez;* denn es

ist hier Adverbium. 326, 23. *alfür-war*, nicht *für*. *A fer*. 328, 32 tilge man *si* mit *B*. *C* wie *A er si*. 340, 21. *Enzundet* oder *Enzündet*, nicht *Ensündet*, oder wie *A* hat, *Enzêndit*. 344, 15 ist verdorben. *A Enbietet dir derz wunschen mûs*. *B Enpite ich dir dez wûschez mrz*. *C* ganz wie *A*. Vielleicht: *Enbütet der dirs wunschen müz*. 353, 9. *und* fehlt in *A* und *B*. *münster* ist unrichtig; *A mêuster* (So wieder 398, 30 *m̄êstir*). Man schreibe *münster*. 358, 27. *Dú schrift*. *A der*. Es muss aber *die* heifsen. Regel: *die* steht immer im Accusativ Singul. Fem. und im Plural Masc. und Fem., *dú* immer im Nominat. Singul. Fem. und im Neutr. des Plurals, ohne Unterschied, ob es Artikel oder Pronomen ist. Diese Regel hätte Benecke gewiss gefunden, wenn er sich nur an die ältesten und besten Handschriften hätte halten wollen. Nun steht im Bonerius S. 387 etwas ganz Unrichtiges. Von der Hagen aber hat alles, was er in den Sanct-Galler Nibelungen richtig geschrieben fand, nach einer willkührlichen Regel (Wörterb. S. 11 b.) geändert. Seit dem Ende des dreizehnten Jahrhunderts bestand freilich kein Unterschied mehr, ausgenommen dass man niemals *dú* im Mascul. des Plurals gebraucht hat. Im Loherangrin S. 30 wird schon *dú* im Accusativ Singul. auf *ú* gereimt, wenn anders die Stelle nicht verdorben ist; denn die folgende Zeile ist zu lang. In unserer wenig genauen Handschrift *A* wird schwerlich an zehen Stellen unsere Regel übertreten seyn. Wer aber diese Stellen aufsuchen will, der darf das Druckfehlerverzeichniss nicht übersehen, in welchem doch noch leicht ein oder das andere Mahl die richtige Lesart aus *A* unbemerkt geblieben seyn kann. Ältere Handschriften fehlen noch weit seltener im Gebrauche dieser Formen. Eine Stelle aus Wolframs Titurel 62 führe ich nur an, um beiläufig auf den Unterschied zwischen *liebe* und *minne* aufmerksam zu machen; *liebe* heifst innerliche Freude des Gemüthes: *Minne ist an gedanken; Daz mag-ich nu mit mir selbem bewæren* (bewahrheiten, beweisen). *Des* (darum) *betwinget si die* (nicht *dú*) *stæte liebe*. *Minne stilt mir fröide Uz dem herzen; ez entæhte einem diebe*. Die Kenner der alten fränkischen Sprache werden leicht sehen, wie genau die spätere Declination mit der früheren übereinstimmt. 358, 31 verstehe ich nicht. *B Czu den rechten schriben vñ kr̄den*. *C* wie *A*, ohne *zû* und *unde*. 360, 16 ist die Wortstellung schlecht: *Daz si behabet-en iht davor*. Besser

B Daz sy in behabete icht da vor. *C* wie *A*. 368, 22 steht *z'im* für *zem*. *A* hat *zim knege*. Warum das *e* geändert ist, weiſs ich nicht. *Zir* 371, 36 ist wieder *zer*. 369, 34 ist *ebengelich* zu verbinden, wie 392, 15. 383, 23. ist *do* unrichtig, *A* hat *dc*. Man lese *da*.

387, 24. *B Czvn brud'n dy hy nahen sint.* *C* wie *A ze-hie sint.* 395, 19. *Nieman des verdrúzet* (nicht *ú*, *A verdrvzet*), *Daz in heruz niht flúzet.* In *B* fehlt die ganze Stelle. *C* wie *A Dar in.* 400, 40. *anders niht,* weil darauf folgt *Wan des ich geschriben vant.* Doch hat *B* hier *daz*. Gewiss ist 401, 11 mit *B* und der Hohenemser Handschr. *Daz* zu lesen. 402, 9. *Hette*.

402, 38. *in wernder not B, C* und die Hohenemser Handschr. für *wernde*.

Nur soviel habe ich anmerken wollen, zum Besten des Barlaam, und um doch einmahl darauf aufmerksam zu machen, wie viel ein Herausgeber Altdeutscher Gedichte zu lernen habe; dass immer so viel von der Grammatik gesprochen werde oder dass jeder Deutsche alles bis ins Kleinste wissen solle, ist nicht meine Meinung. Übrigens ist Ihr Streben sowohl wie meines nur auf einen lesbaren Abdruck gegangen; zu einer kritischen Ausgabe fehlte es an Hülfsmitteln. Daher könnten wir selbst zu dieser Arbeit täglich Nachträge liefern. Wir müssen erwarten, ob die Recensenten dazu fleiſsig und aufmerksam genug seyn werden, oder ob sie ihre Unkunde nur hinter dem zu verstecken wissen, was sie etwa den Anmerkungen oder dem Glossar entwenden.

Königsberg, den 22sten Februar 1818.

K. L.

DÄNISCHE HELDENLIEDER.

Auswahl altdänischer Heldenlieder und Balladen, mit durchgängiger Rücksicht auf die Musik metrisch übersetzt von C. C. Sander, Professor. Versuch und Probe. Kopenhagen 1816. X. und 135 S. kl. 8.

Auswahl der vorzüglichsten altdänischen Volksmelodien, Balladen und Heldenlieder mit Begleitung des Pianoforte, herausg. von F. L. A. Kunzen. Kopenhagen 1816.

Aus der Jennischen Allgemeinen Literatur-Zeitung von 1818. December Num. 218.

So wie alle diejenigen, welche die hier gegebenen fünfzehn 369
Melodien Dänischer Volkslieder zum Theil schon kannten oder
jetzt erst kennen lernen, dem verstorbenen Kapellmeister Kunzen
für die Verbreitung und geschickte Ausstattung derselben herzlichen Dank wissen werden: so müssen sie sich eben in den Gesangweisen über den verkümmerten Genuss der Gesänge selbst
wo möglich zu trösten suchen. Wie wenig Hr. Sander von der
Schwierigkeit seines Unternehmens geahnt habe — von der ver-
führerischen Ähnlichkeit beider Sprachen, von der Verschiedenheit des altdeutschen, des heutigen Deutschen und altdänischen
Tons, von den Freyheiten, die der Nachbildung ursprünglicher
Volkslieder zugestanden oder verwehrt sind — ja wie wenig ihm
das Wesen der Volkslieder überhaupt einleuchte, ist aus jeder
Zeile der Übersetzung und schon aus der Vorrede zu ersehen.
Hier giebt der Übersetzer mit Übergehung der geringeren Vorschriften, als Hauptgesetz seiner Arbeit an: unbedingten Gehor-
sam gegen die Musik, nämlich zuerst durchgängige Gleichheit
der Reime, zweytens Beobachtung (nämlich die strengste Beob- 370
achtung) des Reims, drittens — so classificiert er die dem Hauptgesetz untergeordneten Vorschriften — 'nicht wenige Dunkelheiten
des Textes, die nothwendigerweise aufgeklärt werden mussten.'
Die Übersetzung ist allenthalben steif und hölzern, geziert und
undeutsch. Unrichtiges Verständniss der Urschrift wird man von
diesem Übersetzer nicht erwarten, noch weniger aber ihm ver-

zeihen. 'Ich sitze hier, sagt er, an der Quelle, an Mimers Brunnen, worüber Nyerup, Müller, Thorlacius, Werlauff und mehrere Andere schalten: und Keiner würde mir Rath und Hülfe versagen.' Dennoch haben wir, ohne eben nach Fehlern zu jagen, Manches unerwartete bemerkt: S. 13 ein *wunderseltsam* Spiel, fuld *ond* en Leg. S. 15 Die dürfen mit *Riesen* es wagen, de kunne vel *kjæmper* friste. S. 23 *Alle* ritten in dunkler (so) Nacht, de rede *al* den mörke Nat. S. 54 *Schier* säſsest du besser im Berggewölb, du maatte *fast* bedre i Bjerget sidde. S. 85 Die Stätte des *Herzens*, over hans *Hærde*. Undeutsches geben wir nur wenig zur Probe: er *käuft, gebährst*, zum Schweden*fürst*, den *Bär*, die *Mähr*, die *Dorne*, es schmerzt *dir; minnen* soll S. 72 küssen bedeuten, wie im Altdänischen *at minde*. S. 27 Solches erfahre die *Minne* nie, det spörg' ikke min *Fæstemö;* dann an ganzen Wendungen: *Wars* der Ritter, *det var* (auf Deutsch: Was that er? u. s. w.); *sie flogen Tage, flogen drey*, de flöi udi *dage*, de flöi udi *tre; Ritter Herr* Tönne; Frau Thora*lein;* S. 44 Als der Wald nun *zurückgelegt*. Sollten wir aber alles Unpassende, Unvolksmäſsige, Süſsliche und Kostbare aufzählen: so wäre kein Ende. Wir bemerken lieber die beiden besten Zeilen in der ganzen Übersetzung S. 63: 'Ein wollener grauer Wams und Rock Steht auch gar ritterlich,' und setzen ein ganzes Lied her, nebst unserer Übersetzung, die jedoch auch noch zu wünschen übrig lässt.

Hr. Sander.

369 Agnete*lein* stand auf dem Burgaltan:
Flugs *schwamm* der *Bewohner des Meers heran,*
Schwamm heran,
Flugs schwamm der Bewohner des Meeres heran.
Agnete *vernimm es! Dich lieb ich allein!*
Sprich, willst du mein trautes Herzliebchen seyn?
Willst du mein, willst du mein trautes u. s. w.
Wohlan! ich versprech' *es mit Herz und Mund;*
Du führst mich hinab auf des Meeres Grund!
Zu stopft' er *das Ohr,* zu stopft er *den Mund,*
So fuhr er mit ihr auf des Meeres Grund.
Sie lebten zusammen *wohl manches* Jahr:
Von sieben Söhnen sie *Mutter war.*
Agnetelein saſs bey der Wiege und sang;
Und *horch! wie die Glocke der Heimath er*klang!
Agnetelein sprach mit Bitten und Flehn:

O! darf ich hinauf, in die Kirche gehn?
Ja, *gerne! ich wünsche dir Heil und Glück!* 371
Nur komm zu den lieben Kleinen zurück!
Zu stopft' er *das Ohr*, zu stopft er *den Mund;*
So kam sie auf *heimischen Boden und Grund.*
Agnete, die trat zur Kirche hinein!
Gleich eilte die Mutter *auch* hinterdrein.
Vernimm mich, Agnete! *du thust mir so leid!*
Wo bist du gewesen so lange, lange Zeit?
Beym *Manne* dort unten im *Meeresrevier;*
Und sieben Söhne, die *hat er von mir.*
Und was bekommst du zum Ehrenpfand,
Als du ihm *reichtest* die *bräutliche Hand?*
Er gab mir ein prächtiges, goldnes Band:
So strahlt wohl keines an *fürstlicher* Hand!
Der Meermann trat in das Heiligthum;
Die heiligen Bilder, die wandten sich um.
Sein Haupthaar *glich* dem *puresten* Gold;
Sein Auge *glänzte* so *freudighold.*
Agnete *vernimm mich* und *glaube mir!*
Die Kindlein sehnen sich so nach dir.
O! lass sie sich sehnen *auch noch so sehr!*
Zurücke *verlange* ich nimmermehr.
Gedenke der Kinder, *klein und grofs,*
Vor allen des *Wurms* in der *Wiege Schoofs!*
Der Himmel verschliefst mir seinen Schoofs;
Vergessen muss ich sie, klein und grofs.

Rec.

Agnete wohl auf dem Burgaltan stund: 370
Kommt plötzlich ein Meerman herauf vom Grund.
Ho ho ho,
Kommt plötzlich ein Meermann herauf vom Grund.
Und hör', Agnete, mir Antwort gieb:
Willst du werden mein trautes Lieb?
Ho ho ho, willst du werden u. s. w.
Ja, wisse Christ! ich wills zur Stund,
Nimmst du mich mit dir an den Meeresgrund.
Er verstopft' ihr die Ohren, verstopft' ihr den Mund;
So führt' er sie an den Meeresgrund.
Sie waren zusammen wohl acht Jahr,
Und sieben Söhne sie ihm gebar.
Agnete die safs an der Wieg' und sang,

Da hörte sie Englands Glockenklang.
Agnete die bat den Meermann so schön:
372 Und darf ich hinaus zur Kirche gehn?
Wohl darfst du gehn zur Kirch' hinaus;
Nur komm zu den Kindlein wieder nach Haus.
Er verstopft' ihr die Ohren, verstopft' ihr den Mund;
So führt' er sie auf Englands Grund.
Agnete die tritt in die Kirchenthür,
Ihre Mutter ganz leise hinter ihr.
Und hör', Agnete, das sage mir:
Wo warst du acht Jahre so fern von hier?
Tief unten am Grunde des Meers ich war:
Dem Meermann ich sieben Söhne gebar.
Und sprich, was gab er dir für deine Ehr,
Als er zum Weibe dich nahm im Meer?
O er gab mir ein prächtig golden Band;
Kein besseres ist an der Königin Hand.
Und der Meermann trat in das Heiligthum;
Die Bilderchen alle die wandten sich um.
Sein Haar war wie das lauterste Gold;
Seine Augen die waren so froh und hold.
Und hör', Agnete, das sag' ich dir:
Deine Kindlein sehnen sich nach dir.
Und lass sie sich sehnen und grämen schwer;
Ich sehe sie nimmer und nimmermehr.
O vergiss nicht die grofsen, die kleinen nicht,
Das jüngste, das in der Wiege liegt.
Nicht denk' ich der grofsen, der kleinen nicht,
Nie des jüngsten, das in der Wiege liegt.

371 Von einem recht gründlichen Missverstande dieses Liedes zeigt, dass Hr. S dasselbe für ein Bruchstück hält und eine ganze Strophe hinzusetzt:

Die Mutter umfing sie mit bitterm Schmerz;
Der Kummer zerbrach Agnetes Herz.

mit der Anmerkung: 'der Übersetzer hat es sich erlaubt, diese letzte Strophe hinzuzufügen, um es den Freunden der altnordischen Volkspoesie zu erleichtern, dieſs schöne Bruchstück als ein Ganzes zu lesen und zu singen.' Hätte er doch hier einen von denen befragt, die 'über Mimers Brunnen schalten,' seinen Freund — Ölenschläger! C. K.

Alliteration.

Ersch und Grubers allgemeine Encyclopaedie. Leipzig 1819. Theil III. S. 166 f.

Alliteration, auch Buchstabenreim, nennt man die in 166
der nordischen Dichtkunst gebräuchliche Art von Assonanz, die durch gleiche Anfangsbuchstaben der Wörter hervor gebracht wird. Alle Selblauter reimen auf einander ohne Unterschied; hingegen manche besonders hörbare Verbindungen von Mitlautern, wie st, sp, erfodern genaue Wiederholung, so dass z. B. ein einfaches s nicht als Reim darauf gelten würde. Es ist natürlich, dass die Buchstabenreime, wo möglich, auf die bedeutenderen Wörter fallen müssen; sie können selbst in der Mitte der Wörter seyn, nach weniger betonten Vorsylben. Auf den Versbau hat die Alliteration den bedeutendsten Einfluss. Ein strenges Sylbenzählen kennt zwar die nordische Poesie nicht, aber jede Halbzeile erfodert zwei Hebungen, welche eben durch die Reimbuchstaben (Isländisch stafir, Stäbe) bezeichnet werden. Auf dem ersten (dem Hauptstabe) ruht die erste Hebung*; darauf reimen gewöhnlich zwei andere (die Stützen), einer, der auch fehlen kann, in der zweiten Hebung des ersten Halbverses, der andere, nothwendige, auf einer der beiden Hebungen des zweiten. Nur die Hebungen, aber nicht die Sylben vor oder zwischen ihnen werden genau gezählt; oft können die letztern sogar fehlen. Da nun die Alliteration das Zeichen der Hebung ist, so ist nothwendig ein Vers mit vier Reimbuchstaben fehlerhaft:

| Schallend mit | Schilden
| Schreitet dio Nordlands - | Schar,

weil dadurch fünf Hebungen entstehen. Aber auch in dieser Gestalt,

| Schreitet die | Schar,

* So John Olafsen om Nordens gamle Digtekonst 1786 S. 26. Dagegen s. Rask Anvisning S. 250.

würde die zweite Halbzeile, obgleich ohne Verletzung des Vers-
661 maſses, zu viel Gewicht haben, da sie doch nur eine nachklingende Wiederholung der stärkeren ersten seyn soll. Höchstens ist also die Wiederholung eines weniger hörbaren Reimbuchstaben auſser der Hebung erträglich. Eben so fehlerhaft ist aber folgender Vers:

Du wirst | beide
Sie | bringen zu Tode,

weil die erste Hälfte nur Eine Hebung hat, denn die ersten Sylben können nach dem obigen nur als Auftakt gelten. Was die Angelsächsischen oder Isländischen Dichter etwa als besondere Regeln oder Ausnahmen gelten lieſsen, kann hier übergangen werden. Die wallisische Alliteration ist wesentlich von jenen verschieden: ein Reimbuchstabe wiederholt sich ganze oder halbe Strophen hindurch, und die einzelnen Verse haben wieder eine andere innere Alliteration für sich, dahingegen sonst überschlagende Buchstabenreime bei den übrigen Völkern nicht vorkommen. In England haben noch Chaucer und Spenser alliterirende Verse gemacht; auf Island fing man erst im xviii. Jahrh. an in einigen Versarten die Alliteration wegzulassen. Man findet selbst lateinische alliterirende Gedichte von angelsächsischen Verfassern (s. Grimms altt. Wälder 1. S. 126 ff.). In Teutschland sind die ältesten Gedichte, zumal die Volkslieder, leider verloren gegangen; dennoch haben sich drei Gedichte in alliterirenden Versen erhalten, ein Bruchstück von Hildebrand und Hadubrand, das sogenannte Wessobrunner Gebet, beide, wie man glaubt, aus dem achten, und die altsächsische Evangelienharmonie aus dem neunten Jahrh. Unzählige Beispiele der Alliteration haben alle germanische Völker in ihren Sprichwörtern und sprichwörtlichen Redensarten, wie *Stock und Stein*, *Wind und Wetter*, *Kind und Kegel*. Es ist wol wahrscheinlich, dass die Alliteration ursprünglich Germanisch sey, während es zweifelhaft bleiben mag, ob der Reim nicht vielleicht aus dem Orient gekommen ist. Dennoch war es nicht eben thöricht, im Homer die Alliteration zu suchen, wol aber, sie darin zu finden; bei den uralten römischen Dichtern würde man vielleicht nicht vergebens suchen. Ganz richtig hat man auch in der Nibelungennoth manche Alliterationen nachgewiesen, die in diesem Gedichte gewiss weit ursprünglicher sind als die End-, geschweige die Mittelreime.

Dennoch lässt sich nicht mit Gewissheit behaupten, dass in Teutschland erst nach der Alliterationspoesie die gereimte aufgekommen sey, weil doch der Gesang auf Ludwig (aus dem ix. Jahrh.) schon ganz volksmäfsig ist und Ottfried in seiner Vorrede nur Endreime als das nothwendige Erfoderniss teutscher Verse angibt. Merkwürdig ist, dass offenbar das Wessobrunner Gebet eben so wol als die gereimten Gedichte des ix. Jahrh. (Ottfried und das Lied auf Ludwig) der fränkischen Mundart angehört. Übrigens streitet der Reim nicht mit der Alliteration. In dem Wessobrunner Gebete kommt der noch jetzt im Sprichwort übliche Reim vor, von Ende zu Wende; im Isländischen werden nach bestimmten Regeln die Reime mit der Alliteration verbunden. In der That aber sind Reime und Alliteration innerlich ganz verschieden. Der orientalische Reim und die spanische Assonanz geben dem ganzen Gedicht eine bestimmte Farbe, unser Reim und die Alliteration niemals. Aber der Reim dient dem Inhalt und schmeichelt ihn dem Zuhörer ein, die Alliteration 167
herrscht und hebt das Einzelne mit wunderbarer Kraft hervor.

DER KRIEG AUF WARTBURG

nach Geschichten und Gedichten des Mittelalters, herausgegeben von August Zeune. Nebst einem Kupfer [das ursprünglich zum zweyten Hefte des Museums f. Altdeutsche Lit. und K. gehört] Berlin 1818. XVI und 80 S. gr. 8.

Aus der Jenaischen Allgemeinen Literatur-Zeitung. May 1820 Num. 96. 97.

297 Hr. Zeune hat ein schweres Werk unternommen, eine Ausgabe des merkwürdigen und berühmten Gedichts vom Wartburger Kriege. Er scheint also nun endlich in den Kreis der fleifsigen Untersucher eintreten zu wollen; denn ohne tüchtige Forschung nach allen Seiten hin wird in dem dunkeln verworrenen und lückenhaften Gedichte nichts geschafft. Allein gleich der Anfang der Vorrede, wo der Krieg von Wartburg auf eine ganz verkehrte Art mit den Nibelungen zusammengestellt wird, lässt wieder nichts anderes, als die ungründlichen Bemühungen eines Liebhabers erwarten. 'Der Wartburgkrieg, so hebt Hr. Z S. v an, ist *nächst dem Nibelungenliede* eins der merkwürdigsten Gedichte des Mittelalters.' Der Grund folgt: 'Beide Gedichte enthalten *nur Deutsche Begebenheiten,* nicht wie der Titurel und Parcival Wälsche Geschichten, obgleich der Krieg auf Wartburg *in den Sagenkreis des Grals und der Tafelrunde hinüberstreift.*' Nicht gründlicher als hier in den ersten Worten zeigt sich Hr. Z in der ganzen Behandlung des Werkes: nirgend tüchtige Arbeit, sondern nur ein wenig Witz, der überall gar leicht ins Reine kommt, weil ihm Kenntniss und Urtheil nichts übergeben, was schwer zusammen zu reimen ist. Uns sind auch bloſse Liebhaber sehr willkommen, wenn sie bescheiden einzelnes bemerken, wenn sie Hülfsmittel aus Handschriften, oder aus entlegneren Fächern der Gelehrsamkeit zutragen. So wäre Hn. Zs Bemühung dankenswerth, wenn er sich etwa den Text der nicht ganz abgedruckten Jenaischen Strophen nebst den beiden Gesangweisen

verschafft, und sie durch den Druck bekannt gemacht hätte; Erläuterung dunkeler Anspielungen wäre gleichfalls erwünscht gekommen; Vermuthungen über Anordnung und Zusammenhang konnten, mit wenig Worten vorgetragen, als vorläufiger Versuch auf Nachsicht und Aufmerksamkeit rechnen: alles diefs hätte Stoff zu einem Aufsatze gegeben, nicht zu einer Ausgabe. Statt aber etwa so, oder auf ähnliche Art zu arbeiten, hat sich Hr. Z den Anfang der Jenaischen Handschrift abmahlen lassen (S. xv), aber nichts daraus mitgetheilt: er liefert den reinen Text, wie er ihn zu verändern, und die Strofen zu ordnen für gut fand, ganz ohne Anmerkungen.

Hauptsache war ihm offenbar die Anordnung des Ganzen. Einen früheren Versuch von der Hagens in der Jen. A. L. Z. 1809. Nr. 173 behauptet Hr. Z erst, als er die Vorrede schrieb, erhalten zu haben (S. viii. ix): er ging also frisch ans Werk und an den Druck, ehe die in bekannten Büchern (Liter. Grundriss S. 523) längst nachgewiesenen und leicht zu erlangenden Hülfsmittel beysammen waren. Jener Versuch, über den Hr. Z gar nicht urtheilt, war in jener Zeit sehr lobenswerth, und verdient noch Aufmerksamkeit: er enthält sich der Willkühr mehr, als die Zeunischen Vermuthungen (Hr. Z würde vielleicht sagen: er ist weniger scharfsinnig), und wäre im Jahr 1818, als schon mehr Elemente für Untersuchungen der Art gefunden waren, und vorschnelles Rathen, wie es Hr. Z betreibt, schon für Akrisie galt, sicher ganz anders ausgeführt worden. Vor allem meint unser Herausgeber entdeckt zu haben, dass die zweyerley Gesangweisen zwey abgesonderte Ganze bilden, 'so dass, sagt er (S. vi), hier dieselbe Erscheinung wiederkehrt, welche Docen beym Titurel fand.' Welche Erscheinung war doch das? Docen fand zwey Bruchstücke eines älteren Titurel, die mit Einschaltung zweyer inneren Reime in jeder Strofe in der jüngeren aufgenommen sind: Hr. Z will zwey verschiedene dramatisirte Erzählungen in ganz verschiedenem Versmafs erkannt haben, die in Erwähnung einiger Personen zusammentreffen. Man sieht, er weifs alles gleich zusammenzustellen, was auch nicht den Schein einer Ähnlichkeit hat. Dass die zweite Strofenreihe, im Thüringer Herrenton, nicht mitten zwischen die Strofen in der zehnzeiligen Gesangweise (vermuthlich Klinsors schwarzem Ton) gehöre, wo sie in der Manessischen Sammlung steht, war schon lange bemerkt; Hagen hatte

schon vermuthet, es sey die Fortsetzung des ersten Theils. Was Hr. Z will Neues entdeckt haben, ist nur, dass der erste und zweite Theil ganz verschiedene Gedichte sind, von denen er das erste, im Thür. Herrenton, einem Dichter der Österreichischen Partey zuschreibt, vielleicht Heinrich von Ofterdingen oder Klinsor, das zweyte, im schwarzen Ton, der Thüringischen, und bestimmter Wolfram von Eschenbach (S. XIII). Beweise sind dafür eben
299 nicht beygebracht: es war ein Licht, das ihm aufging, die Vermuthung drang sich ihm auf (S. VI. XI); doch führt er an (S. XIII), dass vor dem ganzen Gedicht in der Maness. Samml. 'Klingesor von Ungerlant' steht, in der Jenaischen, vor den Strofen der ersten Art, der Name des 'von Ofterdingen', und vor der zehnzeiligen 'Her Wolveram'; aufserdem sey 'die letzte Bearbeitung offenbar ungünstiger für Klingsor, indem ihm Umgang mit dem Teufel vorgeworfen wird.' Aber ist wohl minder schimpflich, was er in der sog. ersten Bearbeitung selbst von sich sagt (Maness. 78), er sei bisher ein Heide gewesen? drey Jahre lang, nach der s. g. zweyten (M. 40), um heidnische Wissenschaft zu lernen. Ferner ist übersehen, dass die Maness. S. das Ganze Wolfram von Eschenbach zuschreibt, in den Überschriften Nr. 25. 52. 55. 59. 61; denn dass die Überschriften von Bodmer hinzugesetzt seyen, glaubt Hr. Z (S. VI) ohne Grund. Unleugbar ist, der Vf. der Strofen im schwarzen Ton giebt sich selbst für Wolfram von Eschenbach aus, M. 28: aber auch die anderen spricht wenigstens die Man. Hds., auf deren Zeugniss eben sich Hr. Z beruft, selbst in den Texteswortten dem Klinsor ab, 25: *Wir meister wolten sînen tôt,* denn Klinsor war noch nicht da. Also ist 'Klingesor von Ungerlant' der Titel des Gedichts, und nicht des Vfs. Name. Die Jenaische Hds., welche in jener Stelle *Vier meister* liest (und dennoch Str. 69 *fünf*), hat vor dem Anfange nicht blofs Afterdingens Namen, sondern, was Hr. Z verschweigt, daneben gerade noch 'Eschilbach' (Wiedeburg S. 55). Endlich aber ist alles Rathen auf Klinsorn, als Vf. des Gedichts, thöricht. Wir wollen zwar das Factum eines Singerkrieges auf dem Wartberge keineswegs leugnen, und die Verbreitung von mancherley Sagen gern zugeben, welche die Überkunft der heil. Elisabet aus Ungarn mit sich geführt hat. Aber sollen wir an Klinsor glauben, so wie er uns vorgeführt wird, mit dem Namen und der Zauberkunst des Herrn seines Vorfahren (Lohengr. S. 58)

aus dem Parcival [1] und Titurel, mit seiner Weissagung von der h. Elisabet, endlich mit seinem Meistergesange, den 1289 Dietrich von Thüringen nicht erwähnt, wohl aber, und schwerlich später, Hermann der Damen 709: so mufs der Beweis gründlicher geführt werden, als durch das vorliegende Gedicht, das offenbar im xiii. Jahrh. nach schnell verbreiteten Sagen, und aus eigener Erfindung verfasst ist, zur Verherrlichung der ersten Meister, und zumal ihrer Gelehrsamkeit im Gegensatz gegen die der Geistlichen, zum Andenken an den gröfsten unter allen, Wolframen von Eschenbach, und überhaupt an die ältesten Singerverbindungen; — mit einem Wort ein meistersingerisches Volkslied. Denn wie es vielfältig unter den Meistern umhergesungen, vermehrt und verändert sey, ist noch aus den verworrenen und fragmentarischen Texten der beiden ältesten Handschriften zu sehen: sehr begreiflich, dass bald der fabelhafte Klinsor für historisch, und selbst für einen der alten Meister galt, und im xv. Jahrh. etliche Singer die alten Lieder vom Wartburger Kriege noch kannten.

Suchen wir etwas bestimmteres über den Dichter und die älteste Form der Lieder zu erfahren. So bleibt unsere Beurtheilung des Zeunischen Wagestücks nicht ganz ohne Frucht, und zugleich wird sein blindes Rathen, dieser sogenannte Scharfsinn, der ohne Fleifs und Streben nach Wahrheit mit trüglichem Schein prunket, zu Schanden gemacht. Wir werden freylich zu minder glänzenden und vollständigen Resultaten gelangen als er, beynah nur zu wohlbegründeten Zweifeln: aber wir werden doch wirklich einen Theil der Untersuchung ausführen, die zu vollenden einer mit mehr Hülfsmitteln versehenen Zeit gebührt.

---

[1] Der Parcival ist sogar von bedeutendem Einfluss auf die Volkspoesie gewesen. — Der Name *Klinsor* oder *Klinschor* hat übrigens nicht, wie Hr. Z (S. xv) sagt, ein kurzes O, lautet auch nicht *Klingser*, sondern die zweite Sylbe ist ebenfalls betont, das O weder gedehnt noch geschärft, so dass man jetzt gleich richtig *-ohr* und *-or* ausspricht. Am wenigsten ist auf die Ableitung von *klenysdre* zu geben, welches Wort Lohengr. 26 vorkommt, und auch im Wk. selbst, M. 64, wo *klingesdre* steht. Aus der ersten Stelle, die Hr. Z allein anführt, erhellt nach ihm dass es '*Glöckner*' bedeute. Wie? Glöckner die *massenie* der Tafelrunde, die Artus nach seinem Leben mit sich in den Zauberberg genommen hat? Wir wollen bekennen, uns sey das Wort unverständlich. Rathen liefse sich ganz wahrscheinlich auf eine von *ecclesia* abgeleitete Form, die in der ersten Stelle *tempeleise*, in der zweyten Geistliche bedeutete.

Docen hat bekanntlich sonst den Wk. Wolfram von Eschenbach zugesprochen, aber behauptet, das Gedicht sey erst nach Ottos des Vierten Tode verfasst, wie denn allerdings aus Wolframs Wilhelm (S. 187 a) erhellt, dass er wenigstens den Landgrafen Hermann überlebt hat [2]. Otto aber starb 1218, drey Jahr nach Herrmann: folglich hätte der Dichter eine spätere Zeit in die Erzählung getragen. Wir entscheiden nicht, ob man das Eschenbach zutrauen dürfe; aber gewiss ist, dass im Wk. zwar Nachahmung des Wolframischen Stils überall, nirgend sein Geist offenbar wird. Wir werden bald handgreiflich beweisen, dass er nicht den mindesten Theil an dem Gedicht haben könne; jetzt machen wir nur auf den König von Frankreich aufmerksam, den Walther von der Vogelweide rühmt. Wie er dazu komme, ist schwer zu begreifen: hat etwa der Dichter den Französischen König mit König Filipp dem Schwaben verwechselt, an den mehrere Lieder Walthers gerichtet sind? Bewandert zeigt sich der
301 Vf. des Werks überhaupt, wie in allerlei Sagen und Gelehrsamkeit, so in den Werken der Dichter, die er auftreten lässt. Man vergleiche z. B. M. 7, Z. 12 mit Wolframs Wilh. 171 a, M. 82 ff. mit Wilh. 64 b, Walthers Worte M. 21, 10 mit Maness. 1, 126 b.

Aber Docen giebt auch einmal neben jener wohl längst aufgegebenen Vermuthung eine andere (Altd. Museum 1, 480), der gröſsere Theil der Jenaischen Strofen gehöre einem anderen Thüringischen oder Hennebergischen Poeten. Diese gelegentliche Bemerkung Docens hat unser Herausg., weil sie wenig in seinen Kram taugte, anzuführen verschmäht; — denn dass er Docens Aufsatz kenne, zeigt sich S. xii. —; sie ist aber mehr werth, als all sein scharfsinniges Rathen. Von besonderer Wichtigkeit waren dabey, vom Inhalt abgesehn, die abgekürzten Infinitiven *sî, mane, spür, wîse* etc., auf die schon v. d. Hagen aufmerksam machte, und die sich in beiden Hdss., aber keinesweges in allen Theilen des Werkes finden. Hr. Z giebt als seinen Grundsatz

---

[2] Büsching beweist dieſs, nach seiner flachen Art, mit Übergehung der Hauptstelle, aus dem Titurel und einem anderen ebenfalls unächten Werke (Altdeut. Mus. 1. S. 27). Dass Ottos Kaiserkrönung im Titurel erst nach Wolframs Vorgang im Wilh. (S. 176 b) erwähnt sey, ist diesem Geschichtschreiber Wolframs, wie noch viel anderes solcher Art, auch verborgen geblieben. Überall findet der ganze Aufsatz an leichtfertiger Seichtigkeit nur bey Hn. Zeune seinesgleichen.

an (S. vii). 'diejenigen Stanzen, die in beiden Handschriften vorkommen, als ächt zu betrachten, dagegen solche, die nur Einer Handschrift angehören, wofern sie nicht in den Zusammenhang passen, als zweifelhaft anzusehen', das heifst, — damit man den unbestimmten Ausdruck richtig verstehe — sie wegzulassen. Wirklich hat Hr. Z vierzehn Strofen übergangen — er selbst sagt (S. vii) ungenau und unwahr 'dreyzehn, welche durchaus keinen schicklichen Platz finden konnten, und welche (nur zwey davon und 'vielleicht' mehrere andere, Miscell. 1, 137) schon Docen für anderen Gedichten angehörig erklärt' — nämlich M. 13. 64—66. 89—91. J. 63—65. 95. 99. 115. 116: wie der unkritische Grundsatz gerechtfertigt werde, darüber belehrt uns Hr. Z nicht. Auch wird man nicht leicht einen Grund finden, warum aus dem Lohengrin Str. 26 aufgenommen sey, nicht aber die vierte.

Betrachtet man zuerst die Strofen im Thüringer Herrenton: so finden sich sogleich viele Reime gegen Wolframs Gebrauch. Wer noch genauere Reimregister über Eschenbachs ächte Werke besitzt, als Rec., wird vielleicht mehrere ausfindig machen. Erstlich ist überall sorgfältig und streng gereimt, nirgend gedehnte Laute auf ungedehnte, selbst nur *pflegen: wegen* und *legen: megen,* nicht umgekehrt: ein Zwang, den Wolfram sich niemals auferlegt hat. Dann kommen ungebührliche Kürzungen vor, M. 1 *an tugende-leben* f. *lebene,* (Wien. 6. *Bi minem sagen*), und oft *Österrich* für *-riche,* einmal *Österrich* M. 21. Für *pfliht* M. 18 sagt Wolfr. nur *pflihte;* auch reimt er nie *scharf (scharpf)* auf *-arf,* wie M. 4. Weiter ist *gât* M. 17, *gân* M. 20, *stân* M. 15. 16. 23 und *bekleit* für *bekleidet* M. 9 wider seinen Gebrauch; und nirgend findet sich bey ihm das Adjectivum *mort* M. 16. So häufig ist in den ersten 25 (24) Strofen gegen Wolframs Reimgesetze gefehlt.

Die übrigen Strofen in demselben Ton können wir aber eben so wenig dem Dichter der ersten, als Wolfram zuschreiben. Denn 302
aufser den Nicht-Eschenbachischen Formen *mit fröuden-leben* M. 73, *gât* M. 68, *gân* M. 67, *verlân* im Partic. M. 73, ferner *niet* f. *niht* M. 78, und sogar *gert* f. *gerte* M. 80, erscheint hier überall die fehlerhafte Weglassung des n am Ende der Wörter: in den Maness. Strophen 67—84 *bewar, trage, wer, ervar, beeil, spil,* und der Dativ *nase* 76: in den Jenaischen 25. 26 *krage* f. *kragen* (freylich leicht zu verbessern) und der nicht genaue Reim *hân: an.*

Nun fragt sich, ob wir die Strofen im schwarzen Ton Wolfram, oder wenigstens dem Dichter der ersten 24 in der andern Weise zuschreiben dürfen. Wolfram sicher nicht, aber wohl einen Theil derselben mit ziemlicher Gewissheit jenem anderen Dichter. Möglicherweise, und wenn wir bloſs nach den Reimen urtheilen, sind von diesem alle Maness. Strophen im schwarzen Ton — denn das Präsens *ich gedingen* oder der Infinitiv *misselinge* M. 55 ist aus Lohengr. 18 zu verbessern, und 86 könnte man lesen *daz ich kan wârheit* (oder *deich kan die wârheit*) *singen* — und von den Jenaischen 27–29 (aber 28 wäre *meine* im Inf. wegzuschaffen), 78–94. 100–102 (wenn 100, 10 nach Lohengr. 24 verbessert wird), 104–106. 108. 109. 117. 118. Aber gegen Eschenbachs Reimart ist in diesen Strophen der M. Hds. wieder *scharf, pfliht, gân, beite* im Präter. 55, *mahte* f. *machte* M. 56 (J. 89), *tôre* M. 27 und *mê* M. 38 (J. 80) 64, wofür er überall *tôr* und *mêr* sagt, in den Jenaischen *himelrîch* und *zer linken* 88, wiederum nirgend unreine oder nicht ganz genaue Reime.

Erforschen wir endlich noch die übrigen Strofen der Jen. Hds.: so finden sich erstens zwey Arten falscher Reime: *Gihet: sihet; jehen: spehen; spehe: sehe; geschen: brehen* gelten J. 47. 48. 60. 107 für klingende (freylich eben so in der ächten Str. 93 *versehe* statt *versehen: spehe;* und J. 34 reimt *dar: wâr,* 112 *wâr: var,* 116 *durchvarn: gebârn,* schlechte Form für *gebâren.* Zweytens kommen die verkürzten Infinitiven beynahe Strofe für Strofe vor, *alle* im Dativ (gereimt auf *swie er doch missevalle;* Hr. Z *swie hie doch müsse vallen!*), endlich noch manches andere, was man Wolfram auf keinen Fall und auch dem Dichter der ächten Strofen meistens nicht zutrauen darf: wiederum *mê, pfliht, stân; mahte,* dann *ich sagen, toufe* schwach declinirt 31 (auch Colmar. Hds., desgl. 32), *hân* für *hânt* 50, *anderweit* f. *anderweide* 54, *ruft* st. *ruoft* 57 (viell. *guft*), *Menze, Ingelnhein, seit* und *geseit, der galf, zelles* f. *zelst, lam* f. *lamp, gedône* f. *gedœne, erschrecket* f. *erschricket* 97, und wohl noch mehreres. Was innerhalb der Zeilen auffällt, übergehn wir absichtlich, wie z. B. 69. 75 *bîl,* ein Wort, dessen Wolfram sich niemals bedient hat.

Durch diese Untersuchungen ist nun wohl Hrn. Zs Wunderbau gestürzt, in dem die schlechten mit den besseren Steinen durch losen Mörtel zusammengefügt sind. Trotz der augenscheinlichen Lückenhaftigkeit unserer Texte ordnet er alles nach dem erdichteten Grundsatz, den er seinen Ariadnischen Faden nennt (S. vii), es müsse immer 'einer um den andern ein Räthsel aufgeben, so dass der, welcher das Räthsel errathen, den andern nun ein Räthsel vorlege'. Dieses Gesetz erkennt ganz bestimmt der Lohengrin nicht an, wo immer Klingesor rathen lässt und sein Teufel, erst ganz zuletzt Wolfram; und diefs ist auch sicher am schicklichsten, da doch alles auf Wolframs Verherrlichung hinausläuft. Damit die ganze Willkührlichkeit und das Ungenügende der Zeunischen Anordnung den Kundigen sogleich deutlich werde, wollen wir die von ihm eingeführte Strofenfolge ganz genau angeben: Erste Bearbeitung. Fürstenlob J. 1—24. Der Teufel zu Klinsor, in Ungarn J. 25. 26. Räthsel M. 67—84. Zweyte Bearbeitung: Fürstenlob J. 27—29. Teufel zu Klinsor J. 30—34, KlinsorJ. 35—43. Erstes Räthsel Klinsors, J. 44—62. Zweytes, Wolframs J. 66—77. Drittes, Klinsors, M. 26—32 (29 nach 30). Viertes, Wolframs M. 33—40. 43. Fünftes, Klinsors M. 44—50. Zwischenspiel M. 51—55. Sechstes Räthsel, Klinsors, J, 89—93. 100. 101. Loh. 26. J. 102. 94. M. 61. Siebentes, Wolframs, J. 87. 88. Achtes, Klinsors, J. 96—98. Neuntes, des Schreibers — diefs kommt Hrn. Z (S. viii) 'etwas zweifelhaft vor, da auf einmal der Schreiber spricht und es vorlegt' — J. 103—109. M. 87. 88. Z. 110—114, (von J. 109 bis M. 88 soll Klinsor antworten: das folgende giebt Hr. Z wieder dem Schreiber). Zehntes Räthsel, Klinsors (Bruchstück) J. 117. 118. Alles Einzelne zu beleuchten, wäre nutzlos; einiges wird beyläufig vorkommen. Selbst Unkundigen wird die strenge Regelmäfsigkeit in einem lückenhaften Gedichte auffallen.

Wird gefragt, was wir besseres gewonnen haben: vor allem, gerade im Gegensatz mit Hrn. Zs Hauptentdeckung, beynahe Gewissheit, dass die ächten Strofen des ersten Verfassers nur Ein Gedicht in zweyerley Versart bilden. Am Ende des ersten Theiles M. 25 wird Klinsors Ankunft und damit der zweite Abschnitt verheifsen. Hagens Vermuthung, die Strofen im schw. Ton seyen ursprünglich für den Lohengrin gedichtet, widerlegt sich jetzt, da dieses Werk gedruckt ist, dadurch, dass im Lohengrin einige Blätter nach der Einleitung die Sprache fehlerhafter und regelwidriger wird. In anderem Sinne werden wir Hagens Meinung weiter unten bestätigen.

Da die ächten Strofen des ersten Theiles keine Schwierig-

keit machen: so untersuchen wir jetzo, wie die des zweiten zu ordnen seyn mögen, und welche etwa, bey unverdächtigen Reimen, noch für unächt zu halten sind. Von solcher Art sind denn zuerst die Jen. Strofen 27—29, die Hr Z unter der Aufschrift 'Fürstenlob' veranstellt. Weit passender liefs v. d. Hagen Str. 103—114 darauf folgen, die aber zum Theil unächt sind. Die
304 fraglichen Strofen macht indessen auch der Infinitiv *meine*, der zu verbessern wäre, verdächtig. Dafs M. 26—32 den Anfang machen, dafür stimmt die Maness. Hds. und der Lohengrin. In jedem der beiden Texte ist eine Strofe übergangen, in dem Maness. wohl zufällig, im Lohengr. offenbar mit Absicht. In der Strofe Loh. 4, die Hr. Z nicht aufnimmt, ist die Stelle zu bemerken: *Man saget von dem von Eschenbach, Und gît im prîs, daz leien munt nie baz gesprach.* Diefs Lob hatte ihm vielleicht zuerst der Dichter des Wigalois ertheilt 6343, und es blieb sprichwörtlich; s. Turlins Willi. 3a. Z. 22 und v. d. Hagens Briefe in die Heimath 1, 57, wo es aber mit dem 'Freyherrn' v. Eschenbach wohl nicht richtig ist. Die 32ste Strophe steht im Lohengrin 6. 7 richtiger vor der 31sten. Aber unbedachtsam setzt Hr. Z M. 30 vor 29: ihn widerlegt der Ausdruck *Jâ meister, lôse unz baz den haft.* Die folgenden Strofen M. 33—39, welche im Lohengrin fehlen, behält Hr. Z hier bey, wofür auch die Jen. Hds. 78—81 spricht: aber er lässt gegen die Man. Hds. Wolframen das Räthsel aufgeben und Klinsorn es lösen. Allerdings passt Walthers Klage (M. 39) dann besser: doch ist in der letzten Strofe die Form *Ofterdink* statt *Ofterdingen* nicht zu übersehn; es fragt sich, ob sie der Dichter des ächten Wks. sich könne erlaubt haben. Auch fehlt in der ersten Zeile des Abgesanges die Cäsur, nicht blofs in dieser Strophe, sondern auch in der 38sten, — aber aufser diesem Räthsel nur noch M. 85 und 87, J. 41. 44 (53 l. *vogel und visch*) 55. 58 (wenn der Dichter nicht etwa *mensch* für *mensche* gesagt hat, wie Maness. 2, 233a sogar im Reim auf *Tensch*), 61 (man lese denn, *wê dir, wê*), 67. 87. 107, welche Strophen wir sämmtlich schon oben verworfen haben. Die nächste, M. 40, gehört offenbar nicht Walther, dem sie Hr. Z giebt, sondern Klinsor; bey den Maness. fehlt die Überschrift. M. 41. 42 folgt ein drittes Räthsel, das Wolfram zugeschrieben wird; die Auflösung ist nicht da. Es gehört, falls es ächt ist, wenigstens gewiss nicht ans Ende, wohin es Hr. Z setzt nach der Jen. Hds. (117. 118), die

aber zuletzt lauter einzelne theils fremdartige Strophen nachträgt. Hier, muss man gestehn, unterbricht es den Zusammenhang zwischen M. 40 und 43: es ist aber nie zu vergessen, wir haben nur Bruchstücke und ein Gemisch von Ächtem und Unächtem vor uns. Das vierte Räthsel kündigt Klinsor M. 43. 44 an; es folgt mit Wolframs Lösung M. 45—50, J. 82—86, C. 8—13. Die Strophe J. 84, M. 47 steht im Lohengr. zwar passend an der Stelle des zweyten und dritten Gleichnisses; in jenen Hds. aber auch an einer bequemen Stelle. Ob die zwey nächsten Jen. Strophen 87—88 ächt seyen, ist schwer zu entscheiden; die Form *zer linken* erregt einigen Zweifel. Sie willkührlich mit Hrn. Z anderweit unterzubringen (nach J. 94. M. 61, vor J. 96), scheint uns verwegen.

Nun kommt nach der Ordnung der Man. S. und des Lohengr. 305
die nächtliche Zwischenscene, M. 51—55, L. 14—18, in etwas verschiedener Strofenfolge. Hr. Z gebe den Grund an, warum er, ohne ein Wort zu sagen, die Manessische vorziehe: uns dünkt es unredlich, in solchem Fall die Anmerkung sparen. In dem folgenden Abschnitte steht bey allen dieselbe Strofe voran, M. 56, J. 89, L. 19: das übrige ist etwas verworren. Falls nichts Bedeutendes fehlt, scheint es, dass Eschenbach, indem er Klinsors Räthsel löst, ihm zugleich ein anderes aufgebe. Diefs ist wohl wahrscheinlicher, als wenn Hr. Z Klinsorn auf Einmal zweyerley aufgeben lässt (J. 90—93. 100. 101, Loh. 26), worauf dann Eschenbach gar wunderlich antwortet (J. 102): wie käme auch der Vf. des Lohengr. dazu, Klinsorn hernach selbst gestehn zu lassen, er wisse das Nähere nicht, das er doch Wolfram als Aufgabe vorgelegt hätte? Vielmehr scheint sich eben damit der Streit friedlich zu schlichten, dass Klinsor zwar besiegt wird, weil er Loherangrius Geschichte nicht weifs, sich aber darauf gefallen lässt, sie Wolframen erzählen zu hören. So möchten wir die Strofenfolge im Lohengr. für die ächte halten, und 24—28 Wolfram geben, wofür noch Loh. 48, 9 spricht; nach der 30sten wäre die Erzählung von Loherangrin gefolgt, die bis ungefähr S. 17. 18 bey Görres ganz mit der jüngeren übereinstimmen mochte, nicht aber im Folgenden, wo auch die Stellen, in denen Klinsor den Erzähler unterbricht, von den Sprachfehlern des Übrigen nicht frey sind. Wir mögen nicht entscheiden, ob vielleicht der erste Dichter sein Werk nicht vollendet hatte, oder ob S. 18, 3

die Worte: *als ich hân vernomen Und uns dise âventiur seit in den lieden* vielmehr auf den älteren Loherangrin gehn, als auf eine Französische Urschrift in singbaren Strofen. Gehört nun der eben angegebene Ausgang des Gedichts vielleicht zur ersten und ältesten Gestalt desselben: so gehn doch die Hds. des Wk. offenbar auf eine andere aus: es sollen noch andere Fragen und Antworten folgen. Dann ist aber M. 61, die in der Jen. Hds. fehlt. nicht leicht unterzubringen, wenn nicht etwa eine Strophe verloren ist, in der die Rückkehr des Landgrafen erzählt
306 ward. So wäre nun die Strofenfolge diese: M. 58—63 (J. 90—94). J. 100—102 (M. 57), wo denn freylich Antwort und Befriedigung auf Wolframs Räthsel, falls es eine sein sollte, fehlt. Wüssten wir, was Brandans Buch mit der Frage zu thun hat, woraus Gott den Teufel geschaffen habe: so möchte hier des Zweifels weniger seyn. Die Maness. Strofen 64—66 hat Hr. Z weggelassen, 'als ganz lose und ohne Zusammenhang dastehend' (S. vii): erst war wohl nach ihrem Sinne zu fragen. In der ersten giebt Klinsor ein Räthsel auf von einem Tanze: vor den Tanzenden müsse man Hauptsünden kund machen: so werde man Lohn empfahen. Hier müssen wohl die drey letzten nachgetragenen Strofen der M. Hds. folgen, die Hr. Z ebenfalls übergeht. In der 89sten rühmt sich Klinsor der schweren Aufgabe, Wolfram löst sie in der 90sten und 91sten (die letzte ist nicht zu Ende geschrieben, und schloss ohne Zweifel ungefähr so: *Der eine in die êwikeit, Der ander ze der helle in iemer werndiu leit. Sus dinen grunt mîn sin mit künste rüret*). In der 65sten scheint er Klinsorn zu strafen, dass er gesagt hat, vor dem Tanz der Auferstehung soll man die Sünden offenbar machen; denn Gott, seine Mutter, Engel und Heilige stehen hoch über dem Tanze, vor ihrem Angesicht thue man die Hauptsünden. Darauf vertheidigt sich Klinsor M. 66 gegen Wolframs Beschuldigung; wohl glaube auch er an Christum und die h. Jungfrau. Auch dieser Abschnitt ist uns schwerlich vollständig überliefert: wer möchte sagen, wie ächt oder wie alt er sey? Eben so enthalten wir uns jedes Urtheils über das folgende Beyspiel, und behaupten nur, die Gestalt derselben, die der Jenaische Text zu beabsichtigen scheint, ist nicht die ursprüngliche. Hier wird es von dem tugendhaften Schreiber, der nach Wolfram an die Reihe kommt, vorgetragen, nach vorausgeschicktem Gebet, zu der unächten Strofe (103) ein anderer, nach Hn. Z

Klinsor, aufgefodert, 104—106. 108. Von dieser Aufgabe hat M. nur die letzte abgerissene Strophe (85), und schreibt sie Klinsor zu, die Jenaische Hds. in der unentbehrlichen No. 106 deutlich dem Schreiber. Das folgende J. 109, gehört nach dem Jen. Text noch zur Aufgabe, und die Lösung giebt der Schreiber selbst 110- 114, wo aber Reimfehler in Menge erscheinen. Hingegen in der Man. Hds. 85—88 (M. 85. 86=J. 108. 109) scheinen Klinsor und Wolfram im friedlichen Wettgesange begriffen zu seyn, der freylich schon ein Paar frühere Strofen, die verloren sind, voraussetzt, und in unserem Text auch nicht sein Ende erreicht.

So hat sich bey freyer Untersuchung ergeben, dass der Schluſs 307
in allen drey Bearbeitungen auf Ruhe und Eintracht ausgeht, wie auch die Chroniken sagen, Klinsor habe endlich die Sänger versöhnt. Dabey kann das Ende im Lohengr. am meisten, allenfalls noch das in der Man. Sammlung Ansprüche machen für ächt zu gelten: der Jenaische Schluss zeigte sich als verfälscht. Ungewiss mag bleiben, ob er sich nicht schon in zweyen bisher noch nicht bezweifelten Strofen als unächt verrathe, 104. 105 durch Reime innerhalb der siebenten Zeile, die sonst nicht vorkommen, von Hn. Z aber (S. xi) ganz richtig bemerkt sind. Vielleicht ist darauf so wenig zu geben, als auf den elften Reim in M. 26 (Loh. 1); auch findet sich kein Grund, die Strofen in der anderen Gesangweise für unächt zu erklären, bey welchen die Maness. Hds. die Reime im Abgesang anders ordnet, M. 3. 4. 5. (69. 72.) Unbemerkt ist bisher geblieben, dass in den neueren Strofen M. 67. 68 die erste und dritte Zeile des Abgesangs bloſs stehen, ohne Reimband: *Zeffyrus und Aquilôn, ir heben und ir lâzen an, Pôlus arcticus und Auster kunnenz niht bewar, Ich wizze ir aller endesmâl; Sunne und des mânen unbekreiz zel ich bi rasten dar.* So wird etwa zu lesen seyn, gewiss nicht mit Hn. Z *Zephirus und Aquilon, ir heben und ir lassen [al], Boreas und Auster kunnens niht bewaren [vol],* (was bedeutet dieſs *vol?*), *Ich wisse ir aller endes mâl, Sunne und des manen unbekreis zel ich bi rasten wol.* In der anderen Strofe ist ihm nicht gelungen, falsche Reime, wie hier *al: mâl,* einzuschwärzen. Überhaupt ist es unglaublich, wie wenig diesr Herausgeber von der Verskunst des dreyzehnten Jahrhunderts weiſs. Dass er (S. vi) die drittletzte Zeile des Fürstentons, die nur zwey Hebungen hat, fünffüſsig ansetzt, mag für einen Druckfehler gelten: aber, indem

man die Form beider Strofen angiebt, nicht mit zu bemerken, dass in der ersten alle Reime stumpf sind, in der zweyten aber der dritte, sechste, siebente und zehnte klingend, das möchte sich zwar vielleicht ein Nachlässiger lassen zu Schulden kommen; dass es Hr. Z gar nicht gewusst hat, beweisen z. B. gleich No. 3 die ungebührlichen klingenden Reime *frôwet: unbedrôwet (frôuwet: unbedrôuwet)*, wofür ihm doch die Wiener Hds. *vreut: unbedreut* (besser *frôut: unbedrôut*) anbot. Viel weniger hat er gesehen, dass M. 69 *herzensêr* und *mêr* zu schreiben war. Doch wer verlangt von einem Liebhaber Kenntnisse?

Aus dem bisher gesagten ist klar, dass es thöricht sey, wenn man unternehme, aus den Strofen unserer Sammlungen, ja auch nur aus denen, die ächt sein k ö n n e n, Einen Text des Gedichts, den man für den ursprünglichen und vollständigen ausgiebt, zusammenzusetzen; dass überall hier nur an Abdruck der einzelnen Handschriften, nicht an eine kritische Ausgabe, zu denken sey. Die früher von uns für unächt erklärten Strofen sind theils offenbar für den Wartb. Kr. gedichtet, andere hingegen durchaus fremdartig. Welcher besonnene kann wagen alles an einen be-
308 stimmten Platz hinzuweisen? Ist doch nicht einmal bekannt, wie viel verloren sey, und der Strofenfolge in Handschriften Deutscher Lieder ist überall so leicht nicht zu trauen. Wir können z. B. beweisen, dass ein Sammler von Liedern Walthers v. d. Vogelweide, der wenigstens vor Vollendung des Maness. Werkes, wahrscheinlich aber weit früher, arbeitete, die Strofen durchaus nach eigenem Gutbefinden anordnete: so dass für uns in dergleichen nur Vermuthungen bleiben, nicht aber historische Kritik. Niemand wird z. B. mit Sicherheit bestimmen, wie die vier Jenaischen Strofenreihen im Anfang des zweyten Theils zu ordnen sind: 1) 30—43. 2) 44—62. 3) 63. 64. 4) 66—77. Vermuthen liefse sich allerley, z. B. die dritte Reihe gehöre zur ersten, 65 hinter 30; aus der zweyten sey 47—49 als unzusammenhängend hinwegzunehmen und etwa mit M. 66 zu verbinden. (Die Worte: *Ich wilz verjehen uffen eit, Dû hâst al wâr, bi mîner triuwen sicherheit*, spricht doch wohl Klinsor, und das eben ist sein *versprechen;* vergl. Iwein 7622). Aber in solchen Vermuthungen ergehe sich der müssige Scharfsinn.

Man wird noch fragen, wie Hr. Z mit dem Texte verfahren sey. Von Kritik ist bei einem solchen Herausgeber natürlich gar

nicht die Rede. Er hat sich nach Gefallen die Lesarten ausgewählt, eine Art von Orthographie — versteht sich, ganz ohne Sprachkenntniss — eingeführt, und überall nach Lust und Belieben gebessert: — und das in einem Gedichte, in dem jeder Schritt unsicher, jeder veränderte Buchstab ein Wagniss ist. Übrigens sagt er selbst (S. xvi), es sey 'noch ein wahrer Augiasstall auszumisten'; und ein künftiger Herausgeber wird Mühe haben, aus der Unzahl von Willkührlichkeiten die wenigen Verbesserungen herauszufinden. Wir haben keine bemerkt, die nicht jeder selbst aus dem Stegreif träfe. Es kann nicht lohnen, mit diesem Herausgeber, der aufser den Schranken des Studiums steht, über Einzelnes zu streiten. So verfährt man nur mit fleifsigen Kennern, die man erinnert, wo ihre Erkenntniss noch mangelhaft ist, weiter zu forschen, oder die man bey Zweifelhaftem zu künftiger Belehrung anreizen will. Hn. Z lassen wir alle Fehler hingehen, die er zu verbessern versäumt hat. Gar nichts fehlerhaftes zu übersehen — wir meinen jetzt nur grammatische Fehler — gelingt heut zu Tage noch Niemand. Ihm halten wir blofs einige Schnitzer der gröbsten Art vor, wenige nur von unzählichen, alle aus Stellen, wo er die richtige Lesart der Handschriften aus Unkunde verderbt; damit er endlich einsehe, wie er noch erst von Grund auf zu l e r n e n hat, bis er wagen darf, mit einer neuen Arbeit in diesem Fache, die sich für eine gelehrte giebt, aufzutreten. No. 2 im Thür. H. Ton: *Unbilde! willtu zornes an mir regen Mit dem ûz Osterlant.* Hr. Z übersetze die Worte mit dem Ausrufzeichen in irgend eine menschliche Sprache *Zornes unbilde regen* ist deutlich, und im Altd. Mus. 1,643 ganz richtig interpungirt. Str. 8 kommt der Sprachfehler *Swer vor* (statt *für*) *den bit (bite)* von Hn. Z: die Hds. hat *vur.* So schreibt er 13 *vor den Keiser.* M. richtig *für*; desgleichen 15, 5 300
und öfter. *Wâ* duldet er nur selten: er beweise sein *wo* als ächtes Mittelhochdeutsch. *Dô* und *dâ* werden verwechselt, auch wo die Hdss. nicht fehlen. Str. 10 *Zuo im so flieset eren fluot.* Was soll *fliesel,* verliert, *perdite*? die Hds. *Zuo zim* (die Form schafft er überall fort, 41 (M. 81) *zuo ir* st. *zuo zir*) *sô flinzet êren-fluot.* Gleich darauf streicht Hr. Z in *Ir reinen frouwen ûz der Düringen lant* die Silbe *der,* und verfährt eben so 16, 16. Doch das mag hingehn; wie kann er wissen, dass die Verse dann humpeln? Wir übergehen alle Verunstaltungen des Vers-

mafses: nicht leicht lässt er eine wohlklingende Zeile ungekränkt. Str. 15 (M. 16) *zwoen*, eine Form, von Sprachmachern erfunden: Hds. *zwein*. Das Ende der Str. ist in der neuen Ausgabe sinnlos, in der Bodmerischen verständlich. Str. 19 (20) zwey eigenthümliche Sprachfehler *mühent* und *wollent* für *müjent* und *wellent;* in der nächsten, von der Orthographie wie immer zu schweigen, *Vil hôch gelobter edel fürste wert*, für *edelr (edeler)*. Str. 25 soll nebst der folgenden aus der Orthographie der Jen. Hds. in die Manessische umgeschrieben seyn (S. xv): wo steht in der Maness. S. *bispil uof*, *vorsprach*, *fuochse*, *nez*, *giericheit*, *sies*, *zuor*, für *bîspel ûf, verspruch, fühse, netze, girckeit, siz, zer?* Aber wie sollte Hr. Z das wissen? Er müsste dann die Maness. S. studiert haben; dass er diefs nicht hat, muss man aber tadeln an einem Liebhaber, der Unkundigen mit Gelehrsamkeit vorprunken will. Str. 26 zwey Verbesserungen von seiner Art, d. h. ungrammatische und für den Vers unnöthige: *blibestlu uf selben spor* für *belibestu ûf dem selben spor;* und *dan er sicher vallen mac* (sollte heifsen *danne er sicherlîche*) für *daz er sich ervallen mak*. Aus *bevolhen* macht er *bevolen*, damit ja der Vers um eine Sylbe zu kurz werde, und wo möglich etwas Niederdeutsch mit einfliefse, wie er denn Str. 44 (M. 84) sogar schreibt *in dütschen landen* für *Tiutschen*. Str. 28 (M. 68) hat die M. Hds. richtig *iu* nnd *niuniu:* Hr. Z muss *üch* und *nüne* setzen, diefs ohne Zweifel, weil in der nächsten Strofe das Masculinum *niune* folgt, — also weil er einmahl aufmerksam ist, aber doch nicht genug. Str. 32 (M. 72): *Eines nachts er an den sternen vand,* mit der ungethümen Form *nachts*, und dennoch ein Fufs zuviel. *Eins* für *Eines* bringt das Mafs des Verses in Ordnung: *Eins nahtes er an sternen vant.* Im nächsten ist *werden* gegen den alten Sprachgebrauch eingeflickt, ohne Nutzen für den Vers: *Daz bî zwelfhundert jâren [werden] würde ein kint geborn.* Str. 33 (M. 73) schreibt Hr. Z *luot, bruot* (lud, Brut), wo die Hds. richtig gibt *lût, brût* (laut, Braut); *mit (mite)* soll auf *zît* reimen. Wir lesen die Strofe so: *Diu frouwe wart in schricken rôt. Si sprach: sun, du hâst von mir der hôhsten Jüden art, Und bist genatûrt als der galidrôt Sîn lieben kint bewart. Der vogel wirt niht sanges lût, Die wîl Auster und Boreas sich hebent unde blânt: Von im getriutet niemer wirt sîn brût, Swenne die winde wânt. Als aber die zwêne ir überschalles werdent in getân (Ir natûr ist zer bôsten art; daz reht mir volge gît), Als*

Aquilôn wirt ûz verlân, Und mit dem (mit ihm) *Zeffyrus, daz reine
süeze wirt diu zît: Die vogele tragent ûf ir küchel dan Mit fröude-* 310
leben. Kint, iunger man, Der orden hât din muoter dir gegeben.
Hr. Z muss selbst wissen, warum er für *ûz verlân* schreibe *uns verlân*: wir begreifens nicht, so wenig als den Anfang der nächsten Strofe: *Dû frowe do den heiden wis; Des uberging er, sprach: ich wils* — Es war nur die armselige Kenntniss der Bedeutung von *übergên* nöthig, s. Tristan 13030, so hätte er geschrieben: *Diu frouwe dô den heiden wis Des übergienk. er sprach: ich wilz* —. Str. 37 (M. 77): *Schach Zabel half es (des vingerlines) sider spil* (für *spiln*) *Dem edel kunic Tirol, der truoc es an der hende sin.* Wunderbar! Ein Schach (?) Zabel (etwa *Zabulôn?*) hilft (?) dem Edelkönig (?) Tirol nicht etwa beym Ringspiel *(vingerline spiln)*, sondern bey einem Spiel, das mit einem einzigen bestimmten Zauberringe gespielt, aber doch nicht weiter bezeichnet wird! Es ist nur *Schach Zabel* zusammenzuschreiben, und ein *s* und *n*, die Hr. Z unterschlagen hat, herzustellen: *Schâchzabeles half ez* (der Ring) *sider spil Dem edelen künik Dirol; der truogez an der hende sin.* Doch wir ermüden uns wie die Leser, wenn wir so fortfahren: statt aller noch ein einziges Beyspiel. Klinsor giebt Str. 66 im schw. Ton (M. 45. J. 82) ein Räthsel auf von einem *quâter* mit *vier essen* (einem Wurf von Vieren mit vier Assen); das *quâter* halte eine *drien,* die *drie* das *quâter:* lauter bekannte Ausdrücke von Würfelspiel; s. z. B. Maness. 2, 124[b]. Und eben so deutlich legt Wolfram das Räthsel aus: die Vier ist Christus, als Löwe, Ochs, Mensch und Adler (Offenb. Joh. 4, 7), — die Drey natürlich die Trinität. Hieraus bereitet Hr. Z viererley *ezzen,* nämlich Speisen, und die, sagt er (S. VIII), sind ohne Zweifel — die vier Evangelisten. So unredlich bewundert er den Trug des eigenen Scharfsinnes, dass er verschmäht, seinen Schriftsteller, der ihm selbst widerspricht, auch nur zu lesen.

Hn. Zs Werk war keiner ausführlichen Beurtheilung würdig: sie werde entschuldiget mit der Wichtigkeit des Gedichts vom Wkr. für Geschichte der Sagen und der Poesie. Auch thut es Noth, die jüngeren Freunde unseres Studiums zu warnen vor solcher eiteln und trägen Leichtfertigkeit, vor der nur ein ernster wissenschaftlicher Sinn den redlich-strebenden bewahrt.

Wir haben noch den Reim auf dem Titel des Buchs zu erklären. Von S. 65 an folgen die Erzählungen vom W. Kr. aus

J. Rotens Leben der h. Elisabet und seiner Thüringischen Chronik. Dass Hr. Z Menkens Text in Schreibweise und Lesarten überall verändert hat, sagt er nicht; er bemerkt aber (S. xv): 'eine Abschrift der heiligen Elisabeth (also des ganzen Werkes, der gründlichern Untersuchung wegen) hat mir Hr. Prof. Büsching ohne Neid nnd Streit recht freundlich mitgetheilt.' Sollen die Worte *ohne Neid und Streit* nicht etwa ungeziemend anspielen: so sind sie ohne Bedeutung, auf jeden Fall aber eine Beschimpfung für Büsching, dem wohl aufser Hn. Z niemand in solcher Sache Neid und Streitlust zugetrauet hätte.

AUSWAHL

aus den hochdeutschen Dichtern des dreizehnten Jahrhunderts.
Für Vorlesungen und zum Schulgebrauch. Berlin bei Georg Reimer 1820.

An Herrn Professor Benecke in Göttingen.

Mit inniger Freude eigne ich Ihnen, mein verehrter Lehrer, III
diese Sammlung Mittelhochdeutscher Gedichte zu. Längst hätte
ich gern dem Manne, der zuerst in das vaterländische Alterthum
mich einführte, meinen Dank und meine treue Ergebenheit be-
zeigt: möchten nun Sie meinen Versuch, Ihrer auf die Herausgabe alter Gedichte so ernsthaft und redlich verwandten Arbeit
nachzueifern, Ihres Vorganges nicht unwerth finden! An Eifer
wenigstens und Fleifs habe ich es nicht fehlen lassen: aber bei
erweiterter Kenntniss müssen uns die eignen Bestrebungen von
Tage zu Tage minder genügend erscheinen.

Vermisst haben eine Sammlung dieser Art zum Gebrauch
der Lernenden alle, denen Deutsche Sprache und Dichtung am
Herzen liegt, und die nicht in den Nibelungen etwa die gesammte
Poesie des dreizehnten Jahrhunderts allein niedergelegt wähnen,
oder die sich mit den weniger bedeutenden Werken ungern begnügen, von denen fast allein in den Buchläden jetzt Abdrücke
zu finden sind. Mein Zweck war, von allen berühmteren Dichtern
Stücke zu wählen, die ihre Art und Gesinnung so genau als
möglich erkennen liefsen, die Nibelungen ausgenommen, als ein IV
Buch, das unsere Lehrlinge sogleich ganz lesen sollen. Lieder
sind wohl zu wenig ausgehoben: leicht wäre ihrer zu viel geworden; Eins soll hier oft die gesammte Gattung, Ein Dichter
viele ihm ähnliche andeuten. Den ersten Dichter der Mittel-
deutschen Zeit, Heinrichen von Vëldecke (*Veldekin*, Feldchen,
Georg 693; Veltwick bei Wesel?) hätt' ich nicht um der Niederdeutschen Mundart willen ausgeschlossen, wär es mir nur mög-

lich gewesen, eben mit der Mundart ins Reine zu kommen. Die von den späteren die Oberdeutsche Sprache zu frei und regelwidrig behandeln, sind deshalb weggeblieben, wie der Umarbeiter vom Herzog Ernst, wie *Rẹinbóte von Dórn,* der gleich sich selbst ungenau *Rẹinbót* nennt: beim Titurel, von welchem Eschenbach sicher nur wenig mehr zugehört als 170 Strofen, fehlte aufserdem ein hinreichend beglaubigter Text. Das liebliche Gedicht Konrads von Flecke aber ist nicht seiner freilich besonderen Sprache wegen übergangen: ich verzweifelte, eine längere Stelle aus den zahllosen Verderbnissen in erträgliche Gestalt zu bringen. Weiter wird keiner der berühmten Dichter vermisst werden. Rudolfen von Ems hat ja niemand als sein Fortsetzer und er selbst genannt; und so trefflich sind seine Werke nicht, dass sie zu einer Ausnahme reizten, wenigstens nicht die zwei, die ich allein kenne, Barlaâm und die sogenannte Weltchronik [1];

[1] Ich weifs nicht, ob es allgemein bekannt ist, dass Rudolf auch ein Buch von Troja gedichtet hat. Er erwähnt es selbst in dem Geschichtswerke, wo er nur kurz von Trojas Untergang redet: *Als ich dn Troijâr bûche lâs* (vorlas — [*Uns saget der daz pûch las*, Strickers Karl 47ª], — *sprach* würde Wolfram sagen), *Dô ich die* (l. *dáz*, nicht *diu*) *máre tihte Und in Tiutsche berihte, Als mir diu wârheit gewûk*, Blatt 202d, nach der Königsberger Handschrift. Diese sehr gute Handschrift aus dem 14. Jahrhundert enthält auf 249 vierfach gespaltenen Pergamentblättern in·Folio Rudolfs Arbeit ganz und unverfälscht (ungefähr 39976 einzeln abgesetzte Verse; Schluss: *Bi kvnic salomonis zit Was zv rome ane strit D' sechste kvnic siluius Von im seit die cronica sus Er were an tugende vz erkorn Vn̄ von enea geborn*), und 926 Verse der Fortsetzung (Anfang: *D' diz buch tichte Bizʰer vn̄ berichte Von latinischen worten An sinnen vn̄ an orten D' starb in walschen richen* etc. *Er starb an salomone* etc. *Rudolf von eimz was er genūt* etc. Schluss: *Diz selbe kint hiez ionas D' sint in dem wal vische was Dri nacht vn̄ dri tage Nach d' waren schrifte sage).* In der Einleitung zum ersten Buche, *Crist herre keiser vb' alle geschaft. Mit himelischer herschaft* etc. kommt die bekannte Stelle vor: *Min herre d' lantgreve heinrich Von duringen d' vurste wert D' des hat an mich begert* etc., Bl. 2c. Noch vor der Schöpfungsgeschichte: *Daz mir vmme min arbeit Werde ietweder lon bereit Gotes vn̄ des hohen vurstē wert Des gebot des dienstes hat begert Daz ich dran arbeite mich*, Bl. 8b (Doc. Misc. 2, 51 f.). Dann beim Anfang des dritten Weltalters: *Daz ich dine hulde beiage Vnde da biᵒuch wol behage Dem edeln vursten durch den ich Noch vurbaz wil arbeitē mich Von duringen den h'ren min* etc., Bl. 29d. Ferner bei Josefs Geschichte, mit Anspielung auf den Parcival: *Min h're d' lantgreve heinrich Bedorfte eines iosephes ovch wol Ob man*

mag man auch einzelnen Stellen das Verdienst klarer und ein- v
facher Darstellung zugestehn, wie sie damals auch Kunstloseren
leichter und öfter gelang. Der Stricker wird geehrt, wie mich
dünkt, wenn man blofs seine Fabeln aufführt: freilich ob alle
aufgenommenen von ihm sind, ist zu bezweifeln[2]; und sicherer vi
wenigstens war es, eine Stelle aus seinem Pfaffen Amîs aus-
zuheben. Ungedruckte Werke berühmter Dichter standen mir nicht zu Gebot: nur für schickliche Auswahl konnt' ich sorgen; und ich suchte weniger nach den schönsten als nach den bezeichnendsten Stellen. Gottfried von Strafsburg ist dabei nicht Unrecht geschehen: seine gehaltene, verständig geschmückte Darstellungsweise erhellet wohl aus dem gewählten Abschnitt; anderes, als Üppigkeit oder Gotteslästerung, boten die Haupttheile seiner weichlichen unsittlichen Erzählung nicht dar. Wolfrâms Parcivâl aber, wiewohl ihm billig der gröfste Raum gestattet ist, wird aus diesem Buche nicht nach Würden erkannt werden. Denn wer kann solchen Bruchstücken mehr als etwa das tiefe Eindringen und die Glut der gedrängten Darstellung, mehr als ein kühnes sprachgewaltiges Ringen mit der reichsten Gedankenfülle, in der das Volksmäfsige eigenthümlich wird, und was uns Gewöhnlicheren als getrennt zu erscheinen pflegt, leicht und fest sich verbindet, — wer kann ihnen den Werth des Gan-

---

die warheit sprechen sol Od' swie san w'e sin name D' in mit truwē meinte alsame Vñ nach sime nvtze mit eren Nv wellen sie ez anders keren Wirt ez in nicht vnder sehen, Bl. 65a. Darauf aber vor den Büchern der Könige die Zueignung an König Konrad: *Sint daz d' hoesten werdekeit Die mānes name uf erdē treit* etc. Bl. 171c. *Daz* (das ist) *d' kvnic kunrat Des keisers kint d' mir hat Geboten vñ des gebeten mich Vñ geruchte biten des daz ich Durch in die mere tichte Von unc gende berichte Wie got nach ir werde Geschuf himel vñ erde* etc. Bl. 172b. — Ich habe Rudolfs Werk öfter im Glossar nach dieser Handschrift angeführt, weil mir die Schützische Ausgabe fehlte.

[2] Vielmehr ist gewiss, dass die Fabel S. 240 ganz unten [Altd. Wäld. 3, 232, XXII] nicht dem Stricker gehört, eben so wenig als in den Altd. Wäldern 2, 1 die erste und vierte, und Bd. 3, 4 die Gedichte unter N. II. III. VI. VII. X. XIII. XIV. XXIII. XXIV. XXV. Hingegen getraue ich mir zu beweisen, dass die hier S. 235 und 237 [Altd. Wäld. 2, 4, III. 3, 219, XV] aufgenommenen, nebst mehreren anderen, die ihm Docen und Grimm zuschreiben, wirklich niemand anders als den Stricker zum Verfasser haben. Die bei Grimm 3, 4 unter N. I. IV und XII kann man ihm nur unter Voraussetzung mancher Verfälschungen zusprechen.

zen ansehn, in dem dieser unvergleichliche Dichter der fremden, ihm, so wie uns, nicht verständlichen Fabel einen ihm eigenen tiefgedachten Sinn und Plan untergelegt hat? Prüfe der Kenner, ob ich den unbillig verkannten genügend rechtfertige. Diesen epischen Gedanken hat er, in den gegebenen Stoff sich ganz
vii versenkend, aus sich selbst hineingetragen und an ihm dargestellt: wie Parcival die höchste überirdische Glückseligkeit auf Erden, das Königthum im Grâl, nur durch das errungene feste Vertrauen auf Gott erlangen konnte. Die angeborne Reinheit und Heldentugend Parcivals — Herzeloyde und Gahmurét —, die Stufen seines Sehnens und seiner Ausbildung, vor und nach dem Verzweifeln; der Gegensatz des weltlichen Gâwân, der uns in beständiger Sehnsucht nach dem Helden lässt, und ihn selbst, in Sünde und Leid unsern Augen entzieht; wiederum Feirefîz, ritterlich und edel, aber nicht wie der Bruder nach dem Höchsten strebend, und darum leicht von seinem einzigen Makel gereinigt, dem Heidenthum; endlich die fromme liebende Dulderin Sigûne, bestimmt in ihrem Unglück Parcivalen zum Glück zu leiten, eine mitfühlende Gottheit, belehrend, ermahnend, strafend und tröstend, bis sie, nachdem das Werk vollendet ist, dem eigenen Gram erliegt: das alles und was noch mehr der Haupthandlung eingefügt ist, sind wesentliche Theile dieses erstaunlichen Gedichtes, mit Liebe und Verstand aus der umfassenderen Fabel ausgewählt, und, wie in Volksgedichten mit häufiger Hinweisung in unbekannte Fernen, zu einem neuen in sich abgeschlossenen Ganzen gleichsam zum zweiten Mahl neu geschaffen. Von Eschenbachs Wilhelm, der, im einzelnen dem Parcival gleich, doch im Ganzen, als ein unvollendetes Werk, nicht verständlich wird, genügte ein kürzerer Abschnitt; und seinen kaum begonnenen Titurel liest man wohl lieber ganz, mit Docens lehrreichen Anmerkungen. Hartmann von Aue entfaltet die milde Wärme und behagliche Anmut seiner genauen und wohlbedachten Ausführlichkeit, nebst dem besten, dem noch nicht erloschenen Sinn für die Sage und das Volksmäfsige, ganz in dem armen Heinrich, den ich unverkürzt aufnahm, um nicht gleich die ersten Wünsche des Lernenden unbefriedigt zu lassen, und weil der
viii Grimmische Text hinter den neuesten Forschungen, wie natürlich, zurückbleibt. Die Stelle aus dem Iwein zeigt, um das Bild abzuschliefsen, noch Hartmanns sinnreiche Höfischheit und das Le-

ben in seinen Beschreibungen, und sie stellt sich zugleich neben die aus dem Parcival S. 153 [734, 1—754, 28], damit man sehe, wie weit Eschenbach den Vorgänger überbietet und übertrifft. Die Ordnung, in der sich die Dichter folgen, ward zum Theil durch zufällige Umstände bestimmt, und ist nun ziemlich der Zeitfolge gemäfs: beim Unterricht wähle der Lehrer eine andere nach seiner Einsicht.

An strengkritische Behandlung war bei Auszügen aus so viel verschiedenen Dichtern nicht zu denken, wenn auch für jeden so viel Hülfsmittel zur Hand waren als mir fehlten. Die wahre strenghistorische Kritik aber meine ich; und geläng' es mir doch, vor allen Sie, von dem wir noch manche Ausgabe alter Gedichte hoffen, bei dieser Gelegenheit zu überzeugen, dass die gewöhnliche, die Eine älteste Handschrift zum Grunde legt, nicht die wahre sei, sondern unsicher und trüglich! Zu guten Sprachformen zwar wird eine Handschrift solcher Art, wenn sie nur vorhanden ist, führen; aber auch das nicht immer. Denn wir sind doch eins, dass die Dichter des dreizehnten Jahrhunderts, bis auf wenig mundartliche Einzelheiten, ein bestimmtes unwandelbares Hochdeutsch redeten, während ungebildete Schreiber sich andere Formen der gemeinen Sprache, theils ältere, theils verderbte, erlaubten. So ist die Cöllner Handschrift des Wigalois gewiss aus der besten Zeit, und doch hat sie Schreibungen, wie *flegen* (spr. *flêjen, flên*), *weigen* und *pfärit* (für *flêhen, wêien* oder *wêijen, pfêrt*), die kein Beispiel im Reim bei beachtenswerthen Dichtern[3] rechtfertiget: anderes stimmt nicht zu IX
Wirents erweislichem Gebrauch, wie *tracke* und die Nominative *wêrlde* und *jügende;* die Formen *sinftunde, schriunde, videlunde, verwundelôte* überliefs er und die übrigen seiner Zeit den Volkssängern; endlich manche grammatische Unrichtigkeit ist zum Theil vielleicht Schreibfehler, anderes Missbrauch, den man dem Dichter selbst zuzuschreiben kein Recht hat, wie viel davon auch späterhin weiter um sich griff: *frûm* im Accusativ, *dêm swâne, zwei* und *zwên* im Dativ, *ich liege, êr geniezet, bewillent* 81 für *bewêllent, wir hânt, het* 850. 10574 für *hât*[4], *si flôgen, enbinde*

[3] Der Reim *vermârt : pfêrt* in der Heidin, Kolocz C. 207, darf uns nicht irren. In der M. S. 2, 146 b müsste *pferit* gar ein gedehntes *i* haben; daher ist ohne Zweifel *varit* zu lesen.

[4] Die Form *hiet* — andere Aussprache für *hête* — neben *hête* und *hâte* ist

x 6497 für *enbint*, *brinnen* 8238 für *brinnent*, *ze tånde* 2193, *Diz* (für *Dés*) *hábt ir genómen wár* 7453, *Ich frâgt in* 3345. Aber

---

nicht mit Sicherheit hieher zu rechnen: vielleicht sprach Wírnt selber so aus; wie der Verfasser des Loherangrîn S. 19 [Biter. 7569. Gudr. 4062. 1015, 4]. Denn eben so braucht er *gier* 10493 und *wier* 3128 — jenes im Reim aufser dem Wigalois nur im H. Ernst 2538, Doc. Misc. 2, 231, Museum 2, 205. 209, [*gierde* Maria 2156,] *wier* nebst *ier*, *mier* und *dier* weniger selten —; und er hat sich nicht überwunden, im Reim irgend eine der übrigen Formen für den Conjunctiv hätte zu wählen. Diese Formen sind: *háte* (Hartm. Wolfr. Walther, Gottfr. Flecke, Stricker, Rudolf, Nîthart, Titur. Marner, Wigam. [Klage, Biterolf 6803. 9689, Maria, Ulr. v. Zatz. Türh. Turl. Konrad] unwichtigere zu übergehen), *hête* (Wolfr. Reinb. Tit.), *héte* (Frîberg, Konr. v. W.); die des Indicativs: *hâte* (Hartm. Walth. Flecke, [Maria, Türh.] Stricker, Rudolf, Tit. Ernst; nur im Plural [Ulr. v. Zatz.] Reinb. 5549. Loh. 25. Turl. 114 b), *háte* (Klage, Wolfr. Gottfr. Konr. [Maria, Türh. Gudr. 3939. 985, 1] Ernst [Ulr. v. Zatz.] Doc. Misc. 1, 134. Lohengr. Kolocz. 147, 102. 279, *hête* ([Maria 2694] Reinb. Tit.), *hêt* (Wirnt, Enenkel Doc. Misc. 2, 159. Lohengr. Turl. Altdeut. W. 3, 149. 159), *háte* (?M. S. 2, 216 a. [Passional]), *hát* (Stricker Kolocz. 319, Flore 2930, Ernst, [Maria 4407], Turl. Kolocz. 147. 168), *héte* (Konr. Lohengr. Frib. Ernst, Turl. [Pass. Ulr. v. Zatz. Türh. 160 c. 206 b. Walb. Symb. 65]), *hét* (Konr. Loh. Tit.), [*hiete* Biter. 1678. 3440, Gudr. 1773. 2530. 443, 3. 633, 2, *heite* Türh. Wilh. v. Or. III Ind. 234 d. 261 c. Conj. 212 b]. Von den einsilbigen Formen werden keine Plurale gebildet: spät erst findet sich *héten* im Ind. und Conj., Ernst 3134, Lohengr. 75, [Passion. 4 b]. Der ersten Person Sing. fehlt (wie dem Conjunctiv) niemahls das E am Ende: auch Wirnt sagt nur *ich héte* Wig. 7715 im Reim auf *Machméte* (Dativ *Machméten* W. Wilh. 5 a. Turl. 44 b) wie K. Wenzel M. S. 1, 2 a und Singenberg M. S. 1, 150 a, die *téte* darauf reimen. Die jüngste und schlechteste Form ist *hętte*: Müller 1, 214, 217. 3 XXVI, 24 (*hętter*, hatte ihr, gereimt auf das eben so unrichtige *blę'tter* für *blęter*) XXXVIII, 60. XLI, 333 (in einem Gedichte, das sein Verfasser dem Konrad von Würzburg aufliigt), Wigam. 4570. Altd. W. 2, 136. Kolocz. C. 71. 284. *Hátte* wird man im Reim (etwa auf *gestátte*, gestattete) nirgend finden. *Hęit* oder *hait* bei Ulr. von Türkheim, Hagens litt. Grundr. S. 534 [Wilh. 3, 181 a. 183 c. 246 b. 263 a], ist wohl nicht der Conjunctiv, sondern andere Form für *hât*, wie *hain* für *hân* Bonerius 15, 11. [Hartm. Walth. Rudolf unterscheiden also Ind. *hâte* Conj. *hæte*; Flecke Stricker I. *hâte hat* C. *hæte*, Wolfram I. *hete* C. *hæte hête*, Gottfr. I. *hæte* C. *hæte*, Ulr. v. Zatz. I. *hete hæte (hâten)* C. *hæte*, Wirnt I. *hêt (ich hete)* C. ? Wernher I. *hâte hat hête hæte* C. *hæte*, Biter. I. *hiete* C. *hæte hiete*, Klage wie Gottfried, Gudrun I. *hiete hæte* C. *hiete*, Ernst I. *hâte hat hæte hete (heten)* C. ? Reinbot I. *hête (hâten)* C. *hête*, Türh. I. *hâte hete hæte heite* C. *hæte heite*, Wiganmr I. *hętte* C. *hæte*, Konrad I. *hæte hete het* C. *hæte hete*, Passionale I. *hatę hete hętte* C. *hete*

halte sich würklich ein Schreiber von solchen Formen und Fehlern rein, giebt er darum auch schon den echten Text? Kann
er, wenn ihm nicht die Urschrift vorliegt? Will er? Wer bürgt
für seine Sorgfalt? Und wie, wenn er erweislich fehlt, wenn er
Gedanken zu Unsinn verkehrt, wenn er das Versmafs über alle
Grenzen erlaubter Freiheit hinaus verderbt? Dennoch soll er
ein gültiger Zeuge sein, überall, wo der Herausgeber, der doch
nicht alles weifs und nicht immer gleich gut aufachten wird,
unbekümmert und ohne Anstofs vorbeigeht? Weit mehr Ansehn
verdient doch gewiss eine neue Handschrift mit schlechten Formen, die nur sonst sich niemahls als unsorgfältig verräth; und
ganz offenbar ist, dass aus einer hinlänglichen Anzahl von Handschriften, deren Verwandtschaft und Eigenthümlichkeiten der
Kritiker genau erforscht hat, ein Text sich ergeben muss, der
im Kleinen und Grofsen dem ursprünglichen des Dichters selbst
oder seines Schreibers sehr nah kommen wird. Füge ich noch
hinzu, dass der Herausgeber mit allen Rede- und Versgebräuchen xi
seines Dichters sich erst vollkommen vertraut machen soll, so
sieht man zwar, dass die Arbeit in einen Kreis geht: aber in
diesem Kreise sich geschickt zu bewegen, das ist des Kritikers
Aufgabe und erhebt sein Geschäft über Handarbeit. Mir lag
für dies Mahl mehr an lesbaren als an urkundlichen Texten:
daher hab' ich nur aus den vorhandenen Quellen und eigener
Vermutung was ich konnte verbessert. Manchmal ist gleich-
gültiges aus mangelhafter Kenntniss, auch wohl aus Willkühr,
zu der die Langeweile beim Abschreiben so leicht verführt, ohne
Grund ungeändert, zuweilen wohl etwas zu viel, doch nicht
leicht ganz unwahrscheinliches, gewagt: wiederum blieb auch
minder glaubliches unangerührt, öfters sogar, zumahl im Iwein,
augenscheinlich verkrüppelte Verse. Schwabacher Schrift bezeichnet im Text fehlerhafte Lesarten, auf dem Rande das richtige,
wenn auch oft unverbürgte; gewöhnliche Schrift auf dem Rande,

(heten), Turl. *hat (hâten) hêt hete* C. *hæte*, Titurel I. *hâte hête het* C. *hæte hête*, Friberg I. *hete* C. *hete*.] — Übrigens könnten nur Unbillige, die mir auch das Bekannteste neu glaubten, mich so verstehn, als wollte ich das Dasein oder auch jedesmahl die richtige Bildung der verworfenen Formen anfechten. Wer heutzutage *gût* oder *guet* sagt, der redet nicht unrichtig: aber nur *gut* soll er schreiben, will er nicht eben anders schreiben als Neuhochdeutsch.

zweifelhafte oder unrichtige Abweichungen; das Zeichen [ ], was Handschriften auslassen oder was zu tilgen ist, ( ) hingegen meine Zusätze. Warum oft auch sichere Verbesserungen nur auf dem Rande stehn, sieht jeder selbst; strenge Gleichmäßsigkeit darin war hier unnöthig.

Mein Hauptbestreben ging darauf, eine alterthümliche, aber genaue Rechtschreibung einzuführen. Ihren Wigalois, der während des Druckes erschien, fand ich öfter abweichend, als ich erwartet hatte; doch durft' ich nach strenger Prüfung keine der allgemeineren R geln bereuen, die Vermischung des langen und kurzen (ungedehnten) *Ü* ausgenommen; vom elften Bogen an hab' ich, die kleine Ungleichheit nicht achtend *iu* und *ú* unterschieden. Das Zeichen *ú*, wiewohl man es einige Jahrzehende früher zu finden wünschte, dürfen wir nicht aufgeben; und mir ist leid, dass ich anfangs zuweilen *uber* und *kunek* geschrieben
XII habe: nicht alles, was man jetzt hier oder da sprechen hört, ist Mittelhochdeutsch. Über anderes, zumahl über Kleinigkeiten, die ich erst nach und nach gewagt habe, will ich mich lieber hier nicht erklären, sondern was angefochten wird künftig vertheidigen oder aufgeben. Mit der Trennung und Verbindung der Wörter, wie mit dem Gebrauch des Apostrofs, sind wir noch wenig im Klaren, und ich wünsche Belehruug darüber. Der Apostrof ist wenigstens so weit verbannt, dass ich ihn nie setze, wo keine Silbe weniger geworden ist, also wohl *sägt' ich*, aber nie *säg' i'ch*, *spil'* oder *diu bein'*. Sichere Regeln über das Verbeifsen der Endvocale und andere Verkürzungen der Wörter bei jedem einzelnen Dichter ergeben sich für den, der das allgemeine kennt, aus vollständigen prosodischen und Reimverzeichnissen, deren man für jeden besondere nöthig hat. Eine mühselige Arbeit, der sich ein Herausgeber, mit hinreichenden Hülfsmitteln ausgerüstet, nicht entziehn darf, die aber ich als Sammler mir nicht aufgeben konnte; ja ich habe anfangs — es ist mehr als ein Jahr seit dem Anfange des Druckes verflossen — ihre Nothwendigkeit nicht ganz deutlich erkannt. In einigen Stücken der Sammlung ist die Interpunction weggelassen; und das wird kein Verständiger tadeln: denn wer die meisten bisherigen Abdrücke, selbst manche interpungierte, gebrauchen will, muss sich frühzeitig gewöhnen, dieses Hülfsmittels für sorglos schreibende und im Traum lesende zu entbehren. Die Vocal-

laute hätt' ich gern im ganzen Buche so wie jetzt nur im Glossarium bezeichnet: aber vieles ist mir erst spät klar geworden,
zum Theil durch neue Entdeckungen Jacob Grimms, die er mir
freundschaftlich mitgetheilt hat. Ihm bleib' es überlassen, das
einzelne künftig zu entwickeln; ich gebe hier nur das Verzeichniss der Mittelhochdeutschen Vocale. Ich unterscheide 1) in hoch-
oder tieftonigen Silben, gedehnte Vocale: *pfâl, bûn, kêren, lîhen,*
bæne, stœren, trût, kiusche, trâkęit, ouwe, frôut, boie, nie XIII
(genauer *nie*), *blüt* (das ist *blüet*), *wüten* (*wüeten*); schwebende:
vâl (gelb), *wę'ln* mit offenem, *stéln* mit geschlossenem E, *niht,*
vörhte, mö'hte, sün, sü'l (solle); geschärfte: *val* (Fall), *gesęlle,*
hel, kint, hort (Schatz), *mössink, kunt, urkünde;* 2) in unbetonten nur zwei Klassen, übrigens dieselben Laute, aber weder
Difthongen noch die Mittellaute *æ, ę, œ, iu, ü;* schwebende: *dârân,*
hirinne, ėwik; kurze: *erwant, ze dir, ich hân.* Gedehnte oder
geschärfte verlieren mit dem Ton auch Dehnung und Schärfung
(s. Anm. 8): *se* oder *si* für *sî, also* und *alse* f. *alsô, de* f. *diu,*
bistu (*biste* Eneit 2296); zweisilbige Wörter werden bei bequemer
Stellung zwar wohl als einsilbig behandelt, *undęr in, ęinr ę'dęlen,*
häufig *ęin (ęinin, ęine, ęinen), ęins, sîns, sîm* etc., aber nicht unbetont, sondern tieftonig, wie denn der Artikel *ein* für *einin* selbst
im Reime gefunden wird. 3) Zwei tonlose Silben können in
Einem Wort neben einander stehn, *anderen, bangete, frâgende,*
nach einfachem Consonanten aber oder vereinfachtem Doppel-
n, r, l, s, (t), f, ch, k ein *e*, das die Silbe schliefst, auch wegfallen[5], *roubte, frâgte, gâhte, bęitte, lûzte, gelichte, mâlte, sâte,* XIV
frôute, biute, minte, irten, stilte, miste, kafte, machte, nakten, am
Ende des Wortes nur nach einfachem *l, n, r*, selbst wo das
nächste Wort nicht mit einem Vocal anfängt, *ich handel, rechen,*

---

[5] Dass oft ganze Silben wegfallen, wie *te* in *verschęrte, glęste, blüete, lęiste, bęite, ęnde, dûlde,* oder *en* in *diende, sëgęnde, ârnde,* und *wen* in *tônde,* selbst wo das *e* nur ein stummes ist, *sę'nde, hélde, wérde* für *sę'nęnde, hélnde, wérnde,* gehört in die Formenlehre. Auch ist hier weder von anderen Kürzungen, wo nicht zwei tonlose Silben zusammenstofsen, wie *z' im, sag ich,* die Rede, noch von Synekfonesen im Verse, *diu liebe ist, belibest ûf,* so wenig als von Contractionen, wie *zér* für *ze der,* oder unregelmäfsigen Freiheiten, wie *blicket'* für *blickete, blikte,* oder gar von der metrischen Regel, die noch bei Shakspeare gilt, dass mitten im Verse vor der Interpunction eine kurze Silbe, im Deutschen aber zumahl ein kurzes *e*, nicht gerechnet wird.

liuter, dém lêhen (nie *lêhene*), mit folgendem Vocal auch bei anderen, *móhter, küsten (küste in), waltér (walte ir)* — in diesem Fall sollten wir nicht zwei Wörter machen, aber *móht ér,* wenn *ér* betont ist —, endlich nach *l, n* und *r* sogar mitten in der Silbe, *klingelt, tihtens, hẹidensch, belêhent, vördert, sunderst, andern.* Hingegen nach einem betonten schwebenden Laut, oder nach dem unbetonten (der dann betont wird, und eigentlich mitten im Worte oder in zweien zusammenwachsenden seine schwebende Betonung wieder bekommt, am Ende des ersten aber den Ton zuweilen erst durch das nachfolgende erhält), ist das unbetonte *e* oder *i* stumm, d. h. es wird kaum gehört, und beide Vocale bilden zusammen nur eine Silbe, — aber nur wenn beide durch ein einfaches *l, m, n, r, (w), b, g, h, v, s, d, t* oder durch gar keinen Consonanten getrennt werden: *násẹ, erlẹ'mẹn, gelégẹn, ligẹst, fridẹt, vihẹ, wónẹn, gô'tẹ, stübẹn* Praeter. (*rúwẹn* Praeter.?) *lü'gẹ* — lauter stumpfe Reime —, *ze ságẹne, ẹ'dẹle, lébẹnden, gewidẹmet, óbẹne, júgẹnde, hü'gẹnde, mánigèn, kü'nigen, Dü'ringen* — alle tauglich zu klingenden Reimen, nicht zu dreisilbigen —[6]; *hei-ligẹn, sáligẹn, nótigẹn, lébẹn-digẹn* — stumpfe Reime auf *igẹn* —; *bátẹr, gábẹr, sáhẹn, (sách in), érn, ésn, mirn* (d. i. *ér ẹn, és ẹn, mir ẹn;* aber *érne* etc. eigentlich zweisilbig) *érst (ér ist* st. *ér ist),*
xv *ímst, ést* (f. *éz ist*); *sónẹ* (für *so ne,* aus *sô ne*), *dúnẹ, inẹ (ich en), wáré gẹnûk* dreisilbig; *vie* (d. i. *viẹ* statt *vihẹ*); *lóbẹz (lóbẹ éz), jéhẹr; dá ẹr* oder *dár* (oder *dá 'r,* aber ja nicht *dâ 'r*), *küste siz (si éz), verbirgestün, sáhe dáz, hât érn* — alles betont (tieftonig), und zum Theil selbst im Reim gebraucht; *Dá ẹn|gẹ'gẹ|né bẹ|nant* viersilbig. Unregelmäſsig, doch nur in der Verschmelzung zweier Wörter, tritt das stumme *e* auch ein nach andern gelinden Consonanten; *ézn, michn* (für die zweisilbigen *éz en, mich en*), *si vẹrwágen sich* (mit aspiriertem *v*, dem Althochdeutschen *f*); und sogar nach zweien: *dés gẹwan* zweisilbig, *wir bẹkanden* dreisilbig — die schwebende Silbe immer tieftonig, am passlichsten für die Senkungen im Verse. Diese wenigen Bemerkungen über die Mittelhochdeutsche Lautlehre mögen hier genügen, als vorläufiger Versuch und als ein Vorspiel genauerer Orthografie, zugleich zur Berichtigung vieler Stellen dieses Buchs.

---

6 Ungenau ward geschrieben und gesprochen *gekóbẹrt, rigẹlt, genidẹrt, ligẹns,* für *gekóbẹret, rigẹlet, genidẹret, ligẹnes.*

Das Ganze, wie man die einzelnen Laute erkenne, wie weit ihr
Einfluss auf Reim und Versbau sich erstrecke, worin der Gebrauch schwanke (wie *gesl'ęhte* und *geslëhte, in* und *in* -ein-,
drin und *drin* -dreien-, *kü'nęgin* und *kü'nęgin, gelich* und *gelich*),
werden wir erst von Grimm vollständig lernen. Nur von dem
stummen E oder I will ich, zur Berichtigung mancher Stellen
dieser Sammlung, noch anmerken, dass es oft ganz ausfällt,
und zwar — so lehrens mit Bestimmtheit die Reime, besser als
die faul oder halb alterthümlich sprechenden Schreiber — immer
nach *l* und *r*[1]; ferner nach *h, m, n, s, v* (aus welchem dann *f* XVI
wird), wenn ein *d, t, s, (z, w)* folgt; in demselben Falle häufig
nach *b* und *g*, weniger regelrecht auch nach *d* und *t*: es bleibt
aber nicht leicht weg, wenn auf *b, g, h, m, n, s, t, d, v* und das
stumme e ein anderer Consonant folgt als die vorher genannten,
oder gar kein Consonant. Doch giebt es Fälle, in denen auch
nach *m* und *n* das stumme e am Ende des Wortes fehlen darf
oder muss; manche Dichter verbeifsen eben dies End-e ungut
nach *t*; und aufser dem Reim folgen alle nicht selten der ge-
dehnteren Aussprache. Die Erforschung der schwebenden Laute
ist, wo kein stummes e folgt, so schwierig, dass ich fast zu verwegen hier schon ihre Bezeichnung gewagt habe, unvollständig

[1] Vom stummen i vor einem andern Vocal gilt dies nicht ohne Einschränkung. Das Wort Ferje, Fährmann, z. B. ward gewöhnlich ausgesprochen, *vę́rie*; weit seltener findet man (*vę́rę*) *vę́r*, wiewohl auch diese Form alt ist, und schon das Mons. Gloss. neben *ferio* auch *fero* hat. Oft aber wurden auch die Silben stärker getheilt durch eingeschobenes *j* (*vę́ri-je*,) *vę́r-je*, ungenauer geschrieben *verge*. In demselben Falle sind *schę́rie* und *wę́rien*. *Tibérie, Márie Magdaléná, lattúrie* dürfen gewiss nicht ihr i verlieren; höchstens kann daraus j werden. So ward, wie noch jetzt, gesagt *lílie*, (*lílije*), *lilje* — oft geschrieben *lilye* und *lilge*, um das *j* nicht zu übergehn und doch *lilie* zu vermeiden, wie *giht*, spr. *jiht*, anstatt *iht* — aber wohl niemahls (*lilę*), *lil*; eben so *Sicílie, Marsílie, Pansílie, Sibílie*, unhäufig *Sicil* Wilh. v. Or. 1. 13a und in einer ganz anderen Form *Sebille* Georg 733. 4989. Wenn nach dem *n* das i fehlt, entstehen neue verschiedene Formen; neben *Spánie, Británie, Schampánie, gamánie* (Wigal. 4021) diese anderen: *Spâne, Britâne, Schampâne, gamâne* (W. Wilh. 8a. 180a). So *Lacónie, Macedónie, Babylónie* mit Nebenformen auf *ône*. Höchst selten ward das *j* in der Aussprache mit *g* verwechselt: in *Katelangen* und *Spangen* sogar bei Wolfram und Konrad, im Titurel auch in *plange* (*plánie pláne*): im Georg 3278. 4650, im Titurel. Loher. 165 reimt *vénie* auf *męnige*, M. S. 1, 178a *Schampánie* auf *mánige*, Ernst 3203 *vę́rje* auf *bërge*.

ohne Zweifel, weil es noch an erschöpfenden Regeln gebrach. Den Gravis habe ich einige Mahle gesetzt, um betontgeschärſte Laute zu bezeichnen.

XVII Manche wird es nun der grammatischen Spitzfündigkeiten genug dünken: aber Sie erlauben mir wohl noch ein Paar Worte über die Nibelungen, damit sie in einem Buche, das zur Verbreitung und Anpreisung der Mittelhochdeutschen Dichterwerke dienen soll, nicht gar vergessen scheinen. Während Sie und die Brüder Grimm den Erfolg meiner Untersuchungen über das Gedicht im Ganzen anerkennen, räth mir Hagen (die Nibelungen 1819 S. 186) mich noch besser zu besinnen. Ich hab' es nach Vermögen gethan, und nun gefunden, was er bei kalter und gründlicher Prüfung des einzelnen wohl auch finden wird, dass ich Recht habe bei meiner alten Meinung zu verharren, dass aber einzelnes zu verbessern, manches näher zu bestimmen ist; dieses zum Beispiel, was ich für diesmahl nur andeute. Drei Sammlungen von Nibelungenliedern sind erweislich: eine, die der Verfasser der Klage gebraucht hat; zwei, die er nicht sah: nämlich die zweite, welche nur die letzte Hälfte enthielt, ziemlich in der jetzigen Gestalt; die dritte, – jünger als Wolframs Parcival, aus dem einiges entlehnt ward, – das noch vorhandene Werk mit seinem neu hinzugekommenen ersten Theil. Der zweite und dritte Sammler stimmen in manchem auffallend zusammen. So reimen beide, und nicht sie allein, *ân* auf *án* oder *an*, und *ége* *égen* auf *ḗge, ḗgen;* beide reimen auf unbetonte Endsilben[8];

---

[8] Ich meine die stumpfen Reime auf ein kurzes tonloses *e* oder *en*. Sie sind von zweierlei Art. Einige würden, klingend gebraucht, nicht reimen, oder nur assonieren, wie *Hágene : dégene*; *Hágene : gádeme*, mit vorhergehendem Schwebelaut (auſser den Nibelungen auch, wenn ein gedehnter oder geschärfter Vocal vorausgeht, *hêre : sêle; wunne : kunde*). Andere würden klingend reimen, weil zwei Silben ganz gleich sind, sei der Vocal der ersten nun gedehnt, *Uoten : gûten*, oder schwebend, *Hágene : ságene; dégene : engḗgene*; *wólde : sólde*, oder geschärſt, *lande : sande*. Diese stumpfen Reime auf *e* oder *en* sind den volksmäſsigen Liedern eigenthümlich: man findet sie im Morolf, aus Nibelungenliedern selbst in die Klage übergegangen. wo freilich zu erkennen nur die erste Art ist (1175. 1275. 3273 (*Hagene* Dativ) = 544. 589. 1508), [im Biterolf 771. 2741. 3081 (*Hagene* Accus.) 4543. 4751. 4967. 5005. 5829. 5865? 6029. 6065. 6315. 6681. 7153. 7213. 7233. 9161. 9460. 10132. 11170, bei Spervogel M. S. 2, 229[b]], bei Kúruberg und Dietmar von Ast mit bloſser Assonanz, bei Gottfried von Nifen (Beneckens

beide haben Participia auf *-öt*, *milt* für *milte*, *sün* für *sûn*, *sint* XVIII
für *sit* (seitdem). Aber nur der zweite erlaubt sich noch andere

Beitr. 67 *kunde*, *gunde*, *bunde*), um neuerer und älterer Beispiele zu geschweigen. Im Morolf 243. 1095 kommt eine Abart der ersten zum Vorschein: die Vocale der vorletzten Silbe sind nicht gleichartig, *ẹ̄dẹle : Jerûsalêm* oder gar *Jerûsalê*; aber wer wird glauben, dass eben so roh Wirent von Grâvenberg — und wenn man den Dichter des Wigamur nicht beachtet, er allein unter den nicht volksmäſsigen — *die salamandere* (st. *salamander*) auf *ê* gereimt habe? (Wigal. 7435. 7442). Bei ihm lese man *salamandrê* (d. i. salamandrae) vom Lat. Sing. salamandrâ 7447. Von den stumpfen Reimen auf unbetonte Endsilben unterscheide man aber genau die dreisilbigen mit zweien unbetonten Silben, *vârende : gebârende*; *pfingesten : ringesten*, die nur bei einigen Dichtern vorkommen, wie bei Gottfried, Rudolf und Konrad. Dass diese für klingende gelten, erhellt aus M. S. 2, 170b, wo die Reime *stîgende* und *sîgende* (Meisterg. 112 in *stîgen* und *sîgen* verderbt) den klingenden der übrigen Strofen entsprechen. Die andern dreisilbigen Reime, die stumpfen, deren letzte Silbe betont ist, sind als einzelne Spiele der Dichter zu betrachten, wie *immer mê : nimmer mê*; *gẹ̄melîn : hẹ̄rmelîn*; bei Wolfram *grẹuselîn : fleuselîn*, und nur assonierend *sunderśiz*, *underviz*; bei Hartmann *mislich*, *genislich*; [dem Türh. 250a *Mariâ : triâ*;] bei Konrad (Troj. Kr. 11010. 15896. 20967) *rẹidîn : bẹidîn*; *mînîn : dînîn*; *klârhẹit : wârhẹit*; in Rudolfs Weltchronik *hẹiligẹst : mẹiligẹst*. [*nidink : glidink* klingend M. S. 2, 234b]. — Wolframs *Itônjê* und *Cundrîê* (wie *Thisbê*, *meridiê*) hätte ich sollen bei den Nibelungenreimen aus dem Spiel lassen (über die Nibel. S. 90); denn an ein *ê* und *ên* ist in diesen nicht zu denken. Nur wenige Beispiele möchten der Annahme des gedehnten E so günstig sein, als das erste der zweiten Art, *Votân : guotân*; und auch in diesen Fällen muss man für das Mittelhochdeutsche ohne Zweifel die Tonlosigkeit der Endsilben und zugleich das Aufhören des gedehnten oder geschärften Lautes annehmen. Es hiefs nicht mehr *gevólgik*, auf *wik* zu reimen, sondern nun reimte *unwẹndik* klingend auf *bẹndik*; nicht mehr *guotêr : hêr*, sondern *güter : müter*. Dieses Abnehmen des Tieftons und der gedehnten und geschärften Laute in Endungen, durch welches die wahren klingenden Reime erst möglich wurden, ist fortwährend im dreizehnten Jahrhundert zu bemerken. Stumpfe Reime auf *igen* in Adjectivendungen sind äusserst selten [*bestætiges* Wiedeburg 98a]; Participia auf *ende*, in denen *en* den Tiefton hätte, kommen gar nicht vor, nur *sûchände* Kl. 2463, *wüstände* Gudr. Biter., *ilende* Maria 4111; *minnist* stumpf Kl. 1691. Biter.; *minnest* klingend Georg 5126; *tûsûnt* stumpf in der Eneit, *tûsent* erst bei Konrad und im Titurel; *vierîn* stumpf nur noch bei Wolfram und Gottfried [*zwẹlfrîn* Biter. 174, *vierîn* 4496], im Karl 68b *enviere* [*viere* für *vierîn* Bit. 1829]; in demselben Karl noch *viânt*, *viânde*, dann *vient*, *viende*, *vint*, *vinde*. [*bidẹrbe : ẹrbe* Iwein 7252. *bidẹrbe : widẹre* Maria 723. 2135. *mennische : tische* Mar. 1029. *mensch : Tensch* M. S. 2, 238a].

unrichtige Reime, *Gîselhe̜'r : Vólkêr; hér : Rűdegêr; he̜'r : mêr* (SG.
Hds. 6403. 1537, 3; doch auch der dritte *mêr : hér* 1697. 400, 1);
naht : brâht; naht : bedâht; gesit (ungenau statt *gesite̜, vil ninlich
gehît* SG. 6229. 1494, 1) *: gît;* [*in : sîn* 5020. 9287? 1191, 4. 2230,
3?] ferner *Gêrnôt : tût* [*: gűt, Gernôten : guoten* Biter. 13134. 6209];
márschalk : bevâlch [Biter. 3231]; *vérch : wérk;* [*dan : gezam* 5157.
1226, 1. *vón dán : dán* 5985. 1433, 1 nur SG. *stat : stat* 5167.
1228, 3]; dazu die Formen *dű* (statt *dô*) und *vórderôst* [und das
Wort *vâlant*]. Dafür macht aber der zweite nie grammatische
Fehler um des Reims willen; denn *erslágene* ist 6918. 1663, 2
wie 9270. 2227, 2 (8990. 2158, 2) Adverbium: bei dem dritten
finden wir *frün* für *frűmen* 507. 123, 3; [*klein* 1478. 2572. 357, 3.
589, 9; *wâr : vâr'* 417. 102, 5, fehlt in EM; *scholt* 4464[c]. 1052, 7
xix nur LE]. *Dér schárn*, welches *schár* heifsen müsste ist 2063. 481, 3
ein Schreibfehler der SG. Handschrift. Die Dative *trût* 1815.
426, 4 und *Ortwîn* 2805. 643, 1, dergleichen zwar nur die genauesten Reimer vermeiden, braucht der zweite nicht, wohl aber
der dritte [*nît* 24. 6, 4; *lîp* 1363. 336, 3; *lant* 1390. 341, 2. 1419.
346, 3; *dem flűt* 1651. 392, 8, 3930. 920, 2 nur SG; *wîp* 3516.
818, 4; *tôt* 4402. 1037, 2; doch auch *lant* 5767? 1378, 3, 5772.
1379, 4, 5826. 1393, 2, 6175. 1480, 3, 7614. 1830, 2; *wîp* 5999.
1436, 3; *lîp* 6720. 1614, 9, 9473. 2282, 1; *trôst* 8165. 1957, 1;
klank 8281. 1984, 1]. Die Formen *ich bit, sit* und *mít*, welche
der dritte Sammler hat, würden dem *gesit* des zweiten gleich
sein, wenn nicht etwa die Form *Sîfrite̜* anzunehmen ist, wie
frite̜ Ernst 825. Meisterges. 494. *bérkfrite̜* Wigal. 10500. *trite̜*
Trist. 11683. Georg 1060. M. S. 2, 30a. Meisterg. 262. Kolocz.
167. *schrite̜* Doc. Misc. 2, 278. *snite̜* Rudolfs Weltchronik 78c
xx (*Dúrch dáz man dô verme̜it Mít dém ste̜ine dén snite̜, Dâ man si
ê besne̜it mite̜), undersnite̜* Turl. 13b. 37a. 47b. 103a. 137b. 140b.
145a, die letzteren zwar nur in den Accusativen, *dáz lite̜* Trist.
3064. Georg 3617. Auch in der Klage 2585 [1186. Biter. 3437]
reimt *Vrufrit* auf *mite̜* [auf *site̜* Bit. 11627; *Sîfrit : site* Bit. 11264.
11694. 11976. Gudr. 2887. 722, 1; *: bite* Bit. 7301. gr. Roseng.
1779; *: strît* gr. Roseng. 1998] : bei andern findet man nur *Êren-
frit, Re̜infrit, Gótfrit*, im Dativ *Gótfride̜, Vrufride̜*. Die Strofe
mit dem merkwürdigen *geswárn* (Grimms Gramm. S. 518.
1, 935) nahm der Kritiker, dem die SG. Handschrift folgt, aus
dem lebendigen Volksgesange. Manches hieher gehörige kann

jetzo, da die Lesarten der Handschriften mir zum Theil bekannt sind, noch nicht untersucht werden. So mag die versprochene neue Ausgabe entscheiden, ob nicht die Mittelreime der zweiten Hälfte — etwa dreizehn; aber anders gezählt, nur zwei gewisse, fünf oder sechs zweifelhafte — sämmtlich, wie ich vermute, jünger sind als von dem zweiten Ordner [9]. Es ist wohl sicher, dass Hagen dergleichen Untersuchungen, so wie die über das Prosodische und Metrische und über jede einzelne Form der Wörter und ihrer Beugungen, nicht als kleinlich und unnütz abweisen, sondern mit dem Fleiſse, der unserem vaterländischen Heldenliede vor anderen Werken gebührt, auf das sorgfältigste und vollständigste durchführen wird, damit er, der mit Eifer und Mühe die erforderlichen Hülfsmittel in seine Gewalt gebracht hat, durch das Opfer der strengsten Arbeit sich den ewigen xxi
Ruhm eines Herausgebers der Nibelungen gewinne.

Das angehängte Glossarium leistet nicht mehr als sein Name verspricht: dem in der Grammatik sorgfältig unterrichteten erklärt es die schwierigsten oder teuschenderen Glossen. Das nothwendigste zur grammatischen Abwandlung ist kurz bemerkt; und wird dabei manchmahl schon etwas mehr, als Grimms Grammatik giebt, vorausgesetzt, so kann das Lehrer nicht irren, die nach Grimms trefflicher Anleitung nun gewiss schon ihren Vorrath geordnet und ihre einzelnen Fünde seinem Reichthum beigefügt haben. Wer fleiſsig, ohne selbst zu forschen, nur von anderen gelernt hat, der warte, bis die Forschenden in wichtigem nicht mehr zweifeln. Wollen Unwissende lehren, die, von nichtiger Lust angereizt, arbeitscheuen Liebhabereifer, und wohlgemeinte, aber eitele und erfolglose Betriebsamkeit sich als Verdienst anrechnen; die Verachtung ihrer Schüler stürze sie, die jetzo leicht zu durchschauen sind, von dem Stuhle des Hochmuts. Wir haben Ursach genug, endlich durch unverdrossene

[9] Dass diese Reime, falls es sich so befindet, dennoch nicht werden zu streichen sein, verstünde sich eigentlich von selbst: ich sage es aber ausdrücklich, weil man mir ein Schneiden, Verrücken und Einrichten am Nibelungentexte Schuld giebt. Ein Herausgeber hat in möglichster Reinheit das Werk des dritten Sammlers herzustellen: den aber in seiner ganzen Arbeit und in seinen unbewussten Angewöhnungen zu belauschen, ist allerdings die Aufgabe einer sorgsamen, nicht vermessenen Kritik, die bei der Annahme, das Gedicht sei ursprünglich eines einzelnen Werk, weit freier und mit sichererm Erfolg arbeiten würde.

tüchtige Arbeit die so lange und nicht mit Unrecht verweigerte Achtung der Zeitgenossen uns zu verdienen. Die Erklärung mancher Wörter hab' ich gradezu aus den Glossarien zum Bonerius und Wigalois abgeschrieben; anderes lehrte weitere Untersuchung schärfer bestimmen; einiges verdanke ich J. Grimms gefälliger Belehrung; auch wird noch viel für künftige Berichtigung übergeblieben sein. Entsprechende Ausdrücke zur bequemen Übersetzung einzelner Stellen sind ehe vermieden als gesucht: es galt mir die bestimmte Bezeichnung des Begriffs. Denn jenes fügsame Anschmiegen, das dem sprachgewandten Übersetzer freilich geziemt, führt in Lehrbüchern nur zu nachlässiger Leichtfertigkeit und schiefem Auffassen: hier ist der Lernende gezwungen, von Anfang sich selbst ein an Wörtern
XXII reicheres, mit viel ausgeschriebenen Stellen versehenes Glossarium anzulegen, damit er an Beispielen sich die Begriffe zu Bildern belebe und die Beschränkung des Gebrauchs allmählig herausfühle. Dem Lehrer liegt ob, die fernere Erläuterung sprachkundig hinzuzufügen, so weit dies jetzo schon möglich ist: ich habe nur einzelnes und meistens nur bisher übersehenes angedeutet, und alles so einzurichten gesucht, dass jede Trägheit sich recht bald bestrafe. Denn noch ist dem Studium der Deutschen Sprache nicht so vorgearbeitet, dass mit schlaffem Eifer und stumpfer Aufmerksamkeit doch schon ein nennenswerthes Theil zu ergreifen stünde; und es ziemt keinem Deutschen, seine Muttersprache, wenn er sie einmahl lernt, so obenhin zu lernen, wie es etwa bei den fremden neueren Sprachen gewöhnlich ist. Darum sind mir eigentlich auch die Glossarien zuwieder, weil sie immer mehr oder weniger ungründlich bleiben; und ich habe mich zur Anfertigung des meinigen erst spät auf Freundesrath entschlossen, so dass es, als eine Arbeit aus dem Stegreif, um so mehr Nachsicht erwartet. Dürften wir doch den Schluss Ihrer Vorrede zum Wigalois als das Versprechen eines vollständigen Mittelhochdeutschen Sprachschatzes ansehn, der alle Wörter der Sprache, und nicht bloſs die Glossen, mit ausführlicher Gelehrsamkeit erläutert, umfasste! Wessen Ausdauer oder Kenntniss wäre dem schwierigen weitläuftigen Werke gewachsener?

Mit dem sorgfältigen Drucke, in den nur wenige Versehen sich eingeschlichen haben, werden Sie und andere Lehrer zufrieden sein: mich lehrt Erfahrung, die Klagen der Correctoren

über Schwierigkeit des Abdruckes Altdeutscher Gedichte bei flüchtigen Setzern für grundlos und unwahr halten. Möge dieses Buch, um seines guten Zweckes und der darauf verwandten Mühe willen freundlich und nachsichtsvoll aufgenommen, und bequem zu dem Gebrauche, für den es bestimmt ist, gefunden XXIII
werden!

Zum Schluss zeige ich noch einige meiner Irrthümer an: anderes ist schon im Glossarium berichtiget. Im Armen Heinrich S. 2, 5 (V. 25) ist zu lesen *Dër sêle;* denn das Wort wird stark decliniert. Derselbe Fehler 6, 2 (142), 9, 25 (255), 22, 25 (645), 24, 9 (689). 2, 13 (33) habe ich den Sprachfehler übersehn, und den metrischen schlecht gehoben; denn der Dativ *jügende* ist gegen Hartmanns Gebrauch (3, 9. 10 (59. 60) ist gleichfalls *tügent* und *jügent* herzustellen; *reiner* darf nicht fehlen: ich bezweifle auch *gebü'rte* 2, 25 (45), *stę'te* 4, 11 (91), *sühte* 7, 26 (196), 16, 1 (441) etc.). Vielleicht *Dekeiner ę'dellicher tügent.* 3, 7 (57). Die Lesart *Die êren* ist ungrammatisch. Wigal. 2253 ist *dehęinen* zu lesen. *Ze* war nicht anzufechten; man sagt, *wunsch ze, nâch, gein ęinem dinge.* Vergl. 123, 14 (Parc. 252, 8 *ze richeit ist der wunsch gezilt*). 3, 13 (63). Genauer *ęin ganzin krône.* So hab' ich auch sonst zuweilen — soll ich sagen, gefehlt? Es finden sich selbst im Reim nicht wenig Ausnahmen von der Regel. [3, 18 f. (68 f.) Wilh. 3, 182 a. *Abe mîme rücke ich lûde Manige grôze arbeit.* Gudrun 2508. 627, 2 *Daz er über rücke truk den grôzen last, Wie er sich geräche — Und daz er doch dar under niht verlür die hulde der vil schônen meide.* Klage 1672. 749 *Wie vil du mîner êre über rücke hâst getragen!* Biter. 10762 *Si trûgen alle den last der sorge über rücke.* 12298 *Daz ich allin immer dink Mit in über rücke trage.* Wigalois 8264 *Ir kiusche trûk der êren last.*] [5, 18 (128) l. *îobe.*] [6, 3 (143) l. *smâcheit* statt *smâheit.*] 6, 6 (146) l. *tëte.* So ist bei Hartmann von Aue immer zu schreiben. [6, 9 (149). Troj. Kr. 506 *Ir junyez herze sich verswank Als der wilde frie visch ûz dem tiufen wâge frisch Sich erswinget in ein garn.*] [7, 20 (190). M. S. 2, 129 a unten *Dar umbe niemen sprechen sol: Swaz ich getuon, bin ich genislich, sô genise ich wol.*] 9, 11. 12 (241 f.) musste *mêre* und *herzesêre* stehn bleiben. Hartmann sagt niemahls *mêr,* Wolfram hingegen nicht *mê.* 10, 23 (285) und öfter l. *meier* st. *meiger.*

[12, 6 (326) l. *sî süeze.*] 12, 22 (342). 41, 16 (1204). 46, 15 (1353) l. *Diu güete.* 16, 20 (460). 31, 15 (903) *diu reine.* Eher lässt sich 6, 26 (166) *disiu selbiu* und 72, 19 (Iw. 7409) *disiu liebiu* vertheidigen; s. Parc. 5958. 7580: doch ist auch in jenem Falle die starke Declination nicht ganz unstatthaft (s. z. B. 33, 23 (971), in beiden aber die schwache gewöhnlicher. 14, 25 (405) wird man die Anmerkung *verdrôz* nicht so verstehn, als solle das Wort *bedriezen* überhaupt geläugnet werden. 17, 11 (481) l. *trehene. Dér trähen* einsilbig reimt auf *slähen,* nicht auf *vâhen, sí sâhen,* wohl aber auf *sähen (sách in).* 19, 25 (555) ist die Interpunction nach *Geswîgen* erkünstelt. 20, 14 (574) sollte die Lesart *triuwe* nicht übergangen sein. [20, 24 (584). Marner 91a (2, 253b Hag.) *Swer dar in komt, der ist in leidez hol ge-*
XXIV *schoben.*] 22, 19 (639) l. *verwürken* oder *verwúrken;* man findet das Wort auf *zér lürken* (zur Linken) gereimt. 24, 5 (685) erfordert die Regel *din beide,* und 133, 5 (Parz. 285, 17) *diu;* doch leidet sie Ausnahmen, wie 34, 17 (995) *die,* Iwein 6065. 6088 *beide.* 24, 12 (692) l. *zér helle,* nicht *hellen.* So wiederum 25, 33 (733) (nicht *hellen*). [30, 26 (884) Wilh. v. Or. 3, 151b, 1.] 33, 11 (959) l. *geriuw' éz* statt *geruw' ez.* 35, 14 (1022) l. *Schôniu;* nur das Adverbium heifst *schône.* Eben so sind die Stellen 47, 7 (1375). 62, 21 (Iw. 7105). 68, 29 (Iw. 7297—99) zu verbessern. 45, 13 (1321) l. *Dés* statt *Daz.* 48, 9. 11 (1407. 1409) sollte vielmehr nach *wâren* als nach *geschéhen* interpungiert sein. 51, 10 (1498) l. *rátet.* Aufserdem ist hier, da Hartmann genau reimt, mit der Koloczaer Hds. zu schreiben *aller mîn sin.* Der Schluss des Iwein in der Giefser Handschrift verräth sich schon durch den Reim *béte : stélte* als unecht. 52, 1, 3 [Lieder M. S. 1, 182b. MSF. 215, 16] l. *züchte* (oder vielmehr *zühl* oder *In süezen zühten,* s. zu 2, 13). So auch *zühten* 106, 12. 107, 15. 109, 13. 111, 27. 61, 12 (Iw. 7064) l. *vón dén stunden,* mit der Wiener Hds. statt *für die.* 65, 30 (Iw. 7208) steht fehlerhaft *wüchs* für *wuhs;* Wolfram reimt es auf *fuhs* Wilh. 28a, wie *fûz* auf *guz* Parc. 17080. 72, 29 (Iw. 7419) l. *hóret grôzin,* nicht *horet groz.* 73, 2 (7424) besser *bewar,* als *beware.* 77, 23 (7563). 78, 7 (7577). 17. 18 (7587 f.) l. *gesicher* für *gesichere,* und *sicher,* 228, 16 (Trist. 15726) *bezzer,* ohne Apostrof. 80, 8 (7638) viell. *dér ére* st. *die.*

94, 4 (Parc. 141, 8) l. *vételeren* st. *veter.* 100, 30 (229, 22)

l. *schü'tel* nicht *schuttel; Schü'ten* auf *si hü'ten* gereimt Troj. Kr.
2901. 23133. 111, 16 (240, 8) war wohl *ungenande*, desperatio,
nicht zu verwerfen, vielleicht sollte es auch 122, 26 (251, 20) xxv
stehn. W. Wilh. 70a: *ûf eine wunden, Dâ daz ungenande wære*
bî. 117, 3 (245, 25) l. *understuont*. 118, 3. 4 (246, 25) l. *ant-*
wu'rte, gürte. 133, 9 (285, 21) l. *dêr nifteln* st. *niftel*. Denselben Fehler hat dieselbe Handschrift Nibel. 5333 (1270, 1).
137, 16 (289, 28) l. *Getö'rste*: Ich will nie wieder streiten, wenn
er nicht, hätte er mich erkannt, dem Streit mit mir entflohn
wäre. [Dass er mich zu einem neuen Streit erwarte und dabei
meinen beschimpften Schild erkennen sollte, — das ist mir zuviel.]
150, 1 (302, 13). Vermutlich: *Und* (nämlich *bin ichz dêr*) *sinf-*
zêk tôt mänęk herze fręʼbęl In dîner helfe? 151, 23 (304, 5)
l. *erbü'tez* (st. *erbüt' ez*), das ist *erbü'tę ēz*. 161, 12 (742, 12) l.
Fiurs. *Fiur* hat Wolfram sogar im Reim; so verkürzte Genitive
ebenfalls: *Halcibiers* Wilh. 21a, *mâls* im Parcival. 164, 5
(745, 5) fordert die Grammatik *dës*. 168, 10 (749, 10). Viell.
entlânt. 175, 20 (Willehalm 47, 10). Vermutlich *Daz si ze mâgen*.
177, 19 (49, 9) l. *dên schate*, nicht *schaten*.

184, 2 (Walther 39, 23) lässt sich die wahrscheinlichste Bedeutung der Worte durch die Schreibung deutlicher machen: *Dô*
wârt ich enpfangen (als eine) *Hêrin frouwe*. Wolfr. Titur. 44,
Wan ęiner dêr niht ougen hât, dêr mö'ht dich spêhen wârer blinder,
– dass sie sich liebten, hätte ein Blinder gesehen; vgl. Str. 85 –
(nach der Lesart des Wiener Bruchstücks, Wien. Jahrb. VIII,
Anzeigebl. S. 34: *Einer*, *dêr niht ougen hête* (l. *hât*), *Dêr mö'ht*
dich spü'rn, gieng' ër also blinder. Dem Wiener Bruchstück,
dessen Abdruck mir erst eben zu Gesicht kommt, war der Text xxvi
ähnlicher, dessen sich Umarbeiter und Fortsetzer bedienten. Wir
finden durch dasselbe bestätiget, dass Wolfram nicht einen ganzen
Titurel dichtete, dass er aber die Strofe, die nach den Müncher
Bruchstücken mehrere für ganz frei gebaut hielten, schon in
sieben Theile zerlegte, denen der neueren Bearbeitung gleich an
Umfang und zuweilen auch schon getrennt durch den Mittelreim.) Iwein 3250: *Dêr lief nû harte balde Ein tôre dâ ze walde*.
Eine andere Erklärung, wenn man etwa *hêre frouwe* für Ausruf
und Anrede an die h. Jungfrau nehmen wollte, wie *jâ herre*
(bei Gott), wüsste ich nicht zu beweisen. 186, 2. 8 (77, 19)
l. *vö'rhten* [*fürhtent*]. So auch 213, 19 (Trist. 15289). 233, 18

(Freid. 136, 15) *vórhte.* 200, 8, 6 (80, 8) l. *stant,* nicht *stâ.* Vgl. 164, 2 (Parc. 745, 2).

206, 21 (Wigalois 7733) *umbevie,* nicht *umbe vie.* 208, 1, 6 (Reimar, MSF. 159, 3) l. *niemer tak* getrennt. S. Museum 1, 439, 34. 35. (MSF. 73, 35 f.). Auch 210, 1, 9 l. *nie tâk* (MSF. 168, 2). 218, 21 (Tristan 15431 Hag.). 222, 1 (15531). 224, 5, 18 (15595. 15608) l. *tęlę,* nicht *tel.* Vgl. 6, 6. 241, 6 (Altd. Wäld. 3, 232) wird die Lesart *harte wâl* (Niederdeutsch für *wól*) nicht anzutasten sein. 255, 23. 24 (Goldn. Schmiede 169. 170) müsste *ze stâten* und *schâten* stehn bleiben; denn Konrad decliniert *schâte* immer schwach.

Glossarium.

stm. schwm.: Masculinum starker oder schwacher Form. Eben so bei Fem. Neut. und Verbis. G. D. etc.: mit dem Genitivus, Dat. etc. GS. ADP. etc.; die Sache steht im Genit., die Person im Accus. oder Dat. etc. Ein Strich —: die erste leicht zu errathende Bedeutung ist ausgelassen.

267 *âber* schwf. aufgethaute Erde. *afterriuwe* stf. Nachwehe.
âge'lster schw. Älster. *ágęstein, âkst., âgtst.* stm. Bernstein;
Magnet. *agrâz* stm? Parc. 7095. Agrest, Saft von Stachel-
beeren [Rom. agrassolier, Stachelbeerstrauch]. *ahte, aht* stf.
Schätzung: Gedanke, Überlegung; Art, Stand. *ahten* schw. A.
schätzen, bedenken (auch mit *ûf* A.), einrichten. *akmardî* stm.
eine Art von Seidenzeuch. Parc. 413. 2119. *albernach* n. Pap-
pelgesträuch. *alde, alder* s. v. a. *óde, óder.* *allez* [nicht
alles] adverbial. immer. *alwâre* einfältig. *âmaht* stf. Ohn-
macht. *amazûr, -ziur* stm. [Starker, masîro Arab.] Sarazeni-
scher Anführer. *ambaht,* gewöhnl. *ambet, âmt* n. Amt, Hoch-
amt. *amîs* stm. (n. Parc. 8683) Freund, Geliebter. *ânde*
schwm. Eifer, *zórn;* Feind, Trist. 6973. 15925. *ânden* schw. AS.
rächen. *anderstunt* abermahls. *âne (ân),* Praepos. mit A.,
268 ohne; Adv. Adj. (dies auch *ânik*) G, ermangelnd, los. *angest-
lich, angesl., eng.* Angst habend, machend. *ânsprâche* stf. Forderung; Anklage. *antwü'rten, antwürten* schw. — übergeben.
árbęit stf. Bemühung, Beschwerde. *árbęitsám* mühselig. *asch*
stm. Äschenbaum. *âventiure* stf. Eräugniss, besond. frohes

und Ritterschaft, Parc. 8821; Erzählung. *aroy* [Romanisch] ein Ausruf der Verwunderung.

bágen schw. (selten st.) zanken, schelten. *balk -ges* m. Balg. Am Schwert Parc. 7119 (auch im Titurel: *Dáz mit dém balge rîchen*) ein ledernes Futteral? [*sárbalk* Wigal. 6112]. *balt -des* Adj. fest, beharrend auf G.: eifrig, eilend, kühn, froh. *balde* Adv. *bánçken* schw. *sich, dén lip, die sinne,* belustigen? [*sich* fehlt oft, wenn noch ein Verbum hinzukommt, beim Infinitiv. Das Wort ist wohl fremdes Ursprungs.] *baniere* stf. *banier* n. (Parc. 1739. Wigal. 10707) Fahne. *bár* blofs, nackend.

báren stm. Krippe Parc. 8605. 4929. Stalder Idiot. 1, 122. Frisch 1, 375 a. 550 a. Titurel: *Sîn witze kund' in léren Dáz ors mit sátele dçcken, Dáz sine vón im kêren: Dáz sách man gén dém báren wider strçcken.* *bárn* n. Kind, Wigal. 10285. Meisterges. 286. Ernst 13. stm. Sohn, M. S. 1, 129 a. Morolf 1071. 1839. Wigam. 139. Ernst 115. *bárûch* stm. der Gebenedeite, der Kalif. *bea curs* [Roman. beals cors] schöner Leib. *bedriezen* s. v. a. *verdriezen* (vgl. oben s. XXIII. zu 14, 25). *begrifen* st. erfassen. *behalten* st. bewahren. *bçiten* schw. warten, zögern. *bçizen* schw. mit Falken jagen [beizen.] *bîzen* st. beifsen.

bejágen schw. erwérben. *bejéhen* st. eingestehen. *bekçnnen* schw. kennen. *sich*- Bescheid wissen. *bekómen* st. hin, entgegen, zu jemand D. kommen. *bençnnen* schw. namhaft machen, sagen Trist. 15732. Hag.; Namen, Begriff, Eigenschaften, Erfolg etc. bestimmen. *berçiten* schw. AS. besorgen, fertig 239 machen, aufzählen. AP. GS. jemand versehen, bezahlen mit -, benachrichtigen von -. *berihten* schw. ins Gleiche, in Ordnung bringen. *-mit*, versehen mit -. *bérk -ges* m. — *ze bérge* aufwärts. *bérn* st. tragen, hervorbringen, zeugen, gebären. *beschçiden* st. AS. DP., AP. GS. deutlich auseinandersetzen, erklären. *beschçidenlich,* mit *beschçidenheit* d. i. Unterschied, Verstand, Deutlichkeit. *beschçinen* schw. offenbar machen. *besçnden* schw. holen lassen. *besláhen* st. — durch eine Scheidewand einschliefsen. En. 5611. Parc. 1195. 7492. Iw. 1128. Wartb. Kr. 25 Jen. *besliezen* st. verschliefsen. *beslihten* schw. grade machen. *besprechen* st. AP. anschuldigen; AS. anberahmen. Trist. 6348 [l. *disen kampf,* Oberl. S. 756]. 15395. *bestên* st. bleiben. *betágen* schw. mit *hân,* zu Tage bringen. mit *sîn*, bis zum Tage oder den Tag über bleiben. *betalle* gänzlich. *béte* stf. Bitte; (erbetene) Abgabe. *betrâgen* schw. AP. GS. jemand zu langsam kommen oder zu lange dauern. *betiuren* schw. AP. GS. jemand zu theuer sein oder fehlen. *bevélhen* st. empfehlen. *beviln* schw. AP. GS. mit *hân*, jemand zu viel sein oder werden, s. Troj. Kr. 15870. [Parc. 7447: durchrittenes Waldes wäre euch zu viel gewesen. 8630: das an ihm war mir allzu mächtig; 6373. 21493.] Passivisch DP. GS. mit *sîn*, Parc. 20543. *unbevilt* unbeschwert, Wigam. 651. *bewâren* schw. wahr machen, beweisen. (Iw. 6919 *bewârten*, nicht *bewârten* von *bewârn*). *bewégen* st. *sich* GS. sich in Stand setzen etwas zu *wégen*: andern zuzuwägen Parc. 22090.; für wichtig, gut zu schätzen (sich dazu entschliefsen); gering zu achten (es aufgeben; auch GP. Trist 1602. 7354.) *bezâln* schw. bezahlen, erkaufen. Parc. 9086. *bibęn* Praet. *bibęte, bibęnte* beben. *bidęrbe* nütz, tüchtig. *bilde* n. Gleiches, Abbildung, Vorbild, Vorstellung, Gleichniss. *binâmen, benâmęn* namentlich, wirklich (s. *nâme*). *binden* st. — *wól gebunden*, mit gutem *gebęnde*. *bîspél* n. Gleichnissrede. *bîten* st. warten, G. erwarten. *biten* st. AP. GS. bitten, DP. für jemanden. *blęcken* schw, erscheinen machen; sich zeigen. *blîde* freudig, erfreuend. *bliuwen blou gebliuwen* schlagen. *bluot* stf. (Gen. *bluote*,) n. selten *bluote* stf. Blüte, Blume. *boie, boije* stf. Kette, Fessel. *bórgen* schw. [urspr. beachten G., sich hüten] caviren. Ben. Beitr. S. 189: *bórge mir vór swâre;* A. auf Caution geben und nehmen: andern leihen, von ihnen entlehnen, daher, borgen müssen, nichts haben (*an* DS., GS. in Betreff einer Sache). *ûz b.* Verpfändetes auf Sicherleistung ausliefern. (Wolfr. Tit. 20 erkl. *im wârt frôuden flûst und sórgen gewin ûz gebórget*). *bórk -ges* m. das Borgen. *bórgen* stm.? Caution Walther 126 a (78, 21). Haltaus S. 178. *bôzen* schw. anklopfen. *brâ* schwstf. (*brâwen, brân, brâwe)* Augbraue. *bręit* von ausgedehntem Umfang, verbreitet. *bréme* schwm. Bremse. *bręsten* st. Verb. neutr. brechen. *brœde* gebrechlich. *bû, bou -wes* m. Ackerland; Wohnung; Haus. *buckel*, schwf. Erhöhung mitten auf dem Schilde. *buckelhûs, buckelrîs* Parc. 22150. 51. *bûhurt* stm. Kampf gescharter Reiter. S. Benecke zu Wigal. S. 543. *bûhurdieren* schw. *bü'rn* schw. erheben. *biuwen biute* (a. Heinr. 268. Ernst 2056) *gebiuwen*, (auch *bûwen?*)

bei andern *bomren* beackern, bewohnen, wohnen; (Häuser etc.) bauen. *bûzen* schw. AS. DP. wegschaffen, *durst, gebresten, fröude*, besonders *leit*, daher, gut machen, genug thun dem Beleidigten, Strafe leiden, *wandeln*, Parc. 14919. *bûz, bûze* (dies selten im Nom. und Acc.) stf. *-tûn, machen* GS. DP. *(dês ist, wirt b.)* etwas von jemand wegschaffen, gegen ihn gut machen. En. 3989. Iwein 3402. Kl. 2539. Wolfr. Willi. 177b. Parc. 9397. 271
auch ohne G. Parc. 9556.

dâgen schw. schweigen, G. verschweigen. *dân, dânne, dânnen* von da, d. h. 1) von einem Orte, 2) einer Zeit oder Ursach (auch *dęnne, dęn*, aber nicht *dannen*) aus; nach Compar. etc. (wieder nicht *dannen*) als, s. v. a. *wân, nûwân*, zuweilen mit G. Nib. 5038. Parc. 7733. 10383 *min.* W. Willi. 61b. Friged. 358. M. S. 1, 33a, 15. 151a. Benecke 209, 8 *min.* Georg 3620. Amur 1575. Wigam. 5732. *dank* stm. Dank. Gedanke. *dankes* für bloßen Dank, zu Danke; umsonst; gern, willig Walth. 127b (19, 18. ff.) M. S. 2, 12a 104b. *dankwillen* Iw. 1936. *âne, über iemens dank*, ohne, wider seinen Willen. (So a. Heinr. 1010: *si würben ân ir dank*, verdienten sich bei sich selbst keinen Dank.)

dânnoch zu der Zeit noch. *(dânne och)* da doch. *dâr* dorthin. *nû dâr*, wohlan. *dęcken* schw. — sich mit dem Schilde wehren, schirmen. *dëgen* stm. Mann. *dehęin, dekęin* irgend ein; kein. *dęich* f. *daz ich. dęis, dês, dęist, dêst, dâst* f. *dâz ist. (dêst* f. *dês ist* Walth. 104b (15, 29). *dęiz* f. *daz ëz* [*dâz ër* oft auszusprechen und zu schreiben *dęir*. Doc. Misc. 2, 114.]

dewëder keins (von zweien). *dicke* oft. *dienen* schw. — verdienen; vergelten. *diet* stf. Volk, Leute. *dingen* schw. Vertrag machen; A. durch Vertrag bestimmen Walth. 126a (78,21). hoffen G. *dink -ges* n. was ist: Ding, Wesen, Zustand. *döln* schw. dulden, objectiv, von etwas getroffen, afficiert werden, bes. schlimmes erleiden, aber auch Wohl und Freude Wolfr. Willi. 121a. Tit. 17. Ernst 424. Parc. 1893. 4971. 9020. Wigal. 1105. *döl* stf. Affection. *dôn* stm. Gesangweise. *dörnach* n. Dorngebüsch. *drâhen* schw. duften. *drâjen, drân* schw. drehen, drechseln; sich drehen, wirbeln. *drâte, gedrâte* (*gedrâhte* a. Heinr. 1238; auch Müll. 3, xxxvii, 245? Kolocz. 58) Adv., *drâte* Adj. schnell. *drîe* schwf. die Drei im Würfelspiel. M. S. 2, 124b.

dristunt dreimahl. *drô* stf. Drohung. *drôn, drôuwen, drôun* 272
schw. drohen. *dûlden* schw. dulden, subjectiv, ertragen, bes. willig,

erlîden, vertrâgen, Schwanr. 780; zuweilen s. v. a. *doln,* Karl S. 41 a unten. *gedúlde, gedúlt* stf. williges Ertragen; s. v. a. *wille* M. S. 2, 27 a. *gedúldik* ertragend. *ungedúlt* Nichtertragung, nicht zu ertragendes, *ungedúldigez* M. S. 1, 124 b. 2, 175 a. Barl. 134, 15. Schwanr. 94. 525. Troj. Kr. 18031. Ernst 1501. *dúrchliuhtik -iges* durchsichtig. *dúrkel, dúrhel* durchlöchert, entzwei. *dúrnehte* stf. das Dúrchmachen (perfectio), Einsicht, Klugheit. *dinten* schw. erklären.

ê stf. Gesetz, Bündniss, eheliches und religiöses. *ê* bevor; zuvor; vor (von der Zeit) G. *ében* gleich, glatt. *ébene* Adv. gleich, weder zu hoch noch zu niedrig. *ébenhêr* gleich erhaben; nach gleicher Höhe strebend. *ébenhêre* stf. eifersüchtige Ehrbegier. *ęcke* stf. Ecke; Schneide. *ehte* acht. *ęigen* n. Vermögen, Gut. *ęine* Adj, Adv. allein. *al ęin* allein; einerlei. *ęinlôtik* Walth. 126 b (79, 38) stäts gleich wiegend, wie *lôtige* (von *lôt* n. Gewicht) vollwichtige Münzen kein schwankend Gewicht haben. Doc. Misc. 2, 281 *Lôtik und gerieret.* *ęinvalt, ęinvaltik* simplex: einmahlig, schlicht. *ęischen* st. heischen. *ęiter* n. Gift. *ęllen* n. Eifer zum Kampf. *ęllenthaft* Adj. *ellęnde* in fremdem Lande lebend. stn. ein solches Leben. *enbîzen* st. Verb. neutr. das Frühmahl halten. *enblanden* st. *éz* (seltener A. Subst.) *ím, dém lîbe, dén handen, dén ougen, sînen sinnen, dém müte,* es sich etc. sauer werden lassen [Parc. 6885 l. *móhtz*: unmöglich fiel es ihren Augen schwer; denn sie hatten Grund. Flore 457. 7729: *Doch enblienden si'z dén ougen.* Ohne Dativ Loher. 11, 1]; *éz wol* - D. auf gute Art bemühen [Lichtenst. M. S. 37 b. (457, 16)? Statt *éz* ein Subst. M. S. 2, 81 b.] Partic. *enblanden* molestus W. Wilh. 110a. Parc. 16933. Amur 39. [M.
273 S. 2, 254 b: *enblanden sîn dén lîden.* Titurel: *Dáz lóp wárt sînen lîden dicke enblanden,* und: *Der strît wárt sêre enblanden in bęiden.*] *enbresten* st. Verb. neutr. DP. jemandes Forderung entgehen. *enęin* zusammen: *-hellen, wésen* übereinstimmen, *wérden* GS. mit sich oder andern über etwas eins werden; *e. sliezen* verbinden, *e. sámenen* vereinigen. *engelten* st. GSP. Schaden haben von-. *enpfinden* st. GS. inne werden. *enrihte* in grader Richtung, ordentlich. *ensámt* zusammen. *enschumpfieren* schw. [Roman. desconfire] besiegen. *enthalten* st. aufhalten: 1) aufrecht halten, daher, bewirten, beschützen; *sich e.* wohnen; 2) ab, zurückhalten [*dem orse* Wolfr. Wilh. 27 a, näml.

dén zoum; Parc. 8748 *dêr tioste* d. i. *dém orse die tiost:* aber auch *dáz ors enthában* Parc. 5350]. *entlihen* st. ausleihen. *en-triuwen* fürwahr. *entsägen* schw. ASP. DP. entziehen [Barl. 363, 39: verbarg seinen Entschluss]; AP. GS. frei machen von-. *entsitzen* st. A. etwas fürchten, DP. für jemanden. *entwér* statt *entwérch*, auch *twérhes, entwérhes, twirchlingen* Adv. *twérch -rhes* Adj. queer, verkehrt. *entwésen* st. G. s. v. a. *áne wésen.* *enwéder* keins (von zweien). *enwége* (Trist. 13553), *enwék* (Wirnt, Konr. v. W.) weg. *enzit* bald. *ę́rbe* n. ererbtes Grundstück; das *ę́rben*, Vererbtwerden Parc. 22294. *erbęizen* schw. absteigen, hinabsteigen. *erbiten* st. *erbęiten* schw. G. erwarten. *erbolgen* erzürnt. *erbiuwen [erbûwen? erbouwen* s. *biuwen]* beackern; erbauen. *ergętzen* schw. AP. GS. jemand entschädigen für -. Wigal 6407 ironisch, wenn nicht *entsazt' in* zu lesen ist. Parz. 22471. Ernst 4864 *unregęztiu nót.* *erglęsten* schw. (Praet. *erglaste,* oder blofs die zwei *t* zusammengez. *erglęste*) aufglänzen. *erhellen* st. erschallen. *erkęnnen* schw. 274
kennen, urtheilen, *(reht)* zutheilen. *sich* - GS. *án* D. etwas woran erkennen, danach beurtheilen Trist. 5134, gerecht urtheilen *ü'ber* A. Parc. 1265, das Rechte thun *án* DP. Parc. 351. [ohne *sich: e.* GP. M. S. 1, 203b.] *erkant* bekannt; *vór Góte* (Wolfr. Wilh. 23a) vor Gottes Gericht nach Verdienst beurtheilt. *erkęnnelich, erkantlich, bekantlich* Adj. Adv. kennbar. *erlangen* schw. s. v. a. *beträgen*, *erdriezen.* *ernę́rn* schw. erhalten: heilen, speisen. *erschęinen* schw. *erschinen* (st. leuchten, offenbar werden) lassen. *erschęllen* schw. *erschellen* (st. ertönen) machen. *erschricken* st. schw. *(-ak -äken, -ikte -ihte;* auch Inf. *-ecken?)* erschüttert werden, aufspringen. *erschręcken -ahte -akte -ęcket* aufrütteln; intrans. Nib. 4096. Kl. 2237. M. S. 2, 203a. 67a. *ersihen* st. ausseihen, ganz ausfliefsen lassen. Wigal. 7767. 10970. Wigam. 523. Kl. 1486. Davon *ersęien* schw. M. S. 1, 45a. Aber *ersęigen* schw. [von *sęigen*, transit. von *sigen*] wägen bis nichts mehr da ist. Kl. 1367. Titurel: *án klârheit ûz gesęiget,* auserwählt. *ersmęcken* schw. riechen, spüren. *erstręcken* schw. lang machen, dehnen. *erwihen* st. abthun, zu Grunde richten. [S. Benecke z. Wigal. S. 563. *giwihan*, conficere; *wihanto,* faciendo, gl. Mons. Morolf 1949? Davon *wiht enwiht* n. m. Todtes Wigam. 527, Nichts, Elendes, Elender.] *erwinden* st. GS. mit *sin,* aufhören. *erzęigen* schw. zeigen, weisen, bezeigen. *erzingen*

schw. anschaffen; durch Zeugen erweisen. *ét éht* einigermaſsen (Griech. $\tau\iota$). *éteswâ* an einem oder einigen Orten.

failieren, fâlieren st. [Franz. faillir] verfehlen. *fęile* schw. f. Parc. 8988. 91. das Franz. voile Schleier? Im Titurel öfter eine *vâle* stf. von Seide. vele Roquefort. Oder gehört hieher *Falie* palla, vestis muliebris? *fele* Morold 38, S. 65a. *fier* [Romanisch, aber Deutsch auszusprechen] kühn, edel etc. *fischieren* schw. [Roman. fischer] fest stecken. *flans* stm. verzogener Mund
275 Parc. 7367. *flęnselîn* Parc. 3357. *flâtik, flâtéklich* Adj. sauber, reinlich. *fliesen* s. v. a. *verliesen*. *flùhsâl* n. Flucht, Eilen Parc. 3481. Barl. 238, 28. S. Haltaus und Oberl. [richtiger *flûhtsâl?*] *flûst* stf. Verlust. *flû'stebǽre* [so schr.] Verlust bringend.

foreht, forest, foręist n. [Roman.] Forst. *frâz* stm. Pl. *frâze* (Müller 3, xxxix; 95. M. S. 2, 133b. 192a) Fresser. *frę'bel* statt *frę'vel* verwegen. *frę'vel* stf. *frech* kühn, keck. S. Troj. Kr. 5253. 15152. *frę̂ischen* Praet. *friesch frę̂ischte*, Part. *frę̂ischet* etwas erfahren. *frę̂ise* stf. Gefahr. *frę'mde, frö'mde* entfernt, ungewöhnlich. *frę'mden* schw. AP. fern von jemand sein.

friedel stm. Geliebter. *friedelîn.* stf. Meisterg. 430. Lohengr. 12, 1. M. S. 2, 7b. 8a. *fristen* schw. zögern; A. dauern machen, am Leben erhalten, verzögern. *frônebǽre* heilig. *frouwe* schwf. Gebieterin; vornehme Frau. *fröuwelîn* n. junges Frauenzimmer; so werden Kinder angeredet und Bauermädchen, adelliche aber *frouwe, junkfrouwe*. *frû, früje* früh. *ze frû* zu unrechter Zeit.

frúm, fróm etwas schaffend, tüchtig, nützlich. schwm. Nutzen. *frúmen, frómen* AS. machen, schaffen, verschaffen; AP. *în* etc. jemand wohin schaffen; AP. ohne Beisatz, *frúm* machen, *erfr*. Ben. Beitr. 252 intrans. DP. Nutzen schaffen. *frü'nik* statt *frü'mik* s. v. a. *frúm*. *frût* klug; froh. *fuoge* stf. was passt: Schick, Schicklichkeit, Geschicklichkeit, Gelegenheit. *fuogen* schw. act. einrichten, bereiten; *éz fuoget sich*, schickt sich; intrans. passen [oder heiſst es intr. *fuogen? Unfuogen* kommt im Titur. vor; in W. Wilh. 6a leidet der Reim *unfuoget* und *unfuoget* (s. Parc. 5983. 12156. Wilh. 182a. Parc. 20957. Wilh. 113a); das Praet. *fuokte* entscheidet nicht, Troj. Kr. 7806 im Reim auf *luokte*, welches im Inf. vielleicht auch *luogen* heiſst, (s. *luogen*) und auf *ruokte* (rügte) im Titurel; auf *genuogte* Lohengr. 94, 176 vgl. das. 130, 4. Weiter habe ich das intransit. nirgend im Reim gefunden]. *fü'rbaz* [nicht *fü'r*
276 *baz*, Iw. 3010f.] Adv. weiter; mehr. *fürder [fü'rder?]* hinweg.

fure stf. Art etwas zu thun, zu leben. *fürnáms* s. v. a. *binámen.* *furrieren* [Franzōs.] Kleider füttern. *fiuwerrám* s. *rám.* *gæbe* gut, annehmlich Trist. 12483. Parc. 10520. 9356. W. Wilh. 167 b. Wilh. v. Or. 1, 15 b. M. S. 2, 226 a. b. Ernst 879. 939. Meisterges. 307 etc. *gabilôt* n. [Franz. javelot, gavrelot] Wurfspiefs. *gâch ist mir* ich eile. *gâdem, gâden* n. Zimmer. *gâgen* schw. krächzen wie Raben und Gänse. *gâhe* Adj. schnell, hastig. *gâhes, gâhen, gâhens* Adv. *gâhen* schw. eilen. *galm* stm. Schall. *gân, gên* st. — *ân g.* ASP. angreifen. *ganz* Adj. vollkommen, vollständig, unverletzt. *gart* stm. *gerte* schwf. Reis, Gerte, Stachel. *garzûn* stm. s. v. a. *kint,* ein *knappe* ohne Pferd. Parc. 15615-20. W. Wilh. 60 a. *gast* stm. ein Fremder. *ge-* vor Verbis, Adj. und Adv. drückt den Begriff des Seins stärker aus. So *ge-dingen, ge-drâte, g-êren, ge-lieben, ge-nieten, ge-stên, ge-vâr, ge-wërn.* Einige haben immer *ge-*: *gesigen, g-unnen* etc. S. Grimm S. 644. *gebâr* stm. *gebâre, gebærde* stf. Aussehn, Betragen. *gebâren* schw. sich äufserlich betragen; auch *sich g.* *gëbe, gâbe* stf. Gabe. *gebende* n. jedes Band, bes. die Binde um Kinn und Haar, welche die Frauen trugen, auch wohl Jungfrauen. S. *schápel.* *hôch g.* Turban W. Wilh. 10 a. 167 b. *gebresten* st. GS. DP. mangeln. *gebûr, gebûre* stm. Ackermann, roher Mensch. *ge-denken, -âhte -âht* — GS. sich etwas vornehmen. *gedinge* schwm. (stf. stn.) Hoffnung. stn. Vertrag. *gefriunt* Adj. freund. *gefüege* (selten *gefüek,* Müll. 3, xxxix, 106. M. S. 2, 82 a. 91 b.) Adj. wer oder was sich schickt, sich behandeln lässt. *gefüere* n. Vortheil. *gegenstrît* s. *strît.* *gegihte* n. Gicht a. Heinr. 884 [l. *Die muter.*] 277
Cod. Pal. 360. fol. 138 a: *Dâ brichet si dâz gegihte.* Museum 2, 187. *gehaz* Comp. *gehezzer* DP. jemand verhasst oder ihn hassend. *geheizen* st. versprechen. *gehenge* stf. Zustimmung. *gehilze* n. Griff am Schwerte. *gehiure* sanft, milde, im Gegensatz des *ungehiuren,* teufelischen etc. *geil* froh, G. *gelâs, gelæse* n. (*gelâzen* Trist. 5911) das *gebâren.* *gelichen* schw. gleich sein; gleich machen. *ge-ligen* st. danieder liegen. *eins kindes,* mit einem Kinde *nider kómen* (Flore 597. M. S. 2, 154 a); auch *kindes in (in) ligen.* *gelimpf* stm. s. v. a. *füege.* *gelimpfen* schw. *füegen* transit. Trist. 15482. g. Schmiede 1400. Troj. Kr. 15004. M. S. 2, 250 a. 237 b. Weltchr. 208 c: *Und si (die untriuwe) so mánik unsálik man Geráten und gelimpfen kan.* [*galimpfan* st. intr. im Althoch-

deutschen.] *gelt -tes* m. n. Bezahlung; Bezahltes, Eigenthum. *gelten* st. bezahlen; kosten. So auch Parc. 22191. *gemach* stm. n. Ruhe, Bequemlichkeit, Beruhigung. n. Zimmer. *gemâk -ges* Adj. der *mâge* hat, *mâk* ist. *gemâl* Adj. s. v. a. *gevâr, vâr.*

gemeine [*gemein* Rudolf, Reinb. etc.] gemeinschaftlich; allgemein. *gemeit* vergnügt, heiter und artig; erfreuend. *gemût* gesinnt. *wol g.* (auch *g.* allein) wohldenkend. *genâde* stf. — In der Anrede: *Genâde frouwe* etc.! seid gnädig! d. i. ich bitte [nicht Imperat.; oft folgt Subst. und Verb. im Plur.: auch nicht Adj.; denn man sagt: *genâde, minnéklichez wîp; genâde, rôsenvârwer munt;* nie *genâder herre, genâdiu frouwe;* auch wird *genâde* nachgesetzt] *Herre, iuwer genâde!* ihr seid gütig: ich danke. Nib. 1693. 5785. Parc. 9033. 11621. (vgl. 10796 l. *Lâz' ich*) Wigal. 8786 *mînes,* Karl 82b. [zuweilen auch *genâde* für *iuwer genâde.*]
278 Daher *genâde* ausgesprochener Dank; *genâden* schw., *genâde sagen* DP. GS. Dank sagen. *genâme* angenehm. *geneudékliche* kühn. *genésen* st. G. befreit, gerettet werden von Tod oder Krankheit, (in demselben Sinne *eines kindes g.*) *geniezen* st. GSP. Vortheil haben von –. Partic. praet. hat active Bedeutung. *genislich* zum Genesen geeignet. *genisbære* Genesung habend, bringend. *genist* stf. Rettung. *genôte* Adv. eifrig.

genuht stf. Fülle. *genûk -ges* Adj. genug, viel. *gér, gir* stf. Verlangen, Wunsch, Wille. *gérn* schw. G. begehren. *gerâten* st. s. v. a. *ge-dîhen,* mit der Zeit werden (Parc. 20875. W. Wilh. 32a), ausfallen [*rât,* was da ist], mit *sîn* und *hân.* [Auch von Personen. Kl. 2085 (948). Titurel: *z' allen sîten Wârt nû gedrank; dô sach man Ekunâten Gein dém vón Babilône Dringen: hôret, wie sî nû gerâten.*] *gereite* Adv. sogleich. *gerich* stm. Rache. *g-e'rnen* schw. ärnten. *geriute* stn. urbar gemachtes Land. *geschaft* (G. *geschefte*), *geschepfede* stf. Geschöpf.

geschelle n. die Schellen am Reitzeuge. *geschelle* n. das Tönen.

gesellschaft stf. freundschaftliches Zusammensein. *gesinne* Adj. *sin* habend. *geslaht* Adj. abstammend, angestammt. *wol g.* (auch *gesl.* allein) wohlgebohren. *gesüne* n. Versöhnung. *getrôk -ges* n. s. v. a. *trüge* stf. Betrug. *gevallen* st. zufallen, recht fallen (gefallen), *gevallesâm, gevellik* s. v. a. *gefüge.* *gevârlich* was schaden will. *gevelle* n. 1) das Fallen, M. S. 2, 60b; Sturz vom Pferde; *waltgevelle* Umsturz der Bäume, Iw. 7780; Ort, wo umgefallenes ist, *waltg., steing.* [*in velligen stetin,* in ruinosis, gl. Mons.]; s. v. a. *fuge*, Trist. 9808. *ungevelle* Unglück. 2) das Fällen von Thieren auf der Jagd, Trist. 3338. Wigam. 238; das Niederhauen, Karl 85b. M. S. 2, 58a. *ze gevelle blâsen* Karl 56a. Trist. 2660. Titurel: *Swâ man wêrde manheit solde kiesen, Dâ wârt in heils gewünschet, Sô daz si zû gevelle hôrn bliesen.* *gewähen* st. G. erwähnen. *gewerp -bes* m. das *wêrben* [*gewerft* Altd. W. 3, 223, 82. ist wohl fehlerhaft, *gewêrf* Iwein 5812 schwerlich echt Oberdeutsch.] *gewinnen* st. sich zu eigen machen, *ân g.* ASP. DP. was oder wen jemand in seiner Gewalt hat sich verschaffen. *gewis, gewisse* gewiss, zuverlässig. *gewis* stm. (Benecke z. Wig. S. 603. Altd. W. 1, 51), *wis* stm. stf., *wise* stf. Weise, Art. *ge-zü'k -ges* m. Zeuge. *gezinge -ges* n. Erworbenes: Vermögen, Geräth. Zeugniss, Beweis. 279

glast stm. Schein. *glêrin, glêrine, glârie, glêren* (Parc. 6892. g. Schmiede 958) stf. Lanze, eig. die Stahlspitze daran. Parc. 13239.

glöhte Parc. 7221, von *ge-löhen* flammen? Nib. 7403. *gnâdelôs* ohne (Gottes) Gnade, unglücklich. *gneiste* schwf. der Funke.

gouch stm. der Thor. *goume, goum* stf. s. v. a. *wâr* Aufmerksamkeit. *grâ -âwes* grau. n. Grauwerk (Pelzwerk). *grân* stf. ein Haar im Bart. *grât* Pl. *-âte* m. scharfe und spitze Erhöhung, Rücken von Pferden, Fischen, Gebirgen. *griezwart, griezwertel* stm. *griezwarte* schw. m. der auf den *griez*, (Sand auf dem) Kampfplatz zu achten hat, *kroijierre.* *guft* stm. lautes Schreien: Ruhm, Pralen, Ruhmredigkeit; Klaggeschrei. *sich güften* G. großpralen. *gügen, gûkzen* schreien wie ein Kuckuk. *gunnen, günnen* GS. DP. jemand etwas wünschen oder gestatten. *gût* stn. Vermögen, Reichthum, Glück; Gültigkeit, Sanftmut.

hâbe stf. was man *hât.* was *hâbet:* Hafen; ein Halt Walth. 127a (81, 11). (*hâp* n. Parc. 23486. -79. M. S. 2, 13b.) *hâben* 280 *hâbte* halten; behaupten, *behâben* Trist. 15159 (15297 Hag.) *haft* stm. ein Halt. *hak -ges* m. n. dichtes Gehölz. *halde* schwf. Abhang eines Berges. *halp* stm. Handhabe. *handeln* schw. behandeln, betreiben (ohne Acc. Nib. 5284.) *hant* stf. — *diu ërger hant,* deterior conditio Trist. 15269. Meisterges. 134. Haltaus S. 795. *zêr hant, zên handen, zê sînen handen,* zum, zu seinem Gebrauch. *hande* [nicht *hende,* Nib. 2759] im Gen. Sing. Plur. [Accus. Iw. 401?] von einer oder mehreren Arten. *hârm* stm. Härmelin. *harte* Adv. sehr. *herte* (selten *hart*) Adj. hart. *hâschärlich* [nicht *haschärlich*] Parc. 8694 W. Wilh. 107a [*hal-sch.*], auch im Tit., von *hálschár* stf., Karl S. 33b. 67b. 72a verborgene Schar, Hinterhalt? [wohl nicht von *hármschár, hárns.* schmähliche Strafe.] *hę'ben hûp gehában (erhában* Inf. W. Wilh. 207a? *habe* f. *hę'be* M. S. 2, 253b.) — anfangen trans. *sich h.* anfangen intr. *hęide* stf. Grasplatz, bes. im Walde. *hęil* n. Zufall, glücklicher Zufall, Glück. *hęiltûm. hęilíktûm* n. eine Reliquie. *hęim, hęin* nach Hause. *hęimlich, hęinl.* zum Hause gehörig (Parc. 10288), DP. vertraut mit-. *helfen* st. AP. jemand fördern, ihm nützlich sein (von Sachen); DP. jemand beistehn, ihn retten, G. in einer Sache, *ze* D. (A. Parc. 12974) verhelfen zu-. *hęlle* stf. Hölle. *hęllen* schw. in die Hölle bringen. *hellen* st. tönen. S. *enęin:* so auch Walth. 126a (77, 36) *gelîche h.*: seid einstimmig, *hín,* hinzuziehn. *héln* st. AP. AS. jemand etwas verhehlen. *verhólne* Adv. *hęngen* schw. GS. DP. gestatten, beistimmen. *hér* her, bisher. *hérdán* von da hieher. *hę'r* n. Heer, Übermacht. *hę'rn* schw. mit *hę'r* anfallen, berauben. *behę'rn* AP. GS. über etwas gegen jemanden Macht erlangen, ihn desselben berauben.

hêr, hêre vornehm, (heilig,) stolz, froh G. *hêren* schw. *hêr* machen, halten, sein. Weltchr 78a: *Diz liut sich sêre mêret; ez árgel unde hêret. behêren, hêr* machen, GP. dass man etc. jemandes
182 *hêrer* (in dessen Meinung vornehmer — Engl. one's better) werde. *hêrebérnde* Freude schaffend oder Heiligkeit an sich tragend. *hêrsch* hochmütig. *hę'rmîn* Adj. von Härmelin. n. Härmelinpelzwerk.

herren schw. mit einem Herrn versehen a. Heinr. 273. zum Herrn machen Parc. 4417. Tit. *hęrsenier* n. eine Hauptbedeckung unter dem Helme. *herzeliebe* stf. herzliche Freude. *herzesêr* n. herzl. Schmerz. *hin, hinne, hinnen* von hier. *hindán* von da hin. *hinfü'r* hinaus *(fü'r die tü'r etc.),* nach vorn hin, künftighin. *hinne* statt *hie inne. hirz* (Wolfr. Wirnt, Gottfr. Rudf. Reinb.), *hirtz* (Konr. v. W.) stm. Hirsch. *hôch, hô* Adj. Adv. *hôhe* Adv. hoch, vornehm, edel, froh. *hôher stán* zurücktreten. *hôhe stán* froh sein Lichtenst. (424, 7) Docen Misc. 1, 103. (AP. hoch zu stehn kommen Flore 5357, DP. Nibel.) *hôhe trágen, dén mût, lîp,* oder ohne Accus. froh, stolz sein (Titurel: *éz dórft' im niht versmáhen, ób er noch hôher trûge.* Urspr. wie ein mutig Ross, das den Reiter hoch trägt. *swáre trágen,* betrübt, *ze sêre geláden* sein. Aber *ringe trágen* Iw. 3808 *(ér)* ohne Beschwerde ertragen.) *hôhe* (an sich) *trágen,* vornehm sein Parc. 7493. *hôch gemûte, hôchgemûte* n. Freudigkeit. *hôch gemût* Adj. *hôchgezît* stf. festliche Lustbarkeit. *hôch-*

várt stf. Vornehmheit, Freude, Übermut. *hóf -ves* m. Ort, wo ein Fürst oder Herr wohnt oder seine Vasallen und vornehme Gesellschaft versammelt; die Versammlung selbst. *hóvelich, hóvesch hö'fsch, hü'besch, hóveschlich etc.* wer oder was vornehmer Gesellschaft ziemt. *hônen* schw. verächtlich (*hône*) machen. *huf* Gen. *hüffe* [nicht *huffe*] f., *hüffelin* n. Hüfte. *hulde* stf. Treue des Dienstmannes; Gunst (des Herrn), Erlaubniss, Nib. 1020. *mit iuren hulden.* *hurt* stf. (Gen. *hurt, hurte*) Stoſs mit dem Leibe oder Speer. *hurten, hurten* (Praet. *hurte, hurte.* Part. *gehurt*) stossen.

hurtéklich: man sticht beim Turnieren (Parc. 24277) 1) *zém
púneiz (poinder)* gleich beim ersten Ansprengen *vón rabine;* 2) *ze
treviers,* von der Seite [W. Wilh. 175b. Lohengrin. 122, 4.], 3) *ze
rehter tioste,* von vorn, das Speer gesenkt auf die *vier nágele* d. i. 282
das Bruststück am *harnasch* des Gegners; 4) *hurtékliche,* Schild
an Schild und Ross an Ross, so das die Rosse einander stoſsen
und *dringen;* [*hurtéklichiu rabin* Parc. 7291. 1786, bei der man
aufs *dringen* ausgeht?] 5) *zér vólge,* von hinten? W. Wilh. 40a. b.
26b. (zweimahl). *hüte* stf. Bewachung, Aufsicht, Vorsicht. *hüten* schw. GPS. (seltener A.) beachten, bewachen, bewahren, besorgen; (auch ohne *sich* oder *sîn*) sich in Acht nehmen.

ie jemahls; immer. *iemer, immer* zu einer andern Zeit als jetzo; auf alle Zeit. Beide in indirecter Rede statt *nie, nimmer.* *iender, inder* irgendwo, irgendwie. *ietwéder, iewéder* jedes (von zweien.) [von dreien M. S. 2, 221b]. *iht* n. Etwas. Adv. irgend; in abhängigen Sätzen auch nicht. *niht (niet)* Nichts; nicht (oft mit G.) *innen* bringen AP. GS. überzeugen. *inziht, biziht* stf. Beschuldigung.

jachant -des m. Hyacinth (Edelstein). *jéhen* st. [von nachlässigen Schreibern oft unrichtig conjugiert, Wolfr. Tit. 49. Wigal. 11640. Nib. 3427. Barl. 102, 1 etc.] sagen, etwas aussagen, GS; zu jemand DP.; über jemand DP., *vón* DP.; etwas oder jemand GSP. für etwas erklären, *ze* D., *fü'r* A. (A., Parc. 11752. Barl. 85, 24); jemand etwas zusprechen, zugestehn GS. AP.: es *án in lázen* GS. *án* A. [der Gen. *dienstes* oder *siges* fehlt oft; Barl. 7, 14 (S. 404). 50, 6]; jemand DP. in einer Sache GS. auf etwas *üf* A. verweisen, Parc. 14382. 15921. *joch* voranstehend, *καί τοι;* nachgesetzt, *τοι.* *jungen* jung werden. *jungester* letzter. *ze jungest* zuletzt.

kapfen, auch *kaffen* schw. hinschauen. *kárk -ges* listig, karg. *karrásche* schwf. [Romanisch] Fuhrwerk. *kastelán*

n. Streitross. *kẹ'menâte* schwstf. Zimmer, bes. zum Schlafen
und für die Frauen. *kẹmpfe* schwm. der durch einen *kampf,*
283 d. h. Zweikampf, die Sache eines andern vertheidigt. *kẹmpfen*
schw. AP. mit jemand einen Zweikampf halten. *kẹrzstâl* n.
Leuchter. *kiesen kiuse kôs kürn kü'r erkórn* erkennen, wählen.
kórn schw. kosten, schmecken. *kit* (Müller 3, xxxii, 220. M. S.
1, 45b. *chiit* W. Tit. 137) s. v. a. *sprichet.* [Althochd. *chit* von
chédan, quédan.] *klâ* stschf. *(klâwen)* Klaue. *klẹine* Adj.
klein, zierlich, fein. Adv. wenig. *klẹmbern* schw. klammern.
klieben st. spalten. *klôse, klûse* stschwf. Klause. *klûk,*
-ges hübsch; klug. *kneht* stm. junger Mann (Troj. Kr. 16738),
knâbe. *gûter kneht,* bes. der nicht *herre* oder Ritter ist. *collier*
n. Halsbedeckung. *kómen, kúmen* st. (Praet. im Reim nie *kóm,*
sondern *quám, kám, quâmen* etc.) — *wider k.* G. von etwas (Aussage,
Versprechen, Leid) zurück (zum Gegentheil) kommen. Iw.
2914. 7627. 8073. Parc. 10061. *condwier* n. Geleit. *koste*
kost stf. Kostenaufwand. *kostenlich, kostékl.* theuer. *kóvertiure*
stf. Decke des Pferdes. *krâ* stschwf. *(krâwen)* Krähe. *kraft*
stf. [von *krapfen* klammern, Parc. 6141. Stieler S. 1027. *chrapha*
(*krẹpfelin* Herrad S. 185a, *krapfe* Ernst 3548) uncinus. *crapfo*
ancora, Stald. Dial. S. 198. *ü'berkrẹpfik* M. S. 2, 170b. Vgl.
Stalder Id. 2, 129. Adelung Krapf] ganze zusammengefasste
Masse, Menge, Fülle, der ganze *lîp* oder *mût*; das Zusammenhalten,
Festfassen, Gewalt. (Rudolf: *Mit kraft und niht mit der*
geschiht, potentia, non actu. Docen Misc. 2, 49. S. 50, 4 l. *geschaft.*)
krank schwach, mutlos. stm. Schwächung. *krẹiz*
stm. Kreis — Parc. 22100. *krẹnke* stf. die Mitte des Leibes,
taille. Parc. 6918. W. Wilh. 70b. Turlin 146b. *krîe* stf.
Schlachtruf. *kroijierre, krîjierre, krîjirre* [wie *batelirre* batailleurs
Parc. 5446. W. Wilh. 101a, nicht *kroijiere*] stm. Knappen, die
284 beim Zweikampf dienen. *kroijieren* schw. [*krîen* st. Georg, Titur.]
das Schlachtgeschrei rufen; als *kroijierre* rufen. *Krieche* schwm.
Grieche. *ze Kriechen* im Morgenlande. *krisem* stm. das Chrisma.
kulter stm. (schwf. Parc. 16419. 22723) Polster *kûme* mit
Mühe. *kûmen* schw. leiden, krank sein. Parc. 8655. Meisterges.
316. *sich erkûmen* M. S. 2, 88b. *künne* n. die zu Einer Familie
gehören: allgemeiner, *wîbe künne* Weibervolk etc.; für *slâhte*
Parc. 22723. *kunnen, künnen* können, subjectiv, zu thun wissen,
verstehen. En. 10207. Altd. W. 3, 19, 164. 165. *-mit* DSP. mit

etwas oder mit jemand umzugehn wissen. S. Parc. 17283. Benecke Beitr. 184, 7. *kü'r* stf. Wahl. *kurtois*, selten *kurtęis* (decliniert nur *kurtęise* etc.) s. v. a. *hövisch*, *kurtôsîe* stf. s. v. a. *hövischęit*. *kurzewîle* stf. Zeitvertreib. *kurzwîlen* Adv. kürzlich.

lant -des n. — Vaterland. *lantliut*, *lantvolk* n., *lantliute*, Leute im Lande, Vaterlande. *lantręste* stf. Landung. *last* stm. die Last. *laster* n. Beschimpfung. *laz* matt an G. *lâzen* st. — AS. erlassen. *-ân* .A, *ze* DP. (Sieg oder Entscheidung) überlassen. AP. behandeln (*wól* etc.); zum Jagen, zum Laufen etc. loslassen, *verlâzen*, *ân lâzen* Trist. 3331. M. S. 2, 10a.

lében schw. — A. erleben. *lébetáge* schwm. Leben, Lebenszeit. *lébermę'r* n. das rothe Meer; ein fabelhaftes gefährliches Meer. *lę'gen* schw. — *fü'r* l. AS. DP. vortragen, aufgeben. *ûf l.* auferlegen. *lęich* stm. Gesang, Gesangweise von einer noch nicht recht bekannten Art. [*sanglęicha* cantica.] *lęide* stf. *lęit* n. Leid. *lęiden* schw. wehe thun intr.; unangenehm machen; bedauern Parc. 21009. W. Wilh. 68a. *lîden* st. leiden (pati).

lęis? niuwe lęis n.? Parc. 8371. *niuwin lęise* schwf. Morolf 2, 1494. Neuer, frischgefallener Schnee. Wilh. v. Orlenz 6721 (nach Grimm): *ęin niuwelęise vón snê gesnît.* Figürlich Parc. 2168: *Vón dés spér snîte ęin niuwe lęis.* Titurel: *Dér ie in hęrter fręise Dér spér sô vil verswande, Dâz vón sîner hęnde niuwelęise* (n. ?) *Snîten dâ vón trunzen und vón sprîzen;* und mit der Nebenbedeutung Gleis, Spur: *Dér unpris ie wórhte* (an denen, die ihn angriffen), *Sô daz vón im snîte ęin niuwelęise, Darûf man spü'rnde ritter móhte vinden; Die wârn unpris dâ lésende;* in einer Stelle, die vielleicht von Eschenbach ist: *Alsám ęin tier verhouwen In ęiner niuwen lęise.* Und noch einmal: *Man jách dér tempelęise Herren und grâles vogete, Daz vón trunzen ęin lęise Gienk, aldâ sîn poinder hin nû zógęte.* [Lohengrin 139, 4: *als ûf niuwer spü'r Ein ę'del hunt. Wâgenlęisen* im G. plur. Parc. 5353. *Bi ęiner wâgenlęise* Frib. 3754. *wakanlęisan* orbita, gl. Boxh.] *lęischieren* schw. mit verhängtem Zügel reiten, bes. beim *pûnęiz.* Parc. 20264. 18258. (22075 passt wohl zur Carriere.) *lerz* link. *lęsterlich* schimpflich. *letzen* schw. AP. jemand Schaden thun. *lich* stf. Fleisch. *liebe* stf. das Erfreuliche [So a. Heinr. 1046: dieser Trost. Vielleicht ist aber zu lesen: *Ze liebe wárt ir ungemach*]; das Angenehmsein; innige Freude, Wohlgefallen, Lust. *liep* n. dasselbe; Person, die an einer andern Wohlgefallen findet

oder ihr angenehm ist. *liep, liebe* Adj. angenehm; freudig. *lieben* schw. angenehm werden, sein; angenehm machen; gewogen
machen a. Heinr. 328. 975? [das *(iuch)* ist zu streichen.] *lîhte*
Adj. ohne Gewicht oder Werth. *lîhte* stf. *lîhte* Adv. leicht, vielleicht. *vil lîhte (lîhte vil* Iw. 5583) gar leicht. *lîht* statt *lieht*
hell, Licht. *lîp -bes* m. Leib; Person; Leben. *list* stm.
Klugheit, Kenntniss, Kunst. *lit -des* n. (Plur. *lit, lider,* auch
lide und Sing. *lite* Trist. 3064. Georg 3617. vom alten *lidi* n.)
Glied. *lîte* schwf. Bergabhang, Hügel Parc. 6715. Wigal. S.
462. M. S. 2, 58a. 222b. Meisterges. 582. Wilh. v. Or. 1, 16a.
24a. Lohengr. 184, 4. Schilter S. 548. (Karl 45a unten, *ęin hôhe*).
Trist. 10774 *Dâ engę'gene dâ die sîten Sinkent ûf ir lîten*). [Isl.
hlíd.] *lôs* ungebunden, ungezwungen, ausgelassen, betrüglich,
286 befreit, ermangelnd G. *lôsen* schw. betriegen. *lôsære* stm. Betrieger. *lôsen (lôste, gelôst)* lösen. *lósen* schw. hören, D. A.
lougen [Nib. 5028 (1143, 4); l. *en vant.*] Praet. *lougente* ver-
neinen G. Parc. 17874. *lûgen* (auch *lügen?* Troj. Kr. 15118
vielleicht *mit füge.* Troj. Kr. 481 passt auch *slûgen.* Troj. 21562
ungewiss. *lûgen* 19658. Mus. 1, 66. M. S. 2, 22a. Vgl. *fûgen*)
schw. s. v. a. *schouwen,* aber mit dem G. *lüppen* schw. ver-
giften. *liut* n. Volk. Pl. *liute* m. (auch n. Ernst 4087. im Nom.
liut?) Leute. *liuterlich, lûterlich* Adj. Adv. klar, rein, unschul-
dig. *lûtertrank* stm. n. eine Art gewürztes Weins, *clârêt* n.
lützel Adv. wenig. Auch n., G.

mâgenkraft stf. das gesammte Können. *mâk -ges* m. Ver-
wandter. *mâl* n. Zeichen; Nägel an der Klinge. *man* stm.
Mensch; Mann; Vasall. *mære* n. Rede, Nachricht, Erzählung;
Sache von der geredet wird. Adj. berühmt, bekannt; der Rede
werth, wichtig, lieb. *massenîe, massenîde, męss.* stf. das *ingesinde*, alle zum Hause eines Fürsten gehörige Personen. *mât*
stf. Reimar 64b (MSF. 159, 9)? Adj. matt im *schâchzâbelspil;*
verdorben. Troj. Kr. 6916. stm. Verderben. *mâze,* stf. Ver-
meidung des Zuviel und Zuwenig. *die mâze*, grade so, (dermaſsen). *ze mâze, ze mâzen* gehörig, eben recht; mit gelinder
Ironie, zu sehr, wenig. *mê, mêre, mêr* n. indecl. Adv. mehr.
mêre, mêrer oder *mêrre* Adj. — [Wo *mêrre* als Subst. oder Adv.
steht, ist die Lesart unrichtig. Iw. 879: s. Mich. 2, 85. Flore
2379: *hêre.* 4822: *aller kü'nige êre.* Georg 448: *fü'rste hêr.* Karl
49b: *hêre.*] *męinen* schw. wollen: AS. sagen, thun, bewürken

wollen; AP. begehren, lieben. [Nicht unser meinen. Iw. 5, 321 Mich. 3282 Müll.] *meister* stm. der vollkommene, erste, gelehrte etc. *meisterschaft* stf. Vollkommenheit; Oberherrschaft; Gelehrsamkeit. *melde* stf. Anzeige, Nachricht, Verrath. [*meldes* Wolfr. M. S. 1, 147 b. (6, 34) wohl statt *meldens* Infin. Es ist 287
gut den Liebenden mit Nachricht (vom Tagesanbruch) zu beschweren?] *me'nen* schw. treiben. Parc. 7179. 1628. 2672. W. Wilh. 162 a. 196 a. Titur. Frisch 1, 635 b. *merkære* stm. *der merket* aufachtet und beurtheilt. *mez* n. Mafs. *michel* grofs (nur von Sachen und von Riesen etc. Wigal. 2226. 7354. 2578 von Hoijier von Mansfeld). *michels mêre* um ein Grofses mehr. *miete* stf. Bezahlung. *milte* freigebig. stf. Freigebigkeit. *minne* stf. Liebe (häufig im Plur.); Liebchen (Reinh. F. 948), in der Anrede Neifen (52, 15) Ben. Beitr. 76. Mus. 1, 386. W. Tit. 108. M. S. 2, 67 a. Brem. Wb. 3, 164. *(frou) Minne* [grofs zu schreiben] schwf. die personificierte Liebe. *miselsuht* stf. Aussatz. *missedâht* stf. unrechtes Denken, Argwohn. *misselich*, *mislich* Adj. Adv. verschieden. *missewende* stf. Wendung zum bösen oder schlimmen, Sünde, Unglück. *mit* Praep. *mite* Adv. — damit. *môruz* m? ein süfses Getränk. *mórne* morgen. *mós* n. Morast. *mügen*, *mü'gen* [Conj. nur *mü'ge*], *me'gen* können (objective Möglichkeit.) GS. DP., über etwas Macht haben zu jemandes Besten oder Schaden (dafür, dagegen können): *Waz mág ér (mir) (dés)? Wer mág (im) (dés) (iht)? Désn mák ich niet,* Ben. Beitr. 139. *müjen*, *mûn mûte mûte gemût gemût* plagen. *mût* stm. Gemüt: Gesinnung, Stimmung, Wille; gute, rechte Gesinnung. *gâher m.* Hastigkeit. *höher m.* Freudigkeit. *mûten* schw. GS. begehren, *ân* AP., *vón* DP., *ze* DP., DP. [GP. Wigam. 5984. M. S. 2, 54 a. 75 a.] *mûzéklichen* mit Mufse.

nách, *ná* Adj. Adv. *náhen*, *náhe* Adv. *náhe* (Flore, M. S. 1, 152 b.) Adj. nah. *nách* beinah; nach. *náhe trágen* im Herzen haben. *nám*, *náme* schw. m. — Begriff, Wesen, Beschaffenheit, Bedingung. Parc. 6938. 6839. 5142. 5702. Trist. 5592-99. 288
Daher, *Gótes námen,* drei Personen. *nehein*, *enkein* kein. *neigen* schw. niederbeugen. *neina* ach nein! (in Bitten). *nein er:* nein, er thuts nicht. *némen* st. *sich án n.* auf sich nehmen, betreiben, A. S. (So auch a. Heinr. 873. Seltner GS.) *ne'rn* schw. s. *erne'rn*. *niemàn* (Hartm. Rudolf, Fleckе) *niemen* (Klage,

Wolfr. Walth. Konr. Stricker, Wirnt, Iwein 1, 318?) niemand. *n. gûter* (Gen. Plur. s. M. S. 1, 59b. 181b. Flore 516; M. S. 1, 99b steht *nieman gûtem*, aber 78b eine andere Lesart) kein guter. *niender, nínder, níndert* an keinem Ort; auf keine Weise. *nírgent* ist wohl Niederdeutsch. *niene* [unrichtig *nienen*] eig. *nie ne,* nicht (doppelte Negation), zuweilen mit dem G. *nieten* schw. *sich* G. sich sättigen mit -, *pflégen.* *niezen* st. A. [urspr. nehmen, ergreifen] zehren, verspeisen, zur Speise benutzen. *níftel* schw. f. nahe Verwandte [Niederd. Nichte]. *nîgen* st. sich neigen. *nîwân, niuwân* nur. Zuweilen mit dem G. Parc. 19871. Flore 3992. *nôt* stf. Zwang, Qual, Leid. *dúrch nôt* gezwungen. *nôt hân* leiden G. Parc. 7319. En. 3479. *dáz tût mír nôt* (im Acc.) es quält, bedrängt mich. [Ist a. Heinr. 998 *Umbe* zu streichen? *Ir vil lieben kindes tôt téte ín wẹinens nôt* d. i. *nôte* (von *nôten,* selten *nôten*) *si wẹinens.*] *dés ist, wírt, gêt, dáz tût mír* (*diu* En. 3179.) *nôt* ich bin dazu gezwungen, bedarf es. *mír ist nôt* (Adj. s. g. Schmiede 498) ich quäle mich, bedarf. *nôtik* in Leid. *nôtpfant -des* n. eingefordertes Pfand? Iw. 7184. [*nôtsuoh, geltsuocho, nôtmeior,* exactor]. *niuwe* neu, unabgenutzt, *ganz.*

och s. v. a. *joch,* aber immer nach dem Verbo. Oft steht dafür *ouch, noch, doch.* *ort* stm. n. — Ende, Schwertspitze. *ougenwẹide* stf. Anblick.

289 *pálás, pálast* stm. n. (bei Wolfr. und in den SG. Nibel. immer m., bei Hartm. immer n. Iw. 6405) gewölbtes Gebäude, das zum Versammlungs- und Speisesaal dient. *paltenǽre* stm. Pilger Trist. 15498 (15636). [*palte* palla Frisch 2, 37c.] *parrieren* schw. s. v. a. *undersnîden.* *permint,* auch *permît* (Georg 1013. 3943) n. Pergament. *pfaffe* schwm. Geistlicher. *pfâwîn, pfáwîn* Adj. von Pfauen. *pfẹllel, pfẹlle, pfẹller* stm. eine Art von Seidenstoff. *pfẹnden* schw. — G. berauben. *pfért* n. Reitpferd. *ros, ors* n. Streitross. *pflégen* st. GSP. oder mit Inf., sich angelegen sein lassen, gebrauchen. *pfliht, pflihte* stf. Theilnahme, gemeinschaftliche Besorgung. *pfl. hân, pflihten mít, zû iemen,* GS. mit jemand Theil an einer Sache haben, ihm dabei helfen. *pliait,* auch *pliât* [genauer *bl.*] stm. ein kostbarer Seidenstoff. *poulûn, pávilûn* n. *poulûne* stf. Zelt. *prûven* [nicht *prûfen;* so schr. immer *grâve, zwîvel, tiuvel* od. *tievel, die brieve, hûve, wólve, fü'nve, zwélve.* *prûfen* ist ganz unrichtig] schw. [das Rom. prover] erproben, ermessen; bereiten. Zuweilen

verwechselt mit *brieren*, aufschreiben. *pûnęiz* stm. das Anrennen eines einzelnen Reiters oder ganzer Rotten auf den Feind. *pûnierên* schw.

quicken schw. ermuntern; *quek* munter, frisch [keck].

rabbîn, rabbîne stf. [Rom. *racine* Schnelligkeit] das *ersprengen* des Rosses *vôn dem walap*, Galopp, in den *kalopęiz*, die Carriere, (*vôn rabbîne* reitet man *hêr, zêr tioste, sêr harte, zêm pûnęiz*); die Carriere selbst. *râm* stf. Rahmen am Webestuhl. *fiurerrâm* Parz. 6838. (l. *râme* Plur.) ein Feuerbehälter? *râmschoup -bes* stm. Parc. 13704. 14509 Reiswelle zur Heizung?

râm stm. Schmutz von Eisen, Dampf etc. *râmen* abrahmen Parc. 17275. *râme* stf. das Zielen. *râmen* schw. zum Ziel nehmen, wahrnehmen, G. *rât* stm. das Besorgen, Versorgen, Besorgtsein, das Besorgte: 1) Rath, den man giebt (Rathgeber), Entschluss [häufig im Plur.; auch *rât* stf. Gen. *râte* M. S. 1, 131a. Altd. W. 1, S. 38. Wigam. 3855]. *ze râte wêrden* G. überlegen, beschliefsen. *rât wirt* GSP., wird versorgt, besorgt und abgethan. *rât ist* GSP., es kann dafür gesorgt werden (mit bald nicht mehr gefühlter Ironie, man kann sich danach umsehn, es fehlt einem DP.) *rât tûn* oder *ze râte tûn* GS. DP. so thun, dass für jemand der Sache *rât* ist. 2) Vorrath; *rât hâben* G. genug haben (ironisch, zu viel haben, nicht wollen, aufgeben oder los sein.) *gerâten* schw., *rât hâben*, Titur. Iwein 10, 40 (6107 *enbêrn*). *râtgêbe* schwm. Rathgeber. *rê* n. stm. Leiche; Todtenbahre; Tod. *rechen* st. rächen AS. als Grund brauchen, um Leid zu thun. So auch *sich rechen* Parc. 7089. Georg 5242, böses thun. *rę̂de* stf. — ratio: Grund, Vernunft, Berathung; eine Sache, sofern sie bedacht wird. *rehte* Adv. *reht* n. Adj. — *vôn rehte* dem Recht zufolge. *ze rehte* vor Gericht; so dass Recht geschieht. *ûf reht* auf dass Recht werde. *ręit -des, ręideleht* kraus (*ręidemo crispanti*, gl. Mons.) *ręizen* schw. antreiben [reizen]. *mich ręizet derzu*, mich verlangt danach. *rêren* schw. wie Tropfen fallen oder fallen lassen. *ribbalt -des* m. Bube, Schurke. *rîch, rîche* reich, herrlich, mächtig, glücklich. *rîche* n. das Reich: das h. Röm. Reich, die höchste Herrlichkeit. *rihte* stf. Richtung; grade Richtung. *ringe* leicht von Gewicht. *ringen* schw. leicht machen; leicht werden. *ringen* st. streben. *rink -ges* m. Kreis, bes. von Sitzenden oder Stehenden; der freie Platz zwischen ihnen, Kampfplatz etc. *ris*

n. das Reis, die Rute. *rîsel* stm. Regen, Hagel. von *rîsen*, *rîse rẹis rirn (risen) gerisen*, tropfenartig fallen. *rivier* stm.
291 Fluss. Parc. 3509. Wolfr. Wilh. 19a. *róne* schwm. Baumstamm. *roijáme*? Parc. 7460 Königreich. *róselcht, róseloht* rosenfarb. *rôst* stm. Feuerrost; Feuersbrunst. *rûch -hes* n. Rauchwerk. *rûchen* schw. mit Sorgfalt wollen, G., Inf. *rûmen* schw. leer machen, verlassen (einen Ort, oft blofs *éz*). *rûren* schw. berühren, in Bewegung setzen; daher, reiten (*mit spórn dáz ors*) etc. *riuwe* stf. Betrübniss, Reue. *riuwen* st. betrüben, schmerzen, A. [D. Flore 4554. En. 4428; hier auch mit GS., nicht aber Parc. 61] auch ohne Subject Parc. 22377: so dass mich Streit mit dir betrübte.

sâ, sân, sán sogleich. *sache* stf. ein Ding das etwas bewirkt, Ursache. *ságen* schw. — *án ságen* AP. AS. jemand einer Sache anklagen. *sálde* stf. Glück und Trefflichkeit, Gottes Segen. *sálik -iges* der *sálde* hat. *sám* gleichwie; als ob; eben so. *sam mir* Walth. 116a (46, 21 C). s. v. a. *sô mir Gót?* Reinh. F. 147. s. *sem*. *sámene* zusammen. *sáme* schwm. Saamen. *schallen* schw. *schal* machen, laut sein. *schellen* st. tönen. *schẹllen* schw. tönen machen. *schanze* stf. das gegen einander Gesetzte (eig. die Einsätze beim Spiel), das Gegeneinanderstellen, Vergleichen, Gleichsein zweier oder mehrerer Dinge.

schápèl n. Blumenbinde ums blofse Haar, oft mit Gold, Edelsteinen etc. geziert. Es trugen Männer, Trist. 573. 4517. 10703. 11002. Wigal. 11300. Nib. 7451. Parc. 23198. Georg 4729, besonders aber Jungfrauen, deren *gebẹnde* ein *blûmîn schápel* war: das eigentl. *gebẹnde* ohne Blumen zeichnete die Frauen aus. Parc. 6016. *schéhen* schw. rennen Parc. 8361. 2040. W. Wilh. 44b.

schẹiden st. trennen, entscheiden. *schẹ'melich, schám., schém.* Schande bringend. *schicken* schw. bereiten, gestalten. *sich s.* Parc. 22081. W. Tit. 123 (im neuen Tit. *gẹin* für *under*). *schiere*,
292 auch *schier* Adv. schnell, bald. *schimpf* stm. Scherz. *schimpfen* schw. scherzen, G. verspotten, M. S. 1, 153b. *schîn* stm. Licht, Erscheinung, Aussehn. *s. wirt* NS. GS. wird offenbar. *s. tûn* AS. offenbar machen, zeigen. *lieben* etc. *s. tûn* GS. *schînen* st. erscheinen, sich zeigen. *schouwen* schw. ansehen, beurtheilen. *schouwe* stf. das *schouwen*. *schranz* stm. Riss. *schrîben* st. — *wunder vólleschrîben*, vollständig aufzählen. M. S. 2, 157a etc. s. Wolfr. Tit. 44. Aber unverständlich ist mir, wie die Götter

das Wunder, das sie selbst gethan haben, schreiben sollen, Parc. 22490: *Jûpitér, diz wunder schrîp.* [91 *Dîn kraft?*] Titurel: *âmór dáz wunder schrîbe* (Conjunct.), *Daz ânfortás dés wágsten dá niht spilde. Dáz selbe wunder hinte âmór ze schrîben funde.* Auch Meisterges. 732 scheint Gott Wunder zu schreiben: *Swáz die vier und zweinzik alten Siner wunder ie gezálten, Wiltu dér mit kunde walten, Sô sprich wér si schrîbe* (vorher: *Wiltu Gótes wunder brechen*). Gehören auch folgende Stellen hieher? Meisterg. 542: *Wie sî der engel grüzte dá er si vant, Lúcás uns schrîbe;* und 484, wo der Dichter am Schlusse eines Liedes sich selbst anredet: *Wizlau, diz schrîp.* *schuften* schw. galoppieren. Parc. 8902 (l. *schuftet*) 3581. 4802. Iw. 5958. Loheng. 129. *schiuhen* schw. scheuen. *schúlde, schúlt* stf. — *vón schúlden* von Rechtswegen. *vón sînen schúlden* von seinetwegen. *schumpfentiure* stf. [Rom. desconfiture] Besiegung. *schupfen* (Reinh. F. 867), *schuffen* (Kl. 1745. 786) schw. stofsen. *schü'ten* (Pract. *schü'tte*, nicht *schutte*) schütten, schütteln. *sê sêwes* m. der, die See. Interj. wohlan. *sêt* Walth. 46, 21 C Plur. davon? *selbwáhsen* frei aufgewachsen.

selten — oft mit leiser, kaum noch absichtlicher Ironie s. v. a. niemahls. *seltsǽne* Adj. seltsam. *sem mir Gót,* so wahr mir Gott helfen soll. In guten Handss. des 13ten Jahrh. meist *sô mir, sô dir Gót, s. m. sante Galle, s. m. lében unde lip, s. m. mîn* 293
bart, s. m. mîn zésewin hant, s. m. êre unde prîs, s. m. linte unde lant, s. m. iuwer hulde etc. [*Slem mir din lip, slem (sel) mir des chuniges huldi, sô helfê mir din huldi,* gl. Mons. Doc. *Seme (?) mîn zésewe hant,* Fr. b. Hisp. 1940.] *sénen* schw. *sich* (*die zúht und dén lip* Kl. 1082 (511); zuweilen ohne *sich*) Seelenschmerz leiden (Parc. 13229), bes. Liebespein. *sénende, sénede, sénde* leidend, liebend. *sénlich, lçitlich.* Parc. 13073. *sêr* n. *sêre* stf. Schmerz. *sêre* Adv. schmerzlich; sehr. *sês* n. die Sechs im Würfelspiel.

sicherbóte schwm. Vormund, Schwabensp. 46, 3: *ein kempfe?* (Parc. 22165. W. Tit. 164. N. Tit.: *Reht sám ein sicherbóte in urtçile.*

sichern schw. *sicherheit geben,* versprechen, bes. treu und unterthänig zu sein. *sider* nachher. *siechtáge* schwm. Krankheit.

sigen st. sinken, fallen. *seigen* schw. senken (*dén wárf, dáz spér, die wáge*). *seigǽre* stm. Wagebalken. *gesigen* schw. siegen. *sik* stm. Accus. *sige, sigenúnft* stf. Sieg. *sin* stm. Empfindung, Verstand, Meinung. *sinehól* concav. *sinôpel* ein Getränk von rother Farbe. Parc. 7100. 24207. W. Wilh. 200b. Georg

2089. Wigam. 81. *sinewél, sinwél* convex zugerundet. *wél* Nib. 1692 Müll.. *sinewéllen* st? Walther 126b (79, 35). *wéllen* st. rund machen, *wę'lwen, wę'lben* schw. wölben. *sippe* verwandt. stf. Verwandtschaft. *sît* hernach, späterhin; nachdem, da. *site* stm. Art und Weise, Benehmen, bes. anständiges. *slâ* stf. Spur, Fährte. *slâhen* st. — prägen. Walth. 127b (82, 4). Trist. 12481. *slâhte, slâht* stf. Abstammung, Art. *sleht* grade. *sliefen slouf gesloffen* schlüpfen. *ân, ûz sloufen* schw. an-, ausziehn.
slîfen sleif geslifen st. gleiten; schleifen. *smâc'ęit* [nicht *smâ-*
294 *hęit,* welches Niederdeutsch ist] stf. Schmach. *smâhe* Adj. verächtlich; verachtend. *smęcken* schw. etwas riechen. *smieren* schw. lächeln. *smit -des* m. Schmied. *smitte* schwf. die Schmiede. *smucken, smücken* schw. s. v. a. *smiegen* st. schmiegen. *snarrenzâre* stm. Klimperer. *snûr* stf. — *dûrch die* (Zelt-) *snûre loufen, rennen, rîten,* ins Gehäge kommen. (So Wigal. 10816.) *soum* stm. der Saum. die Last. *spâhe* Adj. Adv. spähend, klug; ansehnlich, hübsch. *spéhen* schw. spähen, beurtheilen. *spârn* schw. schonen. *spiln* schw. spielen (das Spiel im G.) *spilndiu ougen,* frohe, sich hin und her bewegende. Die Sonne *spilt* mit glitzernden Funken. *spîsen* schw. mit Speise versehen. *spór* n. Spur. *spot* stm. Scherz. *sprechen* st. — *wól, laster-* DP. gegen jemand mit Reden (zu ihm oder über ihn) gut sein. *dáz sprichet,* das heifst. *ęinen tâk, ęinen turnęi etc.* - anberahmen. *- ân* AS. anfechten; wie Iw. 6901? *ân s.* AP. anklagen. *- nâch* D. fordern. *sprîze* schwf. Splitter.
stârke Adv. — sehr. *stât -des* m. (n. Eneit) Ufer. *stât* stf. Stelle, Stadt. *stâte* (*stât* Wirnt, Georg 2238 schlechte Form) stf. Gelegenheit. *stâte* Adj. feststehend, standhaft. stf. Beständigkeit, Dauer. *stége* schwf. Treppe. *stellen* schw. — *gestalt* beschaffen. *stên, stân* st. — *gestên,* ganz bleiben Iw. 7549. Karl 54a. 88a. M. S. 1, 119a. *lâ stên,* lass ab. *st. ân* D. beruhen auf-. *st. ûf* A. jemand dienen Iw. 7633. Haltaus S. 1739.
stil stm. Stiel. Trist. 15191 (15329) l. *concil.* Denselben Fehler fand J. Grimm Trist. 4959. 6378. *stille* leise, heimlich. *stolle* schwm. Stütze. *stórie, storîe* stf. Schar. *strâfen* schw. ta-
295 deln. *strâl* stm., öfter *strâle* stf. Pfeil. *strît* stm. — *en-strît, en-widerstrît, ze strîte, ze gę'genstrîte, ze widerstrîte* (so dass Streit entsteht), *wider strît* (Streit gegen Streit), in die Wette. *stroufen* schw. heftig reifsen, rupfen [absträufen]. *strûchen* st.

straucheln. *-strûch* stm. *strinzen* schw. *sich*, sich sträuben (widersetzen, in die Brust werfen). *stücke, stucke* n. s. v. a. *teil*, daher, was jemand zugetheilt, eigen ist. Parc. 21954. *stû-dach* n. Dorngebüsch. *stunt, stunde* stf. — *under stunden* unterweilen. *niestunt* niemahls. *tûsentstunt, sibenst.* - - mahl. *stiure* stf. Beistand, Abgabe. *stiuren* schw. AP. GS. ausrüsten, unterstützen mit -. *suchen* schw. — anfallen, bekriegen. *süme-lich, sumelich* irgend ein, je ein, manch. *sûmen* schw. ASP. aufhalten, verzögern. *sunder* Adv. besonders. Auch in Zusammensetzungen, *sunderlant, sunderschin, sunderschif, sundersiz* (Parc. 6830). *süne* stf. Versöhnung, friedliches Beilegen einer Sache. *surzengel* [Franz. sursangle] Obergurt. Parc. 8806. 7643. *süze* angenehm für Geschmack und Geruch; angenehm überh., liebreich. *swâr* wohin. *swære* Adj. Adv. auch *swâr* Adj. (Veldeck, Hartm. Walther); *swâre* Adv. (Hartm., Gottfr., Flecke) schwer; betrübend, *swære bi dên liuten* lästig in Gesellschaft; betrübt (dies nicht von Personen). *swęben* schw. schweben, fliegen, schwimmen etc. *swêder* welches (von zweien). *swê-derhalp* auf welcher von beiden Seiten. *swęichen* schw. g. Schmied. 185 *swichen* (st. sich zurückziehn) machen? Kolocz. *Sich ûf ze bêrge slęichet.* Richtig ist wohl die Lesart *leichet*; denn eben diefs steht Troj. Kr. 16221: die Bedeutung aber ist nicht klar (nicht, betriegen). Titurel: *In wêlher zit si sölden Schâr gein schâr mit gęgenhürte lęichen (ręichen).* *swęnden* schw. schwinden machen. Davon die Subst. *dêr calschęit-swant, waltswęnde.* *swêr, swâz* wer, was. *swie* wie irgend, wie 26 auch, wiewohl. *swinde* heftig (bei einigen, schnell). *swingen* st. — sich schwingen; fliegen.

tâgeliet n. *tâgewîse* stf. des Wächters Morgenlied; Gedicht, in dem es vorkommt. *tâl* n. — *ze tâl* niederwärts. *tâlanc* [taglang] heute bis zur Nacht. *tâvelrunde* stf. [schwf. Frib. Wigam.; nicht *tâvęl* (schwf.) *runde*], *tâvęlrunder* (Parc. 8345. 4257) stf. Artûs Rundtafel. *tęil* m. n. — Zugetheiltes, Schicksal. *ein tęil* ein wenig, zum Theil. *getęilte röcke* Parc. 6992. von zweierlei Stoff? (Z. 6989. 90. Wigal. 7303. 10480. So wohl auch Parc. 6868 eine Haube *zwivalt*, von *swarz* und *grâ*. *tihten* schw. sinnen. *tjost*, selten *tioste*, auch *tjust* stf. Kampf oder Stofs mit dem Speer [niemahls die Lanze selbst, auch nicht Parc. 15117. l. *schoub*]. *tjostieren, tjustieren* schw. *töben* schw. toll

sein. *toppeln* schw. würfeln. *tôpelspil* n. *tôrperheit* stf. Betragen eines *tôrpers*, Tölpels. [Kolocz. 227 *dorpâre*. Ist *á* oder *e* richtig?] *tougen* Adj. Adv. verborgen, heimlich. n. Geheimniss. *tôun, tôuwen* (Part. *tôude* f. *tôunde*) schw. (W. Wilh. 176 b) im Sterben sein. *toup -ber* ohne Kraft und Wirksamkeit. *trâge* Adv. *tráge* Adj. langsam, spät. *trahte* stf. das Sinnen. *trân* n. (Wolfr. Rudolf. Morolf. Plur. Weltchronik 10c: *Daz din érde iuwer wérde Vól und alle* [*ellin*] *wazzers trân*) Flut oder dergl. [wohl ganz verschieden von *trähen* stm. Tropfen, Thräne.] *trehtîn, trehten* stm. Herr Gott. *trunzûn* stm. Lanzensplitter. *triuten* schw. liebkosen. *triuwen, trouwen* [auch *trûwen?*] schw. vertrauen, GS. DP. jemand etwas zutrauen; sich getrauen. *tü'gen touk tóhte tö'hte* gut sein. *tugent -nde* f. gute Eigenschaft oder Beschaffenheit. *tump -bes* unbelehrt, kindisch. *tûn téte* (3 Pers. auch *tét, tę'te*) *tâte tâten getân* —
297 machen: *wie, wól* etc. *getân*, wie etc. beschaffen; *hin tûn* fortschaffen. Ohne Acc. etwas (zu Leide oder eine Arbeit) thun. Oft setzt man *tûn* statt das vorherg. Verbum zu wiederholen. Was heifst *getân* Walth. 112b (40, 26)? (übergeben, d. h. hier, geklagt? Haltaus S. 302b. En. 3978 für *beschę'rt*, vom Schicksal zugetheilt, s. 3952. 3966. 3993.) *tunk* stf. (M. S. 2, 200b. m. Stieler, Frisch 2, 395a) Loch, Höle. *tiure*, auch *tiuwer*, *tiur*, kostbar, vortrefflich; (mit oft unmerklicher Ironie) gar nicht zu haben, nicht vorhanden. *tiuren* schw. kostbar, herrlich machen, preisen. *turkois* stm. Türkis. *túrren, tü'rren tár tórste tö'rste* wagen, sich unterstehn. *twáhen* st. waschen. *twál* stm. *twále* stf. Weile, Säumniss. *twę'ln twę'lte* (*twę'llen* Titur., *twálte*) *twáln twálte* (Flore 2206. 6899. Karl 16a), *twálen twálte* (W. Wilh. 177a. M. S. 2, 140a. 171a. Georg 3441) verweilen. *twę'hele* schwf. Handtuch. *twérhes* s. *entwér*. *twingen* st. zusammendrücken; zwingen, G. zu-.

üben schw. AS. gebrauchen, betreiben. *ü'ber dáz* (Freid. 1[a] (6, 8) trotz dem. *ü'bergélt* stm. n. Zinsen. *ü'bergenôz* stm. der mehr als *genôz* (von gleichem Stande) ist. *ü'berhêre* stf. Übermut. Auch Adj. Aber *iemanne ein ü'berhę'r, ein hę'r wésen*, ihm zu mächtig sein. *ü'berkómen* st. AP. bezwingen, GS. zu etwas zwingen, einer Sache überführen (con-vincere). *ü'berkrü'pfe, ü'berkrü'ffe* stf, Überpfropfung mit Speise. *ü'bermezzen* st. Parc. 8580 s. v. a. *ü'bersëhen*. *ü'bersägen* schw. überweisen

(durch Zeugen). *ü'bersëhen* st. nicht sehen, nicht beachten,
jemand D. etwas hingehn lassen. *ü'berträgen* st. AP. GS.
verschönen mit -, beschützen vor -. *ü'berrëhten* st. überwin-
den. *ü'berwal* stf. Parc. 7003. was die beste Wahl noch übertrifft. *übrik* -*iges* übermäfsig. *ultr ienen poys* Parc. 8535.
8068. *unbéderbe* unnütz. *undanke* Adj. unverlangt Walth. 298
127ᵃ (81, 20) s. *dank*. *unde*, *und* — bezeichnet oft bedingte
Sätze. *mêre und (danne)* mehr als. Auch statt des relativen
Pronomens. *ünde* stf. Flut. *underbinden* st. scheiden, trennen, abwehren. *underbint* n. Unterschied, Hinderung. *under-
küssen* schw. *sich*, einander küssen. So *sich underkënnen*, *under-
minnen*, *undersëhen*, *underrâhen* etc. *underslâhen* st. trennen
(durch eine Wand, einen Verschlag).. *undersniden* st. abstechend
machen, distinguere. *understên* st. *underrâhen* st. auffangen
d. i. abwehren. *underviz* stm. [eig. ein Faden, der Garnstücke
trennt. *fiza*, *vizza*, *vizze*, licia, gl. Doc. Herrad. Fitz, der, plur.
Fitzen, Stieler. Die Fitze, Adelung] s. v. a. *underschëit* Parc.
6831. Titurel: *Die köre hêten innen Al underviz mit miure*.
underwinden st. *sich* GPS. an sich nehmen, annehmen, unter-
richten. *underziehen* st. AP. GS. abziehen, abbringen von -
Parc. 8557. 6492. *unfuge*, *ungefüge* s. *fuge*, *gefüge*. *ungehâbe*
stf. Zustand oder Äufserung der Unart oder Betrübniss. *ungemach* stm. n. Unruhe, Unbequemlichkeit, Unart. *ungenâde*
stf. Ungnade; (Gottes,) Unheil. *ungesâmnet* unvereinigt. *un-
gevëlle* s. *gevëlle*. *ungevë'rte* n. Ort ohne Spuren. *ungewis*
m. unzuverlässig. *unk* stm. Natter. *unkunde* stf. Unbekanntschaft, Nichtkennen. *unmære* (s. *mære*) unwichtig, unlieb, verhasst. *unmâze* s. *mâze*. *unmâzen* Adv. übermäfsig. *unmuoze*, *unmüezekeit* stf. Geschäft, Beschäftigung. *unnâch* weitab,
bei weitem nicht. *unrewë'rt* unverwehrt. *unsanfte* Adv.
nicht leicht und bequem. *unsleht* ungrade, nicht iniquus A.
Wäld. 2, 5, 8 sondern unredlich, betrüglich, *krump*. *unstæte* stf.
Unbequemlichkeit. *unwandelbære* ohne Fehl; ohne Widerruf.
unze, *unz* bis. *unzerwörht* (von *zerwü'rken*) unzerlegt. *üppik* 299
-*iges* unmäfsig, übermütig. *urbör* stf. Eigenthum, Einkünfte.
urhap m. n. [Dat. Troj. Kr. 18298] Anfang. *urliuge* n.
Krieg. *ursprink* -*ges* m. n. (Georg 5221) Quelle. *urteil*
stf. n. *urteile* stf. (rechtliche) Entscheidung.

valsch stm. Bosheit. *vals* stm.? Klinge? Parc. 7560. W.

Wilh. 133a. 193a. [*valze* oder *valzen?* Titurel: *Man jach der Baldakône ecken, daz die siten über die valzen.* Und: *ób sînem swert die valzen inder wâr mit värwe dém geliche, Daz vón im dá kü'nige und amaziure Zér erden wâr gevellet.* Troj. Kr. 9933 *án sînem velzen?*] *vâr* stf. Gestalt, Farbe. *vár, gevar* Adj. *vâr* stm. (häufig im Plur. *vâre*) das Auflauern, Nachstellen, Gefährden. *vâren, vâren* schw. nachstellen (oft figürlich), G. [Parc. 22489 falsche Lesart.] *várn* st. sich weiterbewegen: mit *sîn*, gehen etc. (von Personen und Sachen); mit *hában*, verfahren, thun. *mite v.* D. mit *sîn*, begleiten: mit *háben* behandeln. *várndez gût, várndiu hábe* Mobiliarvermögen. *vart* stf. Weg, Gang, Fortgang, Ausgang einer Sache. *vaste* Adv. fest, heftig. *veste* Adj. fest. *vêch -hes* bunt. *vêhen* schw. schelten. *veige* zum Tode bestimmt. *veilen* schw. verkaufen. *venie* stf. das Beten auf den Knieen. *verbérn* st. AP. GS. oder *mit* DS. freilassen von; AS. unterlassen, vermeiden. *verch -rhes* n. Blut, Leib, Leben. *verdenken sich,* sich besinnen. AP. jemand in Verdacht (G.) haben. *verdriezen* st. *mich verdriuzet* GSP. ich finde etc. beschwerlich, werde etc. müde. *vereinen* schw. 1) einsam, verlassen werden von -, G. W. Titur. 29; *vón*, Barl. 2) einsam machen, *sich v.* Flor. 1494. Weltchr. 62b: *Daz er gienk besundern dán In ein gádem sich vér-*
300 *einende.* So auch im Titurel, und *vereinet wésen* G. 3) zu einem einzigen, einstimmig machen. *sich vereinen* (*vereinet wérden* Lohengr. 175) G., *enein wérden* Walth. 117a (47, 37). M. S. 2, 33b. Wolfr. Tit. 53. Wilh. 79b. Georg 307. M. S. 2, 88b, 25. 143a. Ernst 1410. Meisterges. 331. Titurel: *ir triuwe sich vereinde, Daz si niht wólden wîchen.* Altd. W. 2, 85: *Dés sóltu mich vereinen.* *vergébene* umsonst (ohne Nutzen, ohne Bezahlung). *vergélten* st. bezahlen. *verhouwen* st. ASP. durch Hauen beschädigen. *verjéhen* (*erjéhen* Parc. 13685) s. v. a. *jéhen.* *verkiesen* st. aufgeben, fahren lassen, ASP. Hass und Zorn aufgeben. *verklágen* schw. zu Ende klagen. *sich* –, sich zu Schanden klagen. *verlâzen* st. etwas lassen, so dass es weg ist. – *án* A. überlassen. *verliesen* st. verlieren (Parc. 6672: das Spiel); zu Grunde richten. *verligen* st. *sich,* sich zum Schaden viel ruhen, faul sein, AS. aus Trägheit versäumen. *verlégen, verlégenheit.* *vermâren* st. ins Gerede bringen, ausplaudern. *verpflégen* st. G. aufhören zu *pflégen;* bis ans Ende *pfl.* Flore 4086.

verre weit, fern, lange. *verrêren* schw. versprengen, wie Tropfen. *verrihten* schw. AS. AP. GS. s. v. a. *berçiten*. *verschaffen* missschaffen, schlecht behandelt. *verschämt* der sich nicht mehr schämt. *verschęlken* schw. zum Knecht machen.

verschęrten schw. schartig machen. *verschrägen* schw. Walth. 126b (80, 12). verschrägen, mit einem Geschräge, einer Planke, umzäunen. Man. S. 1, 9a? *verschröten* st. zerschneiden. *verschulden* schw. verdienen. *versę'ln* schw. ausliefern (beim Verkauf). *versinnen* st. schw. *sich*, seinen Verstand gebrauchen, G. etwas wahrzunehmen, zu bedenken etc. *versmâhen, versmähen* schw. verächtlich machen oder behandeln; verächtlich, schimpflich sein oder dafür gelten. *versniden* st. entzweischneiden. *versprechen* st. verreden, abläugnen. *sich* – sich zu selbst zum Schaden sprechen. *verstên* st. *sich*, Verstand haben, G. etwas einsehen. *verswingen* st. zum Verderben oder weg schwingen oder sich schwingen (sich verfliegen etc.) a. Heinr. 149. Troj. Kr. 78 19(*sich*). Nib. 2769 (636, 1). M. S. 1, 45a. *vertrâgen* st. zum Unglück wohin bringen. AS. DP. von jemand etwas ertragen, es ihm hingehen lassen. *vertriuwen* schw. AS. sich zu etwas verbindlich machen. *vertuon* verthun. *vertân* schlecht beschaffen Parc. 8464. Trist. 13749. *verwâzen* st. verfluchen. *verwégen* st. *sich*, s. v. a. *sich bewégen*. (a. Heinr. 525 zweideutig.) *vę'rwen* schw. färben, gestalten. *gevę'rwet* Parc. 8452 aussehend. *verwę'nen* schw. schlimm gewöhnen zu – G.

verwieren schw. einwirken (einweben). *verzâgen* schw. mit *sîn*, den Mut verlieren, *an* D., zu etwas, oder gegen jemanden, dem man etwas thun soll, GS. in Ansehung einer Sache, mit der man zaudert, sich von ihr zurückzieht, sie aufgiebt. *verzîhen* st. ADP. GS. jemand etwas versagen. *verzinsen* schw. zinsbar machen. *vęste* stf. Festung; Festigkeit. *vieren* schw. zu vieren oder viereckt machen. *villen* schw. geifseln. *vingerlîn* n. Fingerring. *vintâle* schwf. [Franz. ventaille] der untere Theil des Helmes, der den Mund bedeckt. W. Wilh. 183a.

vólge stf. – die Beistimmung anderer. *völlebringen, völbringen* st. — ganz bringen. *völlęist* stf. wirkende Kraft, Beistand. [Karl 125b: *Dés êwigen tôdes völlęist*, Werkzeug der Hölle?]

vóllen Adv. mit *vóllen* (von *vólle* schwm.) vollkommen. *vóndin* davon, deswegen. *vórhte, vórht* stf. Furcht; furchtbares. *vórhtlich* furchtbar.

wâ nû? wo ist? wo bleibt? mit folgendem Nom. *wâge* schwf. Wiege. *wâgen* schw. wiegen, bewegen. *wâgen* stm. Wagen. *wâge* stf. Wage. *wâgen* schw. wagen. *wâge* gut. *wâhen*
302 schw. schön machen. *wâhe* Adj. stf. *wâjen, wân* schw. wehen.

wâk -ges m. (auch *wâk* Troj. Kr. 703. Benecke 153. Meistergés. 708) Wasser. *walap* stm. Galopp. *wâlgen* schw. rollen.

walt -des stm. — Holz zu Speeren Parc. 8654. zu Stäben 9068.

walten st. G. beherrschen, besitzen, gebrauchen, behandeln.

wan, wande [Goth. hvan, Alth. hwanta; *wan* im Reim M. S. 1, 83b] bezeichnet 1) einen Grund: denn, weil. 2) einen Wunsch Parc. 7325. 3) eine Frage a. Heinr. 640. *wân* [von *wân,* defectus, mancus] nur nicht, ausgenommen, ohne, mit dem Casus, den das Verbum erfordert, oder mit G. Nibel. 3278. 9603. (9292) [viell. *âne Gót, wân mîn;* s. M. S. 1, 177a, 14] Iw. 4386. Barl. 763, 29. Flore 2381. 2472. Troj. Kr. 15955. M. S. 1, 33a, 26. 53a, 22. 155b, 37. 39. 44. 158a, 23. Ben. Beitr. 108, 9. *wân* stm. Meinung, Hoffnung, Vermutung, Irrthum, Teuschung. *wânen* schw. meinen, hoffen, G. vermuten. *wân,* glaub' ich, mit dem Conj.

wandel stm. Verwandlung 1) aus gut in böse, Sünde, Fehl. 2) Vergütung eines Fehlers etc. *wandeln* schw. AS. DP. etwas wieder gut machen. *wánnen* von wo? *want wende* f. Wand, Seite. *wâr* wahr, echt, wirklich. *fü'r wâr* und mit dem *e* der Adverbia *fü'rwâre* (Weltchr. 34c: *Dén gebirt al fü'rwâre Sârà zém andern jâre.*) *wârbáren* schw. wahr machen. *wârheit* stf. Wahrheit, Wirkliches, Wesentliches. *wâr* wohin? *wâr* stf. Acht. (*gûte* etc.) *wâr némen, tûn,* auch *wârn* schw. G. wahrnehmen, beachten, auf etwas aus sein. *wâre, gewâre* verbürgt, bürgend, sicher, zuverlässig, vorsichtig. *warten* schw. GS. auf etwas hin schauen, *án* AP. etwas von jemand gewärtig sein; DP. jemand erwarten (auch GP.), ihm gehorchen. *waste* stf. Wüste. *wât* stf. Kleidung. *wéder* Adv. utrum? Adj. welches von beiden? *wégen* st. 1) wiegen; gelten, geschätzt werden
303 für, *ze* D. *geliche w.* gleich, eben so gut sein. *wider w., w. wider* DA. das Gegengewicht halten. *fü'r w., w. fü'r* A. größer Gewicht haben als –. 2) wägen; schätzen; zuwägen; abladen Georg 1825 [l. *soum*]; *sich w.* sich senken Trist. 15461 (15599). Troj. Kr. 12848, sich heben Trist. 9022. M. S. 1, 43b, *ûf* A. sich auf etwas bestreben Troj. Kr. 12808. 17991. 24632 etc. *dáz wigt (ahtet) mich ringe, hôhe,* es würkt so auf mich, dass ich es gering, hoch

schätze. [Eben so, *dåz kostet mich zëhen mark*, macht dass ich zehn Mark aufwende.] *wëgen* schw. bewegen. *weise* schwm. Waise. ein Stein in der kaiserlichen Krone Walth. 127 b. M. S. 1, 15 a. 102 b. Docen Mus. 2, 247. *wër* schw. m. der oder das *wërt*, wirkende Ursach, Bürge etc. *wër* stf. Vertheidigung, Schutz.

wërben st. streben, arbeiten, besorgen. *wërlt -de*, auch (bei Rudolf und späteren) *wëlt -te* f. Welt. *wërltlich, wëltl.* weltlich; fein gebildet. *wërn, gewërn* schw. währen, dauern, am Leben bleiben. AP. GS. jemand etwas gewähren, ihm dafür bürgen.

wërn schw. DP. ASP. jemand etwas verwehren, jemand oder etwas vor ihm vertheidigen. *sich w.* G. etwas verweigern.

wërre schwm. was einem *wirret*, scandalum. *wërren* st. (Part. *gewörren*; Inf. *wirren* M. S. 2, 214 a. Part. *gewurren* W. Wilh. 175 b. *verwarren* M. S. 1, 132 b) verwirren. *dåz wirret mir*, es ist mir zu kraus, hindert, quält mich. *wërt -des* werth, trefflich durch Geburt oder Tugenden. *wëtte* n. das Abbezahlen einer Schuld, *buz*. Ein Ding *stêt enwëtte* s. v. a. *éz giltet ein dink* (man muss mit dem Dinge bezahlen). *widerruft* [so lies; Isidor 389. Symbolae 178. So auch *wuft*, Jammergeschrei. *Wuft, luft* Loher. 110, 1. Doc. Misc. 1, 123: *guft?*] stm. das Gegenrufen Parc. 22231. *rûft* Parc. 444. Trist. 5359. Wilh. v. Or. 1, 19 b. *widersägen* schw. Krieg ankündigen; jemand etwas abläugnen Iw. 1252. 1732, versagen Parc. 8955. *widerstrite* schwm. Gegner im Kampf. *widerstrit* stm. — s. *strit*; figürlich s. v. a. *widerstrite*, Barl. 223, 6. 401, 26. genauer erklärt als s. v. a. *widersaz*, M. S. 171, a. *widerzæme, dës uns nicht gezimt*.

wigant -des m. Kriegsheld. *wigen* st.? kriegen Neifen Ben. Beitr. 76 (52, 14). Titurel: *grôz ungelücke begunde si än wigen*. [Davon *wëigan* schw. vexare, *wëigen* M. S. 2, 240 b?]

wilde ungezähmt, fremd, wunderbar. stf. Wildheit, Gegend wo man fremd ist. *wilen, wilent* zu einer Zeit (ehemals, zuweilen).

wille schwm. Wollen, Entschluss; Gesinnung. *mit willen* sehr gern; wohlwollend. *wine* stm. Freund, Geliebter. *win* stm. Wein. *winden* st. winden, gewandt werden, sich wenden. *än w.* AP. einem angehören. *winster* link. *wintschaffen* Trist. 15602 (15740) zum Winden und Drehen eingerichtet?

wirs Adv. *wirser* Adj. schlimmer. *wirtschaft* stf. Speise und Trank. *wis, wise* Adj. gelehrt, verständig, G. der etwas versteht; Subst. s. *gewis*. *wiselôs, wisellôs* ohne Führer [*wise* schwm. *wisel* stm. dux.] *wîsen* schw. führen, auf einen Weg weisen, AP. *witze* stf. Verstand. *wîzen* st. AS. DP. Schuld geben. *wizzen* wissen. *wónen* schw. wohnen; sich, AP. jemand (*wę'nen*) gewöhnen zu G. *bî wónen* DP., mit jemand zusammen sein. *wortel* n. Wörtchen, M. S. 1, 176a. [Wolfr. Wilh. 23 a, 2. l. *würzel*. Die Hdschr. hat *worcel*.] *wunder* n. — Viel, Großes. Auch Adv. *w. wól*, höchst wohl. *dúrch wunder* Parc. 6968: damit es Parcivalen wunderbar deuchte und zum Fragen bewegte. *wunsch* stm. — das höchste, vollkommenste, das man sich wünschen kann. *ze wunsche*, so dass es höchst vollkommen ist. *wunschlében* n. ein Leben *ze wunsche* Iw. 6887: die Vollkommenheit hatte sie in ihrer Gewalt. Troj. Kr. 19629.

zechen schw. veranstalten. *zeche* f. Parc. 141. W. Wilh.
305 129 a. *zehant, zestunt* sogleich. *zein* stm. ein dünner grader Stab, bes. am Pfeil. *zémen* st. gemäſs, passlich sein (wohl anstehn; gefallen). *éz zimt mir, és zimt mich*. *zę'r* stf. Kost, Verzehrung. *zerfüren* schw. aus einander tragen, zerstören. *zę'swe* recht (dexter). *zeswellen* st. durch Aufschwellen zerstört werden. *zetréten* st. *zetrę'ten* schw. zertreten. *zewáre* oder *ze wáre* wahrlich [eig. so dass es *wár* ist; *wár* n. Wahrheit; *wár háben* Recht haben.] *ziehen* st. — *ęin dink* oder *éz gezinhet*, geht zum Ziel, ist *gezilt*, (richtig) bestimmt, *alsô, hôhe, nidere, enęin* oder *ze* DS. (so dass etwas entsteht), für jemand D. oder *án* A. Iw. 7036. 7052. Parc. 23205. Notker Ps. 76, 4. Doc. Misc. 1, 27. Trist. 12321. Ernst 1010. Wigal. 1965. LX, 141. Benecke z. Wig. 9550. *sich geziehen sô, ze* DS., dasselbe Parc. 22134. 12377. Lohengr. 69, 4. Flore 6794. Wig. 1965 (S. 448). Müller 3, XXXVIII, 141. *ûf* A. Troj. Kr. 375. Von Personen, *sich án ziehen* AS., *sich ziehen ze* DS. s. v. a. *sich án némen*. *zil* n. Punkt, zu dem eine oder mehrere Personen, ein Gedanke, eine That, Begebenheit oder Zeit hinstrebt, Ziel, Zweck, Absicht, Ausgang, Ende. *ziln* schw. etwas als *zil* bestimmen, *éteswár* wohin ein anderes, DP. *vór* wohin jemand kommen soll. [Parc. 7253: was, wer auf dergleichen aus ist, für Schönheit hält. Des Untersuchers *zil* ist Schönheit, und dies ist der Schönheit gleich.] *zimierde, zimier* stf. *zimiere* n. das Zeichen oder Bild auf dem Helme. Bei Wolfram allerlei Schmuck an Ross und Mann, selbst an Hauskleidern Parc. 22012. 1157. 20537. 5010. aber nicht die Waffen-

stücke, Wilh. 160b. *zindâl* stm. Zendel, Seidenzeuch. *zît* stf. Zeit. n. (nicht in allen Hdss. gewöhnlich) bestimmte, gehörige Zeit, καιρός M. S. 2, 33b. *zögen* schw. s. v. a. *ziehen. éz zögt sich ân* AP. s. v. a. *éz ziuhet ân* Parc. 21959. 10801. W. Wilh. 80b. *zórn* stm. Eifer, Heftigkeit; was *zórn* erregt. *éz ist mir zórn, tut mir zórn* (Subst.), *tut mich zórnik* oder *zórne* (Karl 109a. Meisterg. 571). *zucken, zücken zukte zuhte* schnell ziehen, wegreifsen. *zuht* stf. Erziehung, Strafe; Wohlgezogenheit, feiner Anstand, Höflichkeit. *zwâre* s. *zewâre* [*zwâr* schlechte Form; im Reim bei Heinrich von Friberg etc.] *zweien* schw. zwei sein; zu zweien machen: paaren, entzweien. *zwivalt* s. *teilen*.

Der Nibelungen Noth

zum erstenmal in der ältesten Gestalt aus der Sanct Galler Urschrift mit den Lesarten aller übrigen Handschriften herausgegeben durch Friedrich Heinrich von der Hagen, ord. Prof. an der Univ. zu Breslau. Dritte berichtigte, mit Einleitung und Wörterbuch vermehrte Auflage. Breslau 1820. LXVI u. 639 S. u. 2. Blätter Verbesserungen. gr. 8.

Der Nibelungen Lied

zum erstenmal in der ältesten Gestalt aus der Sanct Galler Urschrift mit Vergleichung aller übrigen Handschriften herausgegeben durch F. H. v. d. Hagen. Dritte u. s. w. Auflage. Breslau 1820. LXII S. Einleitung, 1—286 Text, 287—431 Wörterbuch, 2 Bl. Verbesserungen. gr. 8.

Aus den Ergänzungsblättern zur Jenaischen Allgemeinen Literatur-Zeitung. 1820. Num. 70—76.

169 Wir säumen nicht, unsere Leser mit Hn. von der Hagens neuen Ausgaben des Nibelungenliedes bekannt zu machen, damit wir seinen thätigen Eifer vor Allem, und den zahlreichen Gönnern, die durch Gewährung der Hülfsmittel ihn unterstützt haben, möglichst bald einen Theil unseres aufrichtigen Dankes abtragen. Wollten nur recht viele Freunde altdeutscher Dichtung und Sprache ihre Dankbarkeit so beweisen, dass sie durch die bequeme Einrichtung beider Ausgaben zu eifrigem und wahrhaft fleifsigem Studium der dichterischen Werke deutscher Vorzeit sich endlich aufregen liefsen! Bis jetzt dient noch zum unerfreulichen Beweise, wie wenig man von der Nothwendigkeit gründlicher Bemühung allgemein überzeugt sey, der leider allzuhäufige Gebrauch der Zeunischen Ausgabe. Hoffentlich wird dieses durchaus schlechte und unbrauchbare Machwerk der rohesten anmafsendsten Unwissenheit durch Hn. v. d. Hs. kleinere Ausgabe (No. 2) nun bald gänzlich verdrängt seyn. Ausser einer gründlichen und ausführlichen Abhandlung über die Geschichte des Liedes, über die Handschriften und ihr Verhältniss, endlich über

die Einrichtung der neuen Ausgabe, erhalten die Leser hier zunächst einen fast durchaus urkundlichen Text, lesbar und verständlich bis auf wenige Stellen, in der Schreibweise einer sehr 170
guten Handschrift, die in einigen Puncten mit Sprachkenntniss noch geregelt ist: ein Glossarium erläutert die alterthümlichen Wörter, und giebt vorläufige Aufklärung über Sage und Erdkunde. Die Worterklärungen sind auf ganz unkundige Leser berechnet, und, was wir nicht billigen, auch für flüchtige hinreichend und allzu bequem; doch auch nicht ohne unterrichtende Andeutungen für die, welche tiefere Belehrung über das Sprachliche suchen, oder schon grammatische Kenntnisse mitbringen. Die gröſsere Ausgabe ist mit der anderen vollkommen gleichlautend: nur gewährt sie dem Kenner noch die wichtige Vergleichung der Lesarten unter dem Text. Der zweyte Band — er erscheint sofort, heiſst es S. LXIV (der groſsen Ausg., LXII in der kleinen), mit den Worten der zweyten Ausgabe — wird enthalten 1) die Klage aus der St. Galler Handschrift, mit Lesarten, 2) Abhandlungen über Rechtschreibung und Sprachlehre, 2) Untersuchungen der Sage, Geschichte, Erdkunde u. s. w. in den Nibelungen.

Mehr haben wir dem groſsen Publicum über Hn. v. d. Hs Arbeit nicht zu sagen: mögen wir nicht umsonst gewiesen haben an diese neu eröffnete reinere Quelle gründlicher Belehrung! Wir nehmen also hiemit von den meisten unserer Leser nun Abschied. Denn die Ausstellungen, die wir an Hn. v. d. Hs Werke zu machen haben, könnten gar leicht Unkundigen ein Beweis erscheinen, wie wenig das Studium mittelhochdeutscher Sprache noch vorgerückt sey, ja vielleicht gar wie kleinliche Tadelsucht. Hat doch selbst Hr. v. d. H dem Rec. die Lust, 'sogleich allen am Zeuge zu flicken', eben so hart als ungerecht vorgeworfen. Wie viel mehr werden Andere, denen an der Sache nichts oder wenig liegt, da Persönlichkeit finden, wo nichts als Eifer für Wahrheit ohne Rücksichten und Schonung sich frey ausspricht! Rec. wird sich zuweilen auf seine Beurtheilung der zweyten Ausgabe (in dieser A. L. Z. 1817. No. 132—135) beziehen, ohne doch eben Alles in derselben, was er dieſsmal nicht wiederholt, für unrichtig zu erklären. Zwar sind nicht wenige seiner früheren Bemerkungen in der neuen Ausgabe getreulich benutzt: andere ebenfalls wohl überlegte und nicht minder begründete ver-

schmähet Hr. v. d. H, der den Rec. auch sonst, statt seine Ansichten zu prüfen, lieber eines vorschnellen leichtfertigen Zutappens und Einschneidens ohne Weiteres vorweg beschuldigt hat.
171 Diesen hochfahrenden Ton denkt Rec. nicht zu erwiedern, sondern er wird überall, so weit es in der Kürze geschehen kann, und, wo der Setzer nichts versieht, deutlich genug die nächsten Gründe seiner Behauptungen anführen.

Zuvörderst wünschen wir künftig vom Titel einige mindestens unbestimmte Ausdrücke entfernt zu sehen, durch die der Leser zu verkehrten Ansichten von Einrichtung des Werkes verführt werden kann. Nämlich was Hr. v. d. H unter der 'ältesten Gestalt' des N. L. verstehe, erklärt er erst S. LXIII. Er giebt uns S. XLIV zu, die zweyte (Münchische) Hohenemser Handschrift, und nicht die von St. Gallen, der er doch folgt, stamme zunächst aus der ältesten Urkunde, deren Text freylich kaum mehr genau herzustellen ist. Der Ausdruck sollte mithin schon auf dem Titel sorgfältiger beschränkt seyn. Ferner wird die St. Galler Handschrift die 'Urschrift' genannt: die Wortfügung aber erlaubt nicht, dieſs so zu verstehn, wie es Hr. v. d. H meint, die St. Galler Handschrift sey anzusehen als die Urschrift 'seiner Ausgabe'. Dass er aber nur dieſs sagen wolle, zeigt sich S. LII, wo er mit Recht behauptet, alle Handschriften, die St. Gallische nicht ausgenommen, seyen nur 'Abschriften'. Dort meint er zwar, die erste von Hohenems (die Lasbergische) sey wohl die Urschrift der Umarbeitung, die sie bekanntlich enthält: uns scheint es, einige Stellen, wie 760. 185, 4, 8232—36. 1971, 4. 1972, beweisen das Gegentheil. Die Lesarten 'aller Handschriften,' die Hr. v. d. H auf dem Titel verheiſst, liefert die gröſsere Ausgabe noch nicht. Denn abgerechnet, dass unter den dreyzehn Hn. v. d. H bekannt gewordenen kaum fünf der verglichenen können vollständige genannt werden, und dass der Herausgeber von einem Bruchstück erst während des Druckes Nachricht erhielt (S. XXXVII), ist Hundeshagens vollständige Handschrift nur Z. 521—620 gebraucht, das von Leichtlen aufgefundene Bruchstück aber gar nicht. Natürlich gereicht das Hn. v. d. H durchaus nicht zum Vorwurf: wir nehmen sicher mit Recht an, dass er sich vergebens um diese Hülfsmittel bemühet hat. Hingegen wird auf den Hnn. Hundeshagen und Leichtlen, wo sie nicht genügend sich rechtfertigen, der ewige Schimpf ruhen, sich der

Unterstützung eines vaterländischen Werkes aus Eitelkeit oder Geheimnisskrämerey entzogen zu haben. Dass sie selbst ihre Handschriften besser benutzen werden, als Hr. v. d. H, traut ihnen ja Niemand zu. Endlich durfte der Herausg. nicht auf dem Titel des Werkes ein 'Wörterbuch' versprechen. Rec. fand selbst seine Erwartung unangenehm getäuscht, als er sah, dass das Gegebene nicht ein vollständiges Wörterbuch, ein Verzeichniss aller Wörter und Redensarten, sondern nur ein Glossarium war.

Die lehrreiche Einleitung über die Geschichte des Liedes (S. v–xxxi) giebt ausführlichen Bescheid von dem Zusammenhange der Gedichte aus dem Sagenkreise der Nibelungen. Man folgt Hn. v. d. H überall gern, da er sich auf dem Standpuncte historischer Untersuchung hält und von den Kannischen Träumen seiner Schrift über die Nibelungen hier keine Spur ist. Dem Gedicht von der Klage, meint der Vf. (S. xi ff.), liege ein älteres Gedicht 172
in kurzen Reimpaaren zum Grunde, den ganzen Inhalt der Nibelungen umfassend, so umgearbeitet, wie der alte Karl von dem Stricker. Dieses umgearbeitete Werk habe dienen sollen als Fortsetzung unserer Nibelungen: Quelle des älteren umfassenderen sey Konrads, des Schreibers, Erzählung gewesen, in der schon, und zwar zuerst, Bischof Pilgrim vorgekommen sey, aber natürlich noch nicht als Zeitgenosse der Nibelungen. Bey dieser allerdings scharfsinnigen, aber durchaus unbegründeten Vermuthung bleibt unerklärt, warum unsere Klage nichts von Seifrieds früheren Begebenheiten weiſs, und woher so mancher volksmäſsige Ausdruck stammt, den sie mit den Nibelungen gemein hat. Das 'Sagenmäſsige', welches Hr. v. d. H S. xiv aus Volksliedern in die Klage kommen lässt, meinen wir nicht: dieſs wird doch Konrads lateinischem Werke auch nicht gefehlt haben. Auch finden wir dergleichen wirklich fast nichts in den Begebenheiten der Klage selbst, sondern nur in den erwähnten Umständen aus früherer Zeit vieles der Sage gemäſs, und einzelne bestimmte Ausdrücke herübergenommen, nicht etwa, wie im Biterolf, bey bequemer Gelegenheit nachgeahmt. Dass Pilgrim erst aus der Klage in unsere Nibelungen gekommen sey (S. xxi), wollen wir gern zugeben: aber die Annahme, dass auch die ausführlichere Bezeichnung der Örtlichkeiten an der Donau den Volksliedern von den Nibelungen nicht schon eigenthümlich gewesen, setzt eine Abhängigkeit unserer Nibelungen von jener vermutheten alten Klage

voraus, die nicht leicht zu erweisen ist. Ob die Klage vor unseren Handschriften ein oder mehrere Male umgearbeitet sey, auch wohl bey ihrer Aufnahme in die Nibelungenhandschriften von Neuem verbessert, wie es allerdings noch später in der Quelle der St. Galler Handschrift und endlich in der ersten von Hohenems geschehen ist, — dagegen wissen wir so wenig zu sagen, als wir es für erweislich halten: nur scheint aus den ehemals von uns aufgestellten Beweisen diefs klar zu seyn, dass die Klage, wie auch verändert, doch in der gegenwärtigen Gestalt noch sich zeige als nicht für unsere Nibelungen gedichtet. Desshalb nahmen wir eine erste verlorene Sammlung von Nibelungenliedern an, die nach einer kürzeren Einleitung nur den zweyten Theil unseres Gedichts, oft in anderer Darstellung, aber zugleich den Inhalt der Klage enthielt, und deren Ordner, um sie dem ungläubigen Zeitalter zu empfehlen, sich am Schluss etwa auf Konrads lateinische Geschichtserzählung berief, aus der er die Volkslieder mochte hie und da, besonders am Ende, vervollständigt haben. Dass sich nun ein Geistlicher entschloss, den vermuthlich wenig ausführlichen und nicht im Gesange lebenden Schluss jener Sammlung, in Nachahmung anderer Gedichte der deutschen Sage, in kurzen Versen weiter auszuarbeiten, ist gar nicht verwunderlich. Wie viel aber ihm selbst, und was seiner Quelle angehöre, wird nicht leicht gesagt werden. Oft genug führt er zwar den älteren Dichter an: haben wir aber, was Hr. v. d. H meint, und wir weder behaupten noch leugnen, eine umgearbeitete Klage vor uns: so kann damit immer der erste Dichter der Klage
173 gemeint seyn. Dieser Zweifel ist der nicht zu verachtende Gewinn, den wir aus Hn. v. d. Hs in ihrer weiteren Ausführung unstatthafter Vermuthung ziehn. Was er S. xiii bemerkt, widerlegt nicht unsere Meinung, sondern eine andere, deren Urheber uns nicht bekannt ist. 'Die Annahme, sagt er, dass der letzte Dichter der Klage ein älteres Nibelungenlied in Liedesweise vor sich gehabt, und daraus seine Abweichungen herrühren, ist schwierig, weil die ältere Klage nicht wohl ein besonderes Gedicht seyn konnte, so wenig als der alleinige Inhalt von Pilgerims Werk.' Von diesem Gegner lässt sich der Vf. seine alte Nibelungen-Erzählung in kurzen Versen und die neuere Klage ohne Umstände zugeben: erst bey dem umgearbeiteten und verkürzten Gedichte soll eine Liedersammlung zu Rathe gezogen

seyn, deren Fortsetzung es eben nun bilden sollte. Wir leugnen aber die Verkürzung (d. h. das weglassen der früheren Begebenheiten, die in der Nibelungen Noth stehen), und setzen, falls man doch eine oder mehrere Bearbeitungen der Klage annimmt, schon die erste Ausgabe später als die älteste Liedersammlung. Der andere Einwand trifft zwar unsere Ansicht auch: 'als Fortsetzung eines solchen älteren Nibelungenliedes (soll heifsen: wäre die Klage Fortsetzung eines älteren N. L.: so) hätte sich dieses doch wohl mit einer der vielen Handschriften der Klage erhalten müssen.' Allein der Grund ist überhaupt nur schwach: wer sagt uns, dass die Urschrift der Klage, oder auch nur jemals eine Abschrift, wenn es dergleichen vor der zweiten oder dritten Nibelungensammlung gegeben hat, der älteren Liedersammlung unmittelbar beygefügt ward, der das Gedicht eigentlich nicht einmal als Fortsetzung diente, weil ja nur der letzte Abschnitt ausführlicher darin abgehandelt war?

Über die Entstehung des N. L. selbst äufsert sich Hr. v. d. H. jetzt bey Weitem anders, als sonst. Nach S. xxix 'verleugnet es nicht seinen Ursprung aus älteren und anderweitigen (und seinen Zusammenhang mit anderweitigen?) Volksliedern.' Dabey werden die Andeutungen anderer Sagen erwähnt, Dunkelheiten, Widersprüche, neues Anheben 'wie in einzelnen Liedern' u. dgl. Hätte nur der Vf. weniger das Bekannte wiederholt, als bisher Übersehenes angemerkt! 'Aber die Zusammenfügung des Ganzen, heifst es nun (S. xxx), erscheint doch weit anders, als etwa die in jenen wirklich noch rhapsodischen — Eddaliedern, oder wie in der ähnlichen, nur noch weniger zusammenhängenden Gruppe der altdänischen Lieder dieses Kreises.' Warum vergleichen wir die Nibelungen nicht lieber mit dem hürnenen Seifried und dem Rosengartenliede, welche der Vf. (S. xvi. xx) als zusammengefügt anerkennt, oder mit Alphart? Da würde sich der Ähnlichkeit mehr finden, wenn gleich unser N. L. allerdings weit sorgfältiger und künstlicher angeordnet ist, in einer Zeit, wo die Sprache noch reiner war, die Lieder zahlreicher und minder verderbt, die Kunst des Erzählens eben recht aufgeblüht und noch unverwildert. Kein Wunder daher, dass unser Vf. noch immer in dem Gedichte 'das göttliche Gemüth eines einigen unergründlichen Dichters' erkennt (S. xxvii). Wir geben das willig zu, wenn man mit diesem Dichter das Volk meint,

174 dessen unergründlicher Geist sich freylich in dem Ganzen, wie fast überall in den geringsten Theilen des Werkes abbildet. Soll es aber (S. xxviii) ein ritterlicher Sänger, und zwar ein Dichter, nicht blofs ein Sammler, Ordner, Bearbeiter gewesen seyn: nun so zeige man uns doch aus dem Anfange des xiii Jahrhunderts einen Ritter, oder, aus welcher Zeit man will, einen Dichter, der alte Sagen völlig im Sinne des Volks in sich aufzunehmen, der sie, selbständig schaffend, zu einem langen Gedicht, aber wiederum volksmäfsig, auszuführen vermochte. Man zeige uns anderswo, bey solcher Vortrefflichkeit, diesen nur allzu fühlbaren Wechsel des Tons, die augenscheinlichen Widersprüche, die Lücken der Erzählung in wichtigen Puncten, ja in dem Umstande, der alles Übrige bedingt, — Seifrieds und Brünhildens früherer Begegnung. Alles diefs aber erklärt sich, nimmt man einen Ordner an, der, selbst aus dem Volke hervorgegangen und in ihm lebend, mit einer reichen Anzahl von Liedern bekannt, das Zerstreute vereinigte, ordnete, mit Achtung und Scheu vor dem alterthümlichen Gesange — die selbst bey dem Hohenemsischen Umarbeiter noch sichtbar ist — nur Unwesentliches veränderte, durch unschuldigen Schmuck und Beschreibungen, durch Verheimlichung des Wunderbaren oder Unglaublichen, dem ekler gewordenen Zeitalter die halb unwillig geliebten alten Gesänge wieder empfahl. Uns ist es schlechterdings unbegreiflich, wie Hr. v. d. H seine beiden Sätze, von dem Ursprunge der Nibelungen aus Volksliedern, und von jenem einzigen Dichter, über dessen Verfahren er sich doch endlich erkläre, so verträglich neben einander stehen heifst. Uns scheint sogar die ganz verschiedene Behandlung und Verknüpfung der Lieder in der ersten und in der zweyten Hälfte unwidersprechlich zu beweisen, dass der Ordner eigentlich zweye gewesen sind, die wir an einem anderen Ort (Auswahl a. d. Hochd. D. des xiii Jahrh. S. xvii), in Beziehung auf die älteste verlorene Sammlung, den zweyten und dritten genannt haben. Dort ist auch, zu weiterer Bestätigung, die Verschiedenheit der Reimgebräuche im ersten und zweyten Theile des Gedichts nachgewiesen; und Rec. erlaubt sich, jenen Bemerkungen hier, zum Theil berichtigend, noch Einiges beyzufügen. Einmal hat auch der dritte Sammler (im ersten Theil) sich einen falschen Reim nach der Art des zweyten erlaubt, 1697. 400, 1. *mêr: her.* Einer aus dem zweyten Theil ist übersehen,

9287. 2230, 3 *in: gesin.* Die verkürzten Dative sind in beiden
Hälften nicht ganz selten: in der ersten, aufser den dort angeführten, noch mehrere Male *lant,* 1363. 336, 3 *lip,* 3516. 818, 4
wip, 4402. 1037, 2 *tôt* (1651. 392, 7, 3930. 920, 4 *dem fluot* nur
in der St. Galler Handschr.); in der zweiten *lant* (aber, aufser
5767. 1378, 3 (?), nur in dem Falle, wenn *der Hiunen lant* u.
dgl. behandelt wird wie *Hiunenlant:* denn in solchen Zusammensetzungen ist die Verkürzung des Dativs überall erlaubt; 6175.
1480, 3 ist die Interpunction unrichtig), 5999. 1436, 3 *wip,* 6720.
1614, 8 *lip:* 8165. 1957, 1 und 9493. 2282, 1 könnte man für
ez schreiben *es,* und die Unregelmäfsigkeit wäre beseitigt. Eine
unrichtige Form im Reime bemerken wir noch aus dem ersten
Theil, 1478. 357, 2, 2572. 589, 8 *klein* für *kleine:* denn *hart* für
herte bey dem zweyten Ordner 8155. 1954, 3 hat schon bessere 175
Gewährsmänner für sich. Was der zweyten Handschrift von
Hohenems nicht gehört, wird hier natürlich übergangen. Eine
Menge einzelner Wörter und Redensarten, die nur einem der
beiden Ordner geläufig sind, wird man bey geringer Aufmerksamkeit gar leicht selbst herausfinden. Nach Hn. v. d. Hs Bemerkung (S. LIV und 554) ist die spätere Umarbeitung in der
Hohenemser Handschrift älter als 1232. Der dritte Ordner aber
arbeitete ohne Zweifel erst nach Wolframs Parcival, der später
als 1195, in welchem Jahr Heinrich von Veldeke frühestens gestorben seyn kann, aber vor Wirents Wigalois (um 1212 nach
Benecke) und vor Landgraf Hermanns Tode (1215) vollendet
ward. Aus dem Parcival nur konnte unser Ordner sein *Zazamank* (1462. 353, 2) nehmen, worüber der Herausgeber S. XLVI
allzu zweifelhaft spricht; und vermuthlich kamen eben daher
manche französische Wörter, die weder Heinrich von Veldeke
noch Hartman von Aue gebraucht hatte. Diese Zeitbestimmung
aber macht es sehr wahrscheinlich, dass beiden Ordnern erst die
genauere Einrichtung der Reime gehört. Denn im Volksgesange
war damals schwerlich schon der kaum erst aufgekommene strenge
Reim an die Stelle der Assonanz getreten. Wagte doch um dieselbe Zeit, oder vielleicht noch späterhin, der Umarbeiter von
Wernhers Maria so manchen höchst ungenauen Reim und oft
blofse Assonanz. Dennoch aber verrathen sich unsere Ordner
überall noch als Volksdichter, die den Gebrauch der höfischen
nicht als unverbrüchliches Gesetz befolgten, in den Participien

auf *ôt* und manchen anderen Formen, auch in einzelnen Wörtern von denen wir nur *magedîn* anführen, dessen sich alle kunstmäfsigen Dichter sorgfältig enthalten. Wir finden es nirgend bey Hartmann, Wolfram, Wirnt, Walther und Gottfried, wohl aber in der Eneit, häufig in Maria und Morolf, in allen Theilen des Heldenbuchs und Gudrun, wie in dem späteren Wigamur, bey dem alten Kürnberg, M. S. 1, 392, einmal bey dem nicht selten bäurischen Tannhäuser, M. S. 2, 602, zweymal in Flore 5566. 6764, einmal im Trojanischen Kriege 24193, in einer späteren Erzählung bey Müller 3, xxii, 135.

Um Hn. v. d. Hs Ansicht ja nicht zu entstellen, heben wir noch eine Äufserung hervor, durch die vielleicht Anderen seine Vorstellung vom Ursprunge des N. L. deutlicher wird: Rec. verhüllt sie Alles nur in tieferes Dunkel. S. xx lesen wir: 'Alle diese Lieder nnd Sagen, insonderheit die Niflunga-Saga durch ihre grofse Übereinstimmung, deuten aber auch auf ein älteres oberdeutsches Nibelungenlied, etwa in der Form, welche das jetzige mit dem Siegfriedsliede, den beiden Rosengartenliedern und anderen gemein hat, und etwa auch in deren kürzerer volksmäfsiger Darstellung'. Diefs schon ist uns nicht klar, wie die Niflunga-Saga auf etwas Anderes, als die mit Erzählung gemischten
176 einzelnen Lieder hindeute, die sie ausdrücklich erwähnt. Eben so wenig finden wir jene Andeutung in den übrigen Liedern und Sagen. 'Ein solches kürzeres Nibelungenlied, fährt Hr. v. d. H fort, welches, wie die Eddaischen und Dänischen, und selbst noch unser Siegfrieds- und Rosengarten-Lied, aus einigen, vorher einzelnen Liedern verbunden seyn mochte, obwohl diese höher hinauf selber aus einem Ganzen entsprungen waren, — könnte die nächste Grundlage unseres Nibelungenliedes seyn.' Also, dieses kürzere Lied wäre die Grundlage; einzelne ausgeführtere Erzählungen, so scheint es nach dem vorher Angeführten, hätte man eingeschaltet: der einzige Dichter aber soll, bey aller Anhänglichkeit an seine Quellen, doch immer noch seinen, des Einzelnen, 'eigenthümlichen Geist zeigen;' in allen, auch den kleinsten Theilen des Werkes soll sich des Einen Gemüth in seiner ganzen Fülle offenbaren. Das geht doch rein über alle Grenzen eines menschlichen Dichtungsvermögens hinaus. Und wie ist es dem Vf. gelungen, die Spuren des kürzeren, dem Ganzen zum Grunde liegenden Gedichts aufzufinden? Oder, sind diese Spuren

verschwunden, womit rechtfertigt er seine Annahme? Die Annahme, sagen wir, eines kürzeren, aber Alles umfassenden Liedes das dem unserigen zur Grundlage gedient habe. Denn dass es dergleichen Lieder gegeben hat, die aber von unseren Ordnern nicht gebraucht worden sind, wer will das leugnen? Man wird sogar zugeben müssen, dass diese umfassenderen Lieder, je näher dem Ursprung der Sage, desto treuer ihrem Inhalt gewesen sind, und sie sowohl, als die von beschränkterem Umfang, auch in der Darstellung nicht selten besser, als die in unseren Nibelungen. Ist doch die Sage von der Nibelungen Mordanschlag auf Seifrieden später noch, so wie sie uns im hörnenen Seifried überliefert wird, bey Weitem lebhafter und schöner gesungen, als in der Nibelungen Noth. Allein ob zu einer Zeit und in einer Gegend, wo so viel einzelne Lieder bekannt waren, die alle oder fast alle Theile der Sage, abgesondert, ausführlich erzählten, auch noch ältere, das Ganze umfassende Gesänge im Gedächtniss blieben und etwas galten, — darüber lässt sich wenigstens streiten. Ihr nothwendig häufiger Widerspruch gegen die Erzählungen einzelner Begebenheiten stellte sie leicht, bey den Liederkundigsten eben, in Schatten. Und so hat es schon an sich wenig Wahrscheinlichkeit, dass unsere Ordner ein Gedicht, das die ganze Sage begriff, zum Grunde gelegt haben. Die Anordnung der Lieder konnte ja, bey dem reichen Vorrath, der ihnen zu Gebote stand, keine Schwierigkeit machen; wenn man auch nicht annehmen will, dass der Zusammenhang des Ganzen schon damals aus mündlichen Erzählungen ohne Gesang bekannt war; wenn man auch für Oberdeutschland die im Norden übliche Art, Gesang mit Erzählung zu verbinden, nicht für erweislich hält.

Aus den bisherigen Betrachtungen folgt die Aufgabe von 177
selbst, welche die philologische Kritik an den Nibelungen zu lösen hat. Ihr Ziel muss nothwendig das seyn, die Arbeit des dritten Ordners in ursprünglicher Reinheit wiederum herzustellen. Allein die Schicksale der Lieder, bevor sie zu diesem Ordner gelangten, machen das Geschäft des Kritikers schwierig. Es ist nicht genug, wenn er, in feiner und sorgfältiger Beobachtung, alle, auch die geringsten Eigenthümlichkeiten jenes Ordners sich bekannt und geläufig gemacht hat. Denn wir finden schon, dass er ein früheres Werk, die zweyte Sammlung, ohne durchgehende

Veränderung aufnahm; dass beide Ordner die Volkslieder, welche sie sammelten, dem Inhalte nach fast ganz bestehn lieſsen, auch in der Form nicht auf die strengste Regelmäſsigkeit der Kunstpoesie ausgingen, und also gewiss Vieles, was sie in eigenen Werken nie gebraucht hätten, aus Liedern verschiedener Dichter ohne Abänderung in ihren Sammlungen duldeten. Noch mehr hindert den Kritiker die Beschaffenheit der erhaltenen Handschriften, über deren Verhältniss Hr. v. d. H nun sorgfältigere Untersuchungen angestellt hat, deren Erfolg er S. XXXII–LIV angiebt. Die zweyte Handschrift von Hohenems (jetzt EM* genannt), welche dem ursprünglichen Text am nächsten steht, reicht schwerlich hin zur Wiederherstellung desselben. Scheuet man den Versuch, zu dem wir doch rathen möchten: so wird die Aufgabe beschränkt auf Erneuung eines schon überarbeiteten Textes, der allen übrigen Handschriften zum Grunde liegt: der St. Gallischen (G) auf der einen Seite, in der er nicht oft scheint ab-
178 sichtlich verändert zu seyn; auf der anderen, der Handschrift von München (M), der Wienischen (W), und der ersten aus Hohenems (EL), welche alle, durch mehrfache Bearbeitung, sich von ihrem Urtext weit entfernen, aber in sehr verschiedenem Grade. Die Bruchstücke anderer Handschriften schlieſsen sich nach des Herausg. Untersuchungen, alle gar nicht an EM, auch nicht zunächst an G, sondern sie stimmen theils mit M, ein Paar auch mit W. Das Verhältniss der Handschriften M und W unter einander, wie gegen EL, bleibt noch genauer zu erforschen, den Lesarten nach mehr, als, worauf Hr. v. d. H zu viel giebt, in Ansehung der Strophenzahl. Dann werden, bey einer neuen Ausgabe des Gedichts, die kritischen Regeln genauer können aufgestellt werden, als wir es bey Anzeige der vorigen Ausgabe vermochten. Für die meisten Fälle indess werden schon unsere Regeln hinreichen, und die Grundsätze, auf denen sie ruhn, dürften wohl keinen Widerspruch finden. Auch Hr. v. d. H hat nichts dagegen gesagt: warum verschweigt er, ob ihn Zweifel an der Richtigkeit, oder das Schwierige der Ausführung abschreckte? Ungewissheit und Irrthum werden auch bey unserer Verfahrungsart nicht ganz fehlen: dennoch käme man so dem ursprünglichen

* Lachmanns A, G Lachmanns B, EL Lachmanns C, M Lachmanns D, W Lachmanns d.

Texte ohne Vergleich näher, als Hr. v. d. H, der auch in dieser Ausgabe, deren Einrichtung er S. LIV–LXIII beschreibt, die St. Galler Handschrift beynahe wörtlich und buchstäblich wiedergegeben hat. Vermuthungen schliefst auch seine Weise vom Texte nicht aus, und zum Theil recht bedeutende, wie Z. 9315. 2237, 3 *rûwunde*, eine, wie uns dünkt, vortreffliche und nicht zu bezweifelnde Verbesserung.

Wir enthalten uns jeder Vergleichung der früheren Ausgaben Hn. v. d. Hs mit der gegenwärtigen, die an Treue und Zuverlässigkeit so hoch über jenen steht, dass jede Erinnerung an dieselben für den Herausg. nur schmerzlich seyn könnte. Um aber mit Einem Worte den Werth und die Brauchbarkeit des neuen Textes für den Kenner zu bezeichnen, setzen wir ihn dem Müllerischen Abdrucke des Parcivals gleich — nicht dem der Nibelungen, weil Hn. v. d. Hs Handschrift vorzüglicher ist — und rechnen dem Herausg. als überwiegendes Verdienst nur die vermiedenen Druckfehler an, und die Verbesserung einiger Versehen des St. Gallischen Schreibers. Die Feststellung der Orthographie macht Unkundigen zwar das Lesen etwas leichter: doch ist sie nicht so durchgreifend, dass sie dem Gelehrten ge- 179
nügt. Die Interpunction, so willkommen sie dem Anfänger seyn muss, ist für den Geübteren von geringem Werth, zumal in einem so leichten Gedicht, und bey ihrer Ungenauigkeit: denn in der Regel vertritt das Comma die Stelle aller anderen Zeichen.

Eine Stelle der Einleitung (S. LV) gab uns Anfangs eine etwas vortheilhaftere Meinung von dem kritischen Verdienst dieser Ausgabe. 'Alle einzeln und als Eigenheiten stehenden Abweichungen aller Handschriften, fielen auch den Lesarten anheim: selbst aus G, doch nur wenig bedeutende.' Danach erwartet man nur höchst selten eine Lesart unter dem Text zu finden mit dem Zeichen A, wodurch Hr. v. d. H ausdrückt, alle Handschriften, aufser der von St. Gallen, stimmen in einer doch nicht aufgenommenen Lesart überein. Man trifft aber dieses Zeichen fast auf jeder Seite mehrere Male an, auch wo der St. Gallischen Lesart innerer Werth nicht den Vorrang vor der anderen einstimmiger Aussage giebt.

Sind doch sogar offenbare Schreibfehler aus G, die auf keine Art zu vertheidigen stehn, in den Text aufgenommen, wie 2345. 540, 9 *frou* im Dativ, 9464 *triuwen* im Accus., 8983 *helme* im Accus. Sing., 6328 *niemene* im Accus., 7210 *manek wîk,* da doch der Accus. des Adjectivums das Kennzeichen erfodert, 213 der Genitiv bey *freischen*, 368 *wundern* mit dem Nominativ der Sache statt des Genitivs, 271. 1234. 1831. 4739 (alle Mal gegen Müllers Abdruck, ohne Anzeige). 4000 (gegen A) *diu* für *die,* 345. 804. 5997. 6048 *dô* für *dâ* und umgekehrt, 6416 *da nâch* für *dar nâch,* 2808 *ze werlde* für *zer,* 7446 *mâre* f. *mêre*, 4956 *ellenhaft,* 2759 *aller hende* f. *hande,* die Präpositionen *mite* 4911 und *ûze* 8054 für *mit* und *ûz,* 2628 sogar der Schreibfehler *ûz* sammt der nachfolgenden Berichtigung *zuo.*

Auch manche Formen und Schreibungen, die G allein oder mit wenigen Handschriften des xiii Jahrh. gemein hat, mussten den gewöhnlicheren Platz machen. Vor Allem ganz fehlerhafte, wie die Präterita *konde, gonde, begonde* (dabey Widerspruch in den Angaben bey 1640 und 1675), und *erkrommen* 51, die ungenaue Schreibung *verge* statt *verie,* und *bûhurdiren* für — *ieren,* die grundlosen Dehnungen *geruozen* f. *grûzen* und *Sîveril,* das ungut seines Tieftones beraubte *mellene* 5012 für *mellîne* (*mellîn* im Reim, M. S. 2, 185b), die Niederdeutschen Formen *schef, Gelfrâde* und *ahzêntem* 5513, das Substantiv *willekom* oder *willekome* (s. Troj. Kr. 5631. g. Schmiede 218) anstatt des Adjectivums gebraucht 2221. 5793. 9564. *Alle wâr* 4437. 1046, 1 und *en hande* 3959. 927, 3 sind in G vielleicht bloſse Schreibfehler: doch steht *hande* für *hende* auch 7503. 1804, 3, wider den allgemeinen Gebrauch, und im Reim nur bey Dichtern, wie denen von Maria (3572. l. *sînen handen*), 4331, Wigamur 5946, Gudrun 1902. 2298. 2700. 5736. 6740, Biterolf 5080. 9012. 10039. 10145, *sâ zehande* Biter. 3143. 9697. 12509, *behande* 13094. *Want* für *wan* ist nicht zu vertheidigen 1659. 3048. 3950. 8631, obgleich die Verwechselung sich auch anderswo findet. *Stiuben* für *stieben* lässt man sich ein einzelnes Mal 2399. 552, 3 wohl gefallen, da man solche alterthümliche Formen noch hie und dort antrifft, wie *tringen, liugen,*
180 *binten, flinhen,* ja sogar *klûben,* Titur. xvi, 20. Maria 3582. Hingegen *geruoven, zerbluoven, truoven,* oder die richtigeren Formen mit *ûw* oder *iuw,* aus G in die Nibelungen aufzunehmen, ist gewiss gegen die Mundart unserer Ordner, da alle übrigen Handschriften die Formen auf *ouwen* vorziehen. Ferner hat G und Hr. v. d. H mit ihr, öfter als sonst die besten Handschriften jener Zeit, und zumal die der Nibelungen, jene ungenaue Decli-

nation der Beywörter, *diu minneklichiu kint, diu schönin meit, der diu daz edel, der übel, dem künem, mir armem, ir guote ritter.* Am wénigsten ist aber zu geben auf die unsorgfältige Aussprache des *n* in *umbetwungen, ummuoze* und dgl. Wörtern, die Hr. v. d. H sehr gewissenhaft nachschreibt. Auch *re* für die Präposition *er* ist in anderen Handschriften selten, und nichts als unvollkommene Bezeichnung der Aussprache. Es findet sich nämlich allein nach unbetonten Silben, *er rerant, wir rebeiten, niemen rewerben* (237. 58, 1, in diesem Beyspiel ganz fehlerhaft, nach dem Einschnitt des Verses), um zu bezeichnen, dass die tonlose Sylbe schwebend betont, und das folgende *e* in *er* stumm werde, *er 'rrant, wir 'rbeiten, niemen 'rwerben.* Durchaus fehlerhaft sind die Präterita *satzet* 8803. 9125. 9428, *löscte* 2021. 2581, *fuogete* 7431. 9143, *betruobete, beswärete* 7747, von denen das letzte nur zu vertheidigen wäre, wenn *beswären* sonst in den Nibelungen vorkäme. Die Grammatik erfodert die umgelauteten *setzete, lösete, fügete, betrübete, beswärete,* oder die verkürzten mit dem Rückumlaut, welche in jenen Stellen das Versmaß verlangt, *sazte, löste, fuogte, betruobte, beswärte.*

Die eigenthümlichen Lesarten aus G anzuführen, die ohne Grund dem einstimmigen Texte der übrigen vorgezogen sind, kann nicht die Aufgabe einer bloßen Recension seyn. Wir begnügen uns, einige anzumerken, die zugleich wider den Vers sind. Der Dativus *dem fluot* ist schon erwähnt: nicht besser sind die rührenden (reichen) Reime *von dan: dan* 5985. 1433, 1. Ferner 77. 20, 1 ist *vil* ein müssiges Einschiebsel des Schreibers, wie auch sonst häufig, und nicht selten zum Verderben des Versmaßes, 1773. 418. 1, 1861. 435, 1, 2351. 541, 3, 2539. 583, 7, 2675. 613, 3, 3031. 693, 1, 6099. 1461, 3, 8212. 1966, 4; *die [lieben] triutinne min* 2175. 505, 3 desgleichen. 2437. 560, 1 *in becken von golde röt,* ein Schreibfehler, der älter zu seyn scheint als G (denn schon in EL ist gebessert *goldes röt*): die richtige Ordnung der Wörter gewährt EM. 4096. 961, 4 *Vil sér erschrukte do Sigemunt:* nur diese Lesart, vom Herausg. zusammengesetzt, ist wenig rhythmisch, alle handschriftlichen erträglich, auch die von G. 4677. 1106, 1 lese man *Als* für *Alsum,* 4756. 1125, 3 *künen* mit A für *herlichem,* 5148. 1223, 4 *min ende* mit A. 5267. 1253, 3 l. *mit ougen min* für *mit minen ougen.* 5370. 1279, 2 verderbt die Schreibung *Waláchen,* welche nur G hat, das Versmaß. 5472. 1304, 4 *[Her] Rüdgér und sine friunde.* 5532. 1319, 4 l. *Gelebten bi*

Kriemhilde sît manigen frôlichen tak, 5615. 1340, 3 *si was im sô sîn lip.* 5748. 1373, 4 *Man gab in herberge* genügt: *schône herberge* überlädt den Vers mit einer Hebung; *schôn* aber ist fehlerhaft. 5870. 1404, 2 *Ine wil, daz ir iemen* — ist schwerlich deutsch: *niht* füllt auch den Vers besser. 6395. 1535, 3. l. *z' eime schafte,* 7152. 1720, 4 *nidet,* 8079. 1937, 3 *ditze ist ein grimmiu nôt,* nicht
118 *grimmigiu.* 8458. 2027, 2 ist *unde* zu tilgen. In manchen Stellen wird durch die St. Gallische Lesart das Versmafs zwar nicht gerade vernichtet, aber sie ist doch eben für den Rhythmus die unbequemste, wie 679. 165, 3, 2034. 474, 2, 2382. 549, 2, 6097. 1461, 1. Anderswo ist sie kaum sprachrichtig, wenigstens gegen den häufigeren Gebrauch: so 2232. 519, 4, 2889. 662, 1, 5172. 1229, 4.

Dagegen weicht Hr. v. d. H auch wieder von seiner Urschrift ab, ohne dass man den Grund vermuthen kann, den nirgend eine Anmerkung andeutet. 428. 103, 4 haben G. EL. M *der künik Gunthêr:* warum wählt der Herausg. aus EM (und W?) *der herre Gunthêr?* Warum 2163. 502, 3 *brûder,* da G und EM das richtigere *bruoder* lieferten? 5007. 1188, 3 schwanken die Handschriften zwischen *schaden* und *schande:* nur EM hat den sprachwidrigen Accusativus *schanden,* und auf diesen fällt Hn. v. d. Hs Wahl. 6456. 1550, 4 ist die Fügung *wider Gelfrâte* untadellich; s. z. B. Klage 1619 (nach Hn. v. d. Hs. Ausgabe, 725 C), Iw. 5391. 6314. Parc. 19601: warum giebt also der Herausg. den Accusativ. gegen EL und G? Eben so unbegreiflich ist das Verfahren 9443. 2269, 3, wo im Text der Schreibfehler aus EL steht: *Swaz ich frôuden hête, die lit von iu erslagen,* mit der Anmerkung: '*frevnde h. div ligit v.* EM. *frivnde h. di sint v.* G. (ist dran gebessert). *hatte* [*von* fehlt] M.' Danach ist die ächte Lesart *frôude — diu lit.*

Dennoch würden Leser, die gemäfsigte Ansprüche machen, sich schon begnügen, wenn die Lesarten unter dem Texte ihnen die Möglichkeit gewährten, das Richtige selbst herzustellen, nach eigenem Urtheil. Aber einzelne Blicke, die Rec., beym Durchlesen der neuen Ausgabe, in die früheren that, haben ihn nicht überzeugt, dass Hr. v. d. H mit Wahrheit versichere, 'die aus den bisherigen Drucken nicht wieder vorkommenden Lesarten seyen Schreib- oder Druck-Fehler.' So steht 64. 16, 4 für *noch got* bey Müller *got noch,* 298. 73, 2 für *dâ* das allein richtige

dô; Hr. v. d. H schweigt. 334. 82, 2 liest man ohne Anmerkung
moht' er wol sin; Müller hat *mohte er vil wol sin*, Hn. v. d. Hs
erste Ausgabe (doch wohl aus M) *der reche mohte sin.* 2364.
544, 4 hat M nach dem vormaligen Bericht *wart da durch ir
zuht:* hat nun der Herausg. damals geirrt, oder jetzt, wo er uns
glauben lässt, in M. stehe *wart durch zuht?* 5465. 1303, 1 ward
sonst aus M angeführt, *geherbergen niht:* die neue Ausgabe sagt
nicht, dass die Handschrift von G *(niht geherbergen)* abweiche.
Und wer wird zweifeln, ob in folgenden Angaben Irrthümer ob-
walten? 1001. 246, 1 im Texte *zerhomen*, mit der Anmerkung
'*verh.* EL. M. *ze hofe* W. M.' In M steht nach der ersten Ausg.
verhomen; EM hat *zerhomen*, wie auch G nach der zweyten:
welche Handschrift ist nun also M, in der *ze hofe* gelesen wird?
1308. 322, 4 fehlt in EM nach Müller und nach unserem Herausgeber, der aber doch anmerkt: *Chriemhilden* G. EM. M. W.
2708. 621, 4 *ez sus:* '*sus ez* M.' Das letztere hat EM, wenigstens
Müller; M nach Hn. v. d. H 1 Ausg. *ez sus:* wo ist nun der
Schreib- oder Druck-Fehler? 4951. 1174, 3 werden aus EL zwey
verschiedene Lesarten angeführt, deren eine nach Müller EM gehört. 6547. 1573, 3 bey *fröude zergân* führt Hr. v. d. H aus
EM an, *vreude ergan:* Müller giebt *vreudez ergan.* Wer hat nun
Recht? Ist bey Müller ein Druckfehler, er verdiente doch ein 182
Wort oder ein Zeichen: wen befriedigt die Versicherung, was
nicht wieder vorkomme, sey verdruckt? Etwas in der neuen
Ausgabe als Schreib- oder Druck-Fehler zu entschuldigen, wird
uns dadurch ausdrücklich untersagt. 6815. 1638, 3 lesen wir
jetzt ohne Anmerkung *im sturme:* vermuthlich haben alle Handschriften *in*, wie Bodmer hat drucken lassen, und Hr. v. d. H
selbst zwey Mal. 7757. 1858, 1 *Blôdelines recken:* Bodmer giebt
Die Bl. r., aus eigener Willkühr, oder aus EL? Nicht selten ist
auch die Angabe der Lesarten durchaus unverständlich. So wird
454. 110, 2 zu den Worten, *Umbe disiu mære, diu er hie vernam*,
Folgendes angemerkt: '*vm* G. *solhiu m. als er* EM. *die* A. (auch
G).' Worauf bezieht sich nun die letzte Angabe? Haben alle
Handschriften *die* für *diu* oder für *hie*? *Hie* scheint in allen zu
stehen: für *diu* hat EM *als*, G (nach Hn. v. d. H 1 Ausg.) *di*,
M und W wahrscheinlich *die*, EL schwerlich. 1602. 383, 10
Guot unde schône (l. *schône*), *vil michel unt vil stark:* '*vil sch.*
[*vil* – *vil* fehlt] M. *u. st.* W. *unt* G.' Hat G in der ersten Vers-

hälfte *vnt,* warum steht die Anmerkung nicht vor der Wienischen Lesart? In der zweiten hat auch der Text *unt:* die ist also schwerlich gemeint. Aus der Münchner Handschr. ward sonst hier etwas Anderes ausgezeichnet, *und ouch vil schone.* 3903. 913, 3 *dem Kriemhilde man:* '*dem Chr.* EM. EL.' Dass EL *dem* habe, wissen wir durch Grimm, A. W. 2, 175; Müller (EM), Hn. v. d. Hs zweyte Ausgabe (G), sammt der ersten (M) geben *der.* Diefs erwähnt der Herausg. gar nicht, und verwirrt uns in unlösbare Zweifel. Man sicht, nicht einmal über die St. Gallische Lesart giebt er immer hinlänglichen Bescheid. 1144. 281, 4 steht im Text *schôneres;* aus EL und M wird *schoners (z)* angemerkt: Aber eben diefs *(schônērs)* haben Müller (EM) und v. d. H 2 (G). 1325. 327, 1 im Text *het:* '*het* EL.' Wozu die Anmerkung? Müller (EM) *hete,* v. d. H 2 (G) *het.* 1882. 439, 2 *Burgonden:* '*bvrgonden* EM. EL. (immer).' Erst aus v. d. H 2 sieht man, dass G *Burgunden* hat. 3462. 805, 2 *uppechliche* (l. *üppeklîche*) ohne Anmerkung über G, die nach v. d. H 2 und Wien. Jahrb. 5, 270 *uipechliche* schreibt. 6382. 1532, 2 steht *wizzen* im Text, dessgleichen in v. d. H 2: gleichwohl ist eben diefs *wizzen* nach der Anmerkung die Lesart aller Handschriften aufser G. Wer kann sich daraus vernehmen? Bey Müller findet sich *wizen.* An sehr vielen Stellen sind auch die Lesarten so aufgeführt, dass man nicht weifs, welcher Handschrift jede gehört: z. B. 2604. 597, 3 '*man sach (sahe) in* EM. EL. M. W.' Nun sieht man wohl, dass EM *sach* habe, W aber *sahe:* allein wie steht es mit EL und M? Zweifel der Art tritt beynah auf jeder Seite mehrere Male ein. Aufserdem sind, zur Ersparung des Raumes, die Lesarten so unbequem angezeigt, dass es schwer hält, in veränderten Stellen die Texte einzelner Handschriften für einen oder mehrere Verse zusammenzufinden. Im Texte selbst ist der Übelstand nicht abgestellt, sondern bey der neuen Ausgabe noch vermehrt, dass fremde und nicht selten störende Strophen aus anderen Handschriften, nur durch Sternchen bezeichnet, die St. Gallischen unterbrechen, nicht, wie es S. LXIII heifst, 'ohne Einmischung der
183 Überarbeitung,' zuweilen sogar in neuerer oder abweichender Schreibung, wie 84. 21, 4 *diser,* 89. 22, 5 *CD wûchse.*

Wir gehen jetzt genauer auf die Rechtschreibung ein, über die sich der Herausg. S. LVI—LVIII erklärt. 'Sie beschränkt sich, sagt er dabey, natürlich nur auf dieses Werk, und insonderheit auf die St. Galler Urschrift [Handschrift] desselben, und hauptsächlich wird diese nur in sich selber folgerecht gemacht.' Uns leuchtet dieser Grundsatz nicht ein. Wäre nur die Eine Handschrift erhalten, zeichnete sich die Sprache des Gedichts durch eigene Formen einer besonderen Mundart aus vor allen übrigen Schriften derselben Zeit: so möchte jene Weise so natürlich und statthaft seyn, als sie Hn. v. d. H dünkt. Da aber beides gar nicht der Fall ist, alle Handschriften auch sich als unsorgfältig beweisen durch Schreibungen, die sogar das Versmaſs zerstören: so darf sich des Kritikers Fleiſs nicht der Mühe entziehen, in den übrigen Werken jener Zeit die Bestätigung sowohl als die Verbesserung der Formen zu suchen, die uns in den Handschriften der Nibelungen überliefert sind.

Wir haben schon an der zweyten Ausgabe die Vieldeutigkeit der Vocalzeichen gerügt, welche den Lernenden in stäte Verwirrung setzt, dem grammatischen Studium die gröſsten Hindernisse in den Weg baut, und selbst den Geübteren ärgert, der im Druck unwillig erträgt, was er Schreibern zu verzeihen gewohnt ist. Unsere wenig ausgeführte Erinnerung ist ohne Erfolg geblieben; drum wollen wir dieſs Mal die verdrieſsliche Verwechselung der Zeichen sorgfältiger nachweisen, die fast in jeder Zeile den Leser etwas Anderes auszusprechen nöthigt, als das Geschriebene.

Also das Zeichen *a* bedeutet Hn. v. d. H 1) das ungedehnte *a*; 2) das gedehnte *â*; 3) den Umlaut des ersteren, das offene *e*. 4648. 1098, 4 liest man *gevallet:* der allgemeine Gebrauch fodert *gevellet*, wie *bennet* und *wellet*, mit dem Umlaut bey verdoppelter Liquida, hingegen *waltet, valtet, haltet, hanget*. Ferner *getraget* 4855. 1150, 3 für *getreit* oder *getreget*, welches Letztere, obgleich es seltner ist, Wolfram durch mehrfachen Gebrauch im Reime bestätiget, wie andere Dichter *grebet* und *entsebet;* 7995. 1916, 4 *verschranket* für *verschrenket;* 3182. 735, 2 *satel* für *setele*. Auch *magede* für *megede* scheint bey der weiteren Ausbreitung des Umlautes um jene Zeit zu veralten, wiewohl sich noch in Maria S. 33 *einer magede: ungesage(n)de* findet. *A* bezeichnet 3) den Umlaut des gedehnten *â*, nämlich *æ*. Sehr fehlerhaft steht 6300 c. 1511, 7 *gewaffen* statt *gewæfen*, 7323. 1760, 3 *râtet* für *rætet*, 7714. 1848, 14 *truhsâzen* f. *truhsæzen*, wovor schon der nächste Reim *læzen* bewahren konnte.

Eben so dient das *á (æ)* zur Bezeichnung folgender Laute: 1) des Umlautes von *â*, 2) des offenen *e* in unzählichen Wörtern. Da Hr. v. d. H niemals schreibt *lágen (ponere)*, *wánne, ádel, hár (exercitus), háizen:* so musste auch immer gesetzt werden *setele, trehene* (*trahene* richtiger, doch minder gebräuchlich), *megede,*
184 *megde, megedîn, berte* (9140. 2194, 4 *bárte* gegen G), *jegere, gejegede, legere, nehten, hermîn, mehelen, gewehsel, tegelich, gemelich, klegelich, schedelich.* Ob *mánige* oder *menige* zu schreiben sey, ist nicht so schwer zu entscheiden, als Hr. v. d. H S. LVI meint. Das unrichtige *á* zieht oftmahls noch das Verderbniss der letzten Silbe nach sich, wie wenn *sátel schámel, háven, jáger* steht für *setele, schemele, hevene, jegere* 1603. 3207. 2295. 3123. 3748. 3770. 3780. 3836. Erträglicher, aber nicht lobenswerth, sind die verkürzten Dative *wágen* (zu schreiben *wegen*) für *wegenen* 3897. 912, 1 und *tráhen* (l. *trehen*) für *trehenen*, jenes indess in der angeführten Stelle und dieses 2234. 519, 6 dem Versmafs widerstreitend, und in unserem Gedichte niemals einsylbig gebraucht. 3) Hr. v. d. H schreibt immer *tát*, 8505. 2039, 1 sogar *getát ich*, ohne auch nur Ein Mal zu sagen, ob er darin der St. Galler Handschrift folgt. In der Klage 208 (82 C D), wo *tete* auf *bete* reimt, wird Hr v. d. H mit seiner Schreibung im Gedränge seyn; denn *bet tát* würde der neuen Ausgabe nicht geziemen, zumal da beides fehlerhaft ist. Für die erste Person ist uns nur die Form *tete*, einsylbig mit geschlossenem *e*, bekannt, verkürzt nur in nachlässiger Aussprache, die sich auch *sit* oder *da mit* erlaubt; in der dritten Person ist die kurze Form *tet*, mit geschlossenem *e*, gar nicht selten; die regelmäfsigste *tete*, wie in der ersten; bey einigen lautet sie auch *tęte*, mit offenem *e*, *tát* aber niemals. Endlich 4) ein paar Mal steht *á* für *a*, wohl nur durch ein Versehen des Schreibers, in *unstáteliche* 8688. 2083, 4, *dem sátele* 854. 209, 2, *dem jágede* 3744. 875, 4 (3752. 877, 4, l. *gejegede* oder *gejeide*).

Das *e* wird in dieser Ausgabe nicht allein in seiner eigenthümlichen Vieldeutigkeit gebraucht, als gedehntes, offenes, geschlossenes, kurzes und stummes *e*, sondern aufserdem noch in einer sechsten Bedeutung, für *â*, den Umlaut des gedehnten *â*. So finden wir überall das Adj. und Adverb. *spæhe* mit *e* geschrieben, 7333. 8124 sogar im Einschnitte des Verses, dessgleichen *selik* statt *sâlik*, s. 9530, und immer *selde*. Nach S. 578 sind *sälde* und *selde* sogar ursprünglich eins: als Gegenbeweis genügen für dieſs Mal die Reime *sälde*: *gemälde* (von *mâlen*) g. Schm. 583. Georg 4456. 5720. 5826, *selde*: *velde* Maria 4159 und (richtiger) *selde*: *helde*, das. 4485, und sehr oft in Gudrun und Biterolf. Ferner finden wir *geweffen* statt *gewäfen*, welches auf *trâfen* reimt; *gelezze* f. *geläze* (s. Müller 3, XL, 194. M. S. 2, 79a. Meistergesb. 504. Lohengr. S. 23; wogegen *gelezze*: *nezze* Kolocz. 181 nicht in Betracht kommt); *lezestu iz* 2617 für *lâstu'z*, mehrere Male *swere* und *besweren*, auch 8685. 2083, 1 *beswerel'*, wo mit den übrigen Handschriften *beswärt'* zu lesen ist; *geschehe* 4867. 1153, 3 gegen Wortfügung und Vers, statt *geschähe*. Merkwürdig ist übrigens, dass in den Nibelungen die Substantivendung *äre* niemals in *är* verkürzt wird, wohl aber in ein tonloses *er*: *kocher* 3916. 3922, und 3838 im Einschnitt, *kamerer* 4069. 955, 1, *mörder* 6348 c. 1523, 7, *soumer* 6353. 1525, 1, *Tenlender* im Einschnitt 8276, 1982, 4.

O steht nicht selten 1) für das gedehnte *ô*, in *horen, losen* 185 *(solvere), gekronet, trosten, note, schone* Subst. und Adj., welche sämmtlich bey Oberdeutschen Dichtern den Umlaut bekommen, den auch der Conjunctiv *kôme* erfodert; 5363. 6122. 7413 steht *kome* und *komen*. *Hôrte, lôste, krônde, trôste* Präter. und *schône* Adv. sind richtig. 2) Sehr oft fehlt auch den Conjunctiven mit ungedehntem *ö* ihr Unterscheidungszeichen. *Möhte* sollte stehen z. B. 203. 1328 b. c. 1672. 1674. 1704. 1791. 3279. 3372. 3410. 3996. 4178. 4441. 4442. 4593. 4693. 4696. 4832. 4965. 4975. 5479. 5584. 5618. 7860. 8386. 8651, *töhte* 1328 c. *törste* 1973. 2262. 3504. 5852. 8890. 9179, *dörfte* 235. 484.

Der Doppellaut *ou* findet sich zuweilen in *froude*, welches stets *fröude* lautet. Dass neben *öu* ohne Unterschied auch geschrieben wird *eu*, ist zwar unschädlich, aber doch Überfluss, auſser etwa in Wörtern, wie *greuwen* und *bleuwen*, von *grâ* und *blâ*. Das Wort *ouch* muss zuweilen in *och* verwandelt werden wie 962. 236, 2, 2203. 512, 3, 2913. 668, 1, 7275. 1751, 3, 8203 1964, 7 C. Dieses *och* ist dem Schreiber von St. Gallen so fremd, dass er sogar im Reim *ouch* dafür setzt, Parc. 17247. Hr. v. d. H bildet S. 595 *douwen*, Prät. *dote*: es heiſst *töuwen*, *töun*, Prät. *töuwete, töute*.

Am gröſsten ist die Verwirrung bey den *U*-Lauten. Das

einfache *u* nämlich ist 1) das ungedehnte, 2) das gedehnte, 3) — und hier fängt der Missbrauch an — der unbezeichnete Umlaut vom dehnungslosen *u*. Was man gegen das Zeichen *ú* einwendet, ist nicht der Rede werth. Man schreibe also damit, zur Erleichterung der Aussprache, immer die in der Declination um-
186 gelauteten Feminina *búrge, künfte, húrte, zúhte, brúste,* die Plurale *stúrme, túrne, sprúnge, wúnsche,* die Conjunctive *verlúr, gewúnne, múge*, dessgleichen andere Wörter, die schon vor der Flexion umlauten *kúnek, der búrge, fúrste, slúzzel, diu brúnne* (Maria 2521. Gudrun 1085. 2845. 4591), *únde, húge, trúge, antlútze, gelúcke, kúnne, múnster, lútzel, úbel, kúnftik, flúhteklichen, kúnde* Adjectiv zweyter Decl. (s. v. a. *kunt*), *gelústen, kússen, gúrten, kúnden, erfúllen* (auch *erfúlte,* s. Trist. 8882. Maria 3603), *zúrnen* (*zúrnde,* denn *zurnen* ist eine erdichtete Trefflichkeit Radlofs), *schútte* (von *schúten,* Troj. Kr. 2901. 23133, oder *schútten,* Maria 3922), *erbúrn* 7791. 1866, 3, *fúrhten, fúr, úber.* Alle diese und andere Wörter schreibt Hr. v. d. H gewöhnlich mit *u;* und doch ist offenbar, dass ein ungeübter die meisten nicht mit Gewissheit werde richtig zu lesen verstehen. 4) *U* bedeutet in dieser Ausgabe mitunter auch *uo,* z. B. in *zu, magetum, stul, wuffe* (l. *wuofe*), *furteu;* 5) auch dessen Umlaut *ú, kune, grune, kule, ungefuge, Rudegêr, behuten, furen;* und endlich 6) *iu,* den Umlaut von *û,* in *suften,* 9155, *duhte* 4823. 1142, 3, 4842. 1147, 2, *hute* 3829, 895, 1.

Uo muss sich ebenfalls auf sehr verschiedene Art brauchen lassen. Es ist 1) das wahre *uo;* 2) dessen Umlaut, *ü.* Nur *küne, künheit, grüne, ungefüge, übermüte, unmüzik, güllich,* ferner *die füze, behüten* (Prät. *behuote,* Part. *behuot*), *grüzen, müzen,* sind richtige Formen; 4332. 1019, 4 sollte *müse* stehn. 3) Das gedehnte *û,* wofür andere Mundarten *uo* setzen. Häufig findet man, aber erweislich unrichtig, *uof, uoz, uozer, knome, Ruomolt, Huonolt, huos, truot, garzuon, buohurt, uorc, luot* (laut), *luoterliche, truorik, truoren, struochen, suomen, truote* (Präter. von *triuten* und *trûwen*). Von *truowen* u. dgl. war schon oben die Rede. *Nuo* hat der Herausg. mehrere Male aus C beybehalten, wogegen auch nichts einzuwenden ist: allein warum ist es 1965. 457, 1 geändert? Ferner bezeichnet *uo* 4) *iu* in *truoten* und *buolen* 7800. 1868, 4; 5) *u* und *o* zugleich, damit der Leser nach Belieben ausspreche, in *kuom* 6205. 1488, 1. Endlich zuweilen bedeutet das *o* 6) gar nichts, in *stuorm* und *truonzûne,* wenn es nicht etwa

Niederdeutsche Leser erinnern soll, für das *u* ein *o* auszusprechen wie man in anderen Handschriften oft findet *kuonik, tuogent, wuorden*, so bezeichnet, weil ihnen auch in *guot, muoter, zuo* nur *o* (nämlich *ô*) lautete. Auf der Grenze des Ober- und Nieder-Deutschen wird aber aus *u* zuweilen *uo*, z. B. in *suon, kuont, fuont, muont, wuont, gebuonden, fuonden, si kuonden, beguonden,* 187
guoz, fuohs, uof und aus dem *ú* ein *û*, *kûnde (notitia), kûnden, sûnde (peccatum)*, aber nicht vor allen Consonanten, und nicht *suone, sûne* für *sune (filio), süne.*

Der letzte Vocal *ú* dient 1) wie sichs gebührt, als Umlaut von *uo*; 2) anstatt des *ú* äufserst häufig, wie in *Brúnhilt* (alt *Brunihild*, also *Brúnhilt*), *Gúnthêr, kúnek, slúzel* (l. *slüzzel*), *túr, spúrhunt, stúbe, gebúte, fúr, úber;* 3) für *uo*. Man lese *genuoge* 2311. 533, 3, *fuoge* 3773. 882, 5, *fruomesse* 3243, *gruozte, uu* — oder *hôch gemuote* 2422. 2424. 3437. Auch die Form *rúfen* 876. 6465. 9539 ist in G vielleicht nur Schreibfehler. *Trúben* und *múden* sind 2490. 6267. 6300 intransitiv gebraucht, in welchem Falle wohl *uo* richtiger ist. Wenigstens finden wir *muoden* im Karl S. 111a, freylich aber auch *trúben* M. S. 2, 76b. 4) steht *ú* auch für *iu* immer in *krútze* (l. *kriuze*), in *kovertúre, Húnen, brúte* 7784, *húte* 3787. 885, 3, *lúte* 2792, *trútest* 2633, *trútinne* 6617, *dúhte* 5215, *itenúwen* (l. *iteniuwen*) 4577, so dass dieser einzige Laut auf vier verschiedene Arten bezeichnet wird.

Über den Gebrauch der Consonanten ist weniger Einzelnes zu erinnern. Das *J, W* und *K* hat Hr. v. d. H zwar gänzlich gespart, aber nicht gerade zum Vortheil des Lesers. S. 547 sagt er: '*I* ist immer Selblaut, wie noch in Schwaben und der Schweiz.' Diefs ist durchaus unrichtig. Nicht jeder Deutsche spricht das *J*, wie auch das *W*, mit gleicher Stärke: aber *jû, jener, meije* lauten anders als *ie, ier* (für *ir*) und *meie.* '*I*, heifst es weiter, erscheint nie als *j*, sondern geht dann in *g* über: *gâhes, giht.*' Wenn Hr. v. d. H mit dem 'Erscheinen' nichts als den Schreibegebrauch meint: so hat er Recht; vor oder nach *i* schrieb man für *j* zuweilen *g*, wie in *giht, venige, gilge.* Was aber damit *gâhes* zu thun hat, verstehen wir nicht: dass heutzutage Einige fehlerhaft *jach* und *jäh* schreiben, kommt doch nicht in Betracht. Über das *W*, statt dessen Hr. v. d. H nun *uv* giebt, und zuweilen *v*, hat er sich in den Wien. Jahrb. d. Litt. 5, 271—274 ausgelassen; S. xxxvi preist er noch die Wichtigkeit dieser Erfindung an.

15*

Dass öfters in Handschriften *vv* für *w* steht, war längst bekannt, und noch letzthin von Benecken aus dem Cöllnischen Wigalois angemerkt, S. xxxiii. Ferner war bekannt, dass selbst in Handschriften des xiii Jahrh. noch zuweilen *u* oder *v* für *w* gesetzt wird z. B. *suaz;* dass damals kein Unterschied mehr war zwischen *hw* und *w;* dass vor und nach *w* die Schreiber nicht selten ein *u* ersparten, wie denn Hr. v. d. H selbst *vôl, svôr, vvͤhse, vvͤnne* für Abkürzungen nimmt, statt *wuol, swuor, wûhse, wûnne (wúnne);* endlich dass *triuwe* und *frouwe* eben sowohl in guten Handschriften gefunden wird, als *triwe* und *frowe.* In der That bringt Hn. v. d. Hs *vv* nichts als Unsicherheit der Aussprache hervor. Denn wird nun geschrieben *des sevves* und *evvik,* in denen *êw* lautet, wer kann *levven, drevven, frevven* so lesen, wie sichs gehört, nämlich mit *euw* oder *ôuw?* Ferner wenn unser Herausg. setzt *ruove* (statt *ruowe*) und neben jenem *frevven* auch *freuven,* woher soll man
188 da wissen, dass in seinem *prûven, tiuvel* und *tivvel* nicht *w* zu sprechen sey, sondern nur *v?* Nirgend reimt der Dativus *huove* auf *ruowe.* Wir erklären uns daher durchaus gegen dieses *vv,* dessgleichen gegen die Formen *froue, freuen* und *nivvlich* statt *frouwe, frôuwen* und *niuwelich* oder *niulich.* Eben so ungenau ist die Schreibung *mûvet* 5640 (*mvͤet,* d. i. *müet*), statt *müjet,* oder, was hier der Vers verlangt, *müt.* Denn *müjen, blüjen, brüjen, glüjen, früje, küje* haben durchaus niemals *w,* welches überhaupt, außer etwa in Zusammensetzungen, nicht unmittelbar auf umgelautete Vocale folgt (offenes *ę, ö, ä, æ, œ, iu, ü*), niemals auf einfache, ungedehnt betonte Laute, wohl aber auf ein tonloses (stummes) *e,* auf Doppelvocale ohne Umlaut (*ie, ou, uo* und *iu*), auf *öu* und das aus Gothischem *ai* enstandene *ê,* außerdem von einfachen gedehnten nur noch auf *â* und *û* (aber nicht *î* und *ô*). Statt *K* und *Ch* zu unterscheiden, hat Hr. v. d. die unbequeme Erfindung gemacht, dreyerlei *Ch* zu schreiben: vor dem gewöhnlichen zeichnet er das aus *G* entstandene und das *K* durch etwas verschieden geschnittene Lettern aus, nicht ohne Druckfehler, aber für schwache Augen ohne Erfolg. Das *G-K* von dem eigentlichen *K* zu unterscheiden, halten wir für durchaus unrichtig (s. zu Barlaam 12, 31): *lank* und *tak* reimen auch bey den genauesten Dichtern überall auf *trank* und *sak.* Eine Schwierigkeit scheint der Herausg. ganz übersehen zu haben. Wer wird ihm so leicht die Wörter *brache, eche, reche, diche, buchel* mit dem

K-ch, aussprechen wie es seyn muss, nämlich mit verdoppeltem *k (ck)?* Wenigstens sollte das alte *cch* gesetzt worden seyn, wie *Eccheuart* in der St. Galler Handschrift. Zuweilen irrt H. v. d. H auch in der Bezeichnung. So findet man bey ihm — in Ermangelung der neuen Lettern setzen wir statt derselben *k* — *elk* und *schelk* für *elch* (*elah*, gl. Mons. Altd. Wäld. 3, 13) und *schelch*. Dagegen sollte *dürchel* ein *k* haben, dessgleichen *Azagouch* (Parc. 807): *Wichart* lese man *Wikhart*. *Waske, Waskenwalt, Waskenstein* haben bey Hn. v. d. H bald ein *sch*, bald ein *G-ch*. *Billichen* schreibt er meistentheils mit dem *G-ch*, also *billigen*, wohl verführt durch den heutigen fehlerhaften Gebrauch: dem Worte gebührt ein *ch*. *Zôch* ist bald mit *G-k*, bald mit *Ch* gesetzt: nach S. LVI soll die Entscheidung schwierig seyn. Es heifst Althochdeutsch *zôh*, und reimt Mittelhochdeutsch nur auf *flôch* von *fliehen* und *hôch*. *Zôk* wäre eben so unrichtig als das freylich (Müller 3, XLII, 96) vorkommende *verlôr*, *zühe* für *züge* so ungewöhnlich wie *verlus* (M. S. 2, 92b) statt *verlür*.

Da Hr. v. d. H einmal die dreyerley *Ch* einführte: so ist nicht zu begreifen, warum er nicht auch zwey *Z* unterschied. Die Anmerkung darüber S. 632 f. enthält manches Unrichtige. *Z* geht niemals in *T* über, sondern umgekehrt, aus *T* wird *Z*. *Hirz* lautete im Anfang des XIII Jahrh. *Hirss* und nicht *Hirtz*. Das Präteritum *sazte* hat den *Z*-Laut; es reimt auf *hazte, nazte, wazte, schazte:* dass andere Mundarten ein *S-z* sprachen, beweist die unrichtige Schreibung *saste*. Dieses *saste* leitet Hr. v. d. H von *sâzen* ab, dessen Präteritum nicht anders lauten kann 189
als *sâzte:* denn nur aus *zs* wird *s*, *grôste, beste, leste* aus *grôziste, bezziste, lezziste;* und *gruozte, buozte* haben niemals *s*, wie die anomalen *muose, muoste, wesse, wisse, weste, wiste*. Vielmehr ist *sazte* mit dem *S-z* abzuleiten vom Infin. *sazzen*, Parc. 24200. 24642. Kolocz. 183. 1006, wovon *umbesezze* kommt, Wolfr. Wilh. 94b, wie von *sâzen umbesâze*. Besonders häufig fehlt Hr. v. d. H in der Verdoppelung beider *Z*. *Müzzen, lâzzen, enbizzen, wizzen, itewîzzen, itewizze* Subst., *drîzzek, ûzzer*, dessgleichen *schatz, satzte, krâtze*, widerstreiten den allgemeinen Schreibregeln. *Lazzen enbizzen, wizzen* würden die Präterita *luoz, enbaz* und *waz* voraussetzen. Ganz unrichtig sind auch die Formen *dize* (d. i. *dize*) und *dizze* für *ditze*: hingegen *diz* sowohl (mit dem *Z*-Laut), als *diss* (mit dem *S-z*) findet sich schon im verdeutschten Isidorus.

Slûzel ist doppelt fehlerhaft für *slûzzel;* eben so *gelezze* für *gelâze.* Auch das *F* wird nicht selten unrichtig verdoppelt. So schreibt Hr. v. d. H überall in *wâfen, wâfende, gewâfen, strâfen, slâfen, des slâfes, dem wuofe* ein *ff,* und legt sich damit den unführbaren Beweis auf, dass diese Wörter reimen auf *schaffen, klaffen, saffen, affen, pfaffen, effen* und *schuffen,* und dass nicht *daz schâf, der ruof* und *der huof* gesagt werde, ja sogar nicht *si trâfen,* sondern *traffen,* und mithin auch nicht *si quâlen, si nâmen, sprâchen, sâhen, gâben* und *sâzen.* Über den Unterschied zwischen *v* und *f* zu streiten, lohnt nicht, bis vielleicht Jemand wagt, die Mittelhochdeutsche Schriftverwechselung beider ganz abzustellen. Nur sollte Hr. v. d. H nicht schreiben *zwîfel, zwelfe* und *tiufel,* am wenigstens aber *bischoffe* für *bischove;* s. Flore 7324. Morolf 198. Gegen das *h* am Ende der Wörter, *solh, durh, doh, noh, hôh,* und noch mehr gegen *ih, mih, dih, sih, ouh,* haben wir uns sonst schon erklärt. Auch *hôhvart* und *hôhgezît* sind nicht zu vertheidigen. Die Präposition *nâch* schreibt Hr. v. d. H, so viel wir bemerkt haben, nur einmal 3994 mit *h:* gewöhnlich ist *ch* gesetzt, oft gegen die St. Galler Handschrift. Den Grund davon wird uns der zweyte Band dės Werkes lehren. *Hôchsten* 957 ist unrichtig, weil nur am Ende *ch* aus *h* wird.

Sachkundige Leser werden uns wohl nicht unrecht verstehen. Wir machen einzelne schwer zu vermeidende Fehler dem Herausg. nicht zum Verbrechen: nur will der Tadel, welcher Hn. v. d. Hs Grundsätze verwirft, an der Ausführung im Einzelnen erhärtet seyn. Die Beweise vollständig und gründlich zu führen, war dieſsmal unmöglich. Zunächst belehrt Jeden die eigene Forschung; und eine vollständige Grammatik zeigt uns dereinst den Zusammenhang.

Nach S. xliii sind in der Handschrift von St. Gallen Accente über den Vocalen häufig gebraucht, weniger in EL und EM. In den Anmerkungen finden wir nur wenige Circumflexe angezeigt; den Acutus, der auch vorkommen soll, nirgend. Wir wünschen sehr, dass, zur Beförderung gründlicherer Kenntniss, die Circumflexe wenigstens wiederum eingeführt werden. Hn. v. d. H tadeln wir nicht, dass er die immer nur einzeln vorkommende Be-
190 zeichnung in den Text aufzunehmen anstand: denn es war schwierig ohne vorläufige Untersuchungen. Und dass es daran fehlte, zeigt z. B. S. lvii, wo *în (eum, eis)* geschrieben ist; und S. 198

die Meinung, aus *rât (rota)* werde im Genitiv *râdes* mit gedehntem *A;* auch S. 501, wo den Formen *ritte, ritten (rite, riten)* ein geschärfter Selbstlaut zugeschrieben wird. Außerdem ist die Bezeichnung in den Handschriften nicht selten unrichtig. Denn ungerechnet, dass *ê* häufig für *â* steht, finden wir 9372 *âch,* 9027. 9268. 9423 *rêchen* f. *rechen*, 6778 *nêhten*, 8074 *genôzen* (das hieße *aequalibus*) für *genozzen.* Zuweilen wird der Schwebelaut bey wegfallendem stummem *E* circumflectirt, 6848 *nêm,* 328 *sinerchande* st. *sin' erkande* (*e* nach *n* stumm, nachdem das stumme *e* von *sine* wegfiel); 6493 aber sogar *prêchen. Môre* 5409 bedeutet *mõre;* s. z. B. W. Titur. 82, Benecke z. Wig. S. xxxv. *Riter* 7581 scheint nur ein Schreibfehler zu seyn, auch *Èverdinge* 5221 nicht gewiss. Und so könnte man auch die Circumflexe in *ze Lôche* 4563 noch bezweifeln: dass aber hier ein Ortsname gemeint werde, beweist die Wortfügung. Hr. v. d. H, der J. Grimms Meinung S. 553 bestreitet, thut als fechte er wider sich selbst, und verschweigt den Namen des Mitarbeiters. Wir tragen zu weiterer Forschung noch eine Stelle aus der M. S. 1, 15a nach: *Karfunkel ist ein stein genant; Von dem sagt man, wie lichte er schine: Derst min; und ist daz wol bewant; Zoche (Ze Lôche) lit er in dem Rine.*

Trennung oder Zusammenschreiben der Wörter, der allerschwierigste Punct in der Orthographie jeder Sprache, werden wir wohl niemals Allen zu Dank einrichten. Wir finden Hn. v. d. Hs Grundsatz wenigstens bequem und am mindesten gefährlich: es wird soviel als möglich getrennt. Nur musste er durch sein Hyphen, wovon er uns zwey Arten giebt, das wirklich Getrennte nicht wieder vereinigen. Wenigstens sieht Rec. nicht, warum *dekeiner-slahte, aller-hande, war-nemen* das Hyphen bekommen, da *slahte, hande* und *war* keineswegs untrennbar sind. Auch *vater-lande* wünschten wir 6879 nicht verbunden zu sehen, sondern getrennt, *von ir vater lante: vaterlant* in der heutigen Bedeutung finden wir erst in Konrads Trojanischem Kriege. Am wenigsten sollte Beneckens Regel missachtet seyn, der ganz richtig die s. g. trennbaren Präpositionen von den Verbis absondert, z. B. *ûz h uoben,* aber *umbevie.* Zum vollen Erweis genügen folgende Stellen. Georg. 75: *Daz dich manik ritter an Gernofen hât in grôzer nôt.* Altdeut. Wäld. 1, 47: *Der wirt in gütlichen an Sprach: wie tuot ir herre sô?* Rudolf in der Weltchronik: *Swâ man uns*

wip einander an Quâmen, dâ gebuozten sie Swelhen gelust ir muot enpfie; und: *Diu dû solt dînen kindern für Legen mit wârheit, unde sagen.* Gudrun 3331: *nu sichert ir, uns bî Ze wesene dienstliche.* Durchaus unbegreiflich aber ist uns, warum der Herausg. 759 *fiuwerrôten vanken,* 1190 *herzenlieber minne,* 1755 *stahelherten spangen,* 2541 *sabenwîzem hemede,* 6232 *swertgrimmigen tôt,* 8342. 9212 *fiuwerrôten winden,* 8435 *summerlangen tak,* so mit doppel-
191 tem Hyphen bezeichnet, als seyen, aller Grammatik zum Trotz, die Substantive *fiuwervanke, herzenminne, stahelspange, sabenhemede, swerttôt, fiuwerwint, summertak* herauszuerklären.

Wann die Auslassung eines Vocals durch den Apostroph anzudeuten sey, darüber macht sich natürlich Jeder seine eigene Regel: wir enthalten uns daher alles Streitens. Nur ist es schwer einzusehen, welchem Gesetze der Herausg. gefolgt sey. Denn apostrophirt er *var'* und *spil'* Genit. Plur., warum nicht auch *vil'*, *von' dan'* und *vor' der' tür'?* Warum bleibt *ze lieht* ohne Apostroph? Wir erwarten die Belehrungen des zweyten Bandes: denn das können wir nicht glauben, dass Hr. v. d. H in der alten Sprache als mangelnd bezeichnen wolle, was die heutige mehr hat. Aufgefallen ist uns auch, dass er das Zeichen der Verkürzung da setzt, wo mehr als *e* oder *i* fehlt, nämlich *iu,* in *ein', edel';* wiewohl man noch richtiger sagt, hier fehle gar nichts, als das Kennzeichen adjectivischer Declination. 3629 finden wir *nâ' ich:* die vollständige Form ist aber *nâje,* abgekürzt *nâ,* wie aus *lôuwe lôu* (3759) wird. Zuweilen steht der Apostroph, wo gar nichts fehlt, wie 3671 *diu tier'* (3787. 885, 3 l. *tiere*), 1893 *wîs',* 8657 *liut',* 3463 *verbiut'* Imperativ, 1265 *tuo'.* Auch in *nien' wart, ern' sol, wirn' kunden,* ist er unrichtig: in diesen Formen ist *en* gemeint, nicht aber *ne.* Präterita mit dem weichen Consonanten am Ende werden in dieser Ausgabe apostrophirt, *lag', gab', stoub', sah', zôh';* mitunter liest man auch *vande* 8774. 2104, 2, *swuore* 2007. 467, 3, *kome* in der Überschrift der dritten Abenteure. Diese für jene Zeit ganz unregelmäfsigen starken Präterita, von denen zumal das Gedicht auf Maria wimmelt, sind aus der dehnenden Sprache des Pöbels nicht übergegangen zu den Gebildeteren: der Apostroph ist mithin ohne Grund. Vor Vocalen und einigen Consonanten, wenigstens dem *S,* ist die ursprüngliche Endung auf den weichen Consonanten sehr wohl zu dulden (aber ohne Apostroph), zumal wenn eine tonlose Sylbe folgt.

In den übrigen Fällen ist aber jedesmal die alte Schreibung zu vertauschen mit der eigenthümlich Mittelhochdeutschen. Fast immer findet man auch bey dem *sah'* des Textes die Anmerkung: *sach, A.* Ganz unerträglich sind die Formen *geschah'* und *sah'* 192
2481 im Reim, wo sie Leser des dreyzehnten Jahrhunderts nicht mehr aussprechbar fanden.

Ein Punct, den die Nibelungen-Handschriften nicht entscheiden können, sondern nur sorgfältige Beobachtung, die sich über alle Handschriften des Zeitalters erstreckt, ist die Zulässigkeit der Verkürzungen am Ende der Wörter, wie in der Mitte. Zuvörderst merken wir eine Anzahl von Adverbien an, die, gegen den allgemeinen Gebrauch, und ohne Andeutung durch den Versbau, sehr häufig in dieser Ausgabe des letzten auszeichnenden Vocals entbehren *rehte, gerne, raste, lihte* (7915. 1896, 3 l. *des lihte*), *sére, schône* 6534, *grôze* 7261, *ebene* 8946, *übele, zegegene, engegene, benebene;* ferner Adjectiva der zweyten Declination, *grüne, küne, schône, ziere* (*zier* bey K. von Würzb.); das Pronomen *selbe* 6228; die Substantiva *mære* 976 (bey anderen Dichtern oft *mær* außer dem Reim), *ende* 1878 (das dritte *e* in *z'ende des* ist stumm), *marke* 6196. 6544. Ein *E* am Ende fodern auch die Nominative *Hagene, gesidele*, die Dative *sedele* 7166, *lebene* 8010, *ze gebene* 5002. 5055, *ze tragene* 5756: denn sie gelten nirgend als einsilbig, außer in der Synalöphe. Manches dieser Art, was im Verseinschnitt vorkommt, erwähnen wir weiter unten: *die friunt* ist richtig, aber beachtenswerth 2118. 493, 2, 6878. 1654, 2. Zuweilen fehlt das *E* auch in der Mitte, wie in *perln* 2863. 656, 3, *wdrn* 6955. 1672, 3, *hörn* (st. *hören*) 1356 f. 334, 10, *gedient* 2424. 557, 4, *unverdient* 476. 115, 4. Dagegen zeichnen wir *houbt* 7923. 1898, 3, 9611. 2310, 3 als richtig aus. Hin und wieder ist mehr als bloſs ein *E* ausgelassen: 8849. 2123, 1 muss *wellet* stehn, nicht der Indicat. *welt*, 4848. 1148, 4 *ungerehtet* für *ungereht* (welche Schreibung uns ehemals zu falscher Deutung *ungerêhet* verleitete), 203. 49, 3 *dan* für *danne*. *Hagen* für *Hagenen* findet sich oft, niemals so, dass es der Vers verlangt, wie Kl. 1453. 643. gr. Roseng. 1824. Kolocz 223. 1257; *degen* für *degenen* 2402. 553, 2. *Gewâfnet* 752. 178, 4 sollte *gewâfent* heiſsen. Als eine merkwürdige und schwerlich zu duldende Schreibung erwähnen wir *gedâhter* 2705. 621, 1 statt *gedâhte der* (*e* in *der* stumm) oder *gedâht der*.

193 Nun einige Stellen, in denen die Kürzung an sich zwar nicht fehlerhaft ist, zum Besten des Versmafses oder des Wohlklanges aber sollte unterblieben seyn. 691. 168, 3 und 2140. 497, 8 stünde besser die vollständige Form *unze,* 91. 22, 7, 868. 212, 4, 2670. 612, 2 besser *unde,* 2932. 672, 4 *ze wâre,* 1288. 317, 4 *ez enwart,* 794. 194, 2 *Liudegêres,* 1096. 269, 4 *Gunthêres,* 1236. 304, 9 *dienest,* 1784. 419, 12 *hête,* 1982. 461, 2, 6549. 1574, 1 *hôrte,* 2296. 531, 4, 2457. 565, 1 *brâhte,* 8713. 2090, 1 *ditze* (mit G). Statt *gûtelich* ist 1082. 266, 2 zu lesen *gûtliche,* 6044. 1447, 4 *beweinten ez* statt *beweinetenz.* Ob *frou* mit dem Artikel überhaupt richtig sey, ist noch zu fragen: 2460. 565, 4, 3277. 759, 1, 3285. 761, 1, 3289. 762, 1, 3356. 778, 4, 4040. 947, 4 spricht der Rhythmus für *diu frouwe.*

Sehr häufig ist auch die Verkürzung, deren der Vers bedurfte, versäumt. Eine kritische Ausgabe soll dem 600 Jahr jüngeren Leser nicht die Gewandtheit anmuthen, die ein ungelehrter Schreiber bey seinen Zeitgenossen voraussetzen durfte. Mögen auch hier, wie bey den übrigen Puncten, wenige Beyspiele genügen, aus denen man ungefähr den Umfang der künftig auf die Orthographie zu verwendenden Arbeit abnehmen kann. So ist z. B. 1774. 418, 2, 2559. 587, 3 *dens* zu schreiben, 2596. 595, 4, 4749. 1124, 1 *mans,* 3345. 776, 1 *brâhtes,* 5417. 1291, 1 *ruktes,* 4339. 1021, 3 *bâtens,* 6107. 1463, 3 *gesâhens,* 2505. 577, 1 *tuonz,* 2387. 550, 3 *hêtenz,* 4445. 1048, 1 *sulnz,* 4825 *rietenz,* 6563 *vindenz,* 8667 *soltz,* 8074 *ers,* 6480 *dies* (d. i. *di es, e* stumm — nicht *die's*), 1057 *z'allen,* 2609. 3097. 4533 *zem,* 2134. 2224 *zer,* 2598. 4860 *zen,* 2814 *z'ir,* 1185 *si'n,* 2563 *si'm,* 3026 *irm,* 2223 *wirn,* 2757 *anen* (f. *an den*), 5212 *est,* 5266. 8648. 8713 *deich,* 829. 2428 *hôrt,* 2134 *wâr,* 8667 *dâht,* 1578 *unt,* 5482. 5579 und öfter *wân,* 1294 *trûte,* 2271 *kunte,* 5156 *zeigten,* 6109 *schikte,* 7354 *versmâht' ez,* 3469 *frâgte,* 1722 *teilt,* 2337 *hôrt,* 5274 *dienste,*
194 1168 *râts,* 4749. 8439 *nâhsten,* 3830 *druffe,* 2459. 2861 *gnuok,* 2615 *gnâde,* 4964 *gwalteckliche,* 4848. 5793 *solt,* 3401. 5865 *môht,* 2709 *ungeste,* 3289 *tiure* oder *tiur,* 2447 *iur,* 9490 *eim,* 9179 *mim,* 9599 *dîm,* 2774 *sîme,* 4511. 5031 *einn* mit G, oder auch *ein, ein* 1630.

Ein wichtiges Capitel der Mittelhochdeutschen Lautlehre, das hieher gehört, ist Hn. v. d. H, zum grofsen Nachtheil seiner Ausgabe, ganz unbekannt geblieben, die Lehre vom stummen

E oder *I* und den vor ihm hergehenden schwebenden Selbstlautern. Wir haben darauf schon in unserer Anzeige von Hn. v. d. Hs zweyter Ausgabe hingedeutet S. 126 unten; anderes Orts ist ausführlicher davon geredet: Beweise und Regeln zu finden, überlassen wir noch eigener Nachforschung. Unser Herausg. behandelt 9066. 2176, 3, 9267. 2226, 3 *frâgen* und *mâge* wie einsylbige Wörter mit schwebendem Hauptlaute und dem stummen *E*: beide sind zweysylbig und haben gedehntes *A*. Oft bedient er sich des stummen *E* in Fällen, wo es nach genauerer Schreibweise wegfällt; und zwar theils ohne Grund, so dass der Vers unnütz überladen wird, wie 51 *aren,* 153 *varendes,* 1148 *werelde,* 1371 *sulen,* 5823 *sihet,* 8117 *sale* (gegen G), 8483 *slahet,* 8667 *gihest,* und sogar im Reim 943 *gevaren: bewaren,* 1324 *geboren: verloren,* 5387 *varen: scharen.* Weit häufiger dient es ihm, das Sylbenmaſs scheinbar ins Gleiche zu bringen. So möchten wir aber jenes *E* seltener gebraucht finden, nur wo es nöthig dünkt, den Leser zu erinnern, dass er auf dem schwebenden Vocal etwas länger halten soll: denn eine volle Sylbe macht ja der stumme Laut niemals. Wir können daher nicht billigen, dass der Herausg. gegen alle Handschriften 1618 *sporen* setzt und 1259 *geren,* gegen die St. Gallische 2459 *sale,* 4763 *mete,* 4917 *türe,* und gegen alle übrigen 1097 *füre,* 2067. 5963 *vile,* da er doch 890. 3677 duldet *die recken | vil | balt.* Eben so war 242 *suln* vorzuziehn, 322 *sal,* und 366 aus allen, G ausgenommen, *ûz eime | holn | berge.* Z. 864 ist nicht auszusprechen: *vil manegen her lichen | rant,* sondern *vil manegen | her|lichen | rant:* und *mangen* aus G konnte stehen bleiben. 6373 ist die rechte Lesart wahrscheinlich *von schar | baz ze | schar.* Will man aber mit G und M *baz* weglassen: so dient Hn. v. d. Hs *schare* nur den Leser zu verwirren: denn *von scha|re ze | schar* wäre unrichtig gelesen, erträglich *von | schar ze | schar.*

Wird aber das stumme *E* oft an ungebührliche Stellen ge- 195
setzt: so fehlt es auch wiederum oft, wo es nöthig war. Und zwar erstlich am Ende. Formen, die gar keine Entschuldigung finden, sind *sig* 764. 870. 996 für *sige* (oder auch *sik*), *hab* 354. 447. 582, *ich het* 5619. 8736. 9600. Der Dativ *got* kommt bey Ungenaueren sogar im Reime vor: ob in unserem Liede *bit, sit* und *da mit,* ist sehr zweifelhaft; und so mag ungewiss bleiben,

ob 2779 *teilen mite*, 663 *mite rîten* zu schreiben ist. Mitten im Worte vermisst man das stumme *E* seltener, in *edliu, zoble, üble, horschen* (l. *hoveschen* oder *hofschen*, oder auch mit *ô*). *Diss* (so) 1206 für *dises* scheint uns eben so verwerflich, als *disses* 6204. 1487, 4. Dass aus *tretet* werde *tret* 8575. 2056, 3 mag man zugeben, wie anderwärts *gestat, getret, trit*. Dessgleichen ist *het ir* (f. *hetet*) 9031. 2167, 3 zu ertragen, obgleich sonst nur *hêtet* und *hâtet* die regelmäfsigen Formen sind. In den Nibelungen findet sich zwar im Einschnitt nur *hête* und *hêten*, Indic. und Conj.; aber aufser dem Einschnitt auch *hete* in beiden Modis, und *het* im Indic., wie auch *heten* einsylbig, wenigstens 40. 10, 4, 8178. 1960, 2: die übrigen Stellen beweisen nichts; 1798. 422, 2 haben nur G und M *unt*, so dass man lesen kann *hêten wir* oder *hete wir*; 2861. 656, 1 l. *gnuok*, 4067. 954, 3 l. *florn*; 8000. 1917, 4 l. *vînde*; Z. 9234. 2218, 2 ist freyer gebaut. Ob die zweysilbigen Formen in unserem Gedichte mit *ê* oder *â* zu schreiben sind, bestimmen wir nicht: nach den Anm. zu 1584. 1769 haben G und EL öfters *hâte*, und zwar wenigstens G auch im Indicativ. Höchst fehlerhaft aber schreibt Hr. v. d. H in vielen Wörtern immer oder doch häufig ein doppeltes *T*, in denen das darauf folgende *E* nicht kurz, sondern stumm ist, wie in *siten, witewe, eriteniuwel, Roten* (s. Wolfr. Wilh. 39b), *etelich, si riten, geriten, sniten, gestriten*; nicht selten gegen das Zeugniss aller Handschriften, wie 1397. 1594. 561. Endlich wird allzu häufig von dem stummen *E* ein nachfolgendes kurzes unterdrückt, — unrichtig, weil niemals in den Nibelungen der Ausgang solcher Wörter, wie *ver-rigelt, be-sigelt, ge-kobert, über-obert*, für einsylbig gilt, welche Freyheit sich ungenauere Dichter zuweilen sogar im Reim nehmen; s. Müller 3, xxxiii, 87. Lohengr. S. 69. Beyspiele im Versabschnitte führen wir im Folgenden an; Einiges kam schon bey den unerlaubten Kürzungen vor; hier nur ein paar fehlerhafte Schreibungen dieser Art: *kamern, jâgern* (l. *jegeren*; *jagern* im Reim auf *gewern*, Heinr. Trist. 2371 steht für *jagâren*), *nageln, übeln, edeln, sideln, gesatelt, kunegs, ietweders*. Hieher rechne man aber nicht *bezimert* 2275. 527, 3: diess muss *bezimmert* oder *bezimbert* heifsen.

Das stumme *E* führt uns ganz natürlich zu den Regeln des Versbaues, deren obersten Grundsatz wir schon in der Recension der zweyten Ausgabe erörterten. Damals bemerkten

wir mit Freuden, dass der Herausg. den verbreiteten Irrthum aufgegeben zu haben schien, als ob in den Nibelungen auch klingende Reime vorkämen. Wir müssen ihn aber wohl unrichtig verstanden haben: jetzt werden S. LIX als 'kindliche' (!) d. h. gleitende oder überklingende Versabschnitte angeführt *degenen, engegene, himele:* woraus folgt, dass Hr. v. d. H die sämmtlichen stumpfen Reimsylben, wo auf den schwebenden Laut ein stummer folgt, für klingende hält. Von den stumpfen 196
Reimen auf unbetonte Endsylben haben wir anderswo (Auswahl S. XVII ff.) gehandelt, so dass Hn. v. d. Hs Tadel des 537 (130, 6) V. (S. LII) nunmehr wegfällt. Seine wenig genügenden Bemerkungen über die Verseinschnitte zu ergänzen, erinnern wir Folgendes. 1) Gewöhnlich sind die Einschnitte klingend, trochäisch, d. h. nach der dritten Hebung folgt noch eine tonlose Sylbe, mag in der betonten Sylbe nur Ein Vocal stehen, oder ein doppelter, oder ein schwebender mit dem stummen: *mâren, landen, geheizen, tugende.* Hier haben sich unsere Dichter einiger Formen bedient, die zu klingenden Reimen theils selten, theils nie gebraucht werden: *rient* 6832. 1642, 4, *riende* (besser wohl *rînde*) neben *vîânde, âbénde, werbénden, trûrénde, sorgénde, küssénde, schrîénde, helfénde, dienénde* 4856. 1150, 4, *warténde, videlénde* 7982. 1913, 2, *houwénde.* Die Participia stehen in den Nibelungen nie überklingend; statt *dienende* bey dem dritten Ordner 2176. 505, 4 abgekürzt *diende. Tenlender* und *kocher* sind schon oben erwähnt. 2) Überklingende, daktylische Verseinschnitte, mit zweyen unbetonten Sylben nach der Hebung, finden sich nur in der zweyten Hälfte des Werkes, und zwar nur 7241. 1743, 1 *gesellete,* 9409. 2261, 2 *wâfente. Dauketen* 4753. 1125, 1 und *wâfenen* 9382. 2254, 2 lassen eigentlich nicht die Verkürzung *dankten* und *wâfen* zu, die sich auch vielleicht erst die Schreiber erlaubten, und nicht der Ordner. Alle übrigen Beyspiele gestatten theils die kürzere Form, theils schwanken die Handschriften zwischen dieser und der vollen: *ite* 2563. 588, 3. *wâyte, erloubte, houbte, dienste, Etzel, Etzeln, anders, höhsten. Summere* 5659. 1351, 2 ist fehlerhaft: die Endungen *el, em, en, er* nach zweyen Consonanten bekommen nicht leicht mehr *e* durch Declination. Aufserdem ist *summer* nicht häufig (im Reim nur in Wolfr. Tit. 82. M. S. 1, 55 b. 194 a. 2, 19 b. 85 b. 103 b. Museum 1, 333. Altd. W. 2, 142), die gewöhnlichere Form *sumer,*

also *sumere.* 3) Stumpfklingende (gleich einer Art Reime im Titurel, die für klingende gelten), wenn nach der dritten Hebung noch eine betonte Sylbe folgt, entweder unmittelbar (spondeische), oder mit Einschaltung einer tonlosen Sylbe (kretische): *Dietrich, vorhtlich, tegelich, Sigemunt, Sigelint, hervart, Sîfrit* (1821. 428, 1 l. *Unde*), *Gunthêr, Gêrnôt, sîdîn* (aber nicht die verkürzten Formen *Gunthêrn* 4130. 970, 2, *Volkêrn* 6644. 1597, 4); *Dieterich, Gîselher, willekomen;* selten so, dass die letzte Sylbe mit dem stummen *E* schliefst, *frîthove* 7466. 1795, 2, *unschuldige* 4186. 984, 2 (nur in G): oft auch nicht in einem Worte, *zuo z' in* 1518. 365, 2, *kom dô* 3473. 808, 1 G, *komen her* 3842. 898, 2, *ûf* (oder *ûfe*) *geben* 7003. 1683, 3, *vater niht* 7008. 1684, 4 (wohlklingender als *niht mîn vater*), *wider heim* 7048. 1694, 4, *einen schilt, grimme stark* (so lese man 3503. 815, 3), *in gesach, durstes nôt, swester sun, tiure wesen* u. s. w. 4) Stumpfe Cäsuren auf der dritten Hebung, wodurch bey vollständiger Sylbenzahl Alexandriner entstehen. Hn. v. d. H scheint (S. LIX) nicht zu ahnen, dass er uns ihrer weit mehr giebt, als unsere Dichter beabsichtigten. Zwey Mal finden wir so im Abschnitte *mâk* gesetzt 3605. 841, 1, 4547. 1073, 3, einmal *sun* 3035. 698, 3, *biten* 5025. 1193, 1. Statt *fruo* 2041. 476, 1, 3641. 850, 1, 4909. 1164, 1, 4978. 1181, 2 könnte man *früje* lesen. In beiden Theilen des Gedichts aber stehen die *casus obliqui* von *Sîfrit*
197 und *Gîselher* (*Sîfrides, Sîfride, Sîfriden, Gîselher* Dativ, *Gîselhern*) immer so, dass *id* und *er* in die dritte Hebung fällt, aufser in G 9274. 2228, 2. Nun ist an eine Form *Sîfrîde* gar nicht zu denken: auch findet man *Gotfride* und *Irnfride* auf *smide* und *wide* gereimt. Hingegen die Dative und Accusative der Namen auf *er*, mit offenem *E*, finden wir nirgend im Reim auf *her (exercitus), wer (defensio), mer (mare), ner, zer,* oder *hern* u. s. w., *ern (arare), swern (jurare)* u. dgl. *Walthêre* und *Walthêren* hat zwar der Stricker, aber auch den Nominativ *Walthêr,* der richtiger bey anderen *Walther* lautet. Hier ist noch zu forschen. Konrad von Würzburg sagt *Lâmedon, Schiron, Jason,* und dennoch *Lâmedône, Schirône, Jasône, Castor, Castôren, Jônas, Jônâsen,* hingegen *Herculesen* und *Achillesen, Kalkas, Kalkase. Alexander* und die übrigen mit unbetontem *er* gehören nicht hieher: *Alexandern* hat im Reim nur Wolfram von Eschenbach. Wo sich aufser den angeführten Fällen in Hn. v. d. Hs Text die

stumpfe Cäsur findet, ist die Schreibung fehlerhaft und meistens auch ungrammatisch. So lese man 4867. 1153, 3 *geschähe*, 5856. 6117. 6170. 6220. 6334. 6461. 6540. 9329 *Hagene*, 5694 *Hagenen*. 2234 *trehenen*, 3897 *wegenen*, 2295 *schemele*, 3207 *setele*, 3844 *satele*, 2562 *nagele*, 6716 *ze sehene*, 5095 *kameren*, 1464 *vederen*, 1059 *sidelen*, 3888 *gesidelet*, 3770. 3836 *jegere*, 7278. 7730 *edele*, 8261. 9290 *ietwedere*, 9578 *deweder*e, 9270 *erslagene*, 2057. 3843 6276 *engegene*, 5211 *nidere*, 1935. 1939. 3926. 3935. 4361. 6364. 6694. 9413. 9583 *widere*, 2096. 2353. 6292. 6305. 6342 *übere*. Statt *Pilgerime* ist 5996. 1435, 4 zu setzen *Pilgerine* vom Nominativ *Pilgerîn*. In wenigen Stellen liegt das Verderbniss tiefer als in der Schreibung. Z. 4015. 941, 3 *eine jagen* l. *jagen eine*. 5935. 1420, 3 *siben tagen*, schon in der gemeinschaftlichen Urschrift von G und EL, l. *nahten*. 6357. 1526, 1 *Dô si nu wæren komen alle ûf den sant*, l. *alle komen*. 6939. 1668, 3 *sitten (siten)*, l. *sinnen*. 6973. 1677, 1 *Si sprach: sît willekomen*, l. *Si sprach: wis sît willekomen*.

Durch die Bezeichnung der Verseinschnitte hat sich Hr. v. d. H bey dieser Ausgabe kein geringes Verdienst um seine Leser erworben. Einige Male sind Verse unrichtig getheilt. 1911. 443, 3 muss es heifsen: *Daz iemen lebet, der iuwer | meister müge sîn*: in EM wird der Strich hinter *lebet* die Interpunction andeuten. 3872d. 910, 8: *Sîns sterbens muose engelten | sît, der sîn nie niht genôz*. 4130. 970, 2: *Sîne tâten ez danne | Gunthêrn und sîne man*: nur wenn *danne* (d. i. *niwan*) wegbleibt, ist der Abschnitt nach *Gunthêren*. 4582. 1082, 2: *Si wonte in manigem sêre | drinzehen jâr*. 7271. 1750, 3: *In wîten goldes schalumel, | moraz unde wîn*. 8889. 2133, 1: *Wie gerne ich dir wære guot | mit mînem schilde*.

Über den inneren Versbau giebt Hr. v. d. H S. LX f. einige nicht ausreichende Bemerkungen, in denen auch manches Unrichtige vorkommt. Z. B. soll die Halbzeile *ich gedenke | daz ich | was* anapästisch seyn, da es doch nur der erste Fufs ist, d. h. der Auftact zweysylbig: und davon konnten auffallendere Beyspiele angeführt werden, wie 4485. 1058, 1 *nâch dem schatze | komen | sach*, 3009. 692, 12 *hât in iemen | iht ge | tân — daz sult ir mich | wizzen lân*, 3381. 785, 1 *dîn übermuot dich | hât* 198 *be | trogen*, 1782. 419, 6 *wie kund er da | vor ge | wesen*, 8188. 1962, 4 *Dar zuo gæbe ich | im ze | miete*; auch dreysylbige,

5121. 1217, 1 *den slúzzel stiez er | an die | túr,* 6673. 1604, 1 *küste die künege | alle | drî,* 8525. 2044, 1 *im zâme niht ze | dage | ne.* Ferner heifst anapästisch die streng-jambische Halbzeile *Do gedâhte | fremder | mære,* wo das *e* nach dem *g* und dem tonlosen (schwebenden) *do* stumm ist, wie zweymal in der Zeile 3146. 726, 2 *Wie* (genauer *Wi*) *enpfie et | iuch mîn | swester, || do ir kômet | in mîn | lant.* Z. 6300. 1511, 4 soll daktylisch seyn, *Etelichez ouwete verre.* Hr. v. d. H liest doch nicht *Etelĭchez* — ⏑ ⏑? *I* muss durchaus betont seyn, und nach dem allgemeineren Sprachgebrauche gedehnt, also ⏑́ ⏑́ ⏑. Nur auf die zweyte Hebung folgen zwey tonlose Sylben, *ouwete* — ⏑ ⏑, von denen die letzte schwach lautet, beynah *ouwet.* Keineswegs ist aber diefs der einzige Fall. Man vergleiche nur 3623. 845, 3 *Do viel im | zwischen die | herte,* 2585. 593, 1 *die brâhten in | niuwiu | kleit,* 2131. 496, 3 *Wir sûmen uns | mit den | mæren,* 3264. 755, 4 *Diu liebe wart | sît ge | scheiden,* 4069. 955, 1 *ir kamerer, ir | sult hin | gân,* 4949 *ir recken sult | von mir | sagen,* 4613. 1090, 1 *Si gelîchet sich | wol mit | schône,* 3170. 732, 2 *wie minneklich | er do | sprach.* An einigen Stellen geht die Freyheit des Versbaues weiter, als dass sie zu entschuldigen wäre; Hr. v. d. H hätte nicht die Versehen des St. Galler Abschreibers wiederholen sollen. So tilge man z. B. 1289. 318, 1 *Die,* 2166. 503, 2 *Den,* zu Anfange und das leichter zu ertragende zweyte *den,* 2429. 559, 1 *daz;* auch mit allen Handschriften aufser G 3451. 802, 3 *der,* 2664. 610, 4 *im,* obgleich beide den Rhythmus nicht ganz vernichten.

Wir haben schon sonst bemerkt, dass die Handschrift EM noch nicht durchaus, die Urschrift der übrigen aber streng darauf ausgehe, den Strophenschluss durch eine vierte Hebung vor den anderen Halbversen bemerklich zu machen, wiewohl in den ältesten Abschriften gewiss schon wieder Manches verderbt wurde. Hr. v. d. H führt dabey (S. LXII) an, bis zum Überdruss verlängere sich die Schlusszeile häufig in Gudrun. Noch merkwürdiger scheint uns, dass in der Regel dort die dritte und vierte Zeile auf einen klingenden Reim ausgeht. In den Nibelungen 7412. 1781, 4 hätte der Herausg. den Fünffüfsler nicht dulden sollen, *und wâr ez | aller | mîner | mâge | tôt.* Die richtige Lesart ist: *wârz aller mîner mâge tôt.* 6284. 1507, 4 durfte *ich* aus G nicht aufgenommen werden, gegen das Zeugniss

der übrigen (sechs) Handschriften. Allein weit häufiger sind die Strophenausgänge zu kurz. 3432. 797,4 giebt Hr. v. d. H aus EM: *ich minne niemer dich*. Der übrigen Lesart, in G nur leicht verschrieben, genügt der Versregel: *daz diene ich immer umbe dich*. 3120. 719, 4 hat der Herausg. nach eigenem Gutdünken eingerichtet: die ächte Lesart giebt entweder G oder W. Oft ist der Fehler durch Besserung der Orthographie zu heben. 1608. 383, 16 lese man *unde (schône unde hêr)*, dessgleichen 1888. 440, 4 und 7508. 1805, 4, 6148. 1473, 4 *unde badeten irn* (oder *iren*) *lip*; 9600. 2307, 4 *hête*; 1724. 406, 4 *iren* für *irn*; 2060. 480, 4, 2536. 583, 4 *anderen*; 5232. *anderiu*; 2688. 616, 4 *an einem | schame|lc er|klank*; 3632. 847, 4 *vor sînen | vî|anden | stât*; 4556. 1075, 4 *wir haben | rî|tenes | wân*; 8424. 2019, 4 f. *vil übele | gou|me ge|nomen*, obgleich an sich auch die Form *goum* richtig ist, aber seltener; 8652. 2074, 4 *niemen |* 199
schei|den en|kin; 352. 86, 4 vielleicht *hôhe*. Zuweilen fehlt G allein, nicht aber die anderen, wie 2480. 570, 4, 6240. 1496, 4, wenn sie auch nicht immer unter einander stimmen 4504. 1062, 4 (vgl. 4517. 1065, 4), 6236. 1495, 4, und die Entscheidung zuweilen schwierig ist, 1300. 320, 4, 4604. 1087, 4 (nicht *kü|nige|*, weil das *i* stumm ist), 8016. 1921, 4. Manchmal ist der Schluss nur noch in Einer Handschrift außer G zu kurz, in EM 2732. 627, 4 (l. *diu vil edele*), 5424. 1292, 4 (nicht sicher zu heilen, als ein uralter Fehler), 7576. 1820, 4 (dessgleichen), in M 3988. 934, 4 (l. *hân ze | râ|te ge|tân*). In einigen Stellen genügt die St. Gallische Lesart nothdürftig, aber die anderen stimmen überein in einer besseren, 2504. 576, 4, 4200. 987, 4, 4476. 1055, 4, oder liefern wenigstens jede etwas Richtigeres 1300. 320, 4, 1768. 417, 4 (nicht *vâlandes* aus EL: der Urtext hat das Wort nur im zweyten Theil), 4472. 1054, 4 (*frevellichen* ist sicher).

Es deucht uns nützlich, wenn einmal recht viel Einzelnes aus der Mittelhochdeutschen Formenlehre und Verskunst wenigstens berührt würde: wir wünschten Hn. v. d. Hs Meinung über Manches zu erfahren, was er vielleicht, ohne unser Erinnern, in den Abhandlungen des zweiten Bandes übergehen möchte. Nun wollen wir von einigen Stellen noch besonders handeln, in denen der neue Text entweder dem Sinne nicht genügt, oder die wenigstens fühlbar machen, wie sehr zum Nachtheile der

Leser sich der Herausg. aller Erläuterung schwieriger Stellen enthält.

Z. 12. 3, 4 *Der junkfrouwen tugende zierten anderiu wîp.* Nach dem Glossarium S. 628 sind *wîp* hier Verheirathete, und *zierten* steht für 'hätten geziert'. Der Gegensatz macht den Gedanken schielend, und für den Conjunctiv *zierten* müsste wenigstens stehen *die zierten noch* oder *die zâmen anderiu wîp.* Nach Gudrun 160. 40, 4 wird man die Stelle nicht auslegen wollen. Die Münchner Lesart, *Der junkfr. schône die zierten a w.*, setzt eine ganz verschiedene Erklärung voraus. Wir aber finden hier den auch sonst häufig vorkommenden Gedanken ausgedrückt: ihre Trefflichkeit gab anderen Weibern Preis: um ihrer Trefflichkeit willen hatte man Recht andere Weiber zu rühmen; sie war aller Weiber Ehre. *Zierten* ist so viel als *prîsten.* — Z. 45. 12, 1 *Von des hoves krefte, und von ir wîten kraft.* Diese Zeile, die Hr. v. d. H nirgends erklärt, verstehen wir so: von der Menge des Hofgesindes und von dem weiten Umfange ihres Thuns und Treibens. — 179. 44, 3 *Doch wold' er wesen herre für allen den gewalt, Des in den landen vorhte der degen kûn* (l. *kûne*) *unde balt.* Wir haben diese Worte schon sonst erklärt. Das Glossarium giebt unter *für* 'über 179'. Solche ungründliche Übersetzungen einzelner Wörter sollten in keinem Glossa-
200 rium vorkommen: erklärt ist damit nichts. Und diefs Mal ist die Übersetzung sogar unrichtig. Die Worte bedeuten ohne Zweifel: er wollte Macht haben Gewaltthätigkeiten abzuwenden: *er wolde daz sîn herschaft guot wære für allen gewalt.* — 937. 230, 1 *Waz da hât begangen von Metzen Ortwîn! Waz* hat einzig die Wiener Handschrift, in der oft oder immer *waz* für *Swaz* steht. *Swaz* ist zu beziehen, wie 925. 227, 1. — 1004. 246, 4 *Ze liebem antpfange man hôrte frôlîchen schal.* Dieses *ze* wird schwerlich durch Ausdrücke, wie *zer hôchgezîte*, gerechtfertigt. Wir verbinden: *Daz volk erbeizte nidere für des küneges sal Ze liebem antpfange.* — 1255. 309, 3 *versmâhet iu niht mîn guot.* Warum nicht mit EM. EL. M *versmâhet niht mîn guot?* Die Form *versmâht* ist unregelmäfsig und selten; Wolfr. Wilh. 134b. 143b. Museum 1, 424. M. S. 1, 43a. Kolocz. 160. 107. — 1422. 347, 2 *Ûf matrazze diu vil rîchen.* Die Endung *e* und der Artikel *diu* streiten mit einander: denn der Singular ist *matraz*, Parc. 10525. 20416. M. S. 2, 125b. — 1575. 378, 3 l. *Diu* für

Die. — 1744. 411, 3 *Dar gie er tougenliche, von listen daz geschach, Aller, die da wâren, daz in dû niemen ensach.* Diese durchaus sinnlose Lesart hat Hr. v. d. H aus verschiedenen Handschriften zusammengesetzt. Man stelle *Alle* wieder her: so entwickelt sich leicht die Mischung zweyer Fügungen: *daz in dû niemen ensach,* und *alle die du wâren, daz in die niht ensâhen.* — 1803. 423, 3 *Nu der dunke sî so küne.* Im Glossarium: '*dunke* [*der*] Bedünken, Dünkel: *der dunke*, deren Dünkel.' Es heifst doch wohl nur *der dunk, dem dunke,* Troj. Kr. 2763. M. S. 2, 170 b (Meisterges. 110). Hier ist es blofs Schreibfehler in G. Die übrigen haben: *Nu er dunket sich so küne.* Hr. v. d. H musste, nach seinen Grundsätzen, wenigstens *sich* aufnehmen. — 1897. 442, 1 *wan beginnet ir der spil?* Das Fragezeichen ist fehlerhaft. — 2138. 497, 6 *Lât mich pflegen der kamere, beliben ûf der fluot,* (:) *Ja wil ich bî den frouwen behüten ir gewant.* Das Asyndeton ist wider den Gebrauch; der Ausdruck, bey den Frauen ihre Kleider hüten, wunderlich. *Ja* ist ein Schreibfehler in G, wie auch 3115. 718, 3, wo ebenfalls eine fehlerhafte Fügung dadurch entsteht. Man verbinde: *beliben ûf der fluot Wil ich bî den frouwen* (um zu) *behüten ir gewant.* Der Infinitiv wird auf diese Art häufig sehr frey angefügt: 2266. 526, 6 *Vil grôzer unmuoze muosen si do pflegen Rihten daz gesidele vor Wormez ûf den sant;* 3663. 855, 3 *die aber hie bestân Hoveschen mit den frouwen, daz sî mir liebe getân.* Beide Stellen hat Hr. v. d. H unrichtig interpungirt. — 2260. 525, 4 *Do mérte sich ir varwe, sô si vor liebe* 201 *gewan.* Das Gloss. erklärt hier *sô* für das Relativum. Grimm hat längst (Gramm. S. 307) bemerkt, dass dieser Gebrauch neuer sey. Der Schreibfehler der St. Galler Handschrift sollte also nicht im Texte stehen. Alle übrigen haben *die.* 4085. 959, 2 in EM ist nur frey construirt: *waz sint diu leit Der schönen Kriemhilde? sô* (d. i. wie, *alsô*) *dû mir hâst geseit.* — 2452. 564, 1 bezieht sich der Plural *si kômen* auf Kriemhilden allein. Man lese: *si kom en,* sie kam zu ihnen, oder: *Do hiez man Kriemhilde ze hove für den künik gân Mit ir vil schônen megeden. Si kômen für den sal.* — 2474. 569, 2 *Iedoch was gelücke, unt Sifrit vil geil, Daz* —. Bey dieser Lesart ist *gelücke* ohne Beziehung. Alle aufser G: *gelücke unt Sifrides heil.* Vgl. Biterolf 4553. — 2870 f. 658, 2 muss Lesart und Interpunction verbessert werden: *Sît was er ir aller meister, die er ze rehte vant;*

er hatte Gewalt über Alle, die vor Gericht erschienen; *unt dar er rihten* (nicht *rîten*) *solde,* und wenn er Recht zu sprechen hatte, *daz wart alsô getân, Daz man* u. s. w. — 2979. 684, 3 *die wâren dar gesant, Gegen ir herzeleide, wie liebiu mære si bevant!* Nach *gesant* sollte stärker interpungirt seyn, nach *herzeleide* gar nicht. Wie freundlich redete die Botschaft von Worms ihrer Traurigkeit zu! Oder auch: wie frohe Botschaft wog all ihre Leiden auf! *Gesant gein ir herzeleide* würde heifsen: gesandt, sie traurig zu machen. — 3031. 697, 3 muss bei *sach* ein Punctum stehen: Hr. v. d. H interpungirt, als lese er *dô* für *dâ*. — 3093. 713, 1 *Do sprach der küne Gêre; do wart er frôuden rôt: 'Er unt iuwer swester nie friunde baz enbôt, Sô getriuwiu mære deheiner slahte man, Als iu der herre Sîfrit und ouch sîn*
202 *vater hât getân.'* Warum Gere vor Freuden roth wird, sieht man nicht ein: auch widerstreitet Hn. v. d. Hs eigene Bemerkung unter *vreuden rôt* im Glossar. Was der Bote redet, ist verworrenes Gewäsch. Wir haben schon bey der zweyten Ausgabe die richtige Interpunction angegeben. Gere sagt: *Da wart er frôuden rôt, Er, unt iuwer swester.* *Da* hat EM, was das Lesartenverzeichniss nicht einmal angiebt. Dieses *dâ* in der Antwort ist nicht selten, scheint aber dem Herausg. entgangen zu sein. Parc. 13157 *Er sprach zer meide wol geborn: Da hân ich frôude vil verlorn;* Nib. 8685. 2083, 1 in G, *Do sprach der ritter edele: da beswârt'er mir den muot;* 4689. 1109, 1 in EM und W: *Da sol ich mînem herren werben ein ander wîp.* Das Folgende ist nun deutlich: *Nie friunden* (so A) *baz enbôt Sô getriuwiu mære deheiner slahte man* (Nominativ), *Als iu der herre Sîfrit und ouch sîn vater hât getân.* — 3102. 715, 2 *Do mohte* (l. *moht*) *man an ir frâge harte wol verstân, Daz sî daz hôrte gerne: was Kriemhilt noch gesunt?* Das Fragezeichen verwirrt Gedanken und Construction. Es war ihr angenehm zu hören, wenn Kriemhild noch gesund war. — 3121. 720, 1 *Rûmolt der kuchenmeister, wie wol er rihte sît Die sînen undertânen, vil manegen kezzel wît, Hâven* (l. *Hevene*) *unde pfannen! hei, waz man der da vant!* Häfen und Pfannen des Küchenmeisters Unterthanen! Man verbinde: *Vil manegen kezzel wît, hevene unde pfannen, hei waz man der da vant.* — 3140. 724, 4 *Im kunde ze lieben friunden nimmer leider geschehen.* Dieses *ze*, welches nur G für *an* giebt, ist uns ganz unbegreiflich. Die schwierige

Zeile 4192. 985, 4, die bey Müller fehlt (in EM? Hr. v. d. H merkt nichts an), *Dâ von man die schulde, dâ ze Hagenen gesach,* ist wohl nicht anders zu erklären, als durch Auflösung in die zwey Sätze: *man gesach die schulde* und *man gesach ze Hagenen* (sah H. an). *Durch die schulde* zu schreiben, möchte verwegen seyn. — 3305. 766, 1 *Jane mak ir niht gelâzen.* Ein Schreibfehler den der Herausg. hartnäckig behauptet. l. *Ine mak.* — 3425. 796, 1 *Von allen mînen êren mich diu swester dîn Gerne wolde scheiden, dir sol geklaget sîn:* die letzten Worte gehören offenbar zum Folgenden. — 3823. 893, 3 ist bey der Beschreibung des Jagdanzuges die Hauptbedeckung vergessen, wenn nicht mit allen Handschriften außer G geschrieben wird: *einen huot von zobele, der.* Eine *hût von zobele* wäre allenfalls ein Mantel von Zobel, nicht so viel als *eines zobeles hût.* — 3838. 897, 2 *Im was sîn edel kocher vil guoter strâle* (gewöhnlicher *strâlen*) *vol, Von guldînen tüllen, diu sahs wol hende breit.* Die Interpunction ist 203
so gesetzt, als wenn es hieße *Mit guldînen tüllen.* Die scharfen Pfeilspitzen, die *von* goldenen Tullen ausgingen, in welche sie geschäftet waren, vgl. Biterolf 7089, hatten beynah die Breite einer Hand. — 4234. 996, 2 *irn sult eine lân Hinte mich bewachen den ûz erwelten degen.* Die Regeln der Negation sind noch zu untersuchen. Uns dünkt nur die Lesart richtig, *Irn sult niht eine,* nicht allein diese Nacht, sondern (4237. 997, 1) drey Tage und drey Nächte. Würde 3669. 857, 1 *Enwelt* oder *Nune welt nemen einen* nicht ein Sprachfehler seyn? — 4552. 1074, 4 hat nur G den hier unpassenden Namen Günthers. l. *für Giselhern ir bruoder stân,* oder auch *Giselher:* denn allerdings haben diese Volkslieder eine so starke Neigung zur unrichtigen Declination der Eigennamen, dass des Herausg. Strenge darin gewiss oft viel zu weit geht. — 4918. 1166, 2 *den edelen man.* Da das mittelste *E* in *edelen* stumm ist: so erfodert der Vers die Lesart *Etzelen.* — 4949. 1174, 1 *Waz mak ergetzen leides, sprach der vil küne man, Wan, friuntliche liebe swer die kan begân?* So haben alle Handschriften, auch G: warum setzt also der Herausg. *friuntlichiu,* und verändert die Interpunction? — 4984. 1182, 4 *Daz si gezâme weinen.* In den angehängten Verbesserungen lehrt Hr. v. d. H *weinens* schreiben, und 6810. 1637, 2 *weinens si gezam.* Richtiger wäre das allerdings. Aber eben bey diesen substantivischen Infinitiven fällt das Zeichen

des Genitivs schon häufig weg: nach *pflegen* gewöhnlich; nach *zerinnen* Benecke Beytr. S. 171: *Von minnen Sinnen Mir zerrinnen Wil;* Titurel xvi, 43: *Ir aller tioste brieven Ist sunder mir zerunnen.* — 5083. 1207, 3 *Und saget ez iuwern magedîn.* Der Dat. Plur. sollte heiſsen *magedînen.* l. *megeden.* — 5383. 1282, 3 *Wol vier unt zweinzek fürsten, tiuwer unde hêr: Daz sî ir frouwen sâhen* (oder *sâhen*), *da von engerten sî niht mêr?* Was heiſst hier *da von?* Man verbinde: *hêr* (froh) *daz sî ir frouwen sâhen.* — 5857. 1401, 1 *Nu lât iuch niht betrâgen.* Hr. v. d. H erklärt *betrâgen* richtig 'verdrieſsen', nicht so gut 'beschweren.' Vermuthlich denkt er hinzu: *des ich iu sagen wil.* Leichter und schicklicher ist aber die Lesart aller Handschriften auſser G: *Nu lât iuch niht betriegen — swes si jehen, Die boten von den Hiunen.* — 5868. 1403, 4 *Und lâzet, die getürren, zuo mîner swester mit uns varn.* Das Comma nach *lâzet* fehlt, wodurch die Zeile unverständlich wird. — 5936. 1420, 4 fodert der Sinn die Lesart aller Handschriften auſser G: *daz wirt uns deste baz bekant.* — 6100. 1461, 4 *Ûf grôzen schaden ze komene, daz herze niemen sanfte tuot.* Auch dieſs bleibt unerläutert. *Daz herze tuot niemen* (Dativ) *sanfte ûf* (indem man als Ziel vor sich hat) *grôzen schaden ze komene,* (so dass er kommt, *künftigen*). — 6230. 1494, 2 *Diu guf nâch grôzem guote.* Alle, auſser G, haben *Diu gir. Diu guf* bedeutet nach Hn. v. d. H dasselbe. Wir kennen nur das Masc. *guft* in ganz anderem Sinne. Auch was Frisch 1, 381a anführt, dient nicht zur Bestätigung der St. Gallischen Lesart. — 6805. 1636, 1 *Allez, des ich ie gesach, — Sone gert ich niht mêre hinnen ze tragene. Sehen* regiert nicht den Genitiv:
204 mithin ist *Alles* zu schreiben, das den Genitiv *des* nach sich zieht. — 6986. 1680, 1 *Daz ich (Deich) hort der Nibelunge nie nie gepflak. Nie nie* ist gewiss ganz unstatthaft für *niene.* Den merkwürdigen Gebrauch des Wortes *pflegen* mit dem Accus., der 8178. 1960, 1 wiederkehrt, erwähnt das Glossarium nicht. — 7068. 1699, 4 *Genuoge, dâ si sâzen, si hêten gerne bekant.* Hr. v. d. H spricht einmal vom Wägen der Lesarten. Wiegt die St. Gallische hier schwerer, als die der übrigen, *die si* (oder *daz*) *sâhen?* Die Anmerkung ist wieder nicht zu verstehen: '*genuoge die si (daz) sahen. EL. M. W. EM.*' — 7198. 1732, 2 *Daz ich ê da lobte, des wil abe gân.* Dieſs halten wir eben so wenig für deutsch, als oben *Jane mag ir niht gelâzen.* Entfernt

ähnliche Beyspiele sind uns bekannt genug, aber wir suchen ein gleiches. — 7480. 1798, 4 *von der Kriemhilde scharn.* Den Artikel vor Namen duldet der Herausg. sonst nicht. Auch hier sollte wohl *den* geschrieben seyn aus EM und W. — 8069. 1935 ist die Interpunction so einzurichten: *Do Rûdegêr der herre gerûmte den sal, Fünf hundert oder mêre im volgeten überal Der von Bechelâren, friunt und siner man.* — 8674. 2080, 2 *Ich hân doch gennoge leit unde sêr.* Dieses wunderbare *gennoge* ist im Glossar nicht einmal angeführt. Ist es Neutr. Plur. für *genuogiu?* Eben so *rede genuoge* (Nominat.) in EL 8124. 1946, 4 und *guoter dinge gennoge* in Gudrun 4574. 1143, 2. — 8778. 2105, 2 *Ez der helm wære oder des schildes rant.* Hier bemerken wir das fehlende *obe.* Gudrun 4099. 1025, 1: *ez liep oder leit Siner muoter wære.* — 8937. 2145, 1 *Durch mortrecken willen. Mortrecke* ist, so viel man sieht, ein Wort von des Herausg. Erfindung. G hat *rachen,* EL *rêchen,* also *mortrâche,* wie *lankrâche* 5860. 1401, 4. — 9477. 2278, 1 *Nune muotet sin niht mêre?* Das Fragezeichen halten wir für einen Druckfehler. — 9603. 2308, 3 *Den schaz den weiz nu niemen, wan got, âne min. âne* mit nachgesetztem Genitiv bedarf noch Bestätigung. Wer wird aber glauben, dass die Lesart aller übrigen Handschriften ein sinnloser Schreibfehler sey, *wan got unde min?* Wir erklären: den Schatz weiſs nun Niemand einem Anderen zugehörig, als Gott (*gote*) und mein (*meum, minen,* meinig). Und so wird auch die St. Galler Lesart auszulegen seyn, *âne, min,* ausgenommen, als meinen.

Über das Glossarium (S. 506—639) haben wir schon im Anfang unsere Meinung erklärt. Es ist durchaus auf flüchtige Leser berechnet und oft ungründlich gearbeitet. Die Wörter sind nicht erklärt, sondern bloſs übersetzt: oft hat Hr. v. d. H die Bedeutung aus den wenigen vorliegenden Stellen unrichtig oder halbrichtig errathen; die wichtigsten Beweisstellen aus den Nibelungen selbst sind zuweilen nicht einmal angeführt. Dennoch wird man von Hn. v. d. H nichts Anderes erwarten, als dass selbst aus dieser unsorgfältigen Arbeit Manches zu lernen sey. Und so ist es wirklich: nur muss man überall auf der Hut seyn, weil er stets die Beweise schuldig bleibt und für sein Wörterbuch aufspart. Da übrigens die innere Einrichtung des Glossariums so übermäſsig bequem ist: so fällt es desto unangenehmer auf, wie unpassend für jeden denkbaren Gebrauch

die Wörter geordnet sind. In der That, die Wortfolge in diesem
205 Glossarium bringt die zahmste Geduld zur Verzweiflung. Die Vocale mit doppelten Zeichen sind wie *ae* nach *ad*, wie *uo* nach *un* u. s. w. eingestellt, da doch sonst fast allgemeiner Gebrauch ist, sie unter die einfachen Zeichen zu mischen. Beständig ist Hr. v. d. H aber auch darin nicht: z. B. den Diphthong *û* findet man vor *uf*, aber das Wort *üben* mitten unter den Wörtern mit *ub*, die eigentlich alle ein *û* haben. Zusammengesetzte Wörter, die durch das Hyphen genugsam angedeutet sind, darf man nicht in der gewöhnlichen Folge suchen, z. B. *ge-zucken* ist nicht etwa zwischen *gét* und *gezzen*, aber auch nicht unter *zucken*, sondern vor *gé*.

Von dem grammatischen Vorbericht (S. 497—505) sagten wir lieber nichts. Eine so ungründliche Anweisung zur Grammatik führt Anfänger nur irre. Und wozu dient sie, da sich doch jeder Fleifsige lieber aus Grimms vollständiger Grammatik belehren wird? Es übersteigt allen Glauben, was für Behauptungen der Vf. hier sich entfallen läfst. S. 499 sollen die Adverbia 'meistens' zugleich Adjectiva und Pronomina seyn. S. 500 werden *wigen* und *wegen* als Intrans. und Transit. unterschieden. (*Wegen* mit geschlossenem *E*, selten *wigen*, heifst wiegen und wägen, und conjugirt stark; *wegen* mit offenem *E* hat schwache Form, und bedeutet bewegen.) Dabey wird *wagen* mit *lagen* verglichen. (Vermuthlich ist *lâgen*, nachstellen, gemeint, und nicht *wâgen*, *audere*, sondern *wagen*, wiegen, sich bewegen, mit schwebendem *A*.) Zu *ruofen* soll *rûfen* das Transitivum sein. (Also rufen machen? Dafür wünschten wir Beweisstellen.) S. 501 setzt *brâhte, gebrâht (brâht)* das Niederdeutsche *brengen* voraus. (Daraus würde nur *brankte, gebrenget: brahta*, wie im Niederd. *brachte*, ist schon im Gothischen, Oberd. *brâhta*). Von *zürnen* soll das Particip *gezürnt* seyn. (Die Kürzung ist unerlaubt: es heifst *erzürnet*). *Getrovvet* von *triuven* wird verglichen mit *gedrout* von *drevven*. (Die Formen sind: *trûwen, getrûwet; triuwen, getriuwet; trouwen, getrouwet; drôuwen, gedrôuwet; drôun, gedrônt; drôn, gedrôt*.) Ferner wird dort eine Form *kômt* aufgeführt, und ein uns ganz unbekanntes *stehen* für *stên*; S. 502 ein Indic. Prät. *wurde*, die Participia *geworden* und *gefunden*; S. 503 die späte, ganz unregelmäfsige Form *geloffen* (einer der Übergänge aus der zweyten starken Conjugation in die zwölfte); von *wizzen* neben *wesse* ein Präter. *weiz* (welches von *wizen* herkommt); das fehlerhafte *muozen* ohne Umlaut (Meistergesb. 581), und ein uns neues Participium *gemuost*; ein Präter. *tat*, neben dem unrichtig geschriebenen *tát*: kurz, so viel Fehlerhaftes, dass die Vermuthung erregt wird, Hn. v. d. Hs Absicht sey bloſs, den schon grüindlicher Belehrten in Versuchung zu führen; eine Absicht, die wenigstens Druckschriften nicht ansteht.

Wir fügen nun noch Bemerkungen über einzelne Artikel hinzu. Viel ganz Fehlerhaftes soll übergangen werden, ungenaue Bestimmung der Wortbegriffe gänzlich. *Abe*: 'auf, von. 6421. 1542, 1.' Als ob *auf* und *von* einerley wäre. Die Worte sind: *Si hielten ab ir verte.* Es musste unter *halten* bemerkt werden, dass es schon die heutige Bedeutung hat, still halten (zu Pferde, zu Fuſs u. s. w.). Ganz falsch gerathen ist, dass es 7563. 1818, 3 206
sich stellen bedeute. '*Ab-riten*, durch Ritterspiel gewinnen. 2421. 557, 1. vgl. *pris*.' Das heiſst *erriten*. *Da wart von guoten helden vil kleider abe geriten*, abgeritten, vom Leibe oder kahl geritten. Unter *pris* finden wir: '*Ze prise*, um den Preis. 5244. 1247, 2. vgl. *ab-riten*.' Die Erklärung ist unrichtig: *ze prise* heiſst, so dass man gelobt wird, preiswürdig. Und was hat der Vers, *Dô wart wol ze prise vor den frouwen dô geriten*, mit jenem anderen zu thun? — *Abe slagen, an slagen, geslagen* giebt der Vf. als Infinitive. Solche Fehler, die ein Blick in Grimms Grammatik vermeiden lehrt: sind jetzt nicht mehr verzeihlich. — '*Vor âbendes* (Zeit). 2417. 536, 1.' Lassen wir doch den Ellipsenkram aus der deutschen Grammatik! *Vor âbendes* wird regelmäſsig gesagt, wie *vor des*, *vor tages* Parc. 11220, seltener *vor sin* Biter. 879. 3646. In den Nibelungen heiſst aber *vor âbendes nâhen* wohl vielmehr, vor dem Nahen des Abends. — *Aller-beste*, aufs beste, nicht Accus. Sing. (Neutr. schwacher Declination?), sondern Adverbium, *bazzisto*, nicht *bazzista*. — *Alzey* kommt nirgend vor; nur *Alzeie, Alzeije, Alzeia*. Hingegen nicht *der Menne*, sondern *der Mônn*. — Unter *an* werden die Bedeutungen so angegeben: '*an, in* (vgl. *en*), auf, bey, vor, für, bis an, hin an, gegen, von.' Was lernt man daraus? *An einander* für *einander* 8540. 2047, 4 (aus EM, nicht in G) fehlt. — '*An getragen, an tragen*, anstellen.' Eine Erklärung, wie die bekannte: *proripere*, aus dem Staube machen. Und wer möchte *untriuwe an tragen*, auch nur so übersetzen? — *An tuon sin gewâfen* 1969. 458, 1 fehlt. — Die Form *aptei* aus EL sollte wenigstens

als merkwürdig ausgezeichnet seyn. Uns scheint keine andere möglich, als *abbetîe (abt.)*, höchstens *abbeti*. — Warum ist *Arâbî* aufgeführt, und nicht *Arâbisch* 7335. 1763, 3? — *Diu arbeite* 4248. 999, 4 fehlt. Diese Form brauchen ältere und höfische Dichter nicht: man findet sie im Titurel, bey Neidhart M. S. 2, 73b, in Maria 946 (das. 1044 *kristenheite*). — *Arbeiten* heifst niemals 'arbeiten', d. i. *unmüzek sin, wurken, werben*, sondern bemühen, quälen: daher *sich arbeiten*. Wird der Infinitiv substantivisch gebraucht: so fällt *sich* nach der Regel weg 1353. 334, 2, 1540. 370, 4. Warum führt der Vf. nur 3124ª. 720, 5C an? — '*Diu arge.*' Es heifst *der ark* und *diu erge*. — '*Bâgen, bâget, bieg' [biek] 'biegen.' Bâget* ist Rec. nicht vorgekommen: er kennt nur *bâget*. Übrigens wird das Wort viel häufiger schwach conjugirt. — *Balmunk* ist 9334. 2242, 2 männlich gebraucht, 7216. 1736, 4 aber (vielleicht πρὸς τὸ σημαινόμενον) geschlechtslos, wie *Nagelrink* Biter. 10943. 12871. — Das Adjectivum *balt* sollte geschieden seyn vom Adverbium *balde*, mit Beharrlichkeit und Eifer, nicht 'sehr,' 778. 190, 2. — Bey *bâre* war die starke Declination anzumerken, zumal da sonst auch die schwache vorkommt. — *Bâren* heifst auch, auf Eine Bahre legen. *Beren* (l. *bern*) durfte hier nicht angeführt werden, sondern nur beym Substantiv *bâre*. — Die Präposition *be (bei)* hat mit *bî* nichts zu schaffen. Die Form *bedaz* für *bediu* (indem, nicht 'bis dass') ist wunderbar, und kommt, so viel uns bekannt ist, nur in den Nibelungen vor. — *In bekomen, sin* ein kommen 4721. 1117, 1
207 ist übergangen. — Unter *begân* sollte das Partic. *begangen* 937. 230, 1 nicht fehlen. — '*Beluhte* f. *beluhtete* v. *beliuhten*.' Wie sollte doch aus *beliuhten* das Präter. *belûhtete* werden? Es heifst *beliuhtete*, und mit Rückumlaut (in diesem Wort aber missbräuchlich) *belûhte*. — '*Bereit* f. *bereitet*. 275. 67, 3, 1480. 357, 4, 1481. 358, 1'. In den beiden ersten Stellen kann es das Adjectivum seyn; in der dritten steht *bereitet*. *Dar bereit* (Partic.) hingeschafft 2593. 595, 1, fehlt. Unter *bereit* sollte der Plural erwähnt seyn: 1561. 376, 1 *Des wâren si bereite*, 2032. 473. 4 *Des vant er vil bereite die helde*. Das Adverbium *bereite*, sogleich, ist auch übersehen 5745. 1373, 1, sammt der unregelmäfsigen Verkürzung desselben *bereit* 5495 (1310, 3B), Parc. 9122. Mar. 1318. 2311. Wigam. 2195. — '*Bereiten*, näml. mit Feuer, anzünden. Avent. 36. (2018.)' Ohne Zweifel ist *beraiten* in EM ein Schreibfehler

für *bertten* oder auch für *brennen*. — '*Besenden*, beschicken, aufbieten, versammeln.' Es heifst, holen lassen. Tristan 3159 *Den jegere den besand' er dar; 7076 Si besande ein kleinez zengelin.* — '*Bewant*, ausgelegt. 2576. 590, 4.' Die Bedeutung ist gerathen. *Daz würd iu übele bewant*, liefse schlimm für euch ab. — *Bewaren (bewarn)* 'mit 2. Fall, hüten, 3804. 888, 1.' Hier ist *sich bewarn* gemeint. 'Unterlassen,' nämlich mit dem Accus. der Sache: diefs bedeutet aber auch nur, sich hüten etwas zu thun. — *Sich bewegen* 'sich abneigen.' Der schwierige Ausdruck fodert eine andere Erklärung: *be* kann nicht *ab* heifsen. — Nicht *Bern*, sondern *Berne*. — Zu *beste* Adv. ist die Stelle vergessen, 7335. 1763, 3. — *Betledach* nicht Betthimmel, sondern Bettdecke, *deklachen*. Es war ja von Seide, und goldene Leisten darauf. Gudrun 5307. 1326, 3: *Von listen harte tiure diu deklachen riche*. — *Bi* 'von. 7817. 1873, 1, 2886. 662, 2.' Hier muss ganz Verschiedenes unter Einen Hut: *Hie müget ir hören wunder bi ungefuoge sagen*, und *si hete bi Gunthère einen sun getragen*. Die erste Stelle ist aber unrichtig übersetzt; der Dichter meint: etwas, neben seinem ungebärdigen Übermuth, höchst Wunderbares. — *Bi wonen*: 'mit 2. Fall, leisten, beystehen.' Welche leichtfertige Art zu erklären! *Einem bi wonen* heifst, mit ihm zusammen seyn: die Sache, worauf sich diefs Zusammenseyn bezieht, steht natürlich im Genitiv. — '*Birt*, seyd. 6566. 1578, 2 setzt *biren* voraus, das damals noch die ganze Mehrzahl der Gegenwart dieses — Zeitwortes bildete. vgl. *kiesen*.' Unter *kiesen, kôs, kure* (l. *kür*), *kuren* (*kürn*), heifst es wider: 'vgl. *birt*.' Rec. sinnt vergebens, was an den verglichenen Formen Ähnliches seyn soll; er begreift auch nicht, wie aus *biren* (*biren* oder *birn*, das letzte ist aber nach den Gesetzen der 7ten und 9ten Conjugation unmöglich, es müsste *bern* seyn, Gothisch *bairan*) die Präsensformen *birn, bist, birum, birut* herausconjugirt werden. Endlich ist ihm die dritte Person von diesem Stamme selbst im Althochdeutschen nicht vorgekommen; und *birn, birt* sind im Mittelhochd. äufserst selten, s. Grimms Gramm. S. 522, Wigam. 4608. 5494. — *Biten* mit *ze* 6930. 1666, 2. — Nicht *blat, blattes*, sondern *blates*. — Bey *bouk* sollte Benecke zu Wigal. S. 540 208
beachtet seyn. — *Breit* bedeutet niemals weit. Das Citat 5703 ist, wie manches andere, unrichtig. *Diu breite* sollte erwähnt seyn, um vor Missverstand der 7503. 1804, 3 Zeile zu warnen.

— Unter *Brunhilt* musste noch Z. 1659. 394, 3 angeführt werden, die sich auf Siegfrieds früheren Aufenthalt bey ihr bezieht. — *Kamer (kamere)* stark declinirt 2138. 497, 6, 4515. 1065, 3, 4705. 1113, 1, 5095. 1210, 3. — *Kint:* 'Mehrz. *kint*, 3 Fall *kinden.*' Der Genit. Plur. heiſst *kinde.* — *Kleider tragen* 125. 31, 1, 4102. 963, 2 ist nicht erklärt. — *Komen:* 'ergehen 4493. 1060, 1.' *Nu ist ez Sîfride leider übele komen*, es ist ihm übel *bekomen*, d. h. ihm zum Schaden gekommen, begegnet. Die Redensart ist häufig, und manche Stelle giebt die Bedeutung so bestimmt an, wie die in der Klage 2230. 1017: *Dîn sterben ist vil übele komen Mir vil ellenden man.* Daraus erklärt sich, dass *schedelîche komen* auch von Personen gebraucht wird, 4148. 974, 4, Gudrun 3274. 818, 4, Biterolf 4966. Dieſs übersetzt Hr. v. d. H ungründlich 'Schaden anthun.' *Ze komene* 6100. 1461, 4 fehlt. — *Koste* bedeutet niemals Bewirthung und Pflege. 5232. 1244, 4: dieser Kostenaufwand. *Kostenlîche* nicht 'prächtig', sondern mit groſsen Kosten. *Kostenlich* findet man nur im Glossar, nicht in den Nibelungen. — *Kradem:* 'von *[kreien], schrîen.*' Wie sollte doch von *schrîen kradem* gebildet werden? *Kreien* ist uns neu: mit *krâjen* und *krîen* ist *kradem* nicht verwandt. — Bey *Kriemhilt* und *Brünhilt* ist der in den Nibelungen, selbst im Verseinschnitt, häufige Accusativus auf *e* nicht angeführt. Die schwache Form ist überall aus dem Text entfernt. — Unter *kunft* geht des Vfs. Unterscheidung der Formen einmal sehr ins Feine. Der Genitiv soll *kunfte* lauten, der Dativ *kümfte.* Sie heiſsen beide *künfte.* — '*Kunste*, 2. Fall *künste.*' Das wäre Umlaut in der ersten Declination: es heiſst *diu kunst, der künste,* nach der vierten. — Eben so unmöglich ist es, dass von *kunt* Adj. der Pluralis *künte* sey, es heiſst schon im Singular *künde* und *kunt.* — Bey *da von*, desshalb, sollte 1640. 390, 4 angeführt seyn, als eine Stelle, die Anfänger gewiss missverstehen werden. — *Dar* soll noch immer 'daher' bedeuten, in Z. 103. 25, 3 *daz sin wille in immer trûge dar*, welche Hr. v. d. H nachher selbst anders auslegt. *Darin sîn*, hinein seyn, für hinein gehen 7969. 1910, 1, ist übergangen. — *Degen* ist ungenau übersetzt. — *Deist* steht nur für *daz ist*, auch 6029. 1444, 1 *Dîn wille deist mîn frôude.* — '*Der* — f. *er* — es scheint, um den Hiatus zu vermeiden: *do derbeizte, ja derwarp.*' Schon Hn. v. d. Hs eigener Text widerspricht: 4690. 1109, 2 *ist derstorben.* — Unter *des*, desswegen,

sind 6428. 1548, 4, 6996. 1682, 4 nicht angeführt. Es soll den Lernenden nur Alles bequem gemacht werden: sie vor Irrthum zu bewahren, ist des Vfs. Absicht nie. — Das Adjectivum *dicke* fehlt aus 1762. 416, 2; vgl. Iwein 4363 (anders bey Michaeler), Troj. Kr. 19848. Müller, 3, xxix, 79. Sonst ist *dik* üblicher.
Dienest, Dienerin, fehlt. 3382. 785, 2: *Dû hâst mich ze dienste* 209
mit rede dich an gezogen, dir mich als Dienerin angemaſst. Voss braucht häufig *Dienstin*: wollte er dafür gelegentlich den Gewährsmann nennen! Er pflegt nicht gefährliche Bildungen selbst zu wagen: und hätte ers dieſsmal gethan, doch dürfen unsere Sprachmacher nicht jauchzen. Denn zu vertheidigen ist jene Form immer: wenn man aber von diesen hochmüthigen Wortschöpfern zu ihren *Dichtinnen* und *Schneidinnen* die Masculina *Dichte* und *Schneide* nachgewiesen verlangte: so erschölle zur Antwort entweder Erlogenes, oder, mit Umschleichung der Sache, Klagen über geist- und kenntnisslose Einwürfe. — *Dôz* hat nach Hn. v. d. H auſser den Nibelungen auch *doses* im Genitiv. Dafür wird der Beweis nicht zu führen seyn. *Dôses* Parc. 11310. *Dôz* aber und *duz (dem duzze)* sind gleich gebräuchlich. — *Drâte* wird noch immer als Partic. von *dreien* angenommen. Es heiſst aber nicht *dreien*, sondern *drâjen, drân*; das Partic. davon *gedrâjet, gedrât, gedrât*. Althochd. *gidrâit, gidrât*: hingegen das Adverb. *drâto*, Mittelhochd. *drâte*, das Adject. *drâti, drâte*. — *Dûhte*, Präter. von *dunken*, leitet der Vf. ab von *dûhten*, deuchten; statt *dûhtete*. Nach welcher Analogie lautet dann der Conjunctiv nun, *diuhte*? Und wo kommt dieser Infinitiv *dûhten* vor? *Deuchten* und *mich* oder gar *mir deucht* ist Missbrauch einzelner Neueren. — *Edel* ist übergangen, sammt der Nebenform *edele*. Die Warnung wäre nützlich, es niemals in sittlicher Bedeutung zu nehmen. — Unter *ein* fehlt die Fügung *ein der recken* 7197. 1732, 1, *ein des Hiunen mâge* 7621. 1832, 1, gewöhnlicher mit voranstehendem Genitiv, und minder gut *der rîchsten*
(besten, zwelf herren) eine Flore 3339. 6757. Altd. W. 2, 185, 22. 210
Es wird aber angemerkt: *ein* 'steht noch vor und mit dem bestimmten Geschlechtsw. beym Hauptw. 543. 131, 3, [7197. 1732, 1] meistens zugleich mit der Steigerung des Beyw. 2907. 666, 3, 4882. 1157, 2, 4948. 1173, 4.' Die erste Stelle lautet: *Er truog in sîme sinne ein minnekliche meit, Unt ouch in ein diu frouwe, die er noch nie gesach*. Hier steht *ein* für *eine, in ein*, ihn allein;

s. Parc. 21146. Maria 1056. Die eingeklammerte ist nur in EL verschrieben, *ein der recke* für *recken*. In den übrigen Stellen findet sich *ein der beste*, einer der der beste ist, *unus optimus*, und im Accus. *ein* (f. *einen*, s. die Lesarten) *den besten;* wie oft genug vorkömmt *ein sîn man, ein mîn friunt, un mio amico.* — Unter *ellen* sind die Beyspiele des Plurals ausgelassen, 462. 112, 2, 961. 236, 1. — *Engelten* und *enpfinden* bleiben unerklärt. — Nicht *des ende geben,* sondern *ein ende.* Auch trägt die Übersetzung, 'das zu Ende *erzählen*,' zu viel hinein. Klage 1934. 875C: *Des muoz mîn jâmer wesen grôz, — Unz mirs der tôt ein ende gebe.* Die Erklärung, *ende* bedeute auch Grund, ist *unendelich,* sie führt nicht zum Ziel, und leistet nicht die Hülfe, die sie verspricht. — *Sich enthalten* nicht, sich bewahren, sondern, sich aufrecht und in voller Kraft halten. — *Erbeit* ist das Präter. von *erbîten, erbeite* von *erbeiten.* — *Erkrommen* (l. *erkrummen*) leitet der Vf. von *erkremmen* ab. Giebt es in der achten starken Conjugation Verba auf *emmen* und *ennen*? Wir finden nur den Infinitiv *krimmen* Altd. W. 3, 207, 61. Wigam. 1474, den Conj. Präs. *ergrimme* M. S. 2, 236: also *krimmen, kram, krummen, gekrummen.* Das Wort ist ganz verschieden von *klimmen:* aber beide stammen wohl, nebst *klimpfen* und *krimpfen* (wie vermuthlich alle Verba der 5ten und 8ten Conjugation von einfacheren der 7ten und 9ten), von *klemen (klam, geklomen)* und einem (vorauszusetzenden) *gremen* (Alth. *greman*), wovon *gram* und das schwach conjugierende *gremian* (*ergremt* Amis 1685) abgeleitet sind: von *krimmen* und *klimmen* die Adjectiva *grimme* und *krump,* und die Verba *grisgrammen, verklamben, klembern.* 'Erpacken, ergreifen' ist nicht genau das alte *erkrimmen,* eher zerhacken (mit Krallen oder Schnabel). *Erkrimmet* M. S. 2, 176b wird Meisterg. 575 erklärt *tôtet.* Vgl. Ottfr. 1, 25, 56. Wigam. 1469. 1478. 1486. Altd. W. 3, 206, 44. 2, 195 *(klimmet?)* Flore 4631 *(erkirnet?)* Frisch 1, 518c. In den Nibel. ist das Wort gebraucht, um den Namen *Krimhilt* davon abzuleiten. — *Erdiezen:* 'Verg. *erdôz,* Mehrz. *erdussen.*' Woher
211 käme das *ss*? Nur *erduzzen*: das Partic. *erdozzen* kommt nicht vor. — Unter *erfüllen* fehlt die Stelle 4707. 1113, 3, wo es so viel ist als *ervollen.* — *Ergetzen* mit dem Accusativ der Sache 4335. 1020, 3, *Ja wil ich dich ergetzen dînes mannes tôt*, und 9535. 2292, 3 *Wie wol er iuch ergetzet daz* (für *des*) *er iu hât getân.* So findet sich anderwärts *unergeztiu nôt.* — '*Erhouwen*, erhauen

826. 202, 2.' Wer versteht das? Es heifst, durch Hauen zu Wege bringen. Kl. 1581. 709, Titur. xix, 115. — *Lûjen* (brüllen), *lûten* (laut werden) und *liuten* (läuten) stellt Hr. v. d. H zusammen, und bedenkt nicht, dass von *uo* oder *û* kein Übergang ist zum *û*. Einen Infin. *lûten*, Prät. *lûtete, lûtte, lûte*, können wir nicht beweisen, wohl aber *erliuten* intransitiv, Troj. Kr. 15348. 23020, auch in Rudolfs Weltchronik. Davon ist das Präter. *liutete, liutte, lûte*, nicht *lûtete*, wie der Vf. S. 553 sagt. Räthselhaft bleibt uns der Präter. *erlûtte* Georg. 3244. — *Ermordet* 7427. 1785, 3 fehlt. — *Erzingen* beweisen, nicht 'bezeugen.' — '*Fur wise*, vergeblich, umsonst. 3672. 857, 4. *fûr* f. *ver*, und *wise* v. *wesen*.' So aber werden von der 6ten Conjug. die Adjectiva nicht abgeleitet: am wenigsten könnte das *i* gedehnt seyn. Die richtige Erklärung ist schon vor hundert Jahren gegeben. Von *wîsen* lautet das Subst. *der, diu wîs* oder *wîse* (*diu wegewîse* Karl 73 b), das Adjectivum und Adverb. *wîse*, das Adj. auch *wîs*, auf den Weg geführt, belehrt, *unwîse*, übel geführt, *verwiesen*. *Fürwîse* ist minder genaue Schreibung. — *Fügen* ist nicht erklärt. — *Gedenken* heifst niemals 'im Andenken haben,' sondern entweder denken, oder, mit dem Genitiv, beabsichtigen. Die letzte Bedeutung verkennt Hr. v. d H 2445. 562, 1 (auf das nunmehr denken, was ihr mir zuschwuret), 8828. 2117, 4. *Gedâht* soll noch immer 2749. 631, 1 das alte Hauptwort *diu gedâht* seyn können. Erst musste die Redensart, *des ist mir manik* (oder dergl.) *gedâht* erwiesen seyn. Wir finden aber bey Joh. von Brabant M. S. 1, 8a nur: *Si lît vaste in miner gedaht*. — '*Gedingen*, bestehen, genesen. 1804 d. 123, 8.' *Ich getrouwe wol gedingen, in strite vor sîn eines hant*, meine Sache führen, *tridingen*. S. Haltaus S. 228. Lohengr. S. 21, 4. — '*Iuwer gelichen*, euresgleichen 8902. 2136, 2.' Richtig: es sollte aber bemerkt seyn, dass beide Wörter dort im Gen. Plur. stehen. Der Singul. ist *iuwer gelich*. — *Gemeine* ist die üblichere Form, nicht *gemein*. Adverbium und Adjectivum sind hier, wie überall, vermengt. — *Diu trûrekgemuot* f. *gemuote* 4913. 1165, 1 sollte angemerkt seyn, zumal da Grimm schon aufmerksam gemacht hatte, Gramm. S. 219. Auch ist nicht gesagt, dass 3637. 849, 1 *gemuot* für *wol gemuot* stehe. — Vom Adverbium *genôte* soll *genôte* 7099. 1707, 3 eine weibliche Form seyn! Es ist das Adjectivum, eifrig, *curiosus*; s. Gudrun 983. 246, 1, 5332. 1332, 4. — *Gepûze* (ge-

bůze) ist nicht 'Züchtigung,' sondern Genugthuung; in der nicht namhaft gemachten einzigen Stelle, 7586. 1823, 2, ironisch gebraucht. Das Wort von *bôzen* abzuleiten, erlauben die Gesetze der Wortbildung nicht. Das Schweizische *Büüssi,* Nasenstüber, lautet unverkleinert *biuz* im Troj. Kr. 15876. 15888. — *Gernochen* mit *ze* 4953. 1175, 1. — *Gesellik.* In der angeführten Stelle 7250. 1745, 2 liest man *gesellîchen.* — Unter *gesidele* fehlt die wichtige Z. 2433. 559, 5. — *Gesit* nicht für das Participium *ge-*
212 *sittet (gesitet),* sondern für *gesite.* Dieser Fehler kehrt mehrmals wieder. Sind *geherze, gesinne, geman* und *gelîp* auch verkürzte Participia? — *Gestalt* nicht für *gestaltet,* sondern regelmäfsiges Participium: *stellen, stellete, stalte, gestellet, gestalt.* Auch diesen Fehler, der schon nach Grimms Anleitung zu vermeiden war, wiederholt Hr. v. d. H zum Überdruss. S. 579 soll gar *sante* zusammengezogen seyn aus *sandete:* also vom Inf. *sanden!* Die Formen *sante* und *sande* sind gleich richtig und gleiches Ursprunges: nach *L, M* und *N* darf jedes *T* mit *D* vertauscht werden, aber nicht umgekehrt. — *Gestatten* ist fehlerhaft, für *gestaten.* Erst das Präteritum hat *gestatte* für *gestatete;* Partic. *gestatet, gestat.* — *Geturren* wird seit Beneckens Boner überall richtig erklärt; nur Hn. v. d. H bedeutet es noch *dürfen.* — *Getruckente,* die regelmäfsige Form, steht nach diesem Glossarium für *getruknete* (eher noch, für *getruckenôte*): der Inf. soll *truknen* seyn. So findet man hier weiterhin *vestnen* und *wâfnen.* — Dass *getwerk* 'eine Menge von Zwergen' bedeute, ist schwerlich zu beweisen: die Erklärung verkehrt Z. 398. 98, 1, 401 den Sinn. Hr. v. d. H spricht S. xxxiv auch von *einem Gebrůder:* wir kennen nur den männlichen Plural *die Gebrůder;* s. Parc. 4189. 9663. — '*Gewahsen,* geschärft, geschliffen, von *wahsen,* wetzen.' Diese Bedeutung von *wahsen* bedürfte des Beweises. *Gewahsen, gewassen* (g. Schmiede 1020 *wasse: masse*) ist Dat. Plur. von dem bekannten Adj. *was, wahs* (Trist. 8809), *gewahs.* Vgl. Biterolf 10175. — *Gegen in* 9287. 2230, 3 nicht 'gegen ein, her,' sondern gegen sie — Dieterichs Mann. — *Der gêre* (nicht '*gêren;*' s. Wolfr. Wilh. 12a) ist nur der untere Theil oder Saum des Kleides. — Unter *geren (gern)* ist nicht bemerkt 6783. 1630, 3, *swes iemen gerte nemen,* in welchem Falle *ze nemene* das gewöhnliche ist, 6824. 1640, 4, 6806. 1636, 2. *Gern* mit dem Accusativ 7359. 1769, 3; s. die Lesart aus EM (*Niuwan* mit dem Accus. verbunden,

wäre ohne Beyspiel, wiewohl Hr. v. d. H 3742. 875, 2, so erklärt). — *Glesten* 3124 c. 720, 7 C fehlt. Es ist dort Präteritum, wie Parc. 18828, eben so richtig als *glaste*, vermöge der Freyheit der schwachen Verba auf *elten, emden, enden, erten, esten, etten*, und ohne Zweifel auch der auf *ehten*, mit offenem *E*. — *Diu grimme*, heutzutage *der Grimm*, fehlt aus 9414. 2262, 2. Auch heifst das Adjectivum nicht *grim*, sondern *grimme;* s. z. B. 9293. 2232, 1. — Unter *guot* musste zur Warnung bemerkt werden, dass es nur Adjectivum ist. Leicht werden Anfänger Stellen, wie 948. 232, 4, unrichtig nehmen: *ez wære ir vianden bezzer, vermiten*, d. h. es wäre ihren Feinden besser, wenn es unterblieben wäre; 3608. 841, 4 *diu bezzer wæren, verlân;* 1268. 312, 4, 4823. 1142, 3 *ez dunket guot, getân*. Ferner sollte erwähnt seyn: *ez guot tuon*, die Sache, die man vor hat, gut machen, 899. 220, 3, (954. 234, 2, EL). 8641. 2072, 1. Parc. 1367. Gudrun 4328. 1082, 2. Biterolf 2849. — *Hâle: 'si hêt es hâle*, ist *si* der 4. Fall.' Es ist der Nominativ; s. Biterolf 2188. — *Hie* und *hienk* sollten nicht unter dem Inf. *hâhen* stehn, der nur in der Bedeutung *henken* gebraucht wird, dahingegen die kurze Form *hât* von allem Aufhängen gilt, Parc. 13265. — Die Angabe, '*halsberge*, Mehrz. *(der)*' ist uns nicht verständlich. Der Singular heifst *der halsberk*. — '*Aller hende* [*hande*], allerhand.' Vor dieser Übersetzung 213
hatte Benecke z. Wigal. S. 613 gewarnt. Dass die *Hand* schwört, *sichert*, meineidig wird, 2445. 562, 1, 5048. 1198, 4, 2450. 563, 2, ist nicht angemerkt. — Unter *hart* spukt wieder der Umlaut: *herte* soll davon der Plural lauten können. Eben so bey *scharpf*. — *Heizen:* 'schelten, strafen. 8229. 1971, 1, 9030. 2167, 2.' Damit ist die Redensart, *iemen liegen* (Infinit.) *heizen*, nicht erklärt. Sie bedeutet, machen, dass Jemand lügen muss. Vgl. Gudr. 5113. 1278, 1. — *Diu herzeleide* 7918. 1897, 2, 9608. 2309, 4, *herzenleide* 9038. 2169, 2 fehlt; ja, was schlimmer ist, die letzte Stelle *durch ir herzenleide*, steht unter dem Neutrum *herzenleit*. — *Diu hôchgezîte* 5464. 1302, 4, vielleicht auch 114. 28, 2, 1063. 261, 3. — Nicht *hôchvert* Adj., sondern *hôchverte*. Das Verbum *hôchverten* 1910. 443, 2 in Em und EL. — *Hulde* soll 1020. 250, 4 heifsen Wille, und gar Pluralis seyn. Dort steht *âne hulde*, ohne Erlaubniss. — 4539. 1071, 3 liest man nicht *eide huoten*, sondern *eides hüten*. — *Jehen:* 'mit 2 Fall des Gegenstandes und *zu* [*zuo, ze*] oder *für*, in Anspruch nehmen, ansprechen, erklären, ver-

langen 4488. 1058. 4, 4992. 1184, 4, 2928. 671, 4: *er jah es im niht ze dienste,* er erklärte es ihm (sich) nicht für Dienst, oder, er erklärte ihn nicht für seinen Dienstmann.' Hier ist nichts richtig, als das Wort *erklären.* Was *jehen* mit dem Dativ heifse, ist nicht beachtet. Die angeführte Stelle hat den Sinn: er rechnete es ihm (Seifried) nicht für Lehensdienst, dass er so oft zu ihm kam. — *Itewîze* braucht 7105. 1709, 1 nicht nothwendig Plural zu seyn. S. Doc. Misc. 1, 97, V. Barl. 101, 6. 315, 39. — *Lâzen:* 'richten, stellen. 8206. 1965, 2.' *Ich hân ûf êre lâzen lange mîniu dink.* Übersetzt ist dergleichen bald: aber die Erklärung hat ihre Schwierigkeiten. Ist der Ausdruck hergenommen von den Hunden, die man auf ein Thier *lâzet?* Ähnlch ist die Redensart: *mîn muot stêt ûf êre.* Bey *sich lâzen* ist nicht gesagt, dass darauf immer *an* mit dem Accus. folgt. — Dem Wort *leiten* giebt Hr. v. d. H auch die Bedeutung tragen. Sie erfodert bessere Bestätigung, als durch Z. 702. 171, 2. — '*Leste,* zusgez. aus *leteste* [von *lat*], letzte.' Man sieht nicht, warum der Vf. das Oberdeutsche *leste* aus den Niederdeutschen Formen ableitet. Das Richtige hat Grimm, Gr. S. 236. — *Lîhen:* 'Lehn ertheilen. 161. 40, 1.' Wie construirt man bey dieser Erklärung den Satz, *Der herre der hiez lîhen Sîfrit* (statt *Sîfriden*) *den jungen man Lant unde bürge?* — *Lîp* soll 4580. 1081, 4 die ganze Person bedeuten. Dort steht *nimmer mêre des lîbes,* nie im Leben; Parc. 981. — Das Adverbium *lûte* fehlt. — *Mâk:* 'Einzahl unveränd. 7640. 1835, 4, 8150. 1953, 2.' Der Accusativ lautet in starker Declination immer wie der Nominativ: der Genit. und Dat. heifsen *mâges* und *mâge.* — Nicht *mâr,* sondern *mære,* Althochd. *mâri.* 8673. 2080, 1 *du zage mære* verstehn wir nicht; Hr. v. d. H übergeht es. — '*Magtlich,* eigentl. edlen Magen gemäfs, edel, höflich, züchtig. 1670. 394, 14.' Der Vf. muthet seinen Lesern viel zu. Wenn er von *Magen* spricht, sollen sie das Wort in Gothischer Bedeutung nehmen, *magus,* Knabe. Aber davon kommt *magetlich* nicht unmittelbar, sondern von dem abgeleiteten *magaths,* Althochd. *magad,* Mittelh. *maget,* Jungfrau. Wenn aber auch, wie folgt die Bedeutung *edel?* Gewiss hat doch Hr. v. d. H weder hier, noch bey *magezoge,* 'Mage-, Kinderzieher,' an *mâk,*
214 Althochd. *mâg,* Goth. *mêgs,* γαμβρός, gedacht. Uns scheint es so wunderbar nicht, dass der junge Dankwart mädchenhaft aussah. — *Marrok* im Glossarium: der Text hat richtig *Marroch.*

So sprach Wolfram (im Wilhelm mehrmals), Reinbot und Konrad (in Meliur S. 40 Bodm.) — *Marschalk:* 'eigentlich der über die Rosse zu schalten hat.' Wie das? *Schalten* ist doch nicht eins mit *schalk.* — *Die meinråten* übersetzt Hr. v. d. H 'falsche Boten,' und heifst uns *reden* vergleichen: unter *reden* ist nichts bemerkt. Die *mortråten* im Trist. 12739 (Isot), 14566 (Tristan) sind wenigstens keine Boten. Auch ist *meinråt* ganz richtig durch Verrath übersetzt. — Der durchaus ungewöhnliche Nominativ *diu molten* 803. 196, 3 sollte mehr ausgezeichnet seyn. — '*Morte* f. *mordete. mörder.* Mörder. vgl. *ermorderôt.* (scheint von einem alten Worte *moren,* sterben, *mori,* davon das alte *mort,* todt.)' Das Subst. *mort* ist alt: das Adject. finden wir erst bey Wirnt, Gottfried, Konr. v. Flecke, Neidhart; von einem Verbum *morn* keine Spur. Die Mittelhochd. Formen des Verbums sind: *mordern,* Part. *ermorderôt, ermordert; morden,* Prät. *morte,* Part. *gemordet, gemort; mürden,* Part. *ermürt.* — *Mortråze* soll mordgierig bedeuten. *Wortråze* erklärt Hr. v. d. H besser, setzt aber dort fehlerhaft *reze,* vergleicht ganz verschiedene Wörter mit *S* und will endlich *resse* geschrieben wissen. Was würde dann aus den Reimen *truhsåze: råze* Iw. 5235. 5383, *daz gesåze: råze* Maria 5020, *råze: fråze* M. S. 2, 75 b, *gehåze: råze* das. 79 a, *die fråze: råze* das. 133 b, *widersåze: råze* das. 228 b u. s. w.? — *Mugen* wird 4. 1, 4, 1690. 398, 2, 4025. 944, 1, 6910. 1661, 2, 8546. 2049, 2 'mögen, wollen' erklärt. *Nu muget ir gerne hören* heifst: ihr könnt es leicht erfahren: denn ich (der Sänger) weifs es. *Wir mehten michel gerner sîn in sturme tôt:* uns wäre lieber, hätten wir in der Schlacht sterben können. — '*Naht* (*diu*: 2. 3. Fall und Mehrz. *nahte;* sonst Mehrz. auch *nähte*).' Die regelmäfsige Form ist auch im Singular (Gen. Dat.) *nehte,* Maria 3885. M. S. 2, 185 b. Müller 3, xxxi, 114. Sie ist eben so ungebräuchlich im Reim bey guten Dichtern, als die andere, *nahte,* Sing. und Plur.; Maria 4043. 4321. M. S. 2, 108 b. Wigam. 1416. *winahten* M. S. 2, 66 b. *winahte* Meisterges. 375. Der Pluralis heifst auch *die naht.* Aber *nåhten* ist das Präteritum von *nåhen,* W. Wilh. 44 a. — *Ne.* Wann eigentlich diese Form statt des im Mittelhochd. gewöhnlicheren *en* gebraucht werde, scheint noch nicht allgemein bekannt zu seyn. Es geschieht nur (aber darum nicht immer) nach unbetonten Sylben, wie in *erne, ezne, irne, sterben ne* Nib. 9408. 2060, 4 EL, *di von ne* 5381. 1282, 4 EL,

tioste ne Wolfr. Tit. 23, *daz neheine, vinster nehein* Maria 2745, *si newederes* Parc. 17151, oft nach gedehnten Vocalen, die sammt dem Tone die Dehnung verloren und nun schwebend betont sind, *done, nune, jane, sine, nine, dine* (aus *dô, nû, jâ, sî* oder *sie, nie* und *die*), oder nach geschärften, die nach weggefallenem Ton und Consonanten ebenfalls schwebend geworden sind, von *ich* und *mich ine* und *mine* (öfter *michne*). Ein doppeltes *n* wird zuweilen vereinfacht, *niemene* 9588. 2305, 4 G, 8652. 2074, 4 EL und öfter, *sterbene* 9408. 2260, 4 G, *ine* 56. 14, 4, 4215. 991, 3, sogar *sine* (d. i. *sîn en*) 4507. 1063, 3. *Diene* und *niene* sind eigentlich unregelmäfsig, genauer *dine, nine,* und *dien, nien* (d. i.
215 *di en, ni en;* das nach tonlos gewordenem, nun schwebendem *i* folgende *e* wird stumm: so *wier, swier,* nicht *wie'r* 1039. 6795, *wi ist* einsylbig oder *wiest, wir* 6195, besser *wier, wi ir, sien* aus *sie en*): denn *di* und *ni* sind keineswegs blofs Abkürzungen, sondern die freylich im Gebrauch nicht sorgfältig geschiedenen unbetonten Formen: nachlässige Aussprache erlaubte sich jenes *diene* und *niene,* ja sogar *nienen* und *janen* 9421. 2264, 1. Übrigens sind die Formen *jâ en–, die en–, ern, er en–,* eben so richtig, und selbst die unregelmäfsigen *michn, dazn,* nicht selten. *In', son', dan', jan', sin',* welche für *ine, sone* u. s. w. stehen, nicht für *ich en, sô en* u. s. w., sollten nur apostrophirt werden, wo ein stummes *E* folgt; wie auch 9025. 2167, 1 besser stände, *Der red' en ist sô niht leider,* und 1887. 440, 3 *Sie erloubte* zwar erträglich ist im Auftact, *si erloubte* aber genauer seyn würde. *Er en, erne* und *ern,* sollten, nach strenger Regel, der zwar die gewöhnliche Aussprache sich oft entzog, eigentlich unterschieden werden: in *er en* ist *er* hochtonig, in *erne* unbetont, *ern* tieftonig durch die Verschmelzung, *er en* und *erne* sind zweysylbig, *ern* einsylbig. Aus den Präpositionen *en* und *ent* wird nicht leicht *ne* und *net;* wiewohl wir 1868. 436, 4 *werfene pflac* nicht anders zu erklären wissen: die genaue Schreibung *ernbôt* 4655. 1106, 3, *erntweich* 4570. 1079, 2 brauchte Hr. v. d. H nicht zu verschmähn. Beyläufig merken wir hier die Verkürzung des zusammengefügten *hie* an, *hir en hove* 2811. 644, 3 G (wie *dar inne, dar en lant* f. *dâ en lande* 1263. 311, 3, Biterolf 715), *hir inne* 8870. 2128, 2, 9325. 2240, 1, wo im Text *hier inne* steht: *hir* sogar im Reim, Kolocz. S. 65. 70. EM hat Nib. 6524. 1567, 4 *dazze Pazzawe:* entweder ist das anderswo vorkommende *datze* richtig, oder

doch *da ze*, nicht aber, oder gewöhnlich nicht, *dâ ze*, am wenigsten in *da z'im, da z'Engellant.* — *Nennen:* aussprechen 6016. 1440, 4.' Unter *ze*: 'für: *ze wunder sagen* 9548. 2295, 4, *zem tôde genant.* 6016. 1440, 4.' Also, *daz was dem grimmen Hagenen gar zem tôde genant,* es war ihm für den Tod ausgesprochen. Was heifst das? *Nennen ze* bedeutet, etwas so und so nennen; eigentlich, den Namen und Begriff des Dinges so setzen, dass es nun das und das ist. Mithin: das war für Hagen in seiner Vorstellung der Tod. — Unter *nieman* sollte 4551. 1074, 3 erwähnt seyn: es ist die einzige Stelle des Gedichts, wo es im Reim vorkommt, aber nur in EM. — Der Artikel *nôt* ist sehr ungenügend behandelt. *Mich ist eines dinges nôt* ist ein Sprachfehler: 1336h. 329, 12 war der neue Dativus *iuch* aus der Wiener Handschrift nicht aufzunehmen. Der Accus. der Person bey *des gêt nôt* kommt gar nicht vor. *Des ist nôt* 2438. 560, 2 fehlt. Die Redensart *des ging ihnen Noth, Drang an* wüssten wir nicht zu vertheidigen; Trist. 7046. — *Palas:* '*der;* sonst auch *daz:* Mehrz. unveränd. 1630. 388, 2.' Dort aber findet man *Dri palas wite,* nicht *driu witiu:* mithin war auch *palase* zu schreiben; Parc. 11914. — *Pflegen* absolut gebraucht 4822. 1142, 2. *vil wislich er pflak;* mit dem Accus. 6986. 1680, 2, 8178. 1960, 2. *Truhsâzen pflegen* nicht 'als Truchsessen thätig seyn,' sondern auf sie achten, dafür sorgen, dass sie ihre Geschäfte thun, wie *des hoves unt der êren,* sorgen für Hofstaat und feyerliche Pracht.
Das Subst. *diu pflege* fehlt, Z. 16. 4, 4 nicht schwach declinirt, 216
sondern im Plural gebraucht, wie Biterolf 4033. 4204. 6284. 8530. 10781. 13173. — *Queln* mit geschlossenem *E*, Prät. *qual, quâlen,* verwechselt Hr. v. d. H mit *queln* mit dem offenen *E*, Prät. *quelte.* Jenes ist intransitiv, dieses transitiv. — *Rant* soll im Plural *rende* haben: wir finden *den randen: bestanden* Frib. Trist. 1793, *randen: handen* Biterolf 3600. 9213, und (wohl fehlerhaft) *renden: henden* das. 8450. 12064. — *Recke* hat Benecke in seinen beiden Glossarien richtig erklärt: bey Hn. v. d. Hs Übersetzung bleibt die Redensart *in recken wise varn* unverständlich. — *Ze rehte* ist 4951. 1174, 3 falsch übersetzt. — Von *riechen* heifst das Prät. nicht *rôch,* sondern *rouch;* s. M. S. 2, 200b. — Für *salven* steht im Text das allein richtige *salwen.* — Bey *Salvelt* fragen wir abermals ganz bescheiden, woher Hr. v. d. H wisse, dass dieser Name ächter und älter sey, als *Swanevelt.*

Bleibt die Antwort wiederum aus: so wissen wir schon, woran wir sind. — Das Stammwort *schalten* leitet der Vf. von *schelen (scheln)* ab; ein Verbum starker Form von einem schwachen! Dieses *scheln* soll im Prät. *schalte* haben: es ist aber feste Regel, dass schwache Verba mit schwebendem Vocal und einfachem Consonanten niemals den Rückumlaut erleiden. — '*Von ir schulden*, mit Recht. 2515. 579, 3.' *Do was er (Gunthêr) des gedingen niht gar in herzen frî, Im müse von ir (Brünhilde) schulden liebes vil geschehen*, er würde von ihretwegen, durch sie, noch große Freude erleben, — '*Des schuzzes*, wegen des Schusses. 1845. 432, 3, 1855. 433, 3, 1858. 434, 2.' Das gehörte unter *strûchen, gestân* und *dank haben*. — '*Selber, selbes* u. s. w. geht regelmäßig, wie noch in *derselbe* und *selbiger*.' Warum, statt dieses halbwahren 'Wie,' nicht lieber gleich auf die Grammatik verwiesen? — *Selten*, als Negation, mit dem Genitiv 6768. 1626 4, im Text, nicht in G und EM. — '*Seltsâniu*, Mehrz. v. *seltsan, seltsam*.' Ein solches *seltsam*, und dafür missbräuchlich *seltsan*, und der Plural, der nur *seltsamiu* seyn könnte, unmöglich *seltsaniu* oder gar *seltseniu*, kommen niemals und nirgend vor: schon der Singular heißt *seltsæne*, Althochd. *seltsâni*. — '*Nâch tôde senden*, den Tod verlangen, 2086. 486, 6.' Hier scheint Hr. v. d. H *senden (gesant)* mit *senen (gesent)* zu verwechseln. *Ich habe gesant nâch tôde* heißt wohl: ich habe den Tod schon herrufen lassen (um mich abzuholen). — Neben *sicher sîn* stellt Hr. v. d. H das sinnlose *sicherlîchen sîn*, aus 4394. 1035, 2, wo man findet: *sicherlîchen* (Adverb., ganz gewiss, *certo*) *des muotes* (gesonnen) *sîn*. — *Sinne lôs* steht 4295. 1010, 3 eigentlich nicht, sondern *Do vant man sinne lôse daz herliche wîp*; vermuthlich ist aber *wîp* behandelt wie ein Femininum. — '*Sippe (diu: -en*, sonst auch *-e)* Sippschaft, Verwandtschaft.' Hier ist das Adjectivum *sippe* mit dem Subst. *diu sippe* verwechselt. — *Sliezen*: 'zimmern, bauen. 5092. 1209, 4.' Es wird Z. 4421. 1042, 1, gemeint seyn, die wir schon bey Anzeige der zweyten Ausgabe erklärt haben. —
217 Unter *sô* hätte aus 4249. 999, 5 die ganz griechische Construction angemerkt werden sollen: *Die drie tage zîte, sô wir hôren sagen* (statt, hören wir sagen), *Die da kunden singen daz si muosten tragen Vil der arbeite.* Τυτϑὰ δι᾽ ἐκφυγεῖν ἀνακτ᾽ αὐτὸν ὡς ἀκούομεν.' — *Sorgen* substantivisch 1414. 345, 2 *michel sorgen tragen*. — *Sommer* 6353. 1525, 1 fehlt. — *Spehe (spâhe)*

wird 8124. 1946, 4 erklärt 'spöttisch.' Es heifst klug, verständig. — *Spruch* 'weiset auf eine alte Mehrz. der Verg. *spruchen*, von *sprechen, sprichen*.' *Sprechen* (welches Gothisch *sprikan* lauten würde) kann nie der 5ten Conjugation angehört haben, die zwey oder drey Consonanten, voran eine Liquida, zum Charakter hat. *Spruch* kommt vom Partic. *gesprochen*, wie *bruch, wolkenbrust, geburt, -wurt, -nunft, kunft, hulft* (von *heln*) - Nicht *stât*, sondern *stâte*. — *Stân von* soll 4794. 1135, 2. bedeuten, 'stehen, bewandt seyn um.' Wir sagen gewöhnlicher *mit;* Mittelhochd. ist *umbe* oder der Dativ (*wie ez*, d. i. *iuwer dink in stêt*): jene Stelle hat Hr. v. d. H ganz unbegreiflich missverstanden, und fehlerhaft interpungirt. — Das Adject. *stark* ist mit dem Adverb. *starke* vermischt. — *Stat*, Ufer, ist gewöhnlich männlich, Parc. 16381. 17843. 17995. Trist. 6388; Neutr. Eneit 5962. 6442. Wigal. 5636. — Unter *stecken* wird ein Unterschied angenommen, der so unmöglich ist, wie ein Präteritum *steckte* ungewöhnlich. — *Stiege* ist 9206. 2211, 2. 9507. 2285, 3 stark declinirt. — *Stôzen* ist 7566. 1818, 6 der Dativ. Übrigens lautet der Plural nicht immer um: in Rudolfs Weltchronik: *Do wurden dunres stôze Vorhtliche unde grôze*. — Der Genit. Plur. *strâle* 3838. 897, 2 von *strâl*, ist nicht angemerkt. — Nur *sûze*, selten *suoze*, niemals *suoz* oder *sûz*. — Drey Formen des Infinitivs, *sulen, sülen, solen*, giebt Hr. 218 v. d. H an. Vermuthlich ist *suln* oder *süln* die richtige, kommt aber so wenig vor als *mugen, mügen, megen; wellen* sehr selten, Nib. 9089. 2182, 1. Trist. 9826. gr. Roseng. 424. — In *swer der welle* 7187. 1729, 3 soll *der* pleonastisch als Relativum stehen. In *swaz der si* wird dann *der* für *daz* stehen, die gesammte Syntax aber auf dem Kopfe. — *Einen eit swern* 4537. 1071, 1. In den Stellen, die Hr. v. d. H aufführt, steht das zweydeutige *eide*. — '*Swertgenozzen*' muss heifsen *die swertgenôze*, von *der genôz*, selten *ein genôze*, Pl. *genôzen* (adjectivisch, wie *ein blinde, zage, tumbe, tôte*, Plur. *blinden* u. s. w.) Flore 645. Maria 797. M. S. 2, 136 b, aber niemals *genozzen*. — *Allertegelich*, 'alltäglich:' vielmehr tagtäglich: 'scheint eine dunkle Umkehrung von: *der tage al ieslich*, jeglichen der Tage 1232. 304, 1'. Wir sehen keine Umkehrung in *aller-manne* (auch *menne-*) *gelich, aller-jâre-gelich, aller-tege-gelich*, das Gleich aller Männer, Jahre, Tage, oder gleich für alle Männer, Jahre, Tage: der unregelmäfsige Umlaut drängt sich im Mittelhochd. fast überall in die Wörter

auf *lich.* — *Tiuvel:* 'was des Teufels ist. 8052. 1930, 4.' Dort giebt Dieterich auf den Vorwurf, *wie flichet ir so schiere?* zurück: *ir habet den tiuvel getân,* ihr habt auch den Teufel gethan, d. h. nicht Teufelswerk, sondern, was so viel werth ist, als der Teufel, nichts. Gudrun 6010. 1502, 1: *Jâ habent iu den tiuvel diu jungen kint getân:* Nib. 6993. 1682, 1: *Jâ bringe ich iu den tiuvel;* und 6996. 1682, 4, *des enbringe ich iu nicht.* Eneit 11247: *Waz tiuvels minnet er an den man?* wofür wir, ohne uns selbst zu verstehn, sagen, *was Teufel,* mit verdunkeltem Genitiv, einem frühen Hange der Sprache gemäfs. Z. 6993 schien der Ausdruck dem Umarbeiter in EL wohl nicht anständig: er setzt, *Daz ist verlornin arbeit.* Änderungen dieser Art hat Hr. v. d. H S. XLVII ff. nicht berücksichtigt. Am merkwürdigsten scheint uns, dass 386. 95, 2 die letzte Spur von Riesen vertilgt wird; *Die stark als risen wâren,* für, *Die starke risen wâren.* — '*Waz touk ob,* wie ziemte sich, dass (taugte). 3487. 811, 3.' Deutlicher sagt der Vf. S. 503, *wil, sol, kan, weiz, touk, mak,* seyen Formen von Präteritis hergenommen; — eine vortreffliche Bemerkung, bey der aber nicht verschwiegen seyn sollte, dass sie J. Grimm gehört; — manchmal hätten sie auch noch die Bedeutung des Präteritums, z. B. *touk.* Hiebey aber versteht sich unser Vf. selbst unrichtig: denn sein *wie ziemte sich* ist Conjungtiv, *touk* aber indicativischer Form. Die angeführte Zeile ist zu übersetzen:
219 Wozu ist es gut, wenn ich den Recken nun hassen *wollte*? Im Griechischen ist solchen Fügungen längst ihr Recht geworden: sollen wir drum die deutschen Formen zerwüthen? Z. 220. 53, 4: *Swaz iemen reden kunde* (was man auch dagegen als Grund anzuführen *wüsste*), *des ist dekeiner slahte rât.* — Nur *sich eines dinges trôsten* heifst, darauf hoffen. — *Tuon:* 'hervorbringen 949.' Es ist wohl 940. 230, 4 gemeint: *Dô tet inwer bruoder die aller grôzisten nôt,* er that, was der Feinde gröfstes Verderben war. *Tuon* soll auch stehen 'als Hülfszeitwort 432. 104, 4, 3160. 720, 4, 3994. 936, 2 und zugleich ein vorhergehendes Zeitwort vertretend. 559. 135, 3 u. s. w.' Das letzte hat seine Richtigkeit; nur muss das *und zugleich* wegbleiben. Denn als Hülfswort dienet *tuon* im Mittelhochdeutschen nicht. Z. 3994 steht: *Dem man daz itewîzen sol nâch den zîten tuon,* machen, anthun. Z. 432: *Daz si in* (ihn) *hêten grüzen so rehte schône getân;* 3160: *Dô wart vil michel grüzen die lieben geste getân;* 9568. 2300, 4: *Daz ir mich und*

Hagenen vil swache (swachez EM. EL) grüzen getuot; 6680. 1605, 4: *Durch sines libes ellen wart im (in EM.) daz grüzen getân.* 2056. 479, 4 ist zweifelhaft, wohin *si* solle gezogen werden: *oder sol ich grüzen si verdagen?* Die von Hn. v. d. H übergangene Stelle 2550. 585, 6, *Ob in diu maget edele hete lâzen daz getân,* ist in eine doppelte Construction aufzulösen: *ob si in hête lâzen (daz tuon),* und *ob si daz hete lâzen getân* (es zugelassen, so dass es gethan wäre). — Das Adjectivum *übermuot,* welches gar nicht existirt, soll mit dem Kennzeichen *übermüter* lauten, und im Plural *übermüte.* Man sagte nur *gemuot,* und *übermüte, diemüte, unmüte, überflüte,* Adverb. *unmuote* Iw. 3940, *gemuote* M. S. 2, 181 b, — *Ûf erburt* muss *erbürt* heifsen: denn *erbürn* reimt Wolfr. im Wilh. 192b auf *spürn,* und Rückumlaut gestattet die bey *schalten* angegebene Regel nicht. 'Wie das alte *beren* [*bern*] *biren* [es heifst Gothisch *bairan,* Althochd. *beran,* nirgends *biran*] tragen, sein (vgl. *birt*) [vgl. unsere Gegenbemerkung und Grimms Grammatik] von Verggh. Einz. *baren, barte* (vgl. *ge-baren*) bildet, [nicht doch, sondern vom Plur. *bêrun* Goth., *bârun* Althochd., das Adject. *gibâri, gebære,* und das Verbum *gibâran,* und *bâra, feretrum*] so muss die Mehrz. *buren* gewesen seyn, anstatt *baren,* von welcher *buren, burte* stammt: noch im Mittelw. *Geburt* [*geburt, gebürt,* das Subst. ist nur zufällig, vermittelst seiner Substantiv-Endung dem Partic. *gebürt* ähnlich; Althochd. jenes *giburt,* dieses *giburit*], und mit dem Umlaute *gebühren*' [ganz verschieden; *gebüre* reimt in Flore 3366 auf *füre*]. Die Folgerichtigkeit dieses auf lauter Fehler gebauten Satzes leuchtet uns nicht ein. *Bürn, burian,* kommt, mit *geburt* (Goth. *gabaurths*), und dem Adverbium *enbor* vom Partic. *geborn,* Goth. *baurans.* — *Unmäzen* ist 189. 46, 1, 206. 50, 2, 1309. 323, 1 Adjectivum, wie Titur. xv, 98. — '*Vahse,* Haare, Locken.' Wir haben schon ehemals bemerkt, dass damit die Stelle 2307. 532, 7, *Die (meide) sach man dâ val vahse under liehten borten gân,* nicht erklärt wird. Vielleicht ist *valvahs* (?) so viel als *valhâre.* — Nicht *diu vâre,* wenigstens nicht in guten und alten Handschriften, sondern *der vâr,* häufig im Plural *vâre.* — *Verliesen* 'mit 2 Fall der Sache, täuschen, vergebens 230
thun lassen. 1215. 299, 3.' Dass bey *verliesen* der Genitiv stehe ist so unerhört, als jene Bedeutung. Die Worte lauten: *Daz dâ hôher wünsche vil maniger wart verlorn,* dass da mancher hochgerichtete Wunsch vergebens gehegt wurde; s. Biterolf 3281.

— *Sich vernogieren*, 5060c. 1201, 7 (das Citat fehlt im Gloss.) soll bedeuten: 'des Alten überdrüssig werden und wieder Neues begehren.' Wie aber kann aus *iu* im Mittelhochd. *o* oder *oi* werden? Und woher *g* für *w*? Auch folgt aus den Subst. *gier* und *gierde* (f. *gir, ger, girde*,) noch nicht der Infinitiv *gieren* für *gern*. *Sich vernoijieren* ist *rénoyer*, seinen Glauben verleugnen. Hingegen heiſst *niugern* neugierig, verwegen, und das Verbum *niugernen an einem dinge*, es überdrüssig werden. — '*Versolt* f. *versoldet*.' Aber *versolden* heiſst bezahlen, *versolt* hingegen verdient, erworben (auch 4506. 1063, 2 nicht 'besoldet'). Es ist das Participium von *sol, debet*. *Versolt* ist das, was uns ein Anderer *sol*, schuldig ist. — *Verzîhen* wird sehr weitläuftig erklärt, aber noch immer nicht richtig. Verzichten, entsagen, versäumen, bedeutet es nicht, sondern immer *versagen*, nur ist die Construction anders. 'Zuweilen scheint es mit *verziehen (verzok)* [*verzôch*], verziehen, säumen, verwechselt.' In der Sprache gewiss nicht: geschrieben ist *ziehen* oft genug für *zîhen*. Ob übrigens *verziehen* schon in jener Zeit säumen bedeute, mögen wir nicht behaupten. Wir könnten solcher Zweifel überhoben seyn, wenn uns endlich ein fleiſsiger Mann mit einem Mittelhochdeutschen Wörterbuche beschenkte. Das Präter. *verzeih*, welches Hr. v. d. H neben *verzêch* angiebt, ist nicht vorhanden: in W. Wilh. 51a lese man *gesweich*. — *Verre* kann nicht für völlig stehen. Doch dergleichen merken wir selten an. Zur Grundlage eines tüchtigen Wörterbuches kann Hn. v. d. Hs Glossarium einmal nicht dienen: darum sind wir zufrieden, wenn die Übersetzung nur ungefähr den Sinn ausdrückt. Wollte man dieſs Glossarium bey der Lesung anderer Gedichte brauchen, man reichte mit den halbrichtigen Übersetzungen selten aus. — *Verte* ist 3743. 875, 3 nicht, wie Hr. v. d. H meint, Singular, sondern der regelmäſsige Pluralis von *vart*. — Unter *vil* ist der Fall nicht bemerkt, in dem es adjectivisch wird, nämlich beym Dativ, zumal nach Präpositionen, *mit vil trehenen* 4473. 1055, 1, *mit vil gedanken* 5010. 1189, 2. Declinirt wird es nie, auch im Genitiv nicht: *So wære dem wirte worden rât Vil kumbers, den er lange hât*, Parc. 7481. Zu erwähnen war auch das Adverbium *vil*, zum Verbum gesetzt, 1072. 263, 4 *Ouch hiez si v i l den fremden prüeven herlich gewant;* wenn nicht etwa *den* für *der* in G (und W?) nur verschrieben ist: dessgleichen 8124. 1946, 4 nach der aufgenommenen Lesart aus

EM: *Do wart da rede spähe von in beiden vil getân*, wo *rede späher* stehn müsste, wenn *vil* damit zu verbinden wäre. Was G und M, zum Theil auch EL, geben, hat keine Schwierigkeit: *Do wart da rede vil spähe* (Adj. ohne Kennzeichen) *von in beiden getân*. — 'Von, mit 1423. 347, 3'. Eher könnte man übersetzen *auf*, wie wir oben *von tüllen* 3839. 897, 3 erklärten. Nämlich *diu matraz* sind *geworht, von guoten bilden, mit golde wol erhaben*, verwürkt mit schön empor ragendem Golde, das von den eingewürkten Bildern kommt. Ferner soll *von* heifsen 'voll von. 221
2095. 488, 3.' *Zweinzek leitschrîn Von golde unt von siden*, die (ihrem Inhalt nach, der allein in Betracht kommt) aus Gold und Seidenzeuch bestehen. 'Weg vor, vor. 869. 213, 1, 8258. 1978, 2, 9621. 2313, 3.' *Duo flouk daz schiltgespenge von Sifrides hant*, von seinen Speerstichen: die Wirkung ging von seiner Hand aus. Eben so in der zweyten Stelle: die dritte ist unrichtig citirt. 'An. 7435. 1787, 3.' *Ich kius' ez von dem lufte, ez ist schiere tak*: er merkt es nicht der Luft *an*, dass der Tag naht, sondern er erkennt es *daher, weil* frische Morgenlüfte wehen. — *Vor gehaben* kann nicht den Genitiv regieren. 4487. 1058, 3 hängt er von der Negation ab: *Wir getürren ir des hordes vor gehaben niht*, wir unterstehn uns nicht den Schatz vor ihr (so dass sie nicht zu ihm kommt) zu behalten, weil sie sagt, es sey ihre Morgengabe. — Woher hat der Vf. das Partic. *gefreischen?* Uns ist nur *freischet* vorgekommen. Seine etymologischen Träume übergehen wir. — *Fröude* soll auch *freide* heifsen 'im Reime.' Allerdings steht im Reim *freide*, Klage 3827. Müll. 1867. Gudrun 1982. 495, 4. Biter. 11376. *freiden* Jeroschin b. Frisch. 1, 292b, *gefreidet* M. S. 2, 132b, *freidik* Troj. Kr. 24591; aber auch aufser dem Reim, Schiller S. 325a. Doc. Misc. 1, 212a; und die Bedeutung von *freide* ist, das Scheiden, der Zwist: den Stamm kennen wir nicht. Am Schluss des Artikels bemerkt der Vf., in *fröude* stehe nicht *iu* für unser *eu*, 'wie sonst.' Diefs ist ja aber in *höu*, *löuwe*, *ströuwen* eben so wenig der Fall; und überhaupt unterscheiden wir heutzutage *eu* und *äu* willkührlich. — *Wänen* mit *ze* 5908. 1413, 4. — Das Präter. Conj. *wäte* leitet Hr. v. d. H ab von '*weien*, Ggw. *er weiet*, *wet*, unbest. *weie*. Verg. *wate*.' Aber kein schwaches Verbum lautet den Conjunct. Prät. um, ausgenommen die anomalen, *künde*, *günde* (diese nicht immer), *möhte*, *töhte*, *dörfte*, *törste*, *vörhte*, *wörhte*, *müse*, *müste*, *täte*, *häte*

(mit den Nebenformen *tete, hete, hiet, hiete, hète*), *brâhte, diuhte*. Ferner, wie soll aus dem Inf. *weien* das Präsens *wet* und Präter. *wate* entstehen? *Weien* ist *hinnire*, Karl 125b; *wâjen* aber *flare*, nicht auf *zweien, Meien* gereimt, sondern auf *drâjen*, M. S. 1, 6b; verkürzt *wân*, Parc. 6594: *drân; wât* Parc. 4777: *gesât; wât* Georg 3694: *gât; si wânt* M. S. 2, 13a. 68b: *blânt*; Präter. Indic. *wâte* Parc. 4603: *drâte* Adj., W. Wilh. 100b; *wâte* Conj. Troj. Kr. 23936. 24607: *drâte* Adv., Partic. *gewât* oder *gewât* Georg 1158: *verdrât* oder *verdrât*. — '*Wâtlich*, weidlich, rüstig, rasch, stattlich.' Die alten Zeugen geben keine andere Bedeutung an, als *formosus, speciosus;* und schwerlich kommt das Wort anderswoher als von *wât*, also von *weten*, Goth. *vithan*. '*Daz wâtlich mêr ergê*, das möge noch viel mehr geschehn.' Dieser Erklärung, deren etymologischen Grund aufzufinden uns nicht gelingt, widersprechen die Stellen, in denen das seltene Wort vorkommt. Wir finden es erstlich adjectivisch gebraucht. Kl. S. 199 Bodm. 1250: *Daz Helke diu küniginne In gap, vil edel Dietrich, Daz dunket mich nu wâtlich. Da mite rûmen wir daz lant.* Biterolf 7329: *Ich wâne wol, unt dunket mich, Und ist ouch vil waidlich, Daz hie gesâzes niht geschiht.* In den übrigen Stellen ist es Ad-
222 verbium. Nibel. 140. 34, 4: *Mit also grôzen êren, daz wâtlich (wârlich W) immer (nimmer) mêr ergê.* Z. 5353: *Bi im was z'allen ziten, daz wâtlich (waydlich W. wân nicht M) mêr ergê, Kristenlicher orden unt ouch der heiden ê.* Z. 5344. 1272, 4: *Unt pflak so grôzer tugende, daz wetlich (wârlich) nimmer mêr ergê.* Gudrun 1905. 476, 3: *Lieber ougen-weide der künik nie gewan, Oder, danne in langen ziten, waydlich ie gesach.* Tristan 11195: *Wiltu dich mit unrehte Bieten ze vehte, Daz gât dir wetlich an daz leben.* Uns scheint nur die Schreibung *wetlich* richtig zu seyn. *Wetlich* ist, wovon man *wette* nehmen kann, worauf man (eigentlich wobey man auf das Abbezahlen) rechnen kann, zuverlässig. So in der Klage und im Biterolf: eben so das Adverbium bey Gottfried, und Nibel. 140, wenn *nimmer* gelesen wird. Das Adverbium hat aber noch eine andere Bedeutung, und bezeichnet in den übrigen Stellen, dass Etwas *en wette stê*, auf dem Spiele stehe, zweifelhaft sey, zu übersetzen *schwerlich*. *Daz* in den Nibelungen-Versen ist immer die Conjunction: so dass schwerlich etwas Gröfseres der Art jemals geschieht. — *Wân* sollte 2649. 607, 6 und 3601. 840, 1 nicht Muth und Besorgniss über-

setzt seyn, sondern nur Hoffnung und Meinung. *Âne wân* heifst 2410. 554, 2 nicht, ohne Fehl, ohne Mangel, sondern: ohne Täuschung, glaubt mir. *Wan,* leer, Mangel, darf mit *wân,* Meinung, nicht verwechselt werden: jenes heifst im Gothischen *vans,* dieses *vens.* Von beiden ganz verschieden ist *wan,* weil, Gothisch *hvan;* da hingegen *wan,* aufser, zu *vans* gehört. Die Denkmähler der deutschen Sprache sind alle so neu, dass die Etymologie zunächst weniger auf Vereinigung der Stämme ausgehen darf, als auf Absonderung. — Unter *wegen,* das nicht zureichend erklärt ist, herrscht wiederum grofse Verwirrung. Der Infinitiv *wigen* M. S. 2, 123a, den Hr. v. d. H anführt, beweist noch kein Mittelhochd. Partic. *gewigen,* das sich so wenig findet, als *geligen, gebiten* (von *biten*), oder *gesitzen. Erwigen* heifst abgethan, und gehört zu *erwihen;* s. uns. Auswahl S. 274. Von *wegen* kann nur *wagen* und *wegen* (davon *diu wage, canae,* und *der wagen*), ferner *wâk, diu wâge, wâgen, wâge* herkommen, durchaus nicht *weigen:* diefs ist von *wigen.* 'Für *wak,* bemerkt der Vf., findet sich öfter *wuk* [vielmehr *wuok* Meisterges. 263, *wüge* M. S. 2, 215a, und sogar ohne Umlaut *wuoge* M. S. 2, 152 b], aber nur aus Verwechselung mit *wahen* (*wuok, gewahen,* auch *gewaht*), gedenken, erwähnen, daraus auch wohl unser *wog, gewogen* entstanden ist.' Eine solche Verwechselung von Wörtern ganz verschiedener Bedeutung ist wohl nicht möglich. *Wegen* mit geschlossenem *E* ward in einzelnen Mundarten so behandelt, als wäre das *E* offen: daher das Präteritum *wuok,* nach der Analogie von *huop, swuor* und *entsuop.* Eben so ward das *E* in *swern (jurare)* fälschlich wie ein geschlossenes angesehen, und so bildete sich das Partic. *gesworn;* dessgleichen in neuerer Zeit *hob, gehoben* und *schwor,* welche Formen im Mittelhochdeutschen, wäre die Verirrung so alt, lauten würden *hap, geheben* und *swar. Gewahen* kann kein Partic. *gewahen* bilden, sondern nur *gewagen,* wie *geslagen, getwagen. Giwaht* ist nicht Partic. von *giwahan,* sondern Substantiv, 23
mentio: das abgeleitete schwache Verbum heifst *giwahinun (gewahenet* Gudr. 6552. 1637, 4, vielmehr *gewehenet), erwähnen.* Unser *wog* und *gewogen* gehört nirgend anders hin, als zu *wigen* oder *wegen:* bey der heutigen Vermischung der 5ten bis 9ten Conjugation folgen, nebst vielen anderen, alle dahin gehörigen Verba mit *B* und *G* (aufser *geben* und *liegen*) derselben Regel: *gepflogen* findet man schon in Heinrichs Tristan und Kolocz. S. 80. 233.

Endlich ist *wegen wegete* nicht, wie Hr. v. d. H zu glauben scheint, die umgelautete Form von *wägen wâgte,* sondern von *wagen wagete.* — Bey *weigerlich* ist wiederum vermischt *wâhe, wâge quek, wacker,* und, was allein hieher gehörte, das Nordische *veigr.* — *Weigern* (mit dem Genitiv) 1704. 401, 4 sollte angemerkt seyn, als ein seltenes Wort. — *Wel,* rund, 'davon *wellen* (Vgh. *welb*) wälzen.' Umgekehrt, *wel* von *wellen,* wie *hel* von *hellen.* Das Prät. *welb* ist schon desshalb undenkbar, weil der Ablaut *E* nicht existirt. *Wellen* muss im Präter. haben *wal, du wülle, si wullen:* denn das Participium ist *gewollen,* s. Grimms Gramm. S. 515, Müller 3, XLIII, 151. Das Stammwort davon wird seyn *weln, wal, wâle, wâlen, gewoln:* von *wal* kommen *welwen* M. S. 2, 62b, *welben, gewelbe* Troj. Kr. 17473, mit offenem *E.* — *Ze wette* 3907. 914, 3 fehlt. — *Widerreite* leitet Hr. v. d. H ab von *reiten,* zählen, erzählen. Das Präter. *reite* für *redete* ist aber nicht selten; und man findet sogar das Präsens *reit,* welches nicht von *reiten* seyn kann, Freiged. 613. Georg 3338. Nach mehreren etymologischen Verirrungen wird hier zum Schluss ein Verbum *rîten* erwähnt, Partic. *geriten,* sagen, berichten. Vermuthlich sind hier die Stellen, Wigal. 10816. 11695, Klage 1027. 484 gemeint, die Benecke z. Wigal. S. 505 f., aber keinesweges mit so kühner Sicherheit, zusammengestellt hat. Beneckens Zweifel glauben wir heben zu können; und gelingt es: so verschwindet das neue, von unserem Vf. geschaffene Wort. Die erste Stelle im Wigalois legen wir so aus: Ich bin hier der alten und neuen Lebensweise in das Gebiet ihres wahren Wesens (*durch die wârheit,* wie sonst *durch die snûre*) geritten. In der zweyten soll die Erzählung (*âventiure*), wie eine ritterliche That (ebenfalls *âventiure*), erritten werden. In der Klage meint Etzel: alle, die ich erreiten konnte, habe ich mir zu Knechten gemacht (*bediet,*
224 *bediewet;* vgl. Biterolf 6379). — *Widersagen* nicht widersprechen, sondern ableugnen 4861. 1152, 1. Iw. 1252. 1732. — Das Adverbium *williche* 1896. 442, 4 fehlt noch immer. — Unter *wizzen* (es ist aber *wîzen* gemeint) verfängt sich Hr. v. d. H in einem Zweifel über das Präteritum. Es heifst ohne Frage *weiz;* Rudolf in der Weltchronik: *Daz er mit grôzer smâcheit Sich itewîze gein im fleiz, Und im die geschiht verweiz.* Der Conj. Prät. *wüsste* (von *wizzen*) lautet Mittelhochd. nur *wisse, wesse, wiste, weste,* durchaus nicht *wizze:* letzteres ist Conj. Prät. von *wîzen;* Flor. 18c

Ich weiz daz si mirz verwizze; Ez ergât als ich mich vermizze. Itewizen, vom Subst. *itewiz* abgeleitet, wird natürlich schwach conjugirt. — Die Construction von *wünschen* mit dem Accusativ, dessgleichen die Bedeutungen, 'sich erdenken, einbilden, hervorzaubern, bitten,' sind erdichtet. Z. 103. 25, 3 ist zu erklären: sie wünschten ihm, er möchte immer zu *hovelichem* Leben Lust haben, ein *hovelicher* Mann werden. — *Gewetten* ist das Partic. von *weten*, binden. *Waten* giebt nur *gewaten*: ob diefs vorkommt, weifs Rec. nicht. — *Zazamank*: '1462. 353, 2 *guoten* gehört zu *siden*; die Wortfügung ist ungenau; und etwa durch "hatten sie die Fülle" zu ergänzen.' Eher dürfte man noch so construiren: die Arabischen Seiden und gute (*der guoten* Genit. partitiv.) von Zassamank, — darein legten sie Steine. Man verbinde aber *der guoten*, als Epitheton, mit *Zazamank*, wie Gudrun 472. 118, 3 *Von Indiâ der guoten*. — *Ze gâhes* 8492. 2035, 4 ist merkwürdig: *ze* bey dem Genitiv-Adverbium. — Das Präter. von *zebresten* ist unrichtig angegeben: es heifst *brast, bræste, bræsten*. Die Bedeutung ist immer neutral, das Transitivum *zebresten* (mit offenem E), *zebraste* Maria 1181, eben so nach der allgemeinen Regel gebildet, wie das abgeleitete *rehten, gerehtet* Nib. 4848. 1148, 4, *rahte* Gudrun 5780. 1444, 4. — Unter *zihen* wiederum das fehlerhafte Präter. *zeih'*, und Part. *gezihen* neben *gezigen*. Nur das letztere ist im Gebrauch; dahingegen von *lihen* das Partic. *geligen* und der Conj. Prät. *lige* im Reim nicht gefunden wird, sondern nur Conj. *lihe*, W. Wilh. 161a, Troj. Kr. 3309, Flore 2270, aufser dem Reim *si lihen* Parc. 24017. Iw. 7111. 7129, und Partic. *gelihen* Parc. 6785, *verlihen* Trist. 5509, *geligenin zuht* M. S. 1, 127a. — *Diu zite* 7288. 1754, 4. — *Zorn* kann 7634. 1835, 2 nicht Adjectiv seyn, wohl aber 7623. 1832, 2.

C. K.

Spätere Randbemerkungen

zu von der Hagens Glossarium.

Bisher ungedruckt.

Alle f. *ellin* 381, 4. *an ze schenne* zum ansehen, als Gegenstand 382, 5. *anders = sus* übrigens (nur nicht mit Kusse) 526, 3. *arger list* Untreue 784, 1. *art* Abstammung; *von arte* durch, vermittelst Abstammung 29, 2. 5, 1. *balde vreun* 573, 3; kühnlich sagen 2240, 3. *in bekomen* ihnen zu Gesicht kommen 1117, 1. *belîben lâzen* bleiben (ungethan sein) lassen 631, 4; auf sich beruhen lassen, unterlassen 645, 1; 611, 1. *beschouwen lâzen* beweisen 1691, 4 = *besehen lâzen* 984, 2. *bestên* bleiben 250, 2. *bevinden* vernehmen 444, 2. *baz bewant ze* sich besser befindend bei 114, 4; *übele* ausschlagend 590, 4. *bewart* gesichert 9, 4. 21, 2. *bî der fluot* am Strande 387, 3; *bî hundert pfunden* 485, 1. *bitten* heifsen, befehlen 407, 2. 1134, 1. 1301, 1. *bruoder* Gen. Sing. 971, 3. *kiesen lâzen* = *sehen lâzen* beweisen 121, 2. *ze komene* künftig 1461, 4. *koste* Mittel zu Ausgaben *(hinnen)* auf der Reise 1219, 4. *koufen* 1640, 4 = *swer sîn ze koufen immer gert* Lichtenst. 612, 6. *kraft* opes 6, 1. *kreftiger* Compar. 434, 4.. *kunden* bekannt machen 1306, 1. *kunde im* hätte sein können 1079, 4; *künnen* wissen, verstehen 172, 2. 635, 4. *kunden mære* 1377, 1? *kurzwîle* im Bette 582, 4. *dâ* wo 32, 4. 89, 1. 606, 3; *dâ von* auf eine Person 137, 4. *dan* fort 198, 1; von da 436, 1. *dannen* fort 396, 2; trat weg 627, 1. *dar* dahin 60, 3; *dar umbe* auf eine Person 2, 4. *daz* weil 1282, 4. so (gut) dass 1382, 1. = *dazz* Klag. 307. *dekein* keiner 47, 3. 107, 2. *(der) -gevangen die Guntheres* 239, 2. *der* = *dâ swer der* 1766, 4. *der* = *swer* 1640, 3. *derkande* kannte 80, 4. *dienen* sich verdienen 1354, 1; *gedienen* vergelten 41, 4. *dô* freilich 952, 4. *dôz* Krach 1985, 1. 1984, 1. *du dörftest nimmer in Gunthers lant* du könntest nur zu Haus bleiben 57, 3. *dorften nimmer* thäten besser es zu lassen 117, 4. [*bî der sumerzîte dorft er niht mêre* – hatte er nicht Ursache 294, 2. *in darf niemen holder sîn* 677, 4. *do endorfte Kriemhilde nimmer leider gesîn* es konnte ihr *n. l g.*, sie hatte niemals mehr Ursache betrübt zu sein 861, 4. (*ezn dorfte nie wîbe leider geschehen* Iwein 1312.) *jâ endorften nimmer helde baz gehandelt sîn* 1607, 4. *jâ endurfet ir sô ringe Hagnen nimmer bestân* 1705, 4. *irn durft uns niht reizen* thätet besser 2204, 2. *nimmer mêre darf gesagen* kann 2209, 4. *ezn dorfte künec sô junger nimmer küener sîn gewesen* 2232, 4. *man dorfte keinen man spehen nie sô ritterlichen mêr* Konr. Schwanr. 258.] *durch* wegen 527, 3. *ê* lieber als dass 467, 4. *ellen* Leibesstärke? (Zeune) 1605, 4; Eifer 1045, 4; Tapferkeit. *ez hât ende an uns* wir haben zu Ende gebracht 934, 2. *erkant* erprobt. *erdiezen* erschallen (nicht: ertosen, wiederhallen). *erlân* erlässt dich dessen 400, 4. *ermant* erinnert? 563, 1. *sîn vart wart erninwet* frisch beschneit = *niwe leis* (Parc. 281, 12.) 1884, 1. [Auswahl S. 234 f.] *ervinden* bemerken, gewahr werden 819, 3. *erwigen* erschöpft. *êre gewinnen* 21, 4. 7, 4. *der êren phlegen* für Anstand und Pracht sorgen 10, 3. 11, 4. *êrste* zuerst 783, 3. erst 949, 3. *ez; sîn* Gen. Neutr. 400, 4. *für* vorbei 36, 3. 184, 2. 553, 3. 1373, 1. 1436, 1. 1547, 1. 1718, 2. *gar von golde* 530, 2; fertig *ze strîte* 195, 4. *gast* der in eines Herren Heere dient 139, 4. *gebieten* höflich st. *wellen* 406, 2. *gedienen* verdienen 172, 2. *gedinge* Hoffnung (nicht: Verlangen, Absicht, Vertrauen). *genuoc* Adverb. 928, 4. *geruochen* gelieben. *geschehen; uns ist übel geschehen* 941, 1 (vgl. *sô wær mir übele geschehen* 764, 4; *mir ist übel geschehen* Unrecht an mir gethan, Lichtenst. 367, 12); *swie halt iu geschiht* was ihr auch thun mögt 1411, 2; *waz uns müge geschehen* was wir thun können 1669, 4. *gesidele* nicht einzelner Sitz, wie Zeune 1297, 4. *gesinde der* 394, 1. *gevelle* abschüssiges, tiefes Thal Erec 7875—80. *gewalt* Erlaubnis? 218, 1. *gezemen* (gebühren) zukommen 407, 2. *geben* Gabe geben 1273, 1. *gegen* im Vergleich mit? zur Abwehr? 684, 4. *gegensidel; gegenstuol* Parz. 309, 24. *grôz* dick 418, 1. 425, 3. *grüezen* Subst. mit Adverb. verbunden, *schône, güetlichen gr.* Sendung freundlicher Botschaft 1378, 3. *gurtel* auf bloſsem Leibe 587, 2. *haben* (*wir* auffordernd) 119, 4. *hete* Conjunctiv 1452, 1; *heten* Conj. 221, 4. *handeln* einrichten 1257, 4. *die hant bieten* schwören 250, 4. *heimliche* Liebesspiel 615, 3; *in heimliche* unter Vertrauten 131, 4. *daz heiz ich wol bewarn* 1626, 2. *helfe* Kriegsheer, sofern es dem Führer hilft 180, 2. 89, 1. *helfen* zu 63, 1. 64, 2. *herte* schwer (Kampf) 403, 3. 578, 3. *hinnen* fort 391, 3. *gehœhet* erfreut 1287, 4. *hof* Hofstaat 10, 3. 12, 1. *ze hove* zu Kriemhild 1049, 1. *in hove* 35, 2. *hôher wint* 366, 2. *hôch gezît* Plur. 261, 3. 504, 4. *hœren hin* erklären 817, 2, aussagen? 798, 2. *hurte* (nicht *hurt*) Schaftstoſs 201, 2. 37, 4. *schœne huote* leidliche, schonende Bewachung 249, 3. *hüeten* beobachten 181, 4; *dar* 186, 3. beschützen 176, 3. 182, 3. *jâ* nicht *immo,* wie Zeune 1219, 2. *jehen* versichern, für gewis sagen 394, 1. *in bekomen* nicht hinein, sondern ihnen, *eis* 1117, 1. *innen: des bring ich iuch innen* das sollt ihr erfahren und einsehen 601, 1. 618, 4; überzeugten ihn 1036, 4. *lâzen: die l.* (*wir,* auffordernd) *ligen tôt* 149, 2. 1230, 1; *den strît* aufgeben 217, 1. *lange* seit uralten Zeiten 748, 1. *leide* Fem. 1331, 4. *leider geschehen* 13, 4. *leit: iht des im wære leit* etwas das er nicht gerne hörte 122, 3. *êrst dô wart ir leit* 949, 3; *wan im was harte leit* 978, 1; *dem künege in sînen sorgen was doch vil leit* 152, 1; *dô wart der küniginne vil herzenlîchen leit* 1737, 2; *von schulden was ir leit* 1786, 2; *Sîfride dem herren wart beide liep unde leit* 283, 4. *mir ist von schulden leit, L. und L. mir habent widerseit* 827, 1; *mir ist harte leit, mir hât m. fr. Pr. ein mære hie geseit* 800, 1. *mir wære niht ze leit ob ich — solte* 520, 2. *den von Tenemarken was vil grimme leit, — dô in daz wart geseit* 191, 1; *dô in daz wart geseit, dô was in mæzliche leit* 192, 4; *den recken was dô niht ze leit, dô* — 1237, 2; *dar umbe ist mir sô leit daz* — 1343, 2. *von vrîen liden* Kl. 697; *liten* Ottacker 27[a]. *liebe: von dem mir liebe vil geschach* 712, 4. *ze liebe si* (Acc. Plur.) *dô hêten alle* 1338, 1. *vor liebe* Herzenwonne 1437, 4; *von liebe* 712, 1; *ze liebe* 676, 4; *durch l.* 304, 4. 544, 4; *durch dîne l.* um deinetwillen 400, 2; *durch friunde l.* zu Gefallen 322, 1. *liep: mit lieben ougen blicken* 292, 3. 1608, 1; *ein liebez bîten* 1103, 4. *daz liut* Gelfrats Heer 1541, 2. *vil lützel iemen* durchaus niemand 128, 4. *mære* hochberühmt. *mære: des mæres was im genuoc* des ward viel von ihm gesagt 1671, 1. *Krimhilde mære* was sie entboten hat 1748, 4. *manege zîte* oft 135, 1. *sô manegen gast den* 1752, 2; *sô manegen bouc sô* Kl. 1591. *ze minnen* zum Andenken 1574, 3. *mit* sammt, *gras mit bluomen* 1579, 3. *mœre. dô kom zuo in* bestiegen sie 1631, 2. *mugen* Infin. 1977, 3. *mohte sîn* war 2, 2. *ez mohte uns wesen leit* kann mit Recht, ist natürlich 120, 1. [*rîch unde küene moht er vil wol sîn* 82, 2. *er mohte Hagnen swestersun vil wol sîn* 118, 2. *ich mac wol jehen* 394, 1. *cleider der mohten si vil hân* 1309, 3.] *muot* Willen, Begier 205, 3. *nâch swerten rief* 118, 1 = *nâch tôde gesant* 486, 5; *nâch tôde* 1002, 4. 2200, 3. 2201, 2 = *nâch stichen* nachdem gestochen 184, 1. *noch* dennoch 825, 3. *nôt: des ist nôt* das ist nötig 69, 2; *uns* (Dat.) 310, 3; *iuch* 329, 12. *nâch* Sehnsucht. *des gêt mir nôt* bin gezwungen 71, 4. 170, 3; *gie* dazu (das zu erleiden) ward S. gezwungen 460, 1. *ze nôt* zum (im?) Kampf 422, 3. *des wære lützel nôt* das wäre unnötig 560, 2. *pflegen milte* freigebig sein 42, 2. *rât: des ist niht rât* es unterbleibt nicht 32, 2. 53, 4. 613, 2; *rât haben* entbehren 66, 4. 399, 4; ledig sein 364, 2; nicht wollen, abweisen 592, 4; gern entbehren können 486, 1. 487, 2. 641, 1. *reht: daz was michel reht* 76, 2. 1660, 1. *rîch mayetlicher zühte* 394, 14. *sô ringe Hagnen bestân* 1705, 4 = *sô lihte bestân* 1706, 4. *riten gesmide* 1208, 1; *kleider abe* 557, 1. *ze rossen* auf die Rosse 195, 1. 751, 4. 1631, 2. *ze samene riten* auf einander reiten 233, 2. *sanfte gân* sachte von Pferden 1533, 2, *alle Pr. man mit ir übermüete* 421, 3; gern, leicht 674, 3. 717, 1. auch Kl. 1660? *schâchære* nicht: Mörder; *schâchen* rauben, nicht: morden. *schaffen* anordnen 1301, 1. *scheiden: was gescheiden daz niemen dâ enstreit* = *der strit* 1737, 1; entzweien Kl. 1593. *schermen im* mit Gen. der Sache Kl. 1527. *schîn* Blick, Sehen 381, 1. *sedel* Sitz? Sessel? in Zelten 1658, 3 (1657, 4); eine Bank zum Sitzen vor dem Hause 1718, 1. 1719, 4 (1699, 2); aufstehn vom Sitze? 1639, 1. *sehen lâzen* beweisen 789, 3. 829, 3; zeigen? 1669, 3. 1341, 3. [MSF. 167, 4.] *senften* erfreuen 582, 3. *sider: daz ist uns sider* (nachdem es geschehen, sich eräugnet hatte) *geseit* 382, 4. *sîn* auf Fem. bezogen 1316, 4. *sin: het die sinne* soviel Einsicht 271, 1; *mit sinnen* verständig 27, 3. *sît* ferner 197, 2. *sît, sît daz* weil 44, 1. *sitzen: gesâzen ze tal* 1607, 2. *Sîvrit: der künic* 635, 1. 638, 2. *sô: dem liute was sô gâch* 1541, 2, so eifrig waren die Baiern 1556, 4. *sorge* Todesangst 2313, 3. *sorgende* sorgfältig? 471, 3. *sprechen* mit Oratio obliqua 1033, 1. 904, 1. *stân* treten 451, 3. *stark* schwer 5, 4. *sterke* der Stimme 1924, 4. 1492, 2. *strîchen sich* sich putzen 383, 1. Lichtenst. 619, 28. *strîten* mit Dat. 98, 1. *suln: solde sîn* sein musste 29, 1; *haben solden* gebrauchen mussten 595, 2; *er sold erwinden niht* er würde nicht aufgehört haben 1959, 1. *sumelich: den — sumelichen* 264, 1, viele, *genuoge* — nicht Iwein, Gotfr. Wirnt. *sus* außerdem 621, 4. *swaz* soviel 980, 4. 1000, 1. *ein teil* ziemlich (ironisch) 438, 1. *tiure* Adv. 1637, 3. *toben* rasen. *tragen an* anstiften 1056, 1. 1617, 3. *triuten* liebkosen 3, 1. *Trûne* westliche Grenze zwischen Rüdigers Lande und Baiern 1244, 4.

in tugenden der si phlac in ihrer Unschuld 13, 1. *tuon itewîzen* durch Schelter vorwerfen lassen 936, 2. *als ez nâch êren was getân* 266, 4. *über lût: über lanc* Trist. 11687. *ûf scha-*

den alsô grôzen nach 2027, 1; *ich kom ûf triuwe* in Erwartung? 2028, 4; *ze quelne ûf ungefüegiu leit* 2024, 3; *langez scheiden ûf grôzen schaden* 1461, 4; *ich sorge ûf degene* 1497, 2; *ûf lieber vriunde tôt* 1509, 2. *ûf si in verlie* (der gebunden hieng) 592, 1: sie liefs ihn aus den aufgelösten Banden frei. *unerwant* unerlässlich 445, 3. *ungemeit wart* erlitt den Tod 1500, 2. *ungenâde: unz ich den vunden hân, sô muoz ich gnâde unt ruowe lân* Iwein 5946. *ungescheiden* ungetrennt, noch fortstreitend 211, 1. *unmügelich = unbillich* Iwein 1629. 31. *unsanfte* schwer, mit schwerem Herzen Kl. 1393. *unt* (überflüssig) 394, 7. 395, 2. wiewohl (Benecke zu Iw. 155) 1725, 3. *unz eine an* 227, 4 B; *unz an* 1312, 2. *varn* reisen 449, 1. *vart* Spur 1884, 1. *varwe* des Schildes 1640, 1. *veige* die hätten sterben müssen 219, 4. *verklagen* 936, 4 vgl. *verenden*. *verhouwen* verwunden 238, 4. *vernomen - im = bekant* 1446, 4. *verre dan* weit hin 1602, 1. *vertuon cleider* 1309, 4; *von milte blôz âne cleit* 1310, 4. *vinden mære an einem* von einem erfahren 91, 4; an einem erproben 97, 4. *volgen: sîn gevolgte* das befolgte 813, 1. *vor* im Angesicht 301, 4. *vremde: mære* unerwartete Neuigkeit 138, 1. *vristen* sparen. *wænen: wæn* 517, 3. *wânde* Indicativ 468, 4. *wahsen* aufwachsen, heranwachsen. *wân* Hoffnung auf künftige Freuden 33, 4. *wande* weil 620, 2. *wâr: von wâren schulden* 116, 4. *war nemen* betrachten 1117, 2. *warte: ûf der warte* beim spähen 188, 4. *wegen hôhe* hoch halten? preisen? 633, 4. *wider . . . wegen* 180, 2. *wellent* 380, 3 wählen, Walther 46, 27. *wellen: wolden* Conj. Praet. 694, 3. 796, 2. — *ich wil wizzen daz* ich werde das ja wohl wissen 133, 3. 347, 2; Günthers Gabe *die wolden niht versprechen die Liudgêres man* sie hatten natürlich keine Lust sie auszuschlagen 165, 3; *lât iuwer weinen: si wellent schiere komen* sie werden ja schon bald kommen, ja bald hier sein 519, 3; *daz man diende baz ze fürsten hôchgezîte, ich wolte niht gelouben daz* ich würde das doch wohl nicht gar glauben 560, 4; *ouch wolde si* (die Brünhild) *des haben rât* auch würde sie dergleichen (dass Günther sie anführe) wohl schon abgewiesen haben 592, 4; *ine wils niht wesen diep* ich werde es doch nicht gestohlen haben 792, 1; *die Hiunen wellent wænen daz ich âne friunde sî* die Heunen werden sonst gar glauben 1356, 3; '*Wir wellen niht belîben' sprach dô Gernôt, 'sît daz uns mîn swester sô vriuntliche enbôt.'* Wir werden doch nicht bleiben 1410, 1; Hagen und Volker giengen deshalb für *daz münster, daz si daz wolden wizzen daz des küneges wîp muese mit in dringen* weil sie natürlich wohl wussten 1797, 3; *Der wirt wolte wænen, die geste wæren tôt* er dachte natürlich 2061, 1. [Biterolf 4364 sagt Herrat scherzend zu Helche: *ich wils niht âne lân gesîn:* 8925 *er* (Wolfhart) *wolde des haben schame, daz man in dâ gevangen sach;* 9591 *wan Etzel wolde sînen haz allen rechen an mir,* sagt Walther von W., wenn er mich wieder bekäme. u. ö. MSF. 6, 26 mit Anm. 201, 27? Parc. 305, 1 *Ine wil gein dir niht liegens phlegen.* Konr. Schwanr. 606 *wan er gelouben wolde daz niemen wurde funden der für die frouwen fehte.* Aber Kudrun 1189, 4 gehört nicht hieher, ebensowenig Walther 70. 3. 117, 38. K. M.]

wenne wann 609, 4. *wer* Mittel zur Vertheidigung 116, 1. *werben alle êre* 1132, 4 ausrichten, bestellen (Botschaft) 501, 2. *wurden* Indicativ 138, 2. *werren* schaden 363, 3. *widere* zurück 432, 2. 4. *hetez widerrâten* hätte es 1452, 1. *wîhen* Könige und Königinnen 595, 3. *wille: des willen* das zu wollen *bereit* 349, 4; *truoc in willen* war wohlwollend gegen sie 748, 3; *sînen w. reden* was man will 405, 2; *mit willen* mit Eifer. *wirtschaft ze* bei 269, 1. *wît: disiu mære = breit* Klage 1750; *wîten* 639, 3. *witze* (nicht: Sinn) Besinnung 1984, 2. *wol getân* schön (nicht: geschmückt) 1602, 2. *wunder* groſses 1, 1. 5, 4; *wunder sagen* viel 1, 4; *michel w.* 23, 2. *weten, geweten* (nicht *waten*) s. zu Parc. 133, 2. *ze: dâ ze dem münster* im Münster 946, 1; *dâ nâch ze manegen tagen* 128, 1. *zemen: ir gezam* ihrer Schönheit war angemessen: sie veranlasste 3, 1; *als im gezam* gebürte 24, 1. s. *gezemen.* *die zît* während dieser Zeit 409, 1. *zogen; dô was den herren sô gezogt* Maria 214. *zucken* fassen 195, 2. *zühteclichen* anständig 398, 2. *zwelec din* 117, 4.

OTNIT

herausgegeben von Franz Joseph Mone. Berlin 1821. xii u. 180 S. gr. 8.

Aus der Jenaischen Allgemeinen Literatur-Zeitung. Januar 1822. Num. 13—16.

97 Ein Urtheil über dieses Buch, nach dem Befunde des Inhaltes, würde so lauten: Bescheidener Abdruck einer schlechten und neuen Handschrift, nicht ohne Verdacht ansehnlicher Lesefehler, mit unsorgfältiger Angabe der Lesarten; zur Erläuterung ein Glossarium, das sich 'Wörterbuch' nennt, und auf vier Seiten nur längst bekannte Wörter, oft unrichtig übersetzt, dunkele verschweigt; eine weitläuftige Einleitung, die, mit Verachtung der Quellen, im Gewirr schiefer Vergleiche und grundloser Wortabtheilungen, den abenteuerlichen Gedanken ohne Beweis voraussetzt, Otnit sey der Sonnengott. Zu loben wäre die wohlmeinende Absicht, dass der Herausgeber ein Lied des Heldenbuchs, das man bisher nur verfälscht, aus vierreimigen Strophen in achtreimige umgearbeitet las, in einer älteren Gestalt ans Licht bringen wollte, dass er zur Deutung zwar wenig Fleiſs, aber doch eine Art umherfahrenden Witzes aufgewandt. Würde das Urtheil begründet, also das Buch einer Prüfung gewürdigt, ihm geschähe mehr Recht und Ehre, als Hr. Mone selbst einem wichtigen, sorgfältig gearbeiteten Werke hat angedeihen lassen; denn er hat sich erdreistet, Benekens Wigalois in den Heidelb. Jahrb. xiii, 474 ff. so zu beurtheilen, als habe er das Buch nicht gelesen.

Aber ein stolzes Wort in der Vorrede fordert uns zu schärferer Prüfung auf. Der Herausgeber klagt (S. v) über Verzögerung, die seinen anfänglichen Zweck zum Theil vereitelte; 'denn,' sagt er, 'als Beyspiel, wie etwa eine Ausgabe des ganzen Heldenbuches veranstaltet werden müsste, kommt jetzo dieser Versuch zu spät.' Zu spät käme das Beyspiel einer Musterausgabe? Musterhaftes kommt nie zu spät. Aber Herrn

Mones Werk ist nicht ein Beyspiel, dem ehrliebende Herausgeber
des Heldenbuchs folgen werden; es ist ein abschreckendes Beyspiel davon, was man im Jahre 1821 Ausgabe, Kritik und gelehrte Deutung zu nennen gewagt habe. Wir sehen auf diesem
Felde nicht eine grofse Zahl ehrwürdiger Muster vor uns, deren
blofse Betrachtung den Verirrten heimleiten könnte. Darum ist
Pflicht der Redlichen, jedem Unfuge zu steuern, die Mitlebenden
vor dem Fluche der Nachwelt zu warnen, der wir, durch un-
nützes verkehrtes Treiben, die Arbeit, die uns befohlen war,
aufladen. Und darum will Rec., ungereizt, unaufgefodert, im 98
Einzelnen durchgehen, wie Hr. M keiner der Foderungen nur
halb genügt, die nach heutigem geringem Stande deutscher Philologie an Kritiker und Ausleger gethan werden. Glimpfliche
Sanftmuth wäre hier pflichtwidrig, weil unser Mann schon gezeigt hat, dass sie ohne Erfolg an ihn verschwendet wird. Ein
gelehrter und geistreicher Kenner hat in der Leipz. L. Z. 1818
Nr. 233 seine Nibelungen-Einleitung mit aufmunternder Nachsicht
beurtheilt, und die mythologische Deutung im Ganzen, ja sogar
Stück für Stück, mit Engels-Geduld, in allen Hauptpuncten sorgfältig widerlegt. Wozu half das? Odin ist und bleibt Sigi (S.
16. 19), Siegfried bleibt deutscher Odin, und Odin der Licht-
und Jahresgott, die Erklärung 'gilt' (S. 40), er ist von ihr 'nicht
abgebracht worden', sie erscheint ihm 'immer wahrhaftiger', und
'es versteht sich von selbst, dass sie aufrecht bleibe' (S. VIII).
Wohlan, so versuchen wir, ob dieser sich selbst 'freundlich' an-
blickende 'Glaubensforscher', dessen Auge mit 'religiöser Weisheit'
sieht, 'was nicht jeder Blick entdeckt' (S. 53), ob dieser Muster-
herausgeber des Heldenbuches durch ernstliche, strenge Prüfung
zur Einsicht zu bringen sey, ob er sich noch entschliefse, im ed-
leren Gebrauche seiner Anlagen, den vermiedenen Weg des Flei-
fses und der Bescheidenheit zu erwählen.

—

Erstes Geschäft des Herausgebers ist, ein Reimregister für sein Gedicht zu entwerfen, Merkwürdiges einzutragen in ein allgemeines Reimwörterbuch. So wird von des Dichters Sprache herausgefunden, was der Willkühr der Abschreiber noch am ersten entgangen ist. Hr. M sagt nicht ein Wort von Reimen, nur S. 13: die 'Langzeilen sind der Regel nach männlich.' Kein einziger Endreim im Otnit ist klingend, nicht einmal scheinbar, wie sonst wohl, wo der stumpfe Reim die tonlosen Endsylben erhöht und bindet. Wozu also sagt er 'der Regel nach'? Zum Beweise, dass er nicht versteht, wie sich der klingende vom stumpfen Reime unterscheidet.

Wir bemerken über die End- und Mittelreime im Otnit Folgendes. Kein stumpfer hat die Vocale *û, iu, ú* oder *ôu* — denn *wie gehabet ir iuch: mich* 1993 kann nur Hr. M dulden —, *ú* nur der Reim *túr: vúr*, *ou* nur *toup: roup*, *á* nur nach Einer Hds. (auch in den Drucken fehlt die Strophe) 2265 *sán: mán*. *ó* lang oder kurz, ist überall im stumpfen Reime unerhört. Auf *IE* die Reimbindungen *gie: erlie. gevie: hie. wie: hie. ie: hie. die: hie.* Erlaubte rührende Reime, *hant: zehant. an: dran. want:*
99 *gewant. weich (debilis): entweich. måre: soumåre.* Unerträglich ist *hân: hân* 2047; man lese, *er gît mir guotes mêre denne ich verdienen kan,* aus einer Hds. und den Drucken (Rec. hat den von 1545 vor sich). Von Bindungen ungleicher Laute findet man *ân* öfter auf *an,* als jedes auf sich selbst gereimt, aber niemals *ân* auf ein *an,* das verlängert ein stummes *e* bekommt, ausgenommen die unregelmäſsigen *lobesan, vreissan* und *vernan: hân* 1025, *lân* 1618, *gestân* 1065, *gân* 1705, *man* 125. 1216. 1967. 2025. *Tuskan* reimt einmal auf *man,* dreymal auf *ân:* den gedehnten Vocal hat Rudolph in seiner Weltchronik, den kurzen der ebenfalls sorgfältige Dichter des *wînswelhes* 299. Ferner *ar* zuweilen auf *âr* gereimt, *gar, dar: hâr* 413. 639. *dar: jâr* 899. *aht* auf *âht, naht, maht, gemaht: brâht, gedâht,* in sechs Stellen. *Elias* auf *dâ hâs* 233, wie sogar Hartmann *hâst es* auf *lastes* reimt. *Stat : hât* haben 275 von Hn. Monens vier Handschriften nur zwey, der Druck eine andere Lesart. Nirgends sind *ô* und *â* verwechselt; 977 hat die Hds. *A* und der Druck *dâ: grâ;* 15 ist unverständlich und verderbt, *dô* sicher *damals.* Kein offenes *e* reimt auf ein geschlossenes; *êr* zuweilen auf *er* mit offenem *e, mer : hêr* 303. 1035. 2031, *her : mêr* 1749 (*mer : lêr* 2013). Den falschen rührenden Reim *mer : mêr* 151 hebt die Lesart *sê : mê.* Im Einschnitte reimt 1777 *vlêhen : geschehen;* die Verse fehlen im Drucke, und verrathen sich durch noch einen Reimfehler als unächt. *Her* mit geschlossenem *e: mer* für *måre* 973. 1043; diese erste Stelle ist unächt, die zweyte (welche der Dresd. Otnit 127 128 anerkennt) fehlt in einer Hds., und die Lesart bleibt verdächtig. *Wort : zerstôrt* 2095; aber die Strophe ist sammt der

vorigen schwerlich alt. Das gedehnte und kurze *i* wird nicht gebunden. 1629 fodert der Bau des Satzes *sîn*, und diefs hat der Druck, von Hn. Ms Handschriften keine? er schweigt, wie gewöhnlich. 505 *bist : gist;* man lese *sist.* Nur 63 bleibt über *bin : megedîn;* der Druck hat *bin : künegin*, die Hds. B *sîn : künegin.* Die unerträglichen Reime *erlîden : biten* 1677, *ungestriten : bite* 1746 (die zweyte Stelle ohn allen Sinn), ändere man nach dem Drucke. *Z* und *s* bindet der Dichter nicht selten, doch nur in den Silben *as* und *az*, Z. 11. 323. 1353. 1565. 1815. 1930. 2113. 2209. Für *trinwelôs (: genôz)* 621 . . . .; für das sinnlose *staheles lôs* 761 ist zu lesen *blôz.* Die Z. 2271 f., mit dem Reim *grôz : kôs*, lauten im Drucke anders, und sind wohl neueren Ursprunges. Andere Ungethüme von Reimen konnte nur ein solcher Herausgeber stehen lassen. 1167 *uber al : dar;* Druck und Handschriften gewähren *gar* oder *vil gar.* 1405 *gedranc : zehant;* drey Hdsch. unter vieren *wal : ze tal*, Dr. *enprant : zehant.* 1387 *schemen : leben*, wieder aus Einer Hds.; zwey, *geben : leben.* 915 *bi : sin;* vermuthlich *deiz âne sorge si.* 1777 *tuont : muot* Dativ; unächte Strophe. 1787 *guot : sluoc;* Dr. *genuoc.* 2267 *ubermuot : getruoc*, nur in Einer Hds. An grammatischen Formen mag etwa so viel Bemerkenswerthes vorkommen: *linden (tiliam)* 363, *diet* im Plural, *der site* 1567, *marc* 352. 2170, *van (vexillo)* 1343. 1976 (vergl. Biter. 38ᵃ 99ᵇ 116ᵇ Maria 157), neben *vanen* 1233, 100
staden (litori) 177. 908. 1060. 1278. 1292. 2176. 2188, wiewohl die Hds. A einmal giebt *ze Rômischen staden*, und die Kinderlingische (Docens Misc. I. 88) *von den staden*, aber dagegen der Druck einmal *helfet mir an den staden* im Accus. Ferner die Infinitive *stân, gân, lân*, auch *gât, stât, stâst* 553. *gestân* und *verlân* im Partic. 1065. 631. Conjunctiv *gân* in der wahrscheinlich untergeschobenen Stelle 2090, *erslân : vân* 467 (wo Hr. M nicht Scheu hat vor dem Reime *erslahen : vâhen*), *ich hân* und *ich habe* 536 Indicativ, — (aber nirgend *hânt, stânt, gânt, ir gât, er vât, lât*); meistens *ir sit*, 85 *ir sint, wir sin* (nicht *sin*) 923; die Präterita *gie, vie, lie; er nan* 1216 (Dr. *gewan*), *vernan* 1705, nirgend *nam;* — *vervarnt : sparnt*, ein seltener Reim. 1479. *Ich varn* 191, und gar *ich erslagen* 472, lassen wir Hn. M und seiner Handschrift. Das Particip *gewest* 2147 *: wâr ich (het er mich?) bi im gewest*, Dr. *hetten sie mich gewest*, Dresd. Otn. 238 *und het er mich gewest;* die zweyten Personen *dû hâs* 234, *muotes* 517,

maht, will, weist, muost. Ir tobet 687; die Participia *unbehuoter* 404, *bekleit* f. *bekleidet* 1589. *besint* 251 (wie *uberzint* schon im Wigalois 417), *gemaht* 774, *gezelt* (von *zeln*) und *gezalt* (von *zellen*.) Im Reime keine Form für *habuit* oder *fecit*, kein *megen* oder *mugen*, kein *dû, nû, sît, sic*, nur *dô*. Die Wortformen *suon (filius)*, nicht *sun, stâl* 483, *der genôz, palas, adamant, Elberich, Zacharîs, Messîn, diu rote* 1881, *künegîn, heidenîn*, — nur 2111 *keiserin : hin*, wenn anders die Schlüsse der *aventiuren* ächt find; auch am Schlusse der fünften 1819 ein ungefügiger Reim, Hds. A *darvon : dô*, Dr. *von dan : darvon*, D. *darvon : hindan*, B ganz anders, über C schweigt Hr. M. Das Adjectiv *wis, scharf*, immer *-lich, lobesan, vreissan*, — kein Adject. auf*-sam*. *Nicht* neben *niht*. *allesant* 881. 901. 2086, *mêr* und *mê*, immer *în (intro)*. Die Endung *-eit* nicht nur für *-eget*, sondern auch für *-aget* (s. Grimms Gramm. 2 Ausg. S. 426) in folgenden Wörtern: *treit, geleit, geseit* 66. 1878. 2192, *verkleit* 822 (Dr. *gemeit*), *verzeit* 406 (Dr. *zageheit*), *meit : leit* 1935. 1948 (Dr. *geklaget*), *meit : bekleit (vestitum)* 1589. Verkürzungen durch weggeworfenes End-E, *rich* Subst. 124, *künicrich* 446, *ertrîch* 1639; die Adverbia *sicherlîch*, 212. 443. 1986, *klegelich* 1357; ferner *Armoni* 486; *âne huot* 420, wohl *unbehuot; lêr* Imperativ 2014, vielleicht unächt; *ein* Adv., weniger tadelhaft, aber in einer sonst verdächtigen Strophe; *vergeben* Adv. 1284 (l. *kam*); *gert*, ein Präteritum, das irgend ein Anrecht auf Verkürzung zu haben scheint, 2039 (W. Wilh. 27[b] Wigal. 317. Maria 69. 212). Ferner *bot* 1025. 1622 und *bote* 2227, *Machmet* 1130. 1668. 1816 und *Machmete* 1620. Verkürzte Dative, *sê, zwî, himelrîch* 1136, *künicrich* 444, *Dieterich* 2274 in einer neuen Strophe, *samît* 182, *enzelt* 1901 (s. M. S. 2, 142[b]), *genôz* 799, *ros* 1732, *slac* 503, *Machmet* 1200. 1610. *Sarrazin* ist 1560 wahrscheinlich Dativ. Plur. (W. Wilh. 197[b]). Aber *schrîn* und *lîp* 2161. 615 müssen Accusative seyn. Für die Syntax: *diu minneclich* 1623, *der zungen der ist kein* 1022 (Maria 126 *Ein tûbe, der nie gelich*
101 *wart dehein*), *ze staten* 1873. Endlich seltnere oder sonst merkwürdige Wörter, *bort* 1039. *gelîn* 924. 1073, *geweten* 383, *helfant, kastelân, krote* 2228, *kruft* 1118, *magedîn, schemen* 36. 91. 440. 1028 und *schamen* 7. 492. 795. 1720, *sêr* Adject. 1907, *trân* 76, *zwî* 425.

Unter den Verseinschnitten ('Abklänge' getauft von Hn. M S. 12f.) ist kein überklingender. Freylich auch in der Nibel.

N. nur einer, *wâfente* 9410. 2261, 2; denn die Wörter *gesellete, danketen, wâfenen* — unrichtig angesehn in dieser L. Z., Erg. Bl. 1820. Bd. 2. S. 196 —, dessgleichen *getürstegen* Nib. 5868, *beschouwete* Otn. 763, *volgete* 2185, endigen klingend, die letzte Sylbe enthält einen unbetonten und einen stummen Vocal. Für *die wundeten* 1430 lese man *wunden*. Überstumpfe Einschnitte sind häufig; der stumpfen hätte ein besserer Text wohl weniger. Wir finden im Einschnitte zuweilen, doch nur selten, *Lamparter* (vielleicht besser *Lamparte*), *wahter* 837, *busînære* 1074, *kust' en* 897, *geschriuwen* 966, *vrûje* 1223, *unverzzènde* 2144: Anderes übergehen wir, als noch weniger zuverlässig.

Es wird die Zeit kommen, wo diese Reimauszüge den Kenner lückenhaft dünken: vielleicht aber genügen sie, einst dem Gedichte sein Vaterland nachzuweisen. Hr. M darf sich nicht wundern, wenn ihm Alles unwichtig, Vieles unwahr erscheint: es muss ihm anders vorkommen, wann er die Anfangsgründe mittelhochdeutscher Reimkunst gefasst haben wird. Kundigen haben wir klar gemacht, dass beynahe nichts unter den ächten Reimen des Otnits gefunden wird, was nicht gute Dichter der ersten Hälfte des dreyzehnten Jahrhunderts bestätigen; Weniges sogar, was den höfischen missziemen würde.

Doch Hr M bestimmt ja auch das Zeitalter des Gedichts. 'Die Abfassung, die wir vor uns haben,' heisst es S. 15, 'ist durch die Zusätze der Abschreiber schon sehr vermischt --'. Ja bald nachher fährt er fort: 'Unsere Bearbeitung hatte wahrscheinlich eine ältere aus der Zeit des Nibelungenliedes vor sich, die wohl diesem an Kunstgestalt nicht fern stand, ihm aber durch die neue Umdichtung gröſstentheils verlor.' Erst bloſse Zusätze, dann, wie er die Hand umdreht, neue Umdichtung. Und der Beweis? Nun, des Herausgebers Versicherung. Wenige Strophen nur tragen Kennzeichen späterer Zeit an sich; nur wenige könnte man ohne Kränkung des Sinnes ausschneiden. Doch nun die Zeitbestimmung. 'Dieſs' — dass die Abfassung mit Zusätzen vermischt ist — 'dieſs nebst dem Mangel an älteren Handschriften setzt ihr Alter ans Ende des XIII, noch wahrscheinlicher zu Anfang des XIV Jahrhunderts fest.' Wenn der Beweis gelten soll, wenn die nachher 'vermischten Abfassungen' aus dem Anfange des XIV Jahrhunderts sind, nun, so ist der arme Heinrich auch so jung, und Wernhers Gedicht wäre

es gleichfalls, fiele die Handschrift der Überarbeitung nicht früh ins dreyzehnte. Aber was achten wir auf dieses leichtfertigen Absprechers Urtheil? Setzt er doch die Gedichte von Gudrun und Biterolf S. 72 vorschnell ins funfzehnte Jahrhundert. Wir
102 könnten beweisen, dass Gudrun aus dem dreizehnten ist, und Biterolf vom Dichter der Klage: allein hier ist nicht Raum; auch wäre es unbescheiden, dem Herausgeber beider Werke, dessen Einleitung erwartet wird, vorzugreifen.

Nach des Dichters Zeitalter bestimmt der Kritiker die Schreibweise: es liegt ihm ob, sich durch fleifsiges Studium darauf vorzubereiten. Nicht eben, dass er ein Werk, welches nur in Handschriften des funfzehnten Jahrhunderts erhalten ist, mit seltenen alterthümlichen Formen aufstutzen soll. Weder verläugne die Ausgabe durch Willkühr ihre Quellen: noch sei sie untreu gegen den Schriftsteller, und hefte ihm die Verwilderung eines späteren Jahrhunderts an. Der Herausgeber muss ausmerzen, was in Laut und Form dem gebildeten mittelhochdeutschen Leser ein Gräuel wäre, dieses ewige *ó* für *á*, die Vermischung der U-laute, das *e* für *á*, *ich glenbe, gezógenliche* oder *gezongenliche, óhin, siten* als Dativ. Sing., *sêlten* und *sprôchen* Accus. für *sálde* und *spráche, billig* — sollte das in der Hds. stehen? 307 l. *haben billiche* —, *het* und *hest* f. *hát hást, ich tuo* und *ich gebe* im Indicative, *wuste, satte* f. *sazte, möch* f. *móhte, her fröwen* f. *ervrôuwen, ein* f. *en* 537. 1936, *vor* mit dem Accus., *bitem* f. *biten* 1734, Accusative bey *jehen, enbern* und *biten, das betwang* 260 f. *des betwanc*. Vieles auch, was im XIII Jahrhunderte minder gebräuchlich war, und hier weder durch Reim, noch Versbau bestätigt wird, wie den Conjunctiv *gange*, die Imperative *riche* und *ráte*. Mit allen diesen und unzähligen anderen, mehr oder weniger groben, Fehlern sucht die vorliegende Ausgabe den Leser heim, und dazu mit beständigen Verunstaltungen des Versmafses. Ja blofse Schreibfehler sind dem Herausgeber ehrwürdig, wie, wenn der Schreiber, der *k* und *g* nicht verwechselt, *krúne linde* setzt, weil *krúne* ihm in die Feder kam 386. 515, oder *verbergen* f. *verborgen* 954, *kemest* f. *komest* 1292, *gehubest* f. *gehabest* 1357, *pfluch dich* f. *pfuch* (besser *pfí*) *dich* 1719, *wist* f. *wá ist* oder *wast* 2121, *ouhin* und *houren* f. *óheim* und *hóren, ruofte er* f. *rouft er* 1146, und was dergleichen sonst Abschreibern wohl zu begegnen pflegt. Sogar *flichen* und *trieffen* f. *vlêhen* und *treffen* lehrt er S. VI aus-

sprechen *fliehen* und *treffen,* und setzt frohlockend hinzu: 'v. d. Hagen hat in seiner neuen Ausgabe der Nibelungen, Breslau 1820, für die Schreibung noch andere Gesetze beobachtet, die aber unhaltbar sind'. Noch andere? Hr. M befolgt ja gar keine, und Handschriften des funfzehnten Jahrhunderts nur schwankende. Und 'unhaltbar'? alle, kurz und gut, ohne Ausnahme? sagt Er dem verdienstvollen Manne, Er, der noch nicht einmal Anfänger heifsen darf? er sagt es frischweg, ohne Beweis? Doch ja, es kommt etwas, das wie Beweis aussehen soll. 'Denn', fährt er fort, 'die Halbverse durch leeren Zwischenraum zu trennen, W durch VV, wie die alten Handschriften, auszudrücken, sind unnöthige Störungen für den Leser. Wortzusammensetzungen schreibt er mit ◡, aber auch nicht überall, denn niemals steht *un ◡ triwe,* und v. 2299 steht auch noch *fur-büge,* nicht *fur ◡ büge,* und ebenso muss man auch *ge-sagen* schreiben, wenn man *en-ckhunde* setzt.' So? das ist die ganze 103
Weisheit, und darum ist Hagens gesammte Schreibweise unhaltbar? Das Alles betrifft ja die Aussprache nicht, und ist schon darum nur Nebensache. Und welche Leser mögen das seyn, die durch Bezeichnung der Halbverse gestört werden? Eines pflichtvergessenen Herausgebers Gewissen wohl, das gestehen muss, träges Pfuschen reiche nicht aus zu der schweren Arbeit. Ferner *VV*, oder was in Handschriften, so viel wir wissen, weniger selten ist, *Vv* zu Anfang der Wörter unrichtig zu lesen, ist unmöglich. Hrn. M stört es: seine Leser darf es nicht stören, wenn sie sein *ú* nach eigenem Gutdünken aussprechen müssen, einmal wie *u*, dann wieder *ü*, *iu*, *ü*, *uo* und *û*. Weiter, *un-*, *ge-*, *en* und *vür* sind ihm einerley; als ob *ge* und *un* jemals im Deutschen ungetrennt gebraucht wären. Endlich, 'wenn man *en-ckhunde* setzt,' soll doch heifsen, Hagen setze *en-ckhunde*. Hagen braucht diese barbarische Schreibung nirgend: aber Hr. M sieht 'was nicht jeder Blick entdeckt'.

Wir kommen von der Orthographie zur Feststellung der Lesart. Mones 'Grundsätze' waren (S. 21), die Handschrift *A* buchstäblich abdrucken zu lassen. Selbst als Verfahren wäre das nur zu billigen, wenn die Hds. *A* etwa Urschrift der übrigen wäre, oder die einzige, oder die bessere unter zweyen wenig verschiedenen. Sonst hat man nicht treu gehandelt an seinem Schriftsteller, wenn man ihn zum Knechte Einer Handschrift macht, die, mag sie die beste seyn, darum nicht nothwendig gut seyn wird, und niemals vollkommen. Zu erforschen, wie seine vier Handschriften verwandt seyen, ihren gemeinschaftlichen Urtext nach Möglichkeit herzustellen, fällt einem Herausgeber nicht ein, der ein Musterbeyspiel verheifsen hat. Ja sogar von den alten Ausgaben, denen ein sehr guter Text zum Grunde liegt, hat er 'nie eine gesehen' (S. 16); und das zu bekennen, dünkt ihm nicht schimpflich für einen Herausgeber. Viel weniger schien ihm nothwendig, aufser zweyen Pfälzischen und zweyen Strafsburger Handschriften, sich nach den übrigen umzusehen.

Es ist leicht zu zeigen, dass aus den alten Abdrücken, und aus den Handschriften, die Hr. Mone verglichen hat, beynahe alle seine sinnlosen Lesarten wahrscheinlich, nicht wenige sicher, hergestellt werden können. Ob aber, um einen Text, der dem ursprünglichen nahe kommt, zu gewinnen, nicht noch mehrere Handschriften nöthig seyen, kann man aus seinem höchst unvollständigen Lesartenverzeichnisse nicht abnehmen. Es ist gerade so viel darin angemerkt, dass man sehen kann, das Meiste hat der Sammler vernachlässiget: einen weitergehenden Gebrauch kann man davon nicht machen. Aufserdem ist vielleicht niemals in Deutschland ein Verzeichniss von Lesarten so unbequem eingerichtet. Erstens begreift man nicht, warum es hinter dem
104 Texte steht, da der Herausgeber, vornehmerweise, nicht ein Wort Anmerkung eingefügt hat. Dann aber zählt er die Lesarten jeder Handschrift besonders auf, A S. 142 f., B S. 143 – 159, C S. 159 – 167, D S. 167 – 170: je weiter nach hinten zu, desto weniger Lesarten. Hier erfährt man aber noch nicht, welche Verse in jeder Handschrift fehlen, und welche anders geordnet sind: darüber folgen von S. 170 – 172 noch vier besondere Register. Und diese unverzeihliche Trägheit, die unvollständige Sammlung, die Unbestimmtheit der Angaben, die oft ungewiss lässt, auf welches Wort des Textes sie gehen sollen, Wiederholungen der Texteslesart anstatt der Abweichung (wie Z. 57 D.) — das Alles wird in der Vorrede nicht etwa entschuldigt; nein, 'dritthalb Jahr hatte die Arbeit gelegen' (S. v. vi), da sah Hr. Mone, dass Alles sehr gut war, und gab dieses beyspiellose Beyspiel einer Ausgabe des Heldenbuchs.

Doch Kritik ist nicht jedermanns Ding, und auf eine blofs kritische Ausgabe hat Hr. M. sein Buch nicht angelegt; mit der

Erklärung des Textes wird es vielleicht besser stehen. Wir zweifeln. Die meist mythologische Einleitung, das Glossarium von vier Blattseiten, soll alles Schwierige dieser 2276 Verse aufklären, in alle die sinnlosen Lesarten Sinn bringen? Warum nicht wenigstens Anmerkungen? Das war bedenklich: da verriethe sich Armuth und Unwissenheit. Aber im Glossarium nicht? Der Mann weifs sich zu helfen: er setzt nur zu jedem alten Worte irgend ein neues, nebst einer Verszahl, wenn es auch zwanzigmal im Gedichte vorkommen sollte; Beweis der Erklärungen ist nicht nöthig.

Und welche Wörter erklärt das Glossarium? 'Alle', sagt er, 'die an sich selbst, oder deren Bedeutungen veraltet sind.' Wir sagen: allerley Wörter, die sonst häufig vorkommen; was ihm zu schwer, oder etwas selten ist, übergeht er. Zum Beyspiel: *enbrechen* 1369, *erben* 1939 (vermuthlich *und aller diner erbe*), *ersigen* 1924 (wohl fehlerhaft, für *gesigen*), *gâhen* 1252 (nahm er *gehet* für *gêt?*), *ze gebete unt ze gebote slahen* (schlagen, wie man es nur wünschen oder verlangen kann) 1882, *gerenne* 1898, *strîtes gewert, bewert* (im Streit einen höheren Bürgen habend) 794. 807, *eines hoves lanc* (?) 1602, *hôhe stân* 627, *hüten* 1497 (im Text ohne Sinn *hûtetent*), *kruft* 1118, *sich ze lougen setzen* 895, *daz ros rennen* 824, *ruowe* 2116 (im Text *rûwe*), *nâch sagendem* (Dr. *sagendigem*) *dinge* 260, *daz ros von hende slahen* 1867, *des tiuvels spiln* 1766, *dar sîn* (st. *dar komen*) 1484, *geweten* 383, *widersetzen* 1560 *(widersaz tuon)*, *zelt* 1091 (Pass, *Diu ros sie vaste ersprancten: si giengen vor enzelt:* Hr. M *vor ir zelt*, vor — d. h. *vür?* — das Zelt der Pferde!). Nur ein einziges, im Mittelhochdeutschen seltenes Wort finden wir im Glossarium: '*bulgen*, m. (d. i. männlich) Ballen, 2186.' Es heifst aber *diu bulge*, weiblich, bedeutet einen Beutel, und kommt im Otnit noch zweymal vor, 2221. 2228. — Für wen, muss man 105 fragen, übersetzt Hr. M die leichten Wörter, wie *glast, habe, erwenden?* Es wird doch Niemand den Otnit lesen, der nicht in den Hauptgedichten, den Nibelungen, Hartmanns und Wolframs Werken, bewandert ist. Aber unser Ausleger muss sich selbst wenig darin umgethan haben: er behandelt die gewöhnlichen Wörter wie wildfremde. *Gedigen* ist ihm Partic. von *dingen*, und *dingen* heifst überlassen, *geniezen — er muoz geniezen din* — ist so viel als *genesen;* wenn er 235 für *kes*, d. i. *kius*, drucken

lässt *kos,* so macht das Wörterbuch daraus den Infin. *kosen,* und von *kiusel* einen zweyten, *kusen*; es kennt einen Inf. *taren* und der bedeutet *dürfen;* — lauter Fehler, die Niemand machen wird, der je ein Wort von mittelhochdeutscher Conjugation gehört. *Dar* soll bedeuten *her.* '*Dre, dro, tre* Masc. Drohung.' Z. 16 steht nämlich *tre* im Reim auf *dô, dre* nirgend: dass *drô* Femininum sey, würde ein Anfänger wissen. '*Ergetzen,* Ersatz geben, (ergänzen), 1331'; wer kann sich bey der Übersetzung und Ableitung wundern, dass 2098 der Solöcismus nicht weggeschafft ist? '*Erwegen,* entschlagen.' '*Gebrehte,* Sprache' — von Vögeln gebraucht —, '*gehiltz* — *[gehilze]* —, hölzerner Schwertgriff'. '*Genoss,* m. 799 *in des Knoppes genoss,* ist Umschreibung statt im Knopfe. *Kn. gen.* heifst 'der Mitgenosse des Knopfes, der Nachbar desselben.' *Genôz,* Nachbar? und Nachbar, Umschreibung? An dem überherrlichen Schwert Rose ist *in des knopfes genôz,* in dem Golde, das statt des Knopfes war, ein Karfunkel. '*Gewilde* Wildniss, 373.' Auch (147) 1731. 2154: gerade die Stelle, die Hr. M anführt, wo es auf *wilde* reimen soll, zeigt, dass überall mit dem Drucke *gevilde* zu lesen ist. '*Grimm* — es heifst *grimme* — tödtlich.' '*Ginden,* sich gut machen.' '*Hac,* ein Zaun, 829,' wo Otnit *in den grünen hac erbeizet. Daz hol* wird zum Femininum. '*Lite,* Weg. Pfad, Geleis 1495.' Auch 1572. 2258; die Übersetzung *Geleis* zeugt von gänzlicher Unkunde der mittelhochdeutschen Lautlehre: *diu lite*, schwach declinirt, ist Abhang, Hügel. '*Richer,* Reche. Held, 142.' Das ist unerhört, *riche* mit *recke* zu verwechseln. Dass Hr. M wissen soll, was *recke* eigentlich heifst, wird ihm nicht zugemuthet; aber
106 warum macht er die Anmerkung, da im Texte richtig steht *rechen?* '*Rinnen* rennen, auf die Seite gehen, 790.' Dass aus *rennen* kein Hochdeutsches *rinnen* werden kann, weifs er nicht; dass er 'rennen' und 'auf die Seite gehen' zusammen faselt, ist in der Ordnung: aber lesen sollte er können. Er sehe nur zu, es steht *rumete* da, und nicht *rimete.* Wer die Handschrift vergliche, fände gewiss mehr Lesefehler; wir bemerken nur 465 *eigenclich,* 1504 *iecwederm,* 1964 (S. 143) *loschen* f. *lo(lû) sehen.* '*Vasten,* entbehren, 1372': was heifst also *die buoze vasten?* Hr. M ahnet nicht, wie viel über das Wort von Sprachkennern verhandelt ist; er hat sein Bischen Erklärung flugs fertig. '*Verspart,* verschont 1825. 2113.' Beidemale s. v. a. *versperret;* in

der letzten Stelle steht fehlerhaft *versparet*. *In ringe bespart* 1840 findet er nicht des Anzeichnens werth; 944 lässt er den Unsinn stehen, *in ringe beschart*, ohne Erläuterung. Doch befasse sich mit dem Unrathe weiter, wer will, wie mit seinen Bemerkungen über die Sprachlehre. Uns ist die Dreistigkeit unbegreiflich, das Einer jetzt, ohne Neues und Wichtiges vorzubringen, deutsche Grammatik lehrt, jetzt, da wir eben die zweyte Ausgabe des Grimmischen Werks erwarten, die uns alle zur Schaam bringen wird über unsere Unwissenheit. Zwar Hn. M nicht, dem noch Grimms Grammatik nicht in der Welt ist, und der sogar wagt, S. 173 sich auf das Armseligste zu beziehen, was je über mittelhochdeutsche Sprache geschrieben ist, den 'zweeten' Abschnitt seiner Nibelungen-Einleitung.

Aber einige Stellen müssen wir anführen, zum Beweis, dass diesem Herausgeber das Unsinnigste gerecht ist. Wenige nur, und wie sie uns eben ins Auge fallen: wir wenden so schon zu viel Mühe und Zeit auf das schlechte Buch, mehr als der Herausgeber.

Z. 25 *Alsô dem vürsten junge* (l. *jungen*) *was wol gewahsen der lip*. Als ob Kinder übel gewachsen wären. Der Druck *volwahsen*. — Z. 102 *Got gebe uns allen glücke, swie ez uns dort ergê*. Das zieht der gedankenlose Herausgeber zusammen; bey *swie* fängt ein neuer Satz an. — Z. 106 *Daz nieman kan erwerben die keiserlichen maget!* Dergleichen Ausruf versteht er jedesmal unrichtig, Z. 627, 635, 711 (wo er verbindet *min herze ist alsô grimmic, daz ich dir niht sol tuon*), 957, 1147 (l. *ie*), 1154 (l. *iemer mê*). Zweymal hat er gut interpungirt 1145, 1827. Im folgenden Verse steht ohne Sinn *din teile*, Theilung — im Glossar nicht erwähnt. Der Sinn, aber nicht der Vers, wird durch die Lesart *reise* hergestellt. — Z. 143 *Die worent ie zuo nôten, alle wogent min ersten strit*. Die Lesart des Druckes — 107
was in den Handschriften steht, erfährt man nur halb — führt etwa auf diese: *die vähten ie ze nôten minen êrsten strit*. — Z. 174. *Herre ich sitze in dem gewilde, dû bist min oberstez ris*. Aus dreyen Hdss. ergiebt sich *in dime gewalte*: das Bild bleibt uns dunkel. Z. 194 *Ir füre*, l. *Ine våre*. — Z. 239 *Ich wil dich ze vater kiesen*. So haben, nach Hn. M, drey Hdss. Der Druck richtig *vener*. — Z. 558 *Nû ruoche dich* steht, wir wissen nicht, wie richtig, für *nu enruoch*; wieder 594; 680 *sô ruochte mich* f.

so enruochte ich. *En* fehlt in der Hds. öfter, wie 1219 *wir wizzen,* 930 *so weiz ich.* — Z. 672 *ir* muss, wie im Dr., heifsen *mir,* s. 674. 688 ff. — Z. 721 *Dô ich bî dem êrsten zuo dîner muoter lac.* Die Präpositionen sind vertauscht. — Z. 795 *Swer mir der Rôsen vliuhet, der mac sich (immer) schamen.* Offenbar *mit Rôsen.* — Z. 1057 *Ich bringe von Gerlingen daz allerbeste gewant, daz man in dem lande und in der stete vant.* Man lese *Kerlingen* — *und anderstete.* — Z. 1180 *Ich tuon in wol twingen* Dr. *ich trûwe.* — Z. 1193 *Daz mir got müze rihten uber mîn werdez leben?* Wenn man Hn. Ms Fragezeichen tilgt, und *unwerdez* schreibt, wird der Sinn deutlich. M. S. 1, 114ª *Rihtet mir unt rihtet über mich.* Was in B und D steht, erfährt man nicht. — Z. 1205 l. *dannoch vor der naht.* — Z. 1233 *Ich gibe dir ûf mîn triuwe dolen keinen rât.* Etwa *dâ enkeinen rât.* Hr. M hat nichts im Wörterbuche, aus D keine Lesart; aus E *niemans nemen* — statt welcher Wörter im Text? Im Druck *ich gib euch sicherlichen nun fürhin kainen rath.* — Z. 1472 *Ân allez wer* scheint uns merkwürdig, wenn es kein Schreibfehler ist. Auch im Wigalois kommt das Wort männlich vor, in anderer Bedeutung. Hr. M übersetzt es durch 'Hinderniss'! — Z. 1588 *Gelich dem vollen mânen wâren ir ougen schîn.* l. *bâren.* Dr. *gâben.* — Z. 1617 *bî ir schône wîzen kant.* l. *snêwîzen.* — Z. 1882 *wan sîn niht erlie.* l. *mans in.* — Z. 2061 *Des werte er sich vil sêre.* Dr. *niht sêre.* — Z. 2096 *Heidenischer orden wart gar von ir zerstôrt.* Dr. *an ir.* — Z. 2207 *daz sî gelobet.* l. *des sî got gelobet.*

Nur im Vorbeygehen von höherer Kritik. Dass unser Ge-
108 dicht volksmäfsig sey, und aus Liedern [1] entstanden, ist nicht

[1] Aus Liedern, und nicht aus Einem Liede, — zunächst; nach dem Ursprünglichen wird nicht gefragt. Damit Niemand mehr an der Möglichkeit zweifle, zeigen wir das Factum an Alpharts Tode. Nach des Dichters Zeugniss (45, 55) ist aus dem alten Buche Str. 45—55, 2 und 68 ff., folglich auch (s. 53) die folgende Erzählung von Wölfing und alles Übrige. Hingegen kann nicht aus dem Buche seyn 56, 3—67. Nun bleiben noch zwey Abschnitte: 13—16, 3 — der Anfang einer Rhapsodie; und zweytens 1—12, 17—44, die gut zusammenhangen, und mit denen ein Lied enden kann. Dass beide Abschnitte Ein Lied bildeten, ist nicht wahrscheinlich: warum stünde der Anfang in der Mitte (13)? Also, der Dichter hatte ein Buch vor sich, (das, beyläufig gesagt, aus fünf Liedern bestand: die Ruhepuncte sind 115, 176, dann wahrscheinlich in der Lücke 306, nach 411 nicht ausdrücklich): dazu setzt er ein Lied, gewiss nicht von ihm gedichtet, denn es

zu bezweifeln; allein Widersprüche und Liederanfänge können wir nicht nachweisen. Auch führt uns die weniger bemerkliche Reimarmuth eher auf Nachbildung und Umformung der Volksgesänge, die unser Vf. in seinem 'Buche' fand, das er Z. 1358, 2022 erwähnt. Dasselbe Buch — aber wer weifs, ob nicht auch schon wieder bearbeitet — hatte Kaspar von der Röhn vor sich, wie das Abweichen und die wörtliche Übereinstimmung seiner Arbeit beweist. Forschungen dieser Art verachtet Hr. M; er fertigt sie höhnisch mit dem unziemlichen Ausdrucke 'wolfische Zerreifsungen des Dichters' ab (S. 28). Sie sind ihm zu gerade, zu einfach, ihm ist nur Verwirrung recht; und er verwirrt nach Kräften. S. 17 erkennt er als eingeschoben Str. 518. 519, weil sie ihm dogmatisch vorkommen: streicht man sie aus, so ist die folgende Strophe sinnlos. Str. 166—186, in denen von Otnits Eltern erzählt wird, sollen auf dergleichen 'Mähren zurückweisen'. Für Zusätze von 'Umdichtern' und 'Abschreibern' erklärt er 'Stellen, die den Einfluss der Kreuzzüge besonders verrathen, z. B. die Erzählung von den Göttersärgen der Sarazenen,' (hergenommen von Mahomets Sarg zu Mekka, wovon Eschenbach weifs, Wilh. 87 b) 'die schon als ganz wesentlich in das Lied eingeflochten ist.' Also käme das 'Wesentliche' von 'Abschreibern.' Veränderung der Sage müsste Hr. M annehmen, wenn ihm nicht Alles Eins wäre, und wenn er beweisen könnte, die Sage sey älter in Deutschland, als aus den Zeiten der Kreuzzüge.

Doch unserem 'Glaubensforscher' dünkt es nicht schwer, das zu beweisen, oder vielmehr ohne Beweis anzunehmen. Denn in der höheren Erklärung herrscht bey Hn. M dieselbe Trägheit, dasselbe leichtfertige Rathen und Absprechen, dieselbe Seichtigkeit, die wir bisher fanden.

---

passt nicht zum übrigen, und gehört doch zu derselben Sage, 1—12, 17—44, 56, 3—67. Das Buch fing an mit der Einleitung 13—16, 3; dann folgte 45—55, 2 (nämlich 16, 4 war etwa gleiches Sinnes mit 46, 1), dann 68—115. Man könnte, — damit wir nichts verschweigen — auch denken, der Liedesanfang 13—16, 3 gehöre nicht zu dem Buche.' Diefs ist aber unwahrscheinlicher. Dann müsste zwischen 13—16. 3 und 36, 3 eine grosse Lücke seyn, und da nun 1—12, 17—44 aus dem Buche wären, eben wie das Folgende 45 ff., so sieht man nicht ein, warum dasselbe 45 erwähnt wird. Dass der verlorene Anfang des Werks etwas aufklären würde, bezweifeln wir.

Gleich der Abschnitt fehlt, der dem Ganzen als Grundlage dienen muss, wenn der Ausleger ehrlich verfahren will. Hr. M lässt ohne Weiteres die 'religiöse Weisheit' spielen; er hebt mit der Erklärung an, eh die verschiedenen Aussagen neben einander gestellt worden sind; ja, was in bekannten Hauptwerken geliefert ist, vernachlässiget er. Das wird sich zeigen, wenn wir, soweit uns die Quellen zugänglich sind, des Herausgebers versäumte Pflicht nachholen.

Einstimmig erzählt 1) das vorliegende Gedicht und Kaspar von der Röhn die Geschichte von *Otnît* oder *Ortnît* (bey Kasp. *Ortnei* d. i. *Ortnî*), weströmischem Kaiser (einmal bey Kasp. 255 König von Griechenland, durch Versehen des Dichters), der sei-
109 nen Sitz zu Garten hat, und meistens König der Lombardey genannt wird. Er ist, da die Eltern kinderlos waren, von Alberich, dem Zwergenkönig, mit der getäuschten Königin gezeugt. Ein Ring, Alberichs Geschenk, den die Mutter Otnit giebt, macht ihm den Vater sichtbar, wie er in Gestalt eines schönen Kindes im Grase liegt. Nach allerhand Neckereyen schenkt ihm der Vater Helm, Schwert, Harnisch und Schild. Otnit ist von den Seinen, zumal von seinem Oheim, Elias (Ilias) von Reufsen, aufgereizt, dem Heiden Nachaol (Machaol, in der Dresd. Hds. Zacherel), König zu Suders (Sunders) und *Muntabûre* (*Muntaber, Muntauber* Dresd. Hds.) in Syrien (*Farjân* nach der Kinderling. und Dresd. Hds.) die Tochter *Sidrât* abzugewinnen, die der Vater, selbst in sie entbrannt, jedem Freyer verweigerte. Alberich begleitet den Seezug, Anfangs auch von dem Sohne nicht bemerkt. Durch Otnits und der Seinigen Tapferkeit, mehr als durch die List Alberichs, wird der Heidenkönig geschlagen, seine Götter werden beschimpft, und die schöne Sidrat bewogen, zu fliehen, und Otnit nach Lamparten zu folgen. Nachaol sendet den Jäger Velle oder Welle (einen Riesen, nach dem gedr. Wolfdietrich) und sein Weib Ruzen, mit reichen Geschenken an Otniten, und darunter zwey Würme, die der Jäger ziehen muss, bis sie, erwachsen, Otnit sein Land verheeren. Wie der Kaiser sie selbst besteht, und dabey seinen Tod findet, erzählen der Dresdner Otnit und der Wolfdieterich: diefs, wie Otnits Verhältnisse mit Wolfdieterich, geht uns für diefsmal weniger an. 2) Der Anhang zum gedruckten Heldenbuche, und, fast wörtlich übereinstimmend, die Vorrede des Strafsburgischen (aus der Hr. M

S. 73—75 die Stelle giebt, nicht ohne Fehler, die nach dem Drucke zu bessern sind), erzählen ganz wie die Drucke. Nur ist Rachaol hier eine Stadt des Königs von Syrien. Hinzu fügen sie Nachricht von Otnits sterblichem Vater, den sie eben so nennen; Otnit sey acht Jahre älter gewesen, als Wolfdieterich; Elias habe seiner Schwester gezürnt um Elberichs willen, der aber die Freundschaft hergestellt. 3) Nach den Handschriften der Vilkinasaga (Müllers Sagabibliothek 2, 281 — Hr. M hat diese Hauptstelle nicht, ob er gleich S. 30 auf nordische Überlieferungen auch Rücksicht nehmen will) ist Hertnit König in Babylon, sein Weib Isolde. Er reitet aus gegen einen Drachen, der ihn verschlingt, und in seine Höhle trägt. Thidrek rächt ihn, unter denselben Umständen, wie Wolfdieterich. Die Gleichheit der Erzählungen hat der sorgfältige P. E. Müller angemerkt. 4) Hr. M liefert von S. 63 — 72 eine Stelle aus dem Gedicht von Dietrichs Flucht; er verschweigt aber, dass sie, mit wenigen Abweichungen, schon in den Altdeutschen Wäldern 2, 118 gedruckt ist, aus der Weltchronik zu Dresden und Gotha. Nach Z. 1916 fehlen Hn. M zwey wichtige Verse (AW. S. 125): übrigens stimmt seine Handschrift, zumal mit der Gothaischen, und es ist offenbar, dass beide Dichter aus Einer Quelle abschrieben. Ortnit ist hier ein Sohn Sigehers und einer Amelgart, aus der Normandie, 110
Bruder von Sigelind, der Mutter Siegfrieds, König zu Meran und Lamparten. Der Heidenkönig wohnt zu *Galänie (Salän)*, er heifst Gordian (Godian), die Tochter Liebgart. Die Beschreibung des Krieges, die in der Dresdener Hds. fehlt, ist abweichend. Alberich kommt nicht vor. 5) Dagegen überträgt die Vilkinasaga, Kap. 150, in einer dort ohne Zusammenhang stehenden Erzählung, Otnits Erzeugung auf Högnen, der (nicht 'eben so', wie Hr. M S. 48 sagt, sondern durch Vertauschung der Sage) von einem Alb *(álfr)* mit der Gemahlin Aldrians, Königs von Niflungaland, eines reichen Königs Tochter, heimlich gezeugt wird, und in Noth seinen Vater aurufen soll. 6) In dem jüngeren Laurin (Nyerups Symbolae p. 47) klagt Alberich (fehlerhaft *allnech*), ein mächtiger Zwergenkönig der Lombardey, über den Tod seines Herrn und Freundes, König Ortnits von Lamparten. 7) Vor Allem berühmt ist Otnits Brünne, mit der Laurins und Kuperans Brünne verglichen wird (Dresd. Laurin, Altd. W. 1, 308. Hörn. Siegfr. 70 — nur die letzte Stelle berührt

Hr. M S. 38 sehr ungenau). Alberich hat sie ihm, nebst dem Schwert Rose, geschenkt, Otn. 481. 750. 793 Dresd. 92. 97. Wolfdietrich findet sie, nach einer Sage, zu *Terris* bey Wernher, gedr. Wolfd. 1577, nach einer anderen, mit Rosen im Trachenneste, gedr. Wolfd. 1751 f. 1771 ff. Dresd. 243 f. Thidrek findet in der Schlangenhöhle Hartnits Waffen, Vilkinas. Sagabibl. 2, 282. In der Lindwurmhöhle findet ebenfalls nach dem dänischen Lied (udv. Danske Viser 1, S. 43) König Diderik — d. i. Wolfdietrich — Adelring, das gute Schwert König Sigfreds, den der Lindwurm tödtete (Danske Viser 1, S. 66. Vergl. W. Grimms Altdän. Heldenlieder S. 474). In der Vilkinasaga Cap. 147 — auch von Hn. M erwähnt S. 38 — bekommt Sigurdr von dem Schmidt Mimir Helm, Schild und Brünne, die er Hertnid — einem Anderen, König in Holmgard — verfertigt hat. Nach Wolfdietrichs Tode wird Otnits Brünne von drey Königinnen von Jochrime gekauft, Dresd. Wolfdietr. 331, deren eine den Riesen Ecken mit ihr gegen Dieterich ausgerüstet, Ecken Ausf. 21 — 24 (vergl, W. Grimm Altd. W. 1, 307 f. Heldenl. S. 469), wobey sie von Otnits und Wolfdietrichs Tode erzählt. Die Brünne ist aus Arabischem Golde, gehärtet mit Drachenblut. Dieterich, dem sie zu lang ist — Otnit hatte Riesenwuchs — schneidet sie rundherum ab, nachdem er sie von Ecken gewonnen hat. Ecken Ausf. 186—199. 8) Endlich den Riesen Velle fand Grimm (Altd. Wäld. 1, 307), doch nicht ohne Zweifel, im Reinfried von Braunschweig.

Ob in früheren Zeiten schon Otnit der Held einer deutschen Sage gewesen sey, lehrt vielleicht die Erforschung Wolfdieterichs. Das Stück von der Otnitssage, das ihn und die Seinigen, nicht aber Wolfdieterichen, betrifft, ist von keinem ansehnlichen Alter. Der Inhalt ist wenig bedeutend, in den Umständen beynahe nichts Eigenthümliches. Otnit steht ganz allein, ohne Verwandtschaft, ohne Kinder: nur in dem Cyklus der Weltchronik werden
111 ihm langlebende Vorfahren, eine Mutter aus Normandie zugetheilt, — Fabeln, die schon an sich Neuheit oder Entstellung verrathen. Die wenigen Namen der Sage sind insgesammt wandelbar; und fast alle kommen sonst anderen Personen zu. Selbst mehr, als einen *Hernit* oder *Hertnid* kennt die Vilkinasaga, von denen einer Vater des Jarls Ilias von Griechenland ist, ein Anderer sein Sohn, keiner sein Neffe. Isold ist eben dort Iron

Jarls Gemahlin, nach der Klage die Jungfrau Isolde Herzogin zu Wien. Liebgart ist Wolfdieterichs Grofsmutter u. s. w. Dazu, auferzogene Drachen, — Normandie, Provence, Trient, Toscana, Messina, Syrien, Babylon, Sarrazenen, ein Russo[1]. Das Alles weist hin auf morgenländische Quellen — das fabelhafte Buch soll in dem fabelhaften Suders gefunden sein —, zugleich auf Vermischung mit Wälschen Sagen, gewiss Alles sehr entstellt und verkehrt, weit entfernt von den Geheimnissen Brachmanischer Uroffenbarungen.

Darauf aber steuert Hr. M los: ja S. 53 redet er zuversichtlich von 'der Geheimlehre der alten Deutschen'; und wenn er so fortfährt, haben wir nächstens 'Deutsche Mysterien' mit allem Zubehör. Dazu muss aber freylich erst alles historischgewisse fortgeschafft werden. Die historische Erklärung zu widerlegen, ist daher diesem Feinde geschichtlicher Forschung erstes Geschäft. S. 21 ff. Warum dabey ältere Meinungen, und sogar die von Lessing, unerwähnt bleiben, ist unbegreiflich. Er hebt sogleich mit der Grimmischen Auslegung an: was den Erörterungen zum Hildebrandsliede (S. 65) späterhin in den Altd. Wäldern (1, 228. 3, 256) hinzugefügt worden ist, übergeht er. Die Brüder Grimm nun — und vor ihnen zum Theil Lessing in Goldasts Namen (Leben und Nachl. 3, 9ff.) — gehen auf den Beweis aus, Otnit sey Odoacer, Wolfdieterich der Ostgothische Theodoricus; die Schicksale verschiedener Dietriche der Sage treffen oft Einen historischen, die wahren Begebenheiten mehrerer habe die Sage auf Ein Haupt gehäuft, selbst innerhalb der Sage gehen dieselben Schicksale von einem Dietrich über auf andere, — oder, wie man auch sagen kann, die verschiedenen Dietriche seyen mythisch Einer; endlich, der mythische Ruther sey wiederum derselbe mit dem mythischen Dietrich. Damit ist für unsere Fabel nur gesagt: was die Geschichte von Theodorich und Odoacer weifs, erzählt die Sage von Otnit und Wolfdieterich: ob aber die Sage aus jener Geschichte sich allmählich entwickelt, oder ob sie, bey ursprünglich anderer Bedeutung, das Geschichtliche, dem sie schon ähnlich war, in sich aufge-

[1] Herr Mone zwar schafft sich daraus einen *Riesen*. '*Rusen*' (so schreibt er) heifst allgemein *Riesenland*. Elias ist also 'ein Riese' (S. 49). Wer sich die Wörter nicht zum Ableiten zurecht schneidet, der findet in *Riuze* und *rise* nichts, als das *R* übereinstimmend.

nommen; kurz, ob sie ursprünglich, oder nur später einmal, den Odoacer und Theodorich gemeint habe, — das bleibt unbestimmt, und muss besonders erforscht werden. Wenn mithin Hr. Mone
112 der Grimmischen Erklärung ohne Weiteres den Namen einer 'historischen' beylegt, so urtheilt er vorlaut und ungerecht, indem er sie, im Schwindel seiner eigenen Meinung, nur halb fasset. Ihm passt es freylich nicht, dass Theodorich und Odoacer im Gegensatz stehen. 'Wenn nämlich Rother *[Ruther]* mit den Dieterichen zusammenfällt, und wegen seiner Brautwerbung (welches die Hauptsache seiner und Hugdieterichs Geschichte ist) mit Otniden [*Otnîtes, Otnîte* declinirt das gedr. Heldenbuch in den Reimen] Eine Person wird: so sind alle Dieteriche im Allgemeinen der Sage nach gleiche Wesen mit Otniden, und nur in Einzelnheiten unterschieden.' Das lesen wir S. 22. 23. Allein dass Ruther und Hugdieterich, und Otnit und Siegfried (und warum nicht auch Günther?), und überhaupt alle, die sich jemals Weiber von fernher geholt haben, nur eine Person seyen, ist ja nichts, als Hn. Monens bodenlose Erfindung: wie kann er nun die sogleich gegen Grimms Erklärung anwenden? Aber so macht ers; Scheu ergreift ihn, sobald von Geschichte geredet wird, weil die den Alles mischenden Vergleichungs-Unfug nicht dulden kann. Das zeigt auch der verkehrte Satz, mit dem er die Abhandlung beschliefst (S. 29): — 'Und so mag wohl mit dem Namen Otnit irgend eine ferne Hindeutung auf Odoachers Geschichte verknüpft seyn, die aber nie ins Reine bestimmt werden kann.' Warum denn nicht? Ob diese oder jene Begebenheit, die von Otnit erzählt wird, in Odoacers Geschichte vorkomme, das ist doch auszumachen. Es hat keinen Sinn, wenn man sagt: Otnits Schicksale können zum Theil mit Odoacers Geschichte zusammentreffen, aber wir wissen nicht, welche. Otnit ist entweder Odoacer, oder er ist es nicht, oder Beides ist nicht überzeugend durchzuführen: aber worin die Geschichte Beider zusammenstimmt oder streitet, lässt sich angeben. Rec. will gestehen, dass ihm für jetzt weder Grimms, noch Göttlings Erklärung annehmlich ist: die Gleichheit der Geschichten ist zu gering; es müsste sich anderswoher unverhofft ein Beweis zeigen. Was wir beytragen können, ist nicht von Belang. Zu der Zeit, als unser Otnit gesungen ward, dachte bey ihm Niemand an Odoacern (Dresd. Weltchr., Altd. W. 2, 121 ff. 132). Vielmehr

wird schon im Chronicon Quedlinburg. (Leibn. scr. r. Br. 2, p. 273) und eben so in der Sachsenchronik (ib. 3, p. 281) Hugo Theodericus der Austrasische Theoderich genannt. Der mythische Odoacer ist Eine Person mit dem untreuen Sibeke (Altd. W. 1, 289. 291). Die Brüder Erpr und Hamdir heifsen im Chron. Quedl. Hernidus und Adaocarus (Altd. W. 3, 262f.) Der Name Otnit soll nach dem Gedichte Z. 11 *der herre* oder *der hêre* bedeuten: *Er* (Hr. M *Es*) *was geheizen Otnît; der herre bedûtet* (Hr. M *betûdete*) *daz, die wîle daz er lebte, daz er gewaltic was.* So unverständlich das für uns ist, mögen wir es doch nicht, nach Hn. Monens Beyspiele, verschweigen. Was er S. 23f. aus der Heidelbergischen Kaiserchronik erzählt, findet man eben so in den Altdeutschen Wäldern 3, 278 — 283 aus der Münchischen Weltchronik, welches er wiederum nicht angiebt. Doch wir ver- 113
gessen die furchtbare Sicherheit, mit der unser Mytholog S. ix jeden Versuch historischer Auslegung, der ja doch nur seine Meinungen 'unbewusst bestätige,' zurückweiset. Es verstehe sich von selbst, sagt er, dass seine Erklärungsart 'aufrecht bleibe so lange die Gegner derselben aus der Geschichte keine Handlung mit völlig gleichem Zusammenhang vorzeigen.' Das sey die erste und unabweisliche Foderung, die er nicht umsonst im §. 39 der Nib. Einl. aufgestellt. 'Nicht umsonst', das ist sein Wort, wo er Symbol wittert. Fehlte nur nicht in der Einleitung dieses Wahrzeichen bey dem ohne Beweis hingestellten Satze, er würde beachtet seyn. Nun klagt Hr. M die Foderung habe man 'meistentheils umgangen.' Umgangen? Der schimpfliche Vorwurf sollte bewiesen seyn. Wen meint er? Wo sind Solche unter den Kennern dieses Fachs, die, wie Hr. M, Grund, Beweis, Wahrheit umschleichen? Er glaube nur, blofs aus Schonung hat man den gedankenlosen Satz nicht berührt. Auch wir schämen uns, ihn zu erörtern, und fragen nur, wie oft, innerhalb der Geschichte, verschiedene Erzähler dieselben Ereignisse in 'völlig gleichem Zusammenhang' darstellen. Und die Sage, die freyer schaltet mit dem Geschehenen, sie sollte, durch den Verlauf vieler Jahrhunderte, den wahren Zusammenhang, den oft die Geschichtforschung nicht ergründen kann, mit strenger Genauigkeit aufbewahrt haben, ohne Veränderung?

Der Mytholog wird nicht verlegen: ihm ist in der Sage nichts Geschehenes. Er wiederholt ja, so oft er kann, den zer-

schmetternden Göttersprueh, 'die Sage ist älter, als die Geschichte.' Der gemeine Verstand, unfähig dieses Räthselworts mystische Tiefe zu ergründen, staunt in Bewunderung; er staunt und empört sich, wenn der ahnende Glaubensforscher nun in der Ausführung jede Sage, jedes einzelne Stück jeder Sage, mit nie zweifelnder Sicherheit, um Jahrtausende älter, als jede Geschichte macht. Endlich glauben wir ihn zu verstehen, den erhabenen Grundgedanken, auf dem Alles beruht. Vernehmt, was die Sage sey. Es ist ein ursprüngliches Ding, Eins der Masse nach, gleichsam ein Weltey, ein vollständiges wohlgebautes System aller Wahrheit und Weisheit, in Bildern noch ungeschehener
114 Begebnisse ausgedrückt, uranfänglich, vor überlieferter und früherer Geschichte. Dann, sobald sich etwas begiebt, muss das Ey vor der Geschichte zerspringen und zersplittern. Nur bey den uranfänglichen Priestern bleibt etwas mehr, als Andeutungen der tiefsten Einsicht, ahnungsvolle Anschauung des Weltalls: Bruchstücke davon und Trümmer, — das sind Volkslieder. An die mache sich der Mytholog: leicht ist aus den Trümmern die Uranschauung hergestellt, ohne Fleiſs, ohne Mühe, durch Alles verknüpfenden Witz und 'religiöse Weisheit'.

Wir hielten bisher die Sage für erzählende Darstellung volksmäſsiger Vorstellungen und Ansichten von menschlichen und göttlichen Dingen, von Ereignissen der bekannten, und warum nicht auch älterer Geschichte; im Drange zur Darstellung entstanden, selten oder niemals aus erdichtetem Stoffe, allmählig umgebildet durch unsorgfältige Überlieferung, durch neu erwachende Begriffe und erweiterte Kenntnisse, durch Begebenheiten jüngerer Zeit, die sich unvermerkt einfügten, oder, das Alte fortschiebend, sich vordrängten. Dabey schien uns vor Allem wichtig der Unterschied zwischen Göttersage und Menschensage. Wenn jene mehr dient, Vorstellungen in Bilder zu fassen, dachten wir: so wird die Menschen- und Heldensage meist in Geschichte, in wahren Ereignissen, unabsichtlich in einen Zusammenhang des Gedankens gefasst, begründet seyn. Denn dass die Sage Götter in Menschen umwandele, giebt es davon viele sichere Beyspiele? Wann die Götter nicht mehr geglaubt wurden, verloren sie sich aus der Sage, oder die Sage selbst ging zu Grunde. Ein starkes Beyspiel von der Götter Entgötterung deuchten uns Saxos Erzählungen von Othin und Balder.

Dem Geschichtschreiber (vielleicht der damaligen Volksmeinung zum Theil) gelang, sie in Zauberer umzuschaffen, die sich für Götter ausgaben: doch war unmöglich, Balders Schicksale zu erzählen, wenn man ihn nicht für einen Göttersohn und Halbgott gelten liefs, und sich zu Göttererscheinungen bequemte, mit der Entschuldigung, 'opinative potius quam naturaliter.' Und, meinten wir, wie sich hier gleich zwey grofse Fabelclassen gezeigt haben, so muss der Forscher einzelne Sagen, Überlieferungen aus verschiedenen Zeiten und Gegenden, erst getrennt und in ihrer Verschiedenheit auffassen, ehe er zu bestimmen wagt, welche Vorstellungen, welche historische Nachrichten irgend ein bestimmtes Zeitalter und ein bestimmter Volksstamm neben einander besafs, und in welchem Zusammenhange. — So dachten wir sonst, auf dem niederen Standpuncte. Nun muss man das 115
verachten, als irrige ungläubige 'Wisserey'. Was irgend in einer Sage vorkommt, müssen wir andächtig verehren, als 'Göttersage' voll 'heiligen Sinns', als höhere Ansicht germanischer Urmysterien.

Und die gesammte Glaubenslehre, mit allen Sagen, Ahnungen und Geheimnissen, haben die Vorväter 'beym Auszug aus Asien mitgenommen.' (S. 40.) Was liegt daran, dass sich kein deutsches Volk der Abkunft aus Asien zu erinnern weifs, dass Tacitus Germanen sich für Aboriginen hielten, dass überhaupt keine Sage nur hinauf bis zum Auszuge der Cimbern reicht? Alles Andenken an Geschehenes ist freylich verloren: aber das Flüchtigste, was fast bey jedem Anstofs sich ändert oder hinschwindet, der Gedanke erhielt sich fest, in ursprünglicher Reinheit, ohne Umwandelung, von den ersten Sitzen her, durch Jahrtausende. Was suchen wir noch Beweise? Es ist 'eine aus inneren Gründen schon unbestreitbare Annahme'. Doch lässt sich der Mytholog herab zu 'Nachweisungen', nach denen jener Annahme 'geschichtliche Richtigkeit — ebenfalls nicht mehr zu bezweifeln ist.' Voran geht noch die zweyte 'Annahme' der 'geschichtlichen Wahrheit' von uraltem Aufenthalte in Asien: und nur, — 'bekanntlich hatten unsere Väter ihren Opferdienst auf Bergen, und wenn wir diese Sitte als abstammend von phrygischem und oberasiatischem Bergdienste ansehen: so ist damit die erwähnte geschichtliche Wahrheit BEWIESEN.' Und wenn man sie nicht so ansieht, ist gar kein Beweis mehr nöthig;

denn historisch wahr heifst soviel als bewiesen; und historisch wahr ist der Satz; denn unser Geschichtsforscher sieht nicht ein, warum nicht. So nämlich gelangt er dazu: 'die Sage trojanischer Abkunft haben mehre Völker, vorzüglich die Franken und damit die anderen Sagen verglichen, dass der siebenzehnte Gefährte des deutschen Erzkönigs Thiusko Mösus geheifsen, von dessen Sohne Brigs, Phryx oder Franken das Land Phrygia (Frankenland) sey genannt worden, und Herodots bekannte Erzählung, dass die Ägypter von den Phrygiern abstammen, als den Hauptbeweis das Wort Bekkos enthält, welches auf phrygisch Brod heifse, womit das deutsche Backen einerley Stamm hat: so sehe ich gar nicht ein, warum wir die Sage, dass die Deutschen lange vor den Gothenzügen im Trojanerlande d. h. in Vorder-Asien gewohnt, nicht als geschichtliche Wahrheit annehmen sollen.' Das heifst doch gründlich, gelehrt, scharfsinnig und lichtvoll. Dazu als 'Quellen' Otto von Freisingen, Königshoven, Aventin, Trithemius, Bernh. Herzog. 'Warum nicht?' Wenn er nur nicht so scheu wäre! Denn warum glaubt er nicht gleich das Andere mit, was der älteste Währmann des Trojanischen Friga und Francio, Fredegarius Scholasticus (im siebenten Jahrhundert) sagt? Nach Priamus, dem Frigen *(Frigus)*, erzählt Fredegar, besetzten die ausgewanderten Troer theils Macedonien, theils, unter Friga, durch Asien ziehend, lagerten sie sich am Ufer der Donau und des Oceans, die Frigen. Die dort blieben unter Turchot, sind *Turchi;* Andere mit Francio
116 durchstrichen Europa, bis sie zum Rhein gelangten. Warum wird nicht gewagt, die Türken, nach der Erzählung, auch in den Kirchenschofs der Kybelischen Bergmutter zurückzuführen? — Der scharfsinnige Mann wird uns Dank wissen: wir 'bestätigen' seine Meinungen mit 'Bewusstseyn.'

Es ist ungläubige Klügeley, wenn man die deutschen Troer, von denen die fabelhaftesten Nachrichten erst Abkömmlinge im vierten Jahrhunderte angeben, durch den Seezug der Franken im Jahre 280 zu erklären meint; 'es schadet der Wahrheit des Satzes nichts,' dass nach J. Grimms Lehre (Grammatik 2te Ausg. S. 177) einem griechischen Bekkos, geschweige jenem urphrygischen, ein deutsches Wort nicht mit *b* und *k*, sondern mit *p* und *h* gleichkäme; 'besonders, da man beweisen kann, dass der phrygische Dienst selbst mit dem Phallus in Deutschland vorhanden gewesen.' Hier ist der Beweis, S. 44: 'Unsere Sprache deutet in manchen Wörtern wo nicht auf Phallusdienst, doch auf den Phallus hin.' Nämlich Pfahl, Buhlen und Bild. Meint ihr etwa, *Pfahl* komme von *palus* her, das von *paxillus*, und diefs von *pango;* das zweite Wort, in seiner ältesten Form, die doch sehr jung ist, *puellare*, von *puellarius?* Lasst euch belehren: *puella*, ursprünglich *Mannweib*, weiset auf den *Phallus* hin, und die genau gleiche Bedeutung von *Bild* und *Phallus* überzeugt vollend. Wir 'bestätigen', und nicht 'unbewusst'. 'Vielleicht war der älteste Balder ein Phallusgott, ein alter Baal, aus dem später ein Apollo geworden,' nämlich ein germanischer Sonnengott. 'Wenigstens hatte Fricco in der Heidenkirche zu Upsala einen Phallus als Sinnbild.' Wenigstens abgebildet ward er *ingenti priapo*, — nach der Urreligion des elften Jahrhunderts. 'Fricco kommt in der Edda nicht vor, und es scheinen in ihm Frigg, Balders Mutter, und Freir, Balders Bruder, vereinigt.' Also war, schliefsen wir getrost mit unserem Führer, wahrscheinlich dieser schwedische Gott des Friedens, der Lust und der Heirathen — mannweiblich: 'sein Name deutet auf eine Göttin, der Phallus auf einen Mann.'

Zweifelt ihr noch an urdeutschem Baals-, Pfahl-, Balders- und Phallusdienst, an Verehrung scheuseliger Mannweiber? — Mag denen das deutsche Recht sogar die Erbfähigkeit absprechen: wir stützen uns auf den 'Beweis,' die 'inneren Gründe', die 'geschichtliche Wahrheit' in den 'Sagen'. Ja noch mehr, den Satz von Religion aus Asien, die 'unbestreitbare Annahme', zeigen wir (merkt auf den Unterschied) auch als 'bildliche Wahrheit' in anderen Sagen vor. — Was? fragen kleingläubige Gegner, als Beweis immer 'Sagen' und wieder 'Sagen'? die doch nach euch ganz Anderes lehren sollen, die 'älter sind, als die Geschichte'? So widersprecht ihr den eigenen Grundsätzen? — Was ihr doch einfach seyd, und unkundig unserer Geheimnisse! Was wir brauchen können, ist wahr und richtig. Wir wissen, wieweit die Sage, vor der Geschichte, dennoch Geschichte lehrt. Nur 'Andere' dürfen nicht wagen, uns die Erklärungen 'umzustofsen'; sie können nur 'unbewusst bestätigen' (S. ix). Versteht! 117
es kommt nicht darauf an, dass man mühselig die Reste des alten Glaubens aufsuche, und dann vorsichtig forsche nach ihrem Zusammenhang. Daran mag sich niedriger Fleifs üben: uns

ist das nur hinderlich. Hütet euch, etwas genau anzusehen: sonst werden euch die schönsten Vergleichungen zu Widerstreit, und geschehn ist es um die Mythologie. Vor Allem wählet euch, aber ja von dem höchsten Standpuncte, mit christlichem Sinn und 'religiöser Weisheit', einen erhabensten Urgedanken, einen Abgott, — Sonnenheld oder Monkalb; und dann fangt nur flugs zu 'vergleichen' an. Je mehr zusammengeschleppt, desto stärker 'begründet'. Ruft nur überall, wo ihr nichts sehet: Wir sehen ihn, das ist Er, der Einzige, der Urgötze! Nicht unerhört lässt er die frommen Suchenden: was ihr 'vergleicht', wird euch unter den Händen gleich; er haucht euch die Mischwörter der uranfänglichen Wahrheit ein: *nicht umsonst, ebenso, darum* und *also*. Eh ihr euch umseht, ist die urälteste Offenbarung, das Geheimniss des Urwissens hergestellt.

Hier seht nur die Sagen an, die euch der Meister (denn hier ist er nicht 'weniger, als Anfänger') verglichen hat, von der Helden Brautwerbungen. 'Es ist wahrlich nicht umsonst, dass all die verglichenen Sagen ins Morgenland hinüberweisen.' S. 41. Der westliche Held nämlich, erläutert er, zieht ins Morgenland, der östliche gegen Westen zur Braut, oder wenigstens ist die Brautfahrt ein ferner Zug. Ihr werdet zugeben, dass gen Osten, gen Westen und fernhin — 'dem Wort und der Sache nach' — einerley sind. Offenbar also liegt in Erzählungen von Fahrten ins Morgenland 'die bildliche Wahrheit, dass die Religionssätze aus dem Morgenlande kommen.' — Ja, wir glauben, wir wissen, dass all diese Sagen wie sie Hr. Mone dargestellt, eben so wahr, und nur wenig jünger sind, als die, mit der er 'sie 'vergleicht', vom Zuge des Dionysos aus Indien.

Wer nur erst lernen könnte, so recht alle Vortheile mit der gewandten Sicherheit unseres Führers zu handhaben! Wie viel wird nicht ergründet ganz allein durch geschickte Ableitung der Wörter! die muss der Geschichte nachhelfen und der Sage. Wollt ihr die Wanderlust der alten Germanen zeigen, und ihren Kriegersinn? die Namen predigens. S. 19. Da sind *Gambrivii* Kampfliebende, von *Kampf* und *Freyen* lieben, *Suevi* Herumschweifende, *Tungri* Zwinger, *Sygambri* Siges (Odins, Siegfrieds) Kämpfer. Der Hauptname ist aber '*Thiutssöhne, Teutonen* — wahrscheinlich *Teut-soner*' — in der Ursprache, denn von den bekannten hat keine den Pluralis *soner* — 'woraus nachher *Teutsche* geworden ist.' Ihr staunt? o das ist noch nichts; hört, und betet an. Das Wort *Kämpfer* zählt nicht mehr, als dreyhundert Jahre; der Etymolog, indem er das, aus eigener Machtvollkommenheit, Gott weifs, welchem zweytausendjährigen Volke leiht, findet, durch scharfsinnige Herleitung, in dem blutjungen Namen die urweltliche Glaubenslehre des alten Volks 'angedeutet': 'Den Zunamen Kämpfer hatten sie vom — heiligen Becher (Kumpf, Kopf, woher auch Schöpfer, Schaffen u. s. w.), sie waren alle Ritter des heiligen Weltbechers, Meeresbechers, der als Gap Ginunga in der Völuspa vorkommt, und womit im Christenthum der heilige Gral, die Taufsteine und Kelch des Heiles gleiche Bedeutung haben.' Seht, das ist 'religiöse Weisheit' christlich zugleich und gotteslästerlich. Und Beweis der Sprachrichtigkeit fodert doch Niemand? 'Dass diese Erklärungen von Manchem bezweifelt werden,' — ja, und widerlegt von Anderen, — 'ist noch kein Beweis ihrer Nichtigkeit'. Nein, gewiss nicht; vielmehr 'unbewusste Bestätigung.'

Begnügt sich Einer mit den schlichten und wenig tiefen Erklärungen der Namen *Siegfried* und *Dieterich?* Er wird hier besser belehrt. S. 43 ist 'unter Siegfried, Otnit und Ruther sprachlich der Begriff des Tagesgottes und Lichthelden; dagegen heifst Dieterich wörtlich ein Todtenreche, Todtenherr'. Aber S. 16 vereinigt der Name Siegfried die nordischen Götternamen *Sige* (Odin) und *Freir.* Die Edda weifs freylich nicht, dass Odin *Sigi* heifst; in der Ursage hiefs er so, glaubet nur. Doch aber sind S. 33 *Freir* und *Freia* 'in Namen und Sache mit Siegfried völlig gleich;' und S. 44 zeigt sich der Gräuel ganz, aber wiederum anders, ursprünglich heifst Siegfried — Mannweib. Und all diese Erklärungen sind gleich richtig: das war Alles Eins in dem Mischmasch der Urgeheimlehre.

Nichts aber ziert des Mythologen Erfindungen mehr, als Citate. Es ist gar nicht nöthig, dass in den Stellen dasselbe zu lesen ist, was der Ausleger sagt. Nicht Jeder wird immer nachschlagen, und der Mytholog wäre ja weder neu, noch scharfsinnig, wenn er das wiederholte, was schon in den Texten steht. Auch wisst ihr, dass durch Vergleichung die verschiedenen Gedanken gleich werden. Doch wo gar zu unglaublich wäre, dass vollständig, Wort für Wort, die neue Ausdeutung sich bey den

Alten fände, wo also gewiss Jeder nachschlüge, — da citirt ein vorsichtiger Mytholog, der Naseweisheit zum Trotz, Handschriften. Da Hr. M nie einen Druck des Heldenbuchs gesehen hat (S. 16), so kann er ohne Scheu die Pfälzische Hds. 373 Bl. 110, 111 (das heifst, eine Stelle aus dem Wolfdieterich) zu dem Satze anführen, 'Sidrat sey, nach naturgeschichtlicher Bedeutung, wie in der phrygischen Sage, Bild der Allmutter Natur, die auf den Bergen wohnet, und den Löwen zum Sinnbilde ihrer Lebenswärme hat.' (S. 53.) Nach dem gedruckten Wolfdieterich wohnt die Königin Sidrat auf der Burg zu Garten — nicht aber auf den Bergen —, und sie pflegt und heilt den Löwen Wolfdieterichs. In der Heidelbergischen Handschrift, giebt uns der Mytholog zu verstehen, sey die Rede von Naturgeschichte, von der Allmutter und ihrer Lebenswärme. Wer das nicht glauben kann, nun, der muss glauben, dass der Mann ihn mit Zeugnissen, die Niemand prüfen kann, verlocken und hintergehen will.

119 Was sollen wir viel des Einzelnen anführen? Das Grundlose, Unwahrhaftige dieser Art von Mythologie sollte Jedem einleuchten. Beklagenswerth ist, wer in gutem Glauben auf solchen Abwegen der Forschung irrt, aber wehe, wer sich hochmüthige Sicherheit und trügliche Künste zu Begleiterinnen wählt! Ihn treffe Verachtung, bis er der schnöden Gesellschaft Urlaub giebt, und umkehrt zur Wahreit und Redlichkeit.

Nur der 'ehrwürdigen Sache' (S. v) wegen, und des unheildrohenden 'Hauptsatzes', den die Vorrede S. x aufstellt, müssen wir noch zum Theil sagen, wie sich Hr. M an dem vorliegenden Gedichte insbesondere versündiget. Der Hauptsatz ist nämlich dieser: 'Die drey Sagenkreise, des Heldenbuchs, Rolands und des H. Grals, enthalten keine Geschichte, sondern die älteste Religion der west- und nordeuropäischen Völker in geschichtlicher Umstaltung. Dieser Inhalt findet sich zerstreut auch in der übrigen altdeutschen Literatur, vorzüglich in den Minneliedern, und in den Sagen und Liedern des Volkes.' Den ungeheuren 'Satz' hat er fertig, nur die 'Beweise' fehlen noch; er 'weifs nicht, ob er ihn in seiner ganzen Ausdehnung in seinem Leben beweisen wird.' Das ist, in der Art wie er begonnen hat, gar nicht schwer. Er mache sich daran; in wenigen Jahren wird Alles vollendet seyn. Er wird dann, nach der Arbeit, umsonst vom Schicksal die verlornen Jahre zurückbitten.

Es scheint, nach unserem Ausleger (S. 3), Ein 'Grundgedanke'
durch den Sagenkreis des Heldenbuchs zu gehen, 'dass irgend
ein Held auf Veranlassung einer unheilvollen Brautwerbung von
seinen Verwandten ermordet wird, wodurch das ganze Geschlecht
der Mörder seinen Untergang findet.' Doch sollen einige Lieder
auch nur die Brautfahrt, mit Kampf verbunden, darstellen, andere, 'mit Anspielung und Hinweisung auf die Jungfrau,' den
Kampf und die Ermordung. Wer die Gedichte kennt, wird bey
vielen nicht wissen, wo er sie unterzubringen habe. Das Hildebrandslied gehört zu der Brautfahrt; es weiſs von keiner Braut
und doch ist es in einer älteren Gestalt übrig, als die anderen
alle. Otnit, wird man glauben, enthalte die Fabel ganz, nur
der Untergang des Mördergeschlechts fehle, und damit stimmt
auch S. 30 die Angabe, was Otnits Sage sey. Aber nach S. 3
ist in dem Gedichte bloſs die Brautwerbung enthalten. Wiederum
S. 18 lernen wir, der 'Grundgedanke' sey 'der gefahrvolle Kampf
für die Rettung und Erwerbung eines groſsen Gutes, das in feindlicher Gewalt ist.' Bis S. 53 die vierte und fünfte Deutung
der Sage folgt, wonach in Otnit und Sidrat ursprünglich
bloſs die naturgeschichtliche Bedeutung gelegen war: Otnit war
Anfangs bloſs der Gott des Sonnenjahres und Sonnenlichts, der 120
alle Jahre stirbt und wiedergeboren wird, Sidrat aber das Bild
der Allmutter Natur. 'Dennoch', fügt er hinzu, sey 'nicht abzusprechen, dass in ihrer Sage nicht nur eine höhere philosophische
Bedeutung liege, wonach die Griechen auch den phrygischen
Dienst erklärt haben, sondern dass wohl auch die Geheimlehre
der alten Deutschen jene höhere Ansicht enthalten habe.' Und
das liegt sammt und sonders 'ursprünglich in der Sage,' es ist
ihre 'Bedeutung', ihr Grundgedanke.

Auf mythische Zahlen legt in der Nibelungen-Einleitung Hr. M den gröſsten Werth; obgleich zu beweisen ist, dass die Zahlen sich in die Nibelungenfabel erst späterhin einschlichen. Hier im Otnit vermissen wir den geliebten Zahlenkram; nur die Anzahl der Aventüren — es sind ihrer sieben — scheint nach S. 7, 'nicht ohne Bedeutung'. Sollte sich nicht vielleicht mehr finden, wenn man die 'versteckten' Zahlen aufsuchte? In der Nib. Einl. S. 77 'lag versteckter Weise' die Zahl Zwölf in V. 4265 und 4266 der Nibelungennoth. Dort werden nämlich 'innerhalb vier Tagen an dreyſsigtausend Mark oder mehr' an die Armen gegeben; das machte 'Zwölf', nach der Geheimrechenlehre der alten Deutschen.

Es gilt den Beweis, Otnit bedeute den Sonnengott. Weifs etwa der Mytholog Merkmale des Sonnengottes an ihm vorzuweisen? Kein einziges. Er vergleicht einzelne Puncte, — nicht etwa in Otnits Sage, auch was von Siegfried, Ruther, Loherangrin erzählt wird, und mit einem Sonnengotte als Sonnengott nichts zu schaffen hat, wie viel sich eben von flüchtiger Ähnlichkeit finden will, mit Osiris, Attis und Adonis. Alles ruht auf der Vergleichung — und Vergleichung giebt hier allemal Gleichheit — Otnits mit Anderen, die auch Brautfahrten gethan haben; und 'am wichtigsten ist die Vergleichung mit dem Hörnen [hörnenen] Siegfried, dessen unbezweifelte Einheit mit Otnit für die Erklärung beider sehr vortheilhaft ist' (S. 31). Die Einheit der beiden ist von Haus aus 'unbezweifelt', und darauf gründet sich die Vergleichung, wie die Erklärung. 'So wie ich den hörnenen Siegfried für den deutschen Othin vorzüglich als Licht- und Jahresgott' (was Othin nicht ist) 'erklärt habe, so gilt auch diese Erklärung für den Otnit und seine Verwandten' (S. 40). Nun ist aber in der vorher angeführten Leipziger Recension Hn. Ms Sonnengott Siegfried gründlich genug widerlegt worden; also ist an der Erklärung Otnits, die auf nichts Anderem, als der 'unbezweifelten Einheit' mit Siegfried beruht, auch nichts Wahres, sondern Alles nur Dunst und Nebel.

121 Doch da ist ja wohl etwas, wie es ein Sonnengott wünschen kann: Wiedergeburt. Nach S. 43 'WISSEN wir, dass Otnit, Siegfried und andere' — Sonnengötter nämlich — 'wiedergeboren WURDEN.' Das ist doch nichts Kleines, wenn es nur wahr wäre. In der Nibelungen-Einleitung S. 83 gesteht Hr. M, dass die Lieder von Siegfrieds Widergeburt nichts wissen, aber unleugbar gehe sie hervor aus einer Sage des siebzehnten Jahrhunderts. Die Sage lautet, er wird einst wiederkommen (Altd. Wäld. 1,322). Im Otnit S. 17 'scheint es,' nach den Lesarten der Hds. B V. 67 und 85, 'dass Otnit schon einmal gestorben und wiedergeboren war.' Elias redet Otniten an; ich beklage, sagt er, *daz dir nâch dînem tôde sô vil arbeit ûf erstanden sint*, so viel Gefahren und Mühseligkeiten, die dir den Tod holen. — So steht es mit Siegfrieds und Otnits Wiedergeburt.

Allein die Vergleichung beider, trifft sie etwa den Gang ihrer Schicksale, den Zusammenhang der Sage? Nicht doch, nur Kleinigkeiten, nur was in den ächtesten Quellen fehlt. Diefs ist das Übereinstimmende (S. 31). Ihr Verhältniss zu Alberich — (den die nordische Sage nicht kennt) — ist dasselbe, 'nur mit dem Unterschied der Abstammung, der nach älteren Sagen' — (die von Alberich nichts wissen) — 'vielleicht auch nicht vorhanden wäre.' Nämlich, Waffen von Elberich: bey Siegfried, gesteht Hr. M, nur die Tarnhaut — (die weder Schwert, noch Panzer ist, und Zauberkräfte hat, wovon bey Otnits Waffen sich keine Spur findet) —, 'gewissermafsen' auch — (aber nach der Erzählung nicht) — das Schwert Balmung. Befreyung der eingesperrten Braut von ihrem wilden Hüter: — (nur nach der jüngsten Quelle, dem hörnenen Siegfried, in den früheren nichts der Art; und Kriemhild bewahrt ein Drache, Sidrat ihr Vater, ein Heidenkönig.) Dazu hilft beiden des Zwerges List, der die Wege weist: (wieder im Hornsiegfried, und nicht Alberich, sondern Eugel). Beide haben zwölf Männer Stärke: — (allgemeiner mythischer Ausdruck; und die Zahl nicht einmal fest, Alberich hat *zweinzic manne kraft*, Biterolf S. 80*). Von den Ringen nachher. Beide werden im Walde unter Linden ermordet: (— ob Siegfried draufsen oder im Hause ermordet sey, war früh 122
zweifelhaft; von der Linde ist Manches zu sagen, aber bezaubert war sie nicht, unter ihr verschlang ihn kein Drache, wie Otniten.) Und ist das Alles? Nein, er braut mehr zusammen: 'Dem ermatteten Otnit wird seine Braut in die Arme gelegt,' (das erfindet der Mytholog, s. Otn. 1790) 'darauf streitet er mit den Heiden am Wasser, das ihn umzäunt (?), und sinkt vor Müdigkeit der Sidrat in den Schofs, die ihm mit einem Schleyer den Schweifs abwischt,' (dann aber streitet er von Neuem) 'ebenso Siegfried' (nur im Hornsiegfried) 'auf dem Drachenstein,' (aber nachdem der Drache todt ist) 'und überwunden' (Otnit ist nicht überwunden) 'im Rosengarten der Kriemhild,' (nach keineswegs allgemeiner Sage; und Kriemhild ist dort nicht, wie Sidrat, die errungene Braut) 'die ihren Schleier, gleichbedeutend mit der Tarnkappe, über ihn wirft, wodurch sie ihm Leib und Leben rettet,' (hat Sidrat die Tarnkappe? rettet die Tarnkappe das Leben? stärkt sie Ermattete? wischt man damit den Schweifs ab?) 'oder nach dem grofsen Rosengarten mit all ihren Frauen,

(Sidrat ist allein) 'den Dieterich von Bern um Schonung ihres Friedels anfleht, welches auch von Otnit erzählt wird, der, unter den Linden' (unter *einer Linde*) 'vor Garda, gleichbedeutend mit dem Rosengarten' (den die meisten Nibelungensagen nicht kennen) 'von Wolfdieterich überwunden, blofs durch Dazwischenkunft seiner Frau' (die nicht, wie Kriemhild, Helden nach Garten zum Kampf geladen hat) 'vom Tode gerettet wird.' Das heifst nun grofsartiges Auffassen der Sage und ihrer Bedeutung, gründliches Forschen nach dem Zusammenhang. Wo wirklich dieselbe Fabel mit anderen Nebenumständen vorkomme, weifs unser Ausleger theils nicht, theils sind die Abweichungen ihm unwichtig. Er vergleicht lieber mit Otnit — staunen wird, wer die Sagen kennt — den eddischen Skirnir, König Ruther, und aus der Vilkinasaga Osantrix, Osid, Rodolf, Hertnid von Vilkinaland, Rodingeir, Attila.

Otnits Ring, den Alberich seiner Mutter gab, und durch dessen Zauberkraft der Zwerg sichtbar wird, führt unseren scharfsinnigen Ausleger zu tiefen Deutungen. S. 17 spielt er erst vor: 'So wird von Elberichs Verschwinden aus der Sage nichts erwähnt, und dennoch scheint nach V. 804 eine Sage darüber vorhanden gewesen.' Dort nämlich sagt Elberich: *dune maht mich niht verliesen, die wîle dû hâst daz vingerlîn.* S. 31 schon kühner: 'Beide (Otnit und Siegfried) sind im Besitze des Zauber-
123 rings, mit dessen Verlust, der bey Otnit auch anzunehmen, ihr Schicksal unvermeidlich eintritt.' Und S. 48 bricht, ohne 'Scheinen' und 'Annehmen', die Unwahrheit in ihrer ganzen Schamlosigkeit durch: 'Warum aber Otnit und Siegfried trotz ihrer göttlichen Abkunft' (Otnit? ein Zwergenkind) 'sterben müssen, das leuchtet schon daraus ein, dass sie Sonnen-Einfleischungen (Incarnationen) sind', (Incarnationen eines sichtbaren Körpers?) 'aber unsere Sage gibt noch tiefer den Grund an, sie haben nämlich den Zauberring und Gürtel verloren, wodurch sie aus dem Kreise der höheren Wesen ausgetreten, und also den Verwandlungen des irdischen Lebens, namentlich dem Tode, unterworfen sind.' Hat die Phantasie irgend Grund? Siegfried bekommt durch den Ring keine Zauberkraft, viel weniger Göttlichkeit; Otnit gewährt er nichts, als das Vermögen, seinen kleinen Vater zu sehen, und Elias sieht Albrichen, mittelst des Ringes, ebenso gut, als er, Z. 1002. Dass Siegfried seinen Ring und

den Gürtel — doch wohl nicht seinen eigenen? — verliert, ist uns unbekannt: wenn er beides weggiebt — und auch darüber sind die Sagen uneinig —: so hat das anderen Zusammenhang. Und ist es denn wahr, dass Otnits Sage, die den Verlust des Ringes erst 'annehmen' hiefs, und dann sogar 'angab', von Elberichs Verschwinden 'nichts erwähnt'? Dass der Ring verloren sey, 'giebt sie nicht an': man darf annehmen, er ist unwichtig geworden seitdem 'sich der Zwerg öffentlich zeigt': aber ausdrücklich wird erwähnt, dass Alberich Garten verlassen habe, weil die alte Königin, deren Kebsmann er war, gestorben sey: Wolfdietr. 881.

Sidrat ist nach Hn. Ms Deutung S. 45ff. Astarte, Isis, Aphrodite, Cybele, Mondes- und Erdgöttin, Ostar, Ostacia — 'nicht umsonst' ein Zauberweib —, Kriemhild, Sisilie, Ute, Liebgart, heilige Jungfrau — welche (hört, christliche Glaubensforscher!) 'auch die christliche Mondesgöttin geworden' ist —, und Genoveva. Doch weil er selber sagt, 'die Vergleichung dieser weiblichen Grundwesen ins Einzelne zu verfolgen, führe zu weit', so mag das Spiel ruhen.

Es folgen S. 47 Behauptungen über Elberich, erwiesen durch 'ebenso' und 'daher'. Wie aber der Mytholog aus dem neckischen Zwerg, dem spätgebornen Vertreter seiner gesammten Gattung, sich einen Zeus erfabelt; und wie im Nibelungenliede Giselher, der 'nicht umsonst' ein Kind heifst, seine Stelle vertritt, und sogar Siegfried; ferner wie 'darum' — weil Elberich harfet — 'denn auch Spielleute der Helden Wegweiser sind, wie Volker der Nibelungen', und wie 'darnach Lachmanns Zweifel (er wies, ohne zu zweifeln, Widersprüche nach in einer Stelle der Nibelungennoth) theils unnöthig sind, theils gehoben', — das Alles, und was der Mythenmenger noch sonst in den Wirbel seiner Vergleichungen zu ziehen weifs, mag, wen hirnloser Mischmasch und Unwahrheit erfreut, bey ihm selber nachlesen. Nur dass er S. 48 glaubt, 'wir wissen nicht, was unter dem Lande *Almari* und dem Berge *Göickelsass* zu verstehen sey,' ist etwas stark. In der symbolischen Umnebelung liegt ihm Armenien 124
und der *Koukesus* allzufern, eben so fern der Kopenhagener Laurin (Nyer. Symb. p. 48. 49). Aus demselben war auch zu lernen, dass mit der Burg *Muntabüre*, an die Hr. M, nach un-

genügenden Anmerkungen über Otnits Begleiter, kommt (S. 51ff.) wirklich *munt Thabor* gemeint werde, und nicht die Stadt Montabaur im Westerwald. *Sûders* nimmt er zuerst mit Göttling für Tyrus, weil sie in Syrien — *Súrjen, Súrîe,* oder *Sirîe,* nicht *Surgen* — liegen soll. Nur ist nicht abzusehen, wie *Sur* sollte in *Sûders* verderbt worden seyn. Es ist Name der sagenberühmten, von Saturn erbauten Stadt *Sutrium*, dessen Laut für Deutsche den Begriff einer südlichen gab. So kam sie leicht in der ungelehrten Sage noch südlicher zu liegen, und der Name ward in das gleichgeltende *Sunders* umgedeutscht. Was soll man aber von dem gelehrten Ausleger denken, der ohne Grund, und ohne Beweis, aus leidigem Scharfsinn, endlich gar die Burg Garten zum Göttersitz Asgard erhebt, Sunders und Muntabure in ursprüngliche Sonnen- und Mondburgen umzaubert?

Zum Schlusse wollen wir noch die Beylage von S. 57 bis 63 erwähnen, den schätzbarsten Theil des Buchs, der zwar mit dem Otnit eigentlich nichts zu schaffen hat. Es ist aus der heidelbergischen Kaiserchronik, einer in vielfachem Sinne sehr wichtigen Handschrift, die man bisher fast nur dem Namen nach kennt, Z. 4717 — 4954, die Geschichte von Porsena und Mucius Scävola, hier unter *Vitellus* (Vitellius) erzählt, mit den Namen *Otto* (Otho) und *Odnatus*. Als merkwürdig zeichnen wir aus Z. 4765 *wollit ir*, 4767 *ich vermezze mich*, 4825 *ich werde,* 4820 *sagen ich,* 4827 *vch* für *v* d. i. *iu*, 4848 *mêr nersprach* für *mêr ne sprach*, 4895 *en resprach* für *erne sprach* (4885). *Mir gesellen* 4778 soll *mir ze gesellen* heifsen. 4941 *vor Namis* ist *vúrnames*. 4750 *unt sich nôtliche betrageten,* vielleicht *betageten,* bis zum nächsten Tag fristeten? Z. 4782 ist uns undeutlich. Die Interpunction, die überall sorgfältiger seyn sollte, ist auffallend fehlerhaft Z. 4831 — 34 und 4885 — 88.

Für unsere Leser bedarf es nicht der Versicherung, aber Hrn. Monen bitten wir, wenn es ihm auch etwas sauer wird, zu glauben, dass keine Feindseligkeit gegen ihn unser noch immer schonendes Urtheil geschärft hat: aber gegen die Art von Arbeit und Forschung, die er in diesem Buche angewandt, hegen wir die allerfeindseligste Gesinnung. Er wird uns immer willkommen seyn, wenn er mit Fleifs und Treue zur Förderung der deutschen Philologie arbeiten will; und wir freuen uns auf seine längst versprochene Ausgabe des Pfaffen Konrads, deren Verzögerung nur Gutes erwarten heifst. Möchte es ihm gefallen, dem Gedichte von Karl die Kaiserchronik sogleich beyzufügen! Durch einen sorgfältigen Abdruck der beiden Werke würde er sich mit geringer Anstrengung ein wahrhaftes Verdienst erwerben, und dauernden Ruhm und Dank, zum Lohn seiner Bemühungen.

CK.

Über das wahrscheinliche Alter und die Bedeutung des Gedichtes vom Wartburger Kriege,

ein literarhistorischer Versuch von August Koberstein, Adjuncten an der Landesschule zu Pforta. Naumburg 1823. iv u. 68 S. in 4.

Aus der Jenaischen allgemeinen Literatur-Zeitung. October 1823. Nr. 194. 195.

105 Mit dieser kleinen, aber nicht unbedeutenden, Schrift tritt ein junger Mann in die Gesellschaft der Freunde des deutschen Alterthums. Wir bieten ihm einen herzlichen Gruſs, den er als ein strebsamer und Wahrheit suchender Forscher so sehr verdient. Wir loben ihn nicht: es könnte scheinen, uns blende der Beyfall, den er unserem Aufsatze über den Wartburger Krieg (Jen. A. L. Z. 1820. No. 96, 97) gegeben hat. Die Achtung der Edeln ist, auch ohne Lobpreiser, zu gewinnen durch Tüchtigkeit; die Achtung des Pöbels erwirbt man durch unablässiges Schreyen, Groſsthun und scheinbar geistreiches Wesen. Hr. Koberstein hat gewählt: er will nur den Besseren gefallen. Wir wünschen ihm nichts, als dass ihm gegönnt werde, ohne Anfechtung das begonnene Studium fortzusetzen.

Uns aber gebührt, wo wir ihn auf Irrwegen sehen, abzumahnen, und den redlich Suchenden warnend zurückzurufen. Auf dem Titel des Buchs steht der unleugbar richtige Satz J. Grimms: 'Inhalt und Form führen in der Geschichte der Poesie immer zu denselben Resultaten'. Wer sollte glauben, dass gerade in unrichtiger Anwendung dieses Satzes die Schwäche der Abhandlung liege? Des Vfs. Meinung ist nämlich die: was Rec. durch Betrachtung der äuſseren Form des Wartburger Krieges gewonnen hat, eben das, und noch Einiges mehr, habe er durch Erforschung des Inhalts herausgefunden. Uns könnte es lieb seyn, wenn dieſs der Ertrag seines Fleiſses wäre. Aber Hr. K hat nur, was allerdings zu loben ist, einige historische Umstände mit Sorgfalt erörtert; und was daraus folgt, kann man ziemlich

bey jeder Ansicht vom Wartburger Kriege zugeben. Hingegen das Neue, seine weiteren Vermuthungen, streitet nicht nur mit den früheren Meinungen, sondern nicht weniger auch mit der unserigen. Also unsere Forschung hätte er nicht billigen, vielmehr verwerfen sollen. Dieſs ist nicht geschehen; der Widerspruch entging ihm, weil er unsern Beweis nicht geprüft, und darum nicht durchdrungen hat. Er missbraucht unsere Beweisgründe, er missversteht Jacob Grimm: — durch eigene Schuld; denn 106
wer hat ihn gelehrt, wahre Forschung könne bestehen, wo Inhalt und Form getrennt werden?

Hr. K hat mit Fleiſs und Genauigkeit die historischen Beziehungen des Gedichtes vom W. Kr. aufgefasst, die, obgleich der Wettgesang in die ersten Jahre des xııı Jahrhunderts fallen soll[1], bis gegen 1250 reichen. Ferner dünkt ihn, die Lebensverhältnisse der Dichter seyen unrichtig dargestellt: Eschenbach sey Walthers Feind gewesen, er werde unschicklich, 'bey seiner bekannten Abneigung gegen die deutschen Sagen', mit Horand, wie er vor Hilten sang, verglichen; Reinmar von Zweter, der bis gegen die sechziger Jahre des xııı Jahrh. gelebt haben muss, könne nicht wohl im Wartburger Kriege *kieser* gewesen seyn. Mithin sey nicht nur Einzelnes unächt, sondern der erste Theil des Gedichtes nothwendig erst einige Zeit nach Reinmars Tode verfasst worden; der zweyte, in dem Reinmar nicht auftritt, möge schon etwas älter seyn. Dann hat der Vf. sorgfältig gezeigt, wieviel Mythisches in der Person Klinsors liege; die Zeugnisse für sein historisches Daseyn sucht er hinwegzuräumen. Habe nun Klinsor nie gelebt: so gehöre er auch ursprünglich nicht in den Krieg von Wartburg. Wohl aber könne gegen die Mitte xııı Jahrh. ein poetischer Wettkampf zwischen Wolfram und dem mythischen Klinsor erdichtet seyn, 'welcher den groſsen Zwiespalt im Menschen, zwischen Natur und Geist, Wissen und Glauben, Irdischem und Göttlichem' darstellen sollte. Dieses Gedicht, den s. g. zweyten Theil, möge dann mit dem Wartburger Kriege der Umarbeiter Lohengrins in Verbindung gesetzt haben.

Wir lassen den 'groſsen Zwiespalt' unangefochten. Mag den Vf. darauf Hoffmanns Erzählung vom Wartburger Kriege

[1]) Die Angaben S. 65 sind unvollständig. Das Jahr 1207 hat auch Dietrich von Thüringen. Das Chronicon Riddageshus. (bis 1508) in Leibn. scr. r. Brunv. 3, 78: 1205 Clingeshor astronomus floruit.

gebracht haben, oder nicht: eine streng prüfende Forschung wird dahin nicht führen.

Was meint Hr. K eigentlich von dem Umarbeiter des Lohengrins? Entweder missverstehen wir ihn, oder er uns. Rec. hatte vermuthet, etwa von S. 17 an sey das Gedicht von einem Späteren fortgesetzt; S. 16 findet sich der erste ungebührliche Reim, und nachher viele. Unser Vf. hingegen behauptet zwey Über-
107 arbeitungen. Das ursprüngliche Gedicht, sagt er, mochte in kurzen Versen geschrieben seyn; auf dieses Gedicht weise hin S. 18. Allein dort heifst es: *als uns diu âventiur seit in den lieden;* mithin war das Gedicht strophisch. Denn ein *mære* kann zwar ein *liet* heifsen, aber nicht *lieder*. Also wird entweder ein französisches Werk in Strophen gemeint, oder ein deutsches, ebenfalls in Strophen. Und im letzten Falle ist kein Grund, mit Hn. K anzunehmen, dass das frühere Gedicht älter gewesen sey, als der Anfang des jetzigen (S. 59); denn woran sollte das höhere Alter erkannt werden? Vielmehr wird der Umarbeiter eben den Anfang des älteren strophischen Gedichts beybehalten haben (der, aus kurzen Versen in Strophen umgesetzt, nicht, durch genauen Reim, ein höheres Alter verrathen würde); dann, S. 16, begannen die Änderungen. Freylich dünkt uns der andere Fall wahrscheinlicher, dass der spätere Dichter nur das Unvollendete, nach dem französischen Originale fortsetzte, aber nichts umarbeitete. Doch darüber ist nicht zu streiten: nur, wie man sich auch entscheiden mag, Hn. Ks erster Dichter und erster Umarbeiter fallen zusammen, und sein dritter Bearbeiter ist mithin erst der zweyte. Diesen letzten Dichter des Lohengrins nun setzt er in die zweyte Hälfte des xiv Jahrhunderts, der schlechten Sprache wegen. Die historischen Anspielungen, soviel uns bekannt ist, gehen nicht über das dreyzehnte hinaus; und was Sprache und Reim betrifft: so ist in diesem Jahrh. bereits so viel Unregelmäfsiges und Fehlerhaftes in Gebrauch gekommen, dass man nicht leicht von einem Gedichte behaupten kann, es sey erst aus dem xiv; dagegen die, welche man nothwendig dem xiii zuschreiben muss, meistens leicht zu erkennen sind.

Doch für des Vfs. Sache liegt daran nicht viel. Hingegen ist ihm sehr wichtig, was er zu schnell entschiedon hat, ob der erste Theil des Wartb. Kg., und der zweyte, und der Anfang des Loherangrins, von den drey Dichtern, oder von Einem sind. Er nimmt Überarbeitung an: wir finden die ächten Strophen in Ausdruck und Ton so auffallend gleich, dass man bei dem Umarbeiter der beiden ersten Gedichte eine ungewöhnliche Geschicklichkeit voraussetzen müsste. Und dieſs müssen wir wohl, wenn von dem Wartb. Kr. der Wettgesang Wolframs und Klinsors ursprünglich verschieden ist. Dieſs aber folgt, wenn, wie der Vf. will, Klinsor niemals gelebt hat. Mithin ist die Frage, ob Klinsors Existenz nicht zu retten sey.

Hr. K hat sehr alte Zeugen verwerfen müssen, Hermann den Damen, und Dietrich von Thüringen. Auch diesen; denn, obgleich er Klinsorn nicht zu den Sängern zählt, sagt er doch von ihm, er sey gekommen 'ad dijudicandas praedictorum virorum cantiones.' Mag er auch dieſs, wie seine Nachricht von Klinsor, dass er adlich und reich gewesen, 'trium milium marcarum annuum habens censum' aus dem Gedichte geschöpft haben, und das Übrige aus weiter bildender Volkssage: wie kam die Sage, wie kam der Dichter des Wettgesanges dazu, einen Nekromanten und Zauberer aus dem Parcival zum S ä n g e r zu machen, und 108
ihn dem gegenüber zu stellen, der von ihm redete, wie von einem Zauberer uralter Zeit, kaum zwey Lebensalter nach Nebukadnezar (Parc. 3025)?

Wir sehen gar keine Schwierigkeit in der Annahme, ein Meister des xiii Jahrhunderts — ob schon im ersten Jahrzehnd, ist sehr gleichgültig — sey, vielleicht weil er sich geheimer Wissenschaft rühmte, von sich selbst oder von Anderen, nach dem bekannten Zauberer, Klinsor genannt worden. Dieſs erklärt Alles, und widerspricht keinem Zeugnisse. Vielleicht ist sogar erlaubt, sich noch weiter zu wagen, und diesem geleugneten Dichter durch Vermuthungen nachzuspüren.

Die Lieder, welche ihm in der Kolmarischen Hdschr. beygelegt werden, hat unser Vf. etwas zu leicht von der Hand geschlagen. Zwey von den 5 abgedruckten Strophen finden sich unter den Jenaischen des Wartb. Kr. In den drey übrigen ist nichts, dessen sich ein Dichter aus dem Anfang oder der Mitte des xiii Jahrh. zu schämen hätte. Sie sind, was Hr. K vernachlässigt hat, in demselben Versmasse, wie zwölf Strophen des Hardeggers in der Manessischen Sammlung. Hier und dort wird die Welt gescholten (Altd. Mus. 2, 193. M. S. 2, 121^{b} 122^{a}). Auf den

Hardegger folgt bey den Manessen[1] Reinmar von Zweter, in der Kolmarischen Hdsch. auf Klingsor ebenfalls Reinel von Zwetel (Altd. Mus. 2, 184). Dieſs wird die Vermuthung empfehlen, dass Klinsor und Hardegger zwey Namen Einer Person seyn mögen.

Aber des Hardegers Ton führt uns noch weiter. Denselben Ton findet man nämlich auch in den sämmtlichen Jenaischen Strophen von Stolle. Die sechste ist Antwort auf des Hardeggers sechste, welche letzte in der Jenaischen Handschrift als Stollens fünfte steht, — ebenso wie die Antwort auf Rumelands Str. 358 unter Rumelands Lieder gesetzt worden ist, Str. 356. Und fünf dieser Jenaischen Strophen enthalten ein Gedicht, das die Maness. Sammlung dem tugendhaften Schreiber giebt (s. Docens Dichterverzeichniss, S. 209. Wiedeburg, S. 71ff.) Ist nun die Vermuthung nicht wahrscheinlich, der tugendhafte Schreiber und der Jenaische Stolle seyen der alte und junge Stoll des Kolmarischen Meistergesangbuches?[2]

Allein, sagt man hier, ist denn der tugendhafte Schreiber
109 nicht Hr. Heinrich von Rispach? Nein. Dass in des Schreibers eben erwähntem Liede Keie sich mit Gawan über Hofleben unterredet, und dass Wolfram, indem er Keien vertheidiget, Hn. Heinrich von Rispach als einen Mann nennt, der die Guten von den Bösen zu scheiden wisse, hat zu dem Wahn Anlass gegeben, der Schreiber sey Heinrich von Rispach.

Selbst ohne diese Vermuthungen über Klinsor und den Schreiber haben wir, wenn nur Klinsors Daseyn gerettet ist, viel gewonnen. Wir dürfen getrost die zwey Theile des Wartb. Kriegs ungetrennt lassen: wir dürfen das Ganze als einen Sängerstreit, wofür es sich ausgiebt, ansehen. Und die Namen der

---

[1] Nach Bodmer, obgleich das Dichterverzeichniss abweicht. Bey einer neuen Vergleichung der Pariser Hdsch. sind wir auf nichts so begierig, als auf sorgfältige Nachrichten von den verschiedenen Händen und den eingehefteten Blättern und Lagen.

[2] Des Hardeggers Ton finden wir weiter nicht, auſser noch in einer einzelnen Strophe Poppos bey den Manessen, welche die Jenaische Sammlung Stollen zuschreibt (Docens Dichterverz. S. 209), und bey dem von Wengen, dessen dritte Strophe die zweyte des Hardeggers ist, wie Wengens zweyte dem Inhalte nach zu des Hardeggers neunter stimmt. Hier ist zu weiterem Untersuchen Stoff.

Sänger schliefsen uns noch weiter den Sinn und die Bedeutung des Ganzen auf.

Die Erinnerungen der Meistersänger gehen bekanntlich bis in den Anfang des xiii Jahrhunderts; es wird selbst nicht unerlaubt seyn, ihren Otto i und Leo viii auf Otto iv und Leopold vii zu deuten. Nun sind aber vier Meister des Warth. Kr., und, wenn unsere Vermuthung über den Schreiber gilt, sogar fünf, eben die ältesten unter den zwölf alten Meistern der Mainzischen Sängerschule: Walther, der Schreiber (der alte Stolle), Reinmar (Römer), Wolfram (Wolfgang Röhn) und Klinsor. Sollte diefs Zufall seyn? Oder ist man vielmehr befugt, auch die zwey Fehlenden aufzuspüren? Heinrich von Ofterdingen ist nicht unter den Mainzischen alten Meistern. Die Strafsburger Tabulatur schreibt ihm die 'lange Morgenröthe' (vermuthlich einen Ton) zu; seiner Gedichte erwähnt nur Hermann der Damen. Sind sie schon früh verloren? oder führt etwa das Kolmarische Gesangbuch noch einst, wenn es sich wiederfindet (s. Zeune im Jahrb. der Berlin. Sprachgesellsch. 1, S. 108), durch die Lieder mit Heinrichs Namen (Altd. Mus. 2, 184) zu einer annehmlichen Vermuthung? Herr Biterolf, ein Freund Rudolfs von Ems (Docens Dichterverz. S. 138), könnte vielleicht in dem Kanzler der Singschulen und der Liederbücher zu suchen seyn; oder man dürfte wohl auch auf den Marner rathen, der vor 1287 starb (s. Docen im Morgenbl. 1821. No. 19. S. 75). Doch bleibt immer möglich, dass die Schule zu Mainz Heinrichs und Biterolfs Verdienst nicht grofs genug fand, um sie unter die zwölf Meister zu zählen. Die Strafsburger rechnen Ofterding unter die Meister und Nachdichter; bey Val. Voigt ist Hr. Biterolf unter den ersten vieren, und Heinrich von Ofterding steht in der Reihe der 12 alten Meister obenan, Heinrich von Müglin fehlt.

Nun sind im Warth. Kr. zwar nur sieben Meister, die Schulen hingegen haben alle zwölf; ja, nicht nur Leupold Hornburg zählt schon zwölf Singer auf, sondern auch Hugo von Trimberg[1].
Aber Zwölf ist so sehr blofs poetische Zahl, dass man Rume- 110
lands Worte sprichwörtlich nehmen darf: *Zwelf meister singer*

[1] Desgleichen Hermann der Damen 709, und der Ungenannte in der Heidelb. Hdschr. 350, wenn man annimmt, dass sie sich selbst mitrechnen: der Marner (M. S. 2, 173a) zehn, elf, oder zwölf, wie man will; sechs der von Gliers u. s. w.

möhten niht volsingen Die tugent, die man in eine siht volbringen (Grimm, über altd. Meisterges. S. 91), und dass man nicht zu glauben braucht, die ältesten Singschulen seyen wirklich und eigentlich von zwölf Meistern gestiftet worden.

Ferner, Lucosthenes lässt unter den alten Meistern die sieben des W. Kr. vorangehen, denen er Wolframs vermeinten Lehrer, Friedebrand, beygesellt; dann folgen fünf andere Dichter des XIII Jahrh.; und darauf eine neue Reihe von zwölf Meistern, Frauenlob an der Spitze.

Nichts hindert uns also, aus der Sage vom W. Kr. die historische Wahrheit herauszuscheiden, und das Gedicht als wahrhafte Überlieferung zweyer historischen Nachrichten anzusehen, die es so deutlich ausspricht, als diefs nur immer in fortgebildeter Sage geschehen kann.

Erstlich. Schon an des Landgrafen Hermanns Hofe bildete sich eine Gesellschaft von Singern, ein Meisterorden, aus Bürgern und Adlichen. Dass gerade Alle die, welche das Gedicht namhaft macht, zu jener alten Thüringischen Schule gehörten, ist nicht durchaus nothwendig. So mag man z. B. gern zugeben, dass Reinmar von Zweter niemals in Thüringen gewesen, dass er mit Reinmar, dem Alten, vielleicht schon bey Lebzeiten, verwechselt sey. Ja, Reinmar, der Alte selbst mag den Thüringer Hof nie besucht haben. So strenge Genauigkeit ist nicht von der Sage zu erwarten.

Zweytens. Von den Übungen dieser und anderer Singschulen liefert unser Gedicht ein Beyspiel, ein poetisches Tournier, das in Zweykampf endiget (*torneyamen* und *tensos*); — eben ein Waffenspiel, nicht böse gemeint, aber für den Scherz ernsthaft genug. Es kann sehr wohl reines historisches Factum seyn, dass bey solcher Gelegenheit Heinrich von Ofterdingen, trotz allen Übrigen, den Herzog von Österreich lobte, dass sich Klinsor in einem solchen Streit seiner Pfaffenkünste überhob; und Rec. ist J. Grimms Meinung zugethan (obgleich Hr. K S. 4 glaubt, wir hätten uns 'dagegen erhoben'), dass die Dichter auf dem Wartberge wirklich die Lieder gesungen haben, die ihnen der Verfasser des Gedichtes zuschreibt; nur dass man freylich den Satz so verstehen muss, wie Alles, was von Sagen behauptet wird.

Wir sehen also den Wartburger Krieg als das älteste Zeugniss für einen Singerorden des xiii Jahrhunderts an, mit dessen Einrichtung noch Frauenlobs Schule, für welche das nächstfolgende Zeugniss spricht, große Ähnlichkeit gehabt haben muss. Wir meinen das Lied in Docens Miscell. 2, 279ff, *Nû hulde mir*. Der Dichter macht einen Jüngling zum Knecht, und verleiht ihm den Sangesschild; das Lied, welches ihn zum Knecht erklärt, soll besiegelt werden, und ihm als Kundschaft dienen.

Durch dieses Zeugniss wird nun die alte Deutung des W. K., deren wir uns hier annehmen, kräftig bestätiget, und wir könnten hier schließen, wenn nicht noch ein Vorurtheil zu bekämpfen bliebe, das, wie schon oben die Inhaltsanzeige des Buches andeutete, auch unseren Vf. zu Irrthümern verleitet hat.

Nach unserer Deutung wären Hr. Wolfram von Eschenbach, Hr. Walther von der Vogelweide und Heinrich von Ofterdingen ungefähr Menschen von Einer Art, die sich mit einander zu leben nicht schämen durften. Dagegen wird nicht etwa vorgebracht werden, dass Wolfram, so viel wir wissen, niemals um Lohn gesungen hat: sondern man wird uns den ewigen Streit der Volksdichter und der gelehrten zu Gemüthe führen, der seit einigen Jahren zum Losungsworte der Sagendeuter geworden ist. Er gehört in die Literargeschichte, nicht des xiii, sondern des xix Jahrhunderts, und ist merkwürdig genug.

Das Wahre sprach 1811 Jacob Grimm in wenigen Zeilen aus (über den altd. Meisterges. S. 133): 'Die alten Meister achteten Volkssänger gering, und mögen ihre Missgunst sogar auf den Gegenstand alter Volksdichtung übergetragen haben, welche sie bäuerisch, im Gegensatz zu ihrer höflichen, zu nennen pflegen.' — Ob höfische Meister, gelehrte Dichter, je deutsche Volkssagen behandelt haben, ist zweifelhaft: dass sie französische Stoffe vorzogen, und Ungelehrteren die alten Gesänge überliefsen, war bey erwachender Gelehrsamkeit, natürlich, und darum verzeihlich. — Nicht viel anders hatte sich Grimm schon im J. 1808 über diesen Punct erklärt in den Heidelb. Studien, Bd iv, S. 115ff., bey der Gelegenheit, dass Stellen angeführt wurden, die sich auf die Nibelungen beziehen, darunter eine tadelnde. Von Grimm hat 1812 diese Stelle, mit einer Kunst, die bey Philologen übel berufen ist, erbeutet Hr. A. W. von Schlegel, und, wie das Unrecht gewöhnlich wuchert, dem Raube leichtfertigen Scharfsinn beygesellt. 'Unzweydeutige Spötterey' ward genannt (Fr. Schle-

gels deutsch. Mus. I, S. 518. II, S. 7), wenn im Parcival Herzog Liddamus sagt, er wolle rathen, was ein Koch dem Könige Günther und den kühnen Nibelungen rieth: *Er bat in lange sniten bæn Unt in sîme kezzel umbe dræn.* Nun, wenn das Spötterey ist, was ist denn Spafs? Wir hoffen doch nicht, dass der Verfasser von Biterolf und Dietleib sich selbst verspotten will, wenn er Witigen sagen lässt: *mich hât dâ Rûmolt Mit krapfen und mit prâten In strîte alsô berâten, Daz mir die lide mûzen swern.* Nach Hn. v. Schlegel war dieser Dichter sein eigener Nebenbuhler. Er sagt: 'Dem Dichter der Nibelungen, wie man sieht, wollte Eschenbach nichts weniger, als wohl: er betrachtete sein Werk' [das vor dem Parcival nicht vorhanden war] 'mit den Augen eines Nebenbuhlers.' Und hierauf folgt, ohne Beweis, der Satz, von dem wir so lange getäuscht worden sind: 'dass dieses Verhältniss von Seiten der Dichter des welschen, gegen die Dichter des deutschen Fabelkreises eintrat, davon finden sich mehrere
112 Spuren'. Diefs ist so wenig wahr, dass selbst die Ausdrücke, 'welscher und deutscher Fabelkreis' unrichtig sind, und nur Irrthümer gezeugt haben.

Was Hr. v. Schlegel auf seinen luftigen Grund bauete (deutsch. Mus. II, S. 20ff.), das erwähnen wir nur, weil auch dadurch sich unser Vf. hat täuschen lassen. Er setzte nämlich voraus, dass Heinrich von Ofterdingen ein wandernder Volkssänger gewesen sey. Nun aber, im Wartb. Kr., ist Wolfram Ofterdingens Gegner: also mag der (im prophetischen Geiste durch Scherz) verspottete Nebenbuhler wohl Verfasser der Nibelungennoth seyn. — Ob Heinrich ein Volkssänger war, wissen wir nicht; seinem Laurin wollte ja Hr. v. Schlegel selbst keine volksmäfsige Grundlage zugestehn. Gegner sind beide Dichter im W. Kr. allerdings; vielleicht aber nur so, wie auch Freunde im Ritterspiel Gegner werden. — Kein Wunder, dass ein so schwacher Beweis wenig Glauben gefunden hat; aber der Satz, dass gelehrte Dichter die volksmäfsigen bekämpft haben, war glücklich eingeschwärzt: und wen hat er nicht verführt? Er hat uns Welfen und Gibellinen, er hat uns Priesterweisheit und Mysterien unter die Dichter gebracht.

Jedermann weifs, dass die Meister nicht selten über die kunstlosen Gehrenden, Singer und Spielleute klagen, die ihnen das Brod nahmen, und denen sie in der Kunst des Versbaues, und ohne Zweifel in der Musik, oft auch durch Gelehrsamkeit überlegen waren. Dass aber durchgängig Meister und Spielleute feindselig einander gegenüber gestanden, schon diefs ist falsch. Des Prinzen Mechtfrieds Meister und Fiedeler lebten zusammen lustig. Hermann der Damen, der selbst um Lohn sang, gebraucht die Gehrenden als Gesangesboten (734), gerade so wie die Lieder Ulrichs von Lichtenstein von den Fiedlern gespielt wurden (Frauend. S. 204). Und dass eben sowohl ein Meister den anderen Meister beneidet, getadelt, verspottet hat, ist so bekannt, dass es dafür keiner Beweise bedarf. Auch haben manche der deutschen Stämme sich niemals geliebt: ists ein Wunder, wenn ein Sachse den Baiern oder Schwaben verspottet? Aber eigentliche Parteyen unter den Dichtern, welfische oder gibellinische, französische oder deutsche, volksweise oder priesterweise ('eine gewisse Spannung', sagt unser Vf. S. 6) — davon ist uns nichts bekannt. Und völlig undenkbar ist, was man auch behauptet hat, dass jemals ein Dichter die Meister verachtet habe. Wo hat man je gehört, dass ein Dichter die guten Dichter verworfen habe, oder ein Gelehrter, nicht die *viros doctos*, sondern die Gelehrten? Zwar kann man spöttisch sagen, *herre meister* (Meisterges. 6): aber wenn Wolfram von Eschenbach (Parc. 129b.), wenn Ulrich von Lichtenstein (Frauend. S. 250), oder Rudolf von Ems (Docen im altd. Mus. 1, 447) sagt, *mîne meister:* so ist die Meinung: Dichter, die besser sind, als ich. 113

Besonders hat Wolfram von der mückenseigenden Kunst eines lügenhaften Scharfsinns zu leiden gehabt: er soll, ein hämischer Neidhard, alle anderen Dichter seiner Zeit verhöhnt und verachtet haben. In seinen Gedichten ist keine Spur davon, kein Zeitgenosse bezichtigt ihn; der Dichter des Titurels, der sich bemüht, seine Weise genau nachzuahmen, der des Loherangrins, der seine Erzählung Wolfram in den Mund legt, — keiner hat ihn andere Dichter verspotten lassen. Hn. Heinrich von Veldeke, seinen Meister, lobt Wolfram, an drey verschiedenen Stellen; dessgleichen der Nachahmer im Titurel: *Von Veldek meistr und herre.* Die neuen Thüringer Tänze, und die Fiedler welche sie spielen, gefallen ihm. Gawan fragt nach guten Fiedlern: *Dâ was guoter knappen vil, Wol gelêrt ûf seitspil. Irn keines kunst was doch sô ganz. Sine müsten strichen alten tanz: Niuwer tenze was dâ wênc vernomn, Der uns von Düringen vil ist komn.* Aber das wird der neue Scharfsinn für Schmähung halten: ob gegen die Fiedler auf *Schahtel marveile*, oder auf die zu Eisenach, entscheide der Herzenkündiger, der darin Hohn über Tristan findet, wenn Wolfram von seinem *tumben* Parcival sagt: *In zôh dehein Curvenâl, Ern kunde kurtôsîe niht, Als ungevarnme man geschiht.* Es ist Hr. F. J. Mone, in der Abhandlung, mit der er den Grootischen Tristan besudelt hat, S. v. xvi.

Unser Vf. meint (S. 11), wenn im Wartb. Kr. Ofterdingen den Herzog von Österreich mit Artus vergleiche (noch dazu ist es ungewiss): so sey dieser Vergleich Wolfram 'im höchsten Grade ärgerlich.' Wie könnte das möglich seyn? Artus ist nicht einmal Wolframs und seiner Abenteure Herr. Und ohne Ärger sagt er ja selbst, seines Herrn, Parcivals, Schönheit sey nichts gewesen gegen den geheilten Anfortas. Wiederum soll (S. 19) Wolfram sich schwerlich mit dem Dänen Horand verglichen haben, weil er der Held einer Deutschen Sage sey. Aber einer von Artus Helden, Jorant, dünkt sich ein Dieterich von Bern, im Lohengrin, wo Wolfram erzählt; und in demselben Gedichte bezeichnet abermals Dietrichs Name den Unüberwindlichen.

114 In der zwanzigsten Manessischen Strophe des W. Kr., meint der Vf. (S. 61), verspotte Heinrich von Ofterdingen Wolframs Gedicht vom heiligen Wilhelm. Die Worte geben das nicht; und wäre auch Heinrich ein Feind Wolframs gewesen, war er so unedel, den Werth seiner Gedichte zu verkennen? Wagte er sie anzutasten? Walther von der Vogelweide und Reimnar der Alte waren sich abgeneigt; das verbirgt Walther nicht in dem Liede auf Reinmars Tod; aber seinen Gesang lässt er bey Ehren: *Dês wâr, Reimar, dû riuwest mich Michels harter, danne ich dich, Ob dû lebtest und ich wære erstorben. Ich wilz bî mînen triuwen sagen, Dich selben wolt ich lützel klagen, Ich klage dîn edelen kunst, dazs ist verdorben.* Und vorher: *Und hetestû niht wan eine rede gesungen, 'Sô wol dir wîp, wie reine ein nam', dû hetest alsô gestriten An ir lop, daz elliu wîp dir gnâden solten biten.*

Durchaus unerweislich, wieviel auch unser Vf. darauf gegründet hat, ist ein feindseliges Verhältniss zwischen Wolfram und Walther. Den Schmutz hat er aus der unlauteren Monischen Quelle geschöpft, obgleich er sich schämt, sie zu nennen. Wenn Eschenbach in der bekannten Stelle sagt: Vogelweide sang uns von Braten, der größer sein sollte; hier dieser Braten war dick und lang genug; der Küchenmeister in der glühenden Asche, den Rennewart nicht salzte, sondern mit Bränden und Kohlen zudeckte: — kann das, wie der Vf. sagt, 'nichts Anderes, als Spott seyn?' Wird es ein Unbefangener nicht vielmehr für reinen Scherz nehmen? Ferner, den Vers Walthers, *Guoten tac, bœse unde guot*, konnte den Wolfram, wie der Vf. meint, für einen Rath erklären, 'man müsse den Guten, wie den Bösen, schmeicheln?' Schmeichelt man wohl den Bösen, wenn man sie böse nennt? Wolfram will, etwas streng, die Bösen auch nicht einmal mit den Guten zugleich gegrüfst haben; man soll sie scheiden. — Also tadelt er Walthern doch? Immerhin, wenn man dieses Tadel nennen will. Aber ist Tadel Hohn? Und warum soll er nicht tadeln dürfen, was ihm missfällt? Nicht anders lässt auch der Dichter des Titurels Wolfram sagen, obgleich *hôhe meister* und Herr Walther selbst gesprochen (in dem Spruche, M. S. 1, 102), *Daz hulde gotes und guot und werltlich êre In einen schrîn iht möhten;* doch werde der selig leben, welcher Gutes thue.

Und was hat man einzuwenden, wenn Wolfram für unwahrscheinliche Dichtung hält, dass Witige auf Einen Tag achtzehntausend Helme durchschlagen habe? Wenn er darüber spottet? 115
Aber in der Zahl achtzehntausend wird wohl ein tiefer, geheimer Symbolsinn versteckt liegen. Es mag uns lächerlich dünken, dass der Dichter des Titurels an Siegfrieds Hornhaut, die er durch Drachenblut bekommen habe, nicht glauben will, aber gern zugiebt, dass, auf den Genuss eines Krautes, Kinder mit grüner harter Haut und thierischer Stimme gezeugt werden. Gleichwohl ist es aller symbolischen Weisheit noch nicht gelungen, die Hornhaut Siegfrieds zu erklären; sollte der arme Dichter, dem keine Mysterienfackel leuchtete, nicht zu entschuldigen seyn, wenn er meinte, die Sänger hätten sich da *an der wârheit misschandelt?* Wer darin Neid und Parteyung findet, der mag sehen, wie er selbst mit der Wahrheit ins Gleiche komme.

Aber Hartmann von Aue ist doch von Wolfram verspottet worden? Er scherzt wohl mit ihm (Parc. 34c.) und diels ist im Titurel nachgeahmt (*Herre und friunt von Ouwe, Her Hartman der wise;* Altd. Mus. 1, 28). Auch sagt er, doch ohne ihn zu nennen: Lunettens Rath blieb von Sigunen fern; *Diu riet ir vrouwen: lât genesn Disen man, der den iuren sluoc; Er mag ergetzen iuh genuoc* (Parc. 60c. 105c.). Ähnlich der Nachahmer im Titurel (XXXV, 101), wo er selbst eben die Frauen gescholten hat: *Her Hartman von Ouwen Hât wîp vil wirs gehandelt Mit Laudîn, sîner frouwen, Diu ir gemüt sô gâhens het verwandelt Gein im, der ir herren het ersterbet.* Aber wir wüssten nicht, dass in Eschenbachs beiden Werken oder im Titurel irgend ein deutscher Dichter verhöhnt würde, — nur *meister Swâre-bî* ausgenommen (Tit. XVIII, 65), das heifst, *maître Ennui.* Ja, Wolfram hätte von seinen Tadlern wohl nicht gesagt, was ihn der Dichter des Titurels sagen lässt: *Die trâgen dâ man merket, Und der witz die tunkel schende.* Er redet ganz anders: *Swaz ich von Parcivâl ê sprah, Des sîn âventiur mich wîste, Etslîch man daz prîste; Ir was ouh vil diez smæhten Unt paz ir rede wæhten.*

Wir sind vielleicht zu ausführlich geworden; es deuchte uns um so mehr nothwendig, einen verbreiteten Wahn anzugreifen als wir sahen, dass eben durch ihn einem wackeren und wahrheitliebenden Forscher, wie sich Hr. K in seinem Buche zeigt, der Inhalt eines wichtigen Werkes verschlossen blieb, und ihn der einmal betretene falsche Weg an ein nichtiges Ziel führte. Indessen ist seine Schrift immer lobenswerth, und den Abschnitten, die wir vorhin nur im Allgemeinen als tüchtig auszeichnen konnten, bleibt ihr Verdienst. Bey diesem sorgsamen Fleifse, bey dieser ernsten Liebe zur Wahrheit, wird fortgesetzte Übung und zusammenhängenderes, tiefer dringendes Studium dem Vf. sehr bald gröfsere Sicherheit geben im Verstehen der alten Sprache, festeres Urtheil über erkannte Wahrheit und den Schein lockender Vermuthung. Diese Erwartungen, welche dieser Anfang erregt, wird der Erfolg nicht täuschen. C.K.

Über die Leiche der deutschen Dichter des zwölften und dreizehnten Jahrhunderts.

Aus dem Rheinischen Museum von Niebuhr und Brandis. 1829. Bd. III.

Man pflegt die singbaren Gedichte, welche die deutsche 419 (1)
Poesie während der Zeit ihrer zweiten Blüthe hervorgebracht hat, der Form nach in zwei Klassen zu theilen, Lieder und Leiche. Diese Eintheilung haben wir nicht aus den Meisterschulen, weil die Leiche im vierzehnten Jahrhundert schon aufhörten: aber schon Notker hat sie, wenn er im Marcianus Capella S. 127 sagt 'dáz zesíngenne getân ist, álso lied únde léicha': dann ist für den Gegensatz ein Spottlied auf Leutold von Seven anzuführen (Reimar der videler 11. A), in dem viele Arten von Liedern aufgezählt werden, ohne Zusammensetzung mit Lied aber nur Leiche,

tageliet klageliet hügeliet zügeliet[1] tanzliet leich er kan,
er singet kriuzliet twingliet schimphliet lobeliet regeliet als ein man:

und in den uns erhaltenen Leichen kommt das Wort liet niemahls vor. Der Unterschied fällt in die Augen. Ein Lied besteht aus einzelnen Liedern (wie im dreizehnten Jahrhundert die Strophen hiefsen), die, wiederholt, gleiches Maſs und auch fast immer gleiches Gebäude fordern. Die einzelnen Theile des Leichs sind verschieden, aber, wie Docen zuerst bemerkt hat, nicht nach roher Willkür gemischt, sondern oft wiederholt sich dasselbe System, wo man zu ähnlichem Gefühl oder Gedanken zurückkehrt. Die Strophe des Liedes fordert am Ende einen 420 (2)
Abschluss des Gedankens: in den Leichen der besten Zeit wird mehr das Hinüberlaufen des Sinnes aus einem in das andere System gesucht. Im Innern der Strophen ist das Gesetz der zwei gleichen Stollen noch weniger fest als in Liedern: doch

[1] 'hügeliet' Freudenlieder, 'zügeliet' wohl Lieder zur Geige.

ist diese Form, dass sich zwei gleiche Systeme folgen, allerdings sehr beliebt. Das Gebäude derselben sollte dann gleich seyn: doch sind in einem der ältesten Leiche, dem von Heinrich von Rugge, zwei Ausnahmen von dieser Regel. Den dritten Theil der kunstmäſsigen Strophe, den Abgesang, findet man nur selten: und vielleicht ist es nur ein Wortstreit, ob man solch einen dritten Theil, selbst wenn er mit den zwei Stollen gebunden ist, für Abgesang oder für ein neues System halten will[2]. Übrigens ist die Zahl der Zeilen, ihrer Reime und ihrer Silben durchaus willkürlich. Man findet genug Stollenpaare aus zwey Zeilen: Ulrich von Lichtenstein hat sogar einen ganzen Abschnitt von einer nicht langen Zeile[3]. Bewegung und Ausdruck sind oft in verschiedenen Theilen desselben Leichs sehr verschieden.

Einige Gedichte dieser Art haben fast lauter Zeilen von acht bis neun Silben: eins hat, bei der einfachsten Reimstellung, nur wenig Verse von mehr als vier Silben[4]: in andern findet man
421 (3) den gröſsten Wechsel, in manchen auch Pausen und Schlagreime. Im Ganzen muss man aber gestehn, dass die Ungebundenheit dieser Gattung nicht ersprieſslich gewesen ist: die freiere Form verführte zur gedehnten Reflexion oder zum unbeschränkten Erguss eines nicht immer wahren oder tiefen Gefühls, und die Leiche sind keineswegs die erfreulichste Seite der Kunstpoesie des dreizehnten Jahrhunderts.

Aber es ist nicht ganz ausgemacht, ob die Gedichte der

---

[2] Das gleich folgende Beispiel Ulrichs von Lichtenstein ist für die zweite Annahme.

[3] Er hat seinen Leich, wie man aus der Darstellung in meiner Auswahl S. 245 ff. [Lichtenst. 422, 21 426, 4] sehen kann, Anfang und Schluss abgerechnet, wie eine groſse Liedstrophe gebaut, aus zwei groſsen Stollen und einem Abgesang. Die Stollen bestehen wieder aus kleineren Doppelstollen, der Abgesang wiederholt sie einfach. Aber ein Stoll ist in allen drei Theilen einfach und besteht nur aus einer Zeile. Systeme der Stollen, aabbccdceeffgg, des Abgesangs, abcdcfg. Die drei mit d bezeichneten Verse sind

Unde zinsen in sîn leben
Nu vert entwer ir habedanc
Dâ von gewinne ich werdekeit.

Diese Zeilen sind immer mit dem vorhergehenden System gebunden.

[4] Es ist ungedruckt, cod. Palat. 357. f. 43 (46.a) [Heidelb. Liederhs. S. 263, HMS. 3, 468nb] 'Uns kumt diu süeze sumerzît Und swaz der sumer fröuden gît Mit liehter ougenweide' etc.

beschriebenen Form auch insgesamt Leiche genannt wurden. Die Handschriften setzen den Namen meist nur zu den geistlichen Gedichten dieser Art; zu der Aufforderung zur Kreuzfahrt von Heinrich von Rugge, zu Walthers halb geistlichem halb politischem Gebet, zu dem berühmten Gedicht Frauenlobs, einer Deutung des Hohenliedes auf die Jungfrau Maria, endlich zu einem ebenfalls späteren geistlichen Gedichte, das ich nicht ganz gelesen habe, vom heiligen Kreuz. Aber auch Frauenlobs mehr weltliches Lob der Frauen ist der 'Minnenleich Frauenlobs' überschrieben: Ulrich von Lichtenstein kündigt im Frauendienst (S. 204) ein Gedicht auf seine erste Geliebte, das er 1231 sang, als einen Leich an: und der von Gliers nennt in einem Liebesgedichte dieser Art die berühmtesten verstorbenen Dichter 'den man an leichen ir genôz niemer mêr gevinden kan'; sie könnten die Frau, von der er spreche, nicht genug loben. Aufserdem findet man in den Poesien von dieser Gattung den Namen nie, wohl aber andere. Und zwar erstens allgemeine. Ulrich von Wintersteten (Benecke S. 189) sänge gern 'schœne dœne', und nennt sein Gedicht (S. 168) 'ein gedœne'; Ulrich von Gutenburg aber sogar einen 'dôn', da es doch, wie sich versteht und die jenaische Handschrift beweist, durchcomponirt sein musste, 'dô ich si mir erkôs in disen ûz erkornen dôn' (Ben. 146). 'Sanc' werden die Minnenleiche sehr oft genannt, von Otto von Botenlaube (Ben. 6), der der Geliebten diesen Saug sendet, von Rudolph von Rotenburg (Ben. 90), von dem von Gliers (Ben. 114. 116. 128), von Ulrich von Gutenburg (Ben. 134)[5]. Ulrich von 422 (4)
Lichtenstein sang einen Leich mit Noten hoch und auch mit schnellen Noten: er ward viel gesungen, und manchem Fiedler war es lieb, dass die Noten so hoch gemacht waren (Frauendienst S. 204. 207). Auch Reinmar von Zweter sagt in seinem geistlichen Leich, 'Sin geburt (Christi) ist sanges wert' (cod. Palat. 341. f. 8b. [HMS. 3, 176b]). Sonst kommt in den geistlichen Leichen nicht einmahl etwas vom Singen vor: dagegen sagt Heinrich von Rugge widerholt, er gebe einen 'rât', und denselben Ausdruck gebraucht Lichtenstein von seinem Minneleich, der geistliche von Hermann dem Damen schliefst 'Sus lêret Her-

[5] In dem Leich 46.a. [Heidelb. Hs. S. 265, HMS. 3, 468 oa] 'Ich muoz et dar genenden, Singen von ir schœne manecvalt'.

man der Damen' (Jen. 699. [HMS. 3, 162^a]); so dass sie mehr den didaktischen Inhalt hervorheben, als die Form des Gesanges. — Aber zuweilen findet man auch zweitens in einigen dieser Gesänge den Namen 'tanz' oder 'reie', wie sonst häufig Lieder zum Tanz genannt werden. Schenk Ulrich von Wintersteten hofft, die Geliebte werde 'disen tanz' lernen (Ben. 182) [6], und in demselben Gedicht sagt er 'Singent den [7]) reigen' (S. 184). Eben diesen Ausdruck, 'den reien singen' oder 'springen' braucht er in mehreren dieser Gedichte (S. 157. 167). Desgleichen Heinrich von Sachs am Schluss (Ben. 120) 'Diss tanzes ist niht mêre, den ich von mîner frouwen hân gesungen'. Der Tanhäuser nennt eins unter seinen sieben Gedichten in Leichform ausdrücklich einen 'reien' (MS. 2, 61^b), zwei andere 'tenze' (60^b. 63^a). Unter diesen besteht einer aus beinah lauter gleichartigen, wenig leb-
423 (5) haften Versen, worin der Ausdruck zu bemerken ist, 'der gê mit fröiden disen tanz': 'reien' werden gewöhnlich 'gesprungen'. Des Tanhäusers Lobgedicht auf Herzog Friedrich von Österreich wird wohl auch ein Reie sein: der Dichter verfällt in Daktylen, indem er vom Herzog sagt

trûríc herze frô
wírt von ím, swann er síngot den fróuwen den réigen.
sô hilf ich im sô,
daz ích singe mít im zäller zît gérne den méigen.

Konrad von Würzburg bezeichnet sein allegorisches Gedicht auf die räuberischen Zeiten des Interregnums als einen Tanz, 'Disen tanz hât in gesungen Kuonze dâ von Würzeburc'.

Hier, dünkt mich nun, müssen wir zugeben, dass es fürs erste noch zweifelhaft bleibt, ob die Reien in Leichform auch Leiche genannt worden sind; obgleich sie im Äufsern sich wohl gar nicht unterscheiden: denn man kann nicht einmahl sagen dass die Tänze immer einen lebhafteren Gang haben. Das aber

---

[6] Darum bittet er sie wiederum S. 189. Seine Lieder wenigstens sang sie würklich (MS. 1, $59.^b$ $60.^a$), zum Verdruss ihrer Mutter, der das Getöne der Schenkenlieder in der Gasse zuwider war, — der Spielleute, die ihr auch seine Reien sangen und brachten (Ben. 182). Die gute Frau hatte Recht: denn Schenk Ulrich hatte die Tochter einmahl entführen wollen. Er sagt, es sei sein Bruder (Konrad) gewesen.

[7] So die Pariser Handschrift, d. h. 'disen reien'. Tanhäuser 61^b, Wintersteten S. 157.

wird nun sehr bedenklich, mit J. Grimm (altdeutsch. Meistergesang S. 66) in dem freikünstlichen Reientanz den Anlass der Leiche zu suchen.

Dass Reien auch von mehreren gesungen sind, haben wir eben gesehen: dasselbe scheint von den Leichen aus einer Stelle sich zu ergeben, die mir H. W. Wackernagel mitgetheilt hat. In der Tochter Sion Lamprechts von Regenspurg besucht die göttliche Minne, Caritas, die Tochter von Sion, die Seele, und wird von den Tugenden empfangen:

sie wurden vroelich und gemeit
gegn ir antphange.
mit süezem minnesange,
(daz sint epithalamicâ)
mit den brûtleichen wart sie dâ
in daz palas gecondwieret.

Zum Tanz ward die Geige gespielt, und sie wird in den Tanzleichen oft genug erwähnt. Winterstetten fordert auf nach der Geige zu tanzen (Ben. 168. 169), und der Tanhäuser verlangt zur Begleitung Flöten, Sumber, Harfen, Tambur und Tromben 424 (6)
(MS. 2, 61ᵇ. 64ᵃ). Die Schlussformel 'der Sang ist aus, des Fiedlers Seite ist entzwei' findet man bei Winterstetten (Ben. 169. 184)[8], beim Tanhäuser (MS. 2, 61ᵇ. 63ᵃ. 64ᵃ). Ob aber die eigentlichen Leiche immer mit der Geige begleitet wurden, ist unerweislich: dass es zuweilen geschah, ist sicher. In den Gedichten selbst kommt die Geige nicht vor. Dass aber Lichtensteins Leich von den Fiedlern gelobt ward, ist schon erwähnt. In den Nibelungen werden die Leiche, die Gesänge, mit den Zügen, des Fiedelbogens nämlich, zusammengestellt, wo von Volker dem Spielmann, der den Feinden mit dem Schwert aufspielt, gesagt wird (1939, 1) 'Sin leiche lûtent übele, sin züge sint rôt; jâ vellent sine dœne manegen helt tôt.' Gottfried von Strafsburg spricht zwar von Leichen, die mit der Harfe begleitet wurden: aber er meint französische 'lais', und so weifs man nicht sicher ob er auf deutsche Sitten anspielt. Sein Ausdruck 'einem leiche den ein harpfer tete', ist nicht gegen die Bedeutung Gesang: denn 'swâ man solhen sanc nu tuot' sagt eben so Wolfram von Eschenbach (Parz. 71ᶜ). Gesang aber heifst 'leich' im Hoch-

---

[8] S. 159 spielt er nur darauf an, 'so ist gar entwiht min fröide und muoz min herze enzwei'.

deutschen immer, nicht Spiel der Instrumente. Notker braucht 'sángléich' für canticum, und zwar (Psalm 67, 1) ausdrücklich im Gegensatze zu 'scitscal', psalmus. Eben so meint es wohl Wilram, wenn er (Cantic. 6, 12) 'choros' durch den Singularis 'daz sángléich' ausdrückt. In Graffs Diutisca 2, 304. 314 findet man 'modos, carmina, leichi', und 'modulis, leichon': eben so im deutschen Boethius (de cons. ph. 3, m. 12, 17) S. 180 'modi, síne léiche'. Welche Bedeutungen das Wort in anderen Dialekten hat, gehört nicht hieher. Nur das ist noch zu erwähnen, dass Gottfried von Strafsburg nicht etwa auf den zerbrochenen Fiedelbogen oder die zerrissene Saite anspielt, wenn er sprichwörtlich von einer Erzählung sagt, die ihm ungereimt scheint,

425 (7) weiz got, hie spellet sich der leich
und lispet daz mære.

(Tristan 8618). Dass spellen 'sich scheiden, trennen' bedeuten soll, ist mir unbekannt: dass es verwandt sein soll mit spalten, läuft wider die Regeln der alt- und mittelhochdeutschen Wortbildung. 'Spellen' ist schwatzen, narrare, und 'spel' gewöhnlich ein Geschwätz, ein Märchen, eine Unwahrheit. 'Ich sunge ein bîspel oder ein spel', sagt der Marner, ein moralisches oder ein thörichtes Lied: er setzt hinzu 'ein wârheit oder lüge'. 'Der leich spellet sich' heifst also, der Leich wird zum Schelmliede; mithin 'leich' wieder Gesang oder der Inhalt des Gesanges. Eben so im Barlaam 267, 28 'sô spellent disiu mære sich', so ist die Rede eine Thorheit, 'sô sint ez wort und anders niht.'

Für den ältesten galt bisher der Leich des von Rugge, bald nach dem Tode Kaiser Friedrichs I gedichtet. Der von Gliers kannte Leiche von Friedrich von Hausen, dem ältesten namhaften Liederdichter neben Heinrich von Veldeck. Jetzt aber hat Graff in einer Handschrift des Klosters Muri einen wohl noch älteren gefunden (Diutisca 2, 294), den Hoffmann (Fundgruben 1, 259) unter der Rubrik 'Verschiedene Gebete' untergesteckt hat. Nachdem der verstorbene Docen, der mit ausgebreiteten litterarischen Kenntnissen eine lebendige Anschauung von der Geschichte der deutschen Poesie und ihren Formen verband, die Regel der Leiche gelehrt hatte, war es nicht schwer zu sehen dass dieses Ave [9] nichts anders als ein Leich ist, und zwar ein

[9] Oder vielmehr 'Ave maris stella': denn diesen Hymnus hatte der Dichter wohl vor Augen: er folgt mehr seiner Ordnung als seinem Zusammenhange.

höchst einfacher, der außer dem freieren Anfang und Schluss aus sieben Stollenpaaren besteht, deren Anfänge auch in der Handschrift meistens richtig bezeichnet sind. Das Merkwürdigste aber an diesem Leich ist, dass er durchaus nur unverschränkte Reime[10] hat. Es giebt zwar auch andre Leiche, in denen die 426 (8)
verschränkten Reime nicht häufig sind: aber dann sind die Verse kurz oder ziemlich von gleicher Länge: in diesem Gedichte sind sie sehr ungleich, und zum Theil sind zwischen zwei Reimen funfzehn und mehr Silben. Bei solchen Versen hätte sich, wie ich glaube, kein Dichter überschlagende Reime versagt, wenn er diese Kunst überhaupt kannte. Ward aber dieser Leich vor den Neunzigern des zwölften Jahrhunderts gedichtet, so lässt sich es begreifen. Nämlich genau zu reimen, wie es in diesem Gedicht allerdings geschicht, — den Anfang dieser Kunst schreibt zwar Rudolph von Ems dem westfälischen Heinrich von Veldeck zu, der seine Aeneide zwischen 1184 und 1189 beendigte: der gleichzeitige Liederdichter Friedrich von Hausen aus der Gegend von Trier, ohne Zweifel derselbe der am 6. Mai 1190 von den Türken getödtet ward, scheint sich zwar auch niederdeutsche Reime gestattet zu haben, aber doch nur genaue. Allein fast genaue Reime, so dass unter sechs Distichen etwa nur eins bloſs assoniert, sind schon früher ziemlich häufig: so ist Wernhers Maria von 1173[11], so schon vor 1163[12] Heinrichs Gedicht 'von des tôdes gehügede': wie leicht konnte also auch vor der durchgesetzten Regelmäſsigkeit der Reime ein Dichter die 27 Reimpaare dieses zum Gesange bestimmten Gedichtes sorgfältig binden! Die überschlagenden Reime vertragen, wie man leicht einsieht, nicht wohl die Bindung ungleicher Laute: daher entstehn die verschränkten und die genauen Bünde gleichzeitig. Alle ungenau gereimten Lieder des zwölften Jahrhunderts haben auch nur unmittelbar gepaarte Reime: die verschlungenen findet man bei den ältesten Dichtern, Veldeck und Hausen, und

---

[10] Ich meine 'rimes plates', kenne aber dafür keinen deutschen Ausdruck.

[11] Das echte Bruchstück in Docens Miscellaneen, worüber Hoffmann (Fundgruben 1, 244) zu scharfsinnig ist.

[12] Hoffmann hätte nämlich (das. S. 259) bemerken sollen, dass der Abt Erkenfried, für den Heinrich betet, der Abt von Mölk ist, der 1163 starb. S. Pez. scriptor. 1, 96.

427 (9) nur gleichzeitige [13] lateinische kann ich in Versen nachweisen die auf die Zerstörung von Halberstadt 1179 gedichtet sind [14],

Quis furor ignis, quaeve malignis causa furoris?
Carmine pingo, non ego fingo, verba doloris.
Urbs sacra, dives, plebs bona, cives, est data prede.
Fit pavor urbis, fit fuga turbis, fit fuga fede. etc.

Hier sehen wir reine und überschlagende Reime; und zwar klingende, deren genaue Scheidung von den stumpfen ebenfalls erst zur damahligen Ausbildung der Liederpoesie gehört. Unser Leich hat nicht verschränkte, aber genaue Reime, und die klingenden gelten niemahls für stumpfe [15]. Die daktylischen Rhythmen der lateinischen Verse sind vielleicht zufällig, weil der Dichter zugleich Hexameter machen wollte: sie finden sich aber auch mehrmahls in diesem Leich. In den Liedern Heinrichs von Veldeck sind sie sehr selten, und man muss gestehn, wie sie von den Dichtern des dreizehnten Jahrhunderts, auch von den besten, niemahls geschickt behandelt sind, so widerstreiten sie auch ganz dem Grundsatze der hochdeutschen Verskunst.

Ich gebe den Leich mit einigen nicht angezeigten Verbesserungen, die auf der in Diutisca 2, 295 erwähnten Abschrift im Katalog des Klosters Engelberg beruhen. Graff hat mir seine Auszüge freundschaftlich mitgetheilt. Die Engelberger Abschrift schliefst mit der Zeile 'und des genade ie was endlos'; das folgende habe der Verfasser des Katalogs nicht lesen können.

[13] Ob die Verse im Hortulus deliciarum der Herrat von Landsberg S. 128. 131. 134. 135. 139. 147 älter oder jünger sind, ist schwer zu entscheiden.

[14] Chronicon Halberstad. bei Leibnitz 2, 137.

[15] Eine Ausnahme würde die dritte und vierte Zeile machen, die stumpf reimen, da sie doch der achten und neunten gleich sein müssen. Aber es ist leicht zu bemerken, dass die vier ersten Reime auf lateinisches â für dieses Gedicht zu roh sind,

Avê vil lichtiu maris stellâ,
ein lieht der cristenheit, Marîâ, aller magede ein lucernâ.
Fröwe dich, gotes cellâ,
• beslozzeniu portâ.

Die letzte Zeile ist für ein singbares Lied zu unregelmäfsig. Wie man zu lesen habe, ist so offenbar, dass man es kaum sagen darf. Man muss das Latein übersetzen: vil lichter meres sterne: ein lucerne. gotes zelle: beslozzeniu capelle. Der letzte Ausdruck stimmt mit der Stelle, woraus er entlehnt ist, Zachar. 44, 1 'porta sanctuarii'.

Avê, vil liehter meres sterne,
ein licht der cristenheit, Mariâ, aller magede ein lucerne.
Fröwe dich, gotes zelle,
beslozzeniu cappelle.
dô du den gebære,
der dich und al die welt gescuof,
nu sich wie reine ein vaz du maget dô wære. 428 (10)
Sende ich mîne sinne,
des himeles küniginne,
wâre rede süeze,
daz ich den vater und den sun
und den vil hêren geist gelouben müeze.
Iemer maget âne ende,
muoter âne missewende,
fróuwe, dû hâst versüenet daz Eve zerstôrte,
diu got überhôrte.
Hilf mir, frouwe hêre:
trœst uns armen dur die êre,
daz dîn got vór allen wîben ze muoter gedâhte,
als dir Gabrîêl brâhte[16].
Dô du in vernæme,
wíe du von êrste erkæme!
dîn vil reinin scam
erscrac von disem mære,
wie maget âne man
iemer kint gebære.
Frouwe, an dir ist wunder,
muoter und maget dar under:
der die helle brach,
der lac in dime lîbe,
unde wurde iedoch
dar under niet ze wîbe.
Du bist allein der sælde ein porte.
jâ wurde du swanger von worte:
dir kam ein kint,
frouwe, dur dîn ôre,
des cristen, Juden und die heiden sint,
und des genâde ie was endelôs.
aller magede ein gimme,
daz kint dich ime ze muoter kôs[17].

---

[16] 'brahte' haben beide Handschriften: ich denke 'nâhte'.

[17] zi mōtir irchos in der Handschrift.

Dîn werdekeit diun ist niet kleine.
jâ trüege du maget vil reine[18]
daz lebende brôt:
daz was got, der selbe
den sînen munt zuo dînen brüsten bôt[19]
429 (11) und dîne brüste in sîne hende vie.
owê, küniginne,
waz gnâden got an dir begie!
Lâ mich geniezen, swénn ich dich nenne,
daz ich, Mariâ frouwe, daz geloube und daz an dir erkenne,
daz nieman guoter
mac des verlougen dune sîest der erbarmde muoter.
Lâ mich geniezen des dû ie begienge
in dirre welt mit dîme sune, sô dun mit handen zuo dir vienge[20].
wol dich des kindes![21]
hilf mir umb in: ich weiz wol, frouwe, daz dun senften vindes.
Dîner bete mac dich dîn lieber sun nie mêr verzîhen:
Bite in des, daz er mir wâre riuwe müeze verlîhen;
Und daz er dur den grimmen tôt,
den er leit dur die mennischeit,
sehe an mennisclîche nôt;
Und daz er dur die namen drî
sîner cristenen hantgetât[22]
gnædic in den sünden sî.
Hilf mir, frouwe, sô diu sêle von mir scheide,
sô kum ir ze trôste:
wan ich geloube daz du bist
muoter unde maget beide.

Wenn ich nun aber lateinische Gedichte vorweisen kann, die zweihundert Jahr vor den Leichen ganz ihre Form haben, mitsamt den Daktylen, nur ohne Reime; wenn diese Gedichte, obgleich zum Theil weltlich, aus der Kirchenmusik und einer sehr ähnlichen wieder um hundert Jahr älteren Form entsprungen

---

[18] vil fehlt der Handschrift.

[19] (V. 44. 45) Die Verbesserung ist nicht ganz sicher. Die Handschrift giebt 'daz was got selbe, der sinin munt' etc.

[20] 'mit den handin' die Hds.

[21] 'so wol dich' die Hds.

[22] 'siner cristenlichir hantgitat' die Hds.

sind; so wird man ja wohl kein Bedenken tragen, die Leiche und mit ihnen die daktylischen Rhythmen aus der geistlichen Poesie herzuleiten, wie ja auch der Inhalt der eigentlichen Leiche überwiegend geistlich blieb.

Jene lateinischen Gedichte gehören wohl grösten theils zu der im elften Jahrhundert oft vorkommenden lateinischen Hofpoesie in deutschen Formen [23]. Man findet sie theils in Eccards veterum monumentorum quaternio S. 54 ff. aus einer Cambridger Handschrift des elften Jahrhunderts [24], theils in Eberts Über- 430 (12)
lieferungen 1, 1, 77 ff. aus einer Handschrift des zehnten Jahrhunderts in Wolfenbüttel, die auch über einigen Zeilen musicalische Noten hat. Die bei Ebert tragen die Überschriften Modus qui et Carelmannine, Modus Florum, Modus Liebinc, Modus Ottinc, von denen mir nur die letzte erklärlich ist. Dass derselbe Modus verschiedenen rhythmischen Bau zuliefs, war natürlich: der Lydius Charromannicus des sangallischen Eckehards I (er starb 973) fing an — man lese nach den Accenten ohne Elision —

Mole ut vincendi
ipse quoque opponam [25],

Eberts modus Carelmannine in anderm Rhythmus,

Inclita caelorum
laus sit digna deo.

Die Gedichte bei Ebert haben alle vier die Form der Leiche; nur dass bei den Abschnitten, wie auch in dem ältesten deutschen Leich, jedesmahl der Sinn schliefst. Eccards No. I ist

---

[23] Sie fängt schon unter Otto I an, vor dessen Tode das halb lateinische halb deutsche Lied 'Nunc almus assis filius thero éwigero thiernûn' gedichtet ist. Man findet dies Lied (denn es ist kein Fragment) richtiger als bei Eccard in Hoffmanns Fundgruben 1, 340: nur ist der Ausdruck Herstellung denn doch etwas zu stark, obgleich hier bei weitem so unpassend nicht als S. 7 und 11. Das Gedicht bezieht sich auf Ottos zweite Versöhnung mit seinem Bruder Heinrich, Weihnachten 941: nur auf diese Zeit (bis an Heinrichs Tod 955) passt der Schluss: nach der ersten Versöhnung (939 hatte sich Heinrich wieder empört und sogar auf Ostern 941 einen Plan auf Ottos Leben gefasst. Der andre Heinrich (ambo vos aequivoci) ist der Sohn Herzogs Geiselberts von Lothringen. Otto wird Kaiser genannt: mithin ist das Lied nicht vor 962 verfasst.

[24] Wenn Eccard in der Vorrede sagt, die Lieder seien in monasterio S. Bavonis Gandavensi confecta, so schliefst er dies aus S. 55, wo aber mons Bavonis Bamberg bezeichnet, als den Begräbnissort Kaiser Heinrichs II.

[25] Ekkehard IV de casibus S. Galli p. 118 Pertz.

Eberts modus Ottinc: von den übrigen gehört No. IV hieher,
auf Konrads II Krönung zu Rom (1027). Zwei andere; No. III
auf den Tod Heinrichs II (1024), und No. VIII auf den Tod
Erzbischof Heriberts von Köln (1021), sind zwar auch in derselben Form, aber einzelne Absätze bestehen aus freien kurzen
431 (13) gereimten Zeilen[26]. Übrigens sind die Gedichte unter sich sehr
verschieden: einige wiederholen fast nie dasselbe System. Die
beiden gleichförmigsten sind der modus Liebinc und der modus
Ottinc. Jener enthält das Märchen vom Schneekinde. In diesem
werden die drei Ottonen gelobt, besonders aber der Sieg am
Lech beschrieben: der dritte Otto wird nicht Kaiser genannt,
mithin ist das Gedicht vor 997 gemacht.

Modus Liebinc.

Advertite, omnes populi, ridiculum,
et audite quomodo
Suevum mulier et ipse illam defrudaret.
Constantiae civis Suevulus trans aequora
gazam portans navibus
domi coniugem lascivam nimis relinquebat.
    Vix remige triste secat mare,
ecce subito orta tempestate
furit pelagus, certant flamina, tolluntur fluctus,
post multáque exulem
litore longinquo Notus exponebat.
    Nec interim domi vacat coniux.
mimi iuvenes secuntur;
quos et inmemor viri exulis excepit gaudens,
atque nocte proxima
praegnans filium iniustum fudit iusto die.
    Duobus volutis annis
exul dictus revertitur.
occurrit infida coniux,

---

[26] z. B. Post non magnum
temporis curriculum,
summo pontifice
largiente,
miles domini
sublimari
meruit in sedem
pontificalem.

secum trahens puerulum.
datis osculis maritus illi,
dé quo, inquit, puerum
istum habeas, dic, áut extrema patiaris.
At illa maritum timens
dolos versat per omnia.
mi, tandem, mi coniux, inquit,
una vice in alpibus
nive sitiens extinxi sitim;
unde ego gravida
istum puerum damnoso foetu heu gignebam.
Anni post haec quinque transierunt ét plus,
et mercator vagus instaurabat remos,
ratim quassam reficit;
vela alligat, et nivis natum duxit secum.
Transfretato mare producebat natum,
et pro arra bona mercatori tradens 432 (14)
centum libras accipit,
atque vendito infanti divés revertitur.
Ingressusque domum ad uxorem ait:
consolare coniux, consolare cara;
natum tuum perdidi,
quem non ipsa tu me magis quidem dilexisti.
Tempestate orta nos ventosus furor
in vadosas syrtes nimis fessos egit,
et nos omnis graviter
sol torret: at ille nivis natus liquescebat.
Sic perfidam Suevus coniugem deluserat.
sic fraus fraudem vicerat:
nam quem genuit nix, recte hunc sol liquefecit.

Modus Ottinc.

Magnus Caesar Otto,
quem hic modus refert in nomine,
Ottinc dictus, quadam nocte
membra sua dum collocat,
palatium casu subito inflammatur.
Stant ministri regis,
timent dormientem attingere,
et chordarum pulsu facto
excitatum salvificant,
et domini nomen carmini imponebant.
Excitatus spes súis surrexit,

timor magnus adversis mox venturus:
nam tum fama volitat
Ungarios signa ín eum extulisse.
Iuxta litus sedebant armati,
urbes agros villas vastant late:
matres plorant filios
et filii matres undique exulari.
Ecquis ego, dixerat
Otto, videor Parthis?
diu diu milites
tardos moneo frustra.
dúm ego demoror, crescit clades semper:
ergo moras rumpite
et Parthicis mecum hostibus obviate.
Dux Cuonrât intrepidus,
quo non fortior alter,
miles, inquit, pereat,
432 (15) quem hoc terreat bellum.
arma induite: armis instant hostes.
ipse ego signifer
effudero primus sanguinem inimicum.
His incensi bella fremunt,
arma poscunt, hostes vocant,
signa secuntur, tubis canunt:
clamor passim oritur,
et milibus centum Théutones inmiscentur.
Pauci cedunt, plures cadunt:
Francus instat, Parthus fugit:
vulgus exangue undis obstat:
Licus rubens sanguine
Danubio cladem Parthicam ostendebat,
Parva manu caesis Parthis,
ante ét post saepe victor,
communem cunctis movens luctum,
nomen, regnum, optimos
haereditans mores filio obdormivit.
Adolescens post hunc Otto
imperabat annis multis,
Caesar iustus clemens fortis.
unum modo defuit:
nam inclitis raro proeliis triumphabat.
Eius autem clara proles,
Otto decus iuventutis,

ut fortis ita felix erat:
arma quos nunquam militum
domuerant, fama nominis satis vicit.
    Bello fortis, pace potens,
in utroque tamen mitis,
inter triumphos, bella, pacem,
semper suos pauperes
respexerat: inde pauperum pater fertur.
    Finem modo demus,
ne forte notemur
ingenii culpa
tantorum virtutes
ultra quicquam deterere,
quas denique Maro inclitus vix aequaret.

Dem Inhalte nach stimmen nun diese Gedichte mit den Leichen nicht sonderlich überein: der modus Florum ist auch scherz-
haft: Gegenstände des Glaubens behandelt nur der modus Ca- 433 (16)
relmannine. Dies darf uns aber nicht abhalten, in ihnen dennoch den Ursprung der Leiche zu finden: denn sie sind selbst
offenbar nur eine weitere Ausbildung der kirchlichen Gattung,
deren Erfinder der sangallische Notker Balbulus war. Seine
'Sequentiae', oder Texte zu den Modulationen des Alleluja, haben
schon ganz denselben Bau: nur sind die Absätze kürzer und
weniger häufig unter einander gleich. Mit den französischen
farcierten Episteln haben weder Sequenzen noch jene lateinischen
Gedichte noch die Leiche irgend eine Ähnlichkeit. Notkers
Sequenz in natale S. Stephani protomartyris mag als Beispiel
dienen.

Hanc concordi famulatu
colamus sollemnitatem,
    Auctoris illius exemplo
docti benigno,
Pro persecutorum precantis
fraude suorum.
    O Stephane, signifer regis
summe boni, nos exaudi,
Proficue qui es pro tuis
exauditus inimicis.
    Paulus tuis precibus,
te quondam persecutus, Christo credit,

Et tecum tripudiat in regno,
cui nullus persecutor appropinquat.
Nos próinde, nos supplices
ad te clamantes et precibus te pulsantes,
Oratio sanctissima
nos tua semper conciliet deo nostro.
Te Petrus Christi ministrum statuit:
Tu Petro normam credendi astruis,
Ad dextram summi patris ostendendo
quem plebs furens cruci fixit.
Te sibi Christus elegit, Stephane,
per quem fideles suos corroboret,
Se tibi inter rotatus saxorum
solatio manifestans.
Nunc inter inclitas martyrum
purpuras coruscas coronatus.

Eine Deutsche Sprachlehre.

Lehre der teutschen Sprache gründlich und neu gefasst sammt ausübender Ton- und Sylbenmafslehre von Dr. Jos. Müller, Director am königl. kathol. Gymnasium zu Conitz in Westpreufsen. Berlin 1826. LVI u. 418 S. 8.

Aus der Hallischen Allgemeinen Literatur-Zeitung. August 1829. Num. 151.

Ein Schulbuch, welches zugleich einen wissenschaftlichen 561
Werth anspricht, fordert mehrseitige Betrachtung. Wir wollen sorgen, dass uns ja nicht etwas Gutes an diesem Buche entgehn könne, zumal da der erste Eindruck wenig vortheilhaft ist.

Der Titel ist bey einem Schulbuche gewiss nicht gleichgültig: wenigstens dürfen die Hauptworte desselben auf keinen Fall lächerlich oder vieldeutig seyn. Eine Schrift, welche 'Lehre der teutschen Sprache' heifst, werden die meisten für ein Gedicht halten, in dem die deutsche Sprache redend und lehrend eingeführt wird. Aber ein Blick in das vorliegende Buch zeigt, dass hier etwas andres gemeint ist, dass hier die deutsche Sprache nicht lehrt, sondern bey dem Vf. in die Lehre geht, um ein Deutsch zu lernen wie er es haben will. Das Buch wimmelt von neu erfundenen niemand verständlichen Ausdrücken: man findet *Schriftner* und *Abgänger* (Abiturienten), *urthümlich* teutsches *schönes Schriftthum* und *Schriftmale, eingesklarte* Eigenthümlichkeit, *Bemerke* über die *Fügung des Fügeworts* und über *Satzbegriffthum, Ableitlinge, Vorlinge, Nachlinge, Bindlinge, Zweckfälle, Zeugfälle, Gegenstandsfälle:* bald ist etwas *staatlich*, bald *formlich, begrifflich, beiständig, abständig, aussaglich, ordnungszalig, hauptnamwörtlich;* so dass man, umschwirrt von den dürren Schwingen solcher langbeinigen Abstracta, sich in einer übel berüchtigten Sprachfabrik zu befinden glaubt. Auch die Orthographie hat viel Auffallendes, z. B. *Ausname, taüschenderem, saümen, Gebaü, Klopstokk, zurükkkommen, Stund-enzal, Lehrgeg-enstand.* Jungen Leuten, die das Neue reizt und das Auffallende geistreich dünkt, wird dabey nicht so unheimlich als Erwachsenen: um so weniger dürfte es rathsam seyn, Schülern die Lesung so wunderlich geschriebener Bücher zu gestatten. Es hieſse, sie anleiten, sich den Geschmack und den graden Sinn zu verderben.

Kann nun aber das Buch, seines vieldeutigen und auffallenden Titels, wie der gezierten und pedantischen Schreibart
562 wegen, in Schulen nicht gebraucht werden; von wissenschaftlicher Seite angesehn, könnte diese deutsche Grammatik (denn
das will die 'Lehre der teutschen Sprache' nun endlich sagen)
gleichwohl bedeutend und für Gebildete brauchbar seyn, die sich
bey einem guten Buche leicht über einige Grillen oder Schwächen
hinweg setzen würden.

Nur ist doch bey der Neuerungssucht des Vfs. zweyerley auch in wissenschaftlicher Hinsicht sehr bedenklich. Erstens sind unter den neuen Wortbildungen viel fehlerhafte, die einem Grammatiker, der sie in aller Ruhe und ohne Begeisterung erfindet, nicht hätten entwischen sollen. So konnte er leicht wissen, dass an Präpositionen die Endung *ling* nicht gefügt wird, dass mithin *Vorling* und *Nachling* unerträgliche Wörter sind. So musste er wissen, dass, wenn *urthümlich* ein deutsches Wort wäre, es allenfalls *verdammlich* bedeuten könnte: wenn er es aber für *ursprünglich* gebraucht, so zeigt er nicht nur wenig Gefühl für lebendigen Ausdruck, indem er für den bildlichen *Ursprung* (das Erspringen des Quells) ein abstractes *Urthum* begehrt, sondern auch Unwissenheit, wenn er zu einigen nach missverstandener Analogie in neuerer Zeit gebildeten Zusammensetzungen der Präposition *Ur* (d. h. aus, er-) mit einem Substantivum, das nicht Infinitivbedeutung hat (wie *Urborn, Urkraft* sich eingeschlichen haben), ähnliche fehlerhafte nüchtern und mit Überlegung hinzu erdenkt oder als preisenswerthe Erfindungen Andrer mit Wohlgefallen nachbetet. Zweytens beweist solche herrschende Lust zu neuern, dass bey dem Neuerer die Ehrfurcht vor der Sprache fehlt, die jeder Schriftsteller hegen, der Grammatiker aber sich klar machen soll als Ehrfurcht vor dem gemeinsamen Gewinn des Lebens eines Volkes durch eine Reihe von Jahrhunderten. Zur Bescheidenheit müsste den Einzelnen schon die Erfahrung aller Zeiten stimmen, dass alles, was jemals einer Sprache durch die Grammatiker aufgedrungen ist, nichts war als kurzsichtige Beschränkung und Verkehrtheit.

Also eine entweder despotische oder revolutionäre Ansicht vom Geschäft des Grammatikers und mangelhafte Kenntniss der Sprachgesetze werden schon hienach den wissenschaftlichen Werth des Buchs sehr verringern: möglich bliebe noch, dass der Vf. im Einzelnen Wichtiges mit Sorgfalt und Scharfsinn erörterte, selbst dass sich im Ganzen ein wissenschaftliches Streben zeigte, wenn auch zuweilen durch jene Anmaſsung des Sprachmachens getrübt.

Ein wissenschaftliches Streben kann aus dem Grunde in 563
der Grammatik nur ein historisches seyn, weil eine Sprache keine Philosophie ist. Wie die Gedanken des Einzelnen, wenn er nicht eben im Speculiren begriffen ist, nicht mit Nothwendigkeit aus einander hergeleitet werden, so entwickelt sich auch eine Sprache nicht in streng consequenter Folge, und die Grammatik hat in der Bildung der Regeln nicht öfter die Gesetzmäſsigkeit als den bloſsen Schein des gesetzmäſsigen Denkens zu verfolgen, eben so viel Halbrichtiges und Falsches als Consequentes. Mögen also die ersten nothwendigen Grundsätze der Bildung der Sprache auch noch so fest stehen; sobald von einer einzelnen Sprache geredet wird, ist nichts mehr *a priori* zu bestimmen, sondern alle Regeln beruhn auf Beobachtung der gesetzmäſsigen oder irrenden Thätigkeit des Sprachgeistes, bey der jeder Irrthum wieder Gesetz werden und wieder neues Abirren zulassen kann.

Je weiter der Gang einer Sprache sich nach den Denkmälern verschiedener Zeiten verfolgen lässt, je wichtiger und belehrender ist das Studium. Aber hier theilen sich nun die Forscher.

Einige werden sich mehr geneigt fühlen, die deutsche Sprache in ihrer Verwandtschaft mit älteren oder anders entwickelten zu betrachten, wobey die ältesten Mundarten und die am wenigsten eigenthümlich ausgebildeten als die wichtigsten erscheinen. Hr. Müller hat von diesem Studium keinen Begriff und redet S. 40 spöttisch von einer Gelehrsamkeit, bey der man 'zu guterletzt' auf das Sanskrit komme, für die Wissenschaft aber nichts sonderliches gewinne. Nach S. xvii soll seine Vergleichung von *Sein*, *εἶναι* und *esse* zu interessanten Aufschlüssen führen. Man findet sie S. 162, wo aber die Verwechselung von *εἶμι* und *εἰμὶ* gegen die Fehler in der Erklärung des Deutschen nur Kleinigkeit ist, und sich keine Spur von Bekanntschaft mit den Untersuchungen gelehrter Linguisten zeigt.

Ein anderer Theil der Sprachforscher wird mehr die Ausbildung einzelner deutscher Sprachen vergleichend oder abgesondert betrachten, aber immer in Beziehung auf das Ganze, Besonders anziehend ist hier das Hochdeutsche früherer Zeiten. auf welches sich auch der Vf. zuweilen einlässt, aber nie ohne die gröbste Unwissenheit zu verrathen. So sagt er S. 17, man habe 'nach sprachforschlichen Untersuchungen in früherer Zeit für *sp* bloſs *p* gesetzt und für *st* gewöhnlich bloſs *t* oder auch *s*.' Hieran ist kein wahres Wort: *sp* und *st*, im Gothischen und Althochdeutschen häufig, werden niemals mit *p*, mit *s* oder *t* vertauscht: nur in der Endung der zweyten Person in Verbis ist *st* an die Stelle des alten *s* getreten. S. 80—83 sind alte Eigennamen erklärt, schwerlich auch nur ein einziger richtig. Nur den letzten zur Probe: *Brunhild, grata ob oculos brunos.* Aber *Brunihilt, Brünhilt,* bedeutet Panzerschlacht. 'Von *Mann,*' heiſst es S. 133, 'findet man in alten Denkmälern die Mehrheit
564 auch *Manne.*' Alt- und mittelhochdeutsch heiſst der Pluralis *man,* und überall hat keine der deutschen Sprachen dafür die Form *manne.* Bey so unglaublicher Unwissenheit kann es nicht wundern, wenn der Vf. S. vi den gröſseren Wohllaut der althochdeutschen Sprache leugnet. Er verdreht erst einzelne althochdeutsche Wörter, und dann findet er, dass einige darunter jetzt nicht so voll lauten. Er sieht also nicht ein, dass der Wohllaut, von dem hier die Rede ist, auf einer gleichmäſsigen Vertheilung der Laute in längeren Sätzen beruhen muss, und im heutigen Hochdeutschen die Übermacht der Consonanten allerdings gar zu groſs ist, dass aber einzelne übel lautende Wörter jede Sprache hat und höchst nöthig gebraucht. Eben daselbst (S. vi. vii) will er nichts von der gröſseren Regelmäſsigkeit der althochdeutschen Formen wissen: die volleren Vocale sollen nur eine unvollkommene dem Lateinischen nachgeäffte Bezeichnung unseres lautlosen *e* seyn. Aber wie werden sie dann so consequent gebraucht und wechseln nicht etwa willkürlich? 'Für den späteren Aufzeichner stand nun das volle Selblautzeichen da, und auf dessen Grund ward jetzt eine Art vollständiger Beugung aufgestellt, wobey wahrscheinlich noch manches zur Vervollständigung hinzugesetzt worden seyn mag.' Diesen sinnlosen Satz

kann niemand begreifen, der nicht weiſs, dass sich ein Sprachmacher vorstellt, kein Mensch habe etwas anders zu thun als, wie er, Sprache zu machen. Wenn man im Mittelalter zur Unterweisung der Laienbrüder lateinische Wörter durch deutsche erklärte, so schrieb man sie nicht etwa so wie man sie aussprach — Gott bewahre! man sah erst zu, was die Vorfahren geschrieben hatten (das thut der heutige Sprachmacher nicht einmal), und, weil sich vollere Vocale fanden, bildete man sich ein, darin sey Regel, erfand die Regel und schrieb nach dieser selbwachsenen Regel. Dieſs ist Hn. Müllers Meinung vom Ursprunge der althochdeutschen Sprache. Danach war das ganze Franken, Baiern und Alemannien, das sie annahm, ein groſses Tollhaus voll höchst consequenter Narren.

Dieſs genüge zu zeigen, dass der Vf. von der Entwickelung der deutschen Sprache auch gar nichts weiſs und mithin weit hinter dem jetzigen Standpunkte des Studiums zurückgeblieben ist. Es würde viel Zeit und Mühe kosten, wenn man die unglaubliche Gedankenverwirrung in dem Urtheil über Grimms Grammatik S. xli–xliii entwickeln wollte.

Nur was er selbst S. xxviii als die Resultate seiner grammatischen Forschung angiebt, und zwar als 'unumstöſsliche Gewiſsheit', das zu übergehn, könnte ungerecht scheinen. Die 'nach langem unermüdeten Suchen, Prüfen und Ordnen' gefundenen Sätze sind die folgenden.

1) 'Die Wurzeln sind einsilbig, aus höchstens vier Grundlauten' d. h. Consonanten. Die Einsilbigkeit der Stämme hat man seit langer Zeit einstimmig angenommen oder vielmehr vorläufig postulirt: der Beweis dafür ist nur nach und nach durch- 365
zuführen: der Vf. hat aber dazu nichts gethan. Er giebt S. 25 ff. eine Tafel der Wurzel- und Stammsilben, gesteht aber selbst S. 39, er habe sie nicht bis in ihre letzten Theile zerlegt. Und was findet man hier für deutsche Wurzeln! *Pansch, Feind, Mensch, Münz* stehen S. 32 als Wurzel- und Stammsilben unter einander. S. 35 findet man die Reihe *plöz pland splitt splen flipp flimm* Daran sollen Kinder das Lesen lernen; das sey geistreicher und bildender als das A b-ab, welches 'eingefleischter Unsinn' sey (S. xxx).

2) 'Durch Ableitlaute und Silben, sammt der ganzen einfachen Einung der Wörter erwächst die Sprache zu einem fast

unerschöpflichen Wortreichthum'. Ist das nun etwas Neues? der Vf. hat nur von S. 41—126 trockene, ungelehrte und unvollständige Register ohne neue eigenthümliche Bemerkungen.

3) Das Substantiv hat keine Declination, sondern nur *a*) Mehrheitsbildung, die *b*) nach dem Geschlechte verschieden ist, *c*) ein *s* im Genitivus der Masculina und Neutra, *d*) ein *n* im Dativ des Plurals. Hier sieht man, ist das *e* des Dativs und die ganze schwache Declination übergangen, und aufserdem eine Menge geregelter Endungen der alten Sprache. Was mag aber eigentlich die ganze Behauptung für einen Sinn haben? Wer *lignum, ligni, ligno, ligna, lignorum, lignis* Declination nennt, der will *Holz, Holzes, Holze, Hölzer, Hölzern* für 'keine eigentliche Declination' gelten lassen! Und das ist 'unumstöfsliche Gewifsheit!' Er fährt fort, die Beugung des Adjectivs schliesse sich an die des Artikels. Es ist freilich wunderbar genug, dass die starke Declination des Adjectivs nicht mit der des Substantivs sondern der demonstrativen Pronomina übereinstimmt, die schwache hingegen mit der schwachen des Substantivs. Aber nur auf diese Art darf der übrigens bekannte Satz ausgedrückt werden, und daraus folgt gar nicht, dass das Adjectiv keine Declination habe: oder es hat auch im Lateinischen keine, wo sie mit der des Substantivs übereinstimmt.

4) Unsere 'bisher' sogenannten *verba irregularia* sind 'unsere ursprünglichen und schönsten Fügewörter.' Nun, das hat denn bekanntlich Ten Kate vor hundert Jahren schon eingesehn (s. Grimms Grammatik, 1. Ausg. S. LXXVI), und, um nur eins der bekanntesten Werke vor Grimm zu erwähnen, in Fuldas gothischer Grammatik ist von zwey Hauptconjugationen die Rede, und die starke heifst nicht unregelmäfsig. Sie ist 1805 erschienen: Hr. Müller hat nach S. XXVII seine 'unermüdeten' Forschungen 1810 angefangen. Übrigens aber behandelt Hr. M die starken Verba dennoch als unregelmäfsige: denn er zählt sie nur auf, und zwar fast ganz nach den ramlerischen Klassen, nur in anderer Ordnung: die festen Regeln der starken Conjugation, die auf dem Vocal- und Consonantcharakter beruhen, kennt er nicht, so dass auch nach ihm noch ein Ausländer alle einzelnen
566 Verba, jedes mit seinen Formen, auswendig lernen muss. Die wirklichen Anomala (*kann, weifs, darf* u. s. w.), die Adelung schon von denen trennte, die wir jetzt starke nennen, handelt

Hr. M S. 159. 160 unter den schwachen mit ab, ohne sie auszuzeichnen.

Diese Entdeckungen sind denn die 'neu gewonnene Überzeugung' des Hn. M, welche 'die neuesten teutschen Sprachwerke nicht wankend gemacht haben, vielmehr bestärkt und befestigt' (S. xxix). Über die 'Fügung der Wörter' sey er noch nicht 'zu wichtigen neuen Ergebnissen gelangt' (S. xxviii). Diefs ist zu verwundern: auch hier haben doch Adelung und andere manches entdeckt, was er auch hätte wieder entdecken können.

Es ist unmöglich bey diesen ungelehrten Anmafsungen kalt zu bleiben, die man nicht ganz mit der Beschränktheit des Vfs. entschuldigen kann: denn wäre er, wie es dem Geistvollen und dem Schwachen gleich geziemt, von der Ehrfurcht vor allgemein hochgeachteten Männern ausgegangen, so konnte niemals das Selbstvertrauen die Oberhand bey ihm gewinnen, er könne sie in seiner Dürftigkeit überbieten.

Ein Unterricht in der deutschen Sprache nach Hn. Ms Weise kann in Gymnasien nur zweckwidrig und schädlich seyn, wenn anders der Grundsatz fest steht, dass der Unterricht schon in den untersten Klassen, zwar nicht wissenschaftlich seyn, aber auf der Wissenschaft beruhen und auf sie hindeuten soll. Es ist zwar gewiss nicht zu billigen, wenn in unteren Klassen deutsche Grammatik gelehrt wird: es ist heillose Zeitverschwendung, und die Schüler haben ganz Recht, wenn sie in diesem Unterricht nichts finden, als das ihnen Bekannte, oder was sie bey den alten Sprachen schon mitlernen (die Orthographie muss man ihnen freylich einüben, wie den zweckmäfsigen Gebrauch der ihnen bekannten Formen und Wörter): aber in den obersten Klassen, wo sich der Schüler des Zusammenhangs seiner Bildung mit der nationalen bewusst werden soll, ist es nothwendig, ihm die Bildungsstufen der deutschen Literatur und die verschiedenen deutschen Sprachen in ihren Veränderungen zur Anschauung zu bringen. Hierauf aber viel Zeit zu verwenden wäre sehr tadelhaft, weil das Studium, einmal begonnen, leicht allzu sehr reizt und doch nicht überall vielseitig genug bildet: der Unterricht sey nur vorbereitend und fragmentarisch, er zeige in blofsen Umrissen das Wesen und die Wichtigkeit der auf diese Seite gewandten Forschung. Ein Lehrer voll Geist, wenn nur seine Ansichten von deutscher Literaturgeschichte und von deut-

scher Grammatik dem wissenschaftlichen Standpunkte der Zeit angemessen und nicht aus Compendien entlehnt, sondern durch Anschauung gewonnen sind, kann ohne grofse Mühe mit Bescheidenheit das Erforderliche leisten: und es gereicht unsern Gymnasien zur Schande, dass beynah nirgend auch nur das Mindeste geleistet wird; wie man denn meistens Jünglinge, die das Gymnasium verlassen, eben so unbekannt mit der deutschen
567 Literatur des achtzehnten wie des dreyzehnten Jahrhunderts findet: über deutsche Grammatik haben sie in der Regel genau die Ansichten des Hn. Joseph Müller.

Nach ihm soll (S. XXXI) in Quinta schon 'der teutsche Sprachstoff systematisch erbaut und in Quarta zu einem gediegnen vollendeten *gefigigen* Ganzen verbunden werden.' Wenn dann die Schüler nachher als Primaner etwas von Grimms Grammatik hören (aufser der Schule natürlich), so wissen sie, dass sie in Quarta einen 'vollständigen Sprachunterricht' (S. XXXV) erhalten haben: ihr Lehrer hat sie versichert (S. V), 'die bisherigen Ergebnisse des aus der Vorzeit Erforschten seyen unsicher und schwankend, und die wahren Ergebnisse aus dem Alterthum dürften dem von ihm Aufgestellten im Allgemeinen nicht widersprechen': natürlich haben sie keine Lust zu einem Studium, dessen Erfolg ihnen als höchst zweifelhaft vorgestellt worden ist.

'Denjenigen Theil des schönen Schriftthums, welcher das ältere Schriftthum in sich begreift, von Ulphilas bis Opitz', (diefs sind buchstäblich Hn. Ms Worte, S. XXXVIII) soll man in Secunda vornehmen. Aber ohne grammatische Vorbereitung, zu der in Secunda nach unseren Einrichtungen weder Zeit noch Ort ist, kann der Schüler von Ulfilas oder Otfried nichts verstehn: hingegen die Literatur des siebenzehnten und achtzehnten Jahrhunderts wird für ihn unendlich viel Erregendes und Bildendes darbieten. Hr. M hat sich zu der Ungereimtheit durch den Einfall verleiten lassen, die deutsche Literatur der Zeitfolge nach unter Secunda und Prima zu vertheilen. Dieser Einfall ist eben so kindisch, als seine Ansichten über Ulfilas und die Schriftsteller der althochdeutschen Zeit, über Luther und über Klopstocks lyrische Strophen (S. XXV. XXVI. VII. XIX). Dass der Theuerdank S. XLIII *der Tewrdannckhs* und Clajus oder Claj *Clajen* heifst, ist lange nicht so schlimm, als dass S. XXXVI eine 'förmliche umfassende Lehre der verschiednen Dichtarten und der schönen Rednerprosa' für Secunda verordnet wird.

Doch bleiben wir bey der Grammatik stehen, und beugen dem Missverständniss vor, als wollten wir einer Darstellung der deutschen Sprache in ihrem gegenwärtigen Zustand eigenthümlichen Werth und Nutzen absprechen. Nicht einmal ist es nöthig, dass, wie in Schmellers vortrefflichem Werke über die Mundarten Baierns, überall auf das Historische hingedeutet wird. Ja, die geistreichste und zugleich richtigste Grammatik wäre die, welche alle Erscheinungen der Sprache in einem gegebenen Zeitpunkt, ohne alle Rücksicht auf das Vergangene, bloſs nach dem Sprachgefühl dieser Zeit und nach den in ihr gangbaren Sprachansichten hinstellte. Wir fragen jetzt nicht, ob dergleichen möglich ist: und bey unserer vielseitigen, ungleichartigen und so wenig volksmäſsigen Bildung möchte eine Anmaſsung, die schon allein das Werk scheitern lieſse, dazu gehören, wenn sich 563
jemand vermäſse den ganzen Sprachgeist dieser Zeit aufzufassen, im Sprachlichen der Repräsentant seiner sämmtlichen Volks- und Zeitgenossen zu werden: Hn. Müller wird niemand dafür gelten lassen. Denn wer wird z. B. die Anmaſsung ertragen, dass er (S. 16) die eine der verschiedenen Aussprachen des *sp* und *st* fehlerhaft nennt? dass er (S. 22) *Waise* und *Weise* im Sprechen will unterschieden wissen, und doch zwischen *Weinen* und *Wein* keinen Unterschied anerkennt?

Aber fände sich auch ein solcher die Sprache seiner Zeit ganz fassender Grammatiker; ob sein Werk für den Schulunterricht taugte, ist zu bezweifeln: Ausländer, die unsere Sprache lernen, könnten sich keinen besseren Lehrmeister wünschen. Der Vf. vorliegender Grammatik wohnt in einer nur halb deutschen Gegend: ist seine Darstellung der deutschen Sprache, wenn nicht wissenschaftlich, doch wenigstens bequem und vollständig? Wir glauben nicht, dass der Vf. von dieser Seite ein eigenthümliches Verdienst hat: doch lassen wir darüber gern Andre urtheilen, die mit den Nachfolgern Adelungs genauer als wir bekannt. Was sollen aber wohl Ausländer davon denken, wenn sie S. 17 finden, den Hauch beym deutschen *th* spreche der Mund, aber das Ohr überhöre ihn? Mit manchen Formen, die er sie lehrt, werden sie auch in den meisten Gegenden übel ankommen, wie mit *gespunden* und *gezunden* (S. 153), mit dem

Präteritum *frug* (S. 160), mit dem Pluralis *Bäucher* (S. 133), mit der wundersamen Abwechselung der starken und schwachen Declination nach den Geschlechtern, *o guten Weine, o gute Frauen, o gute Kinder* (S. 143). Schwerlich hat aber einer der neuern Grammatiker (wenigstens Adelung nicht) die Regeln über die Declination der Substantiva so unvollständig gegeben als Hr. M S. 130—138. Nach seiner Darstellung muss man sagen *des Knabens, des Ochsens, des Heldens, des Mensches:* die richtigen Formen lassen seine Regeln nicht zu.

Nach diesem allen kann man nicht anders urtheilen, als dass diese ganze Grammatik ohne Werth sey, dass sie selbst für den gemeinsten Gebrauch nicht ausreiche, und in wissenschaftlicher Hinsicht nicht nur nichts Neues leiste, sondern auch auf den beschränktesten Ansichten beruhe, eben deshalb aber und schon der äußeren Wunderlichkeiten wegen, in Schulen gebraucht, nur verderblich seyn könne.

War denn aber solche Maculatur einer ausführlichen Beurtheilung werth? Nein: aber es kitzelt die deutschen Grammatiker wohl, einmal eine Carricatur ihrer Weise zu betrachten: und vielleicht merkt sogar mancher Verständige, dass doch in Geist und Grundsätzen der Unterschied zwischen Hn. Joseph Müller und diesen nur etwas scheueren Grammatikern nicht allzu groſs ist. Lachmann.

Titurel und Dante.

Über den Titurel und Dantes Komödie. Mit einer Vorerinnerung über die Bildung der geistlichen Ritterorden und Beylagen contemplativen Inhalts aus der gröfseren Heidelberger Handschrift von KARL ROSENKRANZ, Dr. d. Phil. und Privatdocent an der Universität zu Halle. Halle und Leipzig 1829. VI u. 142 S. 8.

Aus der Hallischen Allgemeinen Literatur-Zeitung. December 1829. Num. 238.

Der Vf. beabsichtigt eine Vergleichung des Titurels mit der 619
göttlichen Komödie. Dieser Gedanke geht von der einmal gewagten und sehr oft ohne Prüfung wiederholten Zusammenstellung Dantes mit Wolfram von Eschenbach aus. Aber beide Vergleichungen sind nichts weniger als gleichbedeutend. Denn wollte man auch zugeben, der Titurel sey Eschenbachs Werk, will man auch (und diefs ist weit leichter) eine Geistesverwandtschaft der beiden Dichter zugeben, so wird doch gewiss niemand, und wer sie am genauesten kennt am wenigsten, die Ähnlichkeit im voraus errathen, die der Vf. an diesen beiden Gedichten findet. Uns dünkt sogar, er würde sie nicht einmal gesucht haben, wenn er über die Entstehung des Titurels die, jetzt freylich von einigen als gemein verachtete, Literaturgeschichte zu Rathe gezogen hätte.

Wolfram von Eschenbach liefs sich ein französisches Buch lesen, das sich auf einen Provenzalen Kyot als nächste Quelle, entfernter und mythisch auf eine morgenländische bezog. Er wählte daraus die Geschichte Parzivals zum Gegenstand eines besondern Gedichts, das er 1205 oder wenig später vollendete. Dieses Gedicht stand in so hohem Ansehn, dass darüber das Urtheil sprüchwörtlich ward, *Leien munt nie baz gesprach.* Doch fand es auch Tadler, denen der Ausdruck zu dunkel und schwierig war. Diesen Tadlern giebt Wolfram Recht (Wilh. 237 = 107ᵃ), *Min tiutsch ist eteswâ sô krump, er mac mir lihte sin ze tump, den ichs niht gâhs bescheide,* und er gesteht selbst einem heftigen

Gegner, dem Färben in der Poesie das Höchste zu seyn schien (Gottfr. Trist. 4623. 4688), den Ruhm gröſserer Glätte zu (Wilh. 4 = 3ª), *Ich Wolfram von Eschenbach, swaz ich von Parzivâl gesprach, des sîn âventiur mich wîste, etslîch man daz prîste: ir was ouch vil, diez smæhten und baz ir rede wæhten.* Erst später finden wir, dass auch der Wunsch laut geworden war, Eschenbach hätte vom Graal und von Titurel mehr sagen und Loherangrins Geschichte nicht so kurz fassen sollen. Der Dichter selbst hatte jedoch angefangen die Vorgeschichte des Parcivals in einer vierreimigen Strophe zu behandeln; erst in seinen letzten Jahren, nach 1215, wenn eine Stelle des jüngeren Titurels (7, 61), wie Docen meinte (Sendschreiben S. 41 vor Str. 77), von Eschenbach ist und nicht von dem Vf. des Titurels. Der Vf. dieses Gedichts ('Titurel' wird es 15. 32 genannt) hatte von
620 Eschenbach eben nicht mehr als auch uns erhalten ist, zwey unverbundene Abschnitte, wenig mehr als 170 Strophen. Er nahm in sein neues Werk, das er nach demselben französischen Buche dichtete, die beiden Bruchstücke Eschenbachs auf, und zwar unverändert: seinen eigenen Strophen gab er eine künstlichere Form, indem er den Einschnitt der ersten zwey Zeilen ohne Ausnahme mit Reimen versah. Über sich selbst und seine persönlichen Verhältnisse lässt er uns nichts wissen, weil er durchaus in der Person Wolframs spricht. Er lieſs aber das Werk ebenfalls unvollendet: ein Albrecht dichtete den Schluss und arbeitete Wolframs Strophen um. Albrecht hielt nicht allein diese, die ihm nur von den Abschreibern entstellt zu seyn schienen (4, 61), sondern das Ganze für ein Werk Wolframs, wie nach ihm Ottokar von Horneck, Ulrich Füterer und Püterich von Reicherzhausen. Er dichtete funfzig Jahre nach Wolframs Tode (10, 2), d. h. um 1270, zu einer Zeit, da (40, 143) Wolframs heiliger Wilhelm, den Ulrich von Türheim längst fortgesetzt hatte (nach 1247), nicht mehr für unbeendigt galt, aber für unvollständig am Anfang, d. h. ehe die Vorgeschichte, von Ulrich von dem Türlein gedichtet und König Ottokar von Böhmen (st. 1273) zugeeignet, bekannt geworden war.

Dieſs alles beruht nicht etwa auf besondern Meinungen des Rec.: es kann sie ein jeder haben, und wer Eschenbachs Werke und den Titurel achtsam gelesen hat und nur einigermaſsen die Literatur des dreyzehnten Jahrhunderts kennt, der weiſs ohne weitläufige Untersuchung, was auch in Kobersteins Compendium S. 49 mit Recht als unzweifelhaft gegeben wird, dass wir von Eschenbachs Titurel nur zwey Bruchstücke besitzen und dass alles übrige in dem weitläuftigen jüngeren Titurel von einem oder zwey Fortsetzern gedichtet ist. Anders hat auch seit mehr als zehn Jahren kein Kundiger geurtheilt. Die früheren Meinungen Docens und A. W. von Schlegels waren Schritte zum Richtigen und müssen jetzt als veraltet angesehn werden. Dass Docen die seinige längst aufgegeben hatte, weiſs Rec., und Schlegel wird sicher auch nicht mehr anstehen den Dichter des Titurels lieber Lügen zu strafen als Wolfram von Eschenbach ein so langweiliges, todtes, und geziertes Werk zuzuschreiben.

Der Vf. bleibt aber noch bey der im J. 1811 von Schlegel aufgestellten Ansicht. Nach ihm ist der Titurel noch von Wolfram (S. 55): 'denn, wer immer auch Vf. des vollständigen Titurel, so hat er durch seine Dehnung und metrische Veränderung das Ursprüngliche doch wohl nicht so sehr verstellt, als man einem Umarbeiter zutrauen könnte,' [Was heiſst dieſs? Nach welchem Maſse traut man einem Umarbeiter Veränderungen zu oder nicht?] 'und ist die Umbildung wohl mehr formell als Sinn verändernd gewesen.' Ja nach S. 54 übertrifft gar der Titurel von Seiten des Ausdruckes den Parzival an Vollendung. Schade, dass dergleichen Urtheile sich ein Kritiker entfallen lieſs, der 621
eine tiefere Erkenntniss der Kunst unserer alten Dichtungen zu seinem Ziele macht.

Aber vielleicht ist der Vf. nur gegen Wolfram ungerecht. Der gröſste Dichter des dreyzehnten Jahrhunderts mag es ertragen, dass ein Kritiker des neunzehnten ihn mit seinem Nachahmer verwechselt, dass er ihn in dem, was er besonders nachahmte, im Ausdruck von seinem Nachahmer übertroffen glaubt: *ir was ouch vil, diez smæhten und baz ir rede wæhten.* Der Kritiker, welcher sein Auge mehr auf das Ganze als auf das Einzelne der Form richtete, kann ja vielleicht gezeigt haben, dass zwar nicht Wolfram, aber doch der Vf. des Titurels ein Gedicht geschaffen habe, welches an Gröſse der Erfindung, an Reichthum und Tiefe der Gedanken mit Dantes Komödie zu vergleichen ist.

Fahren wir fort nur ganz äuſserlich zu betrachten, was sich der Dichter des Titurels zur Aufgabe macht. Er hatte, wie gesagt, einen französischen Cyklus vom Graal. Da Wolfram aus diesem die Geschichte Parzivals ausgelesen hatte, wollte er die Begier nach dem Ganzen stillen und folgte dem französischen Gedicht so genau, dass er überall sagt, wohin jeder Theil des Parzivals gehöre. So erzählt er 36, 64 von Secundillen ein Mähre, das längst gesprochen sey, aber sich hier (in der deutschen Abenteuer) nicht finde; die Heidin Ecuba habe es Artus gesagt, nachdem Parzival fortgeritten sey: das heifst, es folgte in dem französischen Buche auf den 333sten Abschnitt des Parzivals (nach Z. 9950). Als den einzigen Zweck des Erzählens giebt er sehr oft die Lehre der Tugend an, und er hat überall, die Geschichte unterbrechend wie es nur ein wenig theilnehmender Dichter kann (mithin unter allen am wenigsten Wolfram von Eschenbach), unzählige moralische und theologische Betrachtungen eingestreut. Dazu hat er nicht nur viel einzelne Stellen aus Wolframs Werken theils nachgeahmt, theils auf sie angespielt, sondern sich auch bestrebt seinen gesammten Stil, das Ungewöhnliche, Kecke, Eigensinnige, ja Wunderliche desselben überall nachzubilden und zu überbieten. Ihm entging, dass er dadurch unleidlich albern ward und doch Wolframs Gewalt und Tiefe auch nicht von fern erreichte, von seiner Wahrheit und Innigkeit aber in den vollkommensten Gegensatz gerieth.

Also ein zweyter Eschenbach, nur kunstreicher und lehrhafter, wollte er seyn, und er ward nach dem Vf. ein verworrener unentwickelter Dante. Die Tendenz des Gedichtes soll seyn, die christliche Weltvorstellung in allen ihren Momenten poetisch auszudrücken (S. 92), alles, was irgend in Staat und Kirche, in Kunst und Wissenschaft das deutsche Mittelalter bewegt habe, wenn nicht weitläufiger zu betrachten, wenigstens zu erwähnen (S. 55).

War das die Tendenz der Fabel oder des deutschen Gedichts? Der Vf. meint: die weitschichtige Fabel enthielt alles
622 was zum Leben gehört, und der Dichter benutzte sie überall seine Betrachtung des Lebens daran zu knüpfen. Er unterscheidet diefs aber selten, und spricht meistens so, als ob die Fabel auch von dem Dichter oder die Betrachtungen auch aus dem französischen Buche seyen.

S. 59 — 75 hat er den Inhalt des Titurels in seine mannichfachen Bestandtheile zerlegt, — im Abendlande die dunkle heilige Ritterschaft des Graals neben Trefrizents Einsiedlerleben, die weltlichen Ritter um Artus mit ihren verschiedenen Charakteren, Kriege und höfische Lust, Sigunens jungfräuliche Liebe und Wehklage, Ekunat, Orilus und das Brackenseil, im Morgenlande der Baruk Ackarin mit seinen Feinden und Gamuret und Schionatulander, der König von Marroch mit seinem Zauber, der Priester Johann und Indien. Allein es ist offenbar, dass in diesem allem sich noch nicht das gesammte Leben abspiegelt: wo kommt darin z. B. die Ordnung der Gemeine, wo das Verhältniss der Dienenden und Gebietenden in Frage? Zielte gleichwohl die Fabel auf ein Bild des gesammten Lebens, so muss man die Absicht dem Dichter des französischen Buches zuschreiben, nicht dem Vf. des Titurels, der alle Sagen in ihrer Ordnung aus jenem nahm: — am allerwenigsten aber darf man die Absicht Wolfram von Eschenbach unterschieben. Dieser hatte Parzivals Fabel für sein Gedicht ausgesondert, doch wohl ohne Zweifel, weil er in dieser sich einer poetischen Einheit bewusst ward, nicht aber in der ganzen verworrenen Masse des Cyklus vom Graal. Er that also, was gute Dichter jederzeit gethan haben, zumal aber der beste von allen, nämlich das Volk: einer unverständlichen Sage ist eine neue, nicht eben absichtlich gesuchte, sondern gefundene Einheit untergelegt worden; der Dichter hat, den gesammten Stoff und den äufsern Zusammenhang der Begebenheiten mit treuer Gewissenhaftigkeit bewahrend, die Fabel doch neu erfunden. Darum ist der Wunsch, den der Vf. (S. 57) Görres nachgesprochen hat, unkünstlerisch, es möchte Wolfram gefallen haben den Titurel und den Parzival in einander zu schmelzen oder vielmehr sie in ihrer Vereinigung zu lassen. Das zu thun, aber dabey den inneren Sinn der Sage zur Anschauung zu bringen, ist eine Aufgabe, nicht sowohl dem Dichter gestellt als dem Mythologen, und eine höchst schwierige, die ein Absondern, neues Verbinden, Läutern, Ergänzen und Deuten der einzelnen Theile der Sage heischt, wie es vielleicht aus den bis jetzt bekannten Überlieferungen noch nicht einmal möglich ist, am wenigsten aber aus einer so unreinen Quelle als das Sagenchaos des französischen Titurels augenscheinlich gewesen ist. Hier freylich und in der Verdeutschung ist kein das Ganze leitender Gedanke, wenn man nicht, wie der Vf., zu einer bloſsen Abstraction seine Zuflucht nehmen will: denn für nichts anders kann man die 'Darstellung des gesammten Lebens' ansehen, wenn sie Tendenz eines einzelnen epischen Gedichtes seyn soll.

623 Die theologischen und moralischen Betrachtungen, welche der deutsche Dichter willkürlich an jeden Punkt der Erzählung knüpft, sind wahrscheinlich ganz sein Eigenthum und wohl einer noch etwas genauern Erwägung werth, als sie ihnen S. 76—79 zu Theil geworden ist unter den Rubriken 'Reflexion in die Natur, geschichtliche Parallelen, Reflexion in die Kunst, Reflexion in die Religion.' Vielleicht hätte sich dann manches Merkwürdige gezeigt. So ist z. B. die beständige geistliche Deutung des Graals, welche, durchgeführt, die ganze Sage zur Allegorie machen würde, gar nicht in der Weise der übrigen romantischen Gedichte. So würde die nähere Betrachtung der Dogmatik des Dichters sie meistens als strengkirchlich gezeigt haben, sehr verschieden von der Wolframs von Eschenbach, welcher z. B. sich der Anrufung und göttlichen Verehrung der heiligen Jungfrau durchaus enthält, welcher die Verdammung der Heiden ausdrücklich leugnet. Der Vf. hat nur etwas ganz Äuſserliches richtig bemerkt, dass im Titurel die Betrachtungen weit häufiger sind als in den andern erzählenden Gedichten, oder wie er S. 53 sagt, dass 'der Titurel das epische Element mit dem theoretischen mehr ausgeglichen hat, keineswegs aber, nach der Sprache der Schellingischen Schule, beide Pole schon zur Indifferenz gebracht.' Aber nun fragen wir wieder: Ist in diesen Betrachtungen das gesammte Leben der Zeit erschöpft? Stehn sie in irgend einem Zusammenhang? Gehn sie von einem Gesichtspunkt aus? Strebte der Dichter nach der Universalität, die der Vf. für die Tendenz seines Gedichtes ausgiebt? Wie vielerley es war, was das Leben in jener Zeit bewegte, kann man aus Freidanks Bescheidenheit lernen, in welchem Buche die unter dem Volke gangbaren Sprüche, zum Theil wohl in einer neuen und regelmäſsigeren poetischen Form, zusammengereiht worden sind, auf eine höchst geistreiche Weise, so dass die sich widerstreitenden Ansichten neben einander gestellt und durch die Gegensätze auf die Wahrheit gedeutet wird. Im Titurel aber wird man nichts anders finden, als ein absichtliches beschwerliches Haschen nach einzelnen Lehren und Be-

trachtungen, die der Dichter seiner Erzählung einzufügen für dienlich hielt.

Wenn aber dem so ist, wo bleibt die Vergleichung mit Dantes Komödie? Der Vf. sagt S. 95: 'Auch der Titurel legt allen Inhalt des damaligen Bewusstseyns aus und zwar, wie Dante, denselben durchdrungen vom Geist der christlichen Religion. Allein er hat jenen Inhalt viel abstrakter formirt, in esoterischer Weise, welche nur wenigen Gebildeten, nicht aber dem Volke und noch minder dem Sinn anderer Völker zugängig ist.' Versuchen wir diesem Satze, welcher den Mittelpunkt der 624
ganzen Vergleichung enthält, das Unrichtige und bereits Widerlegte, so wie den starren Formalismus der schulmäfsigen Ausdrücke abzustreifen, so ergiebt sich folgendes als der Kern dieser Vergleichung: Wie Dantes Gedicht, in der Form der Erzählung von einer Reise, eine tiefsinnige und zugleich anschauliche Betrachtung des jenseitigen Lebens in Beziehung auf das gegenwärtige seyn will und ist, — so sind im Titurel moralische und theologische Lehren und Betrachtungen, wie sie dem Dichter eben einkamen, an jeden beliebigen Punkt einer weitschichtigen, der innern Einheit ermangelnden, Erzählung angeknüpft. Das ist aber eine Vergleichung, bey der an den Verglichenen nichts ähnlich ist, als dass sie beide sowohl Erzählung als Betrachtung enthalten.

Eine von andern aufgestellte Vergleichung zweyer Dichter ist angewandt auf ein Werk eines derselben und das eines andern: in dieser Anwendung ist bey dem einen Werke der gegebene Stoff mit der Arbeit des Dichters verwechselt, dieser ein anderer Zweck, als den der Dichter wollte, untergelegt: die Vergleichung, so weit sie Wahrheit enthält, beruht auf keiner wesentlichen Ähnlichkeit. Der mit guten Anlagen begabte Vf. hüte sich nur stets vor dem Irrthum, als ob durch den pedantischen Gebrauch der Formeln einer bestimmten Schule philosophische Begründung gegeben werde. Hoffen lässt sich allerdings von ihm, dass er auf den Weg der treuen Forschung herabkommen und sich denen bescheiden anschliefsen werde, welche Wissenschaftlichkeit und Fleifs gleich hoch schätzen.

Lachmann.

Über althochdeutsche Betonung und Verskunst.

Erste Abtheilung.

[Gelesen in der Akademie der Wissenschaften am 21. April 1831 und 3. Mai 1832.]
Abhandlungen der Akademie der Wissenschaften zu Berlin aus dem Jahre 1832.
Berlin 1834. Historisch-philologische Klasse.

235 (1) Der deutsche Versbau hat immer, so lange wir ihn kennen, auf dem Accent beruht, wenn wir einige bis auf eine Art von Reim fast regellose Werke der äufsersten Verwilderung ausnehmen, die jedoch auch im zwölften und im sechzehnten Jahrhundert bei weitem nicht allgemein war. Aber ganz anders herscht der Accent in den romanischen Versen, deren Silben gezählt, aber die mehrsten willkürlich betont sind: die festen Accente ruhn auf bestimmten Silben gegen das Ende der Versabschnitte. Diese Art ist dem strengen Tact wenig günstig: ja die *cesura Siciliana* des italiänischen *endecasillabo* widerstreitet ihm gänzlich durch ihren Accent auf der siebenten Silbe *(Se la mia vita da l'áspro torménto)*. Hingegen der deutsche Vers, besonders der ältere, bis gegen das sechzehnte Jahrhundert wo die romanische Form überwiegt, hat eine bestimmte Zahl Füfse, das heifst Hebungen die in höher betonten Silben bestehn als je die nachfolgende Senkung: und die Senkungen vor oder zwischen den Hebungen dürfen auch ganz fehlen. Die Eigenthümlichkeit aber der alt- und mittelhochdeutschen Verse besteht nun in zweierlei. 1) Wo zwischen zwei Hebungen die Senkung fehlt, muss die Silbe lang sein durch Vocal oder Consonanten. Und zu diesem durchbrechenden Princip der Quantität kommt 2) die rhythmische Beschränkung, dass nur der Auftact allenfalls mehrere Silben zulässt: die übrigen Senkungen dürfen nur einsilbig sein. Durch diese Beschränkungen unterscheiden die hochdeutschen Verse sich namentlich von den nordischen, angelsächsischen

und niederdeutschen: die Überfüllung der Senkungen geht be- 286 (2)
sonders in der sächsischen Poesie des neunten Jahrhunderts bis zur Unleidlichkeit. Da also die Zählung der Silben für den hochdeutschen Vers auch wichtig ist, so haben die Dichter natürlich die Elision der Vocale und manche Verkürzungen der Wörter, wie sie die gewöhnliche Sprache gab, in ihren Versen angewandt: und es ist zu untersuchen, wie viel dieser Art sie erlaubt oder dem Wohlklang zuträglich fanden. Ihrem Urtheil allein aber ist die Kunst der Silbenverschleifung zuzuschreiben, mit der sie sehr häufig zwei durch einen einfachen Consonanten getrennte Silben, deren erste kurz war, für Eine brauchten, in der Hebung sowohl als in der Senkung, aber beiderseits nicht unbeschränkt.

Aus dieser Beschreibung der alt- und mittelhochdeutschen Verse (so kurz und vollständig ist sie nie gegeben: aber seit Jahren war es für jeden leicht, aus den berichtigten Versen selbst, und aus dem was darüber gesagt ward, die Theorie zu entnehmen) wird man die einzelnen Punkte die in der folgenden Abhandlung zur Sprache kommen, voraussehen. Hinzu kommt noch eine Betrachtung des Reims und der Allitteration, welche beide für den rhythmischen Bau der Verse unwesentlich sind, wie es denn auch in der That einzelne althochdeutsche Verse ohne Reim und Allitteration giebt; ja auch mittelhochdeutsche, wenn man die sogenannten Waisen in Anschlag bringt.

Das wichtigste bleibt aber immer die Betonung. Und wenn die allitterierende Poesie der Angelsachsen und des Nordens sich mit der Beachtung der höher betonten Wörter und der höchsten Silbe jedes Wortes begnügt, so kommt hier, da die Verse aus Füßsen bestehen deren Hebungen höher betont sein sollen als die nachfolgenden Senkungen, eben so viel auf den Grad der Betonung in den tieferen Silben an. Es wird oft misslingen einen nur etwas freier gebauten Vers richtig zu lesen, wenn man neben der bekannten Hauptregel, dass jedes deutsche Wort, mit wenigen meist auch bekannten Ausnahmen, seinen Hauptaccent auf der ersten Silbe hat, nicht noch die Regel des Nebenaccentes drei- und mehrsilbiger Wörter kennt, die wir zuerst aus den mittelhochdeutschen Reimen gelernt haben. *bil-lîche* reimt auf *gelîche*, *dürftigen* auf *ligen*, *Hâge-nè* aber auf *gâde-mè*. Dem Gebrauch aller heutigen deutschen Völker entgegen besteht

im Alt- und Mittelhochdeutschen der Unterschied, dass wenn die erste d. h. die betonteste Silbe lang ist, die zweite den nächst-
237 (3) hohen Accent hat: ist die erste kurz, so hat (wie bei uns durchaus) die dritte den Nebenton. Die Ausnahmen von dieser Regel werden ein wichtiger Gegenstand der folgenden Untersuchung sein; desgleichen, neben den wahren Ausnahmen, die Freiheiten Otfrieds, der Streit des Accents mit dem Verse.

Doch ehe wir uns zu dem Einzelnen der althochdeutschen Betonung und Verskunst wenden, wird es wohl nöthig sein die allgemeine Beschreibung der Verse durch ein otfriedisches Beispiel zu beleben. Dadurch wird sich auch, wie ich hoffe, zugleich zeigen dass das Wesentliche der althochdeutschen Verse richtig dargestellt worden ist. Wäre nicht der Accent und dadurch bestimmt eine gewisse Zahl Hebungen, mit höchstens einsilbigen Senkungen dazwischen, würklich das Gesetz dieser Verskunst, so müste der Irrthum sich bald zeigen, bei einer Sprache deren Betonung wir im Ganzen recht wohl kennen. Die bekannten Grundsätze dieser oder jener Metrik anderer Völker an den otfriedischen Versen zu probieren, damit sich zeige dass sie nicht anwendbar seien, scheint lächerlich, da die aufgestellte Lehre sich schon lange bewährt gefunden hat, und die spätere Kunst in den Hauptpunkten noch ganz mit der stimmt die ich Otfried zuschreibe.

Zwar hat dieser Dichter selbst so oft und so nachdrücklich Metrum, schöne Verse, Regel, Zeit, Füſse, der fränkischen Poesie abgesprochen, (da er doch seine fünf *livola* (Bücher) selber sang, wie er öfter sagt, und einige frommen Personen, die *laicorum cantus obscenus* belästigte, ihn gebeten hatten sie zu schreiben, *ut aliquantulum huius cantus lectionis ludum secularium vocum deleret*), dass man vielleicht glauben möchte, was etwa bei ihm einer metrischen Regelmäſsigkeit gleich sehe, sei bloſser Zufall oder höchstens eine ihm selbst unbewuste Einwürkung des *obscenus laicorum cantus,* und neben dem Regelrechten werde sich eben so viel Unrichtiges finden. Hievon ist aber nur so viel wahr, dass die Poesie eines Mönchs in den Zeiten der Blüte des Volksgesangs auch in der Form nie ganz genügen wird, weil er den besten Gesang weniger hört und weil er die Gunst der Kenner 'zu Hof und an der Straſse' für geringer achtet als seine gelehrte und fromme Mühe oder den Beifall seiner geist-

lichen Brüder und Oberen. Man kann nicht zweifeln, Otfried hat nur die lateinische Verskunst im Auge, wenn er den fränkischen Liedern kein Metrum zugesteht. Dass er seine Verse nicht ohne Regel in so viel Silben schrieb bis etwa ein Reim sich fand, zeigt überall die Stellung und Wahl der Wörter: und
er sagt es selbst deutlich, wenn er seinen Leser ermahnt auf 238 (4)
die Synalöphe zu achten, ohne welche *extensio saepius litterarum inepte sonat dicta verborum:* der Leser müsse *synaliphae lenam*[1] *et conlisionem lubricam praecavere,* der Dichter aber das *omoeoteleuton observare.* Damit nicht der Reim zu spät komme, soll der Lesende die Verschleifung der Sylben nicht verabsäumen, die in den Handschriften auch häufig durch Punkte bezeichnet wird.

Der otfriedische Vers, oder Halbvers, je nachdem man die Strophen vier- oder zweizeilig nennen will, hat nie mehr noch weniger als vier Hebungen, die in der ersten Langzeile des Beispiels das ich zunächst ausheben will, beidemahl vier Senkungen vor sich håben (mit der vierten Hebung muss immer der Vers schliefsen): in der dann folgenden ersten Halbzeile fehlen schon drei Senkungen, und sie hat nur fünf Silben, fünf Längen, deren dritte und vierte der Vers fordert. 5, 23, 19.

Nist mán nihèin in wórolti *ther ál io tház irságētì,*
állo thio scónì, *wio wúnnisám thar wárì,*
Òdo ouh swígènti *es mánnes múat irhógētì,*
in sínèmo sángè *odo òuh in hiwilònnè,*
Ódouh tház bibráhtì, *in hérzen ès irtháhtì,*
sín óra iz io gihórtì *od óuga irscóuðtì,*
Wio hárto fràm thaz gúat ist, *tház uns gibit drúhtīn Krist,*
thaz gúates ims er gárotà *ēr er wóralt wòrahtà.*
Thára lèiti, drúhtīn, *mit thínes sèlbes máhtin*
zi thémo scònen líbe *thie hòldun scúlka thìnè,*
Thaz wir thaz mámmúntì *in thínèra múnti*
niazēn úns in múatè *in ēwòn zi gúatè.*

Die Synalöphen sind von der leichtesten Art *odo ouh*, *ora iz*, *ouga irscouòti* oder *ouga irscouòti*. Das Verhältniss der Betonung der Wörter gegen einander hat nirgend, auch selbst für unser Gefühl, etwas widriges: denn das Schwanken zwischen *ódo ouh*

[1] Nicht *lenem*. Es muss wohl *lenocinium* bedeuten, wie das von Ducange angemerkte *lenonia*.

und *odo óuh,* ferner *thaz wir* wo *tház wir* genauer wäre, sind Freiheiten welche der deutsche Vers nie gescheut hat, und die schwebende Betonung, die dadurch entsteht wenn man etwas mehr dem richtigen Accent als dem Verse folgt, giebt ihm
239 (5) Mannigfaltigkeit. In der Betonung der einzelnen Wörter wird uns fast immer die Erhöhung der letzten Hebung auffallen: warum hier der Vers die Betonung der gemeinen Rede verändern muss, wird sich hernach zeigen. Die einsilbigen Längen ohne nachfolgende Senkung, *thio scônī, thaz gúat ist,* ferner die erste Länge des zweisilbigen Worts eben so ohne Senkung, *in éwôn zi,* wird uns weniger stören als der Nebenaccent in der Mitte langsilbig anfangender dreisilbiger Wörter *swígènti, sínèmo, irscóubtī, mánmùnti, thínèra:* das Versmaſs erfordert sie, eben wie die Accentregel, die hier nur in dem zusammengesetzten *wúnnisàm* verletzt wird. Die Betonung der dreisilbigen deren erste kurz ist, entspricht unserm Gebrauch, *irságētì, irhógētì, gárotà, wórahtà.* Bei *híwilônne,* dessen Betonung sicher ist, kann man über die Quantität der ersten Silbe streiten: eben so richtig ist die Freisinger Schreibart *in hiulonne.*

Ist nun im Anfang dieser Verse der Gang eben und sanft, in den letzten aber sogar weich, so vermag doch die fränkische Poesie auch noch mehr Weichheit, besonders indem sie die Senkungen häufiger fehlen lässt. 1, 2, 1.

Wòla, drúhtìn mín, *já bin ih scálc thìn:*
thiu àrma múater mìn, *èigan thiu ìst si thín.*
Fíngàr thínàn *dua àna múnd mìnàn,*
thèni ouh hánt thìnà *in thia zúngūn mìná,*
Thàz ih lób thìnàz *sì lútèntàz,*
gibùrt súnes thìnès, *drúhtìnes mìnès.*

Dagegen ist Raschheit, Gewalt und Kraft weit weniger Otfried eigen, obgleich es der Sprache und den Versen keineswegs an Mitteln fehlt sie zu bezeichnen. Diejenigen äuſseren Mittel des Versbaues, die wir in den vorigen Beispielen noch nicht fanden, sind mehrsilbiger Auftact, wie in den folgenden Versen *gistuant génēr, in githréngi;* und die Verschleifung zweier Silben, *thána, hércron, sínero.* Die Betonung mehrerer Silben eines längeren Wortes giebt den Ausdruck der Schwere, die Betonung einsilbiger ohne nachfolgende Senkung bewürkt Schnelligkeit und Kraft. 4, 17, 1.

Pétrus wàrd es ánawèrt, *joh brátter sliumo tház swért:*
er hérzen sih gihártà, *intị éinan sàr irwártà.*
Ih wéiz, er thès ouh fártà, *thes hóubites rámtà,*
tház er thàz gisítôtì, *then méistàr irrétitì.*
Gistuant géner, wàn ih, thénkèn *tház er wòlti wénkèn:*
thò slúag er ìmo ịn wárà *thánạ thaz zésva òrà.*
Níst ther widar hérjè *sò hérerọn sìnan wérjè,* 240 (6)
ther ùngisàro ịn nóti *sò báldlìcho dàtì,*
Ther àna scilt intị àna spér *sò fràm firliafị in tház giwér,*
in githréngi sò ginótò *sìnerọ fìàntò.*

Ich würde mir andere Stellen gewählt haben, wenn es jetzt darauf ankäme den Wohlklang der otfriedischen Sprache zu zeigen, das glückliche Verhältniss der Laute, das selbst bei der kunstlosesten Nachlässigkeit schwerlich unerträgliche Härte oder Weichlichkeit zulassen würde. Ich hätte vielleicht die folgende Strophe angeführt, in der Otfried alle Pracht, Würde und Lieblichkeit der Sprache vereinigt zu haben scheint, 4, 23, 39.

A'ntwurtita lìndò *ther kéisor éwnigo thò,*
Ther kúning hímilisgo ịn wár *thémo hérizòhen thàr.*

Hier soll sie nur als Beweis stehen, wie wenig die ungenaue Betonung des ersten Worts — nach dem Vers *ántwurtita*, nach genauer Aussprache *ántwúrtita* — dem Wohlklang des Verses schadet, wenn durch getragene Betonung zweier Silben der Fehler vergütet wird. Und die Mannigfaltigkeit des althochdeutschen Verses zu zeigen, kann diese Strophe ebenfalls dienen, zumahl wenn man die unmittelbar folgende damit vergleicht, in welcher die Milde und Würde, das Eigenthümliche der althochdeutschen Verse, schon beinah an Härte grenzt.

Ih ságēn thir, thàz ni hiluh thih, *giwàlt ni hábētistụ ùbar mih,*
óbạ thir thàz gizámi *fon himilè ni qcámi.*

Verse in Keros Mundart würden prächtiger, aber nicht so geschmeidig sein, notkerischen möchte bereits der Wohllaut der älteren Formen abgehn: aber wo mannigfaltiger Wechsel des Ausdrucks alt- oder mittelhochdeutschen Versen fehlt, da wird nur das Ungeschick der Dichter daran Schuld sein: und ich kann nicht beistimmen, wenn ein sonst gerühmter Kenner des Wohllauts die gewöhnlichen kurzen mittelhochdeutschen Verse für eintönig erklärt. Dass deutsche Verse den schwebenden Tanz der griechischen nicht erreichen, versteht sich von selbst: denn

hier fehlt immer der Streit zwischen Rhythmus und Accent, der auch in den geschicktesten Nachahmungen antiker Versmaſse so selten erscheint, dass man im Ganzen von gar keiner Ähnlichkeit reden kann. Übrigens hätte die althochdeutsche Sprache sich ganz gewiss zur völligen Nachahmung antiker Versarten geeignet, wenn man diese nach ihren Grundsätzen erkannt und
241 (7) überhaupt zur Nachahmung wäre geneigt gewesen. Ich habe selbst kleine Versuche gemacht, otfriedische Verse in antik gemessene Hexameter und Trimeter umzusetzen: und obgleich die Arbeit nicht leicht war, der Wohlklang schien nicht zu verlieren. Nur mit der gewöhnlichsten Wortstellung war nicht überall auszukommen: aber sie würde gewiss auch durch den Gebrauch der antiken Versarten vielfach freier geworden sein. Doch es ist ja behauptet worden, die sangallischen Übersetzer hätten zuweilen lateinische Verse und mitunter sogar ganz gewöhnliche Prosa in Hexameter, wie wir sie jetzt machen, übertragen. Das ist aber schon deshalb unmöglich, weil würklich einer von ihnen einmahl gewöhnliche Verse gemacht hat nach otfriedischer Weise. Den Übersetzer der *consolatio philosophiae* begeisterten Boethius Verse vom Orpheus (III, metr. 12.)

Quod luctus dabat impotens,
Quod luctum geminans amor,
Deflet Taenara commovens

zu einer poetischen Nachbildung (S. 180),

undẹ in der wúoft scúntà, der lúzzèl gemáhtà,
undẹ in des wìbes mínna lêrtà, díu ímọ den wúoft ráhtà,
dàz sáng er unde rôz, ùnz is hélla ẹrdrôz.

Wer mit genauer Kenntniss der Quantität und des Accents regelrechte[1], wenn auch nicht eben liebliche, hochdeutsche Verse zu dichten verstand, wie sollte der zu der schweren Gedankenverwirrung kommen, den Längen lateinischer Verse seien die höher betonten Silben der deutschen Wörter gleich, und den Kürzen die tieferen? Selbst auf die deutschen Daktylen kam man gegen Ende des zwölften Jahrhunderts nicht durch die lateinischen Hexameter, sondern wahrscheinlich entsprangen sie aus lateinischen Versen deren Gesetz der Accent war. Ja sogar Fischart war noch von jener Verwirrung fern: vielmehr, wie man in den vier

[1] Nur dass *is (eius)* eine Hebung ohne folgende Senkung macht, ist gegen den otfriedischen Gebrauch.

ersten Füfsen lateinischer Hexameter nach schlechtem Schulgebrauch fast jedes Wort unrichtig und regelwidrig betont, so schien ihm, indem er sich um die Quantität gar nicht bekümmerte, das Wesentliche des Hexameters eben in dieser verkehrten Betonung zu liegen. Und man muss wohl gestehn, nach dem gewöhnlichen Missbrauch lautet der Vers

lúderē quáe vellém cālămō permisit ăgresti 242(8)

wenig anders und gewiss nicht besser als

dápffere méin Teutschén, ădelich von gemút und geplüte.

Dass wir von der Betonung althochdeutscher Wörter mehr wissen als uns die mühsame und oft wenig entscheidende Betrachtung des Versbaues lehrt, haben wir wohl Hrabanus Maurus zu verdanken, der wie es scheint zuerst seine Schüler zur Bezeichnung des Tons deutscher Wörter anhielt; mehr vielleicht um die Aufmerksamkeit der Schreibenden zu fesseln (es gelang ihm ja und seinen Genossen, der barbarischen Nachlässigkeit im Deutsch- und Lateinschreiben fast plötzlich ein Ziel zu setzen), als dass die freilich noch nicht ganz aufgegebene *scriptura continua* eine solche Verdeutlichung nothwendig machte. Einen Trieb zur Bezeichnung langer Vocale zeigt schon die älteste hochdeutsche Schrift: das Glossarium des h. Gallus, wie man es nennt (es ist wohl gewiss noch aus dem siebenten Jahrhundert), bezeichnet die langen Vocale meist durch Verdoppelung: auch werden Circumflexe oder Acuti zur Bezeichnung der Längen, der Diphthonge und des Consonanten *uu* schon vor Hrabanus vereinzelt vorkommen. Aber die Betonung der höheren Silben finden wir zuerst bei Hrabanus Schüler Otfried; häufig in Handschriften des neunten und der folgenden Jahrhunderte, mit weniger oder mehr Geschick angewandt, wie sich der Freisinger Priester Sigihard, der Otfrieds Evangelium in den letzten zwanzig Jahren des neunten Jahrhunderts abschrieb, aus den Accenten noch nicht vernehmen konnte: im Anfang des dreizehnten Jahrhunderts sind Tonzeichen höchst selten, die Bezeichnung der Längen und der Diphthonge dauert. Otfried ist wohl der einzige der gar kein Bestreben zeigt die Länge der Vocale anzudeuten, sondern, wenn man seine zwei und (wenn die Wörter betont sein sollen) gar drei Accente über *íó íú* und wenigen ähnlichen abrechnet, nur die höchst betonten Wörter jedes Satzes, in einer Langzeile sehr selten mehr als vier, oft weniger, natürlich jedes Mahl auf der höchsten Silbe; eine dem verständigen Vortrage weit förderlichere Hülfe, als Notkers und Wilramms für die Zeitgenossen ganz unnütze Weise, nach der sie mit Ausnahme weniger Partikeln und Pronomina die Betonung jedes einzelnen Wortes anzeigen.

243 (9) Wenn man als das Gesetz der Betonung in andern Sprachen ein mehr oder weniger gezügeltes Eilen zum Ende der Wörter ansehen kann, so ist dagegen die deutsche Betonung vielmehr ein Herabsteigen, eine gemäfsigte Entwicklung aus festem Anfang. Die Betonung der ersten Silbe jedes Wortes bleibt Regel in sämtlichen deutschen Sprachen, obgleich wir sie bereits erschüttert finden wo wir die Betonung zuerst kennen lernen.

Althochdeutsche Wörter die mit den Partikeln (ich bediene mich der otfriedischen Formen) *ir int* und *zi* zusammengesetzt sind, haben den Hauptaccent ohne Ausnahme nicht auf der voranstehenden Partikel. Doch beschränken sich diese Partikeln auf die Zusammensetzung mit Verbis und von ihnen abgeleitete Nomina: für die übrigen Nomina bleiben die volleren Formen ungekränkt mit dem Hauptaccent, *ur ant zua*. Dies ist von Grimm ausgeführt und bedarf keiner beweisenden Beispiele[1]. Das nur muss ich noch für den Versbau erinnern, dass in der althochdeutschen Zeit das Gefühl für die Quantität nicht stark genug ist, um zu gestatten dass diese Vorsilben, durch nachfolgende Consonanten verlängert, eine Hebung und Senkung füllen. Es giebt keinen althochdeutschen Vers der uns so zu lesen zwingt: finden wir daher zweideutige (und ihrer sind genug), so werden wir nicht lesen *jòh then tód ouh zìstíaz* oder *fon tóthe nìrwúntí*, sondern *jòh then tód oùh zistíaz, fon tóthè nirwúntì*.

Schon etwas anders verhalten sich die untrennbaren Partikeln *gi fir* und *bi*. Denn sie stehn erstlich wie jene vor Verbis und sind dann tieftonig, oder vor abgeleiteten Nominibus, wie *gifúari firstántnissi biquámi:* und es kann nur Schreibfehler sein, wenn in den am wenigsten sorgfältig geschriebenen Stücken der sangallischen Übersetzer einmahl *de mus.* 12 *férnin* und 13 *zefér-menne* statt *ferním* und *zefernémenne* steht, oder Kategor. 37=291

[1] *uruuíse* bei Otf. 2, 6, 38 ist ein Schreibfehler der heidelbergischen Handschrift. Dass 5, 12, 55 die Herausgeber *zuagífti* schreiben, statt *zuā gífti* (zwei Gaben), ist durch die ungenaue Schreibung in der folgenden Zeile veranlasst, *zúa gífti* statt *zuā gífti*.

in beiden Handschriften *unverwéhselôt* für *únverwéhselôt*, wie es S. 123 geschrieben ist, oder ebenda S. 310 einmahl *férstantnissedа*, woneben auf derselben Seite zweimahl der Dativus *ferstántnissedô* vorkommt. Aber man findet diese Partikeln auch vor einfachen Nominibus, und zwar *gi* häufig, *fir* aber höchst selten, und *bi* nicht oft; *gi* und *fir* immer tieftonig, *bi* mit schwankendem Ac- 241(10) cent. Über *gi* kann gar kein Zweifel sein. Die wenigen Beispiele von *fir*, wie *fersiht, fernúnft* (bei Wilram *vernúmfst*), sind von Grimm 2, 724 f. gesammelt. Die Allitteration im altsächsischen Heljand ergiebt *forgáng*, Untergang (S. 86, 3). Wenn wir das Wort *firwizzi* ausnehmen, welches gewiss nicht hieher gehört, so ist für die Betonung von *fir* nur ein Vers Otfrieds 1, 11, 59 der nach der pfälzischen Handschrift des Compositum *wórolt-firwurt* enthält, *thô wúrti wóroltfirwúrt*, Weltverderben: aber die Wiener und die Freisinger Handschrift haben den Genitivus *wórolti*, und beide accentuieren *firwúrt;* also *thô wúrti wórolti firwúrt*. Wird hier geschrieben *tho uuurti uuórolt firuuúrt*, so müste man lesen *thô wúrti wórolt firwúrt: worolt* braucht aber Otfried nicht einsilbig, ob er gleich in der dreisilbigen Form die zwei ersten verschlingt, 1, 1, 89 *ther wórolti sô githréwità*, 4, 4, 45 *zi wórolti simo héilì*. Die entgegengesetzten sangallischen Betonungen von *bi* vor Nominibus hat Grimm 2, 719 aufgezählt, *bífáng, binumftlicho, bizucche (palla), bistello (defensor*, Boeth. 207), *biwurte (proverbio*, Cap. 62), aber *begúnst*. Im sächsischen Heljand (S. 108) sind *bismer-språka* und *bihét-word* auf *b* gereimt. Die otfriedischen Handschriften haben *zi bismere, bismerôta* und *gibismerôtêr*, ferner *bigihti*, und dagegen *bithérbi*. Diese beiden, so betont, geben unbequeme Verse, 5, 6, 48 *zi Kristes bigihtì*, 3, 1, 40 *thoh dúat er mo ávur bithérbì;* wogegen man viel leichter läse *zi Kristès bigihtì, thoh dúat er mo ávur bitherbi*. Älter und richtiger ist beiderseit die Betonung der Präposition, gewiss auch im verbreiteteren Gebrauch. Für *bigihti* ist die spätere Form *bihte: begiht* ist mir aus guten Quellen [*bijiht* N. 50, 8. 84, 12. *bigiht* N. 84, 14] nicht bekannt. *Biderbi* steht im sangallischen Boethius 113, *biderbe* immer bei Wilram, und dieſs ist jederzeit die gewöhnlichere Betonung gewesen: gleichwohl ist schon im Heljand 52, 12 das Compositum *umbithárbi* auf *th* gereimt.

Es folgen die zweisilbigen Präpositionen *ubar thuruh untar*, welche vor Nominibus den Ton haben, *übarwant* (Otfr. 5, 10, 12)

wofür die Consolatio 179 *überwint* hat, *übarmuati thúruhnahtin* (Otfr. 1, 11, 54 *perfecte*, Dativus Plur. von *thuruhnahtī*: s. Grimm 3, 136. n. 2) *úntarsceit;* wiewohl sich bei Otfried von *untar* nur Ein Beispiel findet 1, 22, 57, welches die Handschriften ungleich betonen, nämlich P *úntarthioh,* VH *untarthío.* Vor Verbis sind diese Präpositionen immer tieftonig, *ubarwúntan ubarwánt ubarwán ubarstígan ubargíang ubarkóborōt ubarmág* (4, 31, 33) *thuruhgán* (1, 25, 11) *duruhquéme thuruhstóchan untarwéban untarfálle untarsáhi untarfíang untarwésta* (2, 14, 92): denn diese Präposi-
245 (11) tionen werden im Althochdeutschen noch nie trennbar vor Verba gestellt. Den Accent der Wiener Handschrift *übar fuar* bei Otfr. 3, 7, 20 darf man sich nicht gefallen lassen: die pfälzische hat richtig *ubarfúar:* freilich aber geben beide 5, 17, 25. 35 *úbar fuar* und *úbar fuari.* Ein sehr wunderbarer Fehler ist in den Kategor. 41 = 294 *úndarskeidana,* wo Accent und Wortform streiten[1]. Indess ist derselbe Fehler zum Sprachgebrauch geworden in *úndertan,* wenn nämlich dies die einzige übliche Betonung ist: ich kann sie nur aus Boeth. 33 [vgl. Ps. 46, 4] beweisen, wo *úndertan* steht: sonst immer *úndertân,* welches nichts lehrt, weil die zweisilbigen Präpositionen auch wo sie tieftonig sind accentuiert werden, und das Zeichen der Länge, der Circumflex, immer den Acutus verschlingt. In abgeleiteten Wörtern ist wohl nicht immer zu entscheiden ob die Präposition oder erst die folgende Silbe den Hauptaccent hat. Wenn im Boeth. 170 *úndermárchúnga* geschrieben wird, so lässt uns dies eben so zweifelhaft als das unbezeichnete *untarmarclihho* (gl. Jun. 192); dahingegen bei Bildungen von Participien man sich schon leichter für *unterpróchanī untarwórfanī unternóminī durahqvémanī (perventio) ubartrúnchanī* entscheidet, aber schon weniger sicher für *underdánegēr* (gl. Jun. 323.). Der Hauptaccent in *geúnderscéitōta* (Boeth. 170) erhellt aus dem vorgesetzten *ge:* das Nomen *úntarskeit* liegt zum Grunde.

Die Präposition *durah* neigt sich indess einzeln schon zu der folgenden Classe, indem sie zuweilen adverbial gebraucht wird; wie in dem übersetzten Capitulare vorkommt *thuruch ce gifremine.* Notker, bei dem[2] die Präposition als solche *dur* lautet,

[1] Noch wunderbarer ist *kiuntarsceidan, distinctus* gl. Jun. 201, wozu ich nichts analoges kenne.

[2] Nach den sangallischen Übersetzungen, nicht immer in den Psalmen.

in der Zusammensetzung aber *dúrh*, sei sie betont wie in *dúrhkáng dúrhsihtig*[1], oder tieftonig wie in *dúrkân dúrhséhen dúrhskînen dúrhkîesést dúrhskáffenér*[2] *dúrhwártêta*, giebt dem Adverbium eine besondere Form, *dâr dúre skiezen* Boeth. 37, *leitta sie dure* Ps. 77, 13, *dâr dure fuor* oder *leitta* Ps. 73, 13. 135, 14. Diese Adverbialform, wie *miti ubari untari widari kagani ingegini nidiri*, ist sonst von *durah* nicht üblich[3].

Eben sowohl Präpositionen als Adverbia sind *umbi, widar*, 246 (12)
gegin oder mit vorgesetzter Präposition *in-gégin, hintar*. Mit Nominibus zusammengesetzt haben sie den Ton, *úmbiwerft, widarwerto* und davon *widerwartig* im Boethius und das Verbum *wídarwertôn* bei Otfr. 3, 16, 26, *géginwertig* und davon *gecágamwertôs repraesentasti* gl. Hrab. 973[b], *kikágenmâzit* von *kágenmâza* in Graff's Diut. 3, 121, *gewidermézôt* von *widermez* im Capella 94, *hintorort hintarscrauch hintarsprâchôn*. *Widarwinnôn (hostibus)* ist Otfr. 2, 3, 56 gewiss richtiger als die Betonung der Wiener Hds. *widarwinnôn:* dagegen hat sie 2, 4, 93 richtig *widarwerto*, wo die pfälzische irrt. Vor einfachen Verbis stehn sie tieftonig, wenn der ausgedrückte oder gedachte Accusativus bei *umbi* und *hintar*, Accusativus oder Dativus bei *widar* und *gegin*, nicht durch das Verbum an sich bedingt ist, sondern nur durch die Präposition: im entgegengesetzten Falle stehn *umbi widar ingegin hintar* adverbial, oder wenn man lieber so sagen will, sie werden mit dem Verbo trennbar zusammengesetzt, sind also betont. Es liegt schon in der Regel selbst, dass nach verschiedener Ansicht hier zuweilen beides gleich richtig sein kann. Otfr. 1, 1, 104 konnte nur gesagt werden *thaz sie nan umbirîtên*. 2, 14, 105 scheint nur die Betonung der Wiener Hds. genau zu sein, *biginnet úmbi scouwôn*. Notker, indem er Ps. 26, 6 *circuivi* übersetzt *ih habo umbefúren* (die Hds hat *úmbefaren*) hat schon das folgende *sine ecclesiam* im Sinne. Aber eben so richtig als 2, 11, 51 *er ál iz umbithâhta* ist 4, 29, 12 *mit thiu thékent sie nan úmbi:* und wenn 4, 11, 7 betont ist *sô wît sô himil umbiwárb*[4],

---

[1] Ausgenommen *dúrnohte* und *dúrhnohte, dúrwacha (pervigilium)* Cap. 6.

[2] Boeth. 149, gleich darauf *dúrhskaffena*, gewiss Schreibfehler.

[3] *Duruh inpintamês, per-solvamus* bei Kero 35[b] mag ich gar nicht erwähnen: denn es ist undeutsch und in jedem Sinne barbarisch, wie 30[b] *untar sî kifolgêt, sub-sequatur*, 59[b] *untar sî ketân, sub-rogetur.*

[4] Vgl. 2, 15, 4 *sô wît sô Galilea bifiang.*

so heiſst es ohne hinzugedachten Accusativ 2, 1, 17 *ēr ther himil ùmbi sus émmizigen wùrbi:* sagt Notker Ps. 17, 5 *mih habent umbefángen sūftōdā dès tōdes,* nicht minder gut Otfried 3, 4, 7 *thén bifiangun úmbi pórzichā finſi.* Bei *sih* kann beiderlei Betonung und Structur sein, aber nicht gleichgültig. Otfr. 4, 11, 13 *umbigúrta sih,* d. h. *gurta umbi sih,* nämlich *then saban.* Hingegen 1, 22, 19 *sih úmbi bisāhun* (so hat die Pfälzer Hds.), 2, 21, 10 *úmbi kērit sih thaz múat.* 3, 7, 14 hat wohl die Wiener Handschriſt das richtigere, *thaz sih io úmbi zerbit,* die pfälzische *thaz síh io umbizérbit.* Ferner von Zusammensetzungen mit *widar* weiſs ich aus Otfried nur das allgemein, auch im Altsächsischen (Hel. 43, 18),
247 (13) so betonte *widarstántan,* z. B. 3, 26, 50 *zi widarstántanne.* Ganz ähnlich ist der Bedeutung nach *hábet mír léid widerstōzen* Boeth. 26: *mir* wird nur bedingt durch *wider:* das ſehlende *ge* des Participiums zeigt den Accent. Eben so *mír widerféret.* So beim Accusativ, *sie widersprâchen gotes wort, sīnen willen,* Notk. Ps. 105, 11, oder im Passivum beim Nominativ, *dáz wirt widerságet* d. i. *widerságēt,* Boeth. 186, wird abgeleugnet, und in gleicher Bedeutung bei Notker Ps. 80, 8 mit dem Dativ *demo widirchédan wurde.* Und so immer tieſtonig vor Verbis, wenn es *contra* heiſst. Bei Accusativen hingegen die vom Verbo regiert werden, steht *widar* in der Bedeutung *retro* adverbial und ist betont; *er sáztaz widar héilaz* Otfr. 4, 17, 24, *er kērta sih sār widar zín* Otfr. 2, 7, 16, *giwantu sih widar* Tatian 221, *santa iuwih widar* Tat. 197, 3, *ladōta wider* Notk Ps. 118, 1, *wider ze nemenne* Ps. 97, 1. Und so bei Intransitiven, *fuorun widar* Tat. 82, *warb widar (regressus est)* Tat. Desgleichen bei Passivis, *widar kiwuntan* gl. Jun. 229, *widir gichramptes* gl. Docen. *wider geslagen* gl. Herrad. 197. Doch muss man gestehn, wenigstens in diesem letzten Fall überschreitet *widar* nach einzelnen Mundarten die Analogie, und man findet die Zusammensetzung und also die Verschiebung des Accents auf die Mitte des Worts auch bei Passivis wo die Bedeutung nicht *contra* ist, sondern *retro, rursus.* So Notker Ps. 103, 17 *dār ana werdent fluctus collisi, wellā widirslágin, alsō ouh an Christo, der petra, stein, ist, Iudei fracti, widirslágen, wurden. widerpláanō retunsae* gl. Jun. 224. Diut. 1, 507[b] 525[b], *widarpróhhanemo* gl. Mons. 321, *widarpógan* gl. Doc. *widarpóucterō repandae* gl. Mons. 328. gl. Doc. *ward widerbíldōt reformatus* Notk. 92, 1. [*widerbringe dih aver her* Genesis 72, 9

Hoffm.] Mit der Verbalzusammensetzung von *gagan* oder *ingagan* verhält es sich eben wie mit *widar*, nur dass sie weit seltner ist. *Waz wirt dir gagenstéllet* hat Notker Ps. 119, 3, *ingagansprócham wirdit* die Mons. Gl. 378, ganz nach *widarstántan* und *widarsprëchan.* So auch vielleicht bei Otfried 1, 3, 49 *ther ímo ingegingárota,* wo man jedoch auch getrennt lesen kann *ímo ingegin gárota.* Aber ohne Casus den die Präposition regiert Otfr. 2, 14, 4 *ther liut ingégin allēr giang* und 4, 4, 56 *thaz selba ingégin ouh inqrád thiu áftera hériscaf,* das heifst nicht *siu widarqrád iz* leugnete es ab, sondern sie erwiderte es. Noch seltener findet man *hintar* adverbial: *hinter gichērrent (depravant)* gl. Mons. 369. Eben so müste wohl auch das otfriedische *hintar qreman* (sich entsetzen) genommen werden, weil hier kein Accusativ gedacht wird: dennoch haben die Handschriften, wiewohl nicht so oft, 218 (14)
doch zuweilen übereinstimmend (wie 1, 22, 50. 3, 8, 23. 13, 55. 4, 4, 71. 5, 4, 22) die Betonung *hintarqeám,* und versetzt oder durch Zwischensätze getrennt hat Otfried Präposition und Verbum nie, auch ist das mittelhochdeutsche *widersitzen* untrennbar. Zusammensetzungen beim Accusativ den die Präposition regiert, sind folgende: die Wortstellung lehrt dass der Accent nicht auf *hintar* ist. *Táz er sih ne hinderséhe* Boeth. 181, *mih habent starche hinderstánden (irruerunt in me fortes)* Notk. Ps. 58, 4, *ze hinderstánne den strît,* zu übernehmen, eigentlich vor sich zu nehmen, Cap. 150. Danach muss man auch als zusammengesetzt betonen *dáz tu consulatum hinderstân (gerere) wóltis* Boeth. 124; *hinderstûont si dia fárt (iter arripuit)* Boeth. 264; auch ohne ausdrücklichen Accusativ, *tô hinderstûont ih tar úmbe ze strítenne (certamen suscepi)* Boeth. 22. Allein über *hinder-kosónten detrahentem* Notk. Ps. 100, 5 und *hintert-trahtondo* Ps. 118, 122 mag ich nicht entscheiden.

Wie sich das adverbiale *widar* von dem mit Verbis zusammengesetzten meist durch die Bedeutung unterscheidet, so ist auch *in* zwar vor Nominibus immer betont, *íngang ínwert ímbot:* aber es sondert sich nur in der Bedeutung *intro* vom Verbum, *giang ín, in gigiang;* da hingegen es in schwächerem und unbestimmterem Sinne mit dem Verbo tieftonig verbunden wird, *inbíotan inbízan inbrénnen inlíuhten* (Otfr. Ludw. 96. 3, 21, 22). Und eben so findet man *furi,* das vor Nominibus und ihren Ableitungen betont ist, *fúriburt gefúrefangôt* (Boeth. 270), tieftonig

zusammengesetzt wenn es fort bezeichnet, *uns sint dágā furi-fáranē* Otfr. 1, 4, 51 [1], *furizímprit obstructum* gl. Hrab. 971ᵃ, *furi-stóppōt obturatum* gl. Jun. 216, *furipúndan recondita* gl. Ker. 40. Dagegen adverbial für heraus oder vors Auge, vor zum Schutz, oder vorbei: bei Wilram *kúm vúre, dáz sîe in sélbon sézzēn vúre ze bílidenne virtutes,* bei Otfried *thia hánt duat si fúri* 3, 1, 35, *fúri fuarun* 4, 30, 5. Aber dieselbe Freiheit wie oben bei *widar* finden wir auch bei *furi* und *fora:* auch mit voller ungeschwächter Bedeutung werden sie zuweilen mit passivischen Participien zusammengesetzt, *furegúrtet praecinctus* Notk. Ps. 92, 1. *foresézzit praelatus* und *forascáffōt praedestinatus* gl. Jun. 244. 246. *Tíu áhtôda wárd fúrefárn* (*transcurritur,* vorbei) im Capella 53. Einzeln steht der noch freiere Infinitiv *zi vuripríngamne ad ruminandum* gl. Mons. 353. Zuweilen steht aber, ganz wie *hintar*
249 (15) *widar* und *umbi*, auch *furi* tieftonig in der Zusammensetzung, wo es den Accusativ oder Dativ bedingt, in der Bedeutung des Zuvorkommens [2], ja in der poetischen Umschreibung des Ps. 138 sogar in dem Activum *furiwurchen* (voraus machen) beim Dativ, *den wech furiworhtōstu mir (omnes vias meas praevidisti)* [3]. Höchst

[1] Wunderbar sagt Berthold S. 253 *ir etelīcher vert ouch unrehtes tōdes für,* führt dahin.

[2] Hier fehlen mir strengbeweisende althochdeutsche Beispiele. Dass aber *furefāh sie (praeveni eos)* und *furefienge in (praevenisti eum)* bei Notker Ps. 16, 13. 17, 6. 19. 20, 4. [*furefarant dīna anasiht* Ps. 88, 15, *fureīlen* Graffs Wbuch 1, 231, *hie habit sia iu furfarana* Heljand 173, 1,] *furiliof sliumo Pētrusan* Tat. 220, 2, *furidīhit (quos-excesserit)* und *vuridigi (transcenderet)* bei Benecke zum Iwein 7433, *foresprah* als Glosse zu *praevenit (eum dicens)* Matth. 17, 25 in Graffs Diutisca 2, 284ᵇ so zu nehmen sind, beweisen spätere genug. Wolfr. Wilh. 364, 12 *die stolzen Franzoyse fürriten die Arâboyse.* [Lanzelet 5228 *daz er sich liez fürtreten den sæligen Lanzeleten.*] Der Stricker im Daniel *im wâren diu bein sô lanc, daz er daz getwerc fürspranc.* Iwein 7433 *herre, ir habent mir (mich) des fürdigen* — das Regimen erfordert *haben*, statt des bei *dihen* sonst üblicheren *sîn.* Sebast. Franck, Sprichw. 1, Bl. 61 *dein zung fürlauff nit dein hertz*, Bl. 73 *die lieb fürkompt das beten*, Bl. 101 *fürtroffen* mit einem Accusativ. Dem obigen *hinderstân* ist ganz gleich *fürstên,* hinter sich nehmen, vertreten. Parzival 692, 30 *wiltu fürstên den künec Lôt.* [Lamprecht Alex. 5945 *daz du den wilt vorstán.* Notker Ps. 16, 9 *ferstánden.*] In der zu Walther 19, 5 S. 142 angeführten Stelle der Magdeburger Schöppenchronik lese man *die bischop van Heldensem was do cantzeler unde vorstund den hof.*

[3] Du machtest den Weg eh ich kam. Der Dativus *mir* scheint kein Dativus commodi zu sein, weil er die Composition *furiworhtōs* nicht rechtfertigen würde.

selten ist endlich, und mehr dem sächsischen Sprachgebrauch gemäfs, das tieftonige *aba* in *apakêban destitutus* gl. Hrab. 966 und *abasuidene praecisi* Notk. Ps. 95, 13.

Wir haben uns bisher mit den Präpositionen beschäftigt die in der Zusammensetzung den Accent auf die folgende Silbe schieben. Wir fanden zusammengesetzt mit Wörtern aller Classen nur tieftonig *gi* und *fir;* schwankend vor Nominibus, und vor Verbis tieftonig, *bi;* nur mit Verbis zusammengesetzt und also immer tieftonig *ir int zi;* vor Verbis immer tieftonig *ubar untar* und meistens *thuruh;* vor Verbis tieftonig, wenn der Casus von der Präposition abhängt, *umbi widar gegin hintar* und zuweilen *furi fora;* vor Verbis tieftonig bei schwächerer Bedeutung *in furi;* vor passiven Participien nur einzeln tieftonig *widar furi fora.* Dass die zweisilbigen unter diesen tieftonigen Präpositionen auf der ersten Silbe höher sind und für den althochdeutschen Vers Kraft genug haben eine Hebung und Senkung zu füllen, ergiebt sich aus den allgemeinen Regeln. Ja sie sind noch so kräftig betont, dass sie für den Auftact, der doch zwei und mehr Silben zulässt, zu stark scheinen und kein uns bekannter Dichter einen Vers dieser Art gebildet hat, *umbigúrta sih in wára.* Und eben so wenig findet man etwa *ubar widar* oder *furi* in der Zusammensetzung einsilbig in der zweiten 250 (16)
dritten oder vierten Senkung des Verses, die einzige auch hierin wunderbar auffallende Zeile abgerechnet

den wéch furwórhtôstu mir.

Die grammatischen und Accentunterschiede der Zusammensetzung sind also für die althochdeutsche Verskunst nur wichtig bei *ir int zi gi fir bi in.*

Aber jetzt haben wir noch zwei Wörter zu erwähnen, die ohne Präpositionen zu sein, in der Zusammensetzung mit Verbis tieftonig werden, *fol* und *missi.* Jenes hat in den meisten althochdeutschen Schriften vor Nominibus, wo es betont ist, diese kürzere Form, *fólnissa fólzuht fóllust fólleist* mit *fólleistit suppetit* gl. Doc., *fólleisteda* Notk. Ps. 103, 3, *fólleistâra intercentores* Mons. 382, *fóllide (corpulenta);* dagegen man kaum *follazuht* findet. Vor Verbis hingegen sind verlängerte Formen üblicher; wo dann das Weiterrücken des Accents sich aus solchen Fügungen

In der Stelle aus Hartmanns Iwein ist die Lesart *mir verdigen* mehr verbreitet als *mich fürdigen.*

ergiebt wie *zi volatríbonne* (l. *-enne,* s. Diutiska 3, 307) Mons. 376, *ze follechómene* Notk. *de ps. grad.,* wenn man vielleicht die Zusammensetzungen mit passivischen Participien, denen immer die Vorsilbe *gi* fehlet, *folapetan volasotan folletān unvolawahsana,* nicht als beweisend will gelten lassen, weil man freilich auch *nínwiboran únwahsan* findet; aber auch die Wortstellung ist durchaus für *volleνéret* Boeth. 36, *vollechám* Cap. 159, *vollelégest* Boeth. 147, *follefrúmigen (efficere)* Boeth. 30, wenn auch die Sangaller den Nebenaccent nie zu schreiben vergessen. Hier ist die kürzere Form selten, *foltrúncanē* Tatian 45, 8. *folwássan māno* Isidor 397. Aber gerade diese hat Otfried 1, 25, 4, und da die Handschriften beide den Accent über *ál* setzen, so ist in der Zeile *ál folspràh er wórto* die Betonung *folspráh* nicht zweifelhaft, mag nun Hrn. Graffs Angabe richtig sein, die pfälzische Handschrift habe einen Accent über *spráh,* oder Hrn. Hoffmanns Abschrift, in welcher er fehlt. *Fulgángan* reimt auf *g* im Heljand 21, 8. 51, 6. 52, 10. 97, 2. 100, 23. Viel verbreiteter ist die Zusammensetzung mit *missi:* den Unterschied der Betonung vor Nominibus und Verbis zeigen schon genug die otfriedischen Accente und die Fügung: misszuhandeln, gemisshandelt, missgehandelt, sind übele Bildungen des sechzehnten, höchstens des funfzehnten Jahrhunderts. Also *míssidāti (malefacto), missilīh* und davon *kamíssalīhhōt* gl. Hrab. 960[b] und Boeth. 107, ferner im Capella 7. 59 *mísseliutegerō míssefarewa:* hingegen bei Otfried *missidáti (male-*
51 (17) *faceret) missigiang missidrúēt missihéllent missifáhēt missiqvédēn,* und bei Notker Ps. 77, 17 offenbar zu betonen *ze misselóubenne,* und in der Consolatio 112 in einem vom Particip abgeleiteten Substantivum *díu missenómenī des weges, devius error.* Ich kann zwar nicht leugnen dass in Boeth. Consolat. 30 *misselungen* und in den Kategorieen 200 *míssesaztemo* geschrieben ist: aber die Annahme scheint nicht verwegen, dass hier nur der zweite Accent von den Schreibern vergessen sei.

Die regelmäſsigen Abweichungen von dem Hauptgesetze der deutschen Accentuation, dass die erste Silbe des Worts den Ton habe, beschränken sich, wie aus dem bisher gesagten erhellt, auf wenige Zusammensetzungen mit Präpositionen. Nachlässigkeit und Verwilderung scheint es, dass diese Verschiebung des Tons auch einzeln in andere Zusammensetzungen eindringt: eben so wenig durchgeführt findet man sie in dem Fall der Enklisis zweisilbiger Personalpronomina: fremde Wörter, zumahl Namen, bequemen sich nicht immer der deutschen Accentregel. Diese Fälle sind der Gegenstand des folgenden Abschnittes.

Unter diesen Unregelmäfsigkeiten ist eine bei Otfried halb regelmäfsig durchgeführt. Adjectiva, Participia und Adverbia, mit dem untrennbaren *ala* verbunden, nehmen ihm den Hochton ab, *alafésti alawássaz alaniuaz alabézirun alawáltentan alaxioro,* da hingegen in Substantiven die regelrechte Betonung vorherschend ist, aber nicht allgemein. So findet man *in álafesti* (5, 7, 54) *in álalichi* (4, 29, 45 und nach der pfälzischen Handschrift 2, 4, 82) *in álanahi* (3, 21, 77) *in álagahi* (5, 20, 84) *in álahalba* oder *in álahalbon* (4, 2, 19. 35, 28. 5, 20, 37), so *in álathrati* oder *in álethrati* (2, 23, 29. 3, 8, 22. Hartm. 27) und daneben *in alathráti* (5, 4, 33), so *in álagahun* (5, 10, 19) in beiden Handschriften, aber (2, 23, 30) *in álagahe* in der pfälzischen und *in alagáhe* in der zu Wien, und in der Formel *in alanot* (2, 3, 21) betonen beide die Schlusssilbe, die wienische hat nach Hrn. Hoffmann *in álanót* mit zwei Accenten, die wohl nur den Zweifel bedeuten sollen. *In álawari* wird immer auf dem vorgesetzten *ala* betont: hingegen *in álawar* und *in alawár* wird man wohl ziemlich gleich oft finden. *Zi álawaro* steht fest (5, 20, 72): bei *alawar* ohne Präposition widersprechen die Handschriften einander (4, 19, 20). Von den Schreibern der notkerischen Werke ist nichts zu lernen, weil sie *ála gáro* (Consol. 14), *ále sáligér,* 232(15)
ála réhto (Consol. 119), *álemáhtig álemámmendo únde álegemáhsamo* (Capella 22), *ále gánsiz, inále rihte, inálemáht,* desgleichen *álewár* (Consol. 234. 254) oder *álwár* (Kateg. 304), je zweimahl betonen, so dass auf ein vereinzeltes *álemahtig* (Consol. 193) nicht viel zu geben ist, obgleich nur diese Betonung richtig genannt werden kann und auch durch die Allitteration im Wessobrunner Gebet als uralt bestätigt wird, *énti do was der éino álmahtico cót* [1].

Weiter geht schon im neunten Jahrhundert die Verwilderung bei der Negation *un,* welcher Otfried selbst einige Mahle den Ton zu entziehen scheint: wenigstens ist es bedenklich, wiewohl nicht unmöglich, die folgende Verse anders zu lesen (2, 15, 10. 3, 22, 46.4, 7, 4. 1, 14, 12. 4, 29, 21. 3, 17, 68)

---

[1] In *Cot álmahtico, du himil enti érda gaworahtōs* ist wohl sicher auch Allitteration. Im Heljand *álomahtig, álajung.* — [*in alegrúoni* Capella 65].

bifángan mit unmáhtin
ebonōt thīn unfrúati
thaz sie sint sō undrátē
thaz sį unréini thera gibúrti
unwírdig filu hárto
unlástarbārig thrāto,

obgleich die Handschriften nur in den beiden letzten adjectivischen Beispielen dem Verse gemäfs betonen, in den drei übrigen aber den sprachrichtigeren Accent setzen. Auch im Heljand (55, 7) findet man das Adjectiv *ungewíttig* dicht neben dem anders betonten *únwis,*

sō dúot thē únwīson *érla gelíco,*
ungewíttigon wéron, *thea im ˬbe wátares stádhe*
an sánde wíli *sélihus wirkean,*

und 168, 32 ist *unquéthandes* auf *antkénnjan* gereimt, 114, 3 *unhólde* auf *húgi,* und 52, 12 *umbithárbi* auf *thíng* und *théodgodes.* Aber neben diesen wenigen Beispielen sind die von richtiger Betonung sehr zahlreich, und die ganze Freiheit beschränkt sich bis gegen das dreizehnte Jahrhundert wohl nur auf Adjectiva, und zwar mehrsilbige: nur die otfriedischen dreisilbigen Substantiva *unmáhtin* und *unfrúatī* würde noch weiter gehn. Denn *unméz scône* im Capella 11 und das Substantiv *ungemúote* auf derselben Seite, daselbst S. 41 das Substantiv *unbáldī,* bei Otfried
253 (19) 4, 7, 56 *thaz ungizámi* nach der pfälzischen Handschrift (die andre hat *úngizāmi*), dies alles steht so einzeln, dass man kaum eine Neigung der Sprache zum Fehler, sondern nur Versehen der Schreiber darin finden wird. Betrachten wir nur dagegen was blofs Otfried und seine Schreiber an zweisilbigen Wörtern, wie an längeren Substantiven mit *un* regelmäfsig betonen: und ich bin noch nicht einmahl sicher dass mir keins entgangen ist. *únkund únfrō; únthurft únmaht únwān; únkusti úndāti únwillen únheilī únganzī únwizzī únmezze únmahti únthulti únredina únfrewida únwunna únthankes; úngiwurt úngimah úngimacha úngiwara úngilouba úngirāti úngimuatī úngifuari úngiwurti úngiwitiri.* Fügen wir dazu aus dem sächsischen Heljand *únreht* (51, 12) *únmet* (101, 15) und die Substantiva *únrīm* (12, 22) *úngilōbon* (81, 17), die sich bei sorgfältigerer Achtsamkeit noch vermehren lassen. Aber auch die mehrsilbigen Adjectiva und Adverbia sind bei weitem lieber der Hauptregel unterthan, nicht nur die einfach zusammengesetzten, bei Otfried *únsitig únfluhtig únbera*

únreini únkundaz únthrâta únfrawēr úndiurē úmblidēr únnôtag ún-
ôdi únsuazēn únscantē, úngerno únnôto únhônô, im Heljand *únôdi*
(101, 14) und das schon beiläufig angeführte *únwison,* sondern
auch wo *un* vor *gi bi* oder *fir* steht, bei Otfried *úngilih úngima-*
ches úngisaro úngiscafan úngiringon úngimerrit úngiwurē úngimez-
zon únginatēn úngimacho úmbiruah úmbitherbi únfirslagan, im Heljand *úngelico* (55, 18) *úngilôbiga* (92, 14). Gleichwohl steht gerade dies *thie ungilóubigē* mit dem regelwidrigen Accent in zwei
otfriedischen Stellen (1, 4, 43. 15, 43) fest, und so haben beide
Handschr. 2, 12, 44 *ungiséwanlicho* und 2, 11, 6 *unrédihafto,* aber
únredihaft steht in einem Verse (Hartm. 70) der uns nur in
Einer Handschrift überliefert ist. Dieselbe setzt (Salom. 20) *un-*
gilóubot, (Hartm. 30) *ungidánes,* und *ungidán* (2, 2, 6), das letzte
gegen die pfälzische, mit der sie wieder zweimahl (1, 24, 10. 5, 4,
46) in *úngidan* übereinstimmt. Das richtige *únfarholan* haben sie
mehrmahls (2, 3, 6. 7, 20. 4, 34, 7. 5, 25, 55): einmahl (1, 15, 42)
hat die zu Wien *unforhólan* (nicht *unfirhólan*), die zu Heidelberg
únforholan. In den folgenden drei Beispielen hat je eine Handschrift den richtigen, eine den unrichtigen Accent. 3, 14, 68 *um-*
mahtigē mán. 5, 23, 39 *unmezzigaz sér.* 3, 3, 1 *ungizami.* Endlich 1, 10, 16 hat eine mit zwei Accenten *únfórahtenti,* die andre
unfórahtenti. Überall Neigung zum Fehler, aber das Regelmäfsige
vorherschend. Die Sangaller weichen so selten ab, dass man
wohl ihrer Absicht die Beobachtung der Regel zutrauen kann.
Ich habe nur bemerkt das gemachte Adjectivum *unfúrhta (Nere-* 254 (20)
rita) im Capella 53, ferner *ungeráde* Cap 97 neben *úngerádôn*
Cap. 93, [*unméz* Cap. 11, *unbáldi* Subst. Cap. 41], *ungewándo* in
den Kategorien nach einer Handschrift (276) wo die andere (6)
úngewando hat in der Bedeutung *fortuito et casu, ungewártósta*
(intemeratior) im Capella 11, *ungiskeidenero* daselbst, *unerdrôzenen*
für *únerdrózenen* Cap. 48, in den Kategorieen 334 (116) *únder*
gánzemo únde únganzemo, unébenemo (*únebenemo* in der andern
Handschrift) *únde ébenemo,* daselbst S. 240 *fóne únsúozemo wirt*
súoze, fóne únhertemo wirt hérte, fone unswárzemo wirdet swárz.

Weniger als bei den Zusammensetzungen mit *ala* und *un*
ist bei denen mit Zahlwörtern und mit *eban* die unregelmäfsige
Betonung beachtenswerth, weil sie sich sehr selten findet. *Janus*
ter zwihóubito steht im Capella 9, aber S. 149 *éin zwihóubetér*
wúrm. Fiar hálban oder *fiar hálban* bei Otfried 5, 1, 32 ist wohl

nicht einmahl zusammengesetzt. Neben dem richtigen *ébanreiti* (5, 19, 50) haben die otfriedischen Handschriften 1, 5, 26 *fátere gibóranan ebanéwigan.* Im Capella 45 steht *ébenfertīg,* 86 *ébenferro* und *ébenzorfte,* sonst mehrentheils doppelter Accent. In späterer Zeit ist es gewöhnlicher geworden, mit Vernachlässigung der Wortform, mehr nach dem Gedanken, das Wichtigere, den zweiten Theil der Zusammensetzung, über die vorausgehende Beschränkung zu erheben. Und so findet man selbst schon im neunten Jahrhundert den ersten substantivischen Theil des componierten Worts in der Betonung zurückgesetzt, als ob er Genitiv oder Adjectiv wäre. In dem erst kürzlich von Hrn Schmeller entdeckten Fragment, das er nach einer darin vorkommenden Benennung des Weltendes *muspilli* genannt hat, zwingt die Allitteration Z. 41. 42 gegen die grammatische Form zu betonen

Daz hōrt ih ráhhōn *dia weroltréhtwīson,*

ganz wie bei Otfried 5, 14, 9 geschrieben wird

Ther sē bizeinōt dāti *joh woroltúnstāti.*

Die übrigen Beispiele, wenn sie sich auch nicht eben so wohl rechtfertigen lassen, darf man daher nicht alle der Nachlässigkeit zuschreiben. *In himilgúallíchī* bei Otfried 5, 4, 53, *dagafrísti* 1, 10, 18, *thiu hellipórta* 3, 12, 35: aber *héllipīna* 5, 21, 20 und *hélliwīzes* 5, 19, 18: *hellewázer* im Capella 143 ist wohl sicher nur Schreibfehler. *Fíhuwíāri* (*probatica piscina* 3, 4, 3) betont die pfälzische Handschrift doppelt, die zu Wien *fihuwíāri.* 5, 8, 36 *Móysene in wáre, themo wizōdspéntāre,* scheint mir ganz unpassend, doch haben es
255 (21) beide Handschriften. Und freilich, wie hier bei einem Substantiv das von einem activen Verbum stammt, finde ich auch die unregelmäfsige Betonung noch einmal bei einem Verbum und bei einem Participium, *fuazfállōnti* 1, 5, 50 und *gimuatfágōta* 2, 14, 113: aber in dem letzten hat die pfälzische Handschrift den richtigeren Accent, und 3, 20, 72 haben beide *múatfagōta.* Auch für *then adalérbon* 4, 6, 8 weifs ich nichts besonders zu sagen: Otfried schreibt sonst *ádalerbi ádalkunni,* und im Heljand lehrt die Allitteration lesen *ádalcuninges* (11, 13) *ádalcunnjes* (24, 9) *ádalcnōsles* (9, 12), auch hat Otfried bei der Zusammensetzung mit dem Adjectivum (oder Subst. 1, 3, 24) *édil* den Accent vorn, *édilthegan* (1, 1, 99. 3, 26) oder nach der pfälzischen Handschrift *édilthégan, édilfranko* (Ludw. 13), *édilzungūn* (1, 1, 53). Und doch gestattete die Zusammensetzung mit dem Adjectiv auch die unregel-

mäfsige Betonung des zweiten Theils: wenigstens steht 2, 15, 18 *liobhérèron mìnè*, welches auch der Vers fordert, und 1, 7, 19 haben beide Handschriften *Nû intfiang drúhtin drútliut sînan* und 5, 11, 35 *thie drutménnisgon*, obgleich sonst immer *drúttheganа drútsun* (2, 9, 41) *drútman* (2, 11, 42) *drútthiarna* (1, 3, 38) geschrieben wird. Hieher gehört wohl das wunderbare *in selbdrúhtinan (to the very Lord), zi selbdrúhtine, mit selbdrúhtine,* auch *selbdrúhtine* allein, *mit selbstéinônne* (Hartm. 28. 100. 5, 15, 2. 1, 4, 46. 3, 23, 32), immer so betont, aber im Verse *selb* auf der Hebung, nur nicht in der Zeile *selbdrúhtin unser gúato* (Hartm. 132), wo man zweifeln könnte ob *selb* nicht uncomponiert stehe: aber wieder zusammengesetzt, doch mit anderm Accent, *sélbthese évangéljon* (3, 20, 143). Aller Grammatik entzieht sich die Fügung *in sînes sélb gisihti* (5, 7, 61). In *sélp so* (*sicut* oder *quasi* 1, 1, 59. 2, 2, 37. 21, 10. 5, 8, 53) [*sélbthic selbun* 2, 9, 84] scheint *selb* adverbial geworden zu sein, und dann gehört es nicht zu dieser Betrachtung, die ich hier überhaupt schliefse, weil mir sonst keine Beispiele von Betonung des zweiten Theils zusammengesetzter Wörter bekannt sind. Denn *arabéitotun* im Wiener Otfried 5, 13, 5 und ähnliches ist Irrthum des Schreibers: und der Ausruf *sumir ih* sollte nicht noch in der neuen Ausgabe vom Otfried zusammen geschrieben sein, da das *somir ìh* der Freisinger Handschrift (so hat sies 5, 12, 79, nicht zu drei Wörtern) ganz deutlich zeigt dass es die Versicherung ist welche sonst *sô mir* oder *slem mir mîn lîp* lautet.

Bei einfachen, das heifst, nur mit Ableitungssilben versehenen deutschen Wörtern kommt der höchste Ton auf einer andern als der ersten Silbe durchaus nicht vor, ein Paar Personal- 236(22)
pronomina abgerechnet: und wenn die pfälzische Handschrift des otfriedischen Werkes 4, 26, 24 *obá wir* hat, oder 2, 23, 29 *in ulèthrati* (nach Hrn. Hoffmann: *ále* haben die beiden andern, nicht *ála*), oder 4, 31, 7 *wazámo manno,* so will der Schreiber den Schlussconsonanten der Silbe betonen [1].

Jene Pronominalformen welche zuweilen den Accent auf der zweiten Silbe haben, sind *inan imo ira iru unsih,* nicht der Ge-

[1] *Wazamo mánno* ist aber auch nicht gut betont, wenn Hrn. Graffs Erklärung richtig ist, nach welcher *wâzamo damnatio* heifst: *wâzamo manno thu nu bist, thaz thu thoh got ni fórahtist,* entspricht den Worten des Textes *Neque tu times deum, quod in eadem damnatione es.*

nitivus Pluralis *iro.* [3, 14, 43 *joh óuh irò githánko* steht *iro* für den Genitivus *ira.*] Die regelmäfsige Betonung ist freilich auch hier die der ersten Silbe, und die Handschriften Otfrieds haben nie eine andre (*inán* P 1, 25, 14): doch bezeichnen sie die erste Silbe nicht mit dem Accent, wenn die zweite auf die Hebung des Verses fällt [1]. Dies ist nun sehr gewöhnlich auf der zweiten, seltener auf der dritten und vierten Hebung des Verses. Bedingung ist natürlich dass auf dem Pronomen kein Nachdruck liege, sondern auf dem vorhergehenden Worte, welches die Handschriften auch immer bezeichnen. In sofern kann man die Erscheinung Enklisis nennen und ἐςί für ἔςι mit *inán* für *ínan* vergleichen: nur muss man bemerken dass die Sprache überall auch den ursprünglichen Accent zulässt und niemahls die Enklisis erfordert. Otfriedische Beispiele. Auf der zweiten Hebung (1, 15, 13. 1, 25, 4. 3, 4, 20. 14, 18. 4, 8, 7. 24; Ludw. 35. 2, 4, 45. 4, 11, 26; 4, 16, 6; 1, 9, 15. 3, 11, 26; 1, 18, 14. 2, 6, 54. 4, 25, 12)

joh húab inàn in sìnan árm
mit dóufu ịnàn gibádōtī
tház siu ịnàn birúartī
oder *thaz síu inàn birúartī*
ób inàn giwúrti
sō wér so inàn insúabi
so gisvắso inàn gilắtì
lắz imò thie dágā sīn
257 (23) *iz déta imò thiu fásta*
iz súazo ịmò giságēta
thō mēra irà ni hábēta
wás irù ther sún drūt
intfiang irùz zi gúate
irspúan unsìh sō stillo
fora gótẹ unsih firwắsi
irlōsta unsìh therạ búrdīn

(vergl. 1, 11, 49. 2, 5, 6. 7, 53. 9, 52. 84. 3, 1, 21. 8, 40. 14, 15. 18, 47. 20, 15. 4, 5, 10. 8, 8. 12, 64. 15, 22. 24, 8. 5, 1, 45. 4, 63. 7, 51. 10, 14. 23, 260; 1, 1, 121. 2, 4, 84. 6, 17. 9, 33. 53. 3, 2, 6,

---

[1] Aufser 2, 4, 16 *ímo* Bonner Bruchst. 1, 10, 4 bezeichnen die Handschriften auf zwei gleich richtige Weisen,

ther únsìh irlṓsta und *thér unsìh irlōsta.*

5, 4. 10, 8. 11, 23. 24. 4, 4, 36. 11, 8. 17, 23. 27, 30. 32, 6; [3, 14, 43.] 4, 29, 18. 22; 2, 14, 79. 3, 10, 46. 14, 22. 23, 12. 24, 10; 1, 26, 14. 2, 11, 43. 21, 37. 39. 2, 24, 18. 23. 25. 3, 5, 5. 7, 89. 4, 15, 17. 27. 5, 8, 12. 24, 16). Auf der dritten (3, 24, 81. Hartm. 84. 2, 4, 16. 3, 24, 101. 4, 35, 6. 3, 24, 47)

joh sliumo dúet inàn in éin
ther selbo wíd inàn firwánt
thô ni wárd imò ther sánd
qrek ward sár imò thaz múat
bàt man gábi imò then mán
unz thaz múat irù sô wíal.

Von *unsih* findet sich auf der dritten Hebung kein Beispiel, noch weniger auf der vierten, wo Otfried doch einmahl *inán* gesetzt hat (4, 24, 15)

hína hina ním inàn.

Am Schlusse des Verses hat *unsich* noch im dreizehnten Jahrhundert Reimar von Zweter in seinem Vaterunser (MS. 2, 136b)

din wille werde vil gelich
hie ûf der erde als in den himeln, des gewer unsich.

Im sangallischen Capella S. 32 finde ich *Íóh ân úns cóten hábet sî genuált, unsíh* (über *u* ist ein Acutus ausgekratzt) *tuningende ze íro gebóte.* Strengen Beweis für die behauptete Versetzung des Tons giebt zwar unter den otfriedischen Beispielen eigentlich nur das eben erwähnte *ním inan,* dann *ób inan,* und die Fälle mit *unsih:* denn in den übrigen liefsen sich durch einsilbiges *inan imo iru* richtige obgleich übel lautende Verse zur Noth erzwingen. Aber dass hier das Wohllautende zugleich das Wahre sei, lehren zwei zustimmende Verse des Liedes auf die Schlacht 258 (24)
bei Saucourt, deren einer mit *imó* endet,

ih gilónôn imôs,

also wie *ním inan,* nur dass man hier lernt dass auch ein Paroxytonon vorhergehen darf: der andere

thaz wás imò gekúnni

würde bei Otfried können anders betont werden, *tház was imo gekúnni:* aber im Ludwigsliede werden niemahls zwei Silben wie hier *imo* in eine verschlungen.

Erinnern wir uns nun dass *inan imo* und *iru* auch den ersten Vocal abwerfen, daher auch in unserm Falle die Schreibart der Handschriften zuweilen schwankt, wie 2, 4, 84 *theiz wâri imò* und *theiz wâri mò gizâmi,*

und dem obigen *déta imò* beim Femininum entspricht (3, 24, 39)

thaz déta rù ther willo;

fassen wir also die Tonverschiebung dieser Pronominalformen, wie wir müssen, als Enklisis, so kann sie zu Anfang des Verses nicht stattfinden, wenigstens gewiss nicht zu Anfang des Langverses. Hier hat aber auch Otfried kein zweideutiges Beispiel, nur zweisilbig mit dem Accent vorn, 3, 8, 49 *ínan àl thō bétōtà,* 3, 15, 18 *ímo ein gizâmi,* 4, 4, 42 *ímo thō gimáchaz.* Hingegen im Anfang der zweiten Vershälfte wage ich doch nicht zu entscheiden, ob Otfried nicht, die Abtheilung gering achtend, auch hier die Enklisis eintreten liefs: wenigstens geht in den mir bekannten Beispielen immer am Schlusse des Halbverses ein hochbetontes Wort voraus, und die Handschriften accentuieren das Pronomen nicht. 2, 15, 7. 2, 4, 100. 4, 33, 6.

sie gérōtun al bi mánne *inàn* oder *inan zi rīnànnè*
ni brást iro io wámme *imò* oder *imo zi thíonōnne*
ni lìaz in scînan thuruh tház *irà* oder *ira gisíuni blīdaz.*
[1, 23, 58
thaz íagilīh bimíde, *inan thiu ákus ni smīde.*]

Bei vorausgehender Präposition kann man nicht zweifeln dass die Enklisis aufhört: auch setzen die Handschriften den Accent. 3, 25, 14. 5, 25, 18.

zi ímo thaz hérōti
mit íru man ìz ni wirkì.

Und auch nach andern schwächer betonten Anfangswörtern ist theils in beiden theils wenigstens in einer Handschrift das Pronomen betont. 2, 4, 104. 3, 4, 48. 15, 20. 16, 62. 4, 2, 16.

259 (25) *thaz ínan ther wídarwèrtò*
ther ínan thes séres inbant
thaz ínan ther líut irknàtì
qvad ínan irknātīn untar ín
was íru thaz thionost suazi,

wonach man ein Beispiel ohne geschriebenen Accent beurtheilen wird, 1, 22, 41

int ìru thaz hérza biquam;

so dass man vielleicht die Verschiebung des Tons auf der ersten Hebung ganz leugnen dürfte, wenn man nicht doch wieder mit vorhergehendem elidiertem Vocal fände (3, 17, 20) *thu unsih ni hélēs wiht thés,*

und daher wieder zweifeln müste ob 3, 8, 39

so imò oder *sō imo ther húgu wankta*

zu lesen sei: denn für *sō imo* ist wieder die nicht verwerfliche Lesart der Wiener Handschrift, *unsih* mit Punkten unter *ih,*

thu ùns ni hélēs wiht thès.

Es geht hier wie bei der Untersuchung aller menschlichen Dinge: ganz rein und zweifellos ist das Ergebniss nie. Noch weniger wird man dies bei dem Punkt erwarten zu dem wir uns jetzt wenden, bei der Betonung fremder Namen und Wörter. Die deutschen Namen sind ohne Schwierigkeit zu betonen: in den Paar Beispielen bei Otfried ist noch keine Spur von der spätern Neigung, zweisilbige ausnahmweise auf der Endsilbe zu betonen, wie doch schon in dem lateinischen Leich auf die Ottonen, noch vor dem Schluss des zehnten Jahrhunderts, die Zeile

Dux Cuonrât intrepidus

zu betonen ist wie

ecquis ego dixerat.

In zwei- und dreisilbigen fremden Namen und Wörtern herscht durchaus eine deutsche Betonung, und ich weifs mir in folgenden Namen die otfriedischen Accente auf den Endsilben nicht anders als aus einer meistens begründeten Kenntniss oder Überlieferung der griechischen Accente zu erklären[1]. *Davíd,* decliniert *Davídes, Laméch Enóch Caín Noé Barabbán* und mit 280 (26)
deutscher Form des Accusativs *Barabbásan, Zerubím Hjērusalḗm.* Zu diesen kommt der Accusativ *Abélan*, den nur Eine Handschrift bezeugt (Hartm. 33), die aber wenige Zeilen vorher (27) den Nominativus *Ábel* betont: richtiger ist ohne Zweifel nach

wio Ábel dàti

wio er Ábèlan slùagi

zu lesen. Ja, der Nominativus *Noé* schien so undeutsch, dass Otfried im Genitiv die deutsche Betonung wagte (4, 7, 50)

bi altēn Nóēs zìtin.

Zweisilbige mit dem regelrechten Accent sind in grofser Anzahl vorhanden, und zwar erstens ganz in lateinischer Form oder vom lateinischen Nominativ aus mit deutscher Flexion versehene, *Jácob*, im Dativ *Jácobe, Jósēph* oder wie die Wiener Handschrift

[1] Nur *Laméch* ist unrichtig: wenigstens kenne ich nur die Schreibung *Λάμεχ* [und *Νῶε*].

einmahl (1, 22, 11) hat *Jósēp* und *Jósēpe* (Hartm. 83: *iosepe* ist wohl Schreibfehler), *Ádām* und *Ádāmes Ádāman*, *Ábel, Símōn, Júdas*[1] und *Júdase Júdasan, Lúcas* und *Lúcases, Thómas, Páulus, Pétrus Pētrum Pétruses Pétruse Pētrusan, Mártha, Ánna* die Prophetin und der Hohepriester, *Róma* oder *Rúma*, die Appellativa *prósa líra séxta nóna rósa mýrra gímma* und *ther órdo*, die Plurale *scríptorā mártyrā* und Genitiv *mártyro* von *scríptor* und *mártyr*, ferner theils richtig theils falsch für zweisilbig gerechnet *Móyses Móyseses Móysese, Béthlēm* (1, 12, 15), *Cáiphas* (3, 26, 26) *Cáiphases*; zweitens mit deutschem Nominativ, der aber dem lateinischen gleichsilbig ist, *sàncta* in *sancta Marjūn*, der Dativus *sàncte* (Hartm. 168) und wunderbarer Weise auch *sàncti* (112. 154) *Gállen, sàncte Pétre* (157)[2], *mḗtar* Versmafs, *métres, nárdon, gīgant* (4, 12, 61), *ther sálmo* (4, 28, 23) und ein Genitivus Pluralis *sélmo* zu *sélmi* (4, 28, 19), endlich, was auch wohl hieher gehört, der Dativus *Móysene* (5, 8, 36), dem anderswo der Genitivus *Moysenes* entspricht (Diutisca 1, 495[b], Notker Ps. 76, 20); drittens die deutsch gebeugten von verkürztem Nominativ, *Krístes Kríste Krístan, sénses* von *séns, férse* von *férs, Páule*, die Plurale *Pérsi Mḗdi*
261 (27) *Sýri mági*, von denen indess *mágī* wahrscheinlicher ganz lateinisch ist, *Pérsi* hingegen deutscher Pluralis zu *Pers*.

Die dreisilbigen werden am schicklichsten mit den noch längern zusammen betrachtet: die drei verschiedenen Classen sind aber hier sorgfältig zu scheiden. — In der ersten, bei den ganz fremden, gilt die lateinische Regel, dass der Accent niemahls über die drittletzte Silbe zurückgehen darf, aufser wo die Verlängerung des Worts eine deutsche Flexion ist, die auf den Accent keinen Einfluss haben kann, also *Iljērosólima* oder *Iljērosólimōno*. Hier sondern wir zuerst die Wörter mit einem *i* vor dem Vocal der letzten Silbe von den andern aus. Ist es lang, so hat es den Hauptaccent, *Iljēremías Hēlías*, wie auch in dem Liede auf den heil. Georg gewiss (denn die Quantität ist sicher) zu betonen ist *Elossandría*, Diocletians fabelhafte Gemahlin Alexandra. Ist es kurz, so wird es Consonant, und der Accent

---

[1] Oder ward zu Otfrieds Zeit noch *Jūdās* ausgesprochen? Ich habe nach *Satanāse* und *Satanāsan*, deren Quantität sich aus 1, 5, 52 und 4, 12, 39 ergiebt, nicht auf *Jūdāsan* zu schliefsen gewagt.

[2] Wie *Pēter*, *Tīver* (die Quantität ist sicher) von *Tibris*. Die Form *Tiberis* gäbe kurzes *i*, wie *livol* von *libellus*.

fällt auf die vorhergehende Silbe, *Grēgórjus Macedónja Bēthanja.* Dass Otfried 2, 14, 5 *Samárjam* auf diese Art betont hat, wird man ihm nicht übel nehmen: eben so ist wohl auch in der Erzählung von der Samariterin zu betonen

quám fóne Samárjò èin quèna sário.

Für das *Sámarjam* der pfälzischen Handschrift weifs ich nichts zu sagen. Den Namen *María* braucht Otfried theils in dieser kirchlichen Form 2, 8, 12. 5, 5, 1. 7, 1, theils in der mehr deutschen *Márja* 1, 3, 31. 5, 7. 6, 1. 7, 25. 2, 23, 10[1]. Wenn in den übrigen Wörtern, ohne *i* vor dem letzten Vocal, die vorletzte und zugleich die drittletzte Silbe lang ist, so hat die vorletzte den Ton: die drittletzte hat ihn, wenn beide kurz sind oder eine von beiden. Also mit zwei Längen *Rōmáni* (1, 1, 13. 59), nicht *Rómani,* wie die pfälzische Handschrift einmahl (3, 25, 15) gegen den Vers betont, ferner *Pilátus, Augustínus, Aegýptum Aegýptō, Satúrnum, Alexándres* von *Alexánder, Jōhánnes Jōhánnis Jōhánnem, Apóllo* (weil hochdeutsches *p k ch z* die Silbe der sie folgen lang machen) in dem Liede vom h. Georg, *erbibinōta Apóllo,* wenn dies die richtige Lesart ist,[2] ebenda *Taciánus* oder *Tazjánus,* weil das *i* vor einem andern Vocal nicht kurz bleiben kann, *Andréas* bei Otfried nach der gewöhnlichen Aussprache 262 (28)
dieses Namens, *Galiléa* (2, 7, 39. 15, 4. 3, 2, 1. 6, 6. 7, 13), einmahl (3, 15, 3) in der kaiserlichen Handschrift unrichtig *Gálilea* geschrieben, endlich das Appellativum *natūra.* Die vorletzte allein kurz, *'Abraham 'Abrahames 'Abrahame* (3, 18, 33. Hartm. 138) *Lázarus Lázarum Názarēth sillaba* und von *purpura* das Adjectivum *púrpurin.* Beide kurz, *kámara Sátanas Sátanāses Sátanāse Sátanāsan Sátanāsa, Sálomōn Sálomōnes, elemósyna Hjērosólima Hjērosólimu Hjērosólimōno.* Beide kurz wo es nur irgend die Consonanten zulassen, wenn auch der erste Vocal ursprünglich lang ist, *régula* (s. Ludw. 91. 1, 1, 42), *káritas* (s. 5, 12, 80), dies auch zweisilbig (5, 12, 82), daher in *música* und *Hjērónimus* der höchste Vocal gewiss auch für kurz zu halten ist. Nur die drittletzte kurz, *túnicha* (denn *ch* macht lange Silbe),

[1] Ohne Accent 4, 2, 15 *nám Maria nárdon.*

[2] So liest Herr Hoffmann (Fundgruben 1, 12. 13). Mir scheint das richtige zu sein

Gorjo huob dia hant ūf, gebōt er uper den hellehunt.
erbibinōta Apollin: dō fuer er sār en abcrunti in.

auch zweisilbig *túnįcha* (4, 29, 27), *múniza*, woven *múnizōn, Philippus Phílippuse, Nīchódēmus,* und endlich mit einfachem *th Máthēus Máthēnses.* Hiernach wäre *córōna* zu erwarten, aber in den beiden otfriedischen Versen wo es vorkommt (4, 22, 22. 23, 8) ist geschrieben *coróna,* und der lateinische Ablativus *káritāte* (Hartm. 147) wird unregelmäfsig wie ein deutsch flectierter Casus betont. — Wenn wir in der zweiten Classe (mit deutscher Endung, aber den lateinischen gleichsilbig) zuerst wieder die mit dem *i* aussondern, *scórpjo* (denn davon ist doch wohl der Accusativus *scórpjon* 2, 22, 35), *lílja, ēvangéljo*[1], zu denen aus dem Liede vom heiligen Georg sein Name *Gēórjo Górijo Górjo* kommt, so bleibt uns das dreisilbige Femininum *órgana* aus *organum,* regelmäfsig betont, und von *káritas,* wie von einem Nominativus *káritāt,* der Pluralis *káritāti* (1, 18, 38). *Iudaeus* und *altare* werden ganz deutsch. *Júdeò* (4, 21, 11) oder zweisilbig *Júdęo* (5, 6, 40), im zweisilbigen Pluralis *Júdęon* selbst einmahl mit dem Punkt unter *e* geschrieben (3, 15, 1), im Genitivus *Júdęōno* 3, 24, 1. 5, 6, 12. 30 und *qvam ménigì therę Jùdęōnę ér* oder *Jùdōnę ér* 3, 24, 3 und wiederum *Júdōnò* am Ende des Verses (3, 23, 27. 5, 11, 1, nicht *iúdeono*), im Adjectiv *júdjisgēr* (2, 14, 17 wo *iúdeisger* bei Hrn Graff ein Druckfehler ist) und *júdisgèro* (4, 27, 26). *Ther áltāri* (4, 33, 35), wovon der Dativus *áltàre* (2, 9, 80), oder *ther álteri* (2, 9, 49) kann eben so gut aus *altarium* als aus *altare* gemacht sein, und hat wie alle Wörter auf *āri* deut-
263 (29) schen Accent, eben wie *kárkāri,* welches das lateinische Wort um eine Silbe verlängert, mit dem Dativus *kárkàre* oder *kárkère.* Endlich zwei aus dem christlichen Unterricht sehr bekannte viersilbige Wörter ziehn den Accent auf die erste zurück, *páradīsi* und *ántikristo* (4, 7, 28), da sie in den lateinischen Formen, *paradisus* und *antichristus,* jenes die drittletzte, dieses die vorletzte, betont haben müsten. — Dieses Zurückziehen ist in der dritten Classe, bei den verkürzten lateinischen Wörtern, noch üblicher; ja bei den im Lateinischen mehr als dreisilbigen, wenn sie dreisilbig werden, durchgehend. Von den lateinisch-dreisilbigen haben bei zwei Längen vor der lateinischen Endung den Accent auf der letzten deutschen Silbe *Hērṓd* (1, 20, 1. 21, 1) *mandát* (4, 11, 12) und *Jōhánne Jōhánnan* (2, 13, 2. 4, 13, 29) vom No-

[1] Ulfilas macht das zweite *e* lang: hingegen im Lohengrin S. 191 reimt *ēvangelge* auf das Adjectivum *diu quelge.*

minativus *Jóhán*;[1] wohin man auch *Románi* rechnen kann, wenn man die Pluralendung für deutsch halten will: aber daneben mit zurückgezogenem Accent *kástel* und *themo kástèlle*. Die drittletzte Kürze in *libellus* bringt *lírol* (3, 1, 2. 5, 19, 36), flectiert *líroli* (Hartm. 97) und *lírolon* (Hartm. 125). [*módul* Wackernagel Lesebuch 69, 12.] Die vorletzte Kürze in *Iordanes* (sie kommt wenigstens neben der Länge vor) macht dass Otfried *Jórdan* betont (3, 22, 67): aus *porticus episcopus lectio* wird *pórzih pórziche pórzicha* (3, 4, 7. 22, 5), *biscof biscofa, lékza*. Der Dativus *Jóhane* (nicht *iohanne*, Hartm. 98) scheint einen deutschen Nominativus *Jóhan* vorauszusetzen. Die lateinischen viersilbigen Wörter haben, ohne Rücksicht auf ihre lateinische Betonung, in der Verkürzung den Accent auf der ersten. Freilich sind es fast nur Appellativa, und dass Otfried, wie wir es im Heljand 10, 21 finden, *'Octavianes* oder *'Octavjanes* betont hätte, ist zu bezweifeln. Aber so heifst es *fúndament* (2, 1, 22) [*fúndament* Wackernagels Lesеb. 34, 11. 22. *fundement, fundiment* Notk. Ps. 80, 16. 81, 5, 86, 2] und *páradís* (1, 18, 3), und nicht anders für *palatium Constantia sextarius psalterium incensarium solarium* in deutschen Formen *pálinzà* (1, 5, 9) und *pálinzhus* (4, 20, 3), *Kóstinza*, woron bei Otfried *Kóstinzero sédal, séxtàri* (2, 8, 31), *sáltèri* oder *psáltèri* (1, 5, 10. 4, 28, 20), *zínseri* (1, 4, 20), *sólari* (4, 21, 1), dies mit verkürztem *o*, weil der einfache Consonant nicht hindert. Eben so aus *castigatio* und *praedicatio* verkürzt *késtìga* (Otfr. 3, 1, 31) und *brédigà* nebst *brédigòn* und *brédigàri*, diese wieder mit kurzem *e* (Otfr. 1, 1, 42. 5, 16, 28). Dem zweisilbigen *glôsar*, welches man in der Überschrift des trierischen Glossariums findet, wage ich seinen Accent nicht zu bestimmen. 261 (23)

Nur dies eine will ich noch bemerken, dass, wäre in der deutschen Poesie die Form der Allitteration herschend geblieben, die fremden Namen sich immer mehr zu der deutschen Accentregel würden bequemt haben. Im Heljand finde ich nur den Namen *Herôdes* mit dem Ton auf der zweiten Silbe, und mit *r* allitterierend (16, 19 *Herôdesan: rikean.* 21, 22 *Herôdes: rikea.* 22, 7 *Herôdes: riki*): aber derselbe Name reimt auch vocalisch (2, 17 *allon élitheodon: 'Erodes.* 20, 24 *Herôdesan*, besser *'Erodesan: éft.* 23, 6 *Herodes*, vielmehr *'Erodes: éldeo barn.* 160, 9

[1] Den Namen für den Polarstern, *Polónan* (5, 17, 31) im Accusativ, weifs ich nirgend unterzubringen.

édiljero: ˊErodes), und so wird vieles gegen Otfrieds Gebrauch betont, *Dávîd* (8, 4) *Jérusalēm* (3, 10) *ˊElîas* (96, 10) *Pîlâtus* (156, 16) *Jóhannes* (7, 3) *A'ndrēas* (37, 18) *Gálilēa* (8, 1), um ähnliche zu übergehn, die wenn sie bei Otfried vorkämen, gewiss anders betont sein würden, wie *Zácharîas* (3, 2, 15) *Jácōbus* (35, 15) *Cápharnâum* (63, 19) *ólîvēti* (144, 7). Aber offenbar meidet Otfried die fremden Namen, der sächsische Dichter weit weniger, der auch öfter die lateinischen Völkernamen verkürzt und dann deutsch flectiert, *Rômâno liudeon* (2, 13), *Ébrēo liudi* (3, 20), *ˊAegypteo land* (21, 14). Was er sonst von Namen allein hat und worin er mit Otfried übereinstimmt, will ich nicht aufzählen, weil für den hochdeutschen Gebrauch wenig daraus folgt: nur *cástel* (175, 8) und *páradîse* (96, 15) mag noch erwähnt werden. Wichtiger ist dass auch in dem hochdeutschen Muspilli nicht nur *Sátanâse* auf *varsénkan* (49. 50) und *Sátanaszes* (so geschrieben) *kisindi* (9. 10) reimt, ferner *der ántichristo* auf *demo állfîante* (48. 49), und *párdîsi* betont ist in der Zeile (18. 19)

denne der mán in párdîsu   *pû kiwinnit,*

welcher streng hochdeutsche Reim zugleich beweiset dass diese Verse nicht etwa ursprünglich sächsich gedichtet sind: sondern gegen Otfrieds Gebrauch wird auch *ˊElîas* auf der ersten Silbe betont (42. 43. 45. 46. 54)

daz scúli der ántichristo   *mit ˊElîase págan.*
ˊElîas strîtit   *pi den éwîgon lîp.*
daz ˊElîases plúot   *in érda kitríufit.*

Auch *álamusana* hat wohl sicher den Accent vorn, anders als Otfrieds *elemósina*, obgleich die Zeile in der es vorkommt (100) nicht vollständig erhalten ist.

---

265 (31) In der Accentlehre anderer Sprachen pflegt man, so weit nur die einzelnen Wörter für sich zu betrachten sind, sich mit der Bestimmung des Hochtons zu begnügen. Von Beachtung des Nebenaccents werden sich bei den alten Grammatikern wenige Spuren finden, wie die Bemerkung des Nigidius Figulus, dass in dem Vocativ der später zu Gellius Zeit *Valéri* gesprochen ward, der Accent von der ersten Silbe stufenweise herabsteige, also *Válèrî,* nicht so wie wir, die dritte über die zweite erhebend, aussprechen, *Válerì.* Etwas freier gebaute italiänische Verse, wie die des Pulci, scheinen oft einer der nothwendigen Cäsuren zu entbehren, wenn man nicht auf den Nebenaccent achtet; wo-

durch die italiänischen Grammatiker sich hätten mehr sollen auf diesen Punkt leiten lassen. Im Deutschen ist man darauf jederzeit aufmerksam gewesen, und seit dem siebenzehnten Jahrhundert muste man, weil nicht der gewöhnlichste Vers ohne Beachtung des Tieftons der dreisilbigen Wörter zu Stande gebracht werden konnte: bei der Nachahmung antiker Maſse ward das Ohr noch dafür geschärft, und J. H. Voss hat die Lehre ziemlich bis ins Feinste vollendet. Nur das abweichende Gesetz der alt- und mittelhochdeutschen Betonung der Nebensilben war noch zu finden, und es ist schon im ersten Abschnitte gesagt wie es zuerst aus den mittelhochdeutschen Reimen entdeckt worden sei. Aus den weniger mannigfalten otfriedischen Reimen wäre vielleicht die richtige Lehre schwerer abzuleiten gewesen: einmahl erkannt fand sie sich auch in diesen gar leicht wieder. Soll der otfriedische Vers vier Hebungen haben, jede höher als die nachfolgende Senkung (die aber auch fehlen kann: und die letzte muss fehlen), so muss das dreisilbige Wort mit der Kürze vorn, wenn der Nebenaccent nach der Regel auf die dritte fallen soll, mit der ersten Silbe auf der dritten und mit der letzten auf der vierten Hebung stehn.

líra jòh fidulà *joh mánagfáltu svégalà.*
séhet these fógala, *thie hiar fliugent óbana.*
állo wihti in wóroltì *thir gótes bòto ságetì.*

Ist die erste des dreisilbigen Wortes lang und soll der Nebenaccent auf die zweite fallen, so muss sie ebenfalls lang sein, so dass die drei Silben die zweite dritte und vierte Hebung des Verses ausmachen.

sìh thaz hérôtì: *theist ìmo thiomuatì.*
wánt er ótmuatì *in mìr was scóuwônti.*

Beide Fälle werden noch deutlicher in Langversen die beide vereinigen.

ist er òuh fon jùgendì *filu fástènti.* 266(32)
wio kúning èin thio sitòtà *joh zíoro máchôtà.*
sìh zi rúarènne, *thia wuntun òuh zi sèhanne.*

Die dreisilbigen die nach einer Länge die mittelste Silbe kurz haben, sind also der Regel nach nicht für den Verschluss geeignet: denn würde die erste Silbe von *ìnemo* auf die dritte Hebung gesetzt, so erhübe die letzte sich über die zweite: sollte das Wort drei Füſse füllen, so wäre zwar die Betonung richtig *éinèmò*, aber die dritte Senkung fehlte zwischen zwei Kürzen, deren erste nach der Versregel lang sein muss. Es wird sich nun zwar künftig noch zeigen dass sich die Dichter des neunten Jahrhunderts die Hebung auf einer Kürze vor der letzten Silbe des Verses dennoch, obgleich höchst selten, erlaubt haben, dass auch der erste Fall, die Erhöhung der dritten Silbe über die vorhergehende, unter Bedingungen sogar nothwendig ist: hier, wo wir nur die Regel und das überwiegend gewöhnlichere betrachten, sind alle daktylischen und kretischen Wörter vom Ende des althochdeutschen Verses anszuschliefsen. Die Stelle des Nebenaccents kann in ihnen nur in der Mitte des Verses erkannt werden, ja streng genommen auch hier eigentlich nur in daktylischen.

bi èinèmo brúnnen
mit thèmo fíngàre reiz
bittùru pína
ouh sálìda súache
mit thíu zemo ándrèmo man
mit sìneru spéichèlu sar
siu sint ínnàna hól
mit íuomo stéinònne
tho uns wàrd thiu sálida sō fràm.

Wenigstens darf man sich erst nach genauerer Kenntniss des Versbaues sicher zu behaupten getrauen dass nicht nur

zi wáfàne snéllē
thes kéisères zínses
héilègęs giscríbes fol
thes líchàmen góuma
sērágaz hérza,

sondern auch

(33) 267 *joh míchilo wúnnī*
thàz wir thúltigē sìn

zu betonen sei. Nur sehr selten, weil sie hart ist, findet sich die Verschlingung der mittelsten Kürze mit der folgenden Länge, welche die Erhöhung des Tons der mittelsten über die letzte streng beweist,

thie éngilā̄ quàmun thùruh tház
theu bézirōn àllèn in wār;

etwas häufiger im Dativus *júngorōn*, wie

then júngorôn thôh zi hêrost.

Übrigens bestätigen auch die einfacher gebauten Verse durchaus die erste Regel, die von tribrachischen, amphibrachischen, anapästischen und baccheischen Wörtern,

fréwidû gizâma
silabâr ginúagi
thie Júdeôn giwáro
thiu lúmichâ zi léibu
sámanôn bigónda
joh Philíppûs gilâdôti;

häufig auch die zweite, die von den antibaccheischen,

ther man bisórgèta thaz
thaz stéinìna hérza:
fon héllòno thiote
thie frónisgon blúomon.

Nur für die molossischen ist das Innere des Verses nicht streng beweisend; wie man denn allerdings zweifeln kann ob zu lesen sei

tház sie irwáchètîn frúa

oder *thás sie irwáchetìn frúa:*

aber unzweifelhaft scheint zu sein

so fánd er sizzèntô thar.

Die Wörter von vier und mehr Silben sind nach den dreisilbigen zu beurtheilen. Erste Classe, die mit der Kürze anheben.

in mánagèru zálu
so ófto fárantèmo dúit
thar sie tho múnizòtun
mit úbilèmo willen
joh úntar gótilingon 266 (34)
lági dáwalònti
quám si forahtálu sár
álangèru múater
wélichèru gibúrti
súlihhèro rúamti.

Zweite Classe, die mit zwei Längen und einer Kürze anheben. Hier zeigen die Verse nicht ob zu lesen sei

zi frónisgèru êru
mit mámmentèru milti

oder

zi frónisgerù êru

mit mámmènterų milti.

Molossisch anfangend finde ich nur zusammengesetzte: möglich dass die übrigen den Nebenaccent auf der dritten Silbe haben. Dritte Classe, die daktylich anheben.

joh fòlk ouch héidìnerò
mit míchìlerų ílu
mit míchilęrų únstâtī.

Aber alle kretisch anfangenden viersilbigen scheinen aufser der ersten die dritte Silbe betont zu haben: sie werden unter den Ausnahmen vorkommen.

Ich habe die zusammengesetzten bis jetzt nicht erwähnt, weil von ihnen die Unregelmäfsigkeiten zuerst ausgegangen zu sein scheinen. Einige Fälle geben zwar streng regelmäfsige Betonung. Erstens wenn der erste Theil der Zusammensetzung zweisilbig, in der ersten Silbe kurz ist.

ther héizit àvur Lúdowíc
éngìlo hérìscàf
fon béche hèra wídoròrt
joh állan thesan wóroltthìot
ni wúrtiz allaz so égislìh
in svàrēn árabèitin
thaz sìn ádalkùnni
joh filu fráwalìcho
er qvàm mit théganhèiti
zi gòtes ánalùsti
269 (35) *ob èr sī úbildàto*
thie sèlbun fèhewàrta
wólaga élilènti
thaz io fon mágadbùrti
sáztą in óbanénti
iz sùs gimánagfàltōt.
thaz wàrun édilthègana
èr was góteforàhtàl
thehèin therǫ fórasàgōno
mìchil wóroltmènigī
fíhuwíàrì
sie árabèitōtùn.

Hier setzt manchmahl eine Handschrift zwei Accente, *wóroltthìot* 1, 2, 14. 34. *wóroltménigī* 2, 9, 31. *wóroltmágadon* 1, 7, 7. *wórolt-*

énti 1, 11, 15. *édilthégan* 1, 3, 26. *úbarmúati* 1, 4, 14. *fíhuwiári* 3, 4, 3. Wenn dem zweiten Theil der Zusammensetzung der Hauptton gebührt, so kommt der Nebenaccent an die Stelle des Haupttons, aber das Verhältniss bleibt unverändert.

àl thie fíantā ùbarwán
sie éigun sę úbarwúnnan
sih sélbon missihábènti
zi wídarstántànne
álawáltèntan.

Zweitens wenn der erste Theil einsilbig, aber lang ist. Hier sind die Beispiele zahllos, und zuweilen findet man wieder auch den Nebenaccent in einer Handschrift bezeichnet, wie in *áltquèna* 1, 4, 29. *éinmúatē* 4, 20, 5. *drútthéganon* 1, 28, 11. *ótmúatigē* 1, 7, 16. Daktylisch,

joh áltquèna thínu
the únsitig wárun
áltfáter márer
thie hòhun áltfátera
fóna hóhsèdale
wialìcha únrèdina
óba thu in réhtrèdina
sîne drútthègana
so únrédihàfto.

Palimbaccheisch oder molossisch, 270 (36)

thes sèlben ádèilo
joh filu kráftlìcho
duit úns iz úrwànaz
thaz sùlih úrlòsi
joh wíson héimòrtes
thie ótmúatigē
úmmàhtigē mán
thie drùtménnisgòn
fúazfállònti;

die beiden letzten mit schlechtem Accent, aber vielleicht nach Otfrieds Meinung, der auch den ersten Theil des Compositums in den Auftact bringt,

selbdrúhtin únser guato
liobhérèron mîne
unwírdig filu hárto;

wozu noch ein Paar Beispiele von schwach betontem *un* kommen, die vorher (S. 252) schon erörtert sind. Hieher gehört auch ein Theil der mit dem Kretikus anfangenden Wörter, unter denen *ùnfórahtenti* 1, 10, 16. *drúlbótōno* 1, 4, 49 mit zwei Accenten geschrieben sind, wonach man die übrigen zu betonen hat: denn der Versbau kann hier nichts lehren.

then iu in áltwòrolti
therọ gòtes drútbòtōno
rêves úmbèrenta
ther thír sō múatfàgota
sînes hálsslàgonnes
únfórahtènti.

In allen übrigen Fällen der Composition wird die Regel des Nebenaccents entweder durchaus oder doch meistens gebrochen. Ich habe hier fürs erste nur das Regelmäfsige angeben wollen: die Untersuchung der Ausnahmen ist schwierig und weitläuftig.

Zweite Abtheilung.

[Begonnen am 13., gelesen in der Akademie am 17. Juli 1834.]

(Bisher ungedruckt.)

Was den deutschen Grammatikern mit Recht vorgeworfen wird, ihre Anmafsung die Sprache nach willkürlich ersonnenen, nicht in der Geschichte aufgefundenen Grundsätzen zu bestimmen, davon ist ein grofser Theil dem hochdeutschen Sprachgefühl selbst vorzuwerfen. Nicht nur werden jetzt die meisten, denen auch alle grammatische Bildung fehlt, mit gröster Bestimmtheit zu wissen glauben, dass gebären und nähren nothwendig mit ä zu schreiben sei, weil man gebar und Nahrung sage: die Analogie von nehmen und zehren wird ihnen aber entgehn: sondern schon von den ältesten Zeiten her ist die hochdeutsche Sprache geneigt die Gleichmäfsigkeit ihrer Formen gegen ein oft sehr mangelhaftes und unrichtiges Verstehen ihrer selbst hinzugeben; wie sie denn überhaupt in geistiger Ausbildung fortschreitet und an formeller immer mehr verliert. Dies zeigt sich sehr deutlich auch in den Unregelmäfsigkeiten der althochdeutschen Accentlehre, bei denen ich in der letzten Abhandlung den Faden der Untersuchung habe fallen lassen.

Die Regel vom Nebenaccent mehrsilbiger Wörter kommt in einfachen Zusammensetzungen auf eine gedoppelte Art in Streit mit der Verständlichkeit des zweiten Theils, einmahl wenn der erste kurzsilbig, dann wenn er zwei- oder mehrsilbig ist und mit der Länge anhebt. Die beiden entgegengesetzten Fälle, die mit der Accentregel übereinstimmen, sind schon früher abgehandelt worden.

Unter den Wörtern der ersten Art finden wir bei Otfried eins nach der Accentregel behandelt ohne Rücksicht auf die Zusammensetzung. *Zwifalta* und *zwifalteru* haben bei ihm den Nebenaccent auf der dritten Silbe: *in hóubit sinaz zwifaltà* (Salom. 4), *in zwifaltèru fréwidu* (2, 6, 57). Dasselbe Wort wird dagegen in den sangallischen Schriften zuweilen zwiefach betont, *zwiráll* Kateg. 316, *zwiáltera unde únzwiváltera* Kateg. 312, und eben so *zwihóubetér* im Capella 149, so dass auf die Beispiele in denen der Nebenaccent nicht geschrieben steht nur wenig zu geben ist, *zwiralta* Cap. 139, *zwivaltemo unde drivaltemo* Kateg. 312, *gezwivaltotér* Cap. 94. 98, *kedrifaltotér* 98, *zwibeine* Consol. 255. Kateg. 315, *tribildig* Cap. 146: denn dass der Accent auf der zweiten Silbe gern hervorgehoben ward, lehrt auch die dritte durchaus regelwidrige Art zu betonen, *zwihóubito* Cap. 9. Wie in den Kateg. 300 (108) *driortér* gemeint sei, zeigt 281 (17) *triéllig*, wo nicht allein die Betonung richtiger ist, sondern auch der vor dem Vocal nothwendige Circumflex steht. Denn wenn in Zusammensetzungen dieser Art die erste Silbe lang wird, so hört der Streit zwischen der Accentregel und der Sichtbarkeit der Zusammensetzung von selber auf. *Driscózez* und *driscóze* Consol. 253. Kateg. 300. 331 haben, wie *drinahtig* Consol. 12, den Nebenaccent auf der Mittelsilbe. In einer Zusammensetzung mit *un*, bei nachfolgendem Vocal, hat die Wiener Handschrift von Otfrieds Evangelium 4, 23, 10 zwei Accente, *ir séhet sina unerà:* und es ist nicht unglaublich dass Otfried, wider die Regel des Verses und des Accents, lieber *únera* betont hat als gegen das Gefühl der Zusammensetzung *unerà*. Eben so steht in der Consol. 213 *unénde*, 71 *únédele*, im Cap. 165 *unében*, und ich mag nicht behaupten dass die weniger bestimmt bezeichneten anders zu betonen sind, *unende* Consol. 263. Kateg. 240, *unebenemo* Kateg. 338, *unerbîn* Consol. 71, *unéwig* Consol. 262, *unéhtigen* Consol. 48: aber eben so leicht kann auch die Betonung geschwankt haben. Endlich

Präpositionen in diesem Falle der Zusammensetzung scheinen immer die Accentregel zu brechen, indem auf die zweite Silbe entweder Nebenaccent fällt, oder gegen die Grundregel sogar der Hochton. Bei Otfried 3, 14, 75 finden wir *thaz wàs in inònòn,* und 4, 4, 70 *sie mo innòwo ni óndun* oder nach der pfälzischen Handschrift *sie mo innówo ni óndun.* Wenn hier das doppelte *n* in der Ordnung ist, so mag dagegen das *mm* in dem otfriedischen *frámmort frámmòrtes* nur durch das Hervorheben der Zusammensetzung entstanden sein. Von *bífáng biwùrti bígihti bítherbì* und *bithérbi* ist schon in der ersten Abtheilung (S. 10) die Rede gewesen. *Úréiche* (proprium) ist in den Kategorien 289. 301 (32. 109) geschrieben, und danach wird *úrouge* Cap. 63 zu betonen sein. Eben so wenig ist bei *frátáten* (sceleribus) Consol. 34, *frátátig* 71, *frátátigên* zu zweifeln, wenigstens sicher nicht bei den dreisilbigen.

Von weit gröſserem Umfang und keinen Ausnahmen unterworfen ist der zweite Fall, in dem jederzeit die Regel des Nebenaccents aufgehoben wird; wenn das erste der beiden zusammengesetzten Wörter aus zwei Silben besteht, deren erste lang ist. Zwar kann auch in diesem Falle die zweite Silbe, wenn sie ebenfalls lang ist, eine ganze Hebung füllen, wie im Hildebrandsliede Z. 42 *wéntilséo,* Z. 58 *òstàrliutò*, in den Verschen die uns ein notkerischer Schüler erhalten hat (Aretins Beitr. 7, 293) *fuodermáze,* richtiger *fúodàrmázè,* vielleicht auch bei Otfried 2, 8, 27 *thar stúantun wázàrfáz.* Aber auch in diesen Beispielen ist sicher die dritte Silbe immer höher als die zweite und folgt ihrer Geltung nach auf die erste. Bei Otfried 4, 26, 39 hat die Wiener Handschrift mit zwei Accenten *thèra wéneghéiti,* und eben so viel beweist 1, 22, 57 die schwankende Betonung *ùntarthio* oder *úntarthioh wàs er in,* wie auch *hèllipórta* 3, 12, 35 neben *héllipìna* 5, 21, 20 und *hélliwìzes* 5, 19, 18. In den sangallischen Schriften ist der doppelte Accent häufig, mag die Compositionssilbe einen vollen Vocal enthalten, *mánôtzála írrighéite síchurhéite mánmantsámo wíllowáltigî éobúoch* (Consol. 271) *áhtocéniu ménnisghéit árbéitsámo* (Consol. 7. 95; unrichtig *árbéitsamin* Consol. 225) oder mag sie ein unbetontes *e* annehmen, *bólgenscáft húngerjáren gehóubetscúldigôti* (Consol. 24) *zóuverlîh minnesám gámmensámo spiegelglás wízzenthéit brútesáng brûtegómen wîzegtûom gemámmentsámôt zênzegfáltigēr dionestmánnes fientskéfte únderskéite minnerhéite.* Zusammensetzungen mit drei Silben in der ersten Hälfte sind seltner: in der Consolatio 31. 67 steht *wéstenewint wéstenewindes* mit zwei Accenten, bei Wilram 71, 18 *áffulterbôume*. Eine grofse Menge otfriedischer Verse zwingt zur Betonung der ersten Silben beider Hälften: nöthig ist auch die der Verbindungssilbe einzig und allein in dem eben angeführten *wázàrfúz*, wenn nämlich der Vers so zu betonen ist: wahrscheinlicher hat man ihn so auszusprechen, *thàr stúantun wázarfúz*. Die Quantität der zweiten und dritten Silbe macht keinen Unterschied. Die Sicherheit ist zwar am grösten, wenn die zweite lang und die dritte kurz ist, 3, 4, 33 *sámbazdàges fira*, 1, 4, 75 *hintarqèman thráto*, oder wenn beide lang sind, zumahl am Schlusse des Verses, 2, 17, 18 *ûfan hòhaz kérzistàl*, 3, 10, 14 *thia dòhter wênaglìchò*, 3, 1, 3 *fon thèmo wúntarlìche*, oder bei viersilbigen auch in der Mitte des Verses, Ludw. 2 *er Ostarrìchi rihtit ál*, 1, 18, 10 *éngillìchaz kúmi*, 4, 7, 11 *giwéhsit jámarlìchaz thing*, 4, 16, 31 *sih ánderlìchan dáti*, im Ludwigsliede *élljanlìcho réit hèr*, und wenn dreisilbigen eine schwach betonte Silbe folgt, 2, 6, 16 *jôh brúaderscàf gihállent*, 3, 5, 8 *thaz ér then sámbazdàg firbráh*, 3, 25, 36 *uns sichurhéit giwinnan*, 3, 15, 51 *in fíantscàf ni gjángti*, 3, 26, 38 *wúntarlìh giráti*, 5, 4, 4 *joh gúatilìh in ságeta*. Fehlt aber die nachfolgende Silbe, so wird man dennoch nicht anders betonen wollen, Hartm. 149 *sô brúaderscáf ìst giwón*, 1, 19, 2 *was thionostmàn gúatèr*, in Versen die Schmeller erst kürzlich bekannt gemacht hat (Anzeiger für Kunde des deutschen Mittelalters 1833, S. 176) *gót, thir éigenháft ist*. Die dreisilbigen, deren zweite kurz ist, setzt Otfried zwar nur selten an den Versschluss, Hartm. 58 *in súntôn wárd sin missilìh*, 2, 19, 23 *thoh sìnt thie línti missilìh*, aber hinreichend zur Belehrung wie sie in der Mitte betont werden müssen, Ludw. 31 *thes mánnilìh nu gérno*, 1, 6, 15 *mánnolìh bi bárne*, Ludw. 83 *si richidúam mit minnôn*, 1, 25, 12 *gúatalìh irfúllen*, 3, 15, 32 *thia missidàt sô ságen ìh*, 4, 32, 9 *si tróstolòs ni wári*, 5, 4, 6, *in fríndàg sie iz dâtun*, 5, 23, 20 *wio wúnnisàm thar wári*, 5, 25, 74 *wioz hintoròrt gikèrên*, Hartm. 31 *joh harto hintoròrt gifiang*, und hinreichend um danach auf die viersilbigen zu schliefsen, 3, 5, 14 *noh wèrgin missilìchàn*, 2, 5, 8 *zi scáremo richidúamè*, 4, 24, 24 *thes willen ármalìchèn*, 4, 31, 31 *mìnero missodàtò*, 2, 24, 34 *àllô missodàti*, 1, 4, 17 *sìnero êregrèhtì*, 4, 26, 22 *nu sculun nan súntilòsàn*, im Ludwigsliede *sár mit Kárlomànnè*, auch in der Mitte der Verse

1, 17, 31 *joh mánnilîches hónbit*, 1, 22, 10 *góumilôsan líazun*, 3, 3, 2 *in ùnser ármilîchaz múat*, 2, 15, 10 *joh míssilîchēn súhtin*, 2, 16, 13 *gúatalîches wálleut*, 4, 7, 28 *thes ántikrìsten zîto*, 4, 32, 5 *mit thíarnudùamu réinēr*. Wer wird also noch über die Betonung zweifelhaft sein, wo auch beide Silben, die zweite und die dritte, kurz sind? 1, 12, 13 *níuwibòran hàbēt thiz lánt*, 2, 6, 11 *thes wúnnisàmen féldes*, 5, 23, 5 *wio wúnnosàmō gúatî*, 2, 9, 7 *thaz Kríst ther brûtigòmo sî*, 2, 13, 9 *ther scàl ther brûtigòmo sîn*, 2, 13, 12 *thes brûtigòmen stímmu*, 3, 14, 67. 5, 16, 40 *béttirison álle*, 4, 7, 27 *fon themo éndidàgen thárè*, 1, 12, 20 *kínd níuwibòranàz*.

Es versteht sich wohl ziemlich von selbst dass die ausnahmsweise auf der dritten Silbe betonten zusammengesetzten Wörter ihre erste über die zweite erheben, ohne Rücksicht auf die Quantität. Einige otfriedische Verse werden zum Beweise genügen. Ludw. 44 *thaz ságēn ih thìr in àlawár*, 4, 6, 8 *jóh then àdalérbon*, 1, 5, 26 *èbanéwìgàn*, 23 *àlawáltèntàn*, 1, 4, 54 *in dágā fùrifáranè*, Ludw. 50 *àl thie fíantā ùberwán*, 3, 8, 41 *theih thùruhqvéme thàra zi thír*, 4, 31, 30 *joh súntōno ùbarkóboròt*, 1, 5, 64 *nóh thaz wìdarstántè*, 5, 4, 53 *in hìmilgúallîchì*, 4, 11, 7 *sò wìl sō hímil ùmbiwárb*, 2, 11, 41 *thaz wír ni missifiangìn, ouh sō ni missigíangìn*, 3, 18, 13 *waz, quátun, missiqvédēn wìr?* 1, 3, 49 *thaz wóroll missiwórahtà*, 1, 22, 50 *joh hìntarquám ih sàr thín*, 1, 27, 6 *ther ímo iz ùntarsáhi*, 5, 8, 36 *themo wìzōdspéntàrè*, 4, 29, 12 *mit mínnu al ùntarwébanè*.

Sind wir mit den einfachen Zusammensetzungen noch ziemlich ins Reine gekommen, so lassen dagegen die aus drei oder mehr Wörtern sich schon weniger auf eine bestimmte Regel bringen.

Nur wo der zweite Theil eins der nothwendig tonlosen Wörter ist, die uns in den ersten Abschnitten beschäftigt haben, müssen die Hauptaccente ohne Frage auf dem ersten und auf dem dritten Worte der Zusammensetzung sein: und dieser Fall ist bei weitem der häufigste. So sind die unzähligen mit *gi*, wie *úngimàh úngilîh*, welche Otfried auch am Versende braucht 1, 1, 57. 8, 2. 3, 8, 26; 4, 7, 30. 5, 7. 25, *úngidàn* und mit versetztem Accent *ùngidán, úngizàmi, úngisàro* 4, 17, 8, *úngiwìtirì*, so *hórngibrùader, íagiwèdar* 4, 9, 11, *íagiwàr* 3, 2, 16, *íagilîchēr* 1, 27, 50. 2, 19, 12, *íagilîcho* welches beide Handschriften 2, 9, 14. 12, 44 und die zu Wien auch 5, 23, 203 unrichtig *íágilicho* schreibt, das ist *iagilîcho*, da doch die Form *ia* bei Otfried Zusammensetzung anzeigt: das *io gilîcho* der pfälzischen Handschrift ist richtig. Hieher gehört wohl auch *ingirinno* 1, 19, 9. 27, 35, welches aber die Freisinger Handschrift beide Mahl und die kaiserliche in der letzten Stelle *ingrinno* schreibt: es scheint zu bedeuten schnell, ist mir aber unerklärlich: mit Herrn Graff getrennt zu schreiben *in girinno* lässt der Accent der Handschriften nicht zu. Denen mit *gi* sind die mit *bi* und *fir* gleich, *ùmbiruah* 5, 6, 17. 72. 25, 34, *ùmbithèrbi,* zu keiner Zeit *ùnbitherbi* gesprochen, wohl aber zuweilen *ùnbithérbi* (s. erste Abtheilung, S. 10. und 18), *ùnfirslàgana, ùnforhòlan* und *ùnforhólan.* Aus den sangallischen Büchern füge ich hinzu *ùnerdrózena* Cons. 264, *ùnrerwéhselôt* Kateg. 123, *ùnengéltedo* Cons. 30, *ùninfáren* Cons. 68. 85, *ùndùrhsihtigemo* Cons. 119, *ùnfólletânên* Consol. 152, und vorn mit zweisilbigen Wörtern *fórebechénneda* Cons. 266, *álegemáhsamo* Cap. 22, *himelgelúst* Cap. 84, *himelgewáltig* Cap. 118. Bei Otfried findet man von der letzten Art *mánno-gilih* Ludw. 8, *wórto-gilih* 1, 18, 5, *gúati-gilîches* 2, 7, 48 (in der pfälzischen Handschrift mit zwei Accenten), im Ludwigsliede *thégeno-gelih,* welche auf dem *o* des Genitivs einen Nebenaccent haben, der stark genug ist gegen das folgende *gi* eine Versfiebung zu bilden,

thes thiggé io mánnògilih
sprèchan wórtògilih
thár vaht thégenògelih;

und ebenso *gúatigilìches.*

Sobald aber diese Zusammensetzungen mit einem nothwendig tieftonigen Worte noch einen vierten Theil annehmen, entsteht schon ein Zweifel über das Verhältniss des dritten und vierten Gliedes. Bei Otfried 5, 20, 31 mag in *ìagiwèdarhàlp sîn* die Silbe *halp* wohl höher sein als *wedar:* aber ich glaube das nur, weil vielleicht *iagiwedar halp* ein nicht zusammengesetzter Accusativus ist. In dem Worte *ùngisèwanlìcho* 2, 12, 44 entziehen die Handschriften der ersten Silbe der Hauptaccent. Die mehrfach accentuierten Wörter dieser Art bei den Sangallern entscheiden den Zweifel nicht, *ùngesìnnlicho* Cap. 114, *ùngrishéite* Consol. 57, *ùngewónehéite* Cons. 98. *'Ungenâdeglich* bei Wilram hat ohne Zweifel die Hauptaccente auf der ersten und dritten Silbe.

Noch schwieriger wird die Bestimmung des Accents wo der zweite Theil eines aus dreien zusammengesetzten Wortes nicht nothwendig den Tiefton hat. Ich habe solcher Wörter aus Otfried sieben angemerkt: man überzeugt sich schwer ob man sie sämmtlich beisammen hat, da weder im Text die Theilung der Wörter sorgfältig bestimmt noch der Sprachgebrauch Otfrieds in einem Wortregister zusammengefasst worden ist. Unter diesen siebenen sind zwei im Verse so gestellt dass der zweite Theil den tiefsten Ton hat (2, 8, 22. 4, 5, 12),

mit gótkundlìchēn ráchōn
thero úmmezlìcha búrdìn.

Drei haben auf demselben zweiten Theile den höchsten Ton (3, 17, 68. 2, 11, 6. 5, 14, 9),

unlástarbārig thráto
sō unrédihàftò
joh wòroltúnstàtì.

Zwei sind auf der ersten Silbe accentuiert, aber der Versbau ergiebt nicht sicher das Verhältniss des zweiten und dritten Theils (Hartm. 70. 2, 4, 73)

wanta ìz was ūnrédihàft oder *wanta iz was ūnrèdiháft*
far thànne hēimórtsùn oder *far thànne hēimòrtsún* oder
fàr thànne hēimortsùn.

Wollte man die beiden letzten *únrèdihaft* und *héimortsùn* lesen, so dürfte man sagen, bei Otfried sei noch die Regel, was dem Sinne nach zusammengehöre, fasse der Accent zusammen, *gót-kund-lìh úmmez-lìh héimort-sùn*, aber *ún-rèdihaft ún-lástarbārig wóroll-ùnstātī*, doch so dass die zweite Classe den Hauptaccent auch auf die zweite Hälfte werfen dürfe. Aber eine so feine Regel war auf die Länge unmöglich genau zu halten: und so finden wir später die Neigung vorherschend die erste und dritte Silbe ohne Rücksicht auf die Art der Zusammensetzung zu betonen, *kárfrîtàc, únwîplìch, únbillìchen.* Bei den Sangallern sind die Accente oft so gesetzt dass sie die Regel zu bestätigen scheinen oder ihr wenigstens nicht widerstreiten, *púnunft-lîcho* Consol. 130, *úreizkóuchā* (wofür J. Grimm, Gramm. 2, *úrheiz-kóuchā* vermuthet) Cons. 175, *éinlúz-lîh* Kateg. 163, *éinluzzeg-héite* Cons. 214, *ántfang-lîh* Cap. 48, *gehîlèih-lîchemo* Cap. 90, *úrlag-lîchūn* Cap. 97, *fúrewiz-kérniu* Cap. 132, *fúrewiz-lîcherō* Cap. 102; *ún-órdenháftên* Cons. 39, *ún-ánchunde* Cons. 55, *ún-ánasíhtîgûn* Cap. 162. Kateg. 322, *ún-únderskéit* Cons. 218, *ún-éntlîchen* Cons. 262—265, *ún-ébennâzerō* Cap. 110, *ún ébin michel* Kateg. 307, *ún-zálaháftên* Cons. 21, *ún-zálelîcho* Cons. 46, *ún-*

wizenthéit Cons. 59, *ùn-wizenthéite* Cons. 74, *ùn-wúnderlîh* Cons. 78, *ùn-dúrnohten* Cons. 142, *ùn-fólleglîh* Cons. 148, *ùn-fólleglichen* Cons. 151, *ùn-nôthâfte* Cons. 252, *ùn-nôthaftîu* Cons. 269, *ùn-frôlih* Cap. 48, *ùn-mîotegernîu* Cap. 120, *ùn-bûhafte* Cap. 143, *ùn-zriuáltera* Kateg. 312, *ùn-máhtlîh* Kateg. 133. 177. Aber ich finde auch ein Paar Mahl dass in dem dritten Worte der Nebenaccent der ihm gebührt nicht geschrieben ist, *râte-lôs-licho* Cons. 17, *keéin-lûz-lichôntîu* Consol. 213: öfter ist dem zweiten Worte sein über das dritte erhöheter Ton entzogen, *ùndaro háft* Consol. 68, *ùnebenfértigen* Cap. 45, *ùnebensîttig* Cap 68, *ùnében lángc* Kateg. 301, *ùnscadeháftiz* Cap. 97, *ùnmahtlîh* Kateg. 320, *ùnredelîh* Kateg. 209. Bei Williram ist *wîrúnch-bûhele* und *biderbec-hêit* regelrecht betont: wie aber *ùnwâtliche* gemeint sei, lässt sich nicht sehen.

Die Unregelmäſsigkeiten des Accents, welche die Zusammensetzung bewürkt, müssen sich nothwendig weiter erstrecken, weil oft die Bildungen und selbst zuweilen die Flexionen für das Sprachgefühl von nicht minderem Gewicht als die Zusammensetzungen sind, und mitunter sogar der Grammatiker über die richtige Benennung im Zweifel bleibt. Es kommt noch dazu dass die hochdeutsche Sprache, so früh wir sie kennen schon einzeln und allgemach immer mehr, den Ableitungssilben ihre vollen Vocale entzieht und sie in ein unbetontes *e* abschwächt, während sie den Flexionsendungen bis ins zwölfte Jahrhundert weit mehr die ursprünglichen Laute, oft sogar noch die Länge, lässt. Im Mittelhochdeutschen, wo auch die Flexionssilben sämtlich das unbetonte *e* angenommen haben, ist das Verhältniss der Betonung wieder in ganz guter Ordnung: jedes unbetonte *e* ist nothwendig tiefer als jeder würkliche Vocal, und zwei oder drei auf einander folgende Silben mit unbetontem *e* werden, der allgemeinen Regel vom Haupt- und Nebenaccent gemäſs, nach der Quantität der dazwischen liegenden Consonanten beurtheilt. Wenn dagegen im Althochdeutschen die schwächer werdenden Vocale zugleich ihre Betonung einbüſsten, so müsste das Missverhältniss sehr groſs sein, indem die Bildungssilben überall von den Endungen würden übertönt werden. Mit der Zeit muss dies wohl allerdings geschehen sein, obgleich uns die notkerischen

Accente, die in den tieferen Silben weniger genau sind, über das Einzelne nicht genug belehren und die Reime des zwölften Jahrhunderts mehr auf ungefähre Gleichheit der Laute als auf gleiche Betonung gerichtet sind. Die frühere Poesie scheint aber noch lange Zeit die richtigen Accente, trotz dem Verderbniss der Vocale, festgehalten zu haben: die oberflächlichste Betrachtung otfriedischer Verse muss lehren dass ihm das tonlose *e* ein so guter Vocal ist als alle andern, dass er es sehr oft in die Hebung des Verses setzt wo die folgende Senkung einen vollen und oft einen langen Vocal oder Diphthong enthält. Dass gleichwohl auch bei ihm schon die Bildungs- und Flexionssilben sich müssen manches gefallen lassen, zeigen auf den ersten Blick einige, obgleich nicht sehr viele, seiner Versschlüsse, in denen er, also am kitzlichsten Punkte des Verses, sich doch höchst unregelmäfsige Betonungen erlaubt (1, 1, 9. 75. 4, 22, 24. 1, 19, 16. 1, 12, 31. 20, 23. 2, 14, 57)

thaz thèn thio búah nirsmáhētìn
sih fíantòn zirréttinnè
fílu ròtaz púrpurìn
bithìu wàs er sọ ḗrachàr
bíscof thèr sih wáchoròt
noh ìz ni lèsent scrībārà
ùnsere áltfòrdoròn.

Es kann sich erst nach und nach ergeben dass keine dieser Zeilen eine andre metrische Auffassung gestattet. Wieviel aber unter diesen Abweichungen von der Regel neues durchgedrungenes Sprachgesetz möge gewesen sein, oder aber von Otfried nicht wohl benutzte erst in den gemeinen Sprachgebrauch sich einschleichende Nachlässigkeit, darüber lässt sich bei sorgfältig eindringender Untersuchung vielleicht wenigstens zum Theil entscheiden.

Zuvörderst muss ich bemerken dass Otfried in Wörtern die mit kurzer Silbe anfangen sich niemahls einen unregelmäfsigen Accent erlaubt hat. Ein Wort wie *mánunge* durfte der mittelhochdeutsche Dichter nur so stellen dass das unbetonte *e* mit einen folgendem Vocal verschmolz, oder er muste, wenn er der ersten Silbe nicht ihren Accent entziehn wollte, die zweite trotz der vorhergehenden Kürze gleichfalls betonen, wie es Hartmann im Iwein 4862 allerdings gethan hat, *diu tiure mánùnge.* So haben einmahl in den übersetzten Kategorien des Boethius S. 331 (102) beide Handschriften *tólúnga*, ein anderes Mahl S. 329 (99) die eine *dólúngón*, die genauere *dólungón*. Otfried konnte nicht anders sagen als *mánungà*, (3, 15, 10)

thèra sámanúngú zi éinèru mánungù.

'Olúngiz hat in denselben Kategorien S. 308 (61) eine Handschrift mit zwei Accenten. Nicht so Otfried, sondern (2, 13, 34. 4, 28, 16. 5, 12, 28)

thaz gibit er mo àllaz álangàz
wir sa álangà giháltēn
àlangèra múater.

Die Fälle wo bei langsilbig anfangenden Wörtern der Nebenaccent auf die dritte Silbe fällt, die eine Ableitungs- oder Flexionssilbe ist, oder mit andern Worten die Fälle die in Ableitungen die Analogie der in der zweiten Silbe mit nothwendig tonlosen zusammengesetzten oder der Zusammensetzung mit zweisilbigen nachahmen, kann ich zwar nicht versprechen zu erschöpfen: aber die otfriedischen Beispiele werden wenigstens wohl das Wichtigste liefern.

Von langsilbig anfangenden Substantiven nehmen den Nebenton auf der dritten Silbe die abgeleiteten auf *àri nissi ilîn isàl ùnga* und *ing* an. Am bestimmtesten lehrt dies der Versbau bei der ersten Art wo die zweite Silbe lang ist, Salom. 2 *Kóstinzèro sédalès*, 2, 20, 11 *lichicèra in wárà;* wonach man wohl auch die Betonung der übrigen nicht bezweifeln kann, 4, 16, 33 *theiz wári góngulàres list*, 4, 2, 29 *joh sékilàri sînèr*, 4, 12, 47 *wánt er sékilàri wás*, 2, 11, 26 *joh thèse mézalàrà*. Ferner mit der Endung *nissi* hat Otfried 2, 12, 88 *thaz sèlba finstarnissi*, und die Sangaller *bezéichemnisseda* oder *bezéichennissida* Consol. 57. Kateg. 147. 148. 150. 152. 154. In *kindilîn*, da Otried das *n* auch im Nominativus hat, bin ich geneigt schon die mittelhochdeutsche Betonung anzunehmen, 1, 9, 7 *thaz kindilîn zi séhannè* (vergl. 1, 16, 16. 2, 3, 17. 27), 4, 13, 3 *kindilîn minu*, 3, 1, 32 *so múater kindilîne dùat*, obgleich ich gestehe dass das Versmaſs auch erlaubt *kindilîn* und *kindilîne* zu lesen. Sicherer sind die Wörter auf *isàl*, die ihren Nebenton so festhalten dass später der Schein von Zusammensetzungen mit *sal* entsteht. Daher, obgleich die otfriedischen Verse nichts über die Betonung entscheiden, nehme ich keinen Anstand zu lesen 4, 6, 35 *thaz iro rúamisàl thàr*, 4, 18, 23 *thaz sèlba wértisàl thàr*, 4, 28, 11 *wértisàl thes wérkes* (vergl. 5, 12, 34. 39), 4, 18, 25 *joh wérresàl ginúagi.* Dass die Endung *unga* den Nebenaccent einnimmt, lehren ziemlich viel doppelt betonte Wörter in den sangallischen Schriften, wie *tîlegúngō* Consol. 5, *léidegúngō* Consol. 45, *wándelúngō* Cons. 98, *récheníngō* Cons. 209, *féstenúnga* Kateg. 153, *mínnerúnga* Kateg. 138, *óffenúnga* Kateg. 144, *zéichenúnga* Kateg. 148. Darum lese ich bei Otfried 3, 15, 39 *múrmulùnga míchil.* In *zéichanùnga* synkopirt er den Vocal, 4, 33, 38 *wanta úns in zéihnùngù.* Substantiva auf *ing* können unmöglich anders betont sein als die auf *unga.* Mithin ist im Hildebrandsliede z. 34 zu lesen *chéisuringù gitán.* In den Kategorien steht S. 315 *wéndelíngā* und *wéndelíng* mit doppeltem Accent.

Bei den Adjectiven kommt durch die Bildungen *īn ig ag ar ing* der Nebenton auf die letzte Silbe, wenn gleich die erste lang ist. *Púrpurìn* hat Otfried drei Mahl betont (4, 22, 44. 23, 7. 25, 9) *fílu ròtaz púrpurìn, púrpurìn giwáti, thaz púrpurìn giwáti:* wenigstens das erste Beispiel, am Versschlusse, gestattet keine andre Aussprache. Gleicher Art ist *ménniskîna* in der Consolatio 108, *sílberîne* bei Willeram. Auch die Adjectiva auf *ilīn* sind ohne Zweifel eben so betont worden; in der Consolatio S. 36 *wánchelînero,* bei Otfried 5, 14, 5 *hiar lúzilìn gizéllen,* 5, 11, 34 *noh wàrun zvívilìnè,* 4, 5, 8 *ist húarilìnaz hárto.* Die Adjectiva *émmizìg* und *ēwīnìg* (das *i* ist bei ihm kurz) hat Otfried auch ohne Flexion mit der letzten Silbe auf die Hebung gebracht, 4, 28, 22 *sīn émmizìg gikníhti,* 5, 23, 214 *joh ēwīnìg gimúati.* Flectiert braucht er diese Wörter mit demselben Ton, *émmizìgēn* sehr oft, auch Salom. 38. 2, 14, 45. 5, 23, 156 nach der pfälzischen Handschrift mit Verschleifung der beiden letzten Silben, *émmizìgēr* 3, 17, 66. 4, 31, 36, und *ēwīnìga ēwīnìges ēwīnigen ēwīnìgōn ēwīnigō* und mit Verschleifung der dritten und vierten Silbe *zi éwīnìgęru frísti* 3, 24, 28, *ēwīnìgęru féstì* 5, 14, 18. Daher ist vermutlich eben so zu sprechen 3, 22, 3 *theiz wàri in wíntirìga zìt,* wie im sangallischen Capella 41 *zwîvelîgerō* geschrieben ist. Dieselbe Betonung zeigt sich in einem Adjectivum auf *ag* 4, 34, 24 *jámaràgęmo múatè:* denn *jámàrągemǫ* darf man nicht lesen, weil Otfried nur auf eine ganz andre Weise die Hebung mit ihrer Senkung aus vier Silben bestehen lässt. Danach wage ich auch zu lesen 5, 23, 33 *thaz dùit in jámaràgaz múat* und 1, 7, 17 *thie hùngarògon muadon.* Dass Otfried auch die unflectierten Formen würde *jàmaràg* und *hùngaràg* betont haben, wird wenigstens durch sein eben so betontes *èrachar* oder *ërucar* (früh auf) einiger Maſsen wahrscheinlich (1, 19, 16), *bithìu wàs er sp èraçhàr.* Die Adverbia auf *ingôn* können nicht anders als die Substantiva auf *ing* lauten, 5, 8, 40 *ih wèiz thih süntaringôn,* 3, 20, 116 *blintilìngon hôno* (vergl. 3, 23, 38). *Stùzzelingùn* und *àrdingùn* haben freilich in der Consolatio 233. 234. 241. 242 keinen Accent auf der vorletzten Silbe. Comparative oder Superlative, die mit der Länge anhebend ihr *i* oder *ô* auf der dritten Silbe hätten, finde ich nicht bei Otfried: gewiss aber haben *áftaròsto* und *máhtigòro* auf dieser Silbe den Nebenaccent gehabt, und ich stehe nicht an bei Otfried (Hartm. 90) auszusprechen *unz themo fiarzegùsten jàrè,* wie auch im Parzival 321, 18 die beiden ältesten Handschriften *vierzegisten* oder *vierzgesten* haben, wodurch sich die dritte Silbe höher erweist als die zweite.

Bei den Verbalbildungen der zweiten schwachen Conjugation, die ein langes *o* in die dritte Silbe bringen, ist uns für die reine Entscheidung wenig gegeben, und es wird schwerlich eine feste Regel der Betonung zu finden sein. In einem Beispiel hat Otfried die Hauptregel des Accents beobachtet, 1, 5, 61,

nust siu gibùrdinòt kindes sò diurès.

Aber diese Betonung *gibùrdinòt* wird zweifelhaft, wenn man die Besserung in der Wiener Handschrift annimmt, welche Herr Graff nicht anmerkt (ich erfahre sie aus Herrn Hoffmanns sehr genauer Vergleichung der Wiener Handschrift, die er mir nebst einer eben so sorgfältigen Abschrift der pfälzischen sehr gefällig gelichen hat),

nust sìu gibùrdinòt thès kindes sò diurès,
oder *nust siu gibùrdinot thès kindes sò diurès.*

Ferner hat er zwei Mahl die zweite und dritte Silbe verschleift, welches beweist dass die zweite höher war als die dritte, 2, 12, 37. 3, 2, 33

ni wùntorō thù thih, friunt mìn,
ni zwìvolō muat thìnàz.

Einmahl bringt er hingegen im Reim den Nebenaccent auf die dritte Silbe, 1, 12, 31

biscof thèr sih wàckoròt.

Mit ziemlicher Sicherheit endlich kann man aus der Betonung

der Substantiva auf *isàl* die der Verba auf *isòn* folgern, sô dass bei Otfried 1, 5, 29 wohl ohne Bedenken zu lesen ist

er rîchisòt githiuto,

obgleich der Vers eben sowohl *rîchisōt* erlaubt. Wenn also die beiden Beispiele vom Imperativ *wúntòrō* und vom Conjunctiv *zwîvolō* nicht wären (denn für die Lesart *gibúrdinòt thes* bin ich durchaus, weil ich mich immer mehr überzeuge dass die Verbesserungen in der Wiener Handschrift von Otfrieds eigener Hand sind), so würde man in all diesen Verbis den Nebenaccent auf der dritten Silbe annehmen. So aber muss man wohl einiges Schwanken zugeben, wenigstens für gewisse Formen dieser Verba. Ich kann die Formen nur nach den verschiedenen Endungen ordnen, *ō ōn ōnt ōnne ōt ōta ōtun ōtī ōtīn,* und von den meisten selbst unter den dreisilbigen sagen dass sie sich bequemer mit dem Nebenaccent auf der dritten lesen: ob aber Otfried diese Betonung würklich gemeint habe, weiſs ich nicht zu bestimmen.

* * *

Dasselbe Schwanken findet man in den abstracten Femininis auf *ī*. In dem viersilbigen *éwīnigī* erhebt sich das letzte *ī* nicht über die mittleren Ableitungssilben, 3, 22, 31 *jòh thiu éwìnigī sîn.* Das dreisilbige *ménnisgī* muss so lange zweifelhaft bleiben, als man sich noch nicht entschieden hat ob Otfried am Versschlusse vielleicht habe, mit drei Hebungen und doch mit dem Nebenaccent erst auf der letzten, *héimòrtsún wázàrfáz* sagen können: denn diesen gleich wäre 4, 29, 12 *in sîna ménnisgí.* Auch vor der Entscheidung muss man indess zugeben dass die andre Betonung mehr Wahrscheinlichkeit hat, *in sîna ménnisgì.* Dann aber streitet sie mit 5, 7, 62 *in frónisgì gisiunes,* und man muss wenigstens annehmen dass der Dichter hier einmahl das *ī* wie eine Zusammensetzung betont habe; durch welches Schwanken wir dann gehindert werden uns über die Betonung von *lúzilī* und *bittirī* bestimmt zu entscheiden, 2, 7, 48 *fon lúzilì* oder *lúzìlį thes wîches,* 2, 11, 47 *mit bittirì* oder *bittirī tôthes.*

Über das Hildebrandslied.

[Gelesen in der Akademie der Wissenschaften am 20. Juni 1833.]
Abhandlungen der Akademie der Wissenschaften zu Berlin aus dem Jahre 1833
Berlin 1835. Historisch-philologische Klasse.

Von der frischen und reichen Blüte der epischen Volks- 123 (1)
poesie, die wir in Deutschland im achten und neunten Jahrhundert anzunehmen allen Grund haben, gewinnt man schwer irgend ein bestimmtes und ausgeführtes Bild, weil wir uns die Züge und Farben desselben einzeln und mühsam zusammentragen müssen. Wie weit die ältesten uns erhaltenen Bruchstücke eines deutschen Volksliedes, die Bruchstücke des Hildebrandsliedes, dienen können uns das Wesen der Gattung zu welcher es gehörte anschaulich zu machen, dies, hoffe ich, soll sich aus den folgenden Betrachtungen ergeben, und damit der Ergänzung einer Lücke, welche die Geschichtschreiber der deutschen Poesie und Litteratur nicht einmahl zu fühlen scheinen, vorgearbeitet werden. Diesen Geschichtschreibern habe ich nichts zu verdanken: wo ich aber an die Untersuchungen von Jacob und Wilhelm Grimm anknüpfe, besonders an die in der Ausgabe des Hildebrandsliedes und in der deutschen Heldensage, wird wer sie kennt leichter selbst sehen, als sich in gemeinsamen Forschungen die Grenzen des Eigenthums immer genau angeben lassen.

Bei aller erzählenden Poesie, besonders aber bei der volksmäfsigen, ist wenigstens im Mittelalter die Erfindung immer getrennt von der Darstellung. Die Sage entsteht wächst und treibt ihr geheimnissvolles Wesen für sich: dem Dichter, dem Verfasser einer einzelnen poetischen Erzählung, gehört von der Fabel und ihren Personen und Begebenheiten nichts Wesentliches eigenthümlich zu, eben so wenig als der Glaube oder die sittlichen Ansichten auf die er fufst. So war auch hier dem Dichter ohne
Zweifel der ganze Stoff überliefert: der alte Hildebrand, mit 124 (2)

Dieterich von Otacker vertrieben, kehrt nach dreifsig Jahren heim, und kämpft mit seinem eignen Sohne. Auch was einzelnes vorkommt hat nicht den Schein eigener Erfindung, es gehörte mit zu dieser Erzählung, und man kann nicht einmahl behaupten dass der Dichter nothwendig auch mit anderen Theilen der Sage Hildebrands und Dietrichs bekannt sein muste.

Nur was eben in der Erzählung den Dichter bewegte, was ihm der wichtigste Punkt und die Einheit des Ganzen schien, dies hervorzuheben wird ihm jederzeit frei gestanden haben: und dadurch kann nach und nach, ohne dass er absichtlich änderte, die Sage im Wesentlichen anders geworden sein. In dem jüngeren Hildebrandsliede, wie es im funfzehnten bis nach der Mitte des siebenzehnten Jahrhunderts gesungen ward, ist bei der milderen Auffassung dass sich Vater und Sohn nicht kennen, Hauptsache die durch den tapferen Kampf und heilbare Wunden befestigte Liebe beider. In dem alten Hildebrandslied erscheint nur der Schmerz des Vaters, der seinen Sohn erkennt und doch mit ihm streiten muss, im Gegensatz mit des Sohnes kampflustigem Unglauben und Übermut: der Ausgang des Kampfes ist uns nicht erhalten. Es versteht sich übrigens von selbst dass auch mancher kunstfertige Dichter, und selbst mancher dem viel Einzelnes in der Fabel das Gemüt bewegte, doch nicht nach einer Einheit strebte, und dass in sofern manches Gedicht schlechter war als die Sage.

Die geordnete Erzählung, die planmäfsige Entwickelung einer Folge von Begebenheiten, scheint bis in das zwölfte Jahrhundert auch in Deutschland, wie im Norden, niemahls die Aufgabe des epischen Dichters gewesen zu sein: nur hingestellt ward die einzelne Begebenheit, nur eben soviel als nothwendig von ihren Umständen bestimmt, dann aber zu einer neuen nicht fortgeschritten, sondern gesprungen. Selbst die Legende der Heiligen, finden wir, begnügt sich mit einer Andeutung des Fortschrittes, und setzt was zu erzählen wäre als bekannt voraus. Nur die biblische Geschichte ward, weil sie nicht bekannt war, schon im neunten Jahrhundert ausführlich erzählt: und wenn auch schon früher die Milde der fränkischen Poesie nach gröfserer Breite strebte, erst nach der Mitte des zwölften wird die eigentliche Erzählung feste Form, mag der Gegenstand einheimische oder fremde, kekannte oder neue Fabel sein. Wie in dieser neueren

Poesie erst die Persönlichkeit der Dichter hervortritt und die
einzelnen sich eigenthümlich zeigen, so wird dann immer mehr 125 (3)
die einfache den Gang der **Begebenheiten** verfolgende Erzählung zur Darstellung der **Zustände**, der Situationen, und so wird den Personen der Fabel, statt einzelner Thaten und statt einzelner Charakterzüge, nach und nach ein persönliches dauerndes entwickeltes Leben zugetheilt. Zu dieser Entwickelung gelangt, mehr durch eine Menge sich fühlender als durch einzelne große Dichter, ein heiteres Zeitalter das sich selbst glücklich und in seiner Art abgeschlossen und harmonisch weiß, wie die Zeit zwischen 1170 und 1240, wie die zweite Hälfte des achtzehnten Jahrhunderts. Mit dem dreizehnten gieng auch in der Volkspoesie die Darstellung der Heldensagen in diese ausgebildete individuelle Form über. Die spätere ringende unbefriedigte Zeit gab nur dürftiges unentwickeltes: und die erzählenden Lieder, die Romanzen, des funfzehnten und sechzehnten Jahrhunderts sind wiederum so skizziert, so springend und unvollständig in der Erzählung, wie es die des neunten gewiss durchaus waren. Ein Hildebrandslied des dreizehnten Jahrhunderts würde in der Art der Erzählung weit mehr ins einzelne individuelle gehn, als es das aus dem neunten und das aus dem funfzehnten thut. Dies ergiebt schon die aus deutschen Quellen des dreizehnten fließende nordische Sage Dietrichs von Bern, in der (Cap. 376) die Beschreibung des Kampfes zwischen Vater und Sohn, obgleich in prosaischer Abkürzung, doch weit mehr ausgeführt ist und durch einzelne Zustände fortschreitet, als das spätere deutsche Lied. Das alte, welches so weit nicht reicht, können wir hier nicht vergleichen: es enthält aber an Erzählung nicht mehr als folgendes. Hiltibrant Heribrants Sohn und sein Sohn Hadubrant fordern sich heraus zum Kampf. Sie rüsten sich und reiten gewaffnet gegen einander. Hiltibrant fragt wer sein Gegner sei. Er nennt sich Hadubrant Hiltibrants Sohn. Der Vater will den unnatürlichen Kampf vermeiden, und schenkt seinem Sohn Armringe. Hadubrant verschmäht das Geschenk, er hält den Alten für einen feigen Betrieger: sein Vater, habe er gehört, sei im Krieg umgekommen. Nachdem der Vater sein Unheil beklagt hat, dass er nach dreißigjähriger Wanderung nun mit seinem Sohne streiten soll, entschließt er sich dazu, um nicht feige zu scheinen. Sie reiten mit den Speeren gegen

einander, dann hauen sie sich mit den Schwertern, bis die Schilde zerschlagen sind — und damit endigen die uns erhaltenen Bruchstücke. Die Vorbereitung fehlt, welche die spätern Darstellungen haben, dass der Alte vor seinem Sohn gewarnt wird, der ihm
126 (4) begegnen werde. Gleich mit der Ausforderung fängt das Lied an: das Verhältniss, die ganze Lage der Sachen ist schon voraus fest und unzweifelhaft: ja die Helden selbst bleiben sich nicht einmahl eine Zeit lang unbekannt, sondern dass sich der Sohn dem Vater zu erkennen giebt ist gleich die erste Handlung. Das einzige Willkürliche und Individuelle, das für den Gang der Geschichte nicht durchaus nothwendig war, ist die Gabe durch die Hildebrand seinen Sohn gewinnen will, dass er sich die Ringe vom Arme windet. Selbst in den Reden (durch Reden hat aber immer die germanische Poesie mehr geliebt Begebenheiten und Charaktere zu entwickeln, als an der Gestalt und dem Wechsel des erscheinenden) selbst in den Reden ist eigentlich kein Fortschritt zu bemerken. Hildebrand fragt den Sohn nach seinem Namen; weil er klüger war, heifst es: man darf wohl voraussetzen, wie es die andern ausdrücklich sagen, weil er schon seinem Sohne zu begegnen erwartete. Der einzige Gedanke, den er nun immer wiederholt, ist der Schmerz dass er mit seinem eigenen Kinde streiten soll. Hadubrands Gedanke ist eben so unveränderlich, sein Vater sei todt, der Alte müsse ein Betrieger sein.

Dieselbe Starrheit der Darstellung, die wir im Ganzen finden, zeigt sich nun auch im Kleinen, in Beschreibungen, bildlichen Ausdrücken, Beiwörtern. In den Zeitabschnitten die ich vorher als die entwickeltsten auszeichnete, im dreizehnten und im achtzehnten Jahrhundert, ist der poetische Stil, nur mehr oder weniger veredelt, die gebildete Sprache des Lebens. Die Poesie des funfzehnten und sechzehnten kommt der ausgebildeten prosaischen Rede nicht gleich, sie ist dürftiger, ungewandter, sie weifs selten das treffende Wort zu finden, selten nur ein belebendes Bild, die Verknüpfung und der Bau der Perioden ist höchst mangelhaft. Auch im zwölften Jahrhundert hat der Stil etwas trocknes und meistens zu wenig Leben: aber der Periodenbau ist gut, wenn auch nicht mannigfaltig, und es kommen noch oft die alten poetischen Ausdrücke und Wendungen zum Vorschein, oder auch neue ihnen glücklich nachgebildete. Da ist

von der alten Kunst noch eine Spur: die Kunst aber ist nicht ins Spitzige verkünstelt, wie in der schwierigen Ziererei der nordischen Poesie: sie wird auch nicht von der Rohheit versteckt, wie die an sich schönen epischen Formeln in den verwilderten kärlingischen Liedern der Franzosen. Im neunten Jahrhundert finden wir in Deutschland die Kunst in der vollen Blüte: und dies zwingt uns eben diese Zeit nicht mit den Geschichtschreibern
der deutschen Poesie als eine Periode der Vorübung anzusehn, 127 (5)
sondern in ihr eine Stufe der Vollendung anzuerkennen. In seinem vollen Glanze kennen wir den Stil der damahligen deutschen Poesie erst seit drei Jahren, seitdem Schmellers Fleiſs und Geschicklichkeit das uns lange schmählich vorenthaltene sächsische Evangelium unter dem Namen Hêljand gewährt hat; ein Werk das mit Recht gerühmt worden ist: denn es scheint allerdings ein Theil der Arbeit zu sein[1] deren Vorredner sagt, Kaiser Lud-

[1] Aus Eccards *Quaternio p.* 41 und *Francia orientalis* 2, 324 war eine von ihm aus Duchesne (*hist. Franc. script.* 2, 326) entlehnte *praefatio in librum antiquum lingua Saxonica scriptum* bekannt: Schmeller (zum Heljand S. VIII) hat zuerst auf die zweite Ausgabe von Flacius *catalogus testium veritatis* gewiesen, wo Bl. 93 nicht nur jene *praefatio* vollständiger steht, sondern auch noch *versus de poeta et interprete huius codicis*, 34 Hexameter, folgen. Flacius hat alles wahrscheinlich aus einer Handschrift der Werke Hincmars von Rheims genommen. Man findet es ebenfalls vollständig in der Ausgabe der *opuscula et epistolae Hincmari Remensis* von Johann Descordes, Paris 1615, S. 643 ff., woher Duchesne ohne Zweifel seinen Auszug genommen hat. In den lateinischen Versen wird erzählt, der Dichter sei ein Bauer gewesen, der, als er einst seine wenigen Rinder des Nachts im Walde hütete, im Schlaf eine Stimme vernommen habe,

'O quid agis, vates? cur cantus tempora perdis?
Incipe divinas recitare ex ordine leges,
Transferre in propriam clarissima dogmata linguam.'
Nec mora post tanti fuerat miracula dicti:
Qui prius agricola, mox et fuit ille poeta.
Tunc cantus nimio vates perfusus amore
Metrica post docta dictavit carmina lingua.
Coeperat a prima nascentis origine mundi:
Quinque relabentis percurrens tempora secli
Venit ad adventum Christi, qui sanguine mundum
Faucibus eripuit tetri miseratus Averni.

Die himmlische Stimme kommt auch in der *praefatio* vor: *Ferunt eundem vatem, dum adhuc artis huius penitus esset ignarus, in somnis esse admonitum ut sacrae legis praecepta ad cantilenam propriae linguae congrua*

wig der Fromme, wie er überhaupt ein frommer Herr sei und besorgt für das Seelenheil seiner Völker, habe das Werk, eine poetische Darstellung der Geschichten des alten und neuen Testaments, aufgetragen *cuidam uni de gente Saxonum, qui apud suos non ignobilis vates habebatur,* und der, heifst es weiter, *hoc opus tam lucide tamque eleganter iuxta idioma illius linguae exposuit, ut audientibus ac intelligentibus non minimam sui decoris dulcedinem praestet. — Tanta namque copia verborum tantaque excellentia sensuum resplendet, ut cuncta Theudisca poemata suo vincat decore.* So prachtvoll und zierlich ist aber das Hildebrandslied und das ebenfalls von Schmeller herausgegebene baierische Bruchstück vom Weltende (Muspilli) bei weitem nicht: und in der fränkischen gereimten Poesie, die überhaupt mehr zur Weichheit und Milde neigt, erhalten sich nur noch einzelne Wendungen Beiwörter und Umschreibungen, aber das Eigenthümliche der ältern Manier zeigt sich selten. Und eben dies Eigenthümliche hab ich vorher als etwas starr bezeichnet, weil der Schmuck nicht eben den Gegenstand anschaulicher macht oder eine reiche Fülle von Gedanken weckt, sondern nur das Einzelne durch Wiederholung und durch stehende Beiwörter immer von neuem hervorhebt und einschärft, wodurch am Ende, wenn nicht den Dichter überall der feinste Geschmack leitet, der Eindruck, den eine ganze Reihe von Versen machen soll, gestört und zersplittert wird. Aber das Einzelne hebt diese Weise nun oft vortrefflich,

---

modulatione coaptaret. Die Erzählung erinnert an die freilich hübschere und individuellere Geschichte Cädmons bei Beda (*hist. eccl.* 4, 24): ob sie mit dieser in irgend einem Zusammenhange steht, weifs ich nicht zu entscheiden. In den letzten Versen ist nicht gemeint, der Dichter habe das Werk nur bis an die Geburt Christi geführt: denn die *praefatio* sagt *ad finem totius veteris ac novi testamenti interpretando more poetico satis faceta eloquentia perduxit.* Die Erwähnung der fünf Weltalter macht es mir wahrscheinlich dass unser Heljand ein Theil (vielleicht, wenn man die Worte genau nehmen und die Nachricht von Cädmon auch hier vergleichen darf, nicht einmahl der letzte) jenes grofsen Werkes gewesen ist: denn auch im Heljand fängt (2, 8) die Erzählung an 'Ein Weltalter stand noch bevor, fünf waren vergangen.' — J. Grimm, der zuerst den Zusammenhang beider Werke vermutete (deutsche Gramm., erste Ausg. S. LXV), hat auch an dieser neuen Untersuchung theilgenommen, und namentlich was sich auf den Hincmar von Cordesius bezieht, der der hiesigen königlichen Bibliothek fehlt und in Göttingen unvollständig ist, nicht ohne grofse Mühe ins Reine gebracht.

und neben der Heftigkeit welche die Betonung so vieles Einzelnen mit sich führt, wird durch die feste überlieferungsmäfsige Wiederholung der epischen Schilderungen Formeln und Umschreibungen, ein wohlthuendes Gefühl der Ruhe und Abgeschlossenheit erregt.

Genau eben so, vortheilhaft und hemmend, würkt die äufsere poetische Form, die Allitteration; die in deutscher geregelter
Poesie [1], soviel wir wissen, wie in der angelsächsischen, immer 129 (7)
zwei Verssätze durch gleichen Anfangsbuchstab der betontesten Wörter verbindet. Die gewöhnlichste Art ist dass in dem ersten

[1] Es ist bekannt dass die nordische Poesie noch andere Formen hat: aber in Deutschland zeigen sie sich bis jetzt nur in unkünstlichen Versen. Das überhaupt nicht durchaus reimende Wessobrunner Gebet hat ein Paar Halbverse ohne Reim,

mánno míltisto: *énti thâr*
wârun duh *mánakē mít inan:*

auch wird man wohl schwerlich mit vier Betonungen lesen können

nóh páum *noh péreg ni wás —*
énti du mánnun *sû mánac,*

sondern diese Zeilen, vielleicht auch jene, werden nur zwei oder drei höchst betonte Wörter haben. Die nordalbingischen Verse über das Runen-Alphabet im sangallischen Codex 878 sind, nach Wilhelm und Jacob Grimms sorgfältigen Bestrebungen (Über deutsche Runen S. 140 ff. Zur Litteratur der Runen S. 26 ff. 42), durch Herrn Massmanns Nachträge (im Anzeiger für Kunde des deutschen Mittelalters, 1832, S. 32) zwar hie und da aufgeklärt, nur nicht so sehr sicher wie er meint. So viel ist deutlich, dass man höchstens ein Paar Mahl vier Betonungen annehmen kann,

îs, ûr, éndi sûl,
tíu, brica (bírca), endi mán mídi:

aber in beiden Versen ist die Allitteration nicht regelmäfsig. Zwei Verse haben nur je zwei der Betonung fähige Wörter,

ûr áfter —
lágu thē léohto:

denn bei *fēu forman* bin ich zweifelhaft, weil vielleicht das mit Runen darunter geschriebene *threal* dazu gehört. Die übrigen scheinen je drei betonte Wörter, und einer drei, die andern je zwei Reime zu haben. Für verständlich halte ich

thuris thritten stabu (Thurs auf dem dritten Stabe),
ōs ist imo oboro —
hagal naut habēt —
ȳr al bihabēt.

Aber die Verse bei den Runen *rāt* und *chaon* weifs ich nicht zu erklären, ob ich gleichwohl sehe dass der Schreiber absichtlich in die erste und dritte Reihe je fünf Runen und in die mittelste sechs gesetzt hat; daher die freilich sehr unsichern Worte bei Rat vielleicht bedeuten, es stehe am Ende der Zeile.

Satze ein oder zwei reimende Anfangsbuchstaben sind, die Stollen nach der nordischen Kunstsprache, im zweiten einer, der Hauptstab heifst. Unser Gedicht und der sächsische Hêljand lehren uns aber noch zwei andere Weisen mit vier Stäben kennen, die ich da wo uns die einzelnen Beispiele vorkommen werden, deutlicher zeigen kann.

Nur noch eins, was bisher unbemerkt geblieben ist und auch nur aus diesem Gedichte kann gelernt werden, muss ich als einen wesentlichen Vorzug desselben bezeichnen, der ihm vor allen andern Gedichten mit Allitteration den Charakter einer durchaus geregelten Kunstrichtigkeit giebt. Es hat neben der
130 (8) Allitteration auch rhythmisch bestimmte Verse zu vier Hebungen: je zwei solcher Verse sind durch den Stabreim auf zwei drei oder vier der acht Hebungen verbunden. So entsteht bei sehr strengem Rhythmus eine grofse Mannigfaltigkeit der Betonungen; zwei bis vier höchst betonte Silben auf Hebungen, und, sind ihrer nur zwei oder drei, noch zwei oder eine ebenfalls starke Hebung, ferner vier schwächere Betonungen auf den übrigen Hebungen, alle diese Betonungen in willkürlicher Ordnung, endlich die tieferen Silben auf den Senkungen, die eben so leicht ganz fehlen als bis über acht steigen können; die Wörter insgesamt in die rhythmischen Reihen eingeordnet nach den Accenten die Grammatik und Sinn fordern. Der strenge althochdeutsche Versbau, wenn man ihn einmahl kennt, fällt im Hildebrandsliede überall zu sehr ins Gehör, als dass man die Regelmäfsigkeit für Zufall nehmen und einzelnen dem Gesetz widerstreitenden Zeilen ein Gegengewicht zugestehn könnte. Ja schon die historische Betrachtung der Allitterationspoesie führt auf die Vermutung dass es neben den freieren auch rhythmisch-geregelte Verse mit Allitteration müsse gegeben haben. Die regelmäfsigen angelsächsischen Verse, und die von den nordischen welche uns hier allein angehen, haben in jedem Halbvers nur zwei betontere Wörter, und daneben ein oder doch wenige minder betonte, Mahlfüllung genannt. Aber die angelsächsischen Verse sind nicht selten und die im sächsischen Hêljand und im bairischen Muspille sehr häufig weit länger, und zwar ganz ohne Regel, so dass die Menge der Silben in manchem Verse, zumahl da sie mit andern nach jener Regel gebildeten abwechseln, dem Ohr, das immer die Gleichheit sucht, lästig wird. Zwischen den

kurzen Halbversen mit zwei Hebungen und den längeren ungeregelten muss in einer der Form nach sorgfältigen Poesie ein regelmäfsiges in der Mitte liegen, dass nach zwei Seiten hin verwildern oder sich umbilden konnte: und dies sind grade die Halbverse von vier Hebungen, jeder mit zwei höher betonten Wörtern. Aber auch die Vergleichung der althochdeutschen Verse mit Endreimen macht die gleiche Regelmäfsigkeit der allitterierenden Verse wahrscheinlich. Der althochdeutsche noch sehr freie Endreim ist kein Schmuck der Verse, sondern er dient, wie der Stabreim, die zwei Furshälften zusammen zu halten: wie kam die althochdeutsche Poesie dazu, auch noch aufserdem das Mafs der Verse zu bestimmen, wenn es nicht schon früher bestimmt war? In dem Wessobrunner Gebet, welches zum Theil offenbar allitteriert, ist eine lange Zeile ohne Allitteration eben 131 (9)
so offenbar nach dem althochdeutschen Gesetz gebaut, und ihre Hälften reimen,

in dînô ganâdâ　　　　rêhtâ galâupâ.

In dem allitterierenden Muspille sind drei gereimte Zeilen, von denen nur die mittelste vielleicht auch allitteriert: alle sind nach althochdeutscher Art gebaut. 66–68. 85.

diu mârha ist farprúnnân:　　　diu sêla stêt pidcúngân,
ni wêiz mit wìu púozê,　　　　sâr vérit si za wîzê.
dànne vàrant éngilâ　　　　　ùper dia márhâ.

Und dagegen hat Otfried, der seine sonst regelmäfsigen Verse manchmal ohne Reim lässt, einen Vers dieser Art mit Allitteration (I, 18, 9)

thâr ist lîb âna tôd　　　　lìoht âna fínstrî,

und dieser Vers kommt wörtlich eben so auch im Muspille vor (16. 17): also eine allgemeine epische Formel mit Allitteration und doch nach der althochdeutschen Versregel. Allitteration und gereimter bestimmt gemessener Vers eine Zeit lang neben einander. Daher auch im Hildebrandsliede gereimte Verse, Z. 56. 58. 67,

in sûs hérêmo mân　　　　hrústî giwinnân.
der sî doh nu àrgôstò　　　óstârlìutò.
ùnti im ìrô lintûn　　　　lúttilô wúrtûn.

Ja sogar, wenn er richtig überliefert ist, einer ohne Allitteration mit thüringischem[1] Endreim, Z. 15,

dát ságêtûn mì　　　　úsêrê líutî.

[1] Hetzbold von Weifsensee reimt *mî* auf *sî*, MS. 2, 18a.

Diesen allgemeinern Betrachtungen lasse ich nun besondere folgen über den Sinn mancher Stellen, und wieweit die Überlieferung des Liedes für genau zu halten sei. Da seit der Ausgabe der Brüder Grimm von 1812 und den Anmerkungen von J. Grimm in den altdeutschen Wäldern (1815) für die Erklärung nichts geschehen ist, einzelnes in J. Grimms Grammatik abgerechnet, so muss bei dem Fortschritte dieser Studien nothwendig jetzt manches bestimmter gesagt werden können. Nur ist das Gedicht, weil es in seiner Art einzig dasteht, spröde, und giebt der rasch andringenden Betrachtung nichts. Ich kann mich einer zwanzigjährigen Bekanntschaft mit demselben rühmen: aber die Abschriften die ich vor zehn und vor fünf Jahren
132 (10) gemacht und Freunden mitgetheilt habe, sind, obgleich mir auch damahls die Regel der Verse schon deutlich war, der die ich jetzt gebe ziemlich ungleich: soviel hat fortgesetzte Aufmerksamkeit gebracht, und zwei im Jahr 1830 eröffnete Quellen, Schmellers altsächsischer Heljand und das bewunderungswürdig getreue Facsimile von Wilhelm Grimm. Gleichwohl gestehe ich dass mir einiges noch dunkel bleibt, und ich muss wohl zugeben dass an der Dunkelheit nicht immer die mangelhafte Überlieferung Schuld ist.

Dass aber die Überlieferung würklich oft unvollkommen ist, zeigt sogleich der Anfang. *Ik gihórta dhàt séggèn* ist zwar ein richtig gebildeter Halbvers, und er wäre eben so richtig mit der anderen Form die nachher vorkommt, *`Ik gihórta dhàt ságēn*. Auch ist *Ih gihōrta* ein schicklicher Anfang, wie in vielen Erzählungen im Heljand *Tho gifragn ik* oder im Wessobrunner Gebet *Dat gafregin ih,* Ich vernahm. Aber es fehlt wenigstens eine Halbzeile, mit einem Reimbuchstaben der das *h* in *gihōrta* binden muss: denn das folgende *urhēttun* auf der zweiten Silbe zu betonen ist sprachwidrig. Es kann wohl etwas andres und mehr fehlen, aber leicht denkt man an eine weitere Ausführung des Sagens, das Singen, welches mit der Allitteration auf *h* etwa konnte *hlūten mit wortum* genannt werden. Nicht nur war das Singen nie ohne Sagen (daher es z. B. bei Otfried 5, 23, 19. 22 heifst *ther ál io thaz irságētī in sînemo sánge*), sondern Singen und Sagen, *canere* und *declamare*, war damahls noch nicht so wie später getrennt. Der blinde Friese Bernlêf verstand solche Lieder, dergleichen hier eins gesagt ward, *antiquorum actus* *regumque certamina, psallendo promere* (*Vita S. Liudgeri* bei Pertz. 2, 412). Die vier Evangelisten heifst es im Heljand 1, 23, musten *fingron scriban, settjan endi singan endi seggean forth.* Zur Sprache gehört Verstand und Weise (7, 17) *habda im eft is spraca giwald, giwitteas endi wisnn.*

Ik gihórta dhát séggèn, ...
dhát sih úrhèttùn *ǽnôn múotîn*
Híltibràht joh Hádhubrànt *ùntar hérjùn twém.*

Ich hörte das sagen, ...
dass sich herausforderten im Zweikampf
Hiltibrant und Hadhubrant zwischen zweien Heeren.

1–3. Sie urheifsten sich. *Der urheiz*, das Verheifsen, Versprechen, aber auch das Aufrufen zum Streit und der Streit selbst, giebt das schwache Verbum *ùrheizen*, im Präteritum *ùr-* 133 (11)
heiztun. Das *certamen singulare*, das *einwîgi*, wird genannt die *einôn muoti* oder strenghochdeutsch *muozi*, genau, die alleinigen Begegnungen, im Plural der auch Z. 60 wiederkehrt, *dē motti*, von einem Substantivum, wovon sich noch im Mittelhochdeutschen, aber mit *t* statt *z* das Verbum *muoten* oder *entmuoten* erhalten hat, als Kunstausdruck für das Ansprengen grade aus mit der Lanze, während *tjost* mehr den graden Stich bezeichnet. Dies ergeben die zum Iwein Z. 5331, S. 386. 434, angeführten Stellen. Das Adjectivum *ein* steht in der schwachen Form, wie gewöhnlich wenn es allein bedeutet. Das Schwanken im Namen der beiden Helden, *Hiltibrant Hadubrant* und *Hiltibraht Hadubraht*, scheint mir unerlaubte Willkür: denn es sind verschiedene Namen. *Heribrant* steht zweimahl: einmahl Z. 44 ist etwas unregelmäfsig abgekürzt *Heribtes* mit einem Strich durch *b. Hiltibrànt enti Hádhubrànt* ist kein richtig gebauter Vers, weil er eine zweisilbige Senkung hat. Da sich noch öfter zeigen wird dass die wahrscheinlich thüringische Mundart der Handschrift nicht ganz mit der des Dichters, welche die Allitteration zeigt, übereinstimmt, so wird man hier *joh* für *enti* lesen müssen, wie es auch Z. 16 nöthig ist, wo *áltē ánti fròtè, dē èr hina wàrùn,* den Stabreim und mithin die Betonung auf die Conjunction und bringt. *Untar herjun twēm* kann ich nur verstehen Zwischen zweien Heeren, *untar zwēm herjum mittēm,* obgleich den Sprachgebrauch unter den Beispielen in Grafs Präpositionen S. 178 ff. nur das otfriedische sichert, 4, 31, 1 *want er hángēta untar zwéin,* nämlich Schächern, und im Heljand

104, 5 *thurh that thinstri: it is hēr sō thikki undar us,* im Text *inter vos et nos chaos magnum.* Dass der Zweikampf sich auf dem Felde zwischen zwei Heeren ereignet, stimmt freilich gar nicht mit den späteren Darstellungen überein: aber eben so wenig können wir erklären wer nachher Z. 46 mit Hadubrants Herrn gemeint ist den er daheim habe, wie es scheint einem Könige (*chind in chunincrīche* wird er Z. 13 angeredet), — ob vielleicht Otacher oder gar Ermanarich (s. Rhein. Museum für Philol. 3, 443), da Hildebrands Sohn nach den späteren Sagen selbst Herr von Verona ist. Wissen wir doch nicht einmahl ob Verona hier schon die Scene der Fabel ist [1].

súnufátarùngòs iro sáro ríhtùn,
Sohn und Vater besorgten ihre Rüstungen,
134 (12) *gárutun se ìro gū́dhàmun, gúrtun sìh svért àna,*
hélidōs, ùbar hringà, dò sie tō dero híltju rítun.
sie bereiteten ihre Schlachtkleider, gürteten sich die Schwerter an,
die Helden, über die Ringe, da sie zum Gefecht ritten.

4-6. Das sonst schwierige *sunufatarungo* ist durch eine Stelle im Heljand 35, 10 jedem Aufmerksamen deutlich geworden. Wie man sonst *die gibruoder* und ähnliches sagt, so heifsen hier die beiden Söhne Zebedäi mit ihrem Vater *thia gisunfader. Sunufatarungōs* ist offenbar dasselbe: denn die Bildungssilbe *ung* hat im Nordischen den Begriff der Verwandtschaft (Grimms Gramm. 2, 359), und Grimm hat auch (S. 363) ein angelsächsisches Femininum *fädrunga* angeführt, welches Gevatterin bedeuten muss; obgleich im althochdeutschen die Endung meistens *ing* lautet, und selten, wie in *truhting, sodalis,* diese Bedeutung hat. Alte niederländische Glossen in Graffs Diutisca 2, 209. 207 geben *māchlinge contribules* und *tornīringe commilitones.* Der Genitivus ist vielleicht durch das folgende *iro* zu rechtfertigen, des Sohnes und Vaters ihre: wie J. Grimm (Götting. gel. Anz. 1831, S. 71), dem die richtige Erklärung des Wortes natürlich nicht entgehen konnte, den Genitivus von *heriuntuēm* abhängig machen will, verstehe ich nicht. Natürlicher ist der Nominativ *sunufatarungōs:* ja ich werde ihn für nothwendig halten, bis ich Beispiele von Sätzen ohne ausgesprochenes Subject finde, in dieser

[1] Ich hätte S. 443 Z. 3 v. u. lieber wahrscheinlich sagen sollen, als ohne Zweifel.

Poesie die das Hervorheben des Subjectes liebt. Denn ich hoffe nicht dass jemand die vier ersten Verse zusammen nehmen und *rihtun* noch von *dat* abhängig machen wird, *garutun* aber nicht. Sie richteten, heifst es, d. i. machten zurecht, ihre *saro:* dies ist ein allgemeines Wort für die Rüstung, welches sonst einfach in eigentlich deutschen Quellen schwerlich vorkommt. *Gundhamo,* Kriegskleid, wie *lihhamo* gebildet, ist wohl eben so allgemeiner Ausdruck. *Gurtun sih iro scert ana* ist zu lang für den Vers: *iro* steht zwischen Punkten, und der erste Punkt näher als sonst an dem vorhergehenden Worte, also wohl nachgetragen; woraus ich schliefse dass *iro* nur aus Versehn geschrieben war und durch die Punkte als verwerflich sollte bezeichnet werden. Der Accusativus *sih* ist richtig bei dem adverbialen *ana,* weil er auch bei der Präposition stehen würde. Sie gürteten sich die Schwerter an, die Helden (so wird das Subject abermahls eingeschärft), über die Ringe, d. i. über den Panzer. *Ringa* ist ohne das ihm gebührende *h* geschrieben: der Dichter ist mit
dem *h* vor Consonanten immer genau, der Schreiber lässt es weg 135 (13)
und setzt es auch wo es nicht hin gehört. *Dô sie tô derô hiltju ritun* lässt sich metrisch vertheidigen: denn auch Otfried setzt oft die Formen des Artikels *thera theru thero* einsilbig in die Senkung, *thô spráh er fóra theru ménigî, súntar fón ther ménigî.* Auch ist es wahr dass die adverbiale Form *zuo* statt der Präposition *zi* sich zuerst vor dem Artikel und andern Pronominibus, wie vor lateinischen Wörtern, einschleicht. Aber es ist doch wohl wahrscheinlich dass der Dichter lieber das regelmäfsige und dem Ohre wohlgefälligere *ti derô* gebrauchte, und nachher Z. 65 *ti samane* statt des wunderbaren *tô samane;* wie auch sonst hier überall die Präposition *ti* geschrieben ist, *ti leop, ti banin, ti wambnum. Hiltju* ist deutlich zu lesen, obgleich das *i* hinter *t* nachgetragen ist. J. Grimm hätte daher (Gramm. 2, 419) nicht zweifeln dürfen ob eine andere Form als *hiltea* anzunehmen sei. Übrigens wird dieser Ausdruck für die Schlacht sonst in eigentlich deutschen Quellen nicht vorkommen.

Hiltibràht gimáhaltà: èr was hérôro mán,
férahes frótôrò: èr frágèn gistúont,
fóhèm wórtùm, hwèr sìn fáter wári
fireò in fólchè, ...
. . . . 'eddo hwélihhes cnúoslès du sìs.

Hiltibrant sprach: er war der stolzere Mann,
an Geist der klügere: er hub an zu fragen,
mit wenigen Worten, wer sein Vater wäre
der Leute mit Volke, ...
. . . . 'oder welches Geschlechtes du seist.'

7-11. Wie hier am Ende dem Schreiber offenbar das Gedächtniss ausgegangen ist (denn die beiden letzten Halbzeilen gehören nicht zusammen, weil sie verschiedene Reimbuchstaben enthalten, und doch das seltene Wort *chnuosal,* Verwandtschaft, eigentlich die Bekanntschaft von *chnāan* statt *chnájan* kennen, nicht blofs an die Stelle eines mit *f* anlautenden Wortes wird getreten sein), so hat er im Anfang eine Zeile die nachher wieder kommt und gewiss in diesem Liede öfter wiederholt wurde gesetzt, *Hiltibrant gimahalta, Heribrantes sunu,* wodurch denn die folgende Halbzeile *her was hērōro man* vereinzelt steht, zwar mit einer inneren Allitteration, die aber gegen des Dichters Mundart ist: denn Z. 25 fordert der Reim dass das Pronomen der
136 (14) dritten Person *er* und nicht *her* laute. Ich nehme daher auch hier die Form *er,* und streiche dies Mahl *Heribrantes sunu:* so erhalte ich den vortrefflichen Vers *Híltibrant gimáhalta: er was hērōro mán.* Dieses *gimahalta,* sprach, wird nach der Parenthese (er war stolzerer Mann, *ferahes frōtōro,* Geistes klüger) wieder aufgenommen, er begann zu fragen *fóhēm wórtum, hwer sīn fáter wári.* Wer die nordische Poesie gewohnt ist, wird hier vielleicht nur die Reime *Hiltibrant* und *hērōro, fōhēm* und *fater* hören, und auf *gimahalta man* und *wortum wāri* nicht achten. Er wird aber in Verlegenheit kommen bei den Zeilen *fórn er óstar giweit, flōh er Ótachres nīd* und *ih wállōta súmaro enti wíntro séhstic,* welche Gleichlaute für unbedeutend oder unhörbar gelten sollen. Betrachtet man nun ferner dass hier drei Zeilen hinter einander mit *f* reimen würden, *ferahes frōtōro frāgēn, fōhēm fater, fireō folche . . . . .*; da hingegen, wenn man zugeben will dass auch zweierlei Reime in einer Langzeile sein können, nun grade die mittelste sich von den beiden andern unterscheidet, *fōhēm wortum fater wāri;* so wird man sich wohl entschliefsen die nordische Theorie (denn meines Wissens giebt sie nirgend vier Stäbe zu) hier in deutschen Versen aufzugeben, und vielmehr, was ein Ohr das auf Alliteration zu hören gewohnt ist nothwendig hören muss, als regelrecht anzuerkennen, und daher auch Z. 24 *fateres mīnes*

und *friuntlaos man* als doppelt gereimt anzusehn, desgleichen
Z. 37 *mit gēru man geba.* Und diese überschlagenden Reime,
zwei verschiedene in jeder Vershälfte, sind denn auch in dem
sächsischen Heljande zu finden, z. B. 7, 7 *Tho sprac eft thē frôdo
mân, thē thar consta filo mâhljan:* 54, 8 *an that êwîga lîf êrlôs
lêdea:* 63, 6 *ober Gâlilēo lând jûdeo liudjun,* | *hoō thar sèlbo ge-
dèda sûnu drôhtines* — 64, 1 *frô mîn thē gôdo. tho sprac im eft
that fridhubarn gôdes;* zumahl wenn, wie in unserer Stelle einer
der beiden Reimbuchstaben in der nächsten Langzeile wieder
kommt oder schon in der vorhergehenden war, 51, 12 *that hie
ùnreht gimâl ôdhrumu mânne* | *mênful mâco, hwand it simbla mô-
tèan scal* — 53, 3 *gôden wastom ne gibit, nec it oc gôd ni gescôp*
| *that thē gôdo bôm gûmōno barnun* | *bâri bittres wiht, ac cûmid
fan allaro bômo gehwilicumu* —. Nur möchte ich behaupten, weil
doch einmahl vier Wörter über alle andern betont, mögen der
Reime zwei drei oder vier sein, immer Hauptgesetz der deutschen
Allitteration bleiben, so sind fünf Reime nie erlaubt. Es ist daher
Z. 21 nicht zu lesen *brût in bârè, bârn ùnwàhsàn,* sondern da
das Ohr höchstens vier Reime suchte, ward der auf den Vocalen
nicht bemerkt, *brût in bârè, bârn ùnwàhsàn.* Z. 39 reimt *dînēm* 137 (15)
und *dîna* nicht, *mit dînem wórtun, wili mih dîna spêra wêrpan.*
Und wo der Sinn die Betonung von fünf Stäben verlangt, da
ist gefehlt; wie, meine ich, Schmeller in folgenden Versen im
Heljand 45, 12 *ne swerca* hätte zur vorhergehenden Zeile ziehen
sollen,

ne swêrca | *bi is sêlbes hôfde: hwand hē ni mag thar ne swârt ne hwît*
ènig hâr gewirkèan, bùtan sō it thē hêlago gôd —.

Eben so wenig hat der Vers an welchem wir stehen fünf Reime, obgleich er so geschrieben ist, *fôhem wórtum, wêr sîn fâter wâri,* sondern das Pronomen ist mit *h hwer* zu sprechen und reimt nicht. Das folgende *fireo* findet man gleichlautend, *firjo,* besonders in *firjo barn,* Menschenkinder, im Heljand, aber mit der Nebenform *firiho,* im Dativ *firihon, mit firihon* 42, 2 unter den Leuten, wie im Wessobrunner Gebet *mit firahim.* Schmeller zu Muspille 61, wo der Genitivus *cirho* steht, leitet dies alles vom Neutrum *firahi,* welches allerdings aus dem Neutrum *smalafirihi* und *smalafirihes (vulgus, vulgi)* zu folgern ist: aber ich finde auch den Genitivus des Femininums *dera smalafirihi* (Diutisca 1, 517), wozu der Nominativ *firah* sein wird. Unsern Genitivus *fireô* hält Schmeller wohl richtig für regiert von *hver, hver fireó in folche,* wer von den Leuten im Volke. Doch scheint die Stellung der Präposition auch nicht zu verhindern dass man übersetze In der Leute Schar: wenigstens steht so Z. 27 *folches at ente,* und im Heljand 103, 12 heifst *lîbes an lustun* wohl In des Lebens Lust. Die Präposition *in* muss hier stark genug sein um eine Hebung zu füllen ohne nachfolgende Senkung *fireô ín fólchè,* wie Z. 21 *brût in bûrè,* ganz gegen Otfrieds Gebrauch.

'*ibu dù mī ênan sàgēs,* *ik mì dē ódrē wêt,*
chí*nd in* ch*úníncrìchè:* ch*ûd ist mì al írmindèot.*'
'Wenn du mir einen sagst, ich weifs mir die andern,
du Kind im Königreiche: kund ist mir alles Menschenvolk.'

12. 13. Der erste Vers ist sonst wegen unrichtiger Theilung der Wörter missverstanden: meine Erklärung lässt keinen Widerspruch zu. Denn das bei der richtigen Theilung vier Reime entstehen, vier gleiche, in jedem Halbverse zwei, ist zwar wiederum gegen die nordische Lehre, aber die Beispiele sind in deutscher Poesie zu häufig als dass man die Sache bezweifeln könnte. In diesem Liede kommen solcher Verse noch sechs vor, Z. 17. 22. 25. 40. 48. 61. Im Muspille sind zwei wahrscheinlich anzunehmen, Z. 43. 72. Im Heljand ist eine Menge unabweisbarer Beispiele.
8 (15) 90, 1 *gibárjad gī báldlīco. ik bíum that bárn godes.* 91, 12 *wid thes wátares gewín. tho giwêt imu wáldand Krist.* 94, 8 *sálig bist thu Símōn, súnu Jōnases: ni mahtes thu that sélbo gehuggean.* 97, 23 *hríwig umbi iro hérte, gihôrdun iro hêrron thō.* 107, 18 *mánnun te mêdu. that mênde máhtig Krist.* 135, 22 *bedêldun sie iuwera diurda. than dádun gī iuwomo dróhtine sō sama, | gī wérnidun imo iuwaro wélōno. be thiu ni wili in wáldand god —.* Der vielgewanderte aller Geschlechter kundige Hildebrand kann nur sagen Alles *ist mir chund: min* ist nichts als ein Schreibfehler. *Al irminthiod* bezeichnet im Heljand das Menschengeschlecht; der Plural *irminthioda* 87, 13 die Scharen, öfter die Völker der Erde. Auch *irminman* hat der sächsische Dichter, *allaro irminmanno* 38, 24, *ēnigumu irminmanne* 107, 13.

H*ádubràht gimáhaltà,* H*íltibràntès súnu,*
Hadubrant sprach, Hiltibrants Sohn,
'*dát ságētùn mì* *úsèrē liutì,*
'Das sagten mir unsere Leute,

alte jôh frôtê, *dê ér hina wârùn,*
dat Hiltibrânt *hêtti* *mîn fâter: ih* héittu Hâdubrânt.'

. . . .

alte und kluge, die vorlängst dahin waren,
dass Hiltibrant geheifsen habe mein Vater: ich heifse Hadubrant.'

. . . .

14–17. In der Fortsetzung meines Versuchs über die althochdeutsche Verskunst werde ich zeigen dass *Hiltibrântès sùnu* ein Vers ohne Tadel ist, obgleich eben nicht in Otfrieds Art; dass es aber fehlerhaft sein würde zu lesen *Hiltibrântes sùnù.* Hier will ich nur bemerken dass im Hildebrandsliede so häufig als bei den mittelhochdeutschen Dichtern die letzte Hebung aus zwei verschleiften Silben besteht. Die folgenden Worte kann man für einen Langvers nehmen. *dát sàgêtùn mì ûsèrê liuti,* obgleich nicht ganz ohne Bedenken: doch ist der Versbau vielleicht weniger unrichtig als nur gegen Otfrieds Art, und gegen das lange *u* in *ûserê* ist nichts gründliches einzuwenden: aber die Allitteration fehlt und ist nicht leicht herzustellen, so dass man auch hier wieder einen Gedächtnissfehler annehmen möchte, an dem die ähnliche Zeile 41, *dat sagêtun mi sêolidantê,* mit Schuld sein kann. Indessen habe ich vorher schon angedeutet dass man sich vielleicht hier mit dem Endreim zu begnügen habe: dann wäre aber die Form *mi* neben *mir* dem Dichter und nicht blofs 139 (16)
dem Aufzeichner zuzuschreiben. In den Worten *dê êr hina wârun* fordert die Allitteration *êr* zu betonen, Die schon vor langer Zeit dahin waren, das heifst wohl allerdings Todt waren, und dieser Ausdruck soll sie noch weiter in die Vergangenheit rücken als wenn es etwa *hina wurtun* hiefse. *Hina wesan* könnte sonst auch bedeuten Verreist sein, wie bei Otfried 1, 21, 3 *thar Jôsêph was in lántc, hina in êlilente:* allein dawider ist hier der Zusammenhang.

Was aber nun Hadubrant weiter von seinem Vater sagt, geht zwar davon aus, wie Hildebrand mit Dietrich vor Otacker nach Osten entflohen sei — ohne Zweifel zu dem Hunenkönig der nachher Z. 34 genannt wird, also wohl, wie in allen späteren Sagen, zu Attila —: aber das übrige bezieht sich auf Hildebrands Tod; nachher habe Dietrich seinen Freund verloren, der immer zu sehr den Kampf geliebt habe: und die Rede schliefst mit den Worten 'Ich glaube nicht dass er noch lebt.' Sagt

Hadebrand das alles ohne Veranlassung? oder ist wahrscheinlicher dass Hildebrand sich erst als seinen Vater kund gegeben hat? Wie wir das Lied haben, sagt Hildebrand eigentlich nirgend wer er sei, sondern nur Z. 31, der Jüngling habe nie mit einem so verwandten Manne gestritten, worauf dieser abermahls sagt, in einem Kriege sei Hildebrand umgekommen. Wenn Hadebrands Worte, die den nächsten Abschnitt schliefsen, Z. 29, 'Ich glaube nicht dass er noch lebt,' würklich den Sinn der Rede treffen (sie sind prosaisch), so passt die Antwort nicht darauf, Z. 30. 31 'Du hast nie mit so verwandtem Mann gestritten'. Endlich nach dem Abschnitte den diese Antwort anfängt, nach dem Schluss 'Todt ist Hildebrand Herbrands Sohn', kommt gewiss Hildebrands Rede viel zu spät, Z. 44–47 'Wohl sehe ich an deinem Schmucke dass du daheim einen guten Herrn hast.' So sieht man wohl dass wir hier kein ordentliches Lied vor uns haben, sondern vereinzelte, vielleicht nicht einmahl richtig geordnete Bruchstücke eines Liedes, wie sie ein wankendes Gedächtniss gab.

'*fórn er ṓstàr giwèit* (*flôh er* ˊ*Otàchres nìd*)
hina mit Théot*rìhhè*, *enti sìnèro dégano filu.*

'Vordem gieng er ostwärts (er floh Otachers Hass)
fort mit Theotrih, und seiner Männer viel.

18. 19. Dem Verbum *giwîtan*, gehen, kommt das *h* nicht zu, das ihm der Schreiber giebt. Sein *miti* für die Präposition ist gegen den Vers und gegen den Gebrauch: doch finde ich
140 (17) im Heljand 4, 24 *midi* als Präposition aus der cottonischen Handschrift angeführt. Über die Sage sind wir hier ganz im Dunkeln. Otacker wird als ein Feind Hildebrands geschildert, fast scheint es mehr als Dietrichs. Odoacer, ward im zehnten Jahrhundert erzählt (W. Grimms Heldens. S. 23), reizte den König Ermanaricus den Theodorich aus Verona zu vertreiben, der zu Attila floh: alle drei sind Vettern. Ob in unserem Liede schon Ermanaricus in die Sage gemischt ist, kann man nicht sehen: Odoacer mag in beiden Sagen noch König sein,[1] etwa in Verona oder auch in Ravenna; obgleich später im zwölften dreizehnten Jahrhundert der schon viel früher wenigstens genannte Sibicho der Rathgeber ist welcher Dietrichen vertreibt. Den historischen

---

[1] Im rheinischen Museum für Philologie 4, 443 habe ich zu unvorsichtig gesagt 'Nun (in der Sage des zehnten Jahrhunderts) ist Odoacer nicht König.'

Theodorich und den historischen Odoacer halte ich für ursprünglich in der Sage, weil ich nicht begreife wie sie auf eine gelehrte Weise vor dem Ende des zwölften Jahrhunderts hätten hinein kommen können.

èr furlèt in lántè *lúttila sittèn*
prút in búrè, *bárn únwáhsàn,*
árbeolàosa (ér rèt *óstàr hina) dèt.*

Er verliefs im Lande elend sitzen
die Frau im Hause, unerwachsenes Kind,
erblos (er ritt gen Osten fort) das Volk.

20–22. In den ersten Zeilen ist nichts schweres: *lutzil* oder *lutzic* heifst meistens elend, arm; *brud* im Heljand und sonst oft die Vermählte, 164, 13 Pilatus Weib, 22, 22 die bethleemitischen Mütter. Das ungewachsene Kind ist wohl der junge Hadubrand, der doch hier nothwendig erwähnt werden muste: an sich könnte es freilich auch blofs eine Bezeichnung der jungen Frau sein. In der letzten Zeile gehe ich davon aus, dass *det* unmöglich etwas andres sein kann als *deot*, Volk, wie wir sogleich finden werden *Dētrihhe*, wofür vorher *Theotrihhe* stand. Ferner hat die Handschrift nach *arbeolaosa* einen Punkt, der etwas bedeuten muss. Endigt der Vers damit, so muss *arbeo* langes *o* haben und Genitivus Pluralis sein, wie Z. 34 *Huneo* langes *o* hat, welches durch *j* scheint hervorgebracht zu werden (denn bei Notker im Capella 157 steht *sunô*, wie wenig auch sonst die von Grimm angenommene Länge des *o* im Genitivus Pluralis im althochdeutschen Gebrauch zu beweisen ist): *arbeo los* ist also zu erklären Ohne Erbe, 141 (15)
da *arbeolos* zusammengesetzt sowohl dieses als ohne Erben (*arbeono los*) bedeuten kann. *Los* steht auch nach dem Genitiv ohne Zusammensetzung im Heljand 110, 5 *liohtes lose*, 111, 17 *gisiunjes lose*, 22, 12. 30, 17 *sundjono los*. Die Zusammensetzung *arbeolos*, mit kurzem *o*, rechtfertigt J. Grimm, Gramm. 2, 417. 565. *Heraet* ist für sich allein unverständlich und nur vermittelst des übrigen zu erklären. Wer ist nun erblos? Entweder die Braut, oder die *deot*. Wenn die Braut, so ist der Schluss deutlich, *heraet* d. i. *er rêt óstar hina dèt*, Er rieth dem Volke hinaus nach Osten. *Rēt* wäre *riat*, wie Z. 17 *hētti* für *hiazi*, Z. 63 *lêttun* für *liazun*. Den unflectierten Dativus *thiod* findet man neben andern Formen (und unser Lied beut nicht einmahl eine andre) im Heljand 57, 13. 170, 6. Dann kommt freilich der Accusativus

zu *brat* erst nach dem Zusatze *barn unwahsan;* aber nicht zu unnatürlich, weil das kleine Kind zur Mutter gehört. Nur weiſs ich nicht wie die daheim verlassene Frau *arbeō lōs*, ihres Erbes beraubt, genannt werden kann. Also das Adjectivum zu *deot.* So kann man an zweierlei Volk denken, die mit Hildebrand auswandernden, und die zurückgebliebenen. Auf jene, die Elenden, passt das Epitheton wohl: *fatarcrpes tharpo* heiſst *patria alienus,* gl. Keron. 108. Dann müste *heraet* heiſsen Er führte, wie auch W. Grimm (Heldens. S. 25) vermutet. Aber *árbeō láosà er rēt ōstar hina dēt* kann nicht heiſsen *er reiz,* weil es dem alten Gebrauch dieses Wortes durchaus entgegen ist zu sagen Er riss das erblose Volk ostwärts: eben so unpassend wäre *er reid,* drehete, wickelte (*kirīdan, contorquere,* Diut. 1, 531): und ich verzweifle überhaupt aus *heraet* solch ein Verbum herauszubringen das den Accusativ regiert. Auch wäre bei solchem Sinne der Punkt nach *arbeolaosa* ohne Zweck. Ich glaube daher, die *arbeolaosa dēt* ist das von Hildebrand zurückgelassene Volk: nun, da das Kind unerwachsen, vielmehr ungeboren ist (s. W. Grimm, Heldens. S. 24), ist niemand da, den das Volk anerben kann: sie sind ein erbloses Volk, wie sonst erbloses Land gesagt wird. So ist auch die Interpunction wohlbegründet, welche die Parenthese andeuten soll: Er verlieſs erblos (er selbst ritt ostwärts aus) das Volk.

sīd Dētrīhhè *dárbà gistúontùn*
fáterès mīnès. *dat wàs sō friuntlàos mán:*
ér was ´Otàchrè *ümmèll irri,*
dégano déchistò *wás er* Déotrìchhé;
142 (19) *eo fólches àt éntè:* *imo wàs eo féhtà ti léop:*
chūd wàs er . . . . . *chōnnēm mánnùm:*
ni wāŋju ih iu līb habbe.'

. . . .

Nachher traf Theotrihhen Verlust
meines Vaters. Das war so freundloser Mann:
er war auf Otacher allzu ergrimmt,
der Männer liebster war er Theotrihhe;
immer an des Volkes Spitze: ihm war immer Gefecht zu lieb:
bekannt war er . . . . kühnen Männern:
ich glaube nicht mehr dass er lebt.'

. . . .

23-28. Nachher gestunden Dietriche Verluste meines Vaters. Die Handschrift hat hier *gistuontum*. *Gistandan* wird im Heljand oft so gesetzt, *im gistôd sorga, harm,* 15, 17. 91, 24, besonders aber *willeo,* Freude, 30, 16. 67, 8 und *fruobra,* Trost, 66, 23 und *dago liobosta* 14, 24: die Bedeutung der Präposition *gi* wage ich danach noch nicht genau zu bestimmen, obgleich Zu einem treten wohl am wahrscheinlichsten ist. *Darba* Entbehrungen ist Pluralis, wahrscheinlich von dem bei Notker (Kateg. 337. 338 = 121. 122) vorkommenden Femininum *darba:* im Heljand heifst der Singular *tharf,* Dativus Pluralis *tharbun* 65, 20. Das folgende *fatereres* widersteht allen Erklärungen: wenn die vorhergehenden Worte richtig gefasst sind, so muss es statt *fater* oder *fateres* stehn, und ich denke es wird nur ein Schreibfehler sein. Ein solcher Vers, *fáterès mînès,* würde zwar bei Otfried nicht ohne Bedenken sein: doch hat auch er zwei dieser Art, 1, 5, 7 *zi édilès frówwûn,* 4, 35, 1 *thô quám ein édilès mán* und in unserem Liede steht 15. 41 *dát ságêtùn mì.* Die Verbindung der Gedanken ist hart und starr, aber richtig. 'Hildebrand floh mit Dietrich vor Otackers Hass: nachher verlor ihn Dietrich. Hildebrand war ohne Freunde, auf Otacker zürnend und geliebt von Dietrich, immer an der Spitze des Heers und zu kampfbegierig: er kann nicht mehr am Leben sein.' *Er* — nicht *her:* denn da die zweite Hälfte zwei Reimbuchstaben hat, muss auch die erste soviel haben — *ér wás 'Otachre úmmett írri.* *Unmez* sehr häufig adverbial, *nimis.* *Irri,* das Adjectivum, welches immer *irrônti* bedeutet, irre gehend, verwirrt, *irri endi enhard* im Heljand 154, 12 zornig und zänkisch, hat hier den Dativus bei sich, den ich sonst nicht nachweisen kann: es für *irrenti,* hinderlich, feindlich, gehasst, zu 143 (20)
nehmen wage ich nicht. Bei *degano dechisto* verlassen uns die näheren Quellen: aber dem hochdeutschen Adjectivum *decchi* entspricht das nordische *þeckr,* lieb, angenehm, und das mit dem Ablaut des Participiums gebildete nordische Substantivum *þocki* Gunst, wie das angelsächsische *þaccian,* welches erklärt wird *leniter palpare, demulcere.* Die Verwandtschaft mit Dach und Decken begreift man leicht (vergl. Grimms Gramm. 2, 53. N. 552). Das Adjectivum erfordert einen Dativus, und der Zusammenhang ergiebt 'dem Dietrich theuer': daher lese ich *degano dechisto was er Deotrichhe,* indem ich dies *was er,* auf dem ich natürlich nicht eben bestehe, aus dem folgenden Verse nehme: dieser ward da-

mit überladen, *her was | eo fólches át éntè,* weil es hier der unterbrochenen Construction aufhelfen sollte. Man sieht deutlich dass die Construction nur durch einen Gedächtnissfehler unterbrochen ward, indem der Schreiber nach *degano dechisto,* ohne den nöthigen Dativus hinzuzufügen, fortfuhr *unti Deotrīchhe darbā gistōntun,* bis Dietrichen Verlust betraf; nicht ganz wider den Sinn, 'ihm der liebste Mann, bis Dietrich ihn verlor,' aber mit einem Halbverse zuviel, und offenbar nur Wiederholung des vorigen *sīd Dētrīhhe darbā gistuontun.* Dergleichen Fehler wird wer aus dem Gedächtniss schreibt schwer vermeiden. So ist dem Schreiber des Muspilli, wenn es auch nach Schmellers Vermutung ein königlicher Schreiber gewesen ist, Ludwig der Deutsche, nachdem er erst Z. 55. 56 geschrieben hatte *poum ni kistentit einīc in erdu,* bald darauf Z. 59 bei *stein ni kistentit* abermahls *einīk in erdu* in den Sinn gekommen, welches den Vers überlädt[1]. Hildebrand war immer *folches at ente,* natürlich am vorderen Ende. Ihm war immer *feheta* zu lieb; nicht Schreibfehler für *fēhida,* schon weil die Abstracta auf *ida* in der Poesie nicht beliebt sind, sondern für *fehta.* Die Worte *chnād was er chōnnēm mannum* sind für einen ganzen Vers zu kurz. Wenn nicht noch mehr verändert ist, so fehlt etwas nach *was her:* denn mit diesen Worten, da der Dichter *was er* sprach, konnte der Halbvers nicht schliefsen, *wás ér.* Wenn auch der otfriedische Vers 3, 12, 25 *uns állēn thàz giwis ist* dieselbe Freiheit hat, einem Volkssänger darf man
144 (21) sie nicht zutrauen. Doch dies kann nur in der Verskunst ausgeführt werden. In dem prosaischen Schlusse dieses Bruchstückes *ni wānju ih iu līb habbe,* lese ich das Adverbium *iu* diphthongisch, wie es in den notkerischen Schriften ausdrücklich immer bezeichnet wird, *ìu.* So ist bei Notker die adjectivische Declinationsendung *ju* überall diphthongisch, *ánderíu, wésendíu,* und die gothische Conjunction *ju* ist es schon bei Kero und im Heljand, nur dass auch noch ein *j* vorschlägt, *giu.* Wie übrigens bei Ulfilas (Grimm Gr. 3, 250) *ju ni gangis* heifst οὐκέτι περιπατεῖς, so bedeutet hier *ni wānju ih iu* ich glaube nicht mehr. Dass

---

[1] Im Muspille 80 ist Schmellers frühere Vermutung mir sehr wahrscheinlich *énti sih der suanūri in den sind arhévit,* wenn man nur dann die folgenden Worte streicht, *der dūr suannan scal tōtēn enti lepēntēn,* die Z. 90. 91 an ihrer Stelle stehn.

bei *hb habbe* das Subject *er* fehlt, würde uns schwerlich auffallen, wenn nicht der fränkische Stil schon die Personalpronomina mehr liebte. Der Conjunctivus bei *ich wæne* ohne *daz* ist noch im Mittelhochdeutschen gewöhnlich.

30 *'Wëttù irmingòt óbana fòna hèvanè,*
dát du nèo dána hàlt
mit sus sippan man
dínc ni geléitòs.'

'Wahrlich Allgott oben her vom Himmel,
dass du nie noch mehr
mit so verwandtem Manne
Streit führtest.'

30. 31. Das erste Wort dieses Bruchstückes ist nicht einmahl vollständig zu lesen, geschweige zu erklären. Auf den Anfang eines angelsächsischen *w* mit Circumflex (so wird in diesem Liede, und sonst in keinem bekannten deutschen Denkmahle, das *w* meistens bezeichnet) folgt eine abgeschabte Stelle, auf der kaum noch Platz für einen Vocal zu sein scheint, und dann *ttu*, so dass vielleicht nie mehr als *ŵttu* geschrieben war. Der Vers lehrt dass es zwei lange Silben sein müssen. Da nun weder das gothische *vaitei, numquid* (Grimm Gr. 3, 243), noch das angelsächsische *vutun, age* (daselbst S. 103), sächsisch *wita* (Heljand 7, 6. 9. 122, 8), etwas zur Hilfe bringt, so glaube ich, man muss irgend eine Versicherungspartikel annehmen, die dem Schreiber selbst wiederzugeben schwer ward. Es ist nichts als ein Einfall, wenn ich denke, wie *weiz got* gesagt ward, konnte mit vielleicht nicht mehr verstandenem heidnischem Namen auch *wëttu* gesagt werden, *weiz Ziu*. *Ziu* ist der Gott der nordisch *Týr* heifst. Auch der Beisatz *irmingot* war wohl mehr überliefert als verständlich. Des Wortes *irmin*, sagt Witekind von 145 (22)
Corvei, indem er es für den Namen eines heidnischen Gottes hält, bedienen wir uns *usque hodie etiam ignorantes, ad laudem vel ad vituperium*. Wenn Adam von Bremen Recht hat, man verbinde mit *irmin* den Begriff *universalis*, so ist *irmingot*, was es immer ursprünglich heifsen mag, für die christliche Zeit soviel als das im Heljand mehrmahl (33, 18. 52, 12. 99, 6) vorkommende *thiodgod*. Dass hier Hildebrand redet, hat der Schreiber, wie es auch in den nordischen Liedern geschieht, durch das aufser dem Verse zwischen gesetzte *qrad Hiltibraht* ange-

zeigt. Eigentlich die Schreiber: denn nach W. Grimms überraschender Entdeckung hat mit der zweiten Seite und mit dem Worte *hiltibraht* ein anderer zu schreiben angefangen und fast acht Zeilen bis an das Wort *imcit* Z. 40 geschrieben. Wie die beiden Schreiber dabei verfuhren, ist wohl schwer zu sagen. Wenn ihnen, was W. Grimm meint, ein andrer dictierte, so kann es schwerlich ein Sänger gewesen sein, der, wenn er sich auch der Worte nicht genug erinnerte, doch wohl selbst soviel von der Kunst verstehn muste um ihnen das Gedicht in etwas vollkommnerer Form vorzusagen. Mir ist wahrscheinlicher dass beide (man glaubt, zu Fulda [1]), der eine der den kleineren Theil des geistlichen Inhalts der Casseler Handschrift geschrieben hatte und nun die erste und die letzte leere Seite mit diesem unschätzbaren Bruchstück ausfüllte, und sein Genoss dabei, von welchem diese acht Zeilen sind, sich mit einander aus ihrer weltlichen Zeit her auf die Worte eines Liedes besannen, das sie sonst wohl von bäurischen Sängern gehört hatten, *quod cantabant rustici olim,* wie in diesem Sinne der Verfasser des *chronicon Quedlinburgense* sagt (W. Grimms Heldensage, S. 33). Nach den Worten *qvad Hiltibraht* folgt zu *irmingot* der Zusatz *óbana áb hèvanè,* mit einem doppelten Fehler in der Präposition *ab*: sie bringt, weil sie auf der Hebung steht, zwei Vocalreime in die zweite Vershälfte, da doch in der ersten nur einer ist, und sie erhöht sich durch ihren Reim über das Substantivum *hevane.* Wer die Kunst verstand, muste sagen *óbana fòna hévanè,* oder ganz wie Otfried (an Bischof Salomo 31) *óbanà fon hìmilè.* Im Heljand wechseln *af* und *fan* oder *fon:* 90, 10 hat die eine Handschrift *af,* die andre *fan.* Über die Ausbreitung des Wortes
146 (23) *hevan* hat J. Grimm, Gramm. 1, xiv, eine Untersuchung angeregt. Das folgende *dat* ist die Conjunction *daz,* die ohne vorausgesetztes Verbum Ich sage, die lebhafte Versicherung ausdrückt; gleich nachher wieder, Z. 34 *dat ih dir it nu bi huldi gibu,* und noch Mittelhochdeutsch in Eidesformeln (zum Iwein Z. 7928); im Heljand mit der Interjection *wela* (93, 3) *Wela that du wîf habēs willëan gōdan,* wahrlich du Weib hast gute Gesinnung. Auf dieses *dat* kann gewiss die Allitteration fallen: der Reim

[1] Die mit den fuldischen Urkunden nicht übereinstimmende Schreibart wird niemand dagegen anführen, obgleich das Gegentheil zur Bestätigung dienen könnte.

ist hier offenbar *d, dát du nèo dána hált dinc ni gilèitôs.* Gewiss, *neo danu halt* noch weniger jemahls (im Heljand *than hald ni* 42, 13. 81, 1 noch weniger, *ni-thiu halt* oder *thiu halt ni* bei Otfried *nihilo magis*) *dinc ni gileitôs,* leitetest du Ding, führtest du Rechtsstreit (wie *leiten* auch später noch von weit ausgedehnterem Gebrauch ist als jetzt: s. zum Iwein 6379). 'Noch weniger strittest du je', der Gedanke ist unvollständig. Dem *dana* fehlt die Rückbeziehung. Man kann etwa denken dass Hadebrand gesagt hatte 'Ich entzog mich nie, feige wie du, dem angebotenen Zweikampfe': so war die Antwort 'Gott vom Himmel, wahrlich noch viel weniger strittest du jemahls einen Streit —' nämlich wie diesen mit deinem Vater. Auch die widernatürliche Art des Streites sollte bezeichnet sein: aber dem Schreiber fehlten auch hier die rechten Worte, und er schob, um doch etwas dem Sinn zu genügen, vor *dinc,* mitten in die zwei Vershälften den reimstörenden Zusatz ein, *mit sus sippan man,* mit einem so verwandten Manne. Bei der Präposition *mit* kommt der Accusativus sonst meines Wissens nur noch im Wessobrunner Gebet vor, *enti manakē mit inan,* und in den keronischen Stellen bei Graff, althochd. Präpositionen, S. 128. Das gleich folgende *ar arme, e brachio,* und *ur lante* aus Z. 50 hätten wohl auch in der Abhandlung über die Präpositionen S. 59 ff. Erwähnung verdient, wie *ur meri* (statt *mere,* etwa wie *fona suni* im Isidor S. 364) gl. Emmeram. 407, wie *ur fiskim* gl. Jun. 218, und wenn es richtig ist, das notkerische *ir anafâhene, incipiens* oder *incipiendo,* Ps. 86, 6.

wánt er dò ar úrmè *wúntánē bóugâ,*
chéisuringâ gitán, *so ímo sè der* chúning *gàp,*
Húneò trúhtin: *'dat ih dír it nù bi* húldi *gibu.'*

Da wand er vom Arme gewundene Ringe,
von einem Kaisering gemacht, wie ihm sie der König gab,
der Hunen Herr: 'dass ich dirs nun mit Huld gebe.'

32–34. Gewunden ist das Beiwort der Armringe. Im Hel- 147 (96)
jand 16, 23 fragt Herodes die Magier 'Führt ihr gewunden Gold zu Gabe irgendwem der Männer? *hwedher lêdjad gi wundan gold te gebu hwilicum gumono?*' Es sind spiralförmig gewundene Armringe, vermuthlich auch hier goldene, dergleichen sich noch erhalten haben; von dem Werth einer griechischen Kaisermünze, aus der sie gemacht sind: denn dies wird *cheisuringa gitan* be-

deuten. Zwar möchte man gern erklären *cheisurlīcho gitān*, kaiserlich gemacht oder beschaffen: aber man muss gestehn dass das auslautende *u* in *cheisuringu* niemahls in dieser Adverbialendung vorkommt, und dass auch *cheisuringūn* oder *cheisuringo* in Bildung und Sinn wenig zu andern Adverbien dieser Art stimmen würde. Dagegen heifst *cāsering* im Angelsächsischen *drachma*, und die Erklärung, die J. Grimm (Gramm. 2, 350) anzunehmen scheint, 'aus einer Kaisermünze gemacht,' ist gewiss allein richtig. Statt *Bisande* sagt der Pfaff Conrad (S. 4b) *bisantinge*. Die Armringe wand er so vom Arm und gab sie seinem Sohn, *bi huldī*, mit Wohlwollen, wie sie ihm der König gegeben hatte, *Hūneō truhtīn*, der Hunen Herr. *Truhtīn* ist sonst im Hochdeutschen nur Name Gottes: denn wenn im übersetzten Tatian 125 der Herr der da will dass sein Haus voll werde *truhtīn* angeredet und selbst genannt wird (Luc. 14, 22. 23) und 148 die thörichten Jungfrauen zum Bräutigam sagen *trohtīn trohtīn ïntuo uns*, so ist wohl nur die Erklärung in die Parabeln getragen: die Übersetzung (Diutisca 1, 505) von *principatus et dominationes, hērtuamā enti truhtīnā*, bezieht sich doch wenigstens auf Engel: und dass es in einem uralten gedankenlos übersetzten Glossarium (Diutisca 1, 212) heifst *Erus, dominus — hērōro, truhtīn*, beweist gar nichts. Doch findet man im Heljand 36, 3 *mandrohtīn* für den irdischen Herrn, nach der meines Erachtens richtigen Lesart der Bamberger Handschrift, *cōs im thē cúninges thegn* (Matthäus, als er berufen ward) *Crīst te hérran, | mílderan méthomgibon than ér is mándrohtīn | wāri an theserō wéroldi.*

Hádubràht gimálltà, *Hiltibràntès súnu,*
Hadubrant sprach, Hiltibrantes Sohn,
'*mít gérū scàl* *mán géba infàhàn,*
órt widar órté. *du bíst dir, àltèr Hūn,*
úmmèt spáhèr, *spénis mih . . . . . .*
mit dìnēm wórtun, wíli mih *dìnū spérū wérpàn.*
148 (25) 'Mit dem Wurfspiefs wird der Mann Gabe empfahen,
die Spitze gegen die Spitze. Du bist dir, alter Hun,
allzu klug, reizest mich . . . . . .
mit deinen Worten, willst mich mit deinem Speere werfen.

36-39. *Mít gérū scàl.* Entweder wird hier in *gēru* die letzte Silbe lang durch die starken zwei Consonanten welche das

folgende Wort anfangen, oder J. Grimms sonst nicht erweisliche Meinung ist richtig, das *o* des Instrumentalis ist lang, wenigstens noch in so alten Versen. Derselbe Zweifel wiederholt sich Z. 66 *hrēttē scilti*: das *e* der Adjectiva ist bei Notker bestimmt kurz, die Länge ist meines Wissens nur zu beweisen durch Keros Schreibung *andree* S. 31[b]. Es ist gleich bequem, sich der Bezeichnung der langen Vocale ganz entziehn, und was Grimm in die Paradigmen gesetzt hat nachschreiben: ein Verständiger wird fragen wieviel davon für jede Quelle als sicher anzusehen sei. 'Mit dem Speer, Spitze gegen Spitze,' können wir recht gut sagen: ich weiſs aber nicht ob die alte Sprache nicht vielmehr statt des Accusativs den Instrumentalis verlangt, *ortō widar orte.* Im Heljand 95, 5 *gēres ordun,* im Plural. Also wird *ort* vielmehr Nominativus sein: der Mann empfahe Gabe mit dem Spieſse, Spitze gegen Spitze empfahe sie. Du bist dir allzu weise, wie vorher Z. 12 Ich mir die andern weiſs. Man wird überhaupt bemerken dass im Syntaktischen dieses Lied sich mehr dem sächsischen als dem fränkischen und südlicheren Sprachgebrauche nähert. *Altēr Hūn* nehme ich, trotz dem stark declinierten Adjectivum, lieber für den Vocativ. Übrigens, wenn Hildebrand hier für einen Hunen erklärt wird, so muss er wohl in den verlornen Theilen des Liedes wenigstens gesagt haben dass er aus dem Osterlande komme. Nach *spenis mih* müssen, wie das Versmaſs zeigt, ein Paar Silben fehlen: der folgende Vers ist vollständig, *mit dīnēm wórtun, wili mih dīnā spérō wérpan.* Die Interpunction nach dem ersten Reime der ersten Halbzeile würde die nordische Verskunst schwerlich gestatten: aber die deutsche ist viel freier. Im Heljand 35, 7 *thō sie bī thes watares stade | fúrdhōr quāmun, thō fúndun sie thār ēnna fródan mán.* 31, 16 *sō welda hē thō selban dōn | hélandean Krist. than hábda hē is hugi fásto.* 91, 10 *endi gewald habdī | obar middilgard, endi that hē máhti allaro mánno gehwés —.* 10, 2 *that im thār an drōma quam drohtīnes engil, | hébancuninges bodo, endi hēt sie ina háldan wél.* 'Du lockst mich mit deinen Worten, aber du willst mich mit deinem Speere werfen.' So können wir jetzt übersetzen, da uns das vortreffliche 149(36)
Facsimile möglich macht die Worte richtig zu lesen. Sonst las man ein unerklärliches *wilihuh* (s. Jac. Grimm, Gramm. 3, 771): wer die beiden Striche genau betrachtet, die man für das erste *h* gehalten hat, und die welche für *u* galten, der wird sehen

dass der Schreiber erst *wilih* schreiben wollte, dies aber sogleich in das richtige *wilimih* veränderte, ohne den oberen Strich des *h* auszukratzen, welches er auch in dem erst *hrel* verschriebenen *hregilo* Z. 61 versäumte.

· 40 *pist ålsō giåltèt mån,* *sō du ēwīn inwit fòrtōs.*

Du bist ein so gealterter Mann, wie du ewigen Betrug verführtest.

40. Je älter du bist, je mehr hast du zeitlebens betrogen. Auch das doppelte *sō*, so-wie wird in dieser Ausdehnung aus fränkischen oder schwäbischen Schriften nicht zu beweisen sein. Im Heljand 5, 9 *sō wit giu sō managan dag wārun an thesero weroldi, sō mī thes wndar thunkit,* je länger ihr in diesem Leben waret, je mehr dünkt mich das wunderbar. 69, 21 *Sō deda thē drohtīnes sunu dago gihvilikes gōd werk mid is jungerōn, sō neo judeon umbi that an thea is mikilun maht thiu mēr ne gelōbdun,* So that der Gottessohn jedes Tages gutes Werk mit seinen Jüngern, wie niemals die Juden darum an seine grofse Kraft desto mehr glaubten. Pilatus sagt 166, 24 *it is sō obar is hōbde giscriban, sō ik it nu wendjan ni mag,* Es ist so über seinem Haupte geschrieben, wie (dass würden wir sagen) ich es nun nicht verändern kann. Den letzten Stellen im Bau ähnlich ist die in unserem Liede, Z. 52, nur dass das erste *sō* fehlt, *ih wallōta sumaro enti wintro sehstic, sō man mir at burc ēnīgeru banun ni gifasta.* Das Wort *inwit,* Betrug, zeigt sich hier als Neutrum, da sonst die mir bekannten Stellen das Geschlecht nicht beweisen, der sächsische Genitiv *inwidèas,* der Dativus *inwitte* in den hrabanischen Glossen S. 959[b]: denn *ēwīn,* wie das davon abgeleitete *ēwīnig,* sind bekannte Adjectiva, nicht aber Adverbia.

dåt sågētůn mì *sēolīdåntē*
wéstar ùbar wéntìl- *sèo, dåt man wìc furnåm:*
tôt ìst Hìltibrånt *Héribràntès süno.'*

. . . .

Das sagten mir Seefahrende
westwärts über den Wendelsee, dass man Krieg vernahm:
todt ist Hiltibrant Heribrants Sohn.'

. . . .

150(27) 41–43. Die Seefahrenden (*thē sēolīdandèan,* Heljand 89, 10), die über den Ocean oder vielmehr über das mittelländische Meer (beide heifsen *wentilsēo,* Grenzmeer) her in das Westland kamen, hatten von einer Schlacht erzählt: es war gemeldet oder zu schliefsen dass Hildebrand umgekommen sei. Ich habe schon sonst gesagt (Rhein. Mus. f. Phil. 4, 443) dass damit der Sieg Attilas über den burgundischen Gundicarius gemeint sein könne: aber es ist nichts weiter als möglich. Das Wort *wentil-sêo* habe ich mir erlaubt auf die zwei Vershälften zu vertheilen, weil die otfriedische Form *sê* anzunehmen, bei entgegengesetzter Schreibung, verwegen schien (die starke Betonung von *man, dàt màn wìe furnám*, wäre vielleicht zu ertragen): wenn im Heljand 21, 14 *Ægyptëo* | *land* in zwei Versen steht, so ist *wentil-sêo* auf der Cäsur getheilt wohl nicht unregelmäfsiger.

Hiltibràht gimáhaltà, *Héribràntès súno,*
Hiltibrant sprach, Heribrants Sohn,
'wela gisihu ih in dìnêm hrustim
dàt du hábês hémè *hérròn gótàn,*
dat du nóh bi dèsemo rîchè *récchéò ni wúrtì.'*
. . . .
'Wohl sehe ich an deinen Rüstungen
dass du hast daheim einen guten Herrn,
dass du noch durch diese Obrigkeit nicht verbannt worden bist.'
. . . .

45-47. Diese Anrede, deren erste Zeile weder rhythmisch noch gereimt, also gewiss sehr unvollkommen überliefert ist, würde wohl in den Anfang des Gesprächs gepasst haben, wie im Heljand 17, 2. 5 Herodes zu den Magiern sagt *Ic gisiho that gi sind ediligiburdjun, cunnjes fon cnôsle gôdun —: gi sculun mi te wârun seggëan — bi hwî gi sîn te thesun lande cumana.* Auch hier kann man sich die Worte zur Noth als den Anfang einer Rede denken: aber dann müste eben die Hauptsache fehlen. Dass das folgende, Z. 48, nicht mit dieser Rede verbunden ist, hat der Schreiber selbst wieder durch sein eingeschaltetes *quad Hiltibrant* angezeigt. Die Form des Accusativs *gôten* ist auffallend, zumahl da vorher Z. 12 *ênan* stand. Fremd kann sie zwar dem Schreiber nicht gewesen sein: aber dass sie ihm gerecht war, dürfen wir auch nicht behaupten, weil das *e* nur Verbesserung des zuerst unrichtig geschriebenen *i* war, wie das Facsimile zeigt. Er hätte besser gethan, das *i* zu punctieren und *a* überzuschreiben. 151 (28)
Ich sehe, du lebst daheim in Freuden und in Reichthum, du wurdest noch nicht *recchéo,* Vertriebener — in echt hochdeutscher

Form, ohne *w* vor *r* (s. Grimm, Gramm. 1, 141) — *bi desemo rīche,* durch diese, oder dieses Landes, Obrigkeit. *Daz rīche* heiſst noch im dreizehnten Jahrhundert oft der König. *For rīkëa standan* ist im Heljand 57, 16 vor der Obrigkeit stehen, vollständiger im Muspille 39 *vora demo rīhche az rahhu stantan,* vor der Obrigkeit zur Rede stehn. Zu gleicher Erklärung zwingt hier die Präposition *bi: in* (oder vielmehr *ur*) *desemo rīche* könnte heiſsen In (oder verwiesen aus) diesem Lande; wobei noch nicht einmahl nothwendig an das *chunincrīchi* Z. 13 zu denken wäre: denn *rīchi* heiſst geradezu das Land, *an thesumu rīkëa* (Heljand 79, 12) ganz soviel als *an thesarō weroldi.*

'*wélagà nu, wáltànt gòt, wḗwúrt skihit.*
'Wehe nun, Herscher Gott, Wehschicksal geschieht.
ih wállòta súmarò ènti wíntro séhstìc
Ich wallte der Sommer und Winter sechzig
ur lante,
auſser dem Lande,
dār màn mih éo scérità in fólc scéotàntèro,
wo man mich immer bestimmte in die Schar der Schützen,
sō man mir at búrc ḗnīgèru bánun nì gifástà:
wie man mir an irgend einer Stadt den Tod nicht befestigte:
nú scal mìh swásàt chind swértu háuwàn
brétōn sìnu billjù, eddo ih ímo ti bánin wèrdàn.
und nun muss mich mein trautes Kind mit dem Schwerte hauen,
treffen mit seiner Hacke, oder ich ihm zum Tode werden.

48–54. In der ersten Zeile ist das Substantivum *waltant* durch die Cäsur von seinem Synonymon *got* getrennt, im Heljand 21, 10 sogar durch den Versschluss, *thō wárd sān aftar thiu wáldandes | gódes engil cumen Jōsēpe te sprācan.* Da beide Silben von *wēwurt* auf die Hebung fallen, halte ich es für einen Doppelreim, der sich in Zusammensetzungen öfter findet; Heljand 1, 22 *ádalórdfrumo,* 89, 16. 91, 5 *lágulīdandëa,* und (was zugleich zu dem folgenden Reim *wallōta sumaro wintro sehstic* gehört) 15, 19 *at them fríduwīha fior endi ahtoda wíntro. Wurt,* Schicksal, ist ein bekanntes Wort: mit der Zusammensetzung *wēwurt* kann ich
152 (29) das altniederländische *wēwīte, calamitas,* (Diutisca 2, 203) vergleichen. Dass offenbar auſser dem Verse stehende *ur lante* vertritt ohne Zweifel die Stelle einer Ausführung in einem oder

mehreren Versen. Man *scerita* bestimmte mich — in allen deutschen Sprachen gewöhnlicher Ausdruck vom Gebietenden und vom Schicksal — in die Schar der Schützen, eigentlich adjectivisch Schiefsender, wie im Heljand 23, 9 Archelaus heifst *heritogo helmberandero*. Das *so* ist vorher bei Z. 40 erklärt. An keiner Stadt befestigte man mir Tod: diesen Gebrauch von *gifesten* können wir nicht mehr belegen und eben deshalb auch wohl nicht ganz genau deuten: es ist eben kein Wunder, wenn uns das oft begegnet, da so wenig zusammenhangende Schriften erhalten sind. Z. 53 steht auf der Cäsur das Adjectivum *srasat*, und das Substantivum *chind* fängt die zweite Vershälfte an. Den Punkt nach *chind* hätte der Schreiber schwerlich gesetzt, wenn er nicht den Widerstreit des Verses und des Sinnes bezeichnen wollte. So im Heljand 44, 12 *hwô it thar an them áldon — êwe gebiudid*. 46, 11 *ac húggeat te imcomo — léobon hêrran*. 48, 9 *Cúma thín — cráftag ríki*. Auch ist so Adjectivum und Substantivum in zwei Verse vertheilt; 25, 24 *mánaga* | *liudi*, 88, 6 *máhtigna* | *hêrron*, 110, 10 *sinsconi* | *lioht*. 171, 31 *wás im is giwádi wintarcáldon* | *snéwe gilicost. thuo sáwun sie ina sittjan thár*. Einen dritten Reim auf *srasat* und *scerta* in *scal* anzunehmen würde unrichtig sein: die enge Verbindung der Laute *sc sp* und *st*, die ja auch der Lautverschiebung widersteht, erlaubt in allen deutschen Sprachen keine Allitteration derselben mit anderem *s*. Das *bill* im Heljand, welches hier *billi* zu heifsen scheint, hat vielleicht mit dem Beil *(pigil)* [1] nichts gemein, sondern mehr mit der Billen womit die Mühlsteine behauen und geschärft *(gapillot)* werden (s. Schmeller, baier. Wörterb. 1, 169, Fundgruben S. 360[b]): gemeint ist damit das Schwert (Grimm, Gramm. 3, 440). Was aber mit dem Schwerte *breton* heifst, weifs ich nicht. Wenn es richtig geschrieben ist, so kenne ich kein Wort von demselben Stamme als *daz bret* und was damit zunächst verwandt ist, wie *preta* die flache Hand (gl. Galli 191. gl. Cassell. 854[a]): könnte *bretôn* flach machen bedeuten, und also etwa durch weggehauene Glieder verstümmeln? Für den Vers scheint es sehr hart dass *brétôn mit* nur zwei Silben sein sollen: 158 (30)

---

[1] Mittelhochdeutsch *daz bîle*. Biterolf 12261. Wernher der Gartenære im Meier Helmbrecht, Z. 1065 *und bráht im ouch ein bîle, daz in maneger wîle gesmidet sô guotez nie kein smit.*

ich streiche *mit* vor *sinn billjn*, wie es auch Z. 39 hiefs *dinn spern werpan.*

doh máht du nu àodlìhhò, *ibu dìr dìn éllèn táuc,*
in sùs hërèmo mán *hrústì giwínnàn,*
ráubà biráhanèn, *ibu dù dār ënic rèht hàbēs.'*

. . . .

Du kannst ja leicht, wenn dein Muth etwas taugt,
an einem eben so stolzen Mann Rüstung gewinnen,
Raub erbeuten, wenn du da irgend Recht hast.'

. . . .

55-57. Der Versschluss *éllèn táuc* ist wohl eben so richtig wie *Hiltibràntès súnu* oder das otfriedische *bì thes stérrèn fárt:* will man ihn nicht, so muss man die Hälften des Verses umstellen, damit die zwei Reime, die dann auf den Vocalen entstehn, in die erste kommen, *íbu dìr dìn éllen tàuc.* Das *ao* in *taoc* scheint mir ein dritter missrathener Versuch den Diphthong zu bezeichnen, der in *bouga hauwan* und *rauba* besser ausgedrückt war; wie langes *o* hier mit *ao* wechselt, desgleichen *uo* mit *o,* und *ei* mit *e ę* und *ai. Bihrahanen* ist fehlerhaft mit *hr* geschrieben, wie theils das darauf reimende *rauba (spolium)* zeigt, theils das nordische *ræna (spoliare),* womit es J. Grimm (Gramm. 2, 168. 806 f.) sehr richtig zusammenstellt.

Auf diese Rede des Vaters, der Sohn werde leicht einen andern Mann zu bekämpfen finden, den er anzugreifen mehr Recht habe, fehlt die Erwiderung. In dem folgenden, das wieder mit einem *qvad Hiltibrant* anhebt, erklärt sich der Vater zum Kampf bereit.

'Der sì doh nu árgòstò *óstàrliutò,*
der dìr nu wíges wárnè *nu dìh es sò wél lústìt.*

'Der sei doch nun der feigste der Ostleute,
der dir nun Krieg weigere, nun dichs so wohl gelüstet.

58. 59. Ich wäre der feigste der Ostländer, wenn ich den Kampf nicht annähme, sagt Hildebrand, indem er sich selbst zu den Hunen rechnet, deren Könige er gedient hat. *Warne* gehört zu dem sächsischen *wernjan* (Grimm, Gramm. 2, 168), das im Heljand eben so construiert wird: 122, 7 *ni wernjan wi im thes willjen.* Vergl. 90, 20. 107, 13. 135. 23. 170, 11.

gúdeà gimèinún *niusē dè mōttì,*
hwérdar sìh híutù *dero hrégilo hrúomen múotti,*

erdo désero brúnnônò bèdèro wáltàn.' 154 (31)
Die handgemeine Schlacht versuche, den Kampf,
wer von uns sich heute der Beuten rühmen solle,
oder dieser Brünnen beider walten.'

60-62. Der erste Vers scheint schwieriger als er ist. *Gudea* heifst die Schlacht: zu welcher Declination es gehört, ist hier zu lernen. Das *u* nehme ich als lang an, weil aus *Gundrûn* später *Kûdrûn* wird. Wer lieber das *u* für kurz halten will, der darf nur nicht *gudea* dreisilbig lesen: das *e* macht keine Silbe, sondern *gudea* lautet ziemlich wie *gudja*, und die erste Silbe ist durch Position lang, wie sie es für den Vers sein muss. Eine dritte Annahme ist auch erlaubt, dass der Dichter *gundéa, gundhamun, andrē, chund, unserē* gesagt habe, und die andern Formen gehören nur dem Schreiber. *Motti* ist im zweiten Verse vom Ansprengen erklärt. *De* muss genommen werden wie *dēt* und *Detrih:* das ursprüngliche lange *o* wird in dem diphthongischen *dio* wohl seine Länge aufgeben, wie auch der Instrumentalis schwerlich *diu* lautet, sondern vielmehr *diu.* Z. 12. 16 steht *dē* für das Masculinum *die,* welches eigentlich auch *diē* heifsen sollte. *Ninse* als Imperativ muss der dritten Conjugation gehören, und so findet sich im Heljand 32, 10 *niuson* versuchen. Gewöhnlicher sind die Formen mit *j,* also hier *niusi: niusjen* im Heljand 142, 13 wieder von der Versuchung des Teufels. Das althochdeutsche *piniusen* heifst mehr *nancisci, reperire*[1], nur dass *piniusti rescisset* (gl. Mons. 326) zwischen beiden Bedeutungen liegt, und *paniusida experimentum* (Diutisca 1, 493) ganz dem sächsischen Gebrauch gemäfs ist. *Gimeinun* oder *gimeinan* muss eine schwache Form des Adjectivums *gimeini* sein. Ich nehme *gudea gimeinun* für Accusative, den Krieg, den handgemeinen — *niusē,* versuche — dann *de motti,* den Angriff, als Apposition zu *gudea gimeinun.* Der Imperativ steht zwischen den beiden Accusativen: aber es ist nicht nach demselben, wie wir es thun würden, zu interpungieren, sondern der natürliche Halt ist auf der Verstheilung, und eben dieses Halts wegen regiert das Verbum noch einmahl seinen

[1] Nichts lernt man über die Bedeutung aus den keronischen Glossen S. 203 *Nisus, niusenti: conatus, cilenti. Nitint, niusent: conantur, cilent.* Kaum darf man aus ihnen schliefsen dass dem Verfasser das Simplex *niusen* geläufig war.

Casus. Im Heljand findet man diese Constructionsweise auf
155 (32) allen Blättern. Unter den drei Fehlern der nächsten Zeile ist einer längst verbessert, die Umstellung des Wortes *hiutu* nach *dero*, durch übergesetzte Striche, die in dem Facsimile weggeblieben sind weil sie neu schienen: doch zeigen sie einen kundigen Leser. *Werdar, uter,* ist mit *h* zu schreiben, wodurch ein Reim mehr entsteht; nothwendig, wenn in der zweiten Vershälfte zwei Reime sind. Dies aber ist freilich zweifelhaft. Denn soll *hrumen* räumen sein, so gebührt ihm kein *h:* die Construction ist aber schwer zu begreifen, *sih dero hregilo rūmen,* sich der Kleider räumen — etwa so viel als sie ausziehen müssen. Viel wahrscheinlicher ist 'sich der Beute rühmen': dann aber fehlt nach *u* ein *o*, und ob das *h* nicht zu streichen sei, kann man zweifeln. Ich lasse es stehn, weil ich im Isidor S. 347 *hruomegē, gloriosos,* finde, und in den hrabanischen Glossen 968[a] *hrōmenti, iactans,* wohin man auch wohl das angelsächsische *hrēman, clamare, plorare,* ziehen kann. Aber das *h* muss früh verloren sein: denn in der nordischen Sprache heifst es *romr,* und im Heljand 51, 5 *rōmōd gi.* Dass bei Kero 49[b] *ruam* steht, ist von keiner Bedeutung, weil die vierte Hand, die überhaupt wenig genau ist, auch *lutri* ohne *h* schreibt.

dō lēttùn se ḗrìst *ásckìm scrítàn,*
Da liefsen sie zuerst mit Eschen schreiten,
scárpēn scúrìm, *dat in dēm scíltìm stónt.*
mit scharfen Schauern, dass es in den Schilden stand.

63. 64. Sie waren zu Pferde (Z. 6 *dō si ti derō hiltju ritun*): nun liefsen sie schreiten — die Pferde nämlich: aber dies lässt die Kunstsprache weg, wie wir hier sehen im neunten Jahrhundert, wie im dreizehnten und noch — mit den Eschenspeeren, mit scharfen Regenschauern — auch im Heljand 156, 21 *wāpnes eggjun, scarpun scūrun* —, dass es in den Schilden stand — *erwant* würde man etwa mittelhochdeutsch sagen, stecken blieb. Bei *dat* fehlt *it.* Denn ich möchte nicht annehmen dass *dat* für *dat it* stehe: ein sächsisches *theit,* dem otfriedischen *theiz* entsprechend, kann ich nicht nachweisen, obgleich *theik* für *that ik* im Heljand 100, 11 steht, und in der Essener Beichtformel (in Lacomblets Archiv, 1, S. 4, Z. 3. 4. S. 8, Z. 16). Ich finde eine Stelle im Heljand (und vielleicht habe ich mehrere übersehn) in welcher nach der Conjunction *that* das Subject weggelassen zu

sein scheint, 115, 23 *Sum sō sālig ward | manno undar theru mengi, that it* (d. h. *that hie it*, dass er das was Christus sprach) *bigan an is mōd hladan:* denn schwerlich ist *sum* Neutrum, und *that* Pronomen relativum. Bei Otfried fehlt häufig nach *thaz* ein 136 (33)
persönliches Pronomen: aber der Hauptsatz hat dann dasselbe Subject: z. B. 2, 12, 69 *sō wér sō thes biginne thaz thára zua githinge.*

65 *dō stōptūn ti sāmanē stáimbōrt chlūdūn*

. . . .

65. Diese Zeile widersteht bis jetzt allen Versuchen sie zu erklären. Da sie vorher zu Pferde stritten, und im folgenden Vers auf die Schilde hauen, so verfällt man leicht auf die Vermutung, hier werde gesagt 'Dann traten sie zusammen': und das wäre *stōpun ti samane.* Im Hochdeutschen ist das von *stufan* abgeleitete schwache Verbum *stephen* gewöhnlich, mit dem Substantiv *der staph,* im Dativ des Plurals *stephim, passim* (Diutisca 1, 522): die sächsische Sprache erhält, wie die nördlicheren, das starke Verbum im Präteritum, *stōp, stōpun,* s. Heljand 29, 22. 90, 10. 91, 3 (148, 22 gegen die Allitteration), und im Substantivum *stōpon, vestigia,* 73, 14. Aber es giebt im Angelsächsischen auch ein schwaches Verbum *stēpan,* wovon die Beispiele bei Lye fast sämtlich aus Cädmon sind (s. Thorpes Cädmon S. 336ᵃ) und die mit dem Stammworte wenig übereinkommende Bedeutung Erheben zeigen: dem würde ein hochdeutsches *stuofen,* in der Mundart unseres Liedes *stōpen* entsprechen, und so würde *stoptun* gerettet, obgleich *ti samane* nun nicht so passend scheint, und in dem folgenden *staimbort chludun* doch schwerlich ein Subject und ein Object stecken kann. Nimmt man *stōpun* an, so möchte *staimbort-chludun* ein Epitheton der beiden Helden sein, etwa die Schwertschwinger oder die Schildklöber. *Staim* ist wohl ohne Zweifel *stein,* obgleich der Diphthong *ai* sonst hier nicht vorkommt (aber auch *ao* nur Ein Mahl für *au*); das *m* ist durch das folgende *b* entstanden, und zeigt dass wir *staimbort* nicht trennen dürfen. *Bort* kann nichts anders heifsen als Rand. Es kann wie das im Hochdeutschen üblichere *rant* für den Schild stehen: Heljand 171, 4 *undar iro bordon,* unter ihren Schilden: nur bin ich eben nicht sicher ob ein Lindenschild, dessen Buckel und Buckelreiser mit Steinen besetzt sind, ein Steinbord heifsen kann. Von dem folgenden *chludun* weifs ich

nichts weiter zu sagen, als, was der Versbau lehrt, dass die erste Silbe nothwendig lang ist, mag nun im Stamm ein langes *u* sein oder *ûd* für *und* stehen. Das angelsächsische *clud,* Fels, Berg, ist das einzige ähnliche Wort das ich finde: aber weder die Länge des *u* ist erweislich, noch weiſs ich zu sagen wie es hieher
157 (34) passen sollte. Leicht mag auch der Schreiber gefehlt haben. Dass wir richtig lesen, ist wohl nicht zu bezweifeln; obgleich die zwei Theile des *d* mehr als sonst getrennt sind: aber die Hand ist überhaupt flüchtig und unfest.

héuwun hármliccò *hvìtte scìltì*
(sic) hieben schmerzlich weiſse Schilde,
ùnti im ìro lìntùn *lùttilō wùrtùn*
bis ihnen ihre Linden klein wurden.

66. 67. Der Schreiber hat erst *hevun* gesetzt, mit seinem gewöhnlichen angelsächsischen *v,* dann aber über der Zeile ein lateinisches *v* hinzugefügt. *Hēwun* wäre *hiawun: heuwun* oder *hiuwun* ist vielleicht noch häufiger. Die Linden, welche durch die Hiebe zerstückt werden, können nur Schilde aus abwechselnden Lagen von Leder und geflochtenem Lindenbast sein: *lind* ist in der angelsächsischen und in der altnordischen Poesie gewöhnlicher Name für den Schild.

giwígan, nì ti wámbnùm . . . .
. . . .

68. Im letzten Halbvers, mit dem die Seite und das Bruchstück schlieſst, scheint das Participium *giwigan* zu bedeuten Gemacht oder auch Verthan, weggeschafft. Beides passt, wenn man das vorhergehende dazu nimmt, Bis ihnen ihre Linden klein wurden gemacht, oder verthan. Dass hier der Sinn aus einem Verse in den andern übergeht, ist nicht ohne Beispiel (s. zu V. 39): eines mit *werdan* und einem Participium ist im Heljand 8, 21 *than scal thī kind ôdan* (geboren) | *wérdan an thesarō wéroldi.* Auch hat der Schreiber wohl durch die Punkte vor und nach *giwigan* den Leser darauf aufmerksam machen wollen. *Wīhanto* wird übersetzt *faciendo* (gl. Mons. 381), *uparwīhit exsuperat* (gl. Hrab. 963[a]): aber *giwīhan* soll auch heiſsen *conficere* (gl. Mons. 378), und *kawigan altar aetas decrepita* (Aretins Beitr. 7, 250), wofür sonst *arwigan* steht (Docens Misc. 1, 210[b]. vergl. Benecke zum Wigalois S. 563, W. Grimm zum Grafen Rudolf S. 9), fehlerhaft geschrieben *urweganiu* (Diutisca 2, 337[b]). Die Worte *nī ti*

wambnum können vielleicht heifsen 'Und nicht zu den Bäuchen'. Über *ni, neque,* giebt Grimm Bescheid, Gram. 3, 710, wo auch die Länge des Vocals bewiesen ist; die er aber daselbst unrichtig einem anderen *ni,* in der Bedeutung *quo minus,* zuschreibt: dies lautet im Heljand *ne,* und wird, welches nur bei dem kurzen Auslaut angeht, mit folgendem *i* verschlungen, *nih* Otfried 2, 7, 30, *ni*; Muspilli 99. Mit dem letzten Worte *wambnum* weifs ich nicht 158 (35)
ins Reine zu kommen, wenn man nicht etwa zu dem Femininum *wamba* ein Neutrum *wambi,* mehr oder weniger deminutiv (s. Grimm, Gramm. 3, 683 f.), annehmen will, wovon der Dativus Pluralis *wambinum* oder *wambnum* sein könnte. Aber wir dürfen wohl, in Bruchstücken die weil sie in ihrer Art einzig sind uns so viel zu rathen geben, nicht einen einzelnen ohne Zusammenhang überlieferten Halbvers erklären wollen.

Nachtrag.

Ich verdanke den Brüdern Jacob und Wilhelm Grimm einige Anmerkungen zu dem vorstehenden Aufsatze, deren Werth man vielleicht hier besser erkennen wird als wenn ich versucht hätte sie noch hinterher hinein zu arbeiten.

S. 123 f. scheint W. Grimm der Gegensatz der Sage zu dem Dichter allzu scharf gestellt zu sein. 'Auch in dem Dichter, sagt er, muss jene poetische Kraft, die der Gesammtheit des Volks beiwohnt, fortarbeiten, unbewust und unwillkürlich, wie ja alles was in einer menschlichen Seele würklich schöpferisch entsteht, plötzlich da ist. Dazu kommt dass in jenen Zeiten nur der das Dichtergewerb ergriff, in dem unbezweifelt ein poetischer Geist waltete: Veranlassungen von aufsen, ein Zurichten und vorsätzliches Heranbilden, fand nicht Statt. Ein Hinzudichten, oder wie man es nennen will, denke ich, fehlte nie ganz, und wurde vielleicht nur in religiösen (ich meine hier heidnischen) Gedichten unterdrückt, wo man auf strenge Überlieferung hielt, wiewohl auch hier die Zeit wird ihr Recht geltend gemacht haben. Etwas ganz anderes ist die vorsätzliche Erfindung, die erst später als Ausartung und Anmafsung des Einzelnen vorkommt. Den Satz, dass der Dichter des Hildebrandsliedes nicht nothwendig die an-

dern Theile der Sage brauche gekannt zu haben, gebe ich zu, aber so dass ich ihn fast leugne. Es wäre möglich, aber ganz unnatürlich. Die Sage war, nicht anders wie etwa die Sprache, im Bewustsein des Volkes, und ein Stückchen konnte man sich nicht wohl herausnehmen, am wenigsten ein Sänger. So glaube
159(36) ich auch dass in der würklichen Äufserung jedes Gedicht ohne Ausnahme schlechter war als die so zu sagen idealische Sage, die keiner ganz und vollständig erfasste. Es geht ja mit allen lebendigen Dingen so.'

Diese Beschränkungen meines vielleicht etwas zu abstract gefassten Gegensatzes zwischen der Sage und dem Dichter sind mir sehr willkommen, weil sie durchaus nur meine Ansicht erläutern und sie vor Missverständnissen sichern. In der wissenschaftlichen Darstellung sind aber Abstractionen dieser Art oft unvermeidlich. Wie Sänger und Sage, so verhalten sich Schriftsteller und Sprache. Jacob Grimm stellt in der Grammatik nothwendig nach weit strengerer Regelmäfsigkeit durchgebildete deutsche Sprachen auf, als wir sie bei irgend einem Schriftsteller finden. Jeder Schriftsteller hat an der Weiterbildung Theil: aber er will nicht leicht etwas selbst machen, und er behersеht nie den ganzen vollständigen Reichthum der Sprache. Die neue Ausbildung des prosaischen Stils nach der Mitte des achtzehnten Jahrhunderts ist ohne Lessing nicht denkbar: aber er hat sie weniger gemacht als er durch die individuelle Ausbildung der Zeit mit fortgerissen ist, und der Stil war damahls und nach ihm mancher Form fähig die Lessing nie versucht hat.

S. 125 will W. Grimm die Vergleichung des Lückenhaften in den Romanzen des funfzehnten und sechzehnten Jahrhunderts mit den Andeutungen des alten Epos beschränkt haben, weil ihr Grund verschieden ist. 'Dort ist die Quelle Armut, hier Reichthum: und jene Darstellungen erhalten im Grunde ihren Reiz nur dadurch dass sie die Phantasie zu Ergänzungen anregen.' Das thun aber die epischen Andeutungen ebenfalls, und ich vergleiche nur die ähnliche Erscheinung, ohne nach der Ursache derselben zu fragen.

Zu S. 134. J. Grimms Meinung war, der Genitivus Pluralis *sunufatarungo* hänge von *herjun* ab, *inter exercitus propinquorum,* zwischen den Heeren bei deren jedem einer der Verwandten focht oder stand. Er billigt aber jetzt den Nominativus.

Zu S. 140. Was man von den drei burgundischen Königen Gibico Godomar Gislahari mit Sicherheit sagen kann, ihre Namen, die uns nur zufällig und durch keinen Historiker überliefert sind, können in die deutsche Sage nicht durch gelehrte Überlieferung gekommen sein, das hätte ich von Theodorich und Odoacer lieber nicht so bestimmt aussprechen sollen. Denn, sagt W. Grimm, die gelehrten Mönche kannten sie doch, und die Mönche waren 160 (37)
nicht ohne Verbindung mit den Sängern von Gewerbe: nahm doch Eckehard den Stoff für seinen Waltharius aus der Sage, also aller Wahrscheinlichkeit nach aus dem Munde der Sänger. Wenn aber der Freund seinen Zweifel noch weiter ausdehnt; der Theodorich der Sage, obgleich ohne Streit der historische, aber vielleicht erst durch Deutungen die den Dichtern an die Hand gegeben wurden, möge wohl ursprünglich ein unhistorischer, vielleicht selbst ein mythischer, sein; so kann ich das nicht wahrscheinlich finden: mir scheint, wie ich schon sonst ausgeführt habe, der Gehalt und die Eigenthümlichkeit von Dietrichs Sage so gering, dass ich ihn als Person der Sage nur aus einer dürftigen Erinnerung der Geschichte glaube herleiten zu dürfen, obgleich die an ihn geknüpften Sagen von ganz anderem Ursprung und Inhalt sind. Genau wie Theodorich in den deutschen, scheint mir Karl der Grofse in den französischen Sagen zu stehn.

Zu S. 140 bemerkt W. Grimm, der Punkt hinter *arbeolaosa* sei ungewiss: ihm scheine er das ausgeschweifte *a:* die zwei Punkte, unten und oben, gehören schwerlich zur Schrift, denn der wahre Punkt stehe meistens dick an der Mitte des Endbuchstaben. — Zu der Parenthese, die ich in dem Verse annehme, wünscht er ein Paar ähnliche Beispiele, damit sie ihm natürlich vorkäme. Dieses trifft eben den rechten Punkt. Fände sich noch einmahl die Liedersammlung Karls des Grofsen wieder, so wäre auf der Stelle zu entscheiden ob eine Parenthese dieser Art statthaft sei: so aber müssen wir das uns fremdartig scheinende ertragen oder auf etwas Besseres sinnen. Ganz eben so steht es mit der Trennung von *wentil-sêo*, Z. 42, die J. Grimm anstöfsig findet. Ich denke, eine Poesie die nicht, wie die fränkische, auf das Auseinanderhalten der beiden Halbverse aus ist, sondern mehr auf ihre Verknüpfung, mag dasselbe sich erlauben was nachher Konrad von Würzburg that, der zwei nicht auf einander reimende Zeilen, das heifst die nach seiner Verskunst näher als die durch den Reim gebundenen zusammenhängen, durch ein zertheiltes Wort verband; goldne Schmiede 570

nû stricke umb unser lenden der wâren kiusche gürtel.
dû bist ein reiniu türtel-˙ tûbe sunder gallen.
dîn güete˙kan ûf wallen und als ein brunne quellen.

Ein solches Beispiel wie *wentil-sēo türtel-tûbe* habe ich aus dem Heljand nicht angemerkt: aber es könnte mir leicht eins entgangen sein. Gleich frei nenne ich *Ægyptēo | land,* weil hier zwar keine
161 (38) eigentliche Zusammensetzung ist, aber die Trennung stärker, durch Versschluss, dort nur durch Cäsur. Um einen Grad höher würde die Freiheit sein wenn die zu Z. 48 *(wēwurt)* angeführten Reime auf der Hälfte des Verses stünden, *lágu-lídandéa.* Um einen geringer sind Z. 17 *hétti- mīn fater*, 53 *swâsat-chind*, ohne Allitteration auf dem zweiten der Getrennten, wie in *wéntil-sēo,* aber ohne Zusammensetzung.

Zu S. 144. '*Wittu*', vermutet J. Grimm, 'könnte der Name eines altsächsischen Gottes sein. In den angelsächsischen Genealogien wird bald der Vater bald der Grofsvater des Hengest *Vitta* oder *Victa* genannt. Bei Beda 1, 15 *Vôden Vihta Vitta* (der gewöhnliche Text nennt blofs *Vihta,* aber Handschriften der älfredischen Übersetzung schalten *Vitta* ein) *Vihtgils Hengest.* Saxon chronicle ed.Ingram p. 15 *Vôden Vecta Vitta Vihtgils Hengest.* Nennius *Vôden Guecta Gugta Guitgils Hengist,* Edda formâli p. 13 *'Odinn Vegdeg Vitrgils Ritta* oder *Picta* (d. i. *v* für *p* gelesen, *Victa;* das *R* sicher falsch) *Heingez.* In diesen merkwürdigen Genealogieen kommen aufser *Vôden* noch andere entschiedene Götter vor, z. B. *Heremôd Geat Seaxneat Freavine.* In *Vitta* oder *Wittu* könnte entweder der nordische *Vidar,* Odins Sohn, stecken, oder lieber das nordische *vettr,* unser *wiht, daemon.*'

Zu S. 145. Für den Einen Sänger, der beiden Schreibern dictiert habe, führt W. Grimm ihre Übereinstimmung in dem Schwanken über den Namen *Hiltibrant* und *Hiltibraht* an, welches eher bei einem als bei zweien denkbar sei. Aber konnten sie sich nicht beide so vereinigen dass keiner der einen Meinung zu nah treten wollte?

Zu S. 147. Damit die Gabe nicht zu gering sei, meint J. Grimm, müsse man wohl annehmen dass jeder *bouc* eine Drachme gekostet habe, und nicht alle zusammen eine. Mir scheint, wenn der Angelsachse die verlorene Drachme im Evangelium Lucä einen *cásering* nennt, daraus kein bestimmter Schluss auf die Geltung dieser Münze gezogen werden zu können. Wie in jener Zeit Ochsen und anderes Vieh, desgleichen allerlei Waffen, geschätzt wurden, wissen wir aus Gesetzen und Capitularien: über den Werth von Armringen ist mir keine Angabe bekannt, aufser dass sie nicht aus dem Reiche zum Verkauf gebracht werden durften.

Zu S. 148. Z. 36 muss zwar hier wohl bedeuten Die Gabe soll man mit Kampf gelten: aber der sprichwörtliche Ausdruck beruhet auf dem Gebrauch, dass man Gabe, besonders aber den 162 (39)
Ring den man dem andern schenken wollte, auf die Spitze des Speers oder des Schwertes steckte, und dass ihn der andere eben so auf der Spitze empfieng. J. Grimm theilt mir darüber folgende Stellen mit. Egilssaga S. 306 und Chronicon Novaliceuse 3, 23 (vgl. deutsche Sagen 2, 117), wo das Geben und Empfahen vorkommt; für das Geben, *von der Swâbe ê* (Rhein. Museum für Jurispr. 3, 282; der Vogt nimmt andere Gabe *ûf daz swert, daz vingerlîn an die hilzen*), Nibelunge 1493, 1, Wigalois 308; für das Aufnehmen mit der Spitze des Spiefses, Snorra Edda S. 153.

Zu S. 154. J. Grimm findet es natürlicher (und ich glaube jetzt, er hat Recht) *gudéa gimeinûn* als Genitiv mit dem vorhergehenden *wiges* zu verbinden, 'der sei der feigste der Ostleute, der dir nun Krieg weigert, da dichs so gelüstet, die gemeinsame Schlacht.' Ob aber das folgende *niusê* dann, wie ich es gefasst habe, Imperativ ist, oder mit Grimm als Conjunctivus *niuse* zu nehmen, 'er versuche den Kampf!' wird schwer zu entscheiden sein. Das Pronomen *er* würde in diesem Falle selbst die mittelhochdeutsche Sprache weglassen. Das *nius* in Graffs Diutisca 3, 105 gehört nicht hieher: es steht offenbar für *nu iu es. Duo sprach Jâcob 'Nu ius alsô ist nôt, Nu tuot als ir wellet, Swie hart ir mich chvellet.'*

Zu. S. 156. Von *staimbort* vermutet J. Grimm dass es einen gemahlten Schild bedeuten könne, nach dem altnordischen *steina* mahlen, färben, — mit Steinfarbe, aus geriebener Erde und weifsem oder rothem Stein bereitet. Tacitus, *Germ.* 16, *quaedam loca diligentius illinunt terra ita pura ac splendente ut picturam ac lineamenta colorum imitetur.* Seine Versuche das Wort *chludun* zu erklären will ich lieber nicht anführen, weil es das Schicksal der verwegensten und unsichersten Vermutungen ist dass sich Unwissende gerade auf sie werfen und das Wichtigste und Abenteuerlichste darauf bauen. Sollte übrigens der Schreiber bei *chludun* gefehlt haben, so ist wohl am wenigsten wahrscheinlich dass er ein *d* für *t*, d. h. für althochdeutsches *z*, gesetzt hat.

OTFRIED.

Aus Ersch und Grubers Allgemeiner Encyclopädie der Wissenschaften und Künste. Abth. 3. Bd. 7. Leipzig 1836.

Otfried (Ôtfrid), Mönch zu Weifsenburg, der deutsche 278
Dichter im ix. Jahrhundert, war ohne Zweifel von Geburt ein Franke, obgleich es bis jetzt nicht gelingt, sein Vaterland genauer zu bestimmen. Wenn er auch in der lateinischen Vorrede öfter, wie in der Überschrift seines Werkes, sagt, er schreibe 'Theotisce', so bedient er sich doch auch einmal des Wortes 'Franzisce' (nicht 'Francisce'), nennt im Deutschen seine Sprache nur 'Frenkisga zungûn', und bestimmt das Gedicht für die Franken, obgleich es gewiss auch den Schwaben und Baiern nicht unverständlich gewesen ist, wie er selbst einen Theil desselben an Bischof Salomon nach Constanz in 'Svâbo richi' sandte (ad Salom. 5). Sein Wohnort, das Kloster Weifsenburg, gehörte mit dem Speiergau zum Herzogthume Franken, dass er aber aus jener Gegend nicht gebürtig war, schliefst J. Grimm (deutsche Gramm., erste Ausg., S. lvii) wol mit Recht aus des Dichters Klagen über seine Entfernung aus der Heimath (1, 18, 25—30). Er nennt sich selbst einen Schüler des Hrabanus und Bischof Salomons von Constanz. Unter Hrabanus Maurus hat er wahrscheinlich die Schule zu Fulda besucht, der dieser als Abt von 822 bis 847 vorstand, ehe er Erzbischof zu Mainz ward. Von hier ging Otfried vermuthlich mit zweien seiner Mitschüler, Hartmuat und Werinbraht, nach St. Gallen; wenigstens nennt Tritheim beide Schüler des Hrabanus. Hartmuat war schon im J. 841 sehr angesehen und ward gleich nach der Wahl Abt Grimoalds zu seinem künftigen Nachfolger erwählt; 872 trat er an seine Stelle. Werinbert war, nach dem hierin glaubwürdigen monachus Sangallensis, der aus seinem Munde als gesta Karoli die wunderlichsten Mönchsfabeln von Karl dem Grofsen geschrieben hat,

Adalberts Sohn und starb am 22. Mai, wahrscheinlich, wie Pertz (script. ii, 729) vermuthet, 884. Bischof Salomon von Constanz, Otfrieds Erzieher und Meister, ist Salomon i, 839—871. Otfrieds Aufenthalt zu St. Gallen ist zwar nicht streng erweislich, aber er wird aus seiner Bekanntschaft mit St. Gallern sehr wahrscheinlich. Ildefons von Arx hat auch (Pertz scriptor. ii, 101[a]) aus sanctgallischen Handschriften angeführt, dass Notker Balbulus und seine Genossen mit Otfried von Weifsenburg in Briefwechsel gestanden. Sein Gedicht schrieb er als Mönch in dem Benedictiner-Kloster zu Weifsenburg und zwar, wie er in seiner Vorrede sagt, den mittelsten Theil desselben zuletzt; denn wenn die Worte 'Hoc enim novissime edidi' in der Handschrift zu Wien nur mit kleinern Zügen übergeschrieben und darnach ausgekratzt worden sind, so finden sich doch auch hier die dasselbe andeutenden Worte 'quamvis iam fessus'. Noch ehe ich diese Stelle der Vorrede beachtete, hatte mich die zunehmende Geübtheit im Versbau und Nachlässigkeit im Styl ungefähr auf die folgende Ordnung, in der Otfried geschrieben haben müste, geführt. Zuerst sandte er sein erstes Buch, vielleicht ohne das erste Capitel mit einem akrostichischen Gedicht (in dieser Form schrieb er
278 b alle drei Zueignungsgedichte), den sanctgallischen Mönchen Hartmuat und Werinbraht, ehe jener Abt ward, also vor dem Jahre 872. Darauf schrieb er das fünfte Buch, ich glaube Cap. 16—25, welche Joh. Tritheim, wie es scheint, unter den Titeln 'de iudicio extremo, lib. i.' und 'de gaudiis regni caelestis, lib. i,' abgesondert vorfand, und begleitete sie (dies vermuthe ich hauptsächlich aus dem Inhalte) mit dem Gedicht an Bischof Salomon von Constanz, der 871 starb. Zuletzt, als Presbyter, dichtete er den mittlern Theil des Werkes, und widmete das Ganze seinem Könige[1], Ludwig dem Deutschen, bei Lebzeiten der Königin Emma (ad Ludov. 84), die freilich nur acht Monate vor ihrem Gemahle nach Weihnachten 875 starb, und zugleich dem weisen und kriegerischen Rathe des Königs, Erzbischof Liutbert von Mainz, der von 863—889 auf dem erzbifchöflichen Stuhle safs. Hartmuat war bei der Herausgabe des Ganzen wol noch nicht Abt zu St. Gallen, sonst würde das Gedicht an ihn und Werinbraht

[1] Das Elsass gehörte zwar Karl dem Kahlen, aber nicht das Speiergau, wozu Weifsenburg gerechnet ward.

nicht an das Ende gesetzt worden sein; das Gedicht an den König, die Vorrede an den Erzbischof und die Verse an den Bischof, hat er vor das erste Buch gestellt. In dem Gedicht an den König Ludwig, Z. 29, rühmt der Dichter die friedlichen Zeiten; da dies auf seine letzten Jahre nicht passt, so setzt Graff (Vorrede zu Otfried S. vi) die Vollendung des Werkes nicht unwahrscheinlich ins Jahr 868, obgleich man ebenso gut auch 867 annehmen könnte, oder noch lieber 865, ehe Ludwig der Jüngere sich gegen seinen Vater empört hatte. Woher und mit welchem Rechte Tritheim dem Dichter noch ein 'psalterium volumina tria lib. iii, carmina diversi generis lib. i' und 'epistolarum ad diversos lib. i' zuschreibt, ist bis jetzt nicht ermittelt worden. Graffs Vermuthung (S. vi), das Lied auf Petrus in Docens Miscellaneen (i, 4) sei von Otfried, ist sicher unrichtig.

Otfried hat sein grofses Werk in fünf Büchern, nebst den drei Widmungsgedichten und dem lateinischen Schreiben an Erzbischof Liutbert, selbst betitelt: 'Liber evangeliorum domini gratia Theotisce conscriptus', welches in der Ausgabe von Matthias Flacius schicklich verdeutscht ist: Evangelienbuch, sodass ein neuer Name unnöthig scheint und nur verwirren könnte. Der Dichter hat darin, wie er selbst sagt, einen Theil der evangelischen Geschichte, 'partem evangeliorum, êvangeljôno teil,' in deutschen Versen schreiben wollen, sodass er viel Einzelnes überging, dafür aber oft Anwendungen und Deutungen hinzufügte, nicht selten unter den besonderen Überschriften: 'moraliter, spiritaliter (nicht 'spiritualiter'), mystice'. Bei diesen Deutungen hat Schilter zuweilen auf Alcuin zum Johannes verwiesen; mir scheint ein umfassenderes und kürzeres Werk zum Grunde zu liegen, welches mancher andere leichter als ich auffinden wird, wenn es auf Erörterung der gewöhnlichen theologischen Bildung jener Zeit ankommt[1]. Ob Otfrieds Evangelienbuch, das er auf 279

[1] Merkwürdig ist, dass in dem altsächsischen Heljand, einer ähnlichen poetischen Darstellung evangelischer Geschichten aus der Zeit Ludwigs des Frommen, zuweilen dieselben Ausdrücke wie bei Otfried vorkommen, ohne dass der Text dazu Veranlassung gibt. So heifst es im Heljand 87, 20 und bei Otfried 3, 6, 37. 42, bei der Speisung der Fünftausend: das Brod und die Fische **wuchsen**. Die Annahme, dass etwa Otfried das sächsische Werk benutzt habe, weise ich nur darum als ungereimt ausdrücklich ab, weil es mir oft begegnet, dass man mir den ersten besten Einfall, den ich selbst nothwendig auch muss gehabt, aber verworfen haben, als etwas Neues und höchst Wichtiges vorhält.

Bitten einiger seiner Brüder und besonders einer ehrwürdigen Frau Judith gedichtet hat, bei den Zeitgenossen in Achtung gestanden und namentlich (wozu es bestimmt war) gesungen sei, wissen wir nicht. Es haben sich zwei prachtvolle und mit peinlicher Genauigkeit besorgte Handschriften, zu Heidelberg und zu Wien, die erste jedoch nicht ganz vollständig, erhalten, von einer dritten ähnlichen bedeutende Fragmente. In der zu Wien sind besonders die durch die ganze Handschrift gehenden Verbesserungen merkwürdig[3]; bei näherer Untersuchung wird sich entscheiden lassen, ob nicht vielleicht Otfried selbst der Verbesserer war. Eine vierte zu München hat die Unterschrift 'Uualdo episcopus (Bischof Waldo von Freisingen, 883—906, der Bruder Bischof Salomons III von Constanz) istut evangelium fieri iussit, Ego Sigihardus indignus presbyter scripsi', und ist mit größerer Freiheit und Nachlässigkeit geschrieben; der Schreiber hat ganze Capitel ausgelassen und sehr oft bairische Formen eingemischt. Die zwei ältern Ausgaben, die von Matth. Flacius oder eigentlich von dem Augsburger Arzt Achilles Pirminius Gassar (Basel 1571), und die im ersten Bande von Joh. Schilters thesaurus antiquitatum Teutonicarum (Ulm 1728 [1726] Fol.), mit Schilters und Scherzens Anmerkungen, sind für sich allein niemals brauchbar gewesen; die neue von E. G. Graff (Königsberg 1831, 4.) gewährt fast soviel Sicherheit als die Handschriften selbst (obgleich der Herausgeber einige Fragmente der dritten Handschrift nicht selbst gesehen hat), aber nicht größere Bequemlichkeit, da für das Verständniss nichts, weder durch Interpunction, noch durch Erklärung oder Wortregister geschehen ist[4].

Indem Otfried dem Erzbischofe Liutbert erzählt, er sei um

[3] Aus Graffs Ausgabe lernt man sie nicht kennen, weil hier nur die Verbesserungen beachtet sind, nicht aber, was die erste Hand schrieb. Ich verdanke die nähere Kenntniss Herrn Prof. Hoffmann in Breslau, der mir seine Abschrift der pfälzischen und seine Vergleichung der Wiener Handschrift mit uneigennütziger Gefälligkeit für einen langewährenden Gebrauch geliehen hat. Die Freisinger Handschrift habe ich selbst mit der Schilterschen Ausgabe verglichen.

[4] Über die Litteratur der Ausgaben und Handschriften s. Hoffmann in seinen Fundgruben (1830) 1. Th. S. 38—47 und in seinen Bonner Bruchstücken von Otfried (1821) S. III-VI. Graff in der Vorrede S. XIV-XXVI. Ich setze hinzu, dass das Diezische Bruchstück Eigenthum der königl. Bibliothek zu Berlin und von Herrn Prof. von der Hagen in seinen Denkmälern des Mittelalters (1824) herausgegeben ist.

seine Arbeit gebeten worden, 'dum rerum quondam sonus inutilium pulsaret aures quorundam probatissimorum virorum, eorumque sanctitatem laicorum cantus inquietaret obscenus', und indem er als den begehrten Zweck angiebt, 'ut aliquantulum huius cantus lectionis ludum saecularium vocum deleret, et in 279 b
evangeliorum propria lingua occupati dulcedine sonum inutilium rerum noverint declinare', führt er uns selbst darauf seine Stellung in der Geschichte der deutschen Poesie zu beurtheilen. Wie weit er seine fromme, bei aller Beschränktheit gewiss achtenswerthe Absicht erreicht habe, ist für uns minder wichtig, als was wir aus seiner geistlichen Poesie über die Art und Weise des weltlichen, ihm freilich anstöfsigen, Gesanges lernen können.

Otfried fällt in die lange, bis ins xii. Jahrh. reichende, Periode, wo in Deutschland von einer andern weltlichen als epischer Poesie nicht die Rede sein kann; ich meine, wo jeder Gegenstand nur in der erzählenden Form behandelt ward. Das Loblied auf König Ludwig iii von Frankreich, die Hofpoesien unter den sächsischen und fränkischen Kaisern gehen überall gleich in die Erzählung über. Der Inhalt von Spottliedern wird uns immer so angegeben, dass etwas Schimpfliches darin sei erzählt worden. Dem furchtsamen Grafen Hugo von Tours, seit 821 Schwäher Lothars i, gestorben 837, sang sein Ingesinde (Thegani vita Hludowici imp. 28) 'ut aliquando pedem foris sepe ponere ausus non fuisset.' Von Heinrich ii, als er im J. 1000 von vielen statt Ottos iii zum Könige gewünscht ward, sang das Volk (Dietmar. Merseb. v. p. 365) 'Domino nolente voluit dux Henricus regnare'. Selbst die ältern Liebeslieder des xii. Jahrh. haben meistens die Form der Erzählung: Es stand eine Frau, Ich sah, Ich hörte, und die frühern 'winiliod' sind gewiss sämmtlich in dieser Art gewesen[5]. Otfried hat neben der Erzählung sehr häufig, ja öfter als die erzählenden Dichter des xiii. Jahrh., Betrachtungen; nicht er zuerst, denn in dem sächsischen Evangelium und in den bairischen Versen vom Weltende finden sie sich eben-

[5] Wenn Widukind von Corvei (i. p. 636 Meib.) sagt, nach der Schlacht bei der Eresburg (912) hätten die Spielleute gesagt: 'ubi tantus ille infernus esset, qui tantam multitudinem caesorum capere posset', hebt er ohne Zweifel nur einen Gedanken des Liedes hervor, dessen Form gleichwol gewiss die erzählende war. Ja wer weifs, ob diese Worte selbst nicht die Rede einer in dem Gedichte aufgeführten Person waren?

falls, aber seltener und besser. Die geistlichen Dichter haben dabei wol minder die Weise der Volkspoesie als die der Predigten befolgt, und bei Otfried sind sie auch fast durchaus ohne Poesie und ohne Form. Sie werden nur anmuthig, wo es ihm gelingt, einen Zustand des Gemüths in einfacher unschuldiger Wahrheit darzustellen, wie 5, 11, 29 den Zweifel dessen, der selbst an sein Glück nicht glaubt,

Sô giburit manne, thara er sô gingêt thanne,
gisihit thaz suaza liabaz sîn, thoh forahtit theiz ni megi sîn;

oder 5, 8, 29, wie Christus im Garten die Maria mit ihrem Namen nennt,

Bi namen sia druhtîn nanta, so ih hiar fora zalta.
gisvâso joh thîn kundo ist then thu bi namen nennist.
Sama so er zi iru qvâti 'irknâi mih bi nôti:
in muate lâz thir iz heiz, wanta ih thînan namon weiz';

oder die schon oben erwähnte Sehnsucht nach seiner Heimath (1, 18, 25),

280a Wolaga elilenti, harto bistu herti,
thu bist harto filu svâr, thaz sagên ih thir in alawâr.
Mit arabeitin werbent thie heiminges tharbênt.
ih habên iz funtan in mir: ni fand ih liebes wiht in thir.
Ni fand in thir ih ander guat, suntar rôzagaz muat,
sêragaz herza, joh managfalta smerza.

Dergleichen mag vieles, und in edlerer Form, auch in den weltlichen Liedern vorgekommen sein, aber die Anwendungen und Deutungen der biblischen Geschichten, wie sie Otfried so häufig hat und von bedeutendem Umfange, sind im Predigtstyl, von welchem sicher die damalige weltliche Poesie weit entfernt war.

Aber auch die Erzählung selbst finden wir bei Otfried, ebenso freilich im Heljand, in einer andern Ausbildung, als wir sie in den meisten und in den besten Volksliedern der Zeit voraussetzen dürfen. Ganz anders ist die Art der Erzählung in dem gleichzeitigen Leben des heiligen Gallus von Ratbert[6], in dem Gedicht auf den heiligen Georg, in dem auf Kaiser Otto I und

---

[6] Von der lateinischen Übersetzung desselben, von Eckehard IV, ist im zweiten Bande der Pertzischen Script. (S. 33) nur der Anfang abgedruckt. Aber die fünfte Anmerkung S. 61 zeigt, dass das Ungedruckte für die Geschichte des deutschen Heidenthums nicht unwichtig ist und für die Geschichte der Poesie ist das ganze Gedicht von der gröfsten Bedeutung.

seinen Bruder Heinrich, sie haben noch fast ganz den alten raschen, weniger fortschreitenden als springenden Gang der Erzählung; dagegen Otfried eine breite Ausführlichkeit liebt, gegen welche selbst die Weise der meisten Dichter des xii. Jahrh. noch knapp und gedrängt erscheint. Freilich sind jene alten Gedichte, so viel ich sehen kann, in der mehr lyrischen Form der Leiche, und das Ludwigslied, welches im August oder September 881 in Otfriedischen Strophen gedichtet ward, hat etwas mehr von Otfrieds Ausführlichkeit; sodass man zwar wol einen Theil der Otfriedischen Erzählungsweise dem Bedürfnisse, der Unbekanntschaft des Volks mit der heiligen Geschichte zuschreiben darf, und ein anderer Theil seiner persönlichen Geneigtheit zur lehrhaften Auseinandersetzung angehören wird, die sich deutlich ergibt, wenn man seine Erzählung von der Samariterin mit der weit gedrängtern eines andern, vermuthlich bairischen, Dichters[1] vergleicht: aber einen Trieb zur geordneten fortschreitenden Erzählung wird auch die fränkische Volkspoesie, die überhaupt mehr zur Milde neigte, gefühlt und schon im ix. Jahrh., wenigstens in den einfachen Strophen aus vier kurzen Zeilen, ihm nachgegeben haben; nur dass sie gewiss sicherer, angemessener, lebendiger war, als die Otfriedische, und aufserdem oft (wenn wir nicht annehmen wollen, sie sei durchaus unpoetisch gewesen) überlegen durch den bewegenden Gedanken, der das Gedicht durchdringt und die Begebenheiten zu seinem Kleide macht:
denn bei Otfried wird man nicht leicht in einer Erzählung einen
Gedanken, aus dem sie sich entwickelt, finden, oder in der Dar- 280 b
stellung ein Abbild des Eindrucks, den der Gegenstand auf ihn
gemacht hätte. So, glaube ich, müssen wir Otfrieds Werk in seiner Redseligkeit und dürren Kälte, als einen schwachen Versuch, als eine Nachahmung der fränkischen Erzählungsweise, und wir dürfen nur, was ihm gelungen ist, als Beispiel, nach dem wir sie beurtheilen können, ansehen.

Eine gänzliche Veränderung des poetischen Styls war in

---

[1] Richtiger als in Graffs Diutisca (ii, 381), wo sogar eine Zeile fehlt, findet man es in Hoffmanns Fundgruben (i, 2) abgedruckt, aber auch nicht ohne bedeutende Fehler. Nach Z. 11 ist eine Langzeile verloren, deren Inhalt war: 'et dedisset tibi aquam vivam'; Z. 19 muss zwei Mal gelesen werden. Z. 10 war 'du', 18 (mit der Handschrift) 'thurstit ina mêr' zu schreiben, 20 'iz sprangôt'. 23 'hera', 26 'êr', 30 (mit der Handschrift) 'suohtôn'.

der fränkischen Poesie mit dem Aufhören der Allitteration entstanden; kein Gewinn für den innerlich wenig reichen Dichter, dass er nicht mehr soviel der poetischen Sprache zu lernen hatte; mit der Freiheit der einfachen und natürlichen Rede wuchs unendlich die Kunst dennoch zu einer festen und gediegenen Form zu kommen, eine Schwierigkeit, die gewiss nur von den Besten überwunden ward, und den Fortschritt der Ausbildung bis tief ins XII. Jahrh. hinein hemmte; denn jetzt war der Dichter an wenig gegebenes, fast nur an seine Gedanken und an sein Theil der gemeinen Sprache des Volks, gewiesen. Die ältere Form, die wir noch kurz vor Otfried in Thüringen, in Sachsen und in Baiern nachweisen können, hatte durch das Hervorheben vier betonter Wörter in jeder Langzeile, deren zwei oder drei, zuweilen alle vier, durch gleichen Anlaut gebunden waren, von selbst zu einer sehr bestimmten und förmlichen Art des Ausdrucks geführt, indem bei dem Betonen jedes Einzelnen nothwendig gewisse Zusammenstellungen ähnlicher Begriffe, Beiwörter, Umschreibungen, Bilder, ganze Sätze, durch den fortwährenden Gebrauch stehend wurden, sodass es zuletzt nur ein Kunststück war, jede Rede durch solche poetische Bezeichnungen, 'Kenningar,' wie sie im Norden heifsen, in die Sprache der Poesie umzusetzen. Diese Weise, die im Einzelnen, wenn nur dem Dichter ein grofser Reichthum zu Gebote steht, immer anziehend und nicht selten schön ist, konnte doch, weil sie leicht überlästig oder schwierig wird, und durch starres Haften am Besondern den Eindruck des Ganzen schwächt, in Deutschland auf die Länge nicht bestehen: denn die unverwilderte Poesie eines noch frischen Volks duldet nichts, was in leere Förmlichkeit zu versinken droht. Schade nur, dass soviel von poetischer oder geistreicher Auffassung der Natur und des Lebens, die sich in den Worten der poetischen Sprache erhielt, nun mit ihr unwiederbringlich verloren ging. Otfried hat wirklich schon weit weniger dieses alten Styls, als man erwarten sollte; am seltensten, und fast nur in den ältesten Theilen des Gedichts, mit Allitteration (1, 5, 5),

F loug er sunnûn pad, *st*errôno *st*râza,
*w*egâ *w*olkono zi theru itis frôno,
Z i ediles frouwûn, selbûn sancta Marjûn.

oder (1, 5, 11)

W âhero duacho *w*ork *w*irkento,

diurero *garno*. thaz deta siu io *gerno*[8].
etwas häufiger ohne Allitteration (4, 5, 35)
E r leitit mit gilusti thih zer heimwisti, 281*
joh rihtit unsih alle zi themo kastelle,
Z i filu hôhên mûrôn joh zi eigenên gibûron,
zi festî thes wîches, thes hôhen himilriches.
oder (4, 13, 43)
T haz svert ni wâri in worolti sô harto bîzenti,
odo ouh sper thehein sô was, thaz ih ruahti bi thaz.
W âfan ni wâri, thaz ih in thiu firbâri,
ni ih gâbi sêla mîna in wehsal bi thia thîna,
T her fiant io sô hebigêr, then ih intriati thiu mêr,
thaz mih io ginôtti theih thîn firlougnêti.

Und mit der Zeit schwand das alte poetische Besitzthum des deutschen Volkes immer mehr, sodass bei den Dichtern des xiii. Jahrh. im Ganzen wenig davon zu spüren ist, weniger selbst als in den Rechtsformeln. Aber erst damals erhub sich die Form wieder aus der Unbestimmtheit und erreichte das Ziel, nach welchem das ix. Jahrh. ohne glänzenden Erfolg strebte, dass sich die Einzelnen mit der Kraft ihrer Eigenthümlichkeit geltend machten und unvergängliche Werke in ihrem eigenen Styl schufen. Von einem Klosterdichter wird Niemand eine bedeutende poetische Eigenthümlichkeit erwarten, und von seinen sangallischen Zeitgenossen Ratpert und Tuotilo[9] wird Otfried schwerlich übertroffen sein, an dem noch immer sein Reichthum an Ausdrücken und Wendungen, doch eben nicht an poetischen, sehr zu loben ist, wenn man ihn z. B. mit Notker iii und dessen Mitarbeitern vergleicht; sodass er doch den 'obscenus laicorum cantus' mehr als er es eingesteht, mag gehört haben.

Wie die alte Weise der Allitteration im Styl Otfrieds Spuren zurückgelassen hat, so regiert ihr inneres Gesetz auch noch seinen Versbau; fast in jedem Halbverse hat er zwei höher betonte Wörter. Wenn die Handschriften drei Accente setzen, ist es meist nur Versehen. Selbst in dem durch Interpunction

[8] Man wird bemerken, dass nur die letzte dieser vier allitterierenden Zeilen der Regel gemäſs gebauet ist.

[9] Tuotilo, der vor Notker Balbulus, vor 912 starb, dichtete auch deutsch: er war nach Eckehard iv 'concinnandi in utraque lingua potens'. Pertz, Script. 2, 94. 101, 7.

wunderbar getheilten Verse (ad Hartm. 160), den nur eine Handschrift mit Accenten gibt,

II ô'hî er uns thes hímiles (joh muazîn fréwen unsih thés)
inspérre; thara giléite mih, joh thâ'r gifrewe ouh iuih,

könnte man der Betonung von gileite wohl entrathen. In der Regel bezeichnen die Schreiber in jeder Vershälfte zwei Wörter oder eins mit dem Accent, und es ist immer der seltenere Fall, dass, der Regel allitterirender Verse zuwider, die zweite Vershälfte zwei, und die erste nur einen Accent bekommt [10]. Ja
281 b sogar die Reime, die einzeln schon in der südlichern Allitterationspoesie statt der gleichen Anlaute dienen mussten, je zwei Vershälften zusammenzuhalten, sind bei Otfried noch nicht einmal durchaus nothwendig. In seinem ersten Buche findet man allein sechs oder mehr und selbst noch im vierten Buche eine Langzeile, deren Hälften nicht den geringsten Gleichlaut in ihren Ausgängen haben, und nur ein Paar ersetzen den Endreim durch Allitteration (1, 7, 9, 19, 27)

mahtig druhtîn, wîh namo sînêr (so alle Handschriften)
nû intfiang *d*ruhtîn *d*rûtliut sînan.

Jôhannes, druhtînes drût, wilit es bithîhan.

Die Reime sind immer, wie alle bis nach der Mitte des xii. Jahrh., stumpf, d. h. sie binden nur die letzte Silbe des Halbverses auf der vierten Hebung, sodass die tieftonigen Endsylben etwas über ihre natürliche Geltung erhöht werden müssen; obgleich Otfried mit dem Gleichlaute zweier, auch dreier Sylben sehr gern vorlieb nimmt (Hartm. 163. 1, 22, 33. 3, 15, 10)

simbolon in êwôn, thes sint thie sîne thâr giwon.
er was thâr, er giang sâr in mit then brédigârin.
théra sámanúngû zi éinèru mánungû.

---

[10] Gewöhnlich liegt der Grund in der Scheu, ein weniger starkes Wort zu accentuiren: 4, 35, 28 hätte joh und Z. 30 'in' ebenso wol den Accent bekommen können als Z. 25, 26 'thaz' und 'odo'. Auch ist wol nur im Schreiben und nicht im Lesen die Betonung zweier auf einander folgender Vershebungen vermieden worden, wobei dann die Schreiber der beiden Haupthandschriften sich oft auf entgegengesetzte Weise helfen: 1, 22, 13 fodert der Sinn 'ni sî thih thés wúntar': die eine hat 'ni sí thih thes wúntar', die andere 'ni si thih thés wntar'. In der zweiten Hälfte desselben Verses 'thiu wî'b thiu giangun súntar' haben beide richtig 'wíb', aber die eine betont, wider den Sinn und nur aus Irrthum, 'gíangun suntar'.

Aber ebenso oft begnügt er sich auch mit dem Gleichlaute des letzten Vocals, bei verschiedenen Consonanten, und die Vocale sind sich oft nur ähnlich oder von verschiedener Quantität; daher man von Otfriedischen Reimen noch nicht sagen kann, ihr Zweck sei das Ohr zu kitzeln, sie sollen nur, wie gesagt, je zwei zusammengehörige Halbzeilen von den andern unterscheiden. Gleichwol haben Otfried seine höchst ungenauen Reime, als eine damals noch neue Kunst, offenbar grofse Noth gemacht, und ihn zu einer unerträglichen Menge von Flickwörtern, oft auch zur Weitläufigkeit in seinem sonst freien und gewandten Periodenbaue, verleitet. Weniger lästig scheint ihm die Abtheilung in Strophen von je zwei langen Versen gewesen zu sein, die wir zwar früher als in seinem Werke nicht sicher nachweisen können, aber diese nachher fast allgemeine Form ist gewiss nicht von ihm erfunden, sondern sie zeigt uns, wie die fränkische Kunst, der vereinzelnden Allitteration überdrüssig, nach etwas gröfsern abgesonderten Massen strebte.

Wie sorgfältig oder wie frei Otfried im Baue der Verse gewesen sei, darüber weifs ich hier mit wenigen Worten nichts Genügendes zu sagen; ich habe aber die altdeutsche Verskunst zum Gegenstand einer eigenen Untersuchung gewählt, deren erste Abtheilung in den Abhandlungen der königlichen Akademie der Wissenschaften zu Berlin vom J. 1832 erscheinen wird. Obgleich Otfried wol mit dem Verse zu malen versteht, wobei er jedoch mehr auf den Ausdruck des Sanften als des Kräftigen auszugehen pflegt, hat er doch auf den Wohlklang keine sichtbare Sorgfalt verwandt, aber sie war auch in der fränkischen Sprache weniger nöthig, die in glücklichem Verhältnisse der Laute nicht nur alle deutschen Sprachen weit übertrifft, sondern auch wol keiner irgend eines andern Volkes oder Zeitalters nachsteht. Auf Genauigkeit in den grammatischen Formen und auf bestimmte Schreibung zeigt er sich überall aufmerksam, wie man aus seinen Äufserungen in der Vorrede [11], aus seinen Ac- 282

[11] Er macht auf die auch in der gemeinen Rede übliche Synalöphe aufmerksam, nicht nur der Vocale, sondern auch anderer Buchstaben, womit er wol das th des Artikels meint. Er bemerkt, i vor Vocalen sei bald diphthongisch, bald Consonant, er erklärt die Schreibung uun, wenn wu gemeint ist, für genauer als das in den Handschriften seines Werkes doch auch vorkommende uu. Wunderbar ist das y, welches er gesetzt habe, sagt er, wo er den Laut keines der

centen, aus den Puncten zur Bezeichnung der Synalöphe, schon vor der Beobachtung zu schliefsen geneigt sein wird. Darauf hatte ihn ohne Zweifel sein Meister Hrabanus merken gelehrt, der aber selbst das Gesetzmäfsige nur dem gebildeten deutschen Vortrage, zumal der Sänger, abgehört haben kann. Im Syntaktischen hat Otfried viel Wunderbares und, wie es scheint, manches Eigenthümliche, darüber indess in das Einzelne zu gehen, ist mir, gestehe ich, bei einem nicht interpungirten Text unmöglich.

1. Nov. 1833. Lachmann

---

fünf Vocale habe können beschaffen ('praecavere' nicht praecanere). Nach dem Gebrauch in den Handschriften (Graff S. xxv) könnte man wol an ein verkümmertes und an ein umgelautetes u denken, aber für diesen Umlaut in so früher Zeit wage ich nicht mich auf muillen im Gedicht auf den h. Georg zu berufen, welches vielleicht mulljen heifsen soll. Den siebenten Vocallaut, welchem auch y nicht genügen soll, weifs ich nicht zu errathen. — Dass er die unlateinischen Buchstaben k und z als ein nothwendiges Übel ansieht, und es mit der Unvollkommenheit der Sprache entschuldigt, wenn er durch zwei Negationen verneint und Genus oder Numerus mancher lateinischen Wörter nicht beobachtet habe, ist ihm oft als Beschränktheit vorgeworfen; ich finde darin nur denselben Irrthum wie bei Rosenkranz (Geschichte der deutschen Poesie im Mittelalter. S. 173), der Otfried eine 'bis zur Härte gehende Kürze' zuschreibt, womit er nur etwa die häufig fehlende Conjunction 'thaz', oder 'ni' für 'quo minus', oder 'mînên wortun' für mit meinen Worten u. dgl. meinen kann.

Über Singen und Sagen.

[Gelesen in der Akademie der Wissenschaften am 26. November 1833.]
Abhandlungen der Akademie der Wissenschaften zu Berlin aus dem Jahre 1833.
Berlin 1835. Historisch-philologische Klasse.

Die zwiefache Thätigkeit des Dichters, Singen und Sagen, 105 (1)
ist in den älteren Zeiten der deutschen Poesie als so wesentlich verbunden betrachtet worden, dass die sprichwörtliche Zusammenstellung beider Ausdrücke noch jetzt dauert, da doch von dem Singen der Dichter selten noch die Rede sein kann. Ja man darf sagen, die Begriffe haben sich erst allmählig gesondert. In der sächsischen Poesie des neunten Jahrhunderts (Heljand 7, 17) heiſst es von Zacharias, als er die Sprache wieder bekam, Er hatte seiner Sprache Gewalt, des Verstandes und der Weise: (1, 23) die Evangelisten schrieben, setzten (nämlich in Schrift), sangen und sagten. Sogar dem Gedanken wird (9, 5) Wort und Weise zugeschrieben: Maria sagt Mein Gedanke ist nicht zweifelhaft, weder Wort noch Weise. Dem späteren Sprachgebrauch mehr gemäſs ist der Ausdruck Otfrieds (5, 23, 19. 22), etwas sagen in seinem Sange. Im Ganzen aber scheinen in den Zeiten des lebendigeren Gesanges die Dichter mehr auf das Sagen als auf den Gesang gegeben zu haben, wohl darum weil sie den bestimmteren Ausdruck des Gedankens für schwieriger und wichtiger hielten, und weil schön zu singen nicht so in jedes Gewalt steht: wenigstens findet man in allen Gattungen von Gedichten zehn Mahl Ich sage, ehe man einmahl liest Ich singe; recht im Gegensatze der neueren Epiker, die sich immer den Schein geben als singen sie. Indess wird doch auch nicht selten das Sagen dem Singen entgegengesetzt. In der Kirche wird das Amt gesungen, die Predigt gesagt oder gelesen. So finden wir in einer Sammlung von Predigten (Hoffmanns Fundgruben 1, 70ff.) die im dreizehnten Jahrhundert ein Geistlicher zum Muster für

106 (2) andre geschrieben (S. 112, 16-20. 119, 26-28[1] [vgl. Haupts Zeitschr. 1, 292, 15] und, wenn man so viel aus den S. 114, 19 vorkommenden Namen verstorbener Gemeindeglieder schliefsen darf, auch würklich gehalten hat, in dem Eingang einer Predigt am Palmsonntage, nachdem der lateinische Text gelesen ist, (S. 108, 5) *mîn vil lieben, want daz ambehte hiute lang ist, als iz disem vil heiligen tage wol zimt, sone muge wir iu hiute sô niht gisagen sô wir von rehte scolten unt ouch disem heiligen tage wol zœme: iedoch ne muge wir. noch ne geturre wir, von unserm ambähte, daz niht verlâzen, wirne sagen in ettelîcher mâze von disem trôstlîchen tage, want er gar beidiu an dem lesen unt an dem singin uns heizet gehügen der heiligen unt der frônen gotis marter.* In einer andern wird erklärt woher der Name des Advents komme (110, 40), *want wir in disen tagen lesen unde singen daz uns die heiligen wîssagen von sîner zuokunft gescriben habent.* In derselben Beziehung heifst es in der Kaiserchronik (12[d]), keine Sünde sei so heifs als der Mord, *sô man singit unde lisit,* und diese Zeile wiederholt sich (52[a]) wo von der Auferweckung der Tochter des Jairus geredet wird,[2] wie auch im Herzog Ernst (7) in Beziehung auf den Spruch *swer bitet mich, der wirt gewert von mir swes er mit flîze gert.* Nicht anders wird in der Poesie Singen und Sagen oder Lesen, als die zwei Arten des Vortrags, einander entgegengesetzt; wie in der Kaiserchronik (17[c]) *nicheinis mennisken zunge ne mac ú die micheln wunne nimmer vür bringen, gesagen noch gesingen, die sie under in habeten.* Weit seltener ist vom Lesen, sofern es nicht Vorlesen ist, die Rede. Ein Geistlicher des zwölften Jahrhunderts, Hartmann, beruft sich in seinem Gedichte vom Glauben auf ein früheres (Mafsmanns Denkmäler 1, 6), *wande wir hie vore haben geredet, vil bescheidenliche gesagit — : iz ist alliz gescriben ze gehôrenne unde ze gesihte in dütischer scrifte.* Heinrich von Freiberg redet in seinem Tristan (2644) den Leser an, *leser dises buochs, vernim.* Wolfram rechnet (Parz. 337, 1) auf Leserinnen, *swelch*

---

[1] S. 119, 27 lese man *ante* für *annum.*

[2] So ist auch zu verstehen was in einer Predigt vom heiligen Laurentius aus dem zwölften Jahrhundert gesagt wird (v. Aufsess Anzeiger für Kunde des deutschen Mittelalters 1833 S. 233), *als man von ime liset unde singet Et in medio ignis non sum estuatus,* und *alsô von ime geschriben ist Sicut aurum probavit me dominus.*

sinnec wîp — diz mære geschriben siht; und mit Recht, weil die
Frauen häufiger als die Männer lesen konnten: sie lernten es
aus dem Psalter. Nicht selten findet man dass die Dichter ge- 107 (3)
schriebene Liebeslieder an die Geliebte sandten, damit sie sie
läse. Von seinem Leich sagt Ulrich von Lichtenstein (Frauendienst S. 207) *Der leich vil guot ze singen was: manc schœniu frowe in gerne las.* Meistens aber heifst *lesen* vorlesen, und der Ausdruck *als ich iu las* bedeutet *als ich ê sprach* oder *als ich iu gesaget hân.* Eine Fabel (altdeutsche Wälder 3, S. 214) schliefst mit der Zeile *als ichz an dem bîspelle las,* wie ich euch eben in dieser Fabel erzählt habe. In dem Märe von der Heidin (Kolocz. Codex S. 201) heifst es 'sie kamen zu der Burg, auf der die Frau war, *von der man seite unde las,* von der vorher erzählt worden ist, *wie vreuden rîch si wære.*' Nur Dichter die nicht lesen konnten und daher nur sangen oder sprachen, konnten den Unterschied zwischen *lesen* und *sagen* so hervorheben wie Wolfram von Eschenbach im Parzival (224, 12), *daz munt von wîbe nie gelas noch sus* (anders, ohne zu lesen) *gesagte mære, diu schœner und bezzer wære.*

Welche Gedichte nun für den Gesang bestimmt waren und welche gesagt wurden, kann man schwerlich genauer mit Einem Wort ausdrücken, als es Reinbot von Dorn gethan hat, der in seinem heiligen Georg (355) Bücher und Lieder wie Singen und Sagen gegen einander stellt, *in buochen noch in lieden wirt geseit noch gesungen nie von keiner zungen von alsô starken leiden als von ir drier scheiden;* nur dass man freilich dabei noch ein Paar theils zufälliger Ausnahmen berücksichtigen und den Ausdruck *liet* in der engsten Bedeutung fassen muss.

Daraus dass die Historiker sehr oft vom Singen und Sagen oder vom Singen allein sprechen, aber weit seltner vom Sagen, das ich vor dem zwölften Jahrhundert niemals dem Singen entgegengesetzt finde, wird man schliefsen dürfen dass in den ältesten uns bekannten Zeiten nicht leicht blofs gesagt sondern meistens gesungen oder, was ganz dasselbe heifst, gesagt und gesungen ist. Die ältesten erhaltenen Gedichte führen jedoch zu keiner Überzeugung. Den unregelmäfsigen allitterierenden Versen des sächsischen Evangeliums wird *cantilena* und *modulatio* zugeschrieben, sie heifsen *metrica carmina*: aber, wie gesagt, bei den alten Sachsen scheint der Begriff des Gesanges weiter gewesen

zu sein. Ob die baierischen Verse vom jüngsten Tage zum Gesange bestimmt waren, wissen wir nicht: und die Überschrift des Wessobrunner Gebets, *de poeta*, versteht niemand. Das Runen-ABC der überelbischen Nordmannen, die ihre Zauberlieder mit
108 (4) Runen schrieben, mag nach Belieben gesungen oder hergesagt worden sein: aber es ist nur Kinder- und Weiberpoesie. Die regelmäſsigen Verse des Hildebrandsliedes fangen mit den Worten an Ich hörte das sagen: aus diesen Worten allein ist nichts zu schlieſsen, zumal da wir nicht wissen ob das Lied etwa strophisch war. Die ältesten gereimten Gedichte bestehn sämtlich aus kurzen Versen die paarweise durch Reime gebunden sind: sie wurden ohne Zweifel alle gesungen: aber sie bestehen auch sämtlich aus Strophen, die meisten aus vierzeiligen [1], aus andern der Leich vom heiligen Georg und der von Kaiser Otto dem ersten, deren richtige Abtheilung in Hoffmanns Fundgruben 1, 11. 340 verfehlt worden ist.[2] Ausdrücklich spricht von Gesang nur Otfried: fromme Personen begehrten von ihm, zur Erholung von dem unziemenden Laiengesang, *huius cantum lectionis.* Auch ist 1, 5, 3. 4 eine Strophe in der Heidelberger Handschrift mit Musiknoten versehn. Noch im zwölften Jahrhundert finden wir

---

[1] So selbst die Verschen poetischer Schreiber, wie die zwei Strophen des Freisinger Presbyters Sigihard am Ende von Otfrieds Evangelienbuche, und die zwei welche neulich Schmeller bekannt gemacht hat (Anzeiger für Kunde des deutschen Mittelalters, 1833, S. 176). Das alte Lied auf Petrus (Docens Miscell. 1, 4) fügt den vierzeiligen Strophen *Kyrje êleison Christe êleison* hinzu, wodurch sie sechszeilig werden. Dieses Lied, meint Graff (zu Otfried S. vi), sei vielleicht von Otfried. Docen hatte (Zusätze zu den Miscellaneen, 1809, S. 21) dies aus dem beiden gemeinschaftlichen Langverse zu folgern nicht gewagt. Otfried würde die Formen *farsalt* und *ginerjan* im Reim nicht gesetzt haben: er sagt *firselit* und *ginerjen*. Und einen andern otfriedischen Langvers findet man auch im Muspille.

[2] Den deutschen Versen aus dem elften Jahrhundert in Aretins Beiträgen 7, 292. 293 kann man, vielleicht nur weil sie vereinzelt sind, die strophische Form nicht ansehen. Sie sind aus einer nach Art der sangallischen Kategorieen lateinisch und deutsch abgefassten Logik und Rhetorik, die Wackernagel, wie er mir schreibt, in der Bibliothek der Wasserkirche zu Zürich gefunden hat (C $\frac{1}{4}\frac{2}{6}\frac{1}{2}$) Dazu stimmt auch Docens Angabe von der Münchner Handschrift, die ein Auszug aus jenem Werke sein wird: denn dass es virgilianische Glossen seien, ist ein leicht erklärlicher Irrthum J. Grimms (deutsche Gramm, erste Ausg, 1, lxiii), den aber Hoffmann (Fundgr. 1, 15), indem er mit lächerlichem Nachdruck auf Aretins Beiträge verweist, nicht hätte wiederholen sollen.

ein Gedicht auf die Jungfrau Maria in Strophen aus drei Paaren kurzer Verse, jedes Mahl mit der angehängten Schlusszeile *Sanctâ Mariâ,* und unter dem Namen Dietmars von Ast (12. 13 *C*) zwei nicht einmal ganz gleich lange Strophen aus kurzen Reimpaaren, unstreitig für den Gesang. Ja noch weit später haben Walther (87, 1) und Neidhart (MS. 2, 82ᵃ) vierzeilige Strophen
ganz wie die otfriedischen gebildet, doch mit bestimmter Ab- 109 (5)
wechselung der stumpfen und klingenden Reime: und Neidharts Lied, welches anhebt *Ein altiu vor den reien trat,* ist ohne Zweifel selbst ein Reie, der gesungen ward, wie gewiss alle Lieder in kurzen Reimpaaren.

Hingegen kurze Reimpaare ohne strophische Abtheilung, der Inhalt der Gedichte sei auch noch so verschiedener Art, sind ganz sicher im zwölften und dreizehnten Jahrhundert nur gesagt und gelesen. Es versteht sich dass dies auch alsdann geschah wenn die letzte Zeile der Absätze länger war, wie meist in Crescentia, oder wenn die Absätze auf drei Reime ausgiengen, welches man schon in dem Bruchstück einer sehr alten Legende findet[1]. Dass in Wernhers Maria S. 184 über der Schlusszeile *Gloria in excelsis deo* Gesangnoten stehn, wird der Regel keinen Abbruch thun; eben so wenig wenn Ulrich von Lichtenstein jeden Absatz seines dritten Büchleins mit einer daktylischen Zeile schliefst, den letzten aber noch aufserdem mit einem ganzen Abgesange des mitgesandten Liedes, den er offenbar wollte gesungen haben, (Frauendienst S. 183)

in allen mînen leiden
trowe ichz dar zuo bringen,
daz mir helfen singen

---

[1] In Graffs Diutisca 2, 297 ff. Ich weifs nicht warum Graff es ein Gebet nennt, und Hoffmann (Fundgr. 1, 260) sagt es sei *vielleicht* eine Legende. Oder ist würklich der Schluss des Fragments nicht so deutlich als er mir, mit Ausnahme des letzten Wortes, scheint?

Dô der heidine man
sô verre wart gehôrsam
mit gloube und mit pihte
und er alsô wârliche
sine sünde begunde ruegen,
do enphieng in der gotes sun,
dô hiez ern toufen . . . . . .

Die drei Reime hat Hoffmann auch S. 266 nicht angemerkt.

friund unde vînd offenbâre
'Trôst mîner jâre
daz ist ir schouwe, si frouwe, zewâre:
mich sol ir lachen vrô machen, si schœne, si clâre.'

In allen gewöhnlichen kurzreimigen Gedichten, von der Be-
110 (6) arbeitung mosaischer Geschichten[1] an (denn ich kenne keines das älter aussähe), wird man zwar überall finden Ich sage, Ich rede, Ich spreche, oder Ich lese, aber niemahls Ich singe. Wenn auch Wernher von Tegernsee der heiligen Jungfrau Lob und Gesang zu mehren wünscht (S. 3), so nennt er doch sein Lied nicht so. Für den Gesang habe ich nur zwei wenig beachtenswerthe Zeugen. In dem lächerlichen Gedicht eines Mönchs aus dem zwölften Jahrhundert, vom ungenähten Rock Christi, von dem nur ein Druck vom Jahre 1512 und eine Handschrift von 1477 bekannt ist, heifst es zu Anfang (Fundgruben 1, 214)

Nun wil ich mir selber beginnen
Und wil von dem hayligen grawen rock singen,

oder ganz ohne Sinn

Von dem grawen Rock sprechen do singen.

Im Laurin findet man am Schlusse, nach den Drucken des Heldenbuchs und nach der Handschrift zu Strafsburg (Schilters *thesaurus* 3, xxxix), *Heinrich von Ofterdingen dise âventiur gesungen hât.* Aber eine ältere Handschrift, wie entstellt auch Herr Ettmüller ihre Leseart hier und überall gegeben hat, scheint, wenn ihm irgend zu glauben ist, nicht *gesungen* zu haben, sondern, was keinen Anstofs giebt, *getihtet.* Vielleicht auch wird gar nicht die Darstellung in kurzen Versen dem Liederdichter zugeschrieben: der Auszug in Nyerups *Symbolis* S. 1–48 deutet auf ein Gedicht in dem alterthümlichen Ton des zwölften Jahrhunderts.

Sehr oft haben die Dichter in Büchern oder Mären ihr Sagen dem Gesange entgegengesetzt. So Wernher der Gartenære in seiner wackern Erzählung vom Meier Helmbrecht (Z. 217), *her Nîthart, und solt er leben, dem hete got den sin gegeben, der kunde ez in gesingen baz dann ich gesagen.* Wolfram von Eschenbach

---

[1] Dass der Verfasser, wie Hoffmann (Fundgruben 1, 212) sagt, alle fünf Bücher Mose übersetzt hat, ist wenig wahrscheinlich. Früher als von Denis sind Proben gegeben in den hamburgischen Unterhaltungen 8, 298.

sagt in einem Märe (Parz. 337, 5), hier werde man finden dass er von Weibern besser gesprochen, als er einer zum Hohn gesungen habe: *ich kunde wiben sprechen baz denne als ich sanc gein einer maz.* Aber ich wüste nicht dass irgendwo Veranlassung wäre einer Gattung von lyrischen Liedern oder Leichen, oder
auch nur einzelnen darunter, den Gesang abzusprechen. Auch III (7)
von den Sprüchen, wenn es anders richtig ist sie als eine besondere Gattung zu betrachten, sagt Simrock (zu Walther 1, 175) mit Recht, sie seien wahrscheinlich gesungen worden. Rudolf von Ems deutet im Wilhelm von Orleans auf einen Spruch Walthers von der Vogelweide (102, 1) und bedient sich beider Ausdrücke, Sagen und Singen, (Altd. Museum 1, 563) *nû sît ir doch ein ander gram, frou minne und ouch diu kintheit, als uns meister Walther seit von der Vogelweide: der sanc daz ir beide wæret gar ein ander gram.* Ja in einer Spruchweise sagt Walther sogar (19, 37) *wol ûf, swer tanzen welle nâch der gigen!* man müste denn sagen es sei nur die Aufforderung zum Tanz, der dann in einer andern Weise sollte gesungen und getanzt werden.

Höchst merkwürdig ist aber dass in den ausgebildetsten Darstellungen deutscher Sagen in strophischer Form, in den Nibelungen und im Alphart, und dass ich gleich ein Gedicht mit nenne dessen Strophe nur eine Variation jener ist, in Kûdrûn, nur das Sagen und durchaus kein Singen vorkommt, dass auch auf epischen Gesang niemahls die älteren kurzreimigen Gedichte der deutschen Heldensage, wie die Klage und Biterolf, deuten, und eben so wenig die Dichter aus der Blütenzeit der mittelhochdeutschen Poesie. *Swaz man von Etzeln ie gesprach*, sagt Wolfram, und *ich hær von Witegen dicke sagn,* ganz wie der Dichter der Klage (80) und des Biterolfs (10590) *in ist daz dicke wol gesagt, wie Etzel* — und *swie dicke Witege het getân daz man für wunder hât geseit,* und wie der frühere Lamprecht im Alexander, wo er sich auf Kudrune Sage bezieht, (W. Grimm, deutsche Heldensage S. 330) *von einem volcwîge hôre wir sagen.*

Gleichwohl ist nicht nur erweislich dass in Kürenbergs Weise, die wenigstens dem Maſse nach der epischen Strophe gleich ist, kurz vor unseren Nibelungeliedern gesungen ward: ein Mädchen sagt (MS. 1, 38b)

Ich stuont mir nehtint spâte an einer zinnen:
dô hôrt ich einen ritter vil wol singen

in Kürenberges wîse al ûz der menigîn.
er muoz mir diu lant rûmen, ald ich geniete mich sîn.

Sondern, wenn auch Gottfried von Viterbo, dessen *chronicon* bis 1186 reicht, sich nur des unbestimmten Ausdrucks *narrare* bedient (16, 281 oder 409), *Theodericum filium Theodemari scilicet Veronensis, de quo Teutonici saepissime miram narrant audaciam,*
112 (8) kaum zehn Jahr vor den ältesten der uns erhaltenen Lieder und nicht dreifsig vor ihrer Sammlung giebt der Kölner Geistliche der das Gedicht auf Erzbischof Hanno, ohne Zweifel um die Zeit der Aufhebung der Gebeine des Heiligen 1183, dichtete[1], ein unverwerfliches Zeugniss von epischem Volksgesang,

Wir hôrten ie dicke singen
von alten dingen,
wi snelle helide vâhten,
wi si veste burge brâchen,
wi sich lîbin winiscefte schieden,
wi rîche künige al zegiengen.

Früher, um nur einiges zu erwähnen, kommt gegen 1126 (W. Grimm, deut. Heldens. S. 36) von Hermaurich Dietrich und Attila neben dem Sagen als eine andere Art des Vortrags das Singen vor, *vulgaris fabulatio et cantilenarum modulatio.* Gegen 1025 (W. Grimm S. 32) spricht ein Mönch zu Quedlinburg von Dietrich von Bern, *de quo cantabant rustici olim.* Die alten Lieder die Karl der Grofse schreiben liefs, waren nach Einhart solche *quibus veterum actus et bella canebantur,* obgleich die Geschichte von Hildebrand und Hadebrand der Dichter oder der Aufzeichner nur, wie er sich wenigstens ausdrückt, sagen hörte. Aber noch mehr, selbst in der blühenden Zeit der höfischen Poesie kommt doch ein einziges Mahl auch Gesang von Siegfrieds Jugendgeschichte vor, in der lassbergischen Bearbeitung der Nibelungenoth, die mit Wolframs Wilhelm gleichzeitig sein muss, (166) *E daz der degen küene volwüehse ze man, dô het er solhiu wunder mit sîner hant getân, dâ von man immer mêre mac singen unde sagen.* Und [wenn Ulrich von Lichtenstein im Frauendienst 112, 10 vom Singen der Thaten alter Helden spricht, so

[1] Ich sehe nicht worauf sich Herrn Hoffmanns Meinung gründet (Fundgruben 1, S. 251) das Annolied sei älter als die Kaiserchronik. Die Kaiserchronik spielt (daselbst S. 251) auf die Ermordung Erzbischof Arnolds von Mainz im J. 1160 mit den Worten an *noch halden sie den alden site.*

kann er nur Lieder von deutschen Sagen meinen, *ez si guot ritters site, die gerne hœren bi ir tagen singen lesen unde sagen waz hie vor die biderben man durch werde vrowen haben getân.*] In der Zeit des Interregnums [1] verlangte man von dem Marner, statt seiner Lieder, Gegenstände der epischen Poesie, und nach 113 (9)
seinen Worten muss man denken Gesang, nicht bloſs gesprochene Märe. *Sing ich den liuten mînin liet, sô wil der êrste daz, wie Dietrich von Berne schiet —: sô wil der vierde Eggehartes nôt, der fünfte wen Kriemhilt verriet —: sô wil der ahte dâ bî niht wan hübschen minnesanc.* Dann in den späteren Gedichten von deutschen Sagen, deren einige noch in das dreizehnte Jahrhundert zu fallen scheinen, wird der epische Gesang nicht selten erwähnt. Im Otnit (2) *Swer nû mit ganzen fröuden bi kurzwil welle wesen, der hâze im von dem buoche vil singen unde lesen.* Im Wolfdietrich *Hie mugt ir gerne hœren singen unde sagen,* und wiederum (W. Grimm, deut. Heldens. S. 228. 379) *als irz noch hiute hœret singen unde sagen.* In Dieterichs Flucht 2485 *daz ist der Bernære, der mit maneger manheit al diu wunder hât bejeit, dâ von man singet unde saget.* Der gröſsere Rosengarten fängt an *Waz man von richen künigen singet unde seit!* und diese Formel *man singet unde seit* wiederholt sich noch drei Mahl (24. 574. 1454). Im vierzehnten Jahrhundert — [Liedersaal 3, 563 (W. Grimm Heldens. 279) *Ez reit ûz Berne, als man uns seit, her Dieterich von Berne. dâ von könt hie gerne harpfen unde rotten*] — konnte man also wohl wieder mit Recht sagen was der Chronik von Mölk beigeschrieben ist (*Pez. scriptor. Austr.* 1, p. 194: vergl. p. 165), *Multa de ipso* (von Dieterich) *cantantur:* und auch *quae a ioculatoribus sunt conficta* ist wenigstens insofern wahr als dieser Gesang deutscher Sagen den Spielleuten zugeschrieben

[1] Wackernagel (Die Verdienste der Schweizer um die deutsche Litteratur, Basel 1833, S. 30, N. 30) schreibt dem Marner, ich weiſs nicht aus welchem Grunde, die erste Strophe des Anhanges der Heidelberger Handschrift 350 (1d) zu, deren Verfasser unter den verstorbenen Dichtern seinen Meister von der Vogelweide nennt und seinen Freund von Sanct Gallen. Da der Marner auch MS. 2, 173a Walthern seinen Meister nennt, so muss er schon gegen 1230 gedichtet haben, aber in seinem langen Tone gewiss erst später, in welchem er (MS. 2, 174a b) den jungen Kouradin besang, und zwar, wie ich aus der Zeile *verdienet Ackers künicrich und ouch Ceciljen lant* glaube schlieſsen zu dürfen, erst nach Manfreds Tode (1265) oder als er 1268 nach Italien gieng.

wird. Denn dafür haben wir noch andre und bessere Zeugnisse. Der Sachse welcher dem Herzog Kanut von Schleswig, um ihn zu warnen, Grimhilde Verrath vorsingen muste, im Jahr 1132, war ein Sänger von Gewerbe, *arte cantor* (Saxo Gramm, 13, p. 239). Um die Mitte des dreizehnten Jahrhunderts, vielleicht noch etwas später, hörte der Dichter des Titurels die Blinden, also die Strafsensänger, von Siegfrieds Kampf mit dem Drachen singen. Der Marner, der als ein alter blinder Mann ermordet ward (Rumelant 285 *J*), früher als 1287, war auch ein Fahrender oder Gehrender, der oft über die Unmilde der Herren zu klagen hatte und nur noch selten den höfischen Minnesang anstimmte. Die nordische Saga Dietrichs von Bern (S. 3 Rafn) gründet sich zum
114 (10) Theil auf die deutschen Gesänge womit man reiche Männer ergetzte. Nach der ungelehrten Sage im Anfang des Wolfdieterichs bekam eine Äbtissinn ein Buch, und lehrte es zween Meister: *die funden disen dôn dar zuo, si brâhtenz in die cristenheit, nâhe unde verre fuorens in diu lant, si sungen unde seiten: dâ von wart ez bekant.* Und eine bestimmte Classe von strophischen Dichtungen deutscher Sagen, die in der Berner Weise oder in Herzog Ernsts Ton, sind, so früh wir etwas von ihnen erfahren, das heifst freilich kaum in der classischen Zeit, gesungen worden. So spottet Konrad von Würzburg *alsus kan ich liren, sprach einer der von Eggen sanc,* wodurch er deutlich genug das Singen Sagen und Saitspiel eines Fahrenden bezeichnet. Herrn Eggen Tod kommt unter den Gesängen vor die vom Marner begehrt wurden. In Ecken Liede heifst es, schon nach der ältesten Handschrift, der lassbergischen, (106) *sich pruoft ir beider herzeleit, daz man noch singet unde seit.*

Sollen wir also vielleicht sagen, die fahrenden Leute sangen freilich epische Lieder, aber das Gedicht von den Nibelungen, Alpharts Tod, Kudrun, gehören der höfischen Poesie an? So würde doch wenigstens die Meinung von der Einheit des Dichters der Nibelungenoth etwas scheinbarer unterstützt als ihre Vertheidiger es für nöthig gehalten haben. Allein warum hörte denn zu derselben Zeit niemand, soviel wir wissen, von Dieterich oder von Etzeln singen? Und sagten oder lasen in jener Zeit die fahrenden Leute nicht eben sowohl als sie sangen? Allerdings, sie sagten und lasen auch, wie ich sogleich zeigen werde. Man wird also gewiss, statt der Volkspoesie Werke abzusprechen die deutlich ihren Stempel tragen, weit wahrscheinlicher, in der Zeit wo, nach vollendeter Trennung der Edeln vom Volke, die Blüte und der schnelle Verfall der Poesie aus dem Gegensatze der höfischen und der bäurischen sich entwickelte, auch in dem Vortrage der erzählenden Gedichte eine der höfischen Bildung entsprechende Veränderung annehmen, dass sie nämlich nun mehr gesagt und vorgelesen als gesungen und vermutlich nicht einmahl vorzugsweise von den Fahrenden vorgetragen wurden; welches sich dann bei dem Verfall des Ritterthums wieder umgestaltete, so dass der verwildernde Gesang der bäurischen und bürgerlichen Sänger die Oberhand gewann.

Dass andre als die Volkssänger, dass namentlich Schreiber Gegenstände der deutschen Heldensagen vorgelesen, kann ich
zwar nur mit einer Stelle beweisen, die aber genügen wird. In 115(11)
den Nibelungen heifst es (2170) *Dô si den margrâven tôten sâhen tragen, ez enkunde ein schrîber gebriefen noch gesagen,* so könnte kein Schreiber schreiben (wenn man lieber will, auch dichten, *prüefen*) oder lesen, *die manegen ungebærde von wîbe und ouch von man, diu sich von herzen jâmer aldâ zeigen began.* Denn hier wird bestimmt gesagt dass der Vortrag dieser Sage einem Schreiber zuzumuten sei: es ist nicht eine allgemeine Hinweisung auf das altübliche Vorlesen der Schreiber, wie z. B. bei Otfried (Evangelium 1, 20, 23), der ohne Zweifel lateinische Geschichtbücher meint, wenn er bei dem Kindermorde zu Bethlehem sagt

Wig was ofto manegaz joh filu managfaltaz:
ni sah man io, ih sagên thir thaz, thesemo gilichaz.
Iz ni habênt livolti, noh iz ni lesent scribarâ,
thaz jungera worolti sulih mort wurti.

Andre Erzählungen, die nicht die deutschen Heldensagen betrafen, wurden, aufser von Schreibern, auch von den Rittern selbst vorgelesen. Im Meier Helmbrecht erzählt der alte Bauer, wie er als Knabe von seinem Vater mit Käse und Eiern zu Hofe gesandt worden sei und die Ritter der guten alten Zeit gesehn habe. Nach dem Tanz, sagt er, vergnügten sie sich auf allerlei Art, Z. 958

sô gie dar einer unde las
von einem, der hiez Ernest.
swaz ieglich aller gernest
wolde tuon, daz vander.

sô schôz aber der ander
mit dem bogen zuo dem zil.
manger fröuden was dâ vil.

Das Gedicht ist um das Jahr 1240 gemacht[1]: den jungen Bauern-
16(12) sohn, den Dieb Helmbrecht, setzt der Dichter als gleichzeitig: des Alten Knabenzeit wird mithin wohl in die ersten Jahre des dreizehnten Jahrhunderts fallen. Damahls las man also noch bei Hofe die alten *schopfbuoch* (Exemplare des Gedichts) von Herzog Ernsten, wie sich der uns und dem Jacob Püterich (Ehrenbrief 108) unbekannte Verfasser der neueren Bearbeitung ausdrückt (Z. 103), der, wahrscheinlich mit Unrecht, Heinrichen von Veldeke für den Dichter des alten hielt[2]: und dies, welches schon 1180 Graf Berthold von Andechs zum Abschreiben von Bischof Ruprecht von Tegernsee begehrte, also ein in damahls schon veraltetem Ton geschriebenes Werk, lasen, wie der Zusammenhang der Rede und zumahl die Worte *der eine* und *der ander* zeigen, die edeln Ritter selbst vor. Eben so ist vielleicht

---

[1] Es ward, zufolge der oben angeführten Worte, nach dem Tode Neidharts, welcher über das Jahr 1231 hinaus lebte, und noch bei Lebzeiten nicht nur Kaiser Friedrichs II sondern auch Herzog Friedrichs des Streitbaren, gedichtet. Z. 413 sagt der übermütige Bauer *ez næme der keiser für gewin, vieng ich in niht und züge in hin und beschatzte in unz an den slouch, und den herzogen ouch, unde etslichen graven: über velt wil ich draven.* Der Herzog von Österreich ist gemeint, wie die Scene überhaupt in Niederösterreich und zwar in Manhardsberg gesetzt wird. Z. 188 *ez hât selten solhen vlîz an sînen warkus geleit dehein gebûre der in treit, noch sô kostenlîchiu werc, zwischen Hôhensteine und Haldenberc,* d. h. zwischen Hohenstein an der Krems und Hakenberg an der mährischen Grenze. In der Berliner Handschrift (*Mss. germ. fol.* 470) lauten zwar beide Stellen anders, aber gewiss nicht echter; — *und züg in hin, den herzogen und etlich graven: über eke wil ich draven* —, und *zwischen Wels und dem Trûnberc.* Das wäre weit mehr westlich in Oberösterreich.

[2] Dass dies der Verfasser meinte, sagt dem Unbefangenen Z. 2176, vergl. mit 2049 ff.: und um dies zu sehen bedurfte es des in Hoffmanns Fundgr. 1, 228 ff. gedruckten Fragments des alten Gedichtes nicht. Wenn aber Hoffmann S. 227 meint, ohne das alte Bruchstück habe eigentlich alles Untersuchen und Streiten nur zu Mutmaſsungen und Wahrscheinlichkeiten führen können, warum hat er sich denn die Untersuchung des glücklich aufgefundenen alten Stückes erspart, und nur gesagt, Heinrich von Veldeke könne der Verfasser desselben sein? Es ist höchst unwahrscheinlich dass er es sein kann, er müste denn in der Eneide Stil und Kunst durchaus verändert haben. Auch von den Eigenthümlichkeiten seiner Sprache kommen die auffallendsten in dem Bruchstücke nicht vor.

eine ähnliche Stelle in dem Gedicht Heinrichs von dem Türlin, der Aventiure krône oder wie er es selbst nennt, diu Krône, zu verstehn, obgleich man sie auch auf die Fahrenden oder auf das bloſse Erzählen beziehen kann.

man sach ûf dem palas
maneger wis kurzwile.
toppel unde mile
sach man in richer koste dâ.
sô sâzen zwêne anderswâ
und spilten zabels ûf dem bret.
der ritter ieglicher tet
swaz er selbe wolde.
dise retten von solde, 117 (13)
ene von der hôhzit.
dort was von den vrouwen strit,
welhiu dâ diu beste wære.
sô sâzen videlære
mit ir künste disen bi.
dort wâren vier oder dri
die seiten âventiure.
beidiu floit und tambiure
allen (al?) gemeinlichen hal
in der bürge und in dem sal.
dâ wonte fröude âne zal.[1]

Wie jene Nachricht in den Anfang, so fällt dieses Werk, das Heinrich vom Türlin nach einem mir unbekannten von Christian von Troyes dichtete, in die spätere Zeit der gebildeten

[1] [Auf Erecs Hochzeit 2150 ff. *dar zuo freute in den muot daz vil süeze seitspil und ander kurzwile vil, sagen unde singen und snelleclichen springen. dâ was aller künste kraft, von allen ampten meisterschaft. die aller besten spilman die diu welt ie gewan und die meister wârn genant* u. s. w. Vorher schon zu S. 114 (10) hat Lachmann oben am Rande angemerkt ? *manec wol sprechender spilman.* Erec 2198. — Leben Jesu Fundgr. 1, 136, 31 ff. von Philippus Tochter *di zôh er mit êren. er hiez si vil wol lêren wunders alsô vil, daz chunichlich (?) saitspil. si sprauch als ein spilwip. vil gerüege was ir lip.* Dann 138, 25 *zuo der wirtschefte. die begiench er mit chrefte, mit spil und mit sange* .... 33 *dô wart diu tohter für geladet. vil wol spilt diu maget, si begunde wol singen, snellichlichen springen, mit herphin und mit lŷren in chunichlichem gerwe vor aller der menige.* — Renner 10803 *Nu wê der werlt von crgerungen, die* *schandelcich* (es steht *schendelich*) *uns habent gesungen.*]

höfischen Poesie. Rudolf von Ems erwähnt Heinrichs unter den Dichtern aus den Zwanzigern in seinem Alexander (Docen im altd. Museum 1, 173, Hagens Minnesinger iv, 867), welchen Docen (das S. 158) um das Jahr 1230 ansetzt; und freilich ist er noch bei Lebzeiten des Strickers, also früher gedichtet als der Wilhelm von Orleans, der nach Docen (das. S. 461) bald nach 1242 fällt. Dass sie singen und sagen konnten, ward von Rittern verlangt: es ward auch getadelt. *Swer tihtet singet oder sprichet, 'wart wie vil derz houbet brichet'. sô hœrt man lihte etlichen klagen, kan er weder singen noch sagen: man giht er sî ein swærer helt* (Müller 3, xxviii[a]). Im Iwein Hartmanns von Aue (6455) liest eine Jungfrau ihren Eltern ein welsches Buch vor. Im Wigalois Wirnts von Gravenberg (2713) liest eine Magd vor der Königstochter von Persia das Märe von Äneas, *als ez in ofte ist geseit.* Eine Verwandte Ulrichs von Lichtenstein las seiner Geliebten seine neuen Lieder vor (Frauendienst S. 9). Dass aber Frauen nach der mitgesandten Weise Lieder, ohne mündlichen Unterricht, selbst singen konnten, habe ich nicht gefunden. [Doch liest Ulrichs Geliebte *wis unde wort* (Frauendienst S. 149)]. Nach einer sehr dunkeln Stelle Heinrichs von dem Türlin scheint es eine Winterbelustigung der Weiber zu sein dass *einiu sagt diu ander singt,* wo aber mit dem *sagen* wohl das bloſse Gespräch wird gemeint sein. Als die trunkenen Bürger, erzählt der Freudenleere in seinem Gedichte, der Wiener Meerfahrt 8, 1 (Kolocz. Codex S. 61), sich zu ihrer Fahrt in das heilige Land entschlossen hatten, *dô huob sich singen unde sagen,*
18 (14) *daz diu loube,* in der sie tranken, *mohte wagen von dem grôzen schalle:* er redet von dem tobend lauten Singen und Sprechen.

Von den fahrenden Leuten wird zwar gewöhnlich nur das Singen oder Fiedeln erwähnt, Fiedler und Singer, oder auch zusammen *singen sagen seitspil.* Dies, heiſst es in einer Klage aus der Mitte des dreizehnten Jahrhunderts (Heidelb. Hds. 341, Bl. 333), *der gernden kunst* bezahlten die Herren zu Österreich hievor ohne Maſse, mit hohen Raveiten und guten Kleidern: man führte sie zu den Frauen, und lieſs sie Ritter sehen zu Turnei und zu Ritterschaft: jetzt lohnt man ihnen nicht mehr. Aber in der Beschreibung einer Schwertleite, die das Gedicht von Dieterichs Flucht enthält, kommen gesondert vor (681) *maneger hande liute, gîger singer unde sagen,* wo auch das einfache Substantivum *der sage* zu bemerken ist, welches ich anderswo gelesen zu haben mich nicht erinnere: und das Sagen der Fahrenden wird auch sonst noch besonders erwähnt und von dem Singen getrennt. Ich gebe zwar zu, wenn Widukind von Corvei (1, p. 636 *Meibom.*) erzählt, Herzog Eberhard von Franken, der Bruder König Konrads I, sei 912 bei der Eresburg von den Sachsen so geschlagen, *ut a mimis declamaretur ubi tantus ille infernus esset qui tantam multitudinem caesorum capere posset*, so mag hier *declamare* wohl nur ein gezierter Ausdruck für *canere* sein. Eben so wenig Sicherheit giebt das Wort Ottos von Freisingen (*chron.* 6, 15), *in vulgari traditione in curiis et compitis hactenus auditur*, wodurch zwar die Poesie der Fahrenden deutlich, aber nicht so gewiss bloſses Sagen, bezeichnet wird: wenigstens hörte mehr als hundert Jahr vor ihm Eckehard IV (*Pertz. script.* 3, 83) dieselbe Geschichte, den Verrath Hattos von Mainz an dem babenbergischen Adalbert, sagen und singen, *vulgo concinnatur et canitur*. Auch wird man vielleicht sagen, das Zeugniss Heinrichs vom Türlin, der nachdem er ausführlich von Fiedlern und ihren Instrumenten gesprochen hat, dann hinzusetzt *fabel unde mære die fabelierære begunden sâ zehant sagen*, verliere durch den französischen Namen für den Sagen, *fabloieres*, seine Beweiskraft. Aber im Willehalm von Orense Ulrichs von Türheim (132[d]) werden unter einer Schar Knappen, die etwas zu verdienen gekommen sind, unterschieden welche sagen, welche singen, welche spielen können.[1]

nû volget mîner lêre.
er sage od künne singen
od daz im suoze erklingen
sîne wol gerihten seiten, 119(15)
die endurfen hie niht beiten:
vart sam mir ze lande. —
der vart ich in sô lône,
daz si iuch niht geriuwet.
mîn stæte iuch des getriuwet,
ich fülle in gar die malhe,
swie es niht pflegent die Walhe
daz si iht geben durch keinen schal.

[1] [*ein singer* — *ein buochsager* Helbling 2, 1111. 1117.]

Und leicht früher als in diesem Zeugnisse, das in die letzten Vierziger des dreizehnten Jahrhunderts fällt, kommt im Laurin zuerst beim Empfang der Gäste das Singen und Musicieren der zwergigen Spielleute vor: desgleichen bei Tische hört man den Klang von Stimmen, Saiten und allerlei Spiel: aber nach dem Essen, zur gewöhnlichen Zeit der Belustigungen und namentlich auch des Vorlesens und Sagens, wird das Sagen, das vorher beide Mahl fehlte,* ausdrücklich genannt und also wohl von dem Singen und dem Saitenspiel unterschieden (S. 28) *dô die tische wurden ûf gehaben, beidiu singen unde sagen huop sich vor den fürsten vil, dar nâch manec seitenspil.* Auch von dem Kampf Dietrichs mit Ecken, den doch ganz besonders die Fahrenden besangen, hat Hugo von Trimberg arme Spielleute für freie Zeche sagen gehört, wenn ich seine Worte (W. Grimm, deutsche Heldensage S. 171) nicht etwa zu streng deute, *der von hern Dietrîch von Berne gesagen kan und von hern Ecken und von den alten sturmrecken, vür den gildet man den wîn.* Den vollsten Beweis aber von dem Lesen der Spielleute giebt ein Gedicht, in welchem sie selbst, freilich nur mit ihrem Gesange, eine gröſsere Rolle spielen als in irgend einem andern, und das sicherer als andere für das Werk eines volksmäſsigen Dichters aus dem niederen Stande zu halten ist, besonders wenn man sich erst überzeugt hat aus welcher Zeit es sei. Ich meine das erzählende Gedicht von Salmân und Môrolt. Man hat mit Recht angenommen dass es älter sei als die eschenburgische Handschrift von 1479 und der Straſsburger Druck von 1499, auch als die neuerdings aufgefundene Handschrift (Graffs Diutisca 2, 63), vermutlich (S. 59) von 1419. Eschenburg meinte (Denkmähler S. 148) es sei wenigstens in das vierzehnte Jahrhundert zu setzen, Herr von der Hagen (Einleitung S. xxııı) es gehöre wahrscheinlich ins Ende des dreizehnten oder den Anfang des
120 (16) vierzehnten [1]. Mehr konnte man 1799 und 1808 nicht verlangen: aber es befremdet dass noch 1830 Koberstein (Grundriss zur Geschichte der deutschen Nationallitteratur S. 60) sich mit bloſsen

* Im Laurin treten vor Tische zuerst 1033 vor die Fürsten *zwêne fidelære* und fiedeln, dann 1041 *zwêne wol singende man, zwêne guote sprechære. hovelîchiu mære si sungen vor den fürsten vil.* K. M.

[1] [Es wird im xɪv Jahrh. citiert. Liedersaal 2, 637.]

Verweisungen begnügt, und Hoffmann (Fundgruben 1, 205 ff.) unter den Gedichten des zwölften Jahrhunderts dieses übergeht. Rosenkranz aber (Geschichte der deutschen Poesie S. 352) mischt unter die verkehrtesten Ansichten, die Prosa der Ehe sei darin dargestellt und König Salomo als verliebter Jude, die Versicherung, es gehöre noch dem dreizehnten Jahrhundert an; welches man bei einem andern leicht für eine versteckte Untersuchung halten könnte. Die höchst einfache Strophe des Gedichts, die alte otfriedische in welche nur noch ein kurzer Vers ohne Reim eingeschoben ist, finden wir in einem Liedchen (Docens Miscell. 2, 199) das, obgleich von Hoffmann ebenfalls übergangen, wohl noch in den Funfzigern des zwölften Jahrhunderts gesungen sein wird: denn der darin ausgesprochene Wunsch die Königin von England im Arm zu haben geht unstreitig auf die reiche schöne und leichtfertige Alienor von Poitou, die, 1124 geboren, auf dem Kreuzzuge von 1147 und 48 manchem Deutschen bekannt geworden und als Gemahlin Heinrichs II von 1154 bis 1201 Königin von England war. Später ist mir diese alterthümliche Strophe nicht vorgekommen: denn der eben so gemessene Volkston Neidharts (MS. 2, 81b) *Der meie der ist riche* hat nur klingende Reime. Die Erzählung von Salman und Morolt, mit ihren ungenauen Reimen, mit ihrer Reimarmut, mit der anmutig lebendigen aber zuweilen auch ungeschlachten Einfachheit ihres Tons, mit ihren ungelehrten geographischen und historischen Verwirrungen, wenn z. B. König David vor der alten Troja das Saitspiel erdacht haben soll (2506), muss man mit der gröſsten Bestimmtheit dem zwölften Jahrhundert und der schon nach Gelehrsamkeit strebenden aber noch nicht höfisch ausgebildeten Poesie zuschreiben. Und dieses Gedicht ward von einem Leser um Lohn vorgetragen. Vier Mahl (2416. 2799. 3314. 4128) wird die Erzählung abgebrochen, weil dem Leser erst muss ein Trinken gereicht werden. So, zum Beispiel.

Er gab im einen slac sô grôz,
daz imz bluot zen ôrn ûz flôz,
daz er viel nider ûf daz lant.
man engebe dem leser trinken,
er hât den tôt an der hant.

Oder auch so.

'Sô wil ich durch die künigin 121 (17)

alrêrste ougen liste mîn',
sprach der listige man.
daz kan tâlanc ergên:
der leser muoz trinken hân.

Wenn nun aber dieses Gedicht schon im zwölften Jahrhundert von Gehrenden vorgelesen ward[1], so werden wir ja wohl annehmen müssen dass sie in der Zeit der höfischen Ausbildung der Poesie auf gleiche Weise noch bessern Verdienst hatten, und die Gesellschaft zu Hofe ihre dem neuen Geschmack immer mehr angepassten epischen Lieder gern sagen hörte. Es mag daher wohl sein dass manche Theile des Gedichts von den Nibelungen, auch ehe man sie in ein Buch zusammenschrieb, nur gesagt und niemals gesungen sind; obgleich, wie wir vorher gesehn haben, der epische Gesang auch in der classischen Zeit nicht ganz zu leugnen ist, wenn er vielleicht auch mehr auf der Strafse als zu Hofe gehört wurde: denn es ist freilich merkwürdig dass der Umarbeiter dieses Gedichts und der Dichter des Titurels grade Siegfrieds Jugendgeschichte singen hörten, die in den Nibelungen und im Biterolf unverständlich und verkümmert ist und nachher märchenhaft ausgebildet ward.

Dieses noch immer dauernden und späterhin wiederum überwiegenden epischen Gesanges wegen war Märe und Gesang kein strenger Gegensatz, und Wolfram von Eschenbach konnte sprichwörtlich von der Melodie des Märes reden, (Parz. 475, 18) *ôwê werlt, — du gîst den liuten herzesêr unt riwebæres kumbers mêr dan der freud. wie stêt dîn lôn! sus endet sich dîns mæres dôn.* Hingegen den Titurel, den er selbst in einer frei gebauten Strophe zu dichten anfieng, hat er gewiss nicht für den Gesang bestimmt. Noch der Verfasser des jüngeren Märes von Titurel rechnet nur

[1] Wenn die vorher S. 112 angeführte *vulgaris fabulatio* von Hermanrich Dietrich und Attila nicht etwa blofs auf Erzählung im Gespräch sondern auf den Vortrag der Gedichte geht, so haben bereits in den ersten Jahren des zwölften Jahrhunderts die Fahrenden auch ohne Gesang gesagt. Derselbe Zweifel ist bei den *popularibus fabulis* in dem noch etwas älteren Zeugniss der 1118 von dem Abt Norbert zu Iburg verfassten *vita Bennonis episcopi Osnabrug.* (in Eccards *corpus historic.* 2, p. 2165); wieviel Benno, als Scholasticus zu Hildesheim, dem Bischof Etzelin 1051 in Kaiser Heinrichs III ungarischem Kriege genutzt, wie er ihn bei der grösten Hungersnoth erhalten habe, *populares etiamnum adhuc notae fabulae attestari solent et cantilenae vulgares.*

auf solche *die ez hœrren lesen* (s. zu Wolfram S. xxx): erst der 122 (18)
Fortsetzer gedenkt, nicht mit Unrecht bei den regelmäſsigen Strophen, auch des Gesanges, (40, 234) *die ez lesen und hœren, und der ez sage odr in dem dône singe.* Eben so singbar, wegen der durchgehend stumpfen Reime, aber gewiss nie gesungen, [auch nicht dazu bestimmt 592, 6. 9] ist der Frauendienst Ulrichs von Lichtenstein, den er 1255 in Strophen aus vier kurzen Reimpaaren dichtete. Der Lohengrin ist zwar an den Krieg auf Wartburg geknüpft und fährt in derselben Strophe fort: aber die Form ist dass Wolfram von Eschenbach erzählt, und von Gesang ist nicht mehr die Rede. Hingegen der Dichter der Rabenschlacht sang: (5) *Nu hœret michel wunder singen unde sagen:* sein Gedicht besteht aus einfachen aber sonst für epische Poesie nicht gebrauchten Strophen.

Über
den Eingang des Parzivals.

[Gelesen in der Akademie der Wissenschaften am 15. October 1835.]
Abhandlungen der Akademie der Wissenschaften zu Berlin aus dem Jahre 1835.
Berlin 1837. Philosophisch-historische Klasse.

227 (1) Wir finden bereits im dreizehnten Jahrhundert, ja noch bei Lebzeiten Wolframs von Eschenbach, wiederholte Klagen über die Dunkelheit der Rede in seinem Parzival: und auch jetzt wird ein noch so wohl vorbereiteter Leser dieselbe Klage zu führen genöthigt sein: er würde es sein, wenn auch bisher schon möglich geworden wäre die Mittel des Verständnisses zum leichten Gebrauch angeordnet hinzustellen. Zwar ist es mir immer vorgekommen als ob die feinen und scheinbar fern liegenden Beziehungen, welche der Dichter zu nehmen liebt, fast durchaus bequem aus den gangbaren Ansichten Bildern und Redeweisen der Zeit hervorgiengen, so dass sich ihre Veranlassung meistens sehr in der Nähe findet. Ich muss daher glauben dass ein Zuhörer, der in denselben Lebensverhältnissen und in ähnlichen Gedanken stand, auch dem rascheren Gange des gewandten und vielseitigen Dichtergeistes hat folgen können; dass in einer Zeit, deren Charakter in der Poesie eben das Hervortreten bestimmter einzelner Persönlichkeiten ist, der Dichter wohl hat ein folgsames Anschmiegen der Aufmerkenden verlangen können. Allein wenn auch in Wolfram von Eschenbach, durch die schärfste Eigenthümlichkeit und die höchste poetische Gabe unter den Gleichzeitigen, die Idee der kunstmäſsigen erzählenden Poesie dieser Zeit am herrlichsten erschienen ist, so kann es uns doch nicht erstaunen dass Hartmann von Aue neben ihm zwar nicht mehr bewundert aber offenbar mehr geliebt worden ist, weil er die allgemeine Anschauungsweise der Zeit nur mit der leisen

Färbung einer höchst anmutigen poetischen Individualität dar-
stellte. Wolfram hat denn auch selbst über seine Dunkelheit
gescherzt, (Wilh. 237, 11) 'mein Deutsch ist zuweilen so schwierig, 228 (2)
dass mir leicht einer zu wenig versteht, wenn ichs ihm nicht
sogleich erkläre: und so halten wir beide einander auf.'

mîn tiutsch ist etswâ doch sô krump,
er mac mir lîhte sîn ze tump,
den ichs niht gâhs bescheide:
dâ sûme wir uns beide.

Und seinen Tadlern antwortet er milde, mit Scherz und Anerkennung, (Wilh. 4, 19) 'Was ich von Parzival sprach, lobte mancher: auch waren viel die es tadelten — und ihre eigne Rede schöner zierten. Hab ich noch künftig Zeit, so will ich dann alles klagen was mir zu Leide geschehen ist, und was allen andern seit Jesu Taufe.'

ich Wolfram von Eschenbach,
swâz ich von Parzivâl gesprach,
des sîn âventiur mich wîste,
etslich man daz prîste:
ir was ouch vil diez smæhten
und baz ir rede wæhten.
gan mir got sô vil der tage,
sô sag ich mîne und ander klage,
der mit triwen pflac wîp unde man
sît Jêsus in den Jordân
durch toufe wart gestôzen.

Gewiss nicht in seinem Ton lässt ihn der Dichter des Titurels (Vorr. 19) sagen, die den Anfang seines Parzivals als zu unverständlich getadelt, seien

die trægen dâ man merket
und der witz die tunkel schende.

Aber auf Wolfram und auf den Eingang des Parzivals wird allerdings Docen den Tadel Gottfrieds von Strafsburg mit Recht bezogen haben, der von den Märejägern spricht, die wie Hasen umherspringen, die ihre Märe müsten von Ausdeutern herumtragen lassen: er habe nicht Zeit die Glosse aus den schwarzen nekromantischen Büchern herauszusuchen. Ja von dem Eingange des Parzivals hatten einige gesagt, der Dichter könne ihn selbst nicht erklären:

wan sümelîche jehende
sint, ich künn es selbe niht verrihten,

heifst es im Titurel (Vorr. 20), wo eben deshalb von den ersten
229 (3) 37 Versen eine Paraphrase gegeben wird, die uns im Einzelnen oft zur Führerin dienen kann, den Zusammenhang der Gedanken aber verfehlt oder doch allegorisch umdeutet. Den Lesern des achtzehnten Jahrhunderts suchte Bodmer, noch ehe die Ausgabe von Müller erschien, 1781 im zweiten Bande der Balladen S. 229-232 durch eine Übersetzung des ganzen Einganges die erste Hilfe und Anreizung zu geben: sie ist aber ungefähr eben so verfehlt wie sein Urtheil über das ganze Gedicht, (S. 202) 'Von der Einheit der Handlung hatte der Dichter keine Idee, doch einige Winke von der Einheit des Interesse. Man muss den Werth dieses Gedichtes in dem Gefühl des Herzens, in der Einfaltigkeit der Ausbildung und in einer zärtlichen Lebhaftigkeit des Poeten suchen, in Sachen, die in unsern verfeinerten Tagen Plattheit heifsen'.

Die Schwierigkeit des Einganges zum Parzival liegt zum Theil in der Form die der Dichter gewählt hat. Wie ziemlich alle Gattungen die im dreizehnten Jahrhundert ausgebildet erscheinen, schon im zwölften ihren Anfang haben, so sind auch von der älteren didaktischen Poesie nicht unbedeutende Proben übrig geblieben. Meistens ist darin die Betrachtung zusammenhangend, aber unterbrochen durch einzelne Sprüche; der Inhalt gewöhnlich mehr oder weniger geistlich, doch nicht durchaus. Besonders merkwürdig scheint mir ein von Herrn Hoffmann in seiner Litteratur der Gedichte des zwölften Jahrhunderts (Fundgruben 1, S. 260) übergangenes, das in Form eines Briefes, der selbst seinen Inhalt ausspricht (*Ich bin ein heinlîcher bote*), Lehren über die Minne giebt[1]. Aber man hat auch in Handschriften einzelne gereimte Sprüche oder mehrere unzusammenhangende gefunden, und der Pfaff Konrad in seinem Roland S. 13[a] bezeichnet ein altes Sprichwort als schon aufgezeichnet.

er rôrte thaz altsprochene wort.
jâ ist geschriven thort
'under scôneme scathe lûzet:
iz ne ist niht allez golt thaz tha glîzzet.'

---

[1] Nach dem Abdruck in Docens Miscellaneen 2, S. 306 wäre ein sorgfältigerer wünschenswerth.

In mehreren ganz verschiedenen Theilen der so genannten Kaiserchronik sind ganze Reihen von gereimten Sprüchen, die einen gemeinschaftlichen Inhalt und oft einen Fortschritt des Gedankens haben. Diese Weise, in der die Sprüche durch keine weitere Betrachtung ausgeführt werden, ist in erzählenden Gedichten eine beliebte Form der Belehrung. So ist in der Eneide Heinrichs von Veldeke die Lehre der alten Königin von der Minne (9711ff.), so im Parzival (127, 15. 170, 15) Herzeloiden und Gurnemanzes, [im Wigalois 11520 Gaweins] Rath. Das aber wird eine neue Anwendung dieser Form gewesen sein, dass Wolfram und Gottfried ihre Erzählungen mit solchen zusammengereihten Sprüchen anfiengen, und dass zwanzig Jahr später Freidank aus sinnreich geordneten Sprüchen, ohne ausführende Betrachtung, ein ganzes Lehrgedicht bildete.

Seine Sprüche hebt Wolfram an mit einer Vergleichung des Zweifels, der Untreue und der Treue, denen er bunte schwarze und weifse Farbe beilegt. 'Ist Zweifel eines Herzens Nachbar'. Die verwandten Ausdrücke sind in Menge vorhanden; *nâch gêndiu swære, ez lît dem herzen nâhe, klage ist übel nâchgebûr;* bei Ulrich von Türheim *min ouge daz an dir wol siht, daz freude ist din nâchgebûr.* Genau und vollkommen gleich aber ist bei Äschylus *γείτονες καρδίας μέριμναι.* Und damit man nicht etwa glaube dass Wolfram in diesem Bilde der deutschen Denkweise eine ihr fremde Richtung gegeben habe, so hat es auch ganz wörtlich derselbe Ulrich von Türheim, der zwar Wolframs heiligen Wilhelm fortgesetzt aber nirgend seine Redeweise nachgeahmt hat: seine vielen sprichwörtlichen Ausdrücke sind aus dem Volksgebrauch entlehnt.

si begunde vaste trûren,
zir herze nâchgebûren
nam si clegelichez leit.

Die Folge des nah am Herzen wohnenden Zweifels hat Wolfram auffallend stark bezeichnet, *daz muoz der sêle werden sûr.* Denn obgleich *muoz* weit schwächer ist als unser muss und nur den wahrscheinlichen natürlichen Erfolg bezeichnet, so hat doch der Dichter offenbar an die sauern Qualen der Hölle gedacht, wie ihn auch der Verfasser des Titurels versteht. Man muss sich erinnern, was Benecke zum Wigalois S. 468 bemerkt hat, dass der *zwivel,* im Gegensatze des *trôstes,* nicht selten das vollkommene Überschlagen in die Verzweiflung bedeutet, und daher in Beziehung auf Gott den Unglauben. In dem Ave Maria welches den Namen Konrads von Würzburg trägt, betrifft eine ganze Strophe den Zweifel in diesem Sinne. (Heidelb. Hds. 350, Bl. 52)

231 (5) *Avê Mariâ maget, wis ein urkünde*
uns für eine sünde,
diu uns sêre jagt
in daz lant des tôdes,
dâ Châm und Hêrôdes
sint mit grôzem jâmer gar vervallen.
Disiu leide sünde zwîfel heizet,
diu ûf jâmer reizet
naht und ouch den tac.
wê im den si twinget!
ze trûren si in bringet,
für daz honic birt sim niht wan gallen.
Swer sünde tuot dem vater, des entraht ich niht,
noch Jêsû, dem ûz erwelten kinde.
des genâde ist linde:
wol dem heil geschiht.
swer dem frônen geiste
mit dem zwîvel meiste
sündet, der mac niht mit gote schallen.

Der Stricker hat in einem seiner Beispiele (*Ein künic het zwei rîche*) eine Beschreibung des jüngsten Gerichts, und darin das folgende gewiss nicht aus eigener Erfindung.

Ein vierteil ist verfluochet,
daz ir got niht ruochet:
di hât der tiefel âne strît.
di habent gesündet alle zît
an den vil heiligen geist:
daz hazet got aller meist.
daz vierteil ist drîer slahte.
di einen sint in der ahte
daz si des ungelouben
nieman kunde berouben.
si ahten niht ûf unsern trôst,
der uns alle hât erlôst:

si dûhte gotes sun enwiht. 22 (6)
dâ von hilfet er in niht.
di andern sint zwîfelære.
di dûhte ir schulde sô swære,
daz ir nimmer möhte werden rât.
si wolden umb ir missetât
weder niemans helfe suochen
noch keiner gnâden ruochen.
di dritten di got niht wil,
di heten des glouben ze vil,
si getrûweten gote ze verre:
daz wirt ir græster werre.
si jâhen al 'wir glouben wol
daz got gnâden ist sô vol,
daz er uns alle wil bewarn:
wir sîn behalten swie wir varn.
sît Krist durch unsern willen starp
und uns daz himelrîche erwarp,
wes sule wir danne angest hân?
Krist hât die buoz für uns getân.'
di dri sint daz vierteil
daz der tiefel hât ân urteil.

Wolfram fasst aber den Zweifel mehr als ein Schwanken, nicht zwischen Gut und Böse, sondern zwischen *manheit* und *verzagen*, zwischen Vertrauen und mutlosem Zurücktreten. *Gesmæhet unde gezieret*, das heifst *smæhe* und *zierde* (denn so dienen die Participia Passiva statt der Abstracta) *ist swâ sich parrieret unverzaget mannes muot*, ist da wo die nicht weichende Tapferkeit sich mit der *zageheit*, dem feigen Zurückziehen, *parrieret*, färbt. So sind wir gezwungen *parrieren* zu übersetzen: Wolfram hätte, wenn er nicht der Mode des Sprachmengens allzusehr nachgab, für *parrieren* recht gut *undersniden* sagen können, *distinguere*. Das altfranzösische *barré, barratus*, bunt gemacht, lebt noch in *bariolé*, das ist *bigarré*. In einer Stelle des Titurels werden *jâmer* und *leit* dem *trûren* entgegengesetzt: jene sind unvermeidlich, das *trûren* (er meint das mutlose Verzweifeln) ist Sünde. (Tit. 34, 120. 121)

jâmer und leit sol witze und manheit üeben. 23 (7)
sô werdent, die dâ trûrent,

aller guoten dinge gar die trüeben,
Und siedent in unmuote,
dem zwîfel nâch gesellet.
ze keiner slahte guote
ist ir gemüete selten wol gestellet.
jâmer, leit, wis herzenhafte tragende:
dem hœhsten wol getrûwe,
daz trûren dich in zwîfel iht sî jagende.

Ähnlich führt nach einer Stelle in Laſsbergs Liedersaal (3, S. 30) unmäſsiges Leid zum Zweifel.

ich hân dicke unmæzic leit
umb daz daz mich ze got bereit (?).
swenn ez niht gât nâch mîner gir,
sô wæn ich got sî wider mir.
leit lip und leben krenket,
mit Jûdas ez versenket
mich, daz ich wirde zwîfelhaft
an der milten gotes kraft.

Wolfram nimmt aber *verzagen* in seiner gewöhnlichen Beziehung, dass das mutlose Zurücktreten Untreue ist, dass der Verzagende seinen Freund verlässt. Wenn dies auch noch von dem Verhältniss des Menschen zu Gott kann gesagt werden, so zeigt doch der Ausdruck in dem zweiten Gliede des Gleichnisses, (V. 10) *der unstæte geselle,* und nachher (2, 17) die Wiederaufnahme desselben, *valsch geselleclicher muot,* dass der Dichter schon hier eben so sehr an die Treue gegen Menschen denkt. Des Schwankenden Seele, sagt er, färbt sich *alse agelstern varwe tuot,* wie sich die Farbe der Elster färbt. Dabei muss jedem Leser des Parzivals einfallen, wie oft der Dichter im Gegensatze zu seinem Helden, dem reinen lichten Parzival, dessen Bruder Feirafiz, den Sohn der Mohrin, der schwarz war mit weiſsen Flecken, mit der Elsterfarbe verglichen hat, auch schon im ersten Buche 57, 27 da er geboren wird. Ich glaube mit Sicherheit annehmen zu dürfen dass diese Vergleichung, welche der Dichter in Beziehung auf den Zweifel nicht wiederholt, ihm
231 (8) die erste Veranlassung zu dem Gleichnisse gegeben hat. Aber auch nur eine äuſserliche Veranlassung: denn mit dem Zweifel hat Feirefiz nichts gemein, der, ursprünglich ein Heide, sich um der schönen Repense-de-joye willen gern taufen lässt. Der

Schwankende aber kann derweile noch froh sein, *der mac dennoch wesen geil: wand an im sint beidiu teil, des himels und der helle*, denn ihm stehen noch beide zu erlangen bevor, Himmel und Hölle. Hingegen der untreue Gesell ist schwarz, *und wirt och nâch der vinster var*, und bekommt auch dort die der Finsterniss gleiche Farbe als Teufel. *Sô habt sich*, dagegen hält sich, *an die blanken*, an die weiſse Farbe (*varwe* ist aus Z. 10 hinzu zu denken), *der mit staeten gedanken*

Ich habe schon bemerkt dass dieses Gleichniss sich eben so sehr auf die Treue gegen Gott als auf die Treue gegen Menschen beziehen muss. Jene Beziehung, welche der Verfasser des Titurels allein aufgefasst hat, dürfen wir uns ja nicht entgehn lassen: denn in diesem Sinne hat Wolfram selbst einen Theil des Gleichnisses wiederholt, im dritten Buche (119), wo die Mutter den Knaben Parzival lehrt was Gott sei. 'Er ist noch heller als der Tag,' sagt sie ihm: 'ihn must du in Noth anflehen, er hilft. Der Teufel aber ist schwarz und untreu:

von dem kêr dîne gedanke;
und och von zwîvels wanke.'

So wird hier das dritte Glied ohne Bild angeknüpft: im folgenden bleibt es ganz weg,

sîn muoter underschiet im gar
daz vinster unt daz lieht gevar;

wie auch im Eingange der Dichter nicht wieder auf den Zweifel zurückkommt. Parzivals Zweifel aber, sein Verzweifeln an Gottes Hilfe, ist nach Wolframs Ansicht, die er nicht aus dem französischen Original scheint entlehnt zu haben, eben der Wendepunkt seiner ganzen Fabel, wie ihn der Dichter auch selbst deutlich anzeigt. Denn jene Belehrung der Mutter ist durch Parzivals kindische Frage eingeleitet (119, 17) *ôwê muoter, waz ist got?* und am Ende des sechsten Buches, wo er Gott den Krieg ankündigt und seinem Hasse Trotz bietet, fängt die Rede wieder mit den verzweifelnden Worten an (332, 1) *wê waz ist got?* Der Gedanke dass auch dem Wankenden und Verzweifelnden der Himmel noch nicht verschlossen sei, scheint den Dichter lebhaft bewegt zu haben: in einer Stelle des neunten Buchs äuſsert er sich auf eine Art welche noch über die Milde hinaus- 235 (9)
geht, mit der er anderswo (Wilh. 307, 14. 29) die Verdammung der Heiden leugnet. Zu dem Edelstein, sagt er, aus dem der

Graal besteht, sind die Engel auf die Erde gesandt, welche bei dem Kriege zwischen Lucifer und der Trinität auf keiner von beiden Seiten standen: ich weiſs nicht ob Gott ihnen vergab oder sie ferner verlor (*was daz sîn reht, er nam se wider*), aber der Stein ist immer heilig, und wer zum Graal kommen soll dem sendet Gott einen Engel (471, 15). Im sechzehnten Buche (798) nimmt er dies zwar zurück, und erklärt die vertriebenen Engel für ewig verloren; aber gewiss nur weil ihm ein geistlicher Freund seine Ansicht als Irrlehre getadelt hatte: hier im Eingange herscht noch die milde Betrachtung des Zweifels, und im folgenden wird daher, wie gesagt, nur vor der Untreue gewarnt.

Den Übergang zur weiteren Ausführung macht der Satz (Z. 15), dies fliegende Gleichniss sei für unerfahrene zu schnell, so dass sie es nicht ausdenken können: es fahre vor ihnen dahin wie ein wankender Hase. Der Dichter wird weniger meinen (obgleich es im Titurel 50. 59 so genommen wird), das Gleichniss sei schwer zu fassen, als vielmehr, der leichtfertige lasse die darin liegende Lehre sich entwischen. Darauf führt der Gegensatz im folgenden, ein weiser Mann wisse was *disiu mære* lehren (2, 5). Den Ausdruck *disiu mære* übersetzt Bodmer dort unrichtig 'diese Geschichte', wie freilich auch schon im Titurel (Vorr. 60) steht *disiu âventiur*: es würde dann eher der Singularis stehen, und das *vliegende bîspel* hier muss dasselbe bezeichnen: dies aber hat Bodmer richtig für Gleichniss genommen, weil der ganze Parzival unmöglich ein *bîspel* genannt werden kann, obgleich *bîspel* oder *spel* allerdings eine poetische Gattung schon im zwölften Jahrhundert ist, von der freilich unsere litterarischen Bücher nichts melden. Der *wanc* des Hasen ist sprichwörtlich (Renner 12207): aber das Epitheton des Hasen *schellic* weiſs ich nicht genau zu erklären. Es findet sich eben so in einem Liede, MS. 2, 94[b], *Schellic hase in walde und ûf gevilde wart nie gar sô wilde,* und in Rudolfs Bibel und Chronik, 146[a], *vlichende als ein schellic rêch*[1]. Sebastian Frank (Sprichwörter 1541, Bl. 28[rw]) hat

[[1] Im Wiener Cod. phil. Nr. 41 (Cod. Ambr. 430, vgl. Hagens Mus. 1, 575) von einem Jagdhunde *Vor erst mů̊ss er sin willig. sů̊chen an als verdriessen, verschwigen und nicht schellig.* Vgl. Simplicissimus 2 Buch 5 Cap. *Die kühe entsetzten sich ärger vor mir als vor einem wolfe, ja sie wurden so schellig und stoben dermaſsen aus einander, als wenn im august ein nest voll hornissen unter sie gelassen worden wäre.*]

das Sprichwort *Ein schellig ross sol man nit jagen sonder auff
fahen* so gestellt, dass er *schellig* in der zu seiner Zeit gewöhnlichen Bedeutung, zornig, muss genommen haben. Hingegen im
Titurel (Vorr. 50. 59) wird unser *schellec* durch *erschellet* um- 235 (10)
schrieben: und in der Wiener Meerfahrt (8, 31 = Kolocz. Codex S. 62),

> *si trunken vaste ze pflege*
> *den starken win über maht.*
> *dô kom iz über die mitter naht.*
> *dô wurden sie durchschellec*
> *und sô gar gesellec,*
> *von des wines süezikeit*
> *wurden si sô gar gemeit* u. s. w.,

muss *durchschellec* wohl gänzlich *erschellet* heifsen. Aber die *durchschelligen* Trinker sind die vom Wein durch und durch getroffenen und zerschellten: denn in diesem Sinne wird (Freidank 7, 1) ein Topf *erschellet*, ist (Alexander 1447) das Haupt von Schlägen *verschellet*, wird ein Damm *geschalt* den das Wasser sprengt (*der den Rin und den Roten vierzehen naht verswalte und den tam dervon schalte*, Wolfr. Wilh. 404, 24): so verspricht Klinsors Kunst Eschenbachs Sinne zu *erschellen* (MS. 2, 9ᵃ), ganz dem *durchschellec* gleich: so wird ein Helm *geschalt* (Roland 3116 *then helm her ime scalte*), ein Heer (Alexander 1458) und ein Feind (Tristan 7017) *erschellet*: so im Lanzelet 3343 *daz ez allez ein man solte sin, der in den tagen allen drin sô manegen het erschellet.* So liefse sich wohl ein *schelliger* Hase denken, ein von Angst zerschellter, und *ein ergarner has* bei Ottokar von Horneck 291ᵇ wird ja wohl ein ergorener abgeängstigter sein. Doch aber möchte man auch gern bei dem *erschellen* an den Schall denken, und wirklich bedeutet es mit einem Schalle treffen; wie es in Wolframs Wilhelm 276, 18 heifst 'Sie spielten so lange mit Rennewarts schwerer Stange, *unz si se nider valten und den palas erschalten*', wie im Wigalois 104 *daz riefe ich gerner in den walt: dâ fünde ich doch die tagalt, daz mir min ôre wurde erschalt.* Allein man kommt wohl bei unserem *schellec*, ob es von Angst zerschellt oder aufgejagt bedeute, eben so schwer zu einer Entscheidung als bei dem *erschellen* im Alexander 2190 *wande eines hundis bellen mag vil scâfe irschellen* — also durch sein Bellen aufregen? — *ob si rechtis huoteris niht ne haben, er tuot in mi-*

chelen schaden — also er zerschellt, zersprengt sie? und eben so zweideutig ist das einzige alte Beispiel das Herr Graff als Erklärung zum Prudentius gefunden hat, *attoniti* (nämlich *cerebri*) *irscaltes*.

237 (11) Nun folgt (Z. 20) ein neues Gleichniss, das der *tumbe* merken soll, damit er den unsichern Halt der Untreue vermeide, der Spiegel und des Blinden Traum. *Zin anderhalp ame glase,* Zinn und Quecksilber auf der Rückseite des Glases, im Titurel *ein glas mit zine vergozzen* — der Titurel führt fort *und troum des blinden triegent,* wonach ich hier gesetzt habe *geleichet.* Von diesem nur im Hochdeutschen seltenen Worte, *geleichen, inludere,* weist Grimm (Gramm. 1, 934) das Präteritum *geliech* nach: schwache Formen hat Schmeller im Bair. Wörterb. 2, 420. Die Lesart der Handschriften ist zwar nicht ohne Sinn, der Spiegel und des Blinden Traum *gelichet* oder *gelichent*, sind sich gleich: denn *gelîchen* wird zuweilen intransitiv gebraucht (*des menschen und des vihes sin mit namen gelîchent under in,* Rudolfs Bibel 12[c]): aber dies, dass die beiden Bilder einander gleich sind, als den Hauptpunkt des Gedankens hinzustellen, wäre zwecklos und matt. Freilich aber hat der Dichter neben den Spiegel absichtlich nicht des Armen Traum gestellt, sondern den Blinden dem mit Träumen wohl ist (Renner 7900), weil er den falschen Schein des Gesichts im Spiegel und im Traum des Blinden zusammenfassen wollte, *die gebent antlützes roum. Roum* scheint im Titurel (51) durch *kranken schîn* ausgedrückt zu werden: es muss ungefähr das triegerische Bild oder den Wahn bedeuten. Wieder im Parzival 337, 12 *sît gab froun Herzeloyden troum siufzebærcn herzeroum.* In einem Gedicht in den altdeutschen Wäldern 2, 138 reimt auf *in einem tram,* d. i. *in mînem troum, sunder wân* — ohne Zweifel *sunder roum.* Auch in Rudolfs Bibel hat die Königsberger Handschrift 237[b] *troume,* wo *roume* zu lesen ist: ich bedaure dass ich die Worte selbst nicht anführen kann. Bestand, sagt der Dichter, kann dieser trübe leichte Schein nicht haben. So der tugendhafte Schreiber, MS. 2, 102[b], *waz frumt* [*lîhter lichter* Bodmer, die Hs. *lichter*] *schîn den blinden? waz touc tôren golt ze vinden?* Die nächste Zeile, *er machet kurze fröude alwâr,* lehrt uns der Dichter des Titurels, indem er im Gegensatze (55) sagt *diu fröude lanc bewæret,* so verstehen, Er macht nur kurze wahre Freude; wo denn das zweite Adjectivum, wie gewöhnlich, un-

flectiert nachgesetzt worden ist. *Alwär* als Adverbium zu nehmen, für wahrlich, erlaubt meines Wissens der Sprachgebrauch nicht.

Wie aber sollen wir den nun folgenden Spruch (Z. 26 ff.) fassen? denn auf den ersten Blick lässt sich ihm nichts Bestimmtes abgewinnen. Die Form der Rede darf uns nicht teuschen: es ist besonders bei Wolfram gewöhnliche Weise (selbst hier 28 (12)
im Eingange noch einmahl, 3, 8), den relativen Vordersatz in einen Fragesatz aufzulösen. Also, Wer mich rauft wo mir nie ein Haar wuchs, inwendig in meiner Hand, der versteht oder erfährt (beides kann *hât erkant* heifsen) gar nahe Griffe. Das Raufen an der haarlosen innern Seite der Hand, welches auch sonst zur Bezeichnung verwegener und unmöglicher Unternehmungen dient, ist gewiss jeder zuerst geneigt mit dem vorhergehenden leichten teuschenden Schein und mit dem folgenden *wil ich triwe vinden aldâ si kan verswinden?* zusammenbringen: wer rauft wo kein Haar ist, wer die Treue da sucht wo sie nicht zu finden ist, der versteht sich auf allzunahe Griffe, der hat die Kunst des Suchens schlecht gelernt. So hat es der Verfasser des Titurels genommen, obgleich er die *nâhen griffe* in der Umschreibung auslässt.

er ist an prîse ercæret,
swer mich in mîner hant enmitten roufet,
sît daz er niendert hâr dar inne vindet.

Seine geistliche Auslegung ist dem Sinne des Dichters fremd,

der stæte fröude suochet
in dirre welt, ich wæn si sam verswindet.

Woran man wohl auch denken könnte, dass *nâhe griffe erkennen* bedeutete Von dem Gerauften gefafst und gestraft werden, das wird man doch lieber aufgeben, weil *nâher grif* für das Festhalten der Finger des Raufenden ein wenig bestimmter Ausdruck sein würde. Nun aber ist es doch höchst sonderbar, dass Wolfram sich hier der ersten Person bedient, also sich selbst als den bezeichnet der ohne Verlass sei, bei dem man vergebens die Treue suche. Und doch sagt er nachher nicht nur *wil ich triwe vinden aldâ si kan verswinden?* sondern auch gleich nach unseren Versen, Ich bin verständig wenn ich gegen das was ich zu fürchten habe aufschreie. Dazu kommt dass *zu nahen greifen* wenigstens im späteren Sprachgebrauch bedeutet Einem zu nahe treten, indem man zu weit um sich greift. [Zu Walther

50, 34, 7 *den (merkæren) grîfe ich wol näher baz.]* So wird man denn wohl wahrscheinlicher finden dass *die nähen griffe* die des Angreifenden sind, eben die nachfolgenden *vorhte,* Gefahren. Dann aber verändert sich der Gedanke durchaus. Der greift mir allzu nah, der geht mir stark auf den Leib, der mich innerhalb der Hand, wo ich kein Haar habe, rauft. Der ungetreue Freund, der so wenig Beständigkeit hat als ein Spiegelbild oder des Blinden Traum, der sich aber in mein Vertrauen einschleicht
239 (13) und mir schaden kann wo ein offenbarer Feind nichts Angreifbares findet, er der mich selbst in der haarlosen Hölung der Hand rauft, geht mir zu nah. Wenn ich vor solcher Gefahr aufschreie, das ist doch gewiss meinem Verstande gemäfs. So müssen wir nun gleich die zwei folgenden Verse,

sprich ich gein den vorhten och,
daz glîchet mîner witze doch,

zu dem vorhergehenden ziehen. *Och* ist hier die Interjection, *wê unt och* im h. Georg 1078. *Er nesprach nie och noch wê,* steht in der Kaiserchronik Bl 29[c], und der Marner sagt, MS. 2, 176[a],

swer wilden mardr in schôzen zamt
und leit dem lewen ein joch,
ob im sîn hant dâ niht erlamt,
sô mag er doch wol sprechen och.

Der Dichter des Titurels erklärt

sprich ich gein disen vorhten och,
als den daz fiwer brennet.

Nun haben wir erst recht den Dichter in seiner Weise. Wie er es liebt, zwei Gedanken sich durchschlingen zu lassen und abwechselnd von einem zu dem andern zurückzukehren, so verbindet er hier durchaus die Schilderung der Untreue mit der Warnung sich von ihr nicht teuschen zu lassen. Diese Verbindung fanden wir schon oben V. 15 dadurch angezeigt, dass das fliegende Beispiel unerfahrenen Leuten leicht entwische. Dann folgten die neuen Gleichnisse von Spiegel und Traum; darauf die Gefahr des Raufens und dabei das angstvolle Aufschreien. Nun (2, 1) wieder Bilder: Wie werd ich Treue finden wo sie zu vergehen pflegt, wie Feuer im Brunnen und der Thau von der Sonne? Dann (2, 5) wieder angeknüpft an das Weherufen in der Gefahr, Hab ich doch nie einen noch so weisen

Mann gekannt, der nicht gern erfahren hätte wie gute Lehre diese Betrachtungen geben und *welher stiure si gernt.* Dies ist im Titurel, wo überhaupt der Gedanke dieses Satzes durchaus verändert worden ist, so umschrieben als ob es hieſse *welher stiure disiu mære wernt* oder *waltent:* es steht aber *gernt,* welcher Leitung sie begehren, also wie sie begehren dass man sich steuern, sich führen solle. Im Welschen Gast 10, 6

swer ist od wirt tugenthaft,
dem gib ich ze vriuntschaft
mîn buoch, daz er dâ mite 240 (14)
stiure sîne schœne site.

Dar an (2, 9), in der Kenntniss dieser Sätze lassen die Weisen nie ab sowohl zu fliehen als zu jagen, entweichen und umzukehren, zu tadeln und zu loben. Wer mit diesen *schanzen,* mit diesen Gegensätzen, die auf Gewinn und Verlust stehen, wohl Bescheid weiſs, dem hat der Verstand (er wird personificiert gedacht, *vrou Witze*) sich günstig gezeigt; ein solcher Weiser, der sich nicht *versitzet,* nicht durch zu langes Stillsitzen fehlt, noch sich vergeht, und auch übrigens verständig ist, oder, wie Wolfram, nach dem gewöhnlichen Sprachgebrauch seiner Zeit, mit vollständigerem Wortspiel sagen konnte, *sich wol verstêt.* Statt *sich versitzet* hätte er auch *sich verliget* setzen können: aber Haug von Trimberg sagt auch von den tugendhaften Leuten, und zwar ohne Wortspiel, *si gênt stênt und sitzent eben* (Renner 7056). Endlich folgt (2, 17) wieder noch einmahl die andere Seite des Gedankens, als das worauf sich die Klugkeit des Weisen bezieht, ein neues Gleichniss von der Untreue. *Valsch geselleclicher muot,* die Gesinnung des treulosen Freundes, *ist zem hellefiure guot,* hilft ihm in das Feuer der Hölle, *und ist hôher werdekeit ein hagel,* und zerstört wie ein Hagelschlag seine hohe Geburt und Ehre. Das Gleichniss selbst aber weiſs ich nicht zu erklären, obgleich die Worte deutlich sind: die Präterita deuten auf ein bekanntes Beispiel, eine Art von Fabel[1] 'des Unstäten Treue hat so kurzen Schwanz, dass sie noch nicht den dritten Biss vergalt, wenn sie mit Bremsen in den Wald fuhr.'

[1] Wie man z. B. sagt *der gewâgte, der genas, die wil er unverzaget was* (Liedersaal 2, 701), und wie eine Fabel vom Teufel, der von Jagdhunden verfolgt ward, bezeichnet ist in demselben Gedichte S. 702 *nu genas der tiufel doch vor den vorloufen noch.*

Benecke hat hier an das Bild eines Rindes oder Pferdes gedacht, das im Walde sich mit zu kurzem Schwanze die Bremen nicht abwehren kann. Aber beifsen die Bremen? und was heifst das, 'ein Rind fährt mit Bremen in den Wald'? — denn aus dem *bi bremen* der sangallischen Handschrift wüste ich gar nichts zu machen. Wie kann der Zagel als der treue Gesell des Thieres betrachtet werden? Ein Freund weist mir eine Stelle in Fischarts Gargantua, Cap. 19, S. 283 (1590), wo allerdings von einem Beistand die Rede ist welchen die frommen Bremen thun. *Bifs sie uber Orleans kamen. Allda was ein weiter breiter*
241 (15) *Wald; in die Läng auff treifsig fünff Meilen und inn der breite sibenzehen, drunder und drüber ungeferlich. Derselbige war grausam fruchtbar unnd voll von Brämen oder Kühfliegen, also dafs es für die arme Thier, Esel unnd Pferd, die da durchzogen, eine rechte Rauberei unnd Mörderei war: Sollen, wie Tillet schreibt, von den Völckern Rhyzophagen oder Wurtzelfressern dahin gebant und verflucht sein worden, als sie gar aufs der art der andern frommen Brämen schlugen, und nicht mehr wie vor inen einen beistand thun wolten, und die Löwen tapffer anpfetzen, wann sie im Wurtzel delben inen hinderlich sein wolten.* Bei Rabelais steht nichts davon: aber unser Freund, der Fischarts verborgensten Quellen nachzuspüren weifs, wird uns wohl bald auch dies Gleichniss erklären können, das leicht noch im sechzehnten Jahrhundert manchem nicht so schwierig und wunderlich vorgekommen ist als uns.

Wenn nun dies Gleichniss wieder die Treulosigkeit beschreibt, so kehrt der nächste Satz (2, 23) abermahls zu der mancherlei Lehre zurück die sich der Weise daraus nimmt, wie es vorher hiefs. Was dort *schanze* genannt wurden, das Fliehen und Jagen, das Entweichen und Wiederkehren, das Tadeln und Loben, das sind hier *underbint*, das heifst Unterschiede. Das Wort ist, wie auch sonst, hier Neutrum, obgleich keine Handschrift *disiu* giebt. Einige haben *dise manige slahte:* dann wäre *underbint* Genitivus Singularis im Femininum, wie das Wort allerdings auch gebraucht wird. Diese mancherlei Unterschiede sind nicht ganz *von mannen,* wie die meisten Handschriften haben, oder *von manne* nach den beiden besten, wie es vorher hiefs (Z. 5) *sô wîsen man.* Für die Weiber, das heifst auch für sie, stecke ich diese Ziele. Die meinem Rath folgt, die wird wissen wohin sie ihr Lob und ihre Ehre wenden und welchem Manne sie ihre Liebe und Würdigkeit bieten soll, so dass Keuschheit und Treue sie nicht in Leid bringt. (3, 3 ff.) Um die rechte *mâze*, das Abwägen und genaue Schätzen (hier zunächst der Männer) damit sie jedes Zuviel und Zuwenig meiden, darum bitte ich vor Gott für gute Weiber. Dazu führt sie die Schamhaftigkeit: denn *scham ist ein slôz ob allen siten*, die Schamhaftigkeit hat alle Handlungen des guten Weibes unter dem Schlosse. Um mehr Glück, außer dieser Tugend, darf ich Gott nicht für sie bitten.

Aber nun (3, 7 ff.) wird auch auf die Weiber das Hauptthema angewandt. Auch die Weiber müssen treu und beständig sein: dies ist ihr Ruhm, nicht die äußere Schönheit. Die Falsche, sagt der Dichter, erwirbt nur falsches unechtes Lob: es vergeht wie dünnes Eis das Augusthitze trifft. Und dann folgen Gleichnisse über die Schönheit und den inneren Werth der Frauen. 242 (16)
Manches Weibes Schönheit wird weit umher gelobt: ist bei der das Herz *conterfeit*, *übele getân*, nicht wohl gemacht (denn dieses im deutschen nicht seltene Wort hat ganz seine französische Bedeutung), so lob ich sie wie ich das in Gold gefasste *safer* loben würde. Das *safer*, welches im folgenden dem Rubin entgegengesetzt wird, ist Saffern, Zaffern oder Saflor, ein aus Kobaltkalk gewonnenes Glas. Man findet es eben so in dem Gedichte Heinrichs von dem Türlin, *der âventiure krône*, sprichwörtlich und gleichnissweise erwähnt.

wan hœret daz ofte sagen,
daz elsœenne gevalle
ein swachiu kristalle
nâhen zeinem smâreise.
ouch enpfâhet niht der weise
gar des rîches krône:
daz ist wâr, im ligent schône
ander sîn ungenôz bî.
beidiu kupfer unde blî
wirt mit silber versmit.
ouch wont dem rôten golde mit
ofte bleicher messinc.
disiu mislichiu dinc
behabent ofte gesellesschaft

dâ in gebristet werder kraft.
als muoz man mir entlîben
daz ich schül belîben,
dâ man licht stein gesetzet hât,
doch an des schaffers stat:
so erliuhtet mich ein rubîn,
der sîner tugent liehten schîn
an mîn tunkel wendet
und mir ein lieht sendet.

An einer andern Stelle desselben Gedichtes steht unrichtig *saphîr,* welches auch hier die Mehrzahl der Handschriften hat.

243 (17) *niht vol er* (Key) *die rede liez*
unz in die rede lâzen hiez
künc Artûs und stônt in.
er sprach 'vür golt verworfen zin,
saphîr vür den rubîn!

Zweites Gleichniss. Auch halt ich es nicht für *lîhtiu* oder *ringiu dinc,* für etwas leichtes, wenn man in den schlechten Messing den edeln Rubin verarbeitet, den Rubin und all seine *âventiure,* alles was einem zugekommen ist, all sein Vermögen und Glück: denn *dem glîche ich rehten wîbes muot,* für des Mannes ganzen Reichthum halte ich die rechte weibliche Gesinnung des Weibes. Die ihrer Weiblichkeit, *ir wîpheit,* ihrem *wîbes namen,* recht thut, bei der werd ich die *varwe,* dass äufsere Aussehen, nicht prüfen, noch das sichtbare Dach ihres Herzens. Ist sie innerhalb der Brust wohl behütet, so ist da draufsen ihr werthes Lob ohne Scharte, *unverschertet.*

So hat der Dichter, von der Hauptwendung seiner Fabel ausgehend, sein Lob der Treue durchgeführt. Zuerst ward die Treue gegen Gott und Menschen der Untreue und dem Zweifel entgegengesetzt, dann gewarnt vor dem Vertrauen zu den Unstäten. Auch die Weiber sollten ihre Gunst nur den Treuen zuwenden, aber die Weiber selbst nur durch ihre Treue, nicht durch äufsere Schönheit, des Lobes der Männer theilhaftig werden. So bricht er seine Betrachtungen ab (3, 25), verspricht seinen Zuhörern dann ein mannigfaltiges Gedicht von grofsem Umfang, und geht nach dem Lobe seines noch ungebornen Helden zu der Geschichte seines Vaters über.

Beilagen.

I.

Da für die Erklärung des Einganges zum Parzival die Vorrede zum Titurel wichtig ist, scheint es mir am zweckmäſsigsten, da man sie doch nirgend in einer erträglichen Gestalt gedruckt
lesen kann, sie hier ganz beizufügen, in einem Texte der wenig- 211 (18)
stens besser ist als ihn der Druck von 1477 oder irgend eine einzelne Handschrift giebt: nachdem das Verhältniss der Handschriften gegen einander wird genauer erforscht sein, kann es sich freilich ereignen dass der Herausgeber oft ganze Zeilen anders liefert als ich jetzo.

1. *An angenge und ân letze*
bistu, got, êwic lebende.
dîn kraft ân undersetze
himel und erde helt enbor ûf swebende.
dîn ie, dîn immer, ist gar ungephahtet:
sam wirt dîn hœhe breite
lenge tiefe nimmer mêr betrahtet;

2. *Swie doch gedanke gâhent*
snel vor allen dingen,
die nimmer dar genâhent
dâ si dînen gwalt mügen erswingen,
noch dîn hêrschaft alsô übergrôze.
keiser aller künege
bistu, got herre, und niemen dîn genôze.

3. *Ze prîsen und ze rüemen*
ist immer dîn getihte,
sît du reine blüemen
himel und erde kundest gar von nihte,
den himel mit der engelschar gehêret,
die erden mit gezierde
dâ von dîn lop in himel wirt gemêret.

4. *Der berge tal und steine*
holz wazr und al ertrîche
zermüele und machte kleine,
dem daz in der sunnen vert gelîche,
swer daz als ze reht erzelen künde,

noch manger tûsent mîle
ist von der gotes hœh an sîn abgründe.
5. *Wâ möht sîn kraft geherret*
halt iendert gwalts erwinden?
245 (19) *sîn gwalt an breit sich verret,*
ie lengr ie wîtr, alumbe ân endes vinden.
als er ie ân angenge was got lebende,
er ist und rîchset immer
hie und dort êwege fröude uns immer gebende.
6. *Volkomen ist ebentrehtec*
sîn hêrschaft, diu niht slîfet.
mit sîner maht almehtec
er himel und erde und wâc al umbegrîfet.
daz ist in sîner hant ein kleine balle,
und sînen klâren ougen
durchsihtic lûter baz dan kein cristalle.
7. *Daz darftu, menschen künne,*
doch haben niht für wunder.
baz dann durch glas vil dünne
siht er durch aller menschen herze besunder.
sît alliu dinc von sîner kraft geschehende
sint mit geschefte ûz nihte,
noch sanfter ist er elliu dinc durchsehende.
8. *Diu mangen tûsent mîle*
sint niht umb sust benennet:
noch manger jâr mit wîle
der mensche lebt in êweger fröud erkennet,
oder in nœten êwiclîch zer helle.
die wîl der mensche ist lebende,
got gît im wal ze nemen swelhz er welle.
9. *Undr allen crêatiuren*
die got schaffen ruochte,
die reinn und die gehiuren,
dâ bî was einiu gar diu ûz ersuochte:
swie hôch got mensch und engel hât geedelet,
noch edeler ist diu tugende,
der edel ob aller edel hôhe wedelet.
10. *Wie bin ich des nu mugende?*
wâ kan ich daz bewæren?

got selbe ist alliu tugende: 246 (20)
durch daz sô mac mich niemen des erœeren.
got der geschuof durch tugent mensch und engel;
des Lucifer verstôzen
wart, dô er het an tugende mengel.
11. *Der muoz in abgründe*
lîden marter quêle.
die aber tugende künde
heten, den ist wol bî Michahêle,
der bî got mit tugende was gesigende:
ze heile manger sêle
ist er noch tugende für untugende wigende.
12. *Die engel wâren alle*
frî, willkür unbeschermet,
ê daz untugende galle
mit ter hôchfart undr in wart getermet.
die got sach tugent für untugent kiesen,
die firmet er mit tugende,
daz si niemêr ir tugent möhten fliesen.
13. *Ir tugende sigenünfte*
wart in hie von ze miete,
êweger fröuden künfte,
daz in untugent die nimmer mêr verschriete.
nâch tôde der mensche ouch alsô wirt gefirmet,
daz wir vor alln untugenden
sîn immer mêr gevestet und beschirmet.
14. *Wer wil nu mit der tugende*
untugende widerstrîten
inz alter von der jugende,
daz wir nâch tôd vor allen hellegîten
êweger nôt beliben sunder kriege?
sô firmet iuch mit tugenden,
daz iuch unedel untugent iht betriege.
15. *Ob nu der mensche vellet,*
der tugende sich besundert
und sich Lucifêr gesellet, 247 (21)
der kumt wol wider. wer ist der den des wundert?
den kan ich diser frâge wol gestillen.
der mensche wart verrâten:

dô viel der engel selb mit argem willen.
16. *Sus viel er von gedanken,*
der werke sunder rüere.
der mensch in sünden wanken
ist wort gedank und werke nu volfüere,
und mac sich dannoch engelschar gefriunden.
des hab wir got ze lobenne:
wan engel valsch sint gar die ungeniunden.
17. *Ob menschen sünden riuwe*
ist an dem herzen klebende
ze reht mit ganzer triuwe,
unz an die wîl daz er ist fride gebende
got und der sêl nâch tôd vor allen sünden,
durch keiner sünden schulde
darf in genôz der helle niemen künden.
18. *Wirt iemen sünde ûf ladende,*
der sol den zwîvel hazzen.
vor allen dingen schadende
ist der zwîvel al den toufes nazzen.
den zwîvel hân ich vor ein teil enbœret:
wie er nâch helle verwet,
an Parcivâl man daz von êrste hœret.
19. *Die trægen dâ man merket*
und der witz die tunkel sehende
mich zîhnt, ich hab verterket
ein phat vil wît, daz lige der diet unspehende,
dar zuo hab ich in schef und bruck enphüeret,
strâz und phat alsô verirt,
immer al ir verte ungerüeret.
20. *Hie wil ich niht mêr sûmen*
der selben sache künde,
248 (221) *gar al die strâze rûmen.*
ir irreganc der wær mir lîhte sünde.
ich wil die krümb an allen orten slihten;
wan sümelîche jehende
sint, ich künn es selbe niht verrihten.
21. *Wie Parzifâls an hebenne*
sî, des habt hie merke,
mit tugende-lêre gebenne.

dar zuo geb uns der herbst mit sîner sterke
daz wir gevolgen aller guoten lêre,
daz wir gebenediet
mit gote haben zeswenhalp die kêre.
22. *Ist zwîvel nâchgebûre*
dem herzen iht die lenge,
daz muoz der sêl vil sûre
werden êwiclich in jâmers strenge.
herze, hab die stæte an dem gedingen,
wâr minne, rehten glouben:
sô mac der sêle an sælekeit gelingen.
23. *Gesmæhet und gezieret*
ist übel bî der güete.
ob sich alsus parrieret
ein lip mit sünden, klein odr überflüete,
und got dar umb in vorhten doch erkennet,
in hofe sîur 'erbermde
sô wirt diu smæh mit zierde gar zertrennet.
24. *Unverzagt an muote*
sol manlich herze werben.
durch übel sol daz guote
manlich herze niemmer lân verderben,
daz sîn agelstervarwe sich vereine
und werd übr al der blanken:
und ob diu blenk sich aber danne entreine,
25. *Dannoch sî der geile,*
vor allem zwîvel sunder,
swie er ûf beider teile 249 (23)
stê, des himels und der hell hin under.
unstæter muot dem tiuvel wirt gesellet:
die selben sint geverwet
vinstervar und êweclich gehellet.
26. *Sô habent sich an die blanken*
varwe nâch der sunnen
die stæten mit gedanken.
die varwe git ein ursprinc aller brunnen,
der menschlich künne alsus clârifizieret,
daz er von trüeber aschen
der engelschar gelich sus kundewieret.

27. *Ein brunn der sô die lenge*
gewalteclichen springet,
mit stæt ân anegenge
des fluz mit wîsheit voller sælden klinget:
der süezen miltekeit gar überflüetet
stêt wît ein sê geflozzen,
des güet gar alle güet hât übergüetet.
28. *Der brunn der flüzz gesêwet*
der magenkraft sich phlihtet,
ân angenge immer gêwet.
got vater, dîn gewalt mach uns verrihtet
der wîsheit sô daz wir dich sun erkennen:
heilger geist, dîn güete
müez uns bewarn vor bœser geiste brennen.
29. *Ein sê, ein fluz, ein brunne,*
der stêt alsus gedrîet:
swer wîsheit merken kunne,
der merk wies alle drî doch sint gefrîet
aller elementen, wan des einen.
vater, sun, heiliger geist,
ein got, du maht noch grœzer kraft erscheinen.
30. *Ein brunne hôch der lebende*
ist der den ich dâ meine:
250 (24) *mit wazzer ist er gebende*
dise clârheit edel und alsô reine,
daz engelschar ein irdisch lîp genôzet,
wirt gotes nam gedrîet
ze reht genant, sô mann inz wazzer stôzet.
31. *Der touf die sêle erblenket*
hôh über snêwes varwe:
wirt minnen viur gevenket
dar inn mit rehtem glouben al begarwe,
dar zuo gedinge sunder zwîvels wanken.
hie mit sich dann luzernet
diu sêle hôch übr al der sunnen vanken.
32. *Ein got, dîn nam gedrîet,*
und doch ein got al eine,
dîn touf tuot sus gefrîet
den menschen gar vor allen sünden reine;

durch daz diu schrift uns lêret nu mit flîze,
daz wir gar ungemeilet
behalten wol die selben wât sô wîze.
33. *Diu diet diu niht geloubet*
die kraft des hêren toufes,
wie sich diu sælden roubet
an hôhen fröuden iemer werndes koufes!
sît er mit sîner worte kraft hiez werden
himel stern loub unde gras
vische vogel würme tier und erden,
34. *Noch alsô krefterîche*
sint sîniu wort gesterket,
daz er gewalteclîche
den touf mit sînen worten sus beserket:
ob ein mensch het al der werlte sünde,
lûter sam diu sunne
wirt ez ir aller in des toufes ünde.
35. *Got mangiu wunder spæhe*
mit wazzer dicke erzeiget:
swer im niht krefte jæhe 251 (25)
ob aller kraft, der wær von im geveiget.
er rêrt ez ûz den lüften grôz und kleine,
vil sanft in wazzers wîse,
und vallet under wîlen sam die steine;
36. *Etwenne in sölher wîse,*
der clârheit wol gerichet,
sô das gein sînem glîze
nie niht ûf erden wart daz im gelichet:
etwenn sô riselt erz in süezem towe.
danne et wazr al eine,
ez wær ûf erde niht in lebender schouwe.
37. *Got machet brucke herte*
ûz wazzer dem vil weichen,
und strâz der wagenverte.
sîn kraft diu kan für alle krefte reichen.
er macht ouch ûz dem wazzer licht cristallen,
dar inne ein viur sich funket,
und muoz durch ander tugende wol gevallen.
38. *Wie wazzer sich cristallet!*

daz tuot got sölher wîse.
vil tiefe sich vervallet
in hôher velse klamme last von îse,
hitze winde wazzers gar vereinet,
und lît aldâ die lenge:
sus wirt ez lieht cristalle klâr gesteinet.
39. *Der nam Krist sældenrîche*
mir sæleclîch gevallet.
ir kristen al gelîche,
schaffet daz ir iuch zuo Krist kristallet,
daz iuch kein hitze wint noch wazzers ünde
von Kriste niht vertrîbe:
sô hât iur kristen Krist in sælden künde.
40. *Hôhvart gelîch dem winde*
von Krist vil mangen trîbet:
252 (26) *der hitz gelîch ich vinde*
unkiusch, diu niht bî Kriste übr ein belîbet:
des wazzers gîtekeit diu kan sô wüeten,
mit güzzen vil der kristen
kan si von Kriste zuo der helle flüeten.
41. *Enidorjum*[1] *diezen*
siht man ze allen stunden,
und wazzer dar ûz fliezen,
und wirt an sîner græz niht minner funden.
der stein hât sölhe kraft von gote besunder.
von wann daz wazzer fliuzet
in den stein! daz ist von got ein wunder.
42. *Und doch ein wunder kleine,*
der ez ze rehte merket;
sît got daz wazzer eine
für ander elementen hât gesterket.
daz wazzer fiur gewalteclîchen swendet,
den luft ez dürkel houwet,
die erden an ir kraft ez dicke phendet.
43. *Der sacrament daz merre teil*
mit wazzer wirt geblüemet,
dâ mit aller kristen heil

[1] Enhydros Plin. 37, 11, 73. Isidor. orig. 16, 13, 9. Parzival 791, 18.

wirt êweclich von engelschar gerüemet.
doch hât daz wazzer heilekeit niht mêre
dann ander elementen,
swie im die heiden geben gotlich êre.
44. *Durch daz si niemen jehende*
dem wazzer heilekeite,
ê daz si im geschehende
von priester sî, daz er si dar bereite
mit worten diu dar zuo von reht gehœrent.
von worten sacramentâ
gewinnent kraft, diu uns ze got enbœrent.
45. *Fiur und wazzer beide* 253 (27)
in einem vazze kleine
got hât ân underscheide.
ich mein, des winters zît, in einem steine,
dar ûz daz wazzer in der stuben switzet.
nu slach dar in mit îser:
an dem frost daz fiwer dar ûz glitzet.
46. *Mit wazzer wirt beclâret*
der mensch noch ander wise.
swie vil er hab gevâret
sünden meiles, in daz paradise
daz wazzer in dar zuo den werden bringet.
ich mein daz ûz den ougen
mit der wâren riwe von herzen dringet.
47. *Der wazzer in die lüfte*
widerberges kêret
und ez mit kalter tüfte
ûf erde nider in blanker varwe rêret,
der müez uns widerberges wazzer ziehen
von herzen ûz den ougen,
dâ mit wir aller vinsternüss enpfliehen,
48. *Und uns an die blanken*
mit stætekeit wol halden,
mit werken, mit gedanken,
alsô daz wir der wîzen wæte walden,
due wîl, als uns der touf erglenzet,
und ander sacramentâ:
diu machent uns vil sæleclich bekrenzet.

49. *Ich sol wider anz mære*
des anevanges grîfen.
an witzen wirdebære
ist er wol, swer im niht lât entslifen.
vor agelastervarwe iuch under machet,
habet iuch gein der blanken:
diu swarz an werdekeit ie was verswachet.

254 (28) 50. *Diu flüge dirre spelle*
fuor den tumben liuten
für ôren gar ze snelle:
durch daz muoz ich hie worticlîch bediuten.
ez lât sich sanfter danne hasen vâhen
(ich mein die sint erschellet):
ân suochbracken mac man ez ergâhen.

51. *Ein glas mit zin vergozzen*
und troum des blinden triegent.
hât iemen des erdrozzen,
sô wundert mich niht ob die gein mir kriegent.
spiegelsehen und blinden-troum antlütze
gebent in krankem schîne
und sint an aller stætekeit unnütze.

52. *Und ist der blinde iht sehende*
in troume, daz verswindet:
swenn er erwacht und spehende
ist daz er sîn niender teil enfindet,
sô wirt sîn fröuden wân in leit verwandelt.
swer in den spiegl ist sehende,
dem wirt sîn antlütze missehandelt.

53. *Vil krump wirt im daz slehte,*
daz lieht vil dicke vinster:
sîn ouge daz gerehte
wirt im offenlîche gar daz winster.
noch triugt der welte süeze michel mêre:
ir wünneberndiu fröude
gît anders niht wan siuftebære sêre.

54. *Ouch mac gesîn niht stæte*
der welte lieht wirt trüebe.
angel, dar zuo græte,
wahsent in ir honec mit scharpher schüebe,

in ir zuckersüeze ein distel dornec.
nâch minneclichem trûte
gît si dicke rînt unmâzen zornec.
55. *Diu fröude lanc bewæret* 235 (29)
uns allen ist verkoufet.
er ist an prîse erværet,
swer mich in mîner hant enmitten roufet,
sît daz er niendert hâr dar inne vindet.
der stæte fröude suochet
in dirre welt, ich wæn si sam verswindet.
56. *Sprich ich gein disen vorhten Och,*
als den daz fiwer brennet,
daz glîchet mînen witzen doch
und allen den[1] *der ez als ich erkennet.*
swer vorhte gein der werlte unstæte minnet
mêr dann fiures brennen,
des witze ob aller wîsheit stêt besinnet.
57. *Und wil ich triuwe vinden*
in koresache untriuwen,
und mich aldar gesinden,
daz muoz iedoch ze leste mich geriuwen.
swer üppekeit der welt mit triuwen minnet
sunder wider kêren,
für wâr der ganzen wîsheit im zerrinnet.
58. *Sam tou in heizer sunnen*
vert ûz der gesihte,
und fiur in einem brunnen.
den beiden lît ze flüste gar diu phlihte:
noch michels mêr der welte minner fliesent,
die âne vorht si minnent
und für die blanken varwe swarz erkiesent.
59. *Ob sinnerîcher stiure*
disiu mær iht walten,
diu tuont sich niemen tiure:
si nement nu die jungen mit den alten,
und mugent ouch den tumben niht entwîchen
alsam ein hase erschellet: 236 (30)

---

[1] *und al dem?*

si mugents nu mit merke baz erslichen.
60. *Und hân doch niht erkennet*
man sô rehte wîsen,
wirt im ze künde genennet
disiu âventiur, ez muoz in prîsen
an witze kraft, ez sî vil oder kleine.
des bin ich ungerüemet:
wan ez hœrt an die âventiur gemeine.
61. *Diu hât den spruncç sô wîten*
genomen und ir gesinde,
daz sich ein michel strîten
noch hebt vil lîht ê daz ich underwinde
mich der rede sô gar ein übermâze.
mit bet wil ichz versuochen,
daz man mich sölher arebeit erlâze,
62. *Niht wan durch flust des lebennes:*
daz ist ouch hort der hœste.
wer phliget sölhes gebennes,
daz er mich lîbes flüste wider trœste?
dar umb sô müest ich guoter bürgen walten:
der mir die niht ensetzet,
sô wil ich lîp und leben sus behalten.
63. *Wan inner kraft des herzen,*
dar an daz leben hanget,
wirt geruort in smerzen,
dar inn ez wirt verklammet und vertwanget:
occiput und sinciput ersuochet
wirt aldurch die zirken,
unz daz ich bin an witzen unberuochet.
64. *Diu bete mich vervâhet*
gein fürsten drin ze nihte.
sô bin ich der dâ gâhet
an ir gebot vil gar in stæter phlihte.
257 (31) *durch si den lîp muost ich ze velde wâgen*
in stürmen und in strîten.
wer si sîn, des darf mich niemen frâgen.
65. *Dirr âventiure kêre*
sî krümbe oder slihte,

sist niht wan tugentlêre:
dar umb sol ich si wisen ûf die rihte.
hie vor ist si mit tugenden anegevenget:
ir houpt, ir brust, ir sîten,
ir füez, die sint mit tugenden gar gemenget.
66. *Nu wünschet, reine frouwen,*
(ich mein die tugent hebende
mit triuwen unverhouwen)
daz mir Altissimus die sælde gebende
sî daz ich die âventiur geleite
alsô daz edel tugende
dâ von die virre wahs und ouch die breite.
67. *Genendekeit mich fliuhet*
an dirre tât begünste.
wan ez die lenge ziuhet,
sô bedarf ich werder helfe günste.
als Dâvid was an Goliam gesigende,
diu selbe hant sô rîche
sî mir an disen næten helfe wigende.
68. *Almehtic got der krefte*
diu nie wart übersterket,
kunstlôs an meisterschefte
bin ich der schrift, iedoch mîn sin wol merket
dîn kraft für alle krefte wunder zeichet,
diu nie wart überhœhet
noch mit tiefe niemen underreichet.
69. *Dîn breit und ouch dîn lenge*
stênt iemmer ungemezzen,
du ie ân anegenge
bist gewesen noch niemmer wirt vergezzen
dîner götlich êwekeit ân ende.
des lâ mich, herre, geniezen, 258 (32)
daz ich gestê zuo dîner zeswen hende.
70. *Gewalt und kraft die grôzen*
mac niemen gote volprîsen,
mit zal, mit pfaht, mit lôzen:
iedoch sol mans ze reht ein teil bewîsen,

bescheidenlîch durch wirde gote jehende,
der disiu âventiure
vil tuot bekant, geschehen und geschehende.
71. Hie vor in mangen jâren
ist lützel iemen erstorben
ê si betaget wâren
niunhundert jâr. sus het mit in geworben
der elliu dinc wol mac und kan volenden.
er tuot und sol noch werben:
swaz er wil, des mag in niemen wenden.
72. Sîn wille genâden rîche
an uns erfüllet werde.
wir sprechen tegelîche
'got herre vater in himel und in erde',
aldâ wir dich ze vater unser nennen:
almehtic aller sterke,
sô maht du wol ze kinden uns erkennen.
73. Swaz dînen kinden wirret,
daz maht du wol erwenden.
ob uns niht anders irret,
sô kan uns niemen dîner helf gephenden,
dann ob wir dich mit brœdekeit vertrîben.
dîn helf diu helferîche
lâz uns bî veterlîcher suon belîben.
74. Du hâst durch menschen künne
wunder vil erzeiget,
ze fröuden und ze wünne
die sich ze kinden heten dir geneiget.
die hâst du veterlîche hôh gesetzet:
und die dich vater smâhten,
259 (33) die sint von dir gesmæhet und geletzet.
75. Swer nu an dir bekennet,
got vater, disiu wunder
diu hie werdent benennet,
und tuot sich doch ze kinde von dir sunder,
sô daz er dich mit argen sünden smæhet,
ez wirt an im gerochen,
ob er sich mit der suon gein dir niht næhet.
76. Du hâst den elementen

gebrochen ir natûre,
ze sældenrich presenten
den guoten, anderthalp ze grôzem sûre
den argen, als du tet dem künc Pharône,
den du inz mer versanctest
und dinin kint dar über fuortest schône.

77. *Diu kraft dem wazzer werte*
al sîn natiurlich linden:
gelîch dem steine herte
wart ez ze rîchen sælden dînen kinden.
wer ist dich veterlîche des nu lobende
von allen sînen kreften?
der witz diu meiste menge ist leider tobende.

78. *Driu kint in starkem fiure*
mit hôher kraft du nertest:
und den hie ûz untiure
wart daz fiur. ze râche du bekertest
ir dâ vil die ûzerhalben wâren.
swie gar durchschende glüete
der oven, iedoch diu kint dar inne genâren,

79. *Ananîe und Azarîe,*
Misahêl der dritte.
got herre, ob ich niht sîe
din kint, sô tuo du herr des ich dich bitte:
hilf mir daz ich die sünde alsô gefliehe,
mit riuwe bihte buoze,
daz ich mich wol erbes underziehe,

80. *Und daz mich gar vermîden*
müeze fiur daz grôze,
daz êweclich kan sniden
Luciferen und sîn hûsgenôze
und all die veterliches erbe fliesent
und die varwe der sunnen
werfent hin und vinsternüsse kiesent.

81. *Diu erd ist ouch entrennet*
an ir natûre funden.
dâ si vil ganz erkennet
was, dâ hât si starke man verslunden,
als si Dathan und Abirôn verslinden

ze râch dir, herre, kunde.
sus kan dîn kraft wol stricken und enbinden.
82. *Ouch was dir wider gebende*
diu erde gar den tôten,
gesunt und schône lebende,
Lazarum. dîn kraft ist unverschrôten
ie gewert. des was ouch Jônas jehende,
und manic tûsent ander,
an den dîn kraft was und ist hint geschehende.
83. *Sît gotes kraft besunder*
ist ie gewesen stæte,
dâ bî sô merk ich wunder,
ez wær ouch daz sîn wille und sîn geræte,
daz Enoch und Elyas der wîse
vor aller diet durch wunder
lîphaft behalten sint in paradîse.
84. *Alsölher wunder sterke*
hât sîn gotheit êre.
dâ bî ich daz wol merke,
daz sîn gewalt wol tûsentvaltic mêre
der welte sunder sterben hete behalten:
261 (35) *wan ez stêt in sîner hende*
leben und tôt: des lâzen wir in walten.
85. *Swie wir hie nu sterben,*
doch leben wir dort iemmer
dar nâch und wir hie werben.
disiu mær künd ich volenden niemmer.
ein ander werc hân ich hie under handen:
ob ich selb vierde wære,
ich fürht ez würde uns allen sêr enblanden.
86. *Der ûz Provenzâle,*
und Flegetânîs parliure,
heidensch von dem grâle
und franzoys tuont uns kunt vil âventiure:
daz wil ich tiuschen, gan mirs got, nu künden.
swaz Parzifâl dâ birget,
daz wirt ze liehte brâht ân vackelzünden.

II.

Über die Quellen und Bearbeitungen der Sagen vom Graal, von Parzival und von Tristan, sind wir bis jetzt, wenn wir die Wahrheit sagen wollen, noch völlig im Dunkeln. Die Behandlung dieser Sagen bei den neuesten französischen Forschern kommt ihren vortrefflichen Untersuchungen über die kärlingische Fabel bei weitem nicht gleich: und doch sind sie, an sich und der ausgezeichneten deutschen Gedichte wegen, einer näheren Betrachtung so sehr würdig. Ich gebe hier nur einen kleinen litterarischen Beitrag.

In meiner Vorrede zu Wolfram von Eschenbach S. xxii f. habe ich eine Darstellung der Sage von Parzival und dem Graal nachgewiesen, die der Fabel Christians von Troyes näher gestanden habe als der von Wolfram gebrauchten, ohne doch mit Christians Gedichte ganz überein zu stimmen. Dies ergab sich aus den Anspielungen in der Krone Heinrichs vom Türlein, der zwar Wolframs Parzival nicht nur kannte, sondern ihn auch geradezu anführt, doch aber daneben jene Anspielungen hat, natürlich aus seiner französischen Quelle. Ich hatte damahls Türleins Gedicht nur in einer Abschrift der unvollständigen 262 (36)
Wiener Handschrift gelesen: jetzt kann ich aus der heidelbergischen, N. 374, noch einiges nicht unwichtige hinzufügen.

Das Merkwürdigste ist nun dass Heinrich vom Türlein in seiner Krone (denn so nennt er es, nicht der Abenteure Krone) den Christian von Troyes selbst als den Verfasser des vor ihm liegenden französischen Werkes angiebt. Herr Gervinus sagt zwar in seiner Geschichte der deutschen Dichtung ii, S. 61, Christian werde als Quelle 'ohne Zweifel mit Unrecht' angeführt: aber ich weiſs nicht worauf dieses Urtheil beruht. Vielmehr, da ich hier dieselbe Abenteuerhetze finde, welche die Franzosen seinem Perceval mit Recht vorwerfen, glaube ich gewiss dass bei näherem Nachsuchen auch dieses Werk Christians von Troyes noch wird gefunden werden. Dann aber hätte dieser Dichter, ehe er selbst an den Perceval gieng, über dem er starb, auf Percevals Sage als bekannt hingedeutet, und zwar in einer Gestalt die von Guiots Darstellung bedeutend abwich. Ob Guiots oder Christians Perceval älter war, lässt sich aus Wolframs Worten nicht erkennen: das aber lernen wir aus der Krone, die Hauptpunkte der Sage hat Christian nicht aus eigener Erfindung in so stark abweichender Gestalt gedichtet, sondern er fand sie so überliefert.

Einige der von mir angeführten Verse erhalten durch die Heidelberger Handschrift entweder Verbesserungen oder doch Varianten. S. xxii *ir veter (ir bîten) het si wol gewant.* Unten muss es von Blancheflour heifsen

ouch was diu vrowe von Gâl,
als ichz vernomen hân, geborn.

S. xxiii werden die Vorschläge *halsslac* und *umb einen* bestätigt, auch *â lît merveillôs.* Andre Lesarten sind *den er im mit nîde (mit dem schafte) sluoc* und *daz sper und daz (der) rîche grâl.* Noch sind S. xxii unten, nach dem Verse *des nahtes an dem bette,* die Worte ausgelassen, 'und erwähnt ihrer Belagerung,

des iuch her Percefâl ervaht.'

Wichtiger ist aber dass noch einige Anspielungen hinzukommen, deren Vergleichung mit der *histoire de Perceval le Gallois* nicht uninteressant ist. Kaii sagt von Parzifal

daz er von sîner muoter fuor
als ein tôre, und in der fuor
nâch ritterschaft ze hove kam,
263 (37) *dâ er ein vingerlîn nam*
einer frouwen und si kuste
alsô dicke in geluste,
swie si dar umbe weinet:
wan si was vereinet
an dem bette in dem paulolîn:
des muost diu rede alsô sîn
als ez wart an ir schîn.

Dies stimmt ganz überein mit der *histoire* Bl. 5 rw. Ferner Kaii zu Parzifal

ob halt dann bî iu wære
Gôorz von Goromant,
iu müese werden bekant
wie ez stüende umb den grâl,
swie er iu frâge alle mâl
verbüte durch werde zuht,
dô er sô riche male (rîchgemâle?) fruht
von ritterschaft an iuch leit.

Im Roman Bl. 10[rw.] sagt Gornemant de Gohor *De reschief vous prie que ne soiez langart, ne trop parlant, ou rapporteur de chauldes nouvelles. car nul ne peult estre remply de grant langaige, qui souvent chose ne die qui luy retourne à villennie. Les aucteurs dient aussy que grandes parolles ou trop grant plait le vice et le peché atraict. pour ce, beau fils, chastiés vous de trop parler, si de tel vice estes tempté.* Die Verse und Reime in diesen Worten sind wohl entlehnt: ob aus Christian selbst, kann ich nicht sagen. Von Parcifals erstem Aufenthalt beim Graal, und der Vorgeschichte, die bei Wolfram gänzlich fehlt.

si heten alle guoten trôst
und geding ze Parcifâl,
daz er solte von dem grâl
ervarn die heimlichen sage:
dô schiet er dannen als ein zage,
daz er sîn niht enfrâget,
und sich sider niht enwâget,
dô er dar an missefuor
daz er sîn dâ niht erfuor,
daz erz sider het ervarn.
sô het er manic muoter barn
dâ mit erlôst von grôzer nôt,
die beide lebent und ouch sint tôt.
wan disiu jâmers nôt geschach
von sînem vetern. den erstach
sîn bruoder durch sîn eigen lant.
durch dise untriwe het gewant
got sînen herten zorn,
daz ez mit alle was verlorn,
über in und daz künne al.
daz was ein jæmerlicher val.
swaz sîn lebt, daz wart vertriben:
die aber tôt beliben,
die fuoren doch in lebens schîn:
daz muos ir aller wîse sîn,
und liten grôze nôt dâ mite.
doch heten si trôst unde bite
von gote und gnâden sô vil,
daz si funden kumbers zil,

als ich dir nu sagen wil.
Ob des geslehtes ieman wære,
der in dise swære
dâ mit enden wolte,
daz er ervaren solte
dise grôze âventiure,
daz wære liebes stiure
diu si leides ergetzet,
und würden gesetzet
in gewone freude wider
beide die tôt ligent nider
und ouch die die noch lebent.

In der *histoire,* Bl. 182^{vw}, erzählt der *roy peschor* dem Pereeval *Dedens le chasteau de Quinqueran estoit le roy Gondesert mon frere, qui moult fust de grande renommée, par son sçavoir, par*
265 (39) *sa hardiesse et prouesse, et par ses belles vertus. lequel fust en ce chasteau assiegé par ung Espinegres nommé* (f. 183$^{r.}$ *roy Pinegres,* der Sohn der *royne Brangemore de Cornuaille*), *qui amena avec lui grande puissance tant de chevalliers que le souldoiers pietons. mon frere contre luy en bataille sortit, et si bien se maintint que toute sa gent desconfist. et par ainsy furent ceulx de dehors vaincus. et cil qui depuis mainets jours a vescu, ung moult hardi nepveu avoit;*[1] *lequel luy fist veu et promesse que le mien frere occiroit ce jour, comme il a faict. c'est chose seure par bien grande maladventure. car quant la desconfiture veist, et que les siens avoient tourné le doz, le sien nepveu se desarma, et puis après les gens de mon frere dedens le chasteau entra, parce qu'il estoit incogneu, et cuiderent qu'il fust des leurs. puis au chasteau ung mort trouva; lequel si tost eust desarmé, et de ses armes s'en arma, et se remist droict à la voye, tenant l'espée dont vous avez les pieces joinctes. et quant il fust en la bataille, devers mon frere se tira, tenant l'espée en sa main nue. mais mon frere de lui ne se gardoit, parce que pour certain cuda qu'il fust des siens, et avoit son heaulme osté, pensant la noise estre apaisée et se repairer avecques sa mesgniée qui moult bien faict avoit ce jour. et cil qui*

---

[1] Er heifst Bl. 182$^{rw.}$ *Pertinans, seigneur de la rouge tour et de la terre à l'environ;* Bl. 216 *Pertinel,* wo ihn Parceval bei dem Schloss *à la rouge tour* erlegt.

*ne pense que affaire sa voulenté, de l'espée qu'il avoit traicte sur
le chief de mon frere, l'en ferist qu'i le pourfendist jusques à
l'arçon de la celle. et de ce coup que je vous dys brisa la bonne
espée en deux. et cil qui la croisée tint s'en retourna hastivement,
si en jecta sus la moitié, et s'en vint à ses gens qui moult grande
joye en demenerent. et ceulx du chasteau ont le roy Gondesert
emporté tout mors dedens le sien escu, et quant et quant empor-
terent l'espée qui par mi brisa, dont les pieces à terre recueillirent.
Et quant le corps eurent au chasteau emporté, au mieulx qu'ils
peulrent l'abillerent, et après qu'il fust bien lavé et embasmé, dedens
une biere le meirent, et puis ce faict me l'envoierent, et l'espée
rompue pareillement, de laquelle il avoit esté occis. puis me dist
une de mes niepces, qui fort prudente estoit et saige, que son pere
que tant aymoye en avoit mort receue. la quelle j'ay tousjours
gardée jusques à ce qu'ung chevallier vint qui entre ses mains
les pieces print pour les resjoindre. et me feist pour certain en-
tendre que par celluy mon frere vengé seroit qui les pieces resoul-
deroit. Et moy qui de dueil fus navré, les pieces prins que je
vous dys; desquelles par my les cuisses me feris, si que tous les* 266 (40)
*nerfz me detrenchay et decouppay, tellement que depuis ne m'en
peux ayder, et jamais ne m'en aideray que premier vengé je ne
soye de cil que faulcement et en trahison occist le meilleur chevallier
du monde et le plus preulx.* Dem Gawein begegnet die Jungfrau welche bei Wolfram Sigune heifst.

sô lange reit er ûf der spor,
uns im ein magt engegen reit,
diu weinte sêre unde kleit,
ûf einem hôhen kastelân;
daz was wîz als ein swan;
und het an sich geleint
einen ritter, den si beweint,
in aller sîner sarwât,
die von rehte ein ritter hât.
nu was der selbe ritter tôt.
ir gruoz si Gâwein weinde bôt,
und daz si jæmerlichen sprach
Wan het ich diz ungemach
für dich an mînem lîbe!
ez geschach nie wîbe

leider denn mir ist geschehen.
süezer got, lâz mich sehen
einen lieben tac an Parcifâl.
dô er daz sper und den grâl
ersach zuo Gornomant,
daz er mîn leit niht enwant,
und maneger frouwen swære!
do der arme vischære
ez in bî der naht sehen liez,
daz er in ungefrâget liez!

Der Name *Gornomant* gehört nicht hieher und muss dem deutschen Dichter aus Versehen entwischt sein. Den eschenbachischen *Gramoflanz* nennt er *Gyremelanz*. In der *histoire* heifst er *Siromelans:* seine Stadt (*roche Sabins* bei Wolfram) wird Bl. 44[vw] *Georquans* genannt.

Über drei Bruchstücke niederrheinischer Gedichte aus dem zwölften und aus dem Anfange des dreizehnten Jahrhunderts.

[Gelesen in der Akademie der Wissenschaften am 11. August 1836.]
Abhandlungen der Akademie der Wissenschaften zu Berlin aus dem Jahre 1836.
Berlin 1838. Philosophisch-historische Klasse.

Wir haben seit geraumer Zeit uns bestrebt den Zusammen- 159 (1)
hang der älteren deutschen Poesie und die Zeitfolge ihrer Erscheinungen genauer zu bestimmen; zwar noch nicht immer mit sicherm Erfolge und nicht ohne grofse Zweifel, wie mir (nur ein Beispiel des Zweifels, nicht dass ich tadeln will) Herrn Gervinus Darstellung der Geschichte des Volksepos fast in keinem Punkte richtig zu sein scheint; aber doch so weit dass nun nicht mehr entfernte Jahrhunderte in unserer Vorstellung bunt durch einander gehn. Wir müssen uns aber ja, wie wenig auch noch erreicht sein mag, unser Bestreben im Bewusstsein festhalten, weil andere schon wieder, indem sie uns nur kleinliche und elende Interessen zuschreiben, alles auf die bequemste Weise in einen Topf schütten, und von dem abstracten Begriff des Mittelalters ausgehend, zwischen der Völkerwanderung und der Reformation keine sonderlichen Unterschiede der Zeit und des Orts, geschweige der innern oder äufseren Bildung, anerkennen mögen, dass heifst in unserer Ansicht, ein unwahres Allgemeines aufstellen, für richtiges Einzelne hingegen mutwillig den Sinn verschliefsen.

Zu der uns im Ganzen gut genug zur Anschauung gekommenen classischen Poesie der ersten Hälfte des dreizehnten Jahrhunderts bildet die zweite Hälfte des zwölften ein für die gelehrte Betrachtung noch anziehenderes Vorspiel: diese Zeit ringt sich zu einer ganz neuen Form der Darstellung empor,

sie ist noch unfertig und ungeschickt, aber reicher an Elementen, die sich in der zunächst folgenden Periode nicht alle entwickelt haben. Die Schwäche der Form aber ist offenbar daran Schuld
160 (2) dass uns von den Werken dieser Zeit so wenige ganz aufbehalten sind: sicher ist die poetische Litteratur von sehr grofsem Umfang gewesen, und fast jedes neue Bruchstück eröffnet uns eine oder die andere unerwartete Aussicht.

Ich wünsche hier drei solcher Bruchstücke mitzutheilen, die sich in der Bibliothek des Herrn Geheimen Raths von Meusebach befinden: sie scheinen mir zunächst ihrer Heimat wegen wichtig, und eben deshalb möchte ich auch das dritte nicht von der Betrachtung ausschliefsen, obgleich es wahrscheinlicher erst in die Zeit der ausgebildeten mittelhochdeutschen Poesie gehört, zwischen 1190 und 1210. Alle drei sind niederrheinisch, die beiden ersten ohne Zweifel von Geistlichen gedichtet. Niederrheinische Poesie eines Geistlichen ist das Lobgedicht auf den heiligen Anno, vom Jahr 1183: mehr dergleichen war meines Wissens bisher nicht bekannt. Weltliche auf deutsche Sage gegründete Poesie vom Rhein aus dem zwölften Jahrhundert, die uns erhalten sein sollte, ist nur ein Traum der bei ernsterer Betrachtung unserer Nibelunge verschwindet: sie können unmöglich, wie man gewollt hat, vom Rhein ausgegangen sein. Ja die volksmäfsige Darstellung dieser Sage muss am Niederrhein nicht sehr stark im Gange gewesen sein, da die Niederländer im dreizehnten Jahrhundert keine andere als die uns erhaltene jenen Gegenden fremde Gestalt des Gedichtes zu übersetzen wussten, und der Verfasser der Dietrichssage seine Überlieferungen nicht von Rheinländern sondern von östlicheren Westfalen und Sachsen nahm. Unsere drei Bruchstücke lehren uns nun aber dass die poetische Thätigkeit der Geistlichen am Niederrhein weit gröfser war als das meistens nur abgeschriebene Gedicht des Kölners auf den heiligen Anno erwarten liefs. Dies ist aber nicht unwichtig, da in den Siebzigern des zwölften Jahrhunderts die neue strengere Versform der künstlichen Poesie hauptsächlich aus eben diesen Gegenden ausgieng, von Heinrich von Veldeke. Und wenn nun die beiden ersten Bruchstücke eben so wenig Kunst und Gewandtheit der Darstellung zeigen als das Gedicht auf Anno und die meisten der übrigen Werke von Geistlichen aller Gegenden aus den Sechzigern Siebzigern oder Achtzigern, so lehrt dagegen

das dritte dass am Niederrhein die neuere gebildetere Darstellungsweise bald geschickter und edler als von Eilhart von Oberg und Heinrich von Veldeke gehandhabt ward, dass auch die Verse dort wenigstens so genau wie von Veldeke gebaut und gereimt wurden: hingegen der feine leichte gewandte Ton Hartmanns von Aue, von welchem ein gutes Theil selbst in den öster- 161 (3)
reichischen Volksgesang übergieng, scheint im nördlichen Deutschland keinen Anklang gefunden zu haben; es müsten uns denn grade alle Beispiele davon verloren sein: unser drittes niederrheinisches Bruchstück hält sich fern davon, und ist, eben weil dieser Ton allzu leicht in eine nachgeahmte Förmlichkeit ausartet, bei weitem angenehmer als die gewöhnlichen Arbeiten schlechterer Dichter des dreizehnten Jahrhunderts; in gedrängter Darstellung warm und innig wie es das französische Orginal wohl schwerlich gewesen ist.

Ich habe nur auf das Interesse hinweisen wollen, welches diese drei Bruchstücke gewähren, indem man sie zusammen betrachtet. Jedes derselben für sich angesehn dürfte leicht eben so anziehend sein: ich muss aber bekennen dass ich zur näheren Erläuterung derselben nicht so viel als ich wünschte zu geben weiſs.

Das erste — ich nenne es das erste, weil es am wenigsten eine geschmeidige und der ausgebildeten Kunst nah kommende Form hat — behandelt eine mir unbekannte Fabel. Kein Name einer Person wird genannt, der uns etwa das Auffinden erleichtern könnte. Folgendes ergiebt sich aus dem Inhalte des Doppelblattes. Ein Kaiser hat mit seiner Tochter, der Witwe eines Königs, in lange fortgesetztem unerlaubten Umgange einen Sohn gezeugt, den sie nach der Geburt durch ein Weib in ein anderes Land sendet. In Ungerland wird der Knabe nebst einigen Kostbarkeiten von einem Herrn gefunden und dem König gebracht, der seine Gemahlin, da er von ihr keinen Erben hat, sich wie eine Kindbetterin legen lässt und das Kind als seinen Sohn erzieht. Auf dem zweiten Blatte kommt der Kaiser und seine Tochter mit dem Jüngling zusammen. Am zweiten Tage sagt sie dem Kaiser, dies sei ihrer beider Sohn 'dem auch die Sache wohl bekannt sei.' Der Kaiser ist wegen seiner Sünde in Verzweiflung und will sich an einen Bischof wenden.

Dieses Bruchstück ist, wie das folgende, ohne Absetzung

der Verszeilen geschrieben: es hat auf jeder seiner vier Octavseiten 24 Zeilen.

Das zweite Bruchstück, ebenfalls ein Doppelblatt in kleinem Format, ist der Anfang und ein späteres Stück der poetischen Übersetzung eines berühmten Buches, der *visio Tundali,* oder wie hier die Überschrift lautet, *Waz Tundalus hât gesien.* Es ist die Geschichte eines irländischen Ritters, dessen Seele, nachdem er lange in Sünden gelebt hat, im Jahre 1149 in einem wunderbaren Gesichte während eines todähnlichen Schlafs von
162 (4) einem Engel durch die Hölle, nicht ohne einige Qualproben, dann durch das Paradies geführt wird. Nach seinem Erwachen bekehrt er sich. Der Inhalt dieses Buches wird einer näheren Betrachtung leicht mancherlei bedeutende Gesichtspunkte gewähren: mir steht jetzt nicht einmahl ein besserer lateinischer Text zu Gebote als der Auszug bei Vincenz von Beauvais im *speculum historiale* 27, 88, und die Vorrede bei Martene im *thes. anecd.* I, p. 490. Ich will hier nur auf die schnelle Verbreitung des Buches aufmerksam machen. Nachdem es zuerst ein Geistlicher Marcus nach Tundals eigener Erzählung aufgezeichnet hatte *(de barbarico in Latinum tansferre eloquium —. scripsimus autem fideliter prout nobis eandem visionem retulit)* [1], finden wir höchstens etwas mehr als dreifsig Jahr nach der Begebenheit schon diese deutsche Bearbeitung. Eine Handschrift aus dem dreizehnten Jahrhundert zu Wien (2696), die sonst einige sehr alte Stücke enthält, giebt auch einen deutschen Tundalus in Versen: aber nach den Auszügen in Herrn Graffs *Diutisca* 3, S. 401 zu urtheilen, hat die Arbeit mit dem meusebachischen Bruchstücke nichts gemein als die Quelle, und ihr Verfasser, ein Priester Alber, der sie für den Bruder Konrad zu Winnenberg dichtete, wird wohl später gelebt haben.

Das dritte Bruchstück, von Seiten des poetischen Inhalts bei weitem das bedeutendste, ist ein Stück der sagenhaften Jugendgeschichte Karls des Grofsen; daher es auch, nachdem ich in der Vorrede zu Wolfram von Eschenbach S. XXXVIII Nachricht davon und eine ansehnliche Probe gegeben hatte, von J. Grimm einige Mahle unter dem Namen *Karlmainet* angeführt worden

---

[1] Vielleicht darf man aus seinem Präsens *transcribit* (Martene I, 491) schliefsen dass Marcus erst nach dem Tode des heiligen Bernhards (1153) schrieb.

ist. Ich habe schon an der angeführten Stelle gesagt dass zwei andere uns erhaltene Bruchstücke zwar dasselbe Vaterland verrathen, aber in einer weit schlechteren und gewiss jüngeren Gestalt überliefert sind, obgleich das ältere meusebachische Fragment einen späteren Theil der Erzählung liefert.

S. 1. Dad in got so getrôste bit eime vremedem kinde. 163 (5)
wande er . . . . . ie ingeind gewinnen inende.
Als de heire dû dad kint ītvant.
iñ so seltsene sachen da vant.
In simo sinne er id intrit.
als id doch was gesch . t.
Dad dad kint were cûm̄ van edelem gesl . hte.
inder gedahte dader dem cuninge die schone gaven brehte.
Dû dedder als er id vor dahte.
iñ alser id vor den cûninc brahte.
Er begunde vil ernestahte vragen.
wannen er brehte dise gaven.
Iñ dad er id im niē iuhele.
dû irveirde sich des d' heire
Iñ insielt im van orde iñ van einde.
wie er id vunde bi eime kinde.
D' cuninc gebôt dû in alrihte.
dad er dad kint brehte ce sin' gesihte.
Dad er wolde dad geschah.
iñ als er dad kint so lussâm gesach.
Er sp^a^ch ce dem heiren dad er ce hûs vure.
d' vunt sold^e^ im cûm̄ ce gevure.
Iñ dad er dise dinc hele.
biz er gese wie id herna queme.
D' cuninc sp^a^ch dû ce d' cuningen dad si lege uf hir beitte.
wande si īgeinen cirve īheitte.
Iñ spreche dad si eines sunes lege.
biz dad mere alsus d . . . .
Wand^e^ bit sustanen sachen.
S. 2. mahten si hir ri . . . | einen cirve machen.
Die cuningin was des rades vro.
iñ vûr zû iñ dedde also.

Biz dad wort also uzq^{a}m.
des irvro^{a}ede sich wif iñ man.
Beide arme iñ riche.
164 (6) alle die du waren ī vng'riche.
Dad in geboren were ein ivnchêre.
alsus gînc id ^{a}vuer al mere.
D' cuninc hîz dû des kindes wale plegen.
iñ acker cuninclich escen vor geuen.
Dad kint begunde dû vûre vân.
iñ wart schiere ein ivncheire vil lussâm.
Iñ alser sine kintliche dage hatte ^{v}vuergangen.
dû begund' harde mannen.
Dû begunde man in van dûgenden iñ van eren.
^{v}vuer al dad riche meren.
So dad in minneden gro^{i}zliche.
alle die waren īme riche.
Dad duhte den cûninc vil gût.
iñ irvro^{v}ede im harde sinen mût.
So got nît anders înwolde.
dad er alsulchen eirven hauen so^{i}lde.
Iñ sam̄de die vursten vanme riche.
iñ crônde in vil heirliche.
Iñ gaf im ^{v}vû al sin riche gewalt.
des wart d' iungelinc wis in balt.
Inde wart ein harde vrûmich man.
dise mere dû in sins vad' riche q^{a}m.
Dad de iuncheire so vrûmich were.
dû begunde sich v'sinnen

* * *

S. 3. im dad ce dûne nit īwere svere.
wande id in ce den eiden no^{i}t dede.
De keiser v'nā die bodeschaf vil heimeliche.
iñ q^{a}m ce dem dage vil vroliche.
Allen den eirsten dach si bit vro^{v}eden sam̄ waren.
dad si nit īgewûgen vmbe wad si dare q^{a}m̄.
Des andren dages giengen si dro^v sizcen vil gesveisliche.
iñ die vro^{v}e begunde d' reden vil trurliche.
Iñ sp^{a}ch heire. got hat dir groze gnade gedân.
165 (7) dad insaltv nit ru^{i}close lazen hiene gaîn.

Du insoles vnsen heiren.
draue louen iñ eren.
Wande so er mere gnade ce vns keret.
so er me van uns sal sin gelovet iñ geeret.
Bitt' selv' wagen so er vns nu liet iñ g^evet.
so sal er vns eischen so er cůmet.
Wâr is dad du spriches sp^{a}ch d' keiser.
ce d' cůningin sin' doht'.
Ich bin vil dankes schuldich vnsem heiren.
vand' manichveldier eren.
Die mir van sinen gnaden is geschît.
o^{v}ch îis dad die minneste nit.
Die er mir bittir gedâin hat so grôzliche.
wande du salt vro^{v}e sin ^{a}vuer zvei riche.
Dad ein dad dich an cirvet van mime live.
dad and' dad dir din man gaf ce wiedeme alse sime wive.
S. 4. Die vro^{v}e begunde dů suften vilsere.
iñ sp^{a}ch die gnaden sint vad' noch michels mere.
Die vnse heire bit uns hat gedân.
willin wir se rehte v'stan.
Er hat vns vil lange gesparet in den sunden.
die wir insam hân begangen.
Iñ w.t dat wir vns bezz'en iñ bekeren.
d' word^e begunde sich d' keiser irveren.
Iñ begunden ime nit wale lichen.
iñ wolde se bit and'en worden vorgrifen.
Nit sp^{a}ch die doht'. alechant.
dise wort sint disme ivuchere^n wale becant.
Did is sp^{a}ch si vad' d' selue iunge man.
den ich vil vnselic vandir gewan.
Did is den ich behilt v live.
in van vns sante bit eime wive.
Verre in ein and' lant.
d' keiser vil vor ir beid' vuze alechāt.
Sere schriende iñ weiniude. 106 (8)
iñ sůte gnad^e ir beid'e.
Iñ alser eine wile also gelach.
dů begunder sprechen iñ sp^{a}ch.
O^{v}we mir mine vil lieve kint.

dise sunden bit rehte alle min sint.
Ich vil arm' iñ sundier man.
ich bin d' did ce eres anegeinnen began.
Disc missedat geveillet uf mich.
du bis heire sun vnschuldich.
Hie is ein bischof ein vil wise man.
d' bit mir al her qªm.
Dun wir im her ce vns rufen.
iñ beginnen wir alcehāt an hin sûchen.
Vmbe dise

S. 1. Vaz tundalus hat gesin.

Godes wnder sint manicfalt.
Di er uvidene hat gestalt.
Bit siner grozer crefte.
Wolden wir merken rechte.
Vnde uernemen der heiligen srifte wort.
Wir ne sprechin miner vbel wort.
Nu ist di arme mensheit
al so cranc. Vñ di brodekeit.
Daz si sich umbewollen.
inkan behude vollen.
Got in du iz bit sin' craft.
Di wissagin hant uns gesagit.
Vzer der godes lere.
Daz eim rehte sund'e.
167 (9) Daz himelriche si also unkunt.
Alse eime olbendin si.
Daz er sih konne gebogen.
Durch d' nalden ovgen.
Daz ist engestlich gnuk.
Och so kundent uns di buch
Vir iustus saluabitur.
Daz vir nemet alden vñ iunc.
Daz quid daz van manne noch von wibe.

---

12 l. gesacht. Eben so Z. 25.

Di gen reht in konne beliben.
Her wid' so ist uns gesageit.
Gut trost an einer ander stat.
Nolo mortē pec̄c̄oris.
Got sprichit des sunderis dodis.
inwi°lle er nit. Wene daz er lebe.
Vn̄ sich sin' sunden suldic gebe.
Vn̄ sih betalle trabe kere.
Nu sold ir virnemen mere.
War umbe ich der reiden begunde.
Ich han is gut urkunde.
Von gelerden. vn̄ och von leigin.
Daz ich ane smeichin.
In duzsen sage di warheit.
Als iz in latinen gesriben stet.
Von eimo manne. wol bekant.
D' was tundalus genant.
Der was ein man vil missetedic.
Got wart ime sint genedik.
Dri tage er in brodin lac.
Sin geist wr zu d' hellen un̄ sach.
Manege dink der er wart wis.
Och quam°; in daz paradis.
Da er irkande godis dogen.
S. 2. Vile bit sinen | owgen.
Di er sint sageta offenbare.
Nu horiet in welcheme iare.
Dise mere gesche.
Des waren do eilif hundert iare.
Vn̄ nune un̄ virzik daz ist war.
Daz vnser herre [got] wart geborin.
Nu wil ich sagen. uon dem man.
Von deme ich d' reiden began.
Ybernen ist ein lant.
Inweisten uffe daz mere gewant.
An suzer erden daz iz steit.

54. got durchstrichen.
57. l. ist ein einlant.
59. l. dâr.

Dar umbe geint wazz' vil breit.
Daz gebirge groz. uñ daz geuilde.
Di lude sint da harte milde.
Irs gemudes sind si vro.
Daz lant ist milche uñ honeges vol.
Inde fruchte so man sagit.
Beide visse vñ iaget.
Mer wines in konnen si nit gewinnen.
Slangen. credin. spinnen. ist da vile.
Doch so hat ir holz div craft.
Daz iz alliz virgipnisse uber winden mac.
So iz wirt virtriben dan.
Da sint gude wib vñ man.
Si hant gude wapen uñ gewant.
Iñ wonent vil na engelant.
Naher den sotten. dan den briten.
Quos quidā galenses uocant.
Der wec ist dannen intlazen.
Zu wieden. uñ zu strazen.
Vñ ein deil in hispangen want.
169 (11) Ibernen daz selbe einlant.
Hat vir uñ drizcik howbet stede.
Di alle stent an irme vriden.
Eine stat heizet archamacha.
Di stet yb'nen och wol na.
Di saget man daz si vil riche si.
Crocagensis stet och da bi.
Da rane so was gesezzen.
Ein ridder wol virmezzin.
Er was edele uñ wole bekant.

* * *

S. 3. | uan.
Bit d' ewiger qualen ungemach.
Zu deme engele daz si sprah.
Owi arme wi w'd ich bewart.
Von dirre dotliher uart.

---

68. l. da ist vile slangen credin spinnen.

79. gewant hat die Handschrift, aber ge durchstrichen.

Der engel bit schoner wize.
Bit lut'licheme antlize.
Sach ane div sele uñ sprach.
Nit in vohte dit ungemach.
Dise q^{a}le sal dich v'miden.
Wene ein and'e salt du liden.
Er ginc u^{o}ur zud' selben stunt.
Vñ leide^{si} ub' algesunt.
Alse si irliden hadden den selben pad.
Vñ uber quamen an den stat.
Div sele uragede den engel do.
Vroliche uñ sprah ime zu.
H'ro ob ich dir geualle.
So wolles mir cunden albetalle.
War umbe dise selen alzemale.
Liden alsus groze qualen.
Der engel sprah in warheit. 170 (12)
Dirre selbe tal der hi stet.
Den du hi sis so v'slich.
So dief uñ so eislich.
D' ist der stolz' lude stat.
Vñ ist in zu wonen hi gesatzt.
Dirre berg alsus unreine.
Der pinet hi al geme.
Di den and'en lagende sint.
Vn v'dumēt man uñ kint.
Vffe daz si iren willen volle bringen.
Nu in solen wir iz nit lengen.
Wir in varen vort uil balde.
Da wir uinden dirrer pinen gegade.
von der giren luder pine
Et recedente angl'o.
Bit deme engele si hine zo.
An einen wec lang uñ smal.

102. si ist nachgetragen.
107. l. ob iz dir.
123. l. vil rade. 124. Nach dem i ist in pinen ein e ausradiert.
125 nach 126 in der Handschrift: die richtige Ordnung ist durch Zeichen angegeben.

Vnreine was er ob' al.
Zu groz' arbeide.
Was div selbe reise.
S. 4. D' uertde | si sere uirdroz.
Ein dir unmezclige groz.
Gesah si da uñ ward is geware.
Iz was eislichen vare.
Sin' groze ein gliche.
Daz duhte si w'lihe.
Merre uñ breid' da iz lach.
Dan alle di berge di si ie gesach.
Sin owgen waren uͦurich.
Sin gesihte gruelich.
Sin mut stunt alle cit.
171 (13) Offenen vñ vil wit.
Das si des wole beduhte.
Daz iz bit ein' aden zuhte.
Zein dusint wol v'slunde.
Gewappend' lude wanne so is begude.
Zwene risen strange
stunden in grozem getwange.
In sime munde innen wendic.
Di hadde uf gerchtit sich.
Alse si da weren uaste gemerit.
Si waren beide uirkerit.
Den einen sah si sin howbet wenden.
An des dires oberste cene.
Vñ di uuze keren nid'.
Des anderen risen stunden wid'.
Zu dem howbete w't gekert.
Des wart div sele irv'et,
Do si daz hoben des strangen.
Sach nid' w't hangen.
Zu den und'sten cenen.
In deme munde an zwen enden.
Stunden di risen beide
und'scheiden.

---

154. l. cende. 159. l. hobet. Über ſtrangen steht riſen.
163. 164. l. disc risen beide stunden underscheiden.

Alse zwa sule stare uz' mazen.
Di porten inde dri strazzen.
Gingen uz' des dieres munde.
Alse iz den aden lazen solde.
So wloch druz di flamme groz.
In drw ende si hine schoz.
Durch die flamme man dikke twanc.
Di selen sund'

Zur Vergleichung füge ich die lateinische Erzählung aus 172(14)
Vincentius Bellovacensis hinzu.

Vincent.. Bellov. spec. hist. 27, 88.

Anno domini 1149 — visa est haec visio. Duae sunt metropoles in Hibernia, Ardinacha septentrionalium Hiberniensium, australium Caselensis. de qua ortus fuit vir quidam, Tondalus nomine, nobilis genere —

cap. 90.

Angelus autem timentem consolans animam dixit 'ne timeas. ab hac siquidem poena liberaberis, sed aliam patieris'. et praecedens tenuit eam et ultra pontem duxit illaesam, dicens, 'Haec est' inquit, 'vallis horribilis in poena superborum'.

(cap. 91) Praetereunte autem angelo profecti sunt per viam tenebrosam et tortuosam et difficilem valde. et cum multum laborarent in eundo per tenebras, vidit anima a longe bestiam incredibili magnitudine et horrore intolerabilem, quae maior erat omnibus montibus quos prius viderat. oculi eius quasi colles igniti, os eius valde patens et apertum videbatur posse capere novem milia hominum armatorum. habebat autem in ore suo duos parasitos gigantes versis capitibus valde incompositos; quorum unus habebat caput sursum ad superiores dentes praefatae bestiae et pedes deorsum ad inferiores, alius vero e converso. et erant quasi columnae in ore eius, quae os illud in similitudinem trium portarum dividebant. flamma inextinguibilis ex ore illo exibat, quae in tres partes per illas tres portas dividebatur. et contra ipsam flammam animae damnandae intrare cogebantur.

— haec bestia vocatur Acherons et devorat omnes avaros.

166. l. dri porten

S. 1. Hier fehlen 13 Zeilen.

nv horit van deme heren
Karle van vrancriche
he dede ku°men vor sich
Bertram inde elien
inde mýlen van normandien
173 (15) Inde van dentifule Garýn
oug sult ir der seste sin
Sprach karl min her Fukart
ir sult mide u°p die vart
Hinne zu° rieueire
harde balde inde schire
Begunden sie sig bereiden
ane enigerhande irbeiden
Namen sie u°rlof geliche
inde durg riden vrancriche
Biz so verre quamen
dat sie Riueire vornamen

S. 2. Hier fehlen 13 Zeilen.

die richte inde die krumbe
Nu°n porzen vile uast
nie inquam dar wert nog gast
Hene wnde da inbinnen
van aller kunne sinne
Van aller slachte sachen
die got mochte machen
Zu coufe veile inde genu°ch
pellen side wullen du°ch
Aller slachte ku°nne
oug was da cýne wu°nne
Van hermelin bunt inde gra
oug vant man alda
Als mir dat welsch dude
allerhande geerude
Gude ors inde pert
waste wehe inde wert

S. 3. Hier fehlen 13 Zeilen.

wo dise burg stichte
Ein rise inden alden ziden
als so rich inde also widen 171 (16)
§ Nu hadde sie morant insiner hant
horit van den di hadde gesant
Karl zu boden dare
Morant wu°rden sie geware
In midden u°p deme houe
mit vrouden inde mit loue
Mit ridderen inde mit knapen da
so schire sie eme quamen na
Die Morande su°then
sere sie ene gru°then
Van ires h'ren karlis wegen
Morant die ku°ne degen
So schiere he irkande
dat man karlo nande

S. 4. Hier fehlen 13 Zeilen.

van pellele inde van baldekin
Scharlachen gru°ne inde bla
hermelin bu°nt inde gra
Gefurnerit harde wale
Morant gebot u°pme sale
Die taflen do bereiden
die h'ren heiz he beiden
Dat sie nit enseten
wat meren dat sie brethen
Sine hedden alle gezzen
die schiltknechte vermezzen
Gaue wazzer zu houe
inde diden mit loue
Mit maniger ku°nne spisen
soldig die alle prisen
Lichte sechtig vngevu°g
da ne was anders nit dan genu°g
S. 5. Van spise inde van dranke
den gesten wal zu danke 175 (17)

Na des wirdes eren
sowe ene solde sweren
Ire valsche bodeschaf
harde cleine wiste he draf
§ Alse sie dus gesazen
gedruͦnken inde geazen
Dat manlig blide was inde vro
Morant he sie bi sig zo
Inde vragede sie innineliche
we karl van vraneriche
Vuͦre inde sine vrowe
Fukart die vngetruͦwe
Wale sprag he so mir got
here vernemet dit gebot
Dat he ug en boden hat
mit vns dat si ug gesat
Wildirs hauen vruͦmen
ir sult zu ime kuͦmen
Inde vr neuen beide
der namen ig ug bescheide
Fuquinet inde elinant
so schire he sie hat bekant
He git en sunder bede
buͦrge inde stede
Dan af si sig louen
muͦgen insineme houe
He wilt oug zuͦ paris
mit ug inde sinen vuͦrsten wis
S. 6. Sprechen inde beraden
Morant begunde drade
Danken sime sceppere
dat karl sulche ere
Sinen neuen hedde enboden
des wolde he louen goude
Duͦ antworde Morant
176 (18) so schire vns morne wirt irkant
Der dag wir sulen riden
nit in wilig is miden
Mine neuen insulen mide

nu mu^{o}ze der leide ride
Fukarde vellen
mit sinen gesellen
Also werliche
dat sie karle van vrancriche
Hadden geraden michil baz
vmbe verretnisse inde haz
Dat he morande besande
inde mit deme liue pande
Ene inde sinen neuen
dan durg l^{e}iue oue du^{o}rg geuen
§ Dit laze wir wesen also
Morant was harde vro
Siner geste he wale plach
mit guden gunsten biz der dach
Nider begunde sigen
inde die nacht up stigen
Du^{o} begunden die besten
reden vmbe resten
S. 7. Morant de w'de man
der rasten he oug gesan
Inde geine zu bedde
ig wene he dog hedde
Der rasten harde cleyne
nv^{o} horit we ig meyne
He lag alle die lange nait
ingrozen dromen inde vait
Als mig dat welsch machede wis
eme duchte we he zu^{o} paris
Were up deme sale
de schone inde wale 177 (19)
Mit manigen vu^{o}rsten were besat
oug dromede eme dat
We karle deme wal geborne
zu^{o} eme were so zorne
Dat he na eme prant
sclue mit siner hant
Inde he eme sinen arm
da zu^{o}ge also warm

Van siner rechter siden
oug dromede eme zu° den ziden
We zu° paris der sal
bouen sime houede al
Brende harde sere
oug duchte deme heren
Rechte insime sinne
we karl die ku°ninginne
Neme offenbare
mit eren valen hare
S. 8. Inde treckede sie vorsig
nider up dat estrig
Dus lag he die lange nait
insime slafe inde vait
Inde hadde groz vngemag
mit diseme drome biz der dag
Sig harde schere huf
als Morant den dag intzu°f
Inde mit den ougen irkande
zu°hantz he du° nande
Den die siner kameren plag
wal up sprag he id is dag
Reyche mir cleidere inde schu°n
la mig die ane du°n
§ Zu° hant wart he des bereit
Morant hat sig geeleit
178 (20) Balde is he u°p gestan
inde heiz sinen cappellan
Eme sunderlinge
cÿne misse singen
Inde bat harde sere
got vnsen h'ren
Du°rg siner mu°der ere
dat he en vor beswere
Vor schanden inde vor schaden
leize vmbeladen
Des bat he innenliche
Got van himelriche
Dat gebet was so lanc

biz man die misse gesanc
S. 9. Morant
uhant
burg
du°rg
nt
nt
von einer Zeile ist nichts übrig
sere
en besten
ntlesten
intraen
n saen
o ide
gode
t
e niet
s
wis
gen in
sin
Hier fehlen 10 Zeilen gänzlich.
S. 10. Bevel insinen sinne 179 (21)
Morande dede he inne
Of he nit endede
des en der ku°ninc bede
Inde mit vns ug enboden hat
wirt ime dat insat
He sal is hauen zorn
oug suldir han verlorn
Sine minne inde sine hulde
niet inlazit vmme die schulde
Dat ug gedromet is zu nacht
als ir vns hat gesaht
Ich wil van miner leren
disen droum zu besten keren
Fukart die was snel
siner reden inde fel
Den droum begunde he duden

vnder alden luden
He sprag Morant here
dat ug karl also sere
Zo mit vrme arme
Hier fehlen 9 Zeilen.

S. 11. Der en bertangen riche
der ander werliche
Dat lant van potowen
des sult ir mir getrowen
It is erstoruen minen h'ren
got wilig iemer eren
Morant zu° fukarde sprag
of dit geschein mag
Minen zwen neuen
alle dine wilig begeuen
Inde varen zu° paris
zu karle deme ku°nīge wis
180 (22) Inde mine neuen beide
Got wese vnse geleide
Morant van reueire
he hadde sig scheire
Beret zu° diser verde
inde manig ridder werde
Die mit eme riden
neit si is vermiden
Sien riden eren weg
Hier fehlen 9 Zeilen.

S. 12. He hinc an einer
sin houet eme nide
Dat was rechte blu°
he machede iamer
Inde harde groiz g
sin lif was wiz
D . . he inteckede
sine plumen he i
Sines seluis vleisch
wizzit dat vm en
Vierdusent vu°gel

die scruwen ſude
Eigelig na ſiner z
beide alden ſude
So schire moran
harde schire h
So daden oug
die mſt eme w
So schire sie des w
du° kerden sie zu°
Vp den wech wider

Hier fehlen neun Zeilen, und dann ein
Blatt mit vier Mahl 30 Versen.

S. 13. In vre kintheide 181 (23)
van den dieuen beide
Huderiche inde hanfrade
. die dicke gingen zu° rade
Wo sie·ug benemen ſr leuen
oug halp ig den rat geuen
Dat Galie mín vrowe
vg gaf sulche trowe
Inde gelouede sulche stedicheit
alse nog hude deit
Eyn reyne vrowe iren manne
ſude sig oug troste danne
Manſger grozer blitschaf
ſude durg leſue genher af
Mit ug up ur genade
ſude nu na bosen rade
Ane enige ere schulde
vírsagit vre hulde
Inde wilt du°n nemen eren lif
als sie were eyn meyndedich wif
Dat mag sie wal ru°wen
so mag míg oug ſntrowen
Min lanc denst dat wizzit vírwar
ſude ig ur so groiz ein hafr
Nie ſugenoz dan enen mul
die selue is doit inde vul
Ig bidden cyner genaden

die vns hat virraden
Herre zu ug ſinde besaít
van aldusgedaner meyndait
S. 14. Want ſr reſt rígter sít
so duͦt kuͦmen zu diser zit
Die mig dís bezien
vuͦr alle vre vrien
Inde ig gehoren ire rede
182 (24) so wilig up der stede
Lif inde ere setzen inheil
ſinde nímen alsulig vrdeil
Alse mír deilit míne genoz
id si gewapent ouc bloz
Kuͦníng edil here
wes muͦgit ſr míg ir veren
Mir helpet mín vader Garnír
ſinde Droons van mondedir
Inde van ardanien Diderig
die edel ridder ſinde rig
Inde berrant sín suͦn
ſinde der kuͦníne van bullion
Wes mag irveren míg
darf ſg eigelig
Brenget mír sínen hundert
riddere albi sundert
Zuͦ mínen noden here
berue lude mít gewere
§ Karl her wider sere reif
wat sais du sprag he deif
We groͦz is dín gebreite
dat du van díme gesleite
Mír drowes hie zuͦ stunden
ig sal dír duͦn bunden
S. 15. Díne vuͦze mit den henden
ſinde van beiden ougen blenden
Morant van reueire
he antworde scheíre
Karle van vrancriche
herre sprag he werliche

Dar zu° werich zu kranc
  dat ig ug an vren danc
Nu° moithe besweren
  vu°r mínen rechten heren
Bekennich ug alle stunt 183 (25)
  mer cyne warheit si ug kunt
Karl edel ku°níng vri
  ig wene here nít en si
Leuende die mír vu°r ug
  des si got mín gezug
Spreche an míne schande
  so wa he ínme lande
Seze he ne solde sín leuen
  mír dar vmbe geuen
Of he neme mír dat mín
  des mu°git ír herre sicher sín
Want mochtíg míne wort
  keren wider inde vort
Inde de rede alírgeuen
  de Morant der greue
Vu°r al sín recht da írgaf
  id en halp eme nít en kaf
Karl he heiz eme da setzen
  bu°rge ane letzen
S. 16. Oue he mu°ste sín beswceret
  an síme liue índe ínterít
Herre dat du°n ig gerne
  en is ug nít zenberne
Sprag van reíuere morant
  he nam síne vrowe mít der hant
Inde boít se da zu bu°rgen
  so mu°ze míg got wu°rgen
Sprag karl oue dat gescheit
  ig íugere ere zu° borgen neít
Her Morant sult ír genesen
  se su°len geeruít wesen
§ Morant der ru°wige man
  burgen suken he began
An du°schen inde franzosen

184 (26) an normannen índe engillosen
Inde bat da ínníncliche
manigen vu°rsten ·riche
Of he en ſe denst erboit
dat se bekenden síne noít
Vp rechte geselleschaf
wat mogtíg vile sagen hín af
Hene kunde nemanne vínden
de sich zu den stunden
Wolde virburgen da wu°r en
des bedrouet sín sen
§ So schire he dat hat ír kant
dat he burgen nít en vant
Zwene neuen hadde he da
die íme sibbe waren na

S. 17. Hier fehlen ·13 Zeilen.

so mír got die vns geboit
Sprachen die kindere beide
so wat vns zu leide
Mag geschen oue geschaden
vu°r ug wil wír vns beladen
Alse die kíndere gesprachen so
Morant se beide zo
Vu°r karle van vrancriche
índe gauen sig beide geliche
Karle zu burgen ínsíne hant
vu°r eren neuen Morant
Vu°rwar si ug dat gesait
neít in wu°rde se wider laít
Van karle deme ku°nīge balt
he heiz se oug mít gewalt
Beide vaín inde bínden
síne knechte zuden stunden

185 (27) S. 18. Hier fehlen 13 Zeilen.

oug wart ín hals inde beín
Bit ketenen sere gebunden
des sprag zu den stunden

Volquſnet iemerliche
got van hſmelriche
Also werliche
ug neſman is geliche
In hſmele nog u°p erden
inde leizit dat ſſn inde gewerden
Here alder werilde trost
dat van sunden wart ſr lost
Maria Magdalene
die mſt eres herzen trene
Dw°g vire vu°re
Ieſue got ſnde su°ze
Inde ere sunde machedet vri
als werliche mu°zſt wesen bſ

S. 19. Hier fehlen 13 Zeilen.

ſnde. der ku°nīg van bulliu°n
Inde droons van mundedir
dat die samen weren hir
Sie solden seriende machen
sulche de nu lachent
God durg ſſne gude
dise kſndere behude
Want mſr deit ſr pſne we
nu° horit vort ig sagen ug me
§ We karl zu eme reif
ſukarde den bosen deif
Inde den. verredere
dat he segte mere
Vu°r alle ſſnen vu°rsten vri
inde oug Morant were da bi 186 (28)
We he sig hedde virwart
dat nemſch h're up mſne vart

S. 20. Hier fehlen 13 Zeilen.

ig ne weiz of sie doueden
Van siluere dri hundert marc
wal gewegen inde stare
Vp dat wir sie wolden

vírswigen índe soldín
Samen duͦn eren willen
vir holen inde stille.
§ Ay deif sprag Galie
dat got inde sente marie
Vg drí samen muͦze schenden
índe an me líue penden
Als werlichen als id nít war ín ís
des ír mínen herren machet gewis
Of he gebude we gerne ig solde
duͦn mín vnschult we he wolde
Vur alle sínen vuͦrsten vri
ig wene id oug wal recht sí
S. 21. . . sit ir gesunt
. . we . . . . si ug kunt
en mít guden witzín
níder sítzin
den vro inde blide
sagen an deme ge . . . .
rredere alle dri
e waren sie so bi
sprachen kuͦnī . . balt
ín diner gewalt
schande índe leit
ser vrouwen die . . . . . eit
187 (29) dan lange stunt
wir ug han gekunt
sult ir wizzen vur war
hat is geplogen zwei iar
ír id als wír . wa
sitzet bi vnser vrowen da
íuent samene blitschaf
íne antworde ingaf
grozen leide
leíne dat se beide
orant inde Galie
dise dregerie
s ír vorte cleyne
e so gemeyne

o offenbare
en vro waren
raut bi siner vrowen satz
dínge d . . . . . . maz
S. 22. He sprag herze leue vrowe
so mír lif mit trowe
Inder werlit ſuweizig mer
ſugeínen kuͦníng so geheír
De . . wer . . ge . . . . . . sín
dan karl die riche herre mín
Des han ig vro inde spade
gesait dicke genade
Gode van himelriche
dat mín herre troste siche
Maníger grozír arbeide
duͦ he ug intleide
Ane vris· vader willen
eíníſ nachtis vil stille
Van spangen zuͦ tollette
índe dide ug mamette
Vͦris afgodis virzien 198 (30)
. índe an sente marien
Gelouen índe an ere suͦze kint
oug so dede he ug sínt
Hei doufen zu paris
des draget ir lof inde pris
Inde des riches crone
also sult ír schone
Vuͦr gode ín himelriche
dat wizzit werliche
§ Dise wort índe dise zale
beuellen galien wale
Inde machden ír gemuͦde weich
mít ire witzer hant sie streich
S. 23 Morans houet índe har
an síne wangen dat is war
Van grozer lefue sine sluͦch
ane zoren he id vírdruͦch
Galie reif du karle dare

he sprag herre nímet ware
Hei is der gude Morant
den ir lange hat irkant
Berue wis índe milde
die mít swerde índe schilde
Wal ínstride kan geberen
die oug dicke ane írueren
Hat gevu°rt vren vane
karl sag Galien ane
He begunde sere douen·
he sprag vrowe ich hore ug louen
Harde sere einen man
dat ig wal gepruuen kan
Zu° deme ir dumbe mínne
ín vren dumben sínne
189 (31) Haet gedragen stille
inde he oug sínen wille
Zu° allen stunden hat mít u°g
des is v°rkunde inde gezug
Hertwich índe Ruart
índe van birrien Fukart
Des sult ír werden geschant
índe in eíme vu°re virbrant
Sunder zwível inde wan
S. 24. ig oug Morande han
Hie heuet sig iamer inde
Galie wart bleich inde r
Du síe den ku°nīg zorníg sag
inde he upse also sprag
Dat Morant mít eren líue
als ein . . . mít sínen wiue
Zu allen stun . . n hedde gewalt
des wart sie heiz inde kalt
Inde maníger varwen ír schon
want sie was dat reínste . wi
Die beschine mochte der dag
ie dog sie wisliche sprag
We groíz were ir rowe
herre ig han trowe

Na cristen ewen gegſuen
  die salig halden die wile ig leuen
So mſr mſt warheit
  van enſger hande dorpricheit
Neman ſusal bezien
  ig wille vu°r vren vrien
Die ug leif ſſn inde holt
  gerne du°n mſn vnschu°lt
Vu°r sulche m . . dat
  als ſr mig bezigen hat
Inde min vnschu°lt giuen 190 (32)
  dat wider keiset vp mſn leuen
Karl he sw°r bi siner trowen
  dat he nimmer van der vro
In neme ingeſne vnschu°lt
  he were ire . . vn holt

(Zwei Doppelblätter, 1) S. 1. 2. 3. 4 und 17. 18. 19. 20 2) S. 5. 6. 7. 8 und 13. 14. 15. 16. Zwei einzelne Blätter, 1) S. 9. 10. 11. 12 2) S. 21. 22. 23. 24.)

ZUM LESSING.

1.

Gotthold Ephraim Lessings sämmtliche Schriften herausgegeben von Karl Lachmann. Fünfter Band. Berlin, in der Voss'schen Buchhandlung. 1838. 8.

Literarische Zeitung, herausgegeben von Dr. Brandes. Berlin 1839. Beilage zu Nr. 4 S. 83. Art. 181.

83 Da die Verleger deutscher Classiker nicht leicht eher für neue Ausgaben sorgen, als bis das letzte Exemplar verkauft ist, so war die Aufgabe nur, ohne Vorbereitung in kürzester Zeit einen neuen Druck zu schaffen. Der Hrsg. hat daher weiter nichts beabsichtigen können als chronologische Anordnung, Vollständigkeit, und Wiederherstellung der echten Texte. Sein Fleiſs, von Freunden vielfach unterstützt, wird der genauen historischen Forschung wenigstens eine sichere Grundlage gewähren. Für Leser, die nur Unterhaltung suchen, ist durch anständige äuſsere Form gesorgt, und niemand bemerkt, mit welcher Mühe die Lehrburschen, die das Werk meistens setzen, zur Correctheit gezwungen werden. Der vorliegende Band mit der Spottschrift 'Pope, ein Metaphysiker' von Lessing und Mendelssohn (1755) anfangend, endigt mit den Abhandlungen über die Fabel (1759): ein Theil der Literaturbriefe, der freilich älter ist als die letzten Stücke dieses Bandes, musste auf den nächsten verspart werden. In den bisherigen Sammlungen fehlten die Auszüge aus der Vossischen Zeitung von 1755, S. 36—68; eine Vorrede S. 74; ein Artikel aus der Bibliothek der schönen Wissenschaften S. 77—80; die Auswahl logauischer Sinngedichte von Lessing und Ramler, S. 109—296.

2.

G. E. Lessings sämmtliche Schriften herausgeg. von Karl Lachmann. Sechster Band. Berlin, in der Voss'schen Buchhandlung. 1839. 8.

Literarische Zeitung 1839. Nr. 13 S. 217. Art. 581.

Dieser Band, dem der siebente in wenigen Wochen folgen 217
wird, enthält lauter bedeutende Schriften, Literaturbriefe (1759 — 1765), Sophokles (1760. 1790), Diderot (1760. 1781), Laokoon (1766): alle bezeichnen Fortschritte Lessings und der deutschen Litteratur. Freilich wie eine Sammlung dieser Art den Einfluss Mendelssohns auf Lessing kaum andeutet (etwa zuerst durch die Schrift 'Pope ein Metaphysiker' im 5. Bande), so sind auch die kleinen Vorreden zum Diderot sehr unscheinbar, und nicht einmal die Übersetzung selbst konnte gegeben werden, weil sie so wenig als andere lessingische Übersetzungen ein Kunstwerk ist. — Wie nothwendig die Arbeit des Hrsg. war, zeige nur ein Beispiel. Im siebenten antiquarischen Briefe, S. 42 der Orginalausgabe, führt Lessing einen Satz aus seinem Laokoon an, den man in keiner der Ausgaben seit 1788 findet, (auch nicht in den neusten von 1825, Bd. 2. S. 140); wodurch Eschenburg in seinem ersten Zusatze zu den antiquarischen Briefen zu einem ungegründeten Tadel Lessings verführt wurde: in der vorliegenden Ausgabe S. 384 lautet der Satz so wie in der von 1766 S. 16. Aber auch diese erste Ausgabe vom Laokoon ist hier zuweilen berichtigt, nach einem Orginalmanuscript, das dem Hrsg. ein Freund mitgetheilt hat (s. S. 372), und das auch noch einem folgenden Bande nützen wird. Reicher als die bisherigen Ausgaben der sämmtlichen Schriften ist dieser Band nur in den Litteraturbriefen, die von Nicolai vorwitzig beschnitten waren. S. 274 f. findet man einen Fall, den Buchhändler geneigt sein werden für Nachdruck zu erklären, Gelehrte hingegen gewiss nicht; den Lessing sogar vertheidigte — mit Winkelzügen, sagte Mendelssohn, weil die Sache unbillig sei, obgleich weder Nachdruck noch Plagium.

3.

Lessings sämmtliche Schriften herausg. von K. Lachmann. Siebenter Band. Berlin, in der Voss'schen Buchhandlung. 1839. 8.

Literarische Zeitung 1839 Nr. 19. S. 353. Art. 796.

353 Mit dem siebenten Bande beginnen die hamburgischen Schriften. Zuerst also die Dramaturgie (Mai 1767 bis Ostern 1769), unmittelbar aus der Orginalausgabe abgedruckt, von welcher hier nur die Meilschen Vignetten fehlen. Möglich dass durch des Hrsg. Schuld einige Druckfehler wiederholt sind, die meisten sind verbessert: S. 72 in den Versen des Gozzi sollte es heifsen *L'acuta punta.* Übrigens hat schon in Nr. 4. S. 83 dieser Ztg. der Ref. (dass es der Herausgeber selbst war, wird jeder gemerkt haben) an der neuen Ausgabe die Genauigkeit des Drucks anerkannt, und auch dieser Band wird ihn nicht Lügen strafen. — Angehängt ist eine Recension über Meusels verdeutschten Apollodor, die den bisherigen Ausgaben der sämmtlichen Schriften fehlt, weil die Herausgeber, zumal der letzte, zu wenig an ihre Pflicht dachten. Dem gegenwärtigen Hrsg. hat ein Freund in Hamburg, der sich auch schon aufserdem um den neuen Lessing verdient gemacht, den Jahrgang 1768 des hamburgischen Correspondenten sehr gefällig übersandt. Danach ist die Rec. hier gedruckt, nachdem die Fehler, über die Lessing in einem Briefe klagt, berichtiget waren. Einmal stand sogar *unsere Universität* für *unsere Unwissenheit.*

4.

Gotthold Ephraim Lessings sämmtliche Schriften, herausgegeben von Karl Lachmann. Band I—XIII. Berlin. Voss. 1838—1840.

Karl Lachmann, eine Biographie von Martin Hertz. Berlin MDCCCLI.

XVII Der unterz. Herausgeber der Lessingischen Schriften hat seine anfängliche Absicht, dem letzten Bande die Gründe seines Verfahrens beizufügen, aufgegeben, weil er verständig prüfende Leser nicht zu belehren brauchte und der Naseweisheit nicht selber den Stoff liefern wollte. War sie doch so schon längst mit ihrem

verwerfenden Urtheil fertig. In dieser litterarischen Zeitung ward gleich beim Erscheinen des ersten Bandes erklärt, die Ausgabe sehe pedantisch aus wegen einiger unter den Text gesetzten verschiedenen Lesarten, das deutsche Volk wolle seine Dichter frei und ungehemmt geniefsen. Herr Brockhaus hat verkündigen lassen, die Arbeit sei gänzlich misslungen, weil 1) lächerlicher Weise überall angezeigt sei, was Lessing selbst und wann er es herausgegeben habe; weil 2) die Schriften in chronologischer, nicht aber in der Ordnung stehen, in welcher er sie zu lesen wünsche; weil 3) dem vorletzten Bande keine Inhaltsanzeige der sämtlichen Bände beigegeben sei. Ja die Verlagshandlung bietet selbst denen, welche die Ausgabe in dreizehn Bänden nicht anschaffen wollen, dafür die von Hrn. Eiselein in acht Bänden an, von deren Titel sie den Zusatz im Auszuge beim Umdruck weglässt, aus Gründlichkeit, damit die nicht prüfenden Käufer nachdrücklicher, durch Schaden als durch Warnung, belehrt und zugleich die Einnahme der Verkaufenden beträchtlicher werde. Unter diesen Umständen xviii
werden Freunde und Kenner der deutschen Litteratur, welche die Ausgabe der sämtlichen Schriften noch nicht gesehn haben, und den Herausgeber nicht genug kennen um ihm Sorgfalt und Geschmack zuzutrauen, einige Nachricht wünschen von dieser für Mitwelt und Nachwelt verwerflichen Arbeit.

Lessing gab selbst im J. 1771 einen ersten Theil seiner vermischten Schriften heraus. Nach und nach ward aus den Fortsetzungen von 1784 bis 1794 eine wüste ungeordnete Sammlung der sämtlichen Schriften in dreifsig Octavbänden, von denen viele, mit mehr oder minder Willkür und Nachlässigkeit, wiederholt wurden, oft auch zur schmählichen Teuschung der Käufer mit den Jahrzahlen der ersten Drucke. Lessings Biographie von seinem Bruder, der ein Theil seines Nachlasses beigegeben ist (1793—95), galt als Beilage zu dieser Ausgabe. Nur Lessings Briefwechsel mit seiner Frau blieb in dem niemahls erneuerten Drucke von 1789 von den übrigen Schriften getrennt und ward so der Kenntniss des jüngeren Publicums fast ganz entzogen. In der Ausgabe von Gödicke in 32 Duodezbänden (1825—1828) ward weder dieser Mangel ersetzt, noch geschah sonst das geringste die zerstreuten Schriften mit den gesammelten zu vereinigen, noch weniger wurden die Orginaldrucke zu Rathe gezogen: hinzu kam nur ein Auszug der Biographie, von Schinck mit Betrachtungen vermehrt, und dann ward alles in eine wissenschaftliche Ordnung gebracht; z. B. voran die philosophischen Schriften, mit Ernst und Falk und dem Laokoon an der Spitze; ganz am Ende der Sammlung nach den freundschaftlichen Briefen die antiquarischen. So, in den erbärmlichsten Nachdrücken (litterarisch zu reden), musste das nördliche Deutschland, dem Unfuge der Verleger preisgegeben, Lessings Schriften lesen. Wo Nachdrücke (im juristischen Verstande) erlaubt waren, hatte man den oben erwähnten Auszug in acht Bänden (Donaueschingen 1822), der bei weitem verständiger und sorgfältiger gearbeitet war.

An eine neue Ausgabe und an einen neuen Herausgeber ward nach löblicher Gewohnheit erst gedacht, als die sämtlichen Exemplare der rechtmäſsigen Nachdrücke vergriffen waren. Der Herausgeber musste daher, weil er sich nicht besonders vorbereiten konnte, in der Ankündigung erklären, die wünschenswerthen historischen Erläuterungen könne er nicht vollständig liefern. Diese Erklärung strichen die Verleger, lieſsen sich hingegen nicht abhalten die Zahl der Bände, welche doch damals noch unbestimmbar sein musste, auf zwölf festzusetzen. Der Herausgeber lieſs dies geschehen, weil er damals noch thöricht auf Beifall hoffte, wenn
XIX er nur seine Pflicht thäte. Dass Lohnarbeit willkommner gewesen wäre, dachte er nicht, zumahl da mit der geringen Bezahlung die Arbeit nicht belohnt ward.

Über die Anordnung konnte vernünftiger Weise kein Zweifel sein. Gedichte und Schauspiele (Bd. I. II.) mussten in der von Lessing selber bestimmten Ordnung besonders stehn. Nur die Fabeln wurden so von den Abhandlungen über die Fabel, gegen Lessings Vorschrift, getrennt. Die verworfenen und die nachgelassenen Stücke lieſsen sich schicklich bei den einzelnen Gattungen mit kleinerer Schrift einschalten. Die wissenschaftlichen Schriften und Aufsätze eines so vielseitigen Verfassers konnten nur in der Zeitfolge stehen, erst die von ihm selbst herausgegebenen (Bd. III — X), dann die nach seinem Tode erschienenen (Bd. XI). Die Correspondenz in chronologischer Ordnung musste den Beschluss machen (Bd. XII. XIII). Dass am Ende noch ein Paar Bogen Nachträge nöthig geworden sind, kann niemand wundern: der Herausgeber verdankt sie meistens gefälligen und zuvorkommenden Freunden, die ihn überhaupt mit Nachweisungen, mit Büchern und mit Lessingischen Handschriften, bis auf eine XII, 520 angegebene Ausnahme, so reichlich unterstützt haben, dass seinem Fleiſs die eigene Forschung ungemein erleichtert worden ist und in Ansehung der Vollständigkeit des Inhalts und der Genauigkeit litterarischer Angaben die neue Ausgabe einen eigenthümlichen und dauernden Werth in Anspruch nehmen darf. Die Tadler haben auch nicht das mindeste beigesteuert, ausgenommen eine kindische Charakteristik Lessings (Litterar. Zeitung 1838, S. 305), die der Herausgeber ausführen oder gar von andern ausführen lassen sollte. Er urtheilte aber dass auch ein bessere Charakteristik Lessings, die doch nach funfzig Jahren nicht mehr genügen würde, in keine Sammlung seiner Schriften gehöre. Ein Leben Lessings, wer es schreiben könnte, wäre willkommen: aber wer kann es schreiben? Kleine zufällige, oft aber sauer gewonnene, Beiträge dazu hat der Herausgeber zu liefern nicht verschmäht, für die ihm der künftige Biograph eben so danken wird wie für die chronologische Anordnung.

Bei allen einzelnen Schriften ist der Herausgeber auf die Originaldrucke zurückgegangen, mit sehr geringen durch die Umstände gebotenen Ausnahmen (II, 386. 477. 526. V, 75. VI, 368. X, 280). Die Originaldrucke sind genau, selbst in Orthographie und Interpunction, wiedergegeben. Wer davon den Nutzen nicht einsieht, wird wenigstens nicht gestört werden: pedantischer wäre willkürliche Regelung gewesen; sträfliche Trägheit, der Willkür späterer Herausgeber und Setzer zu folgen. Druckfehler der alten Ausgaben mögen hie und da übersehen sein: viele sind verbes- xx
sert; manche, die mehrfache Besserung gestatteten, absichtlich stehn gelassen. Falsche Citate, und zumahl in den Briefen unrichtige Angaben der Tage und Monate, nach welchen die früheren Herausgeber unrichtig geordnet hatten, sind oft nach langwieriger Untersuchung berichtigt; meistens stillschweigend, so dass auch dies eigenthümliche Verdienst der neuen Ausgabe nur künftige Forscher erkennen werden. Wo Lessings eigene Handschrift vorlag, sind gewöhnlich auch die Schreibfehler nicht verbessert, z. B. II, 453 unten Brutus st. Tarquinius, XI, 442 Choriambische st. choliambische und Apologie st. apologi.

Über den Inhalt der einzelnen Bände wird noch einiges zu bemerken sein, namentlich über die Vermehrungen. Weggelassen sind, von Stücken die sich in der Octavausgabe der sämtlichen Schriften finden, nur S. G. Langens und G. S. Nicolais Schreiben über das Vademecum (Bd. IV), einige Anmerkungen von F. Nicolai und K. Lessing, viele von Eschenburg; ferner aus dem theatralischen Nachlass I, 237—248. II, IX. X. XI. XII. f. 155—186; aus dem Leben II, 198—232; ein ungedrucktes unzüchtiges Gedicht von 1750; endlich Lessings sämtliche Übersetzungen, deren Titel jedoch angegeben sind, einige freilich erst unter den Nachträgen.

Die Gedichte im ersten Bande, so weit sie Lessing selbst in den vermischten Schriften hat drucken lassen, konnten nur mit den von ihm gebilligten Verbesserungen Ramlers gegeben werden. Wäre Naseweisheit mit Sachkenntniss, Liebe und deutschem Sinn vereinbar, so würde nicht gespottet sein dass zu oft, sondern getadelt dass zu selten die älteren Lessingischen Lesearten angeführt worden sind. Und wen es nicht wissenswerth dünkt, welche Gedichte Lessing 1745 gemacht und 1780 in den Druck gegeben hat, dem sollten doch die in Überschriften und Anmerkungen versteckten Angaben nicht lächerlich scheinen. Die Sammlung der Gedichte ist bedeutend bereichert: die Nachträge im XIII. Bande ungerechnet, enthält der erste Band 24 Sinngedichte, 23 Lieder, 3 Erzählungen und 3 Fabeln mehr als die erste Octavausgabe.

Die Ordnung der Lustspiele und der Trauerspiele (Bd. I. II) war von Lessing selbst bestimmt. Der Text ist nach den Ausgaben von 1767 und 1772 gegeben, aber mit Benutzung der früheren, aus denen stillschweigend selbst ganze Sätze ergänzt worden sind; so dass der jetzige Druck nicht Wiederholung irgend eines andern ist. In Minna von Barnhelm und in Emilia Galotti sind aus Originalhandschriften weit mehr Druckfehler berichtigt
XXI als die Anmerkungen sagen, welche übrigens in der Emilia die sämtlichen Abweichungen der Handschrift von den beiden ersten Ausgaben liefern. Der Text Nathans des Weisen ist ebenfalls neu und richtiger als irgend ein früherer, aus den beiden ersten Drucken zusammengesetzt, deren Verschiedenheiten sämtlich angemerkt sind. Die zwei verworfenen Lustspiele fehlten in den bisherigen Ausgaben. Der theatralische Nachlass, aus dem die Schriften nur eine Auswahl gaben, ist gröfstentheils nach Lessings eigener Handschrift berichtigt, auch um einige Stücke vermehrt. Z. B. II, S. 576 ist neu der angefangene Entwurf von Werther dem besseren, womit der berühmte Brief XII, 420 zu

vergleichen ist. Über Faust fehlte die II, 494 gegebene Nachricht von Blankenburg.

Der dritte Band giebt die prosaischen Schriften von 1750—1753. Aus den Beiträgen zur Historie und Aufnahme des Theaters von Mylius und Lessing war früher bei weitem nicht alles Lessingische aufgenommen: vielleicht hat auch der Herausgeber unrecht gethan die Vorrede auszuschliefsen. Die höchst interessanten Auszüge aus der vossischen Zeitung von 1751—1755 (Bd, III—V) können wohl für eine Hauptzierde der neuen Ausgabe gelten, und Kenner dürften nur tadeln, dass zu sparsam gewählt sei. Was davon in den früheren Ausgaben stand, war nicht das Bedeutendste. Der Inhalt des zweiten und dritten Theils der Schriften von 1753. 1754 (Bd. III. IV) war von K. Lessing in Unordnung gebracht: hier ist die ursprüngliche Einrichtung hergestellt.

Bd. IV. Schriften von 1754; und von der theatralischen Bibliothek auch die zwei letzten Stücke von 1755 und 1758, viel mehr als in den früheren Ausgaben. Ein Irrthum, der XIII, 28 gerügt wird, ist in den neuen Druck S. 308 durch eine augenblickliche Verwechslung übergangen. Die Vorrede zu der deutschen Ausgabe der Myliussischen Übersetzung von Hogarths analysis of beauty ist wohl bisher in bibliographischen Werken noch nicht Lessing zugeschrieben: der Herausgeber getraut sich aber sein Urtheil gegen jeden Zweifel zu rechtfertigen.

Bd. V. 1755—1759. Hier sind einige Kleinigkeiten mehr als in den früheren Ausgaben, z. B. nach einer schwierigen Untersuchung S. 77 die Lessingischen Beiträge zur Bibl. d. sch. Wiss. vollständig. Vom Logau ist auch der Text gegeben, natürlich nur nach der Ausgabe von 1759, nicht, wie jemand gefaselt hat, nach der Originalausgabe: er durfte nicht fehlen, weil die Auswahl von Lessing ist, wenn auch Ramlers Angabe wahr sein sollte, an den Verbesserungen habe Lessing keinen Theil.

Bd. VI. 1759—1766. Lessings Antheil an den Litteratur- xxii
briefen, nach der ersten Ausgabe und ohne Nicolaische Verkürzungen. Auch Lessings Ansicht von dem Eigenthumsrecht über Geisteswerke ist S. 275 aus einem Mendelssohnschen Brief ausgehoben. Man muss damit XI, 178 ff. vergleichen. Das Leben des Sophokles hat seinen echten Titel wieder erhalten und ist von einigen Eschenburgischen Zusätzen gereinigt. Der Laokoon

ist nach der Originalausgabe und nach Lessings eigener Handschrift gedruckt. Die zweite Ausgabe (1788) und deren Abdrücke geben in einigen Stellen nicht Lessings letzte Hand.

Der VII. Band und der VIII. bis S. 313 enthalten die Hamburger Schriften, alle nach den ersten Drucken. Bisher fehlte die Recension von Meusels Apollodor, und die Gedichte des A. Scultetus, welche niemahls wieder gedruckt sind und also bei Lessings Anmerkungen nicht wegzulassen waren.

Bd. VIII. S. 314 bis zum Ende des X. Bandes. Die in Wolfenbüttel verfassten Schriften. Auch hier sind willkürliche Veränderungen ausgeschlossen, wohl aber spätere Berichtigungen benutzt, wie beim Berengarius VIII, 314; bei Ernst und Falk X, 286. Die Wolfenbüttler Fragmente mussten wegbleiben, weil sie besonders gedruckt sind: ihren Verfasser bezeichnet Lessing selbst in hier zuerst gedruckten Briefen XII, 502. 531. Das Gelehrte aus den Beiträgen wegzulassen, wie es in den sämtlichen Schriften bisher gehalten ist, dazu sah der Herausgeber keinen Grund. Auf den Einfall von Körte über die Erziehung des Menschengeschlechts schien es unnöthig einzugehn: denn durch den ganz überflüssigen Beweis, dass Thär nicht Verfasser der Fragmente sei, ist der Einfall selbst doch wahrhaftig nicht bewiesen. In der zweiten Hälfte der Erziehung des Menschengeschlechts sollen Zusätze sein, an denen Thär keinen Theil habe: Lessing hingegen spricht ohne Beschränkung von Einem Verfasser der ganzen Schrift, dessen Arbeit er ohne Indiscretion herausgeben könne (X, 29. 308), und den er in einem Briefe an den Professor Reimarus (XII, 503) dessen guten Freund nennt. Dass aber Thär mit Reimarus umgegangen sei, ist nicht nachgewiesen. Nach einer Äußerung von Jacobi (Werke IV. 1, 42.) hat Lessing im Gespräch den Inhalt des Aufsatzes als sein anerkannt.

Auch in das Chaos des litterarischen Nachlasses (Bd. XI) hat der Herausgeber versucht, so weit es angieng, einige chronologische Ordnung zu bringen: werden ihm Fehler gezeigt, so wird er sie gern verbessern. Mit großer Mühe ist aus Breslauer und Berliner Papieren manches, das K. Lessing unverständig verwirrt hatte, wieder in den Schick gebracht, auch einiges Ungedruckte
XXIII in diese aus vielen Büchern zusammengetragene Sammlung eingefügt.

Befriedigter fühlt sich der Herausgeber bei seiner Behandlung der Briefe (Bd. XII. XIII). Wenn sie bisher so geordnet waren, als sollten sie das Leben der Correspondenten Lessings und ihre Verhältnisse zu ihm erläutern, so schien es dagegen dem Herausgeber natürlich, dass sie in buntem Wechsel das Leben Lessings nach Jahren und Tagen verfolgen müssten. Dass die Briefe von Lessing (Bd. XII) und die Briefe an Lessing (Bd. XIII) gesondert sind, ist zwar unbequem, weil man nun beide Bände zusammen lesen muss. Aber unter den Briefen der andern ist zu viel Widerwärtiges, als dass der Herausgeber sich hätte entschliefsen können sie unter die von Lessing zu mischen. Gleichwohl sind die von Mad. König zu schön, und die meisten der übrigen, samt Nicolais unerträglichen Anmerkungen, für Lessings Geschichte und für die Litteraturgeschichte zu wichtig, als dass man sie hätte ausschliefsen dürfen; wie man denn auch den Käufern der Lessingischen Schriften ohne Betrug nicht entziehen konnte, was in der Octavausgabe mehr als vier (mit den Briefen der Mad. König mehr als sechs) halbe Bände ausgemacht hatte. Die Verleger mögen es, wenn sie können, vertheidigen dass sie dem letzten Bande diesen vom Herausgeber vorgeschriebenen Titel hinter seinem Rücken entzogen und dafür, unwahr und wider des Herausgebers öffentlich erklärten Willen, Supplementband hinzugefügt haben. Ob ihnen wohl die Buchhändler-Usance dazu, und zum Weglassen des Namens des Herausgebers auf dem Titel des letzten Bandes, ein Recht giebt? und ob redliche Buchhändler sich solches Rechts wohl bedienen? Ohne Zweifel: sonst hätten es die Herren Schramm und Schindelmeisser nimmermehr gethan.

Übrigens sind die Briefe an Lessing in dieser Ausgabe nicht vermehrt. Der Lessingischen sind über siebzig mehr als in den früheren, und darunter gewiss funfzig bisher ungedruckte, zum grofsen Theil sehr bedeutende, besonders die an seine Eltern und an Elise Reimarus. Und von den längst gedruckten, sollte man es glauben dass der schon 1773 herausgegebene einzige Brief Lessings an Klotz bisher keine Stelle in den sämtlichen Schriften gefunden hat?

Was für Nachträge im dreizehnten und letzten Bande geliefert sind, will der Herausgeber den Lesern selbst zu finden überlassen. Leider zeigt das Verzeichniss der Druckfehler, dass die Setzer und der Corrector nicht überall ihre Schuldigkeit gethan

haben: und es sind noch manche Versehen, die den Herausgeber
XXIV sehr ärgern, nicht angezeigt. Mit der äufseren Ausstattung wird man im Ganzen zufrieden sein, die schlechte Schwabacher und das falsch geschnittene y abgerechnet: am wenigsten wird man den vom XI. Bande an ungebührlich compressen Druck entschuldigen. Das Bildniss Lessings, welchem der Hut ohne Grund genommen ist, erreicht zwar den feinen geistigen Ausdruck des Originalgemähldes im Besitz des Herrn B. Friedländer bei weitem nicht, doch entstellt es auch nicht gerade den Charakter. Der Herausgeber würde sich sehr freuen, wenn gültigen Beurtheilern seine Arbeit genügte. Wenigstens hat er mit Liebe, mit Fleifs und Gewissenhaftigkeit, gestrebt dem grofsen Geiste, dessen wir nur durch geistige Fortschritte würdig werden, ein angemessenes Denkmahl zu setzen.

Lachmann.
20 — 22 December 1840.

5.

Ausgaben classischer Werke darf jeder nachdrucken. Eine Warnung für Herausgeber von Karl Lachmann. Berlin 1841. bei Wilhelm Besser.
Überreicht vom Verfasser.

3 Der Satz auf dem Titelblatte wird in dem folgenden Gutachten des hiesigen litterarischen Sachverständigenvereins als bei uns geltendes Recht dargestellt: er ist in der That unser Recht, da dem Urtheil der Sachkenner ein Gericht kaum widersprechen wird. Damit also jeder, den es angeht, wisse was sein Recht ist, bringe ich den Satz mit seinen Gründen zur öffentlichen Kenntniss.

Denke ins künftige kein Herausgeber classischer Werke des Alterthums oder der neueren Zeit von seiner redlichen sauren geistigen Arbeit auf bestimmte Jahre einen unverkümmerten Gewinn zu ziehn. Nicht auf die Sicherung dieses Gewinns geht das Verbot des Büchernachdrucks, sondern, sagen die Sachverständigen, er muss das herausgegebene Buch selbst geschrieben haben. Eigentlich ist zwar der Ausdruck, er solle eine schöpferische Thätigkeit zeigen: allein in der Ausführung gilt dann die

Arbeit des Kritikers, der seine Pflicht thut, nicht dafür, sondern das Abschreiben des Textes.

Das Besondre des Rechtsstreites, welcher das Gutachten hervorgerufen hat, ist von keiner Erheblichkeit; nicht für mich, noch viel weniger für andre. Mir ist Recht geschehn durch das 4
hier beigefügte Erkenntniss des hiesigen königlichen Stadtgerichts vom 20. Juli 1841: es hat gefunden dass 'in der Motivierung des Ausspruchs des Sachverständigenvereins weder unrichtige Folgerungen zu finden sind, noch sich sonst erhebliche Ausstellungen machen lassen': danach hat es mich abgewiesen, wie es kaum anders konnte.

Mir kam es nur darauf an, zu wissen was Rechtens sei: und da ich es nun weiſs, werde ich mich danach einrichten. Ich werde mich hüten einen Schriftsteller herauszugeben, den etwa ein andrer Lust bekäme nachzudrucken. Dagegen, wenn ich nur einen ehrlichen Verleger fände, der die Aufmunterung der Sachverständigen befolgte, sticht mich der Kützel meinem Freunde Homeyer seinen Sachsenspiegel nachdrucken zu lassen. Warum sollte auch er und sein Verleger allein den Vortheil von einer nicht schöpferischen Thätigkeit haben? Ich würde mich nur erkundigen, ob nicht etwa der Text nach seiner eigenen Handschrift abgedruckt worden ist. Hat er ihn nicht selbst geschrieben, ich aber schreibe ihn selbst ab, so habe ich mir die Rechte des Verfassers erworben, und ich lasse getrost alles abdrucken. Auch die Anmerkungen? Auch die Anmerkungen. Denn sollte Homeyer etwa klagen, so werden die Sachverständigen ja auf ihrer Rede bleiben. Das heiſst, auf ihrem Schweigen: denn in meinem Falle haben sie den Punkt in meiner Klage mit Stillschweigen übergangen, dass auch meine Anmerkungen mit abgedruckt seien, meine Arbeit und meine Handschrift.

So lange dieser Verein bleibt, und so lange er seine Ansicht 5
über die Rechtlosigkeit der Herausgeber behauptet, wird diese Rechtlosigkeit bestehn: Herausgeber und Verleger, die sich durch Ausgaben classischer Werke Verdienste zu erwerben suchen, müssen sich bescheiden gegen den Nachdruck wehrlos zu sein. Ob aber dieser Zustand nothwendig dauern müsse, darüber wird es erlaubt sein bescheidene Zweifel zu äuſsern. Dies habe ich gethan in einer Reihe von Bemerkungen über das Gutachten der Sachverständigen, die ich bei dem königlichen Stadtgericht vor

der Entscheidung eingereicht habe. Das Gericht hat geurtheilt dass, 'wenn gleich der Kläger die Richtigkeit dieses Gutachtens angefochten habe, doch für den Richter kein Grund vorliege dasselbe zu verwerfen': und ich werde mich auch gar nicht betrüben, wenn meine Einwendungen auch andern von juristischer Seite unbefriedigend erscheinen sollten. Nur einige Sachkennerschaft in dem Nichtjuristischen darf ich mir wohl zutrauen, und wenn das was ich von dieser aus gesagt habe, vielleicht Veranlassung giebt zu bessern und gründlicheren Gedanken, so hat vorliegender Abdruck meiner Bemerkungen, bei dem ich nur ein Paar Schlusszeilen unterdrückt habe, seinen Zweck erreicht.

Berlin, den 10. November 1841.

I.

6 Gutachten in der bei dem königlichen Stadtgerichte zu Berlin anhängigen Prozesssache Lachmann wider Vossische Buchhandlung.

Unterm 16. August 1837 schloss der Professor Dr. Lachmann mit der Vossischen und Nicolaischen Buchhandlung hierselbst einen schriftlichen Vertrag, dessen hierher gehörige Paragraphen folgendermaſsen lauten.

§. 1.

Herr Professor Dr. Lachmann übernimmt die Durchsicht und Herausgabe einer neuen Auflage der sämmtlichen Lessingschen Werke.

§. 2.

Der Herr Herausgeber erhält von den Verlegern ein Honorar von 500 Rthlrn.

§. 5.

Die neue Auflage ist auf etwa 12 Bände in groſs Octav berechnet, welche in vier halbjährigen Lieferungen von je 3 Bänden erscheinen u. s. w.

Wie stark die neue Auflage sein sollte, darüber wurde nichts festgesetzt.

Nachdem aber hiernächst die neue Gesammtausgabe der Lessingschen Werke in der Lachmannschen Bearbeitung er-

schienen war, liefsen die Verleger auch noch Separatabdrücke 7
folgender Werke, deren keines einen ganzen Band der Gesammtausgabe füllt,

1) Nathan der Weise,
2) Emilia Galotti,
3) Minna von Barnhelm,
4) Hamburgische Dramaturgie,
5) Die Erziehung des Menschengeschlechts,
6) Wie die Alten den Tod gebildet,

ohne Bezeichnung des etc. Lachmann als Herausgebers, zum Einzelverkauf veranstalten, wobei nur Nr. 5. verändertes und zwar kleineres Format erhielt.

In der Veranstaltung dieser Separatabdrücke findet etc. Lachmann eine Verletzung seiner Autorrechte und einen Nachdruck, sofern die Verleger nur zur Gesammtausgabe in beliebigen Exemplaren berechtigt gewesen, und ist beim hiesigen Stadtgerichte gegen die Eigenthümer der Vossischen Buchhandlung, etc. Schramm und Schindelmeifser, dahin klagend aufgetreten,

denselben zu untersagen, die sechs bezeichneten Lessingschen Schriften auszugeben, und sie zu verurtheilen, für die bereits erfolgte Verausgabung ihm eine in separato zu ermittelnde Entschädigung zu zahlen.

Die Verklagten bestreiten einerseits, dass Kläger im vorliegenden Falle überhaupt auf Autorschaft und Autorsrechte Anspruch machen könne, sofern er kein eigenes Product geliefert,
und behaupten andererseits, dass es ihnen, selbst wenn dem 8
Kläger Autorrechte zuständen, doch vertragsmäfsig erlaubt sein würde, das Werk wie im Ganzen, so auch in seinen einzelnen Theilen, in einer beliebigen Anzahl von Abdrücken erscheinen zu lassen.

Das Gutachten des literarischen Sachverständigenvereins wird über folgende zwei Fragen in Anspruch genommen.

1) Ist die klägerische Bearbeitung der Lessingschen Werke dergestalt als ein freies schriftstellerisches Product zu betrachten, dass dem Verfasser für diese Bearbeitung eines fremden Textes dieselben gesetzlichen Rechte zur Seite stehen, wie einem Autor für ein von ihm verfasstes Originalwerk?

2) Liegt in dem Rechte der Verklagten auf den Abdruck einer unbestimmten Anzahl von Exemplaren der von dem Kläger herausgegebenen sämmtlichen Lessingschen Werke, so wie einzelner Bände derselben, auch die einseitige Befugniss, einzelne Stücke dieser Werke, welche nicht ganze Bände ausfüllen, und zwar ohne Benennung des Herausgebers, in besonderen Abdrücken erscheinen zu lassen und zu verkaufen? oder hat sich die verklagte Buchhandlung durch die eigenmächtige Veranstaltung solcher einzelnen verkäuflichen Abdrücke eines Nachdrucks schuldig gemacht?

Die Förmlichkeiten sind in Ordnung.

Die vollständigen Acten, nebst einer Separatabschrift des in der Verhandlung vom 30. Mai 1840 entworfenen status causae
9 et controversiae specialis, so wie dem corpus delicti, und dem Gegenstande, mit welchem dasselbe zu vergleichen, sind von dem den Prozess leitenden Gerichte an das königliche Ministerium der geistlichen, Unterrichts- und Medicinal-Angelegenheiten eingereicht und durch letzteres dem Sachverständigenvereine vorgelegt worden.

In der Sache selbst ist zuvörderst zur Beantwortung der ersten Frage eine genaue bis ins Einzelnste gehende Prüfung der von dem Kläger bei Herausgabe der Lessingschen Werke angewendeten Thätigkeit vorgenommen, und der durch des Klägers Bearbeitung herausgestellte Text mit dem Texte der früher gedruckten Ausgaben verglichen worden.

Hier hat sich denn ergeben, dass Kläger mit unermüdlicher Sorgfalt, zum Theil mit Benutzung von Handschriften, die Fehler und Willkürlichkeiten früherer Ausgaben berichtigt und einen gleichförmigen, der ursprünglichen Schreibart Lessings gemäfsen Text hergestellt hat, obgleich natürlich die Kritik nicht überall gleich viel zu thun gefunden.

Eine andere Frage aber ist es, ob Kläger für seine kritische Thätigkeit Autorrechte in Anspruch nehmen könne, wenn auf den Geist der preufsischen Gesetzgebung eingegangen wird.

Das Allgemeine Landrecht geht, der ganzen Stellung gemäfs, welche in demselben die Lehre vom Verlagsvertrage so wie vom Nachdrucke einnimmt, im Ganzen mehr darauf aus, den Verleger als solchen gegen den Nachdruck zu schützen.

Dagegen folgt das Gesetz vom 11. Juni 1837 der ausgesprochenen Tendenz, dem Eigenthum an den Werken der Wissenschaften den erforderlichen Schutz gegen Nachdruck zu sichern, 10
und gestattet deshalb das Recht, eine bereits herausgegebene Schrift ganz oder theilweise von Neuem abdrucken oder auf irgend einem mechanischen Wege vervielfältigen zu lassen, nur dem Autor oder denjenigen, welche ihre Befugniss dazu von ihm herleiten.

Autor nennt das Gesetz den Urheber, den Verfasser eines Werkes, sei dies nun eine eigentliche Schrift, oder eine Predigt, oder eine Vorlesung.

Es setzt also immer ein eigenes, mehr oder weniger selbstständiges Product voraus.

Wie weit durch Bearbeitung eines fremden Textes Autorrechte erworben werden können, darüber giebt das Gesetz keinen Wink.

Wenn aber auch in einzelnen Fällen für die Beurtheilung der Leistungen einer solchen Kritik, welche nicht bloſs verbessernd, sondern auch den Text constituirend, ja vielleicht theilweise als Schöpferin des Textes auftritt, Schwierigkeiten daraus entstehen mögen, so verhält es sich doch im vorliegenden Falle mit der kritischen Thätigkeit des Klägers einfacher.

In dieser Beziehung hat er nicht frei geschaffen, sondern durch Prüfung und Vergleichung verschiedener vorhandenen Handschriften und Ausgaben das Passende und Richtige ausgesucht und in frühere Drucke hineincorrigirt.

So groſs also auch der relative Werth der klägerischen Arbeit sein mag, so lässt sich doch ein Autorrecht, wie solches unser Gesetz an Originalwerken schützt, dem Kläger an den durch seine Bearbeitung entstandenen Veränderungen der frühe- 11
ren Ausgaben Lessingscher Werke nicht zusprechen.

Hätte sich Kläger in Betreff seiner kritischen Thätigkeit, wenigstens den Verklagten gegenüber, höhere Rechte sichern wollen, so wäre dies nur in contractlicher Weise zu erreichen gewesen.

Die zweite der zur Begutachtung vorgelegten Fragen ist ausschlieſslich juristischer Natur.

Es handelt sich bei derselben lediglich um Auslegung und Anwendung der Bestimmungen des Vertrages vom 16. August 1837.

Kläger hat sich anheischig gemacht, Durchsicht und Herausgabe einer neuen Auflage der Lessingschen Werke zu besorgen.

Dafür haben ihm Verklagte 500 Rthlr. versprochen.

Er hat seine Verbindlichkeit erfüllt und das versprochene Honorar erhalten.

Damit und mit dem wirklich erfolgten Erscheinen der sogenannten neuen Ausgabe in 12 Bänden ist aber das beiderseitige Vertragsverhältniss ein für allemal erfüllt. Schon der Umstand, dass der Vertrag nichts von der Stärke der Auflage sagt, deutet dahin, dass die Partheien nichts weiteres beabsichtigt haben, als dass Kläger seine kritische Thätigkeit verwenden und dafür 500 Rthlr. erhalten, Verklagte aber die Befugniss haben sollten, die Auflage nach Belieben einzurichten und zu veräussern, sofern sie nur den Bestimmungen des §. 5. des Vertrages vom 16. August 1837 genügten.

12 Liegt aber nach allgemeinen Grundsätzen in der Befugniss zum Gröſseren auch die Befugniss zum Geringeren (Allgem. Landrecht, Einleitung §. 91.), so haben Verklagte nur den Theil eines Rechtes, welches sie ganz haben, ausgeübt, wenn sie von ihrer Befugniss zum Abdruck und zur Ausgabe unzähliger Exemplare in der Weise Gebrauch gemacht, dass sie einzelne Theile oder von einzelnen Theilen wieder einzelne Stücke abgedruckt und ausgegeben.

Ob sie den Namen des Klägers dabei genannt oder nicht, erscheint gleichgültig, da die Nennung desselben nicht einmal in Ansehung der Gesammtausgabe vertragsmäſsig ausbedungen war.

Doch gehört die Entscheidung der zweiten Frage überhaupt, wie bemerkt, allein zur Competenz des erkennenden Richters, weshalb der unterzeichnete Verein sich zu einer weiteren Ausführung der unvorgreiflich ausgesprochenen Ansicht nicht veranlasst sieht.

Aus diesen Gründen ertheilt der königliche literarische Sachverständigenverein hiermit sein pflichtmäſsiges Gutachten dahin,

> dass die klägerische Bearbeitung der Lessingschen Werke als ein solches schriftstellerisches Product, für welches dem Verfasser dieselben gesetzlichen Rechte zur Seite ständen, wie dem Autor für sein Originalwerk, nicht zu betrachten.

Beschlossen in der Sitzung vom 27. Januar 1841.

Königl. Preuſs. literarischer Sachverständigen-Verein.

(Unterschriften.)

II.
Bemerkungen über vorstehendes Gutachten.

Das Gutachten des literarischen Sachverständigenvereins in 13
meiner Rechtssache zu erhalten war mir in Ansehung des ersten Punkts wichtig, in wissenschaftlicher Hinsicht und um für meine und anderer philologischer Schriftsteller künftige Praxis im Verhältniss mit Buchhändlern das richtige Verfahren zu lernen; weil ich sehr wohl wusste dass keine Gesetzgebung die Herausgeber fremder Geistesproducte, welche nicht bloſs mechanich sondern mit geistiger Arbeit die Werke der Verfasser wiederholen und in die ursprüngliche Gestalt herzustellen suchen, berücksichtigt, und daher bei einem sehr wichtigen und umfangreichen Zweige der Litteratur, der mancher Gelehrten ganzes Leben fast allein beschäftigt, die Entscheidung über Eigenthumsfragen dem Ermessen des Richters überlassen ist, auf dessen Entscheidung also viele Gelehrte gespannt sind, die in Ansehung ihrer Erwerbthätigkeit nach dem Urtheil des Richters ihre Handlungen einrichten wollen.

Das Gutachten vom 19. Febuar giebt das Allgemeine so unbestimmt, dass ich meine Darstellung des Sachverhältnisses nicht unmittelbar an die Sätze des Gutachtens anknüpfen kann.

Eine nicht bloſs mechanische Wiederholung eines fremden 14
Geisteswerkes kann die Absicht haben das ursprüngliche Werk zu verbessern, ihm eine vollkommnere Gestalt zu geben als die ist in welcher der Verfasser es in die Welt gesetzt hat. Bei dieser unstreitig schöpferischen Thätigkeit würde sich nur fragen ob der Herausgeber zu der Verbesserung des vorhandenen Werkes ein Recht gehabt habe. Dieser Fall ist aber von der vorliegenden Frage ganz ausgeschlossen. Ich habe nicht daran gedacht die Katastrophe von Emilia Galotti zu ändern, oder auch nur aus Minna von Barnhelm das bekannte unanständige Wort wegzubringen, und eben so wenig habe ich, weder im Text noch in Anmerkungen, die Grundsätze oder die factischen Angaben in der Dramaturgie berichtigt.

Sondern die Aufgabe des Herausgebers, von der hier die Rede ist, besteht darin dass das ursprüngliche Werk des Verfassers möglichst, so wie er es verfasst hat, hergestellt werde.

Es sind also des Verfassers eigene Schreibfehler, wenn es deren giebt, auszufinden, ferner die Fehler der Abschreiber oder der Setzer, theils durch Vergleichung, theils durch scharfsinnige Erwägung der Absicht und der Gewohnheiten des Schriftstellers, zu erkennen und zu verbessern.

In dieser Arbeit, deren sich viele der bedeutendsten Geister unterzogen haben, liegt eine geistige Thätigkeit, die von der des Correctors von Drucksachen sehr weit verschieden ist. Dem Corrector wird, ohne seine Wahl, ein fertiges Manuscript gegeben,
15 und er hat darauf zu wachen dass der Abdruck mit dem Manuscript genau übereinstimme: ob aber in dem Manuscript die Meinung des Autors richtig enthalten oder ob sie durch alle möglichen Fehler entstellt sei, das liegt aufser seiner Verantwortung. Der kritische Herausgeber dagegen hat, wo seine Arbeit auch auf der niedrigsten Stufe des geistigen Verdienstes steht, zu beurtheilen, welchen Werth, welches Verhältniss zur Wahrheit jede der von ihm zu brauchenden Quellen im Ganzen und an jeder einzelnen Stelle hat: er muss, um dies zu können, jeden Augenblick und bei jedem Zweifel dem Verfasser in seine geistige Werkstatt schauen und ganz die ursprüngliche Thätigkeit desselben reproduciren können. Dass er oft noch weit höhere Aufgaben zu lösen hat, kann hier unerörtert bleiben, da es hier nicht darauf ankommt den Kritiker zu beschreiben, sondern nur ihn im Gegensatze des Correctors zu charakterisieren.

Einen Gegensatz dieser Art, der aber in Beziehung auf meine Arbeit geleugnet wird, erkennt auch das Gutachten vom 19. Februar an: es spricht, als von etwas Höherem, von 'einer solchen Kritik, welche nicht blofs verbessernd, sondern auch den Text constituierend, ja vielleicht theilweise als Schöpferin des Textes auftritt.' Was aber der Gegensatz bedeuten soll zwischen dem geringeren Verbessern und dem höheren Constituieren des Textes, davon gestehe ich nichts zu begreifen, und ich möchte wohl wissen wie ihn die zwei Philologen unter den Sachverständigen gegen mich rechtfertigen wollten, der ich doch wohl
16 fast soviel Übung in der Kritik und Kenntniss ihrer Grundsätze habe als sie beide zusammen genommen. Ich ahne zwar ungefähr dass sie Wolfs Homer nur einen verbesserten nennen wollen, Göschens Gaius hingegen einen constituierten Text: aber wer würde sich unterstehn in diesen beiden Werken sorgfältigen

Fleiſs und geistige Kraft gegen einander abzuwägen, und selbst wenn dieses oder jenes in einem von beiden überwiegen sollte, das eine mehr oder weniger für des Herausgebers Eigenthum zu erklären.

Mit meiner kritischen Thätigkeit, sagt das Gutachten, stehe es einfacher. 'In dieser Beziehung hat er nicht frei geschaffen, sondern durch Prüfung und Vergleichung verschiedener vorhandenen Handschriften und Ausgaben das Passende und Richtige ausgesucht und in frühere Drucke hinein corrigiert.' Ja das Gutachten geht so weit, nachher die ganze Arbeit nur als eine 'sogenannte neue Ausgabe in zwölf Bänden' zu bezeichnen. Ich will gern glauben dass die Sachverständigen bei ihrer 'genauen bis ins Einzelnste gehenden Prüfung,' die sie mit dem von ihnen so genannten 'corpus delicti' vorgenommen haben, nicht an die Stellen gekommen sind, an denen aus Vermutung oder aus anderweitiger Kenntniss, nicht aus Handschriften oder Drucken, das Richtige hergestellt worden ist. Aber wenn dergleichen auch nichts wäre, welche ist die eigentliche Grenze zwischen dem Schöpferischen, dem der Verein Autorsrechte zuzuschreiben geneigter ist, und dessen Gegensatze? Fleiſs, Sorgfalt, Urtheil, Scharfsinn, sind dem Verein nicht schöpferisch ge- 17
nug: was ist ihm denn genug?

Es ist wohl gewiss dass die Arbeit eines Herausgebers, die eines Schutzes würdig sein soll, dem Herausgeber bedeutende Mühe, vielleicht auch Kosten, gemacht haben muss, dass eine bedeutende geistige Kraft darin zu Tage gelegt sein und dass die Arbeit einen eigenthümlichen wissenschaftlichen Fortschritt bezeichnen muss. Dies sind die natürlichen Eigenschaften einer guten wissenschaftlichen Arbeit, die als solche des Schutzes werth ist, die Gesetze mögen von ihrer Art sprechen oder nicht. Es wäre freilich gut, wenn ein Gesetz auch der Herausgeber beiläufig erwähnte: es wird darum nie geschehen sein, weil das Gesetz doch über den Grad der Erheblichkeit einer neuen Ausgabe nichts bestimmen konnte, sondern das Urtheil darüber der Weisheit und der Wahrhaftigkeit der Sachkundigen anheim stellen musste, die das Urtheil, wie ich gern zugebe, oft ziemlich schwer finden werden

Ihrer Weisheit. Der ist es aber nicht sehr gemäſs, wenn die Sachverständigen einen Werth darauf legen dass ich nur 'in

frühere Drucke hinein corrigiert' habe. Also wenn ich die Lessingschen Schriften sauber abgeschrieben hätte, so wären sie schon geneigter etwas Schöpferisches darin zu finden: das Mechanischste wollten sie für das Geistigere nehmen. Wenn ich die beiden Herrn Philologen zur Stelle hätte, würde ich sie fragen, ob Wolfs
18 Homer oder Bruncks Apollonius eigenthümlicher und schöpferischer sein: Brunck hat abgeschrieben, Wolf nicht.

Aber auch ihrer Wahrhaftigkeit. Und diese hat grade in dem letzten untergeordneten Punkte, des eigenen Schreibens, der Sachverständigenverein trotz der 'genauen ins Einzelnste gehenden Prüfung' mir nicht zu Gute kommen lassen. Ich habe nämlich fast zu allen in Frage stehenden Schriften auch litterarhistorische und andere *Anmerkungen* gemacht und diese würklich mit eigener Hand beigeschrieben. Diese Anmerkungen, welche mit Haut und Haar in die Separatabdrücke aufgenommen sind, übergeht der Verein mit Stillschweigen, da doch selbst nach der gemeinen Ansicht der Buchhändler die Anmerkungen der Herausgeber durchaus als ihr Eigenthum betrachtet werden, das nachzudrucken nicht erlaubt sei. Wenn sie dem Verein so unbedeutend schienen, dass sie dem Nachdrucker Preis zu geben wären, oder wenn er die gemeine Ansicht der Buchhändler nicht theilte, so wäre doch etwas darüber zu sagen nur gerecht gewesen. Was er sagt, auch zu *beweisen*, scheint sich der Verein nicht zur Aufgabe zu setzen. Wer sich an den Sachverständigenverein wendet, ist in einer übeln Stellung, wenn der Verein denjenigen Punkt vergisst, in dem er, nach dem übereinstimmenden Urtheil aller, dem Herausgeber die Rechte des Autors zuzugestehn genöthigt wäre.

Indem der Verein das Wissenschaftliche umgeht und das der gemeinen Geschäftspraxis Klare übersieht, wirft er mir vor
19 dass ich mir meine Rechte nicht durch den Contract gesichert habe. Ich habe mit gutem Wissen den Contract, wie er mir vorgelegt ward, unterschreiben wollen, weil ich aus persönlichen Gründen nicht glauben *wollte* dass demselben irgend etwas andres als das Edelste zum Grunde liege. Dass ich nicht habe klug sein wollen, ist meine Sache. Dass ich mir 'höhere Rechte sichern' solle als mir zukommen, als mir nach der Meinung des Vereins zukommen, das soll mir der Verein nicht rathen, das soll mir niemand rathen.

Und der Verein sagt ja selbst dass ich 'nur den Verklagten gegenüber' gesichert sein würde. Es wird allgemein zugegeben (ich berufe mich auf das Urtheil des Herrn Hitzig und Enslin) dass an gewissen Orten in zehn Jahren Lessings Werke dürfen nachgedruckt werden. Der Verein ist der Meinung, es dürfe dann auch meine Ausgabe und meine Anmerkungen nachgedruckt werden. Wenn das (den eigenthümlichen Werth und die Bedeutung meiner Ausgabe erlaube ich mir hier voraus zu setzen) also Rechtens ist, so können die Herausgeber classischer Schriftsteller nur ihre Hoffnung mit ihren Ausgaben auch über das erste Erscheinen hinaus etwas zu verdienen auf ewig aufgeben, weil der ganze Gewinn nach dem erleuchteten Urtheil des Vereins nur den Buchhändlern, und zwar dem ersten dem besten, zufällt.

Wenn also das königliche Stadtgericht in Gemäfsheit des Urtheils dieser Sachverständigen erkennt, in einer Sache auf deren Entscheidung vieler Augen gerichtet sind, so erhält durch dieses Erkenntniss eine ganze Classe von Gelehrten die Aussicht, den Lohn ihrer wissenschaftlichen Arbeit zu verlieren, trotz ihren Kosten, ihrem Fleifs und ihrer geistigen Anstrengung.

Denn wenn der Herausgeber der Schriften Lessings nicht geschützt wird, da Lessing doch erst sechzig Jahre todt ist, wie soll es einem Herausgeber von Schriften ergehn, deren Verfasser vor sechshundert oder vor neunzehnhundert Jahren gestorben sind? wie gar einem Herausgeber des Homer, dessen Todesjahr sich nicht einmahl auf Jahrhunderte genau angeben lässt?

Wenn in Ansehung des ersten Punkts für mich entschieden wird, so ist der zweite schon fast ganz erledigt. Aber er steht auch im entgegengesetzten Falle weit fester als das Gutachten angiebt.

Bei einem so wenig förmlichen Contract ist es doch wohl nothwendig den unbestimmteren Ausdruck des einen Paragraphen aus dem bestimmteren des andern zu erklären. Das Gutachten trennt aber §. 1. und 5. Im ersten heifst es 'Herr etc. Lachmann übernimmt die Durchsicht und Herausgabe einer neuen Auflage der sämtlichen lessingischen Werke.' Wer sie verlegt, und ob nicht jede Schrift besonders sein soll, wird hier freilich nicht gesagt. Aber §. 5. bestimmt 'Die neue Auflage ist auf etwa 12 Bände in Grofsoctav berechnet.' Hier ist das Wesen der Ausgabe oder Auflage erst vollständig bestimmt. Meine Arbeit ist

in dem Sinne gemacht, dass das Ganze ein Gesamtwerk von
21 etwa 12 Bänden sein soll: die Verleger haben sie anders als
zu diesem Zwecke benutzt, zu ihrem Vortheil und mir zum Nachtheil. Es wird doch gewiss schwer zu beweisen sein dass der
Separatabdruck von Emilia Galotti ein Werk von etwa zwölf
Groſsoctavbänden sei, und der Abdruck der Erziehung des
Menschengeschlechts in Kleinoctav oder Duodez ist nicht einmal
ein Band in Groſsoctav, geschweige zwölf Bände.

Man kann nicht etwa sagen, der §. 5. enthalte nur das gegenseitige Versprechen, die Arbeit nicht säumig zu betreiben: denn es liegt eben so sehr die genauere Bestimmung der Form der Ausgabe darin, von welcher nicht abzuweichen beide Parteien sich verpflichten.

Die Verleger haben auch selbst zu erkennen gegeben dass sie durch die Separatabdrücke den Contract verletzten. Sie wollen sie nicht als meine Ausgabe angesehn wissen: darum lassen sie meinen Namen weg. Wenn der Verein sagt, 'die Nennung des Namens sei nicht einmahl in Ansehung der Gesamtausgabe vertragsmäſsig ausbedungen', so setzt er etwas rein Formelles an die Stelle der ihm wohlbekannten Sache. Meinen Namen zu nennen, war in der Gesamtausgabe und in den besonderen Abdrücken der Verleger Vortheil: wenn sie ihn weglassen, wollen sie etwas verschleiern.

Zwar sagt der Verein noch, in der Befugniss zum Gröſseren
liege auch die Befugniss zum Geringeren. Aber der Verlag der
22 lessingischen Werke ist nicht etwas Gröſseres, und der Verlag
einzelner Schriften Lessings etwas Geringeres, sondern beides
ist ganz verschieden. Die Sachverständigen wissen sehr wohl,
dass oft ein Buchhändler zum Verlage der gesamten Werke eines
Schriftstellers berechtigt ist, aber nicht zum Verlage einzelner
Schriften desselben, die andern Verlegern gehören. Bei unserm
Sachverständigenverein werden die andern ihre 'Befugniss zum
Geringeren' entweder verlieren, oder sie wird denen welche die
'Befugniss zum Gröſseren' haben, freundschaftlich obenein gegeben
werden.

Wenn Herr von Savigny mit seinem Verleger auch auf eine bestimmte Anzahl von Exemplaren seines Systems des R. Rechts contrahiert hat, so gestattet nach seinen Grundsätzen der Verein dem Verleger, von einzelnen Abschnitten des Werkes eine geringere Zahl von Separatabdrücken zu machen, falls diese Befugniss zu dem geringeren Verlage der einzelnen Abschnitte nicht im Vertrage ausdrücklich verhindert sein sollte.

Wenn der Verleger des wolfischen Homers etwa einzelne Gesänge für Schulen in Separatabdrücken vervielfältigt hätte, der Verein würde ihm die Befugniss zu dem Geringeren nicht streitig machen: dass Wolf nichts bekommen hätte, versteht sich.

Und diese alles Recht umkehrende Ansicht giebt der Verein für eine juristische. Von wissenschaftlicher Seite würde Herr von Savigny sagen was er in der Vorrede S. xl. würklich sagt, in einer Monographie würde er die Sache unter einen andern Gesichtspunkt gestellt haben als im Ganzen des Systems. Wolf 25
würde gesagt haben, die Ausgabe eines Theils vom Homer für Schulen müsse anders eingerichtet sein. Ich würde, wenn ich Emilia Galotti einzeln herausgäbe, nicht (was sich in einem Separatdruck albern ausnimmt) die Anmerkungen unter den Text setzen, sonders ans Ende, und ich würde noch einige interessante Briefe hinzufügen.

Also auch alle wissenschaftliche Freiheit der Herausgeber oder Schriftsteller, den Nutzen und das Vergnügen der Leser, hemmt der Sachverständigenverein durch seine Ansicht und legt alles in die Willkür der Verleger.

Berlin, den 23. Merz 1841.

Lachmann.

III.
Erkenntniss des königlichen Stadtgerichts.

In Sachen des Professors Dr. Lachmann Klägers, wider 21
die Eigenthümer der Vossischen Buchhandlung Bekl. hat das königliche Stadtgericht zu Berlin in seiner Sitzung am 20. Juli 1841, an welcher Theil genommen haben etc., den Akten gemäfs erkannt

dass Kläger mit seinem Antrage

1) der Vossischen Buchhandlung bei Strafe zu untersagen, nachstehende sechs Schriften von Lessing

a) Nathan der Weise,
b) Emilie Galotti,
c) Minna von Barnhelm,
d) Hamburgische Dramaturgie,
e) Die Erziehung des Menschengeschlechts,
f) Wie die Alten den Tod gebildet,

als einzelne Schriften nach der von dem Kläger bearbeiteten Gesammtausgabe der Lessingschen Werke auszugeben,

2) sie zur Zahlung einer Entschädigung für die bereits erfolgte Verausgabung zu verurtheilen,

25 abzuweisen und die Kosten des Prozesses zu tragen und resp. zu erstatten verbunden.

Von Rechts Wegen.

Gründe.

Unter dem 16. August 1837 schloss der Professor Dr. Lachmann mit den Inhabern der Vossischen und Nicolaischen Buchhandlung einen schriftlichen Vertrag, dessen hierher gehöriger Inhalt dahin lautet.

§. 1.

Herr Professor Dr. Lachmann übernimmt die Durchsicht und Herausgabe einer neuen Auflage der sämmtlichen Lessingschen Werke.

§. 2.

Der Herr Herausgeber erhält von den Verlegern ein Honorar von 500 Rthlrn.

§. 5.

Die neue Auflage ist auf etwa 12 Bände in gr. 8. berechnet, welche in 4 halbjährigen Lieferungen von je 3 Bänden erscheinen, so dass das ganze in zwei Jahren vom Anfange des Drucks an vollendet sein soll.

Der Vertrag ist von beiden Seiten erfüllt, und die neue Auflage bis auf die beiden letzten Bände bereits erschienen.

Neben dieser Gesammtausgabe liefs die Vossische Buchhandlung auch noch Separatabdrücke der im Erkenntnisse an-
26 gegebenen sechs Lessingschen Werke, deren keins einen ganzen Band der Gesammtausgabe ausfüllt, mit besonderen Titeln, und ohne Nennung des Klägers als Herausgebers, jedoch mit dessen

Anmerkungen und revidirten Text versehen, zum Einzelnverkauf veranstalten, wobei nur die Schrift 'Über die Erziehung des Menschengeschlechts' ein verändertes und zwar kleineres Format erhielt, zu welchem Zwecke der Druck umgebrochen wurde.

In der Herausgabe dieser Separatabdrücke findet Kläger eine Verletzung seiner Autorrechte und einen Nachdruck, indem er behauptet, dass die von ihm bearbeitete Ausgabe der Lessingschen Werke als ein selbstständiges schriftstellerisches Product angesehn werden müsse, da er den Text kritisch bearbeitet und mit Anmerkungen versehen habe, und die Verleger die von ihm bewirkten Veränderungen nur zur Gesammtausgabe zu benutzen berechtigt gewesen. Er ist deshalb klagend aufgetreten und hat die Untersagung der Herausgabe der genannten sechs Lessingschen Schriften in Separatabdrücken und die Verurtheilung der Vossischen Buchhandlung zur Gewährung einer in separato zu ermittelnden Entschädigung beantragt.

Die Beklagten haben diesen Anträgen widersprochen. Sie setzen zunächst dem Kläger den Einwand der fehlenden Legitimation zur Sache entgegen, weil sie bestreiten, dass demselben in Bezug auf die von ihm bearbeitete Ausgabe der Lessingschen Werke die Rechte des Autors zuständen. Sie halten sich nach dem Vertrage vom 16. August 1837 zu diesen Separatabdrücken berechtigt, weil sie dem Kläger die Bearbeitung übertragen, ihn 27
für seine Mühe honorirt hätten, und nun die für sie revidirten Lessingschen Werke herausgeben könnten, in welcher Art sie wollten. Endlich behaupten sie, dass Kläger auch mündlich in die Herausgabe dieser Separatabdrücke gewilligt habe.

Die unter den Parteien streitige Frage, ob die Vossische Buchhandlung mit Lessing und seinen Erben einen Verlags-Contract geschlossen habe, ist für die Entscheidung der Sache ohne Einfluss, weil seit Lessings Tode mehr als 30 Jahre verflossen sind, und daher nach §. 6. des Gesetzes vom 11. Juni 1837 der Schutz seiner Autorrechte für seine Erben aufgehört hat.

Das Gesetz vom 11. Juni 1837 §. 1. verordnet:

> Das Recht, eine bereits herausgegebene Schrift ganz oder theilweise von neuem abdrucken oder auf irgend einem mechanischen Wege vervielfältigen zu lassen, steht nur dem Autor derselben oder denjenigen zu, welche ihre Befugniss dazu von ihm ableiten.

Demnächst ist in dem Gesetze nur dem Autor das Recht des Widerspruchs gegen unbefugte Vervielfältigung von Schriften beigelegt, und es folgt hieraus, dass die für den vorliegenden Fall entscheidende Frage allein die ist,

> ob dem Kläger in Bezug auf die von ihm bearbeitete Ausgabe der Lessingschen Werke die Rechte des Autors zukommen.

28 Muss diese Frage verneint werden, so ist er zur Sache nicht legitimirt. Die Begutachtung dieser Frage ist auf den Antrag beider Theile dem literarischen Sachverständigen-Verein übertragen worden, und dieser hat

> nach einer genauen bis ins Einzelnste gehenden Prüfung der vom Kläger bei Herausgabe der Lessingschen Werke angewendeten Thätigkeit und einer Vergleichung des durch des Klägers Bearbeitung herausgestellten Textes mit dem Text der früheren gedruckten Ausgaben

sich dahin ausgesprochen,

> dass Kläger zwar mit unermüdlicher Sorgfalt, zum Theil mit Benutzung von Handschriften, die Fehler und Willkührlichkeiten früherer Ausgaben berichtigt und einen gleichförmigen, der ursprünglichen Schreibart Lessings gemäfsen Text hergestellt hat, dass aber in Bezug auf seine kritische Thätigkeit er nicht frei geschaffen, sondern durch Prüfung und Vergleichung verschiedener vorhandener Handschriften und Ausgaben das Passende und Richtige ausgesucht und in frühere Drucke hineincorrigirt habe, und dass, so grofs also auch der relative Werth der klägerischen Arbeit sein möge, sich doch eine Autorschaft, wie solche das Gesetz an Originalwerken schütze, dem Kläger an den durch seine Bearbeitung entstandenen Veränderungen der früheren Ausgaben Lessingscher Werke nicht zusprechen lasse.

Wenn gleich nun Kläger die Richtigkeit dieses Gutachtens
29 angefochten hat, so liegt doch für den Richter kein Grund vor, dasselbe zu verwerfen, da die Sachverständigen pflichtmäfsig versichern, ihr Gutachten nach sorgfältiger und genauer Prüfung und Vergleichung abgegeben zu haben, die zu begutachtende Frage technischer Natur ist, und in der Motivirung des Ausspruchs weder unrichtige Schlussfolgen zu finden sind, noch sich sonst

erhebliche Ausstellungen machen lassen. Dies Gutachten muss also als entscheidend angenommen werden; und steht es hiernach fest, dass dem Kläger auf die von ihm bearbeitete Ausgabe der Lessingschen Werke Autorrechte nicht zustehen, so ist er auch nach dem Gesetze vom 11. Juni 1837 jeder Vervielfältigung der Ausgabe zu widersprechen nicht befugt, d. h. zur angestellten Klage nicht legitimirt.

Auch der Umstand, dass auf den Separatabdrücken des Klägers Name nicht genannt ist, muss als gleichgültig erachtet werden; eben so auch der Umstand, dass das eine Werk in anderem Formate erschienen ist, weil wenn auch nach §. 1012. A. L. R. Th. I. Tit. 11. dies als eine neue Ausgabe anzusehen wäre, doch nach §. 1017 l. c. eben so wie nach dem Gesetze vom 11. Juni 1837 nur der Schriftsteller, d. h. der Autor, der Veranstaltung einer neuen Ausgabe widersprechen kann, dem Kläger aber die Rechte des Autors oder Schriftstellers nicht zustehen, und in dem Contracte, welchen er mit den Beklagten geschlossen hat, weder die Nennung des Klägers als Herausgebers ausdrücklich ausgemacht, noch die Herausgabe in anderer Gestalt verboten ist. Die Festsetzung des Contracts im §. 5.

dass die Gesammtausgabe in 12 Bänden erscheinen solle, so kann eben so wenig dem Kläger zur Seite stehen. Die Frage, ob die Separatabdrücke als Geringeres im Verhältniss zur Gesammtausgabe als dem Gröfseren anzusehen seien, oder, wie Kläger behauptet, als etwas ganz Verschiedenes betrachtet werden müssen, weil er solche Einzelnausgaben in ganz anderer Art bearbeitet haben würde, ist für die Sache ohne allen Einfluss. Denn, sind diese Einzelnausgaben nicht als Theile der Gesammtausgabe anzusehen, so sind sie eine neue Ausgabe, und einer solchen Ausgabe kann nur der Autor widersprechen, und dem Kläger kommt nach dem Vorstehenden dies Recht nicht zu. Bleibt man aber auch bei dem Contracte selbst stehen, so ist dieser Contract, eben weil Kläger nicht Autorrechte hat, nicht ein Verlags-Contract, sondern ein Vertrag über Handlungen. Kläger hat im Auftrage der Beklagten eine schriftstellerische Arbeit geliefert und die dafür festgesetzte Gegenleistung erhalten. Mit der von ihm den Beklagten gelieferten Arbeit konnten diese also jeden beliebigen Gebrauch machen, so weit er nicht durch den Contract gehindert war. Eine solche Verhinderung liegt aber in

der Bestimmung, dass das Ganze in 12 Bänden erscheinen soll,
nicht, indem nicht ausgesprochen ist, dass das Werk nur und
nicht anders als in dieser Gestalt erscheinen sollte, die Zahl
der Exemplare gar nicht bestimmt ist, und namentlich den Beklagten nicht untersagt ist, von der in 12 Bänden erscheinenden
31 Schrift eine neue Ausgabe, d. h. einen Abdruck in veränderter
Gestalt, zu machen. Aus diesen Gründen musste der Kläger
mit seinen Anträgen abgewiesen werden.

Der Kostenpunkt rechtfertigt sich aus §. 2. A. G. O. Th. I. Tit. 23.

Urkundlich unter des Königlichen Stadtgerichts hiesiger Residenzien Insiegel und Unterschrift ausgefertigt.

Berlin, den 20. Juli 1841.

(L. S.)